CONCORDANCIA
TEMÁTICA

HOLMAN

CONCORDANCIA TEMÁTICA

HOLMAN

B&H
ESPAÑOL
NASHVILLE, TENNESSEE

Concordancia Temática Holman
Holman Topical Concordance
© 2002, 2011 por B&H Publishing Group
Todos los derechos reservados.
Derechos internacionales registrados.

Prohibida la reproducción total o parcial sin autorización
escrita de Broadman & Holman Publishers.

Publicado originalmente en español con el título
¿Y eso está en la Biblia?

Publicado por B&H Publishing Group
Nashville, Tennessee 37234

Clasificación Decimal Dewey: 220.3
Temas: Biblia-concordancia

ISBN: 978-1-5359-4883-8

Impreso en China
1 2 3 4 5 * 23 22 21 20
RRD

ÍNDICE

ABREVIATURAS DE LOS LIBROS DE LA BIBLIA EN ORDEN CANÓNICO

ANTIGUO TESTAMENTO

Gén.	Génesis
Ex.	Éxodo
Lev.	Levítico
Núm.	Números
Deut.	Deuteronomio
Jos.	Josué
Jue.	Jueces
Rut	Rut
1 Sam.	1 Samuel
2 Sam.	2 Samuel
1 Rey.	1 Reyes
2 Rey.	2 Reyes
1 Crón.	1 Crónicas
2 Crón.	2 Crónicas
Esd.	Esdras
Neh.	Nehemías
Est.	Ester
Job	Job
Sal.	Salmos
Prov.	Proverbios
Ecl.	Eclesiastés
Cant.	Cantares
Isa.	Isaías
Jer.	Jeremías
Lam.	Lamentaciones
Ezeq.	Ezequiel
Dan.	Daniel
Os.	Oseas
Joel	Joel
Amós	Amós
Abd.	Abdías
Jon.	Jonás
Miq.	Miqueas
Nah.	Nahum

Hab.	Habacuc
Sof.	Sofonías
Hag.	Hageo
Zac.	Zacarías
Mal.	Malaquías

NUEVO TESTAMENTO

Mat.	Mateo
Mar.	Marcos
Luc.	Lucas
Juan	Juan
Hech.	Hechos
Rom.	Romanos
1 Cor.	1 Corintios
2 Cor.	2 Corintios
Gál.	Gálatas
Ef.	Efesios
Fil.	Filipenses
Col.	Colosenses
1 Tes.	1 Tesalonicenses
2 Tes.	2 Tesalonicenses
1 Tim.	1 Timoteo
2 Tim.	2 Timoteo
Tito	Tito
Filem.	Filemón
Heb.	hebreos
Sant.	Santiago
1 Ped.	1 Pedro
2 Ped.	2 Pedro
1 Juan	1 Juan
2 Juan	2 Juan
3 Juan	3 Juan
Jud.	Judas
Apoc.	Apocalipsis

ABREVIATURAS DE LOS LIBROS DE LA BIBLIA EN ORDEN ALFABÉTICO

1 Cor.	1 Corintios	Hab.	Habacuc
1 Crón.	1 Crónicas	Hag.	Hageo
1 Juan	1 Juan	Heb.	Hebreo
1 Ped.	1 Pedro	Hech.	Hechos de los
1 Rey.	1 Reyes		apóstoles
1 Sam.	1 Samuel	Isa.	Isaías
1 Tes.	1 Tesalonicenses	Jer.	Jeremías
1 Tim.	1 Timoteo	Job	Job
2 Cor.	2 Corintios	Joel	Joel
2 Crón.	2 Crónicas	Jon.	Jonás
2 Juan	2 Juan	Jos.	Josué
2 Ped.	2 Pedro	Juan	Juan
2 Rey.	2 Reyes	Jud.	Judas
2 Sam.	2 Samuel	Jue.	Jueces
2 Tes.	2 Tesalonicenses	Lam.	Lamentaciones
2 Tim.	2 Timoteo	Lev.	Levítico
3 Juan	3 Juan	Luc.	Lucas
Abd.	Abdías	Mal.	Malaquías
Amós	Amós	Mar.	Marcos
Apoc.	Apocalipsis	Mat.	Mateo
Cant.	Cantares	Miq.	Miqueas
Col.	Colosenses	Nah.	Nahum
Dan.	Daniel	Neh.	Nehemías
Deut.	Deuteronomio	Núm.	Números
Ecl.	Eclesiastés	Os.	Oseas
Ef.	Efesios	Prov.	Proverbios
Esd.	Esdras	Rom.	Romanos
Est.	Ester	Rut	Rut
Ex.	Éxodo	Sal.	Salmos
Ezeq.	Ezequiel	Sant.	Santiago
Filem.	Filemón	Sof.	Sofonías
Fil.	Filipenses	Tito	Tito
Gál.	Gálatas	Zac.	Zacarías
Gen.	Génesis		

LISTA DE TEMAS DE LOS RECUADROS

LISTA DE TEMAS DE LOS RECUADROS

INTRODUCCIÓN

Es posible que usted se pregunte: ¿Acaso la Biblia habla sobre el SIDA? ¿Y sobre la responsabilidad financiera? ¿Y qué en cuanto a la protección de los animales y la delincuencia juvenil?

Quizás no lo hace con esas palabras exactas, pero para eso existe esta concordancia temática.

La Palabra de Dios tiene la solución a todos los problemas que enfrentamos en la sociedad actual, aunque muchas de las cuestiones urgentes de hoy eran desconocidas y hasta inimaginables para los hombres que escribieron la Biblia. Por ejemplo, en las Escrituras no se encuentra la expresión "abuso conyugal", pero hallaremos claras descripciones de este tema y amonestaciones para erradicarlo. Lo mismo sucede con otros centenares de cuestiones contemporáneas. La Biblia no las menciona con el nombre que les damos hoy, pero proporciona dirección para entenderlas y saber cómo manejarnos. Lo que necesitamos nosotros es poder encontrar todos esos temas.

Esta concordancia espera ser de ayuda tanto a quienes quieren estudiar la Biblia con seriedad, como también a quienes sienten simple curiosidad sobre la perspectiva bíblica de cuestiones actuales, temas que van desde las modas y los cosméticos hasta el poder atómico. Esta concordancia desea ser un puente entre el vocabulario de los traductores de la Biblia de cada época y el idioma vernáculo de la era de la informática. Además hay miles de palabras tradicionales, lo cual convierte a este libro en una concordancia normal y en un vasto medio de información atípica. A medida que usted vaya usando esta concordancia temática, una Biblia con un amplio sistema de referencias tal vez le resulte útil para profundizar su estudio sobre determinado tema.

Además de temas generales y palabras específicas, hay también más de 150 recuadros que se han intercalado a través del texto. Estas cápsulas informativas constituyen una colección conveniente y rápida de biografías bíblicas, datos geográficos, distintas realidades y figuras, ilustraciones, e interesantes pantallazos de la vida cotidiana en el antiguo Medio Oriente. (Cuando uno sabe cuánto dinero eran 10.000 talentos, la parábola de Jesús sobre el tema adquiere un nuevo significado.)

Desde que se escribió la Biblia la sociedad ha cambiado al extremo, pero la naturaleza pecadora del hombre y el carácter santo de Dios han permanecido a través de los siglos. Por otra parte, el plan divino de redención no se ha modificado. De manera que los principios que Dios le dio a su pueblo son tan relevantes, pertinentes e inmutables en nuestro día como lo fueron cuando los escritores inspirados los redactaron en papiro. Hemos cambiado tabletas de arcilla por computadoras personales, y asnos por aviones, pero nuestras necesidades, nuestros temores y nuestras deficiencias son las mismas que las de los hombres y mujeres a quienes Dios se acercó hace siglos y con su divina gracia reveló su santo amor.

Esa gracia que ellos recibieron es también suficiente para nosotros hoy.

Soli Deo gloria. ¡A Dios sea la gloria!

ABEJA
En Palestina. Deut. 1:44; Jue. 14:8;
Sal. 118:12; Isa. 7:18.
Silbido para llamarla. Isa. 7:18.

ABOGADO
Ver también Consolador

Espíritu Santo
Cristo enviará. Juan 16:7.
Nos enseñará todas las cosas. Juan 14:26.
Otro ayudador. Juan 14:16.
Testificará de Cristo. Juan 15:26.

Jesús
Nuestro abogado para con el
Padre. 1 Juan 2:1.

ABORTO
Hablar por aquellos que no pueden.
Prov. 31:8.
Matar al niño por nacer. Ex. 21:22-25;
2 Rey. 8:12; Os. 13:16; Amós 1:13.
Persona, niño por nacer es una.
Ex. 21:22-25; Sal. 51:5; 139:13-15;
Ecl. 11:5.
Preocupación por otros. Fil. 2:4

*Principios relevantes del desarrollo de niños
por nacer*
Con el Espíritu Santo. Luc. 1:15.
Conciencia del niño por nacer.
Luc. 1:41,44.
Control divino. Job 31:15;
Sal. 119:73; 139:13-15; Isa. 44:2; 46:3.

Misterio. Ecl. 11:5.
Para un propósito. Isa. 49:5; Jer. 1:5;
Rom. 9:11; Gál. 1:15.
Vida comienza con la concepción.
Rut 4:13; Os. 9:11.

Valor de la vida
A imagen de Dios. Gén. 1:26-27; 9:6.
Dios da la vida y la quita. Job 1:21.
Jesús bendice a los niños. Luc. 18:15-16.
Niños, regalo de Dios. Sal. 127:3-5.
Preferencia por la vida. Deut. 30:15,19;
1 Cor. 15:25-26.
Santidad de la vida. Gén. 1:26-27; 2:7;
Sal. 8:5.

ABORTO ESPONTÁNEO
Comparable a alguien castigado por Dios.
Núm. 12:12.

Deseo de
Job, para su propia madre. Job 3:11,16.
Oseas, para enemigos. Os. 9:14.
Salmista, para enemigos. Sal. 58:8.
Preferible a vida inútil. Ecl. 6:3.

ABUELO
Llamado padre. Gén. 10:21.

ABUNDANCIA
De bendiciones para los justos. Prov. 28:20.
De gozo con el Señor. Sal. 16:11.
De gracia divina. Rom. 5:20; 2 Cor. 8:7.
De misericordia divina. Sal. 86:5.
De riquezas espirituales. Fil. 4:18-19.

A

De vida en Cristo. Juan 10:10.
De vida en la creación. Gén. 1:20.
Del corazón, fuente de nuestras palabras.
Mat. 12:34.
En cosecha, prometida a Israel. Lev. 26:5;
Deut. 30:9.
En reproducción, un mandamiento.
Gén. 1:28.
Generosidad en la entrada al
reino. 2 Ped. 1:11.

ABUSO CONYUGAL

Ejemplos de
Abraham y Sara. Gén. 12:10-20; 20:2-14.
Concubina. Jue. 19:22-30.
Isaac y Rebeca. Gén. 26:6-11.

Principios relevantes al
Celos y venganza. Prov. 6:34.
Influencia generacional. Ex. 34:7.
Palabras suaves enmascaran violencia.
Sal. 55:20-21.

Responsabilidades del esposo
Amar a esposa como a sí mismo.
Ef. 5:25-33.
Casarse en honor y santidad. 1 Tes. 4:4.
No ser áspero con esposa. Col. 3:19.
No ser violento y tener dominio
propio. 1 Tim. 3:2-3; Tito 1:7-8.
Proveer para la familia. 1 Tim. 5:8.
Ser cabeza de esposa. 1 Cor. 11:3.
Ser considerado y honrar a esposa.
1 Ped. 3:7.

ABUSO DE MENORES

Dios como padre compasivo. Sal. 103:13.
Dios es mejor que padres humanos.
Luc. 11:11-13.

Ejemplos de
Criatura pequeña
Figura de Jerusalén. Ezeq. 16:5.
Israelitas en Egipto. Ex. 1:16-17,22.

Niños judíos en Belén. Mat. 2:16.
Hija/s
De Jefté. Jue. 11:30-40.
De Lot. Gén. 19:8.
Hijo/s
De Acaz. 2 Rey. 16:3.
De israelitas. 2 Rey. 23:10.
De Manasés. 2 Crón. 33:6.
De Mesa. 2 Rey. 3:4,27.
Influencia generacional. Ex. 34:7.
Jesús y niños. Mar. 10:13-16.

Mandatos sobre
Desenmascarar obras de tinieblas.
Ef. 5:11.
Padres, no exasperar a hijos. Ef. 6:4;
Col. 3:21.

ACCESO A DIOS

Ver Dios, Acceso a

ACCIÓN DE GRACIAS

Creyentes
Abundan en. Col. 2:7.
Deben entrar por puertas de Dios con.
Sal. 100:4.
Deciden ofrecer. Sal. 18:49; 30:12.
Exhortados a. Sal. 105:1; Col. 3:15.
Magnifican a Dios con. Sal. 69:30.
Ofrecen regularmente. Dan. 6:10.
Ofrecen sacrificios de. Sal. 116:17.
Se presentan ante Dios con. Sal. 95:2.
Cristo dejó ejemplo de. Mat. 11:25; 26:27;
Juan 6:11; 11:41.
De hipócritas, llena de jactancia. Luc. 18:11.
Debe acompañar adoración. Sal. 92:1;
Heb. 13:15.
Debe acompañar intercesión. 1 Tim. 2:1;
2 Tim. 1:3; Filem.. 1:4.

Debe ofrecerse a Dios
A Cristo. 1 Tim. 1:12.
Al recordar su santidad. Sal. 30:4; 97:12.
Antes de comer. Juan 6:11; Hech. 27:35.

En adoración personal. Dan. 6:10.

En adoración pública. Sal. 35:18.

En el nombre de Cristo. Ef. 5:20.

En todo. 1 Tes. 5:18.

Por amor evidente en otros. 2 Tes. 1:3.

Por bondad y misericordia de Dios.
Sal. 106:1; 107:1; 136:1-3.

Por celo que vemos en otros. 2 Cor. 8:16.

Por conversión de otros. Rom. 6:17.

Por disposición a ofrecer nuestros bienes
para servicio de Dios. 1 Crón. 29:6-14.

Por don de Cristo. 2 Cor. 9:15.

Por elección para el ministerio.
1 Tim. 1:12.

Por fe evidente en otros. Rom. 1:8;
2 Tes. 1:3.

Por gracia que recibieron otros.
1 Cor. 1:4; Fil. 1:3-5; Col. 1:3-6.

Por haber completado grandes
emprendimientos. Neh. 12:31,40.

Por medio de Cristo. Rom. 1:8; Col. 3:17;
Heb. 13:15.

Por ministros del evangelio. 2 Cor. 1:11.

Por poder y reino de Cristo. Apoc. 11:17.

Por provisión de necesidades diarias.
Rom. 14:6-7; 1 Tim. 4:3-4.

Por sabiduría y poder. Dan. 2:23.

Por todas las cosas. 2 Cor. 9:11; Ef. 5:20.

Por todas las personas. 1 Tim. 2:1.

Por triunfo del evangelio. 2 Cor. 2:14.

Por victoria sobre muerte y tumba.
1 Cor. 15:57.

Porque Cristo nos libera del pecado que
mora en nosotros. Rom. 7:23-25.

Porque Dios está cerca. Sal. 75:1.

Porque otros recibieron Palabra de
Dios. 1 Tes. 2:13.

Siempre. Ef. 1:16; 5:20; 1 Tes. 1:2.

Debe ser parte de oración. Neh. 11:17;
Fil. 4:6; Col. 4:2.

Designación de ministros para ofrecer, en
público. 1 Crón. 16:4,7; 23:30;
2 Crón. 31:2.

Ejército celestial ofrece.
Apoc. 4:9; 7:11-12; 11:16-17.

Es algo bueno. Sal. 92:1.

Impíos suelen carecer de. Rom. 1:21.

Mandamiento. Sal. 50:14; Fil. 4:6.

Se expresaba en salmos. 1 Crón. 16:7.

ACEITE

Aumento milagroso de. 2 Rey. 4:2-6.

Canaán tenía abundancia de. Deut. 8:8.

Clases de, mencionadas

Mirra. Est. 2:12.

Oliva. Ex. 30:24; Lev. 24:2.

Comercio de. 2 Rey. 4:7.

Cuando era fresco, muy valioso. Sal. 92:10.

Dado por Dios. Sal. 104:14-15; Jer. 31:12;
Joel 2:19,24.

Depósitos de, en ciudades fortificadas.
2 Crón. 11:11.

Descripción

Blando. Sal. 55:21.

Penetrante. Sal. 109:18.

Sanador. Isa. 1:6, con Luc. 10:34.

Suave. Prov. 5:3.

Diezmo según la ley. Deut. 12:17.

Guardado en

Almacenes. 1 Crón. 27:28.

Cajas. 2 Rey. 9:1.

Cuernos. 1 Rey. 1:39.

Depósitos. 2 Crón. 32:28.

Vasijas. 1 Rey. 17:12; 2 Rey. 4:2.

Ilustrativo de

Consolación del evangelio. Isa. 61:3.

Reprimenda benévola. Sal. 141:5.

Unción del Espíritu Santo.
Sal. 45:7; 89:20; Zac. 4:12.

Judíos, a menudo extravagantes en uso del.
Prov. 21:17.

Malogro de, severa calamidad. Hag. 1:11.

Pobres, contratados para extraer. Job 24:11.

A

Primicias de, dadas a Dios. Deut. 18:4;
2 Crón. 31:5; Neh. 10:37.

Proviene de la tierra. Sal. 104:14-15;
Os. 2:22.

Se exportaba. 1 Rey. 5:11; Ezeq. 27:17;
Os. 12:1.

Se extraía con prensas. Hag. 2:16, con
Miq. 6:15.

Ungüentos de judíos eran perfumes
mezclados con. Ex. 30:23-25; Juan 12:3.

Usados

En culto de adoración a Dios. Lev. 7:10;
Núm. 15:4-10.

En cultos idólatras. Lev. 7:10;
Núm. 15:4-10.

Para comidas. 1 Rey. 17:12; Ezeq. 16:13.

Para lámparas. Ex. 25:6; 27:20;
Mat. 25:3.

Para ungir a enfermos. Mar. 6:13;
Sant. 5:14.

Para ungir a personas. Sal. 23:5; 104:15;
Luc. 7:46.

Para ungir en cargos de responsabilidad.
Ex. 29:7; 1 Sam. 10:1; 1 Rey. 19:16.

Vendido por medida. 1 Rey. 5:11;
Luc. 16:6.

ACEPTACIÓN

De oraciones. Gén. 19:21.

De pecadores. Ezeq. 20:40-41; 36:23-29.

De sacrificios. Sal. 119:108.

Por gracia de Dios. Rom. 5:17; Ef. 1:6.

ACERO

(En algunas traducciones este término se
traduce *bronce*.)

Arcos de. 2 Sam. 22:35; Job 20:24;
Sal. 18:34.

Fuerza del. Jer. 15:12.

ACERTIJO

Usado para probar sagacidad

En banquete de Sansón. Jue. 14:12-18.

Por parte de Agur. Prov. 30:15-16,18-31.

ACREEDORES

A menudo crueles para exigir pago de
deudas. Neh. 5:7-9; Job 24:3-9;
Mat. 18:28-30.

A menudo eran defraudados. 1 Sam. 22:2;
Luc. 16:5-7.

A menudo se cobraban deudas

De quienes eran legalmente responsables
de deuda de otro.
Prov. 11:15; 22:26-27.

Enviando a prisión. Mat. 5:25-26; 18:34.

Vendiendo a familia del
deudor. 2 Rey. 4:1; Job 24:9;
Mat. 18:25.

Vendiendo al deudor o tomándolo como
siervo. Mat. 18:25, con Ex. 21:2.

Vendiendo propiedad del deudor.
Mat. 18:25.

A veces remitían deudas por completo.
Neh. 5:10-12; Mat. 18:27; Luc. 7:42.

Debían devolver antes de la noche ropa
tomada en prenda. Ex. 22:26-27;
Deut. 24:12-13; Ezeq. 18:7,12.

Definición. Filem. 18.

Ilustrativo de

Demandas de la ley. Gál. 5:3.

Lo que Dios reclama de personas.
Mat. 5:25-26, con 18:23,35;
Luc. 7:41,47.

Podían exigir

Garantes. Prov. 6:1; 22:26.

Hipotecas sobre propiedad. Neh. 5:3.

Interés de extranjeros. Deut. 23:20.

Pagarés. Luc. 16:6-7.

Prendas. Deut. 24:10-11; Prov. 22:27.

Tenían prohibido
  Exigir interés de sus hermanos. Ex. 22:25;
  Lev. 25:36-37.
  Exigir pago de deudas de sus hermanos
  durante año sabático. Deut. 15:2-3.
  Tomar piedras de molino como prendas.
  Deut. 24:6.
  Tomar prendas violentamente.
  Deut. 24:10.

ACTOS, ACCIONES

De amor, requisito. 1 Juan 3:18.
De cristianos. Mat. 5:16; Luc. 6:46;
  Col. 3:17.
De Dios, gloria de. Ex. 15:11; 1 Sam. 12:7;
  Sal. 9:11.
De hombres impíos. Juan 3:19.
De Jesús, buenas. Mat. 11:5; Luc. 24:19.
De niño, importancia de. Prov. 20:11.
De vieja naturaleza. Col. 3:9.
Juicio de acuerdo a. Rom. 2:5-6;
  Apoc. 20:12.

ACUSACIÓN

A Esteban. Hech. 6:11.
A Jesús. Mat. 27:13; Luc. 23:2.
A mujer sorprendida en adulterio.
  Juan 8:4,10.
De Adán y Eva. Gén. 3:12-13.
De Satanás contra Job. Job 1:9-11; 2:4-5.
Falsa, prohibición de. Luc. 3:14.
Falsa, y restitución. Luc. 19:8.
Respuesta a. Rom. 8:1; 1 Juan 3:21.

ACUSACIÓN LEGAL

Ejemplos de
  Daniel acusado nuevamente. Dan. 6:13.
  Esteban, acusado de blasfemia.
    Hech. 6:11,13.
  Jeremías acusado nuevamente.
    Jer. 37:13-15.

Jeremías, de profecía traicionera.
  Jer. 26:1-24.
Jesús acusado de traición. Mat. 27:11,37.
Jesús, y 2 acusaciones. Mat. 26:61,63-65;
  Mar. 14:58,61-64; Luc. 22:67-71;
  Juan 19:7.
Nabot, acusado de blasfemia.
  1 Rey. 21:13.
Pablo y Silas. Hech. 16:20,21.
Pablo. Hech. 17:7; 18:13; 24:5;
  25:18,19, 26,27.
Tres cautivos hebreos. Dan. 3:12.
Proceso legal anulado. Hech. 18:14

ADIVINACIÓN

Conexión con idolatría. 2 Crón. 33:5-6.
Frustrada por Dios. Isa. 44:25.
Judíos tenían tendencia a. 2 Rey. 17:17;
  Isa. 2:6.

Ley
  Castigaba a quienes buscaban. Lev. 20:6.
  Castigaba con muerte a quienes usaban
    de. Ex. 22:18; Lev. 20:27.
  Prohibía practicarla. Lev. 19:26;
    Deut. 18:10-11.
  Prohibía procurar. Lev. 19:31;
    Deut. 18:14.
Libros de, numerosos y costosos.
  Hech. 19:19.
No podía dañar al pueblo de Dios.
  Núm. 23:23.
Ocupación lucrativa. Núm. 22:7;
  Hech. 16:16.
Práctica abominable. 1 Sam. 15:23.

Practicada por
  Adivinos. Deut. 18:14; Isa. 2:6;
    Dan. 2:27.
  Astrólogos. Isa. 47:13; Dan. 4:7.
  Brujos. Deut. 18:11; 1 Sam. 28:3.
  Encantadores. Deut. 18:10; Jer. 27:9;
    Hech. 13:6,8.
  Falsos profetas. Jer. 14:14; Ezeq. 13:3,6.

Hechiceros. Ex. 22:18; Deut. 18:10.
Magos. Gén. 41:8; Dan. 4:7.
Médiums. Deut. 18:11.

Quienes practicaban
Considerados hombres sabios.
Dan. 2:12,27.
Consultados cuando había dificultades
Dan. 2:2; 4:6-7.
Escuchados con atención. Hech. 8:9,11.
Usaban palabras y gestos misteriosos.
Isa. 8:19.

Realizada con
Artes mágicas. Isa. 47:12; Hech. 8:11.
Copas. Gén. 44:2,5.
Encantamientos. Ex. 7:11; Núm. 24:1.
Flechas que se lanzaban. Ezeq. 21:21-22.
Inspeccionar interior de animales.
Ezeq. 21:21.
Leños. Os. 4:12.
Observar astros. Isa. 37:13.
Observar tiempos. 2 Rey. 21:6.
Resurrección de
muertos. 1 Sam. 28:11-12.
Sueños. Jer. 29:8; Zac. 10:2.
Sistema de fraude. Ezeq. 13:6-7; Jer. 29:8.
Todos quienes la practican, abominables.
Deut. 18:12.

ADMINISTRADOR
Ver Mayordomo

ADOPCIÓN
Confiere nuevo nombre. Núm. 6:27;
Isa. 62:2; Hech. 15:17. (*Ver también*
Creyentes, Títulos de los)
Creyentes esperan consumación final de.
Rom. 8:19,23; 1 Juan 3:2.
Creyentes predestinados para. Rom. 8:29;
Ef. 1:5,11.
Creyentes reciben Espíritu de. Rom. 8:15;
Gál. 4:6.

Creyentes se convierten en hermanos de
Cristo por. Juan 20:17; Heb. 2:11-12.
Da derecho a herencia. Mat. 13:43;
Rom. 8:17; Gál. 3:29; 4:7; Ef. 3:6.
De gentiles, profetizada. Os. 2:23;
Rom. 9:24-26; Ef. 3:6.
Debe conducir a santidad. 2 Cor. 6:17-18
con 7:1; Fil. 2:15; 1 Juan 3:2-3.

Debe producir
Abstención de espíritu presumido.
Mat. 6:1-4,6,18.
Deseo de gloria de Dios. Mat. 5:16.
Deseo de paz. Mat. 5:9.
Espíritu de oración. Mat. 7:7-11.
Espíritu misericordioso. Luc. 6:35-36.
Espíritu perdonador. Mat. 6:14.
Semejanza a Dios. Mat. 5:44-45,48;
Ef. 5:1.
Suma confianza en Dios. Mat. 6:25-34.
Debe reconocerse en oración. Isa. 63:16;
Mat. 6:9.
Dios, paciente y misericordioso con
participantes de. Jer. 31:1,9,20.
Es a través de Cristo. Juan 1:12; Gál. 4:4-5;
Ef. 1:5; Heb. 2:10,13.
Es de acuerdo a promesa. Rom. 9:8;
Gál. 3:29.
Es por fe. Gál. 3:7,26.
Es por gracia de Dios. Ezeq. 16:3-6;
Rom. 4:16-17; Ef. 1:5-6,11.
Es privilegio de creyentes. Juan 1:12;
1 Juan 3:1.
Espíritu Santo es testigo de. Rom. 8:16.
Evidencia: ser guiado por Espíritu.
Rom. 8:14.
Explicación de. 2 Cor. 6:18.
Hijos de José. Gén. 48:5,14,16,22.
Ilustrada por Ester. Est. 2:7.
Moisés. Ex. 2:10.
Nuevo nacimiento ligado con. Juan 1:12-13.
Reunidos en una, por Cristo. Juan 11:52.

Seguridad y confianza de quienes la reciben.
Prov. 14:26.

Somete a creyentes a disciplina de Dios
como Padre. Deut. 8:5; 2 Sam. 7:14;
Prov. 3:11-12; Heb. 12:5-11.

Tipificada. Israel. Ex. 4:22; Os. 11:1;
Rom. 9:4.

ADORACIÓN

A Dios, que la merece. Jud. 25; Apoc. 4:8.

A Dios, un mandamiento. Ex.34:14;
1 Crón. 16:29; Sal. 95:6; 96:1; 99:9;
100:1-2; 107:1; 112:1; 113:1; 117;
147:7-11

A Jesús.
Mat. 8:2; 9:18; 14:33; 18:26; 28:16-17;
Mar. 5:6; Juan 20:28; Fil. 2:10; Heb. 1:6.

Ejemplos de
Ángeles. Isa. 6:1-6; Luc. 2:13;
Apoc. 7:11-12.
Atenienses. Hech. 17:15-34.
Caín y Abel. Gén. 4:1-16.
Jóvenes y viejos. Sal. 148:12-13.
Moisés. Ex. 3:5.
Multitudes. Apoc. 19:1-18.
Redimidos. Apoc. 15:3-4.
Salomón. 2 Crón. 6:1-42.
Seres celestiales. Apoc. 4:1-11.
Todas las cosas. Sal. 148:1-10.
Todo el pueblo. Sal. 148:11-13.

Mandamiento. Ex. 34:14;
Sal. 95:6; 147:7-11.

Por parte de Isaías. Isa. 6:1-3.

Por parte de magos. Mat. 2:2.

Profetizada. Isa. 66:23.

Valor de
Convence a incrédulos. 1 Cor. 14:22-25.
Fortalece comunión. Hech. 2:42-47.
Glorifica a Dios. Sal. 50:23.

Verdadera
Deseada más que sacrificios. Os. 6:6.

En espíritu y en verdad. Juan 4:24.
Lo que Dios desea. Miq. 6:6-8.

ADORACIÓN, ESTILOS DE

Con acción de gracias. Ef. 5:20.

Con danza
David. 2 Sam. 6:14-16.
María. Ex. 15:20-21.

Con música
Creyentes. Ef. 5:19; Col. 3:16.
María. Ex. 15:20-21.
Salmista. Sal. 57:7-8; 150.

Con oración y ayuno. Luc. 2:37.

Con temor y reverencia. Sal. 5:7; 96:9;
Isa. 6:1-7.

Ejemplos de
Arrodillándose. Sal. 95:6.
En privado. Gén. 22:5; Dan. 6:10;
Job 1:20.
Inclinándose. Ex. 12:27; 1 Crón. 29:20;
Sal. 95:6; Mat. 2:11.

En espíritu y en verdad. Juan 4:23.

Lugar de adoración
Distante. Gén. 22:5; Ex. 24:1-2.
Ya no debe ser en Jerusalén ni Samaria.
Juan 4:20-21.

ADULACIÓN

Castigo para la. Job 17:5; Sal. 12:3.

Comparada a reprensión sincera.
Prov. 28:23.

Creyentes no deben usar. Job 32:21-22.

Ejemplos de
Absalón. 2 Sam. 15:2-6.
Acab. 1 Rey. 20:4.
Adonías. 1 Rey. 1:42.
Agripa. Hech. 26:2-3.
Ciudadanos de Tiro. Hech. 12:22.
Falsos profetas. 1 Rey. 22:13.
Funcionarios en corte de Darío. Dan. 6:7.

A

Gedeón. Jue. 8:1-3.

Herodianos. Luc. 20:21.

Israel y Judá. 2 Sam. 19:41-43.

Jacob. Gén. 33:10.

Mefiboset. 2 Sam. 9:8.

Mujer de Tecoa. 2 Sam. 14:17-20.

Pablo. Hech. 24:10.

Tértulo. Hech. 24:2-4.

Evitar a personas dadas a. Prov. 20:19.

Falsos profetas y falsos maestros usan.
Ezeq. 12:24, con Rom. 16:18.

Hipócritas usan, para con

Dios. Sal. 78:36.

Quienes están en autoridad. Dan. 11:34.

Impíos usan, para con

Ellos mismos. Sal. 36:2.

Otros. Sal. 5:9; 12:2.

Ministros del evangelio no deben
usar. 1 Tes. 2:5.

Pablo evitó, al tratar con nuevos
cristianos. 1 Tes. 2:4-6.

Peligro de. Prov. 7:21-23; 29:5.

Práctica de impíos. Sal. 5:8.

Provecho mundano obtenido por.
Dan. 11:21-22.

Rara vez produce estima. Prov. 28:23.

Sabiduría preserva de. Prov. 4:5.

AFECTOS

Bendición cuando Dios es objeto de.
Sal. 91:14.

Cristo reclama primer lugar en. Mat. 10:37;
Luc. 14:26.

De creyentes, Dios ante todo.
Sal. 42:1; 73:25; 119:10.

De impíos, artificiales y pervertidos.
Rom. 1:31; 2 Tim. 3:3; 2 Ped. 2:10.

De impíos, no dirigidos a Dios. Isa. 58:1-2;
Ezeq. 33:31-32; Luc. 8:13.

Deben colocarse

En casa de Dios y adoración.
1 Crón. 29:3; Sal. 26:8; 27:4; 84:1-2.

En cosas celestiales. Col. 3:1-2.

En Dios por sobre todas las cosas.
Deut. 6:5; 12:30.

En mandamientos de Dios.
Sal. 19:8-10; 119:20,97,103,167.

En pueblo de Dios. Sal. 16:3;
Rom. 12:10; 2 Cor. 7:13-15;
1 Tes. 2:8.

Deben utilizarse para Dios.
Sal. 69:9; 119:139; Gál. 4:18.

Falsos maestros tratan de conseguir.
Gál. 1:10; 4:17; 2 Tim. 3:6;
2 Ped. 2:3,18; Apoc. 2:14,20.

Mundanos, crucificados para el creyente.
Rom. 6:6; Gál. 5:24.

Mundanos, deben estar muertos.
Rom. 8:13; 13:14; 1 Cor. 9:27; Col. 3:5;
1 Tes. 4:5.

No deben enfriarse. Sal. 106:12-13;
Mat. 24:12; Gál. 4:15; Apoc. 2:4.

Reavivados por comunión con Cristo.
Luc. 24:32.

AFLICCIÓN

A menudo por ser seguidores de Cristo.
Mat. 24:9; Juan 15:21; 2 Tim. 3:11-12.

A menudo severa. Job. 16:7-16;
Sal. 42:7; 66:12; Jon. 2:3; Apoc. 7:14.

Consecuencia de caída del hombre.
Gén. 3:16-19.

Creyentes deben esperar. Juan 16:33;
Hech. 14:22.

Creyentes tendrán. 1 Tes. 3:3.

Creyentes tienen gozo en. Job 5:17;
Sant. 5:11.

De creyentes, comparativamente tenue.
Hech. 20:23-24; Rom. 8:18; 2 Cor. 4:17.

De creyentes, temporaria. Sal. 30:5; 103:9;
Isa. 54:7-8; Juan 16:20; 1 Ped. 1:6; 5:10.

Vida cotidiana

AFEITARSE

Las costumbres antiguas en cuanto a afeitarse la barba han tenido grandes variaciones. A los egipcios se los conocía por su atención puntillosa en cuanto a higiene personal, y exceptuando tiempos de duelo y gran dolor, se afeitaban el cabello y la barba por razones de limpieza y extrema pureza. Entre los hebreos era menos común afeitarse, ya que la barba se tenía en alta estima y se consideraba un símbolo de dignidad y hombría. Los hebreos no se afeitaban la barba sino que sólo la recortaban (2 Sam. 19:24; Ezeq. 44:20).

De creyentes, termina en gozo y bendición. Sal. 126:5-6; Isa. 61:2-3; Mat. 5:4; 1 Ped. 4:13-14.

Dios determina continuidad de. Gén. 15:13-14; Núm. 14:33; Isa. 10:25; Jer. 29:10.

Dios dispensa, a voluntad. Job 11:10; Isa. 10:15; 45:7.

Dios no envía gustosamente. Lam. 3:33.

Dios ordena. 2 Rey. 6:33; Job 5;6,17; Sal. 66:11; Amós 3:6; Miq. 6:9.

Dios regula medida de. Sal. 80:5; Isa. 9:1; Jer. 46:28.

Frecuentemente es para bien. Gén. 50:20; Ex. 1:11-12; Deut. 8:15-16; Jer. 24:5-6; Ezeq. 20:37.

Impuesta por el pecado. 2 Sam. 12:14; Sal. 89:30-32; Isa. 57:17; Hech. 13:10-11.

Mitigada con misericordia. Sal. 78:38-39; 106:43-46; Isa. 30:18-21; Lam. 3:32; Miq. 7:7-9; Nah. 1:12.

Muestra amor y fidelidad divinos. Deut. 8:5; Sal. 119:75; Prov. 3:12; 1 Cor. 11:32; Heb. 12:6-7; Apoc. 3:19.

Pecado produce. Job 4:8; 20:11; Prov. 1:31.

Ser humano nace para. Job 5:6-7; 14:1.

Siempre menos de lo merecido. Esd. 9:13; Sal. 103:10.

AFLICCIÓN, BENEFICIOS DE LA

Al ayudarnos a no volver a apartarnos de Dios. Job 34:31-32; Isa. 10:20; Ezeq. 14:10-11.

Al convencernos de pecado. Job 36:8-9; Sal. 119:67; Luc. 15:16-18.

Al ejercitar nuestra paciencia. Sal. 40:1; Rom. 5:3; Sant. 1:3; 1 Ped. 2:20.

Al enseñarnos voluntad de Dios. Sal. 119:71; Isa. 26:9; Miq. 6:9.

Al extender el evangelio. Hech. 8:3-4; 11:19-21; Fil. 1:12; 2 Tim. 2:9-10; 4:16-17.

Al hacer que nos volvamos a Dios. Deut. 4:30-31; Neh. 1:8-9; Sal. 78:34; Isa. 10:20-21; Os. 2:6-7.

Al hacernos dar fruto en cuanto a buenas obras. Juan 15:2; Heb. 12:10-11.

Al humillarnos. Deut. 8:3,16; 2 Crón. 7:13-14; Lam. 3:19-20; 2 Cor. 12:7.

Al llevarnos a buscar a Dios en oración. Jue. 4:3; Jer. 31:18; Lam. 2:17-19; Os. 5:14-15; Jon. 2:1.

Al llevarnos a confesar pecado. Núm. 21:7; Sal. 32:5; 51:3,5.

Al mostrar poder y fidelidad de Dios. Sal. 34:19-20; 2 Cor. 4:8-11.

Al poner a prueba nuestra fe y obediencia. Gén. 22:1-2, con Heb. 11:17; Ex. 15:23-25; Deut. 8:2,16; 1 Ped. 1:7; Apoc. 2:10.

Al poner a prueba y mostrar nuestra sinceridad. Job 23:10; Sal. 66:10; Prov. 17:3.

A

Al promover gloria de Dios.
Juan 9:1-3; 11:3-4; 21:18-19.
Al purificarnos. Ecl. 7:2-3;
Isa. 1:25-26; 48:10; Jer. 9:6-7; Zac. 13:9;
Mal. 3:2-3.

AFLICCIÓN, CONSOLACIÓN EN LA
A los de corazón turbado. Sal. 42:5; 94:19.
A quienes se duelen por el pecado.
Sal. 51:17; Isa. 1:18; 40:1-2; 61:1;
Miq. 7:18-19; Luc. 4:18.
A través de Escrituras. Sal. 119:50,76;
Rom. 15:4.
Ante perspectiva de muerte. Job 19:25-26;
Sal. 23:4; Juan 14:2; 2 Cor. 5:1;
1 Tes. 4:14; Heb. 4:9;
Apoc. 7:14-17; 14:13.
Creyentes deben administrarla
mutuamente. 1 Tes. 4:18; 5:11,14.
Cristo, autor y dador de. Isa. 61:2;
Juan 14:18; 2 Cor. 1:5.
Dios, autor y dador de. Sal. 23:4;
Rom. 15:5.
En sufrimientos de la ancianidad.
Sal. 71:9,18.

Es
Abundante. Sal. 71:21; Isa. 66:11.
Eterna. 2 Tes. 2:16.
Fuerte. Heb. 6:18.
Inútilmente buscada en el mundo.
Sal. 69:20; Ecl. 4:1; Lam. 1:2.
Motivo de alabanza. Isa. 12:1; 49:13.
Espíritu Santo, autor y dador de.
Juan 14:16-17; 15:26; 16:7; Hech. 9:31.
Orar pidiendo. Sal. 119:82.
Para enfermos. Sal. 41:3.
Para perseguidos. Deut. 33:27.
Para pobres. Sal. 10:14; 34:6,9-10.
Para quienes han sido abandonados por
amigos. Sal. 27:10; 41:9-12;
Juan 14:18; 15:18-19.

Para tentados. Rom. 16:20; 1 Cor. 10:13;
2 Cor. 12:9; Sant. 1:12; 4:7; 2 Ped. 2:9;
Apoc. 2:10.
Por parte de ministros del evangelio.
Isa. 40:1-2; 1 Cor. 14:3; 2 Cor. 1:4,6.
Promesa de. Isa. 51:3,12; 66:13;
Ezeq. 14:22-23; Os. 2:14; Zac. 1:17.

AFLICCION, ORACIÓN DURANTE LA
Ánimo a la. Sant. 5:13-16.
Pidiendo consolación divina.
Sal. 4:6; 119:76.
Pidiendo enseñanza y dirección divinas.
Job 34:32; Sal. 27:11; 143:10.
Pidiendo entender causas.
Job 6:24; 10:2; 13:23-34.
Pidiendo liberación. Sal. 25:17,22; 39:10;
Isa. 64:9-12; Jer. 17:14.
Pidiendo misericordia. Sal. 6:2; Hab. 3:2.
Pidiendo perdón y liberación del pecado.
Sal. 39:8; 51:1; 79:8.
Pidiendo presencia y sostén de Dios.
Sal. 10:1; 102:2.
Pidiendo protección y preservación de
enemigos. 2 Rey. 19:19; 2 Crón. 20:12;
Sal. 17:8-9.
Pidiendo que angustias se mitiguen.
Sal. 39:12-13.
Pidiendo que aumente la fe. Mar. 9:24.
Pidiendo que Dios considere nuestras
angustias. 2 Rey. 19:16; Neh. 9:32;
Sal. 9:13; Lam. 5:1.
Pidiendo que Espíritu Santo no sea quitado.
Sal. 51:11.
Pidiendo que nos podamos volver a Dios.
Sal. 80:7; 85:4-6; Jer. 31:18.
Pidiendo recordar que la vida es incierta.
Sal. 39:4.
Pidiendo restauración del gozo.
Sal. 51:8,12; 69:29; 90:14-15.
Pidiendo ser librados. Sal. 143:11.

A

AFLICCIONES DE CREYENTES
Ver Creyentes con aflicciones

AFLICCIONES DE LOS IMPÍOS
Ver Impíos, Aflicciones de

AFLIGIDOS, DEBERES PARA CON LOS
Consolarlos. Job 16:5; 29:25; 2 Cor. 1:4;
1 Tes. 4:18.
Orar por ellos. Hech. 12:5; Fil. 1:16,19;
Sant. 5:14-16.
Protegerlos. Sal. 82:3; Prov. 22:22; 31:5.
Recordarlos. Heb. 13:3.
Socorrerlos. Job 31:19-20; Isa. 58:10;
Fil. 4:14.
Tenerles compasión. Job 6:14; Rom. 12:15;
Gál. 6:2.
Visitarlos. Sant. 1:27.

AGASAJOS
A menudo a gran escala. Gén. 21:8;
Dan. 5:1; Luc. 5:29.
A menudo escenas de gran
borrachera. 1 Sam. 25:36; Dan. 5:3-4;
Os. 7:5.
A menudo servido por familia. Gén. 18:8;
Luc. 10:40; Juan 12:2.
A menudo servido por siervos contratados.
Mat. 22:13; Juan 2:5.

A menudo tenían lugar
Al aire libre, al lado de
fuentes. 1 Rey. 1:9.
En aposento alto. Mar. 14:14-15.
En la casa. Luc. 5:29.
En patio de la casa. Est. 1:5-6;
Luc. 7:36-37.
Audacia para sentarse en lugar principal,
condenada. Mat. 23:6; Luc. 14:7-8.
Bajo dirección de encargado del banquete.
Juan 2:8-9.

Clases de, mencionadas en Escritura
Banquete de vino. Ex. 5:6.

Cena. Luc. 14:12; Juan 12:2.
Comida al mediodía. Gén. 43:16.
Comenzaban con acción de
gracias. 1 Sam. 9:13; Mar. 8:6.
Costumbre de dar pan mojado a un huésped,
alusión. Juan 13:26.
Hombres y mujeres por lo general no
estaban juntos en. Est. 1:8-9; Mar. 6:21,
con Mat. 14:11.

Invitaciones a
A menudo dirigidas a muchos.
Luc. 14:16.
A menudo por mismo dueño de
casa. 2 Sam. 13:24; Est. 5:4; Sof. 1:7;
Luc. 7:36.
A menudo, sólo a parientes y
amigos. 1 Rey. 1:9; Luc. 14:12.
Debía hacerse a pobres, etc. Deut. 14:29,
con Luc. 14:13.
Sirvientes la repetían cuando todo estaba
listo. Prov. 9:1-5; Luc. 14:17.

Invitados en
A menudo comían de un mismo
recipiente. Mat. 26:23.
A menudo tenían distintos platos.
Gén. 43:34; 1 Sam. 1:4.
Les lavaban pies cuando llegaban desde
lejos. Gén. 18:4; 43:24; Luc. 7:38,44.
Por lo general, ungidos. Sal. 23:5;
Luc. 7:46.
Saludados por dueño de casa. Luc. 7:45.
Ubicados de acuerdo a rango. Gén. 43:33;
1 Sam. 9:22; Luc. 14:10.
Música y danza por lo general parte de.
Amós 6:5; Mar. 6:22; Luc. 15:25.
Nadie admitido a, después que dueño de
casa se levantara y cerrara puerta.
Luc. 13:24-25.
Nadie debía comer o beber más de lo que
quería en. Est. 1:8.
Nerviosismo por tener muchos invitados,
alusión a. Luc. 14:22-23.

Ofrecida a su vez por huéspedes. Job 1:4;
Luc. 14:2.

Para ocasiones especiales
Bodas. Mat. 22:2.
Coronaciones. 1 Rey. 1:9,18-19;
1 Crón. 12:39-40; Os. 7:5.
Cosecha. Rut 3:2-7; Isa. 9:3.
Cumpleaños. Mar. 6:21.
Destete de niños. Gén. 21:8.
Esquila de ovejas. 1 Sam. 25:2,36;
2 Sam. 13:23.
Fiestas religiosas. 1 Sam. 20:5,24-26.
Liberación nacional. Est. 8:17; 9:17-19.
Ofrenda de sacrificio voluntario.
Gén. 31:54; Deut. 12:6-7;
1 Sam. 1:4-5,9.
Partida de amigos. 1 Rey. 19:21.
Ratificación de pactos.
Gén. 26:30; 31:54.
Regreso de amigos. 2 Sam. 12:4;
Luc. 15:23, etc.
Vendimia. Jue. 9:27.
Porción especial reservada para invitados
especiales. Gén. 43:43;
1 Sam. 1:5; 9:23-24.
Porciones de, a menudo enviadas a
ausentes. 2 Sam. 11:8; Neh. 8:10;
Est. 9:19.
Preparaciones para. Gén. 18:6-7; Prov. 9:2;
Mat. 22:4; Luc. 15:23.
Terminaba con himno. Mar. 14:26.
Uno ofendía al rehusarse a ir a.
Luc. 14:18,24.

AGRICULTOR

Ver Labrador

AGRICULTURA

A menudo, con obreros
contratados. 1 Crón. 27:26;
2 Crón. 26:10; Mat. 20:8; Luc. 17:7.

Animales usados en
Asno. Deut. 22:10.
Buey. Deut. 25:4.
Caballo. Isa. 28:28.
Clima de Canaán favorable para.
Gén. 13:10; Deut. 8:7-9.
Contribuye al sostén de todos. Ecl. 5:9.
Cultivar la tierra. Gén. 3:23.
Dificultosa por maldición sobre la tierra.
Gén. 3:17-19.
Diligencia en, recompensada.
Prov. 12:11; 13:23; 28:19; Heb. 6:7.
Guerra, destructiva para. Jer. 50:16; 51:23.
Hombre condenado a trabajar en, después
de caída. Gén. 3:23.

Ilustrativa de
Lo que sucede en el corazón. Jer. 4:3;
Os. 10:12.
Lo que sucede en la iglesia. 1 Cor. 3:9.

Implementos de
Azadón. 1 Sam. 13:21.
Carro. 1 Sam. 6:7; Isa. 28:27-28.
Criba, Aventador. Isa. 30:24; Amós 9:9;
Mat. 3:12.
Hacha. 1 Sam. 13:20.
Hoz. Deut. 16:9; 23:25; 1 Sam. 13:20.
Pala. Isa. 30:24.
Podaderas. Isa. 18:5.
Trillo. 2 Sam. 12:31; Isa. 28:27.
Trillo con dientes. Isa. 41:15.
Judíos amaban y practicaban. Jue. 6:11;
1 Rey. 19:19; 2 Crón. 26:10.

Leyes que protegían
Contra codicia de campos de un tercero.
Deut. 5:21.
Contra pastoreo del ganado en campo
ajeno. Ex. 22:5.
Contra perjuicio al fruto de la tierra.
Ex. 22:6.
Dolor ocasionado por falta de frutos.
Joel 1:11; Amós 5:16-17.

Para no cortar trigo de un tercero.
Deut. 23:25.
Para no mover linderos. Deut. 19:14;
Prov. 22:28.
No trabajar en, durante año sabático.
Ex. 23:10-11.
Ocupación del hombre antes de caída.
Gén. 2:15.
Patriarcas la practicaban. Gén. 4:2; 9:20.
Paz, favorable a. Isa. 2:4; Jer. 31:24.

Personas que la practicaban, llamadas
Labradores. Gén. 4:2; 2 Crón. 26:10.
Obreros. Mat. 9:37; 20:1.

Producto de la
A menudo maldito en razón del pecado.
Isa. 5:10; 7:23; Jer. 12:13; Joel 1:10-11.
Exportación. 1 Rey. 5:11; Ezeq. 27:17.
Pagado como alquiler de la tierra.
Mat. 21:33-34.
Reconoce providencia divina. Jer. 5:24;
Os. 2:8.

Promovida entre los judíos por
Derecho a redimir. Lev. 25:23-28.
Distribución de tierra a cada familia.
Núm. 36:7-9.
Prohibición del interés. Ex. 22:25.
Promesas de bendiciones de Dios.
Lev. 26:4; Deut. 7:13; 11:14-15.
Separación de entre otras naciones.
Ex. 33:16.

Requiere
Diligencia. Prov. 27:23-27; Ecl. 11:6.
Paciencia. Sant. 5:7.
Sabiduría. Isa. 28:26.
Trabajo duro. 2 Tim. 2:6.

Tareas de la
Abonar la tierra. Isa. 25:10;
Luc. 14:34-35.
Apilar. Ex. 22:6
Arar. Job 1:14.

Arrancar hierba mala. Mat. 13:28.
Atar en manojos. Gén. 37:7; Mat. 13:30.
Aventar. Rut 3:2; Mat. 3:12.
Cavar. Isa. 5:6; Luc. 13:8; 16:3.
Cercar. Isa. 5:2,5; Os. 2:6.
Cortar. Sal. 129:7; Amós 7:1.
Cosechar. Isa. 17:5.
Espigar. Lev. 19:9; Rut 2:3.
Guardar en graneros. Mat. 6:26; 13:30.
Labrar, Rastrillar. Job 39:10; Isa. 28:24.
Plantar. Prov. 31:16; Isa. 44:14; Jer. 31:5.
Podar. Lev. 25:3; Isa. 5:6; Juan 15:2.
Realizar injertos. Rom. 11:17-19,24.
Recoger piedras. Isa. 5:2.
Regar. Deut. 11:10; 1 Cor. 3:6-8.
Sembrar. Ecl. 11:4; Isa. 32:20; Mat. 13:3.
Trillar. Deut. 25:4; Jue. 6:11.
Tierra de Canaán, adecuada para.
Gén. 13:10; Deut. 8:7-9.

AGUA

A menudo contaminada y no apta para
beber. Ex. 15:23; 2 Rey. 2:19.
Cae desde nubes en forma de lluvia.
Deut. 11:11; 2 Sam. 21:10.
Ciertas plantas requieren mucha. Job 8:11.
Cuando escasea, alto precio. Lam. 5:4.

Descripción
Desgasta sustancias duras. Job 14:19.
Impetuosa. Gén. 49:4.
Penetrante. Sal. 109:18.
Purificadora. Ezeq. 36:25; Ef. 5:26.
Refrescante. Job 22:7; Prov. 25:25.

Dios originalmente
Creó aves y peces de. Gén. 1:20-21.
Creó firmamento para dividir.
Gén. 1:6-7.
Puso el, en un solo lugar. Gén. 1:9.
Elemento del mundo. Gén. 1:2.
Falta de, gran calamidad. Ex. 17:1-3;
Núm. 20:2; 2 Rey. 3:9-10; Isa. 3:1.

A

Ilustrativa de

Aflicción severa (cuando es profunda).
Sal. 66:12; 69:1; Isa. 30:20; 43:2.

Apoyo de Dios. Isa. 8:6.

Consejo en el corazón (cuando son
profundas). Prov. 20:5.

Debilidad por miedo (cuando se
derrama). Sal. 22:14.

Desaliento y cobardía (en su debilidad).
Jos. 7:5; Ezeq. 7:17.

Discordia y contención (cuando es difícil
detener). Prov. 17:14.

Distintas naciones (cuando son muchas).
Jer. 51:13; Apoc. 17:1,15.

Dones y gracias del Espíritu Santo.
Isa. 41:17-18; 44:3; Ezeq. 36:25;
Juan 7:38-39.

Ejércitos hostiles. Isa. 8:7; 17:13.

Ira de Dios (cuando se derrama).
Os. 5:10.

Muerte (cuando se derrama sobre la
tierra). 2 Sam. 14:14.

Numerosa descendencia. Núm. 24:7.

Palabra de Cristo (cuando son muchas y
hacen estruendo). Apoc. 1:15.

Palabras de sabios (cuando son
profundas). Prov. 18:4.

Persecuciones. Sal. 88:17.

Perseguidores. Sal. 124:4-5.

Propagación del conocimiento de Dios
(cuando cubren el mar). Isa. 11:9;
Hab. 2:14.

Tendencia a vacilar (en su impetuosidad).
Gén. 49:4.

Variedad de aflicciones (cuando son
muchas). 2 Sam. 22:17.

Vida de impíos (cuando fluye con
rapidez). Job 24:18; Sal. 58:7.

Milagros asociados con

Consumida por fuego del cielo.
1 Rey. 18:38.

Cristo caminó sobre. Mat. 14:26-29.

Divididas para que pase pueblo.
Ex. 14:21-22.

Hierro flota en. 2 Rey. 6:5-6.

Poderes de sanidad transmitidos
al. 2 Rey. 5:14; Juan 5:4; 9:7.

Salió de la roca. Ex. 17:6; Núm. 20:11.

Salió de quijada de asno. Jue. 15:19.

Se convirtió en sangre. Ex. 7:17,20.

Se convirtió en vino. Juan 2:7-9.

Zanjas llenas de. 2 Rey. 3:17-22.

Modo artificial de llevar, a grandes
ciudades. 2 Rey. 20:20.

Mundo no será destruido otra vez por.
Gén. 9:8-15; 2 Ped. 3:7.

Mundo y sus habitantes, una vez destruidos
por. Gén. 7:20-23, con 2 Ped. 3:6.

Necesaria para comodidad y bienestar.
Isa. 41:17, con Zac. 9:11.

Necesaria para vegetación. Gén. 2:5-6;
Job 14:9; Isa. 1:30.

Para purificación, guardada en grandes
recipientes. Juan 2:6.

Se eleva a nubes como vapor. Ecl. 1:7, con
Sal. 104:8.

Se hace hielo. Job 38:29; Sal. 147:16-17.

Se la encontraba en

Arroyos y vados. 2 Sam. 17:20;
1 Rey. 18:5.

Corrientes. Sal. 78:16.

Estanques. 1 Rey. 22:38; Neh. 2:14.

Fuentes. Jos. 15:19; 1 Rey. 18:5;
2 Crón. 32:3.

Mar. Gén. 1:9-10; Isa. 11:9.

Nubes. Gén. 1:7; Job 26:8-9.

Pozos. Gén. 21:19.

Ríos. Isa. 8:7; Jer. 2:18.

Torrentes. Isa. 35:6.

Se llevaba en recipientes. Gén. 21:14;
1 Sam. 26:11; Mar. 14:13.

Usada por judíos

Como bebida principal. Gén. 24:43;
1 Rey. 13:19,22; 18:4; Os. 2:5.

Para cocinar. Ex. 12:9.

Para lavarse. Gén. 18:4; 24:32.

Para purificación ceremonial. Ex. 29:4;
Heb. 9:10,19.

AGUAS AMARGAS

Agua ceremonial usada por sacerdotes.
Núm. 5:18-27.

En Mara. Ex. 15:23.

ÁGUILA

Alimenta a cría con sangre. Job 39:29-30.

Ave de rapiña. Job 9:26; Mat. 24:28.

Descripción

Ligera. 2 Sam. 1:23.

Vista de largo alcance. Job 39:29.

Vuela hacia el cielo. Prov. 23:5.

Estandarte de ejércitos romanos.
Mat. 24:15, con 28.

Fuerza de sus plumas, alusión a. Dan. 4:33.

Grandeza de alas, alusión a. Ezeq. 17:3,7.

Habita en altas rocas. Job 39:27-28.

Ilustrativa de

Calamidades, calvas como, cuando muda
las plumas. Miq. 1:16.

Cuidado de Dios a iglesia, en cómo enseña
a volar a sus crías. Ex. 19:4;
Deut. 32:11.

Desaparición de riquezas, en su rapidez.
Prov. 23:5.

Ejércitos hostiles, en su rapidez.
Deut. 28:49; Jer. 4:13; 48:40;
Lam. 4:19.

Protección para iglesia, con las alas.
Apoc. 12:14.

Rapidez de vida humana, al arrojarse
sobre su presa. Job 9:26.

Rápido progreso de santos hacia cielo, al
levantar vuelo. Isa. 40:31.

Renovación de creyentes, en su fuerza
renovada y belleza. Sal. 103:5.

Reyes grandes y poderosos. Ezeq. 17:3;
Os. 8:1.

Sabiduría y celo de ministros del
evangelio. Ezeq. 1:10; Apoc. 4:7.

Seguridad ilusoria y fatal de impíos, en
alto refugio de su morada. Jer. 49:16;
Abd. 1:4.

Inmunda. Lev. 11:13; Deut. 14:12.

Llamada águila de los cielos. Lam. 4:19.

Peculiaridad de su vuelo, alusión a.
Prov. 30:19.

Se deleita en cedros. Ezeq. 17:3-4.

AGUJA

Ojo de. Mat. 19:24.

AHORROS

Ver también Financiera, Responsabilidad

Ejemplos de

Hombre que construyó graneros más
grandes. Luc. 12:16-21.

José, para Faraón. Gén. 41:1-57.

Exhortaciones sobre

Ahorrar para ofrendar. 1 Cor. 16:2.

Diversificar el haber. Ecl. 11:2.

Hacer tesoros en cielo. Mat. 6:19-21.

Ser como hormiga laboriosa.
Prov. 6:6-8; 30:25.

Insensato disipa tesoro. Prov. 21:20.

AJO

Alimento que israelitas comieron en Egipto.
Núm. 11:5.

ALABANZA

Aceptable por medio de Cristo. Heb. 13:15.

Buena y agradable. Sal. 33:1; 147:1.

Con instrumentos musicales.
1 Crón. 16:41-42; Sal. 150:3,5.

Creyentes deben

Declarar. Isa. 42:12.

Expresar su gozo en. Sant. 5:13.
Gloriarse en. 1 Crón. 16:35.
Invitar a otros a. Sal. 34:3,95:1.
Mostrar. Isa. 43:21; 1 Ped. 2:9.
Ofrecer, durante aflicción. Hech. 16:25.
Orar pidiendo poder presentar.
  Sal. 51:15; 119:175.
Tener espíritu de. Isa. 61:3.
Triunfar en. Sal. 106:47.
Cristo digno de. Apoc. 5:12.

Debe ofrecerse
  Con alegría. 2 Crón. 29:30; Jer. 33:11.
  Con alma. Sal. 103:1; 104:1,35.
  Con boca. Sal. 51:15; 63:5.
  Con entendimiento. Sal. 47:7, con
    1 Cor. 14:15.
  Con gozo. Sal. 63:5; 98:4.
  Con gratitud. 1 Crón. 16:4; Neh. 12:24;
    Sal. 147:7.
  Con labios. Sal. 63:3; 119:171.
  Con rectitud de corazón. Sal. 119:7.
  Con todo el corazón.
    Sal. 9:1; 111:1; 138:1.
  Continuamente. Sal. 35:28,71:6.
  Día tras día. 2 Crón. 30:21.
  Día y noche. Apoc. 4:8.
  Durante la vida. Sal. 104:33.
  En salmos e himnos, etc. Sal. 105:2;
    Ef. 5:19; Col. 3:16.
  Eternamente. Sal. 145:1-2.
  Más y más. Sal. 71:14.
  Por todo el mundo. Sal. 113:3.
Dios es digno de. 2 Sam. 22:4.
Dios es glorificado en. Sal. 22:23; 50:23.

Dios merece, en razón de
  Bendiciones espirituales. Sal. 103:2;
    Ef. 1:3.
  Bendiciones temporales.
    Sal. 104:1,14; 136:25.
  Continuidad de bendiciones. Sal. 68:19.
  Cumplimiento de promesas. 1 Rey. 8:56.
  Esperanza de gloria. 1 Ped. 1:3-4.

Liberación. Sal. 40:1-3; 124:6.
Perdón de pecados. Sal. 103:1-3;
  Os. 14:2.
Preservación constante. Sal. 71:6-8.
Protección. Sal. 28:7; 59:17.
Respuesta a la oración. Sal. 28:6; 118:21.
Salud espiritual. Sal. 103:3.
Su bondad. Sal. 107:8,118:1; 136:1;
  Jer. 33:11.
Su consejo. Sal. 16:7; Jer. 32:19.
Su consolación. Sal. 42:5; Isa. 12:1.
Su excelencia. Ex. 15:7; Sal. 148:13.
Su fidelidad y su verdad. Isa. 25:1.
Su gloria. Sal. 138:5; Ezeq. 3:12.
Su grandeza. 1 Crón. 16:25; Sal. 145:3.
Su juicio. Sal. 101:1.
Su majestad. Sal. 96:1,6; Isa. 24:14.
Su misericordia. 2 Crón. 20:21;
  Sal. 89:1; 118:1-4; 136.
Su poder. Sal. 21:13.
Su sabiduría. Dan. 2:20; Jud. 25.
Su salvación. Sal. 18:46;
  Isa. 35:10; 61:10; Luc. 1:68-69.
Su santidad. Ex. 15:11; Isa. 6:3.
Sus maravillosas obras. Sal. 89:5; 150:2;
  Isa. 25:1.
Ejército celestial ofrece. Isa. 6:3; Luc. 2:13;
  Apoc. 4:9-11; 5:12.
Jóvenes y viejos. Sal. 148:1,12.

Llamada también
  Fruto de labios. Os. 14:2; Heb. 13:15.
  Manto de. Isa. 61:3.
  Sacrificio de. Heb. 13:15.
  Sacrificios de júbilo. Sal. 27:6.
  Voz de cántico. Sal. 98:5.
  Voz de canto. Isa. 51:3.
  Voz de júbilo. Sal. 47:1.
  Voz de. Sal. 66:8.

Obligatoria para
  Ángeles. Sal. 103:20; 148:2.
  Creyentes. Sal. 30:4; 149:5.
  Gentiles. Sal. 117:1, con Rom. 15:11.

Niños. Sal. 8:2, con Mat. 21:16.

Pequeños y grandes. Apoc. 19:5.

Toda la creación. Sal. 148:1-10; 150:6.

Todas las personas. Sal. 107:8; 145:21.

Ofrecida a Cristo. Juan 12:13.

Ofrecida estando parados. 1 Crón. 23:30;
Neh. 9:5.

Parte de adoración pública.
Sal. 9:14; 100:4; 118:19-20; Heb. 2:12.

ALEGRÍA
Ver también Gozo

Debe caracterizar a cristianos. Mat. 5:12;
Apoc. 19:7.

Don de Dios. Sal. 4:7; 30:11.

Fuente de nuestra fuerza. Neh. 8:10.

Valor de. Prov. 15:15; 17:22.

Y alabanza. Sant. 5:13.

Y amor. Rom. 12:8.

Y compartir. Filem. 20.

Y mayordomía. 2 Cor. 9:7.

Y redención. Isa. 52:9; Zac. 8:19.

ALIANZA CON ENEMIGOS DE DIOS

Bendición por abandono de. Ezeq. 9:12;
Prov. 9:6; 2 Cor. 6:17-18.

Bendición por evitar. Sal. 1:1.

Castigo de. Núm. 33:56; Deut. 7:4;
Jos. 23:13; Jue. 2:3; 3:5-8; Esd. 9:7,14;
Sal. 106:41-42; Apoc. 2:16,22-23.

Conduce a idolatría. Ex. 34:15-16;
Núm. 25:1-8; Deut. 7:4; Jue. 3:5-7;
Apoc. 2:20.

Condujo a asesinato y sacrificios humanos.
Sal. 106:37-38.

Consecuencias negativas de. Prov. 28:19;
Jer. 51:7.

Creyentes

Deben cuidarse cuando se ven en, de
manera no intencional. Mat. 10:6;
Col. 4:5; 1 Ped. 2:12.

Desaprueban. Gén. 49:6;
Sal. 6:8; 15:4; 101:4,7; 119:115; 139:1
9.

Odian y evitan. Sal. 26:4-5; 31:6; 101:7;
Apoc. 2:2.

Se afligen al ver en sus hermanos.
Gén. 26:35; Esd. 9:3; 10:6.

Se afligen por. Sal. 57:4; 120:5-6;
2 Ped. 2:7-8.

Se separan de. Ex. 33:16; Esd. 6:21.

Son tentados por malos a realizar.
Neh. 6:2-4.

Dios deja que hombres cosechen fruto de.
Jos. 23:12-13; Jue. 2:1-3.

Es

Atrapante. Ex. 23:33; Núm. 25:18;
Deut. 12:30; 13:6; Sal. 106:36.

Corruptora. Esd. 9:1-2.

Degradante. Isa. 1:23.

Esclavizante. 2 Ped. 2:18-19.

Prueba de necedad. Prov. 12:11.

Ruina para carácter. 1 Cor. 15:33.

Ruina para intereses espirituales.
Prov. 29:24; Heb. 12:14-15;
2 Ped. 3:17.

Exhortaciones a evitar todo incentivo a.
Prov. 1:10-15; 4;14-15; 2 Ped. 3:17.

Exhortaciones a odiar y evitar. Prov. 14:7;
Rom. 16,17; 1 Cor. 5:9-11; Ef. 5:6-7;
1 Tim. 6:5; 2 Tim. 3:5.

Hijos que entran en, avergüenzan a sus
padres. Prov. 28:7.

Impíos tienen tendencia a. Sal. 50:18;
Jer. 2:25.

Impropia en quienes se llaman
creyentes. 2 Crón. 19:2; 2 Crón. 6:14-16;
Fil. 2:15.

Llamado a dejar. Núm. 16:26; Esd. 10:11;
Jer. 51:6,45; 2 Cor. 6:17; 2 Tes. 3:6;
Apoc. 18:4.

Maneras de preservarse de.
Prov. 2:10-20; 19:27.

Padres piadosos prohíben, a sus hijos.
Gén. 28:1.
Pecado de, debe resultar en confesión,
arrepentimiento y abandono. Esd. 10.
Personas en autoridad deben denunciar.
Esd. 10:9-11; Neh. 13:23-27.
Prohibición de. Ex. 23:32; 34:12;
Deut. 7:2-3; 13:6,8; Jos. 23:6-7; Jue. 2:2;
Esd. 9:12; Prov. 1:10,15; 2 Cor. 6:14-17;
Ef. 5:11.
Provoca enojo de Dios. Deut. 7:4; 31:16-17;
2 Crón. 19:2; Esd. 9:13-14;
Sal. 106:29,40; Isa. 2:6.

Ahora lo sabe

AJENJO

E l ajenjo es una planta amarga no venenosa común en el Medio Oriente. A menudo se usaba como símbolo de amargura y dolor. Los profetas del Antiguo Testamento describieron el ajenjo como lo contrario a justicia y rectitud (Amós 5:7; Jer. 23:15). Apocalipsis dice que una de las estrellas que cayó ardiendo era ajenjo (Apoc. 8:10-11).

ALIENTO

De Dios. 2 Sam. 22:16; Job 4:9; 33:4;
37:10; Sal. 18:15; 33:6; Isa. 30:33.
De vida. Gén. 2:7; 7:22; Hech. 17:25.
Sentido figurado. Ezeq. 37:9.

ALJABA

Para flechas. Gén. 27:3; Isa. 22:6.

ALMOHADA

Figurativamente, falsos maestros.
Ezeq. 13:18,20.
Hecha de pelo de cabra. 1 Sam. 19:13,16.

Jesús duerme sobre. Mar. 4:38.
Llamada cabecera. Gén. 28:11,18;
1 Sam. 26:7,11-12,16.
Piedras usadas como. Gén. 28:11,18.

ALQUILER

Casas. Hech. 28:30.
Leyes sobre propiedad. Ex. 22:14-15.
Tierra. Mat. 21:33-41.

ALTAR DEL HOLOCAUSTO

Ver Holocausto, Altar del

ALTAR DEL INCIENSO

Ver Incienso, Altar del

ALTARES

Ver también temas adicionales: Holocausto,
Altar del; Incienso, Altar del

De ladrillo, insulto a Dios. Isa. 65:3.
Debían ser de tierra o piedras enteras.
Ex. 20:24-25; Deut. 27:5-6.
Idólatras pusieron imágenes de Asera cerca
de. Jue. 6:30; 1 Rey. 16:32-33;
2 Rey. 21:3.
Judíos no debían plantar árboles cerca de.
Deut. 16:21.

Mencionados
De Abraham. Gén. 127-8; 13:18; 22:9.
De Acaz. 2 Rey. 16:10-12.
De atenienses. Hech. 17:23.
De Balaam. Núm. 23:1,14,29.
De David. 2 Sam. 24:21,25.
De Gedeón. Jue. 6:26-27.
De Isaac. Gén. 26:25.
De Jacob. Gén. 33:20; 35:1,3,7.
De Jeroboam en Bet-el. 1 Rey. 12:33.
De Josué. Jos. 8:30-31.
De Moisés. Ex. 17:15; 24:4.
De Noé. Gén. 8:20.
De pueblo de Israel. Jue. 21:4.
De rubenitas, etc. Jos. 22:10.

De Samuel. 1 Sam. 7:17.

De segundo templo. Esd. 3:2-3.

De templo de Salomón. 2 Crón. 4:1,19.

No debían tener escalones. Ex. 20:26.

No otorgaban protección a asesinos.
Ex. 21:14; 1 Rey. 2:18-34.

Para adoración idólatra, a menudo erigidos
en techos de casas. 2 Rey. 23:12;
Jer. 19:13; 32:29.

Para adoración idólatra, debían destruirse.
Ex. 34:13; Deut. 7:5.

Para holocaustos. Ex. 27:1-8

Para incienso. Ex. 30:1-6.

Para sacrificios. Ex. 20:24.

Probable origen de inscripciones sobre.
Deut. 27:8.

Protección que otorgaban
los. 1 Rey. 1:50-51.

Rocas usadas a veces como.
Jue. 6:19-21; 13:19-20.

ALTRUISMO

Ánimo a vivir con. Rom. 15:1; 2 Cor. 9:7.

Ejemplos de
Abraham. Gén. 13:9; 14:23-24.

Arauna. 2 Sam. 24:22-24.

Daniel. Dan. 5:17.

Es así

ALELUYA

Aleluya es una exclamación de alabanza que aparece frecuentemente en el libro de los Salmos y significa "Alabad a Yavéh". Los Salmos 146-150 a veces reciben el nombre de "Salmos aleluya". En los Salmos se alaba a Dios por su poder, su sabiduría, sus bendiciones, y por la liberación de su pueblo.

David. 1 Sam. 24:17; 2 Sam. 15:19-20;
23:16-17; 1 Crón. 21:17; Sal. 69:6.

Discípulos. Hech. 4:34-35.

Filemón. Filem. 13-14.

Gedeón. Jue. 8:22-23.

Hijos de Het. Gén. 23:6-11.

Jonás. Jon. 1:12-13.

Jonatán. 1 Sam. 23:17-18.

José. Mat. 1:19.

Judá. Gén. 44:33-34.

Judíos. Ester 9:15.

Moisés. Núm. 11:29; 14:12-19.

Nehemías. Neh. 5:14-18.

Pablo. 1 Cor. 10:33; Fil. 1:18; 4:17;
2 Tes. 3:8.

Priscila y Aquila. Rom. 16:3-4.

Rey de Sodoma. Gén. 14:21.

Saúl. 1 Sam. 11:12-13.

Mandamiento. Lev. 19:18; Deut.10:19;
Mat. 19:21; Fil. 2:4.

Medida de. Luc. 6:31.

Pablo insta a. Fil. 2:3-4.

Propósito del mandamiento divino.
1 Tim. 1:5.

Recompensa por. Mat. 7:2; 10:42;
Prov. 11:25; 22:9; Isa. 58:10; 2 Cor. 9:6.

AMARGURA

Contra esposas, prohibida. Col. 3:19.

Cristianos deben dejar. Ef. 4:31;
Heb. 12:15.

De caldeos militaristas. Hab. 1:6.

De impíos. Sal. 140:3; Rom. 3:14.

De prostituta. Prov. 5:4.

Del profeta Jeremías. Lam. 3:15.

Se siente en corazón. Prov. 14:10.

AMBICIÓN

Castigo por. Prov. 17:19; Isa. 14:12-15;
Ezeq. 31:10-11; Abd. 1:3-4.

Condenada por Cristo.
Mat. 18:1,3-4; 20:25-26; 23:11-12.

Condenada por Dios. Gén. 11:7; Isa. 5:8.

A

Creyentes evitan. Sal. 131:1-2.
Lleva a luchas y contiendas. Sant. 4:1-2.
Vanidad de. Job 20:5-9; 24:24;
Sal. 49:11-20.
Y codicia. Hab. 2:8-9.
Y crueldad. Hab. 2:12.
Y orgullo. Hab. 2:5.

AMBIENTAL, PROTECCIÓN

Desobediencia
Afecta fertilidad de tierra. Gén. 3:17-19;
Deut. 11:16-17; 28:15-19.
Crea desequilibrio ecológico.
Deut. 29:22-28; Jer. 4:23-28; Os. 4:2-3.
Hace a la tierra impura. Lev. 18:24-28.
Fruto recogido de árboles nuevos sólo
después de 4 años. Lev. 19:23-25.
Obediencia trae bendición y fertilidad de
tierra. Deut. 11:13-15; 28:1-4.
Personas son responsables de lo que se les
confía. Luc. 12:41-48.
Restauración de tierra.
Isa. 35:1-7; 55:10-13; Amós 9:13-15.

Rol de Adán
Cuidar del Edén. Gén. 2:15.
Poner nombre a animales. Gén. 2:19-20.
Tener dominio sobre tierra y recursos.
Gén. 1:26-28.
Tierra debía dejar de cultivarse cada 7 años.
Lev. 25:4.

Tierra y recursos
Dados por Dios a gente.
Gén. 1:29-30; 9:1-4; Deut. 8:7-10.
Dios los cuida. Deut. 11:12;
Sal. 104:10-22.
Pertenecen a Dios. Lev. 25:23; Job 41:11;
Sal. 24:1; 89:11.

AMÉN
Afirma juramento. Núm. 5:22; Deut. 27:15 ss.

Concluye bendición u oración. Mat. 6:13;
Gál. 6:18.
Cristo como. Apoc. 3:14.
Expresa acuerdo con declaración de
alabanza o bendición. Sal.41:13; 72:19;
1 Crón. 16:36; Rom. 16:24.
Pronunciado por medio de
Cristo. 2 Cor. 1:20.

AMIGOS

Falsos amigos, ejemplos de
Ahitofel para con David. 2 Sam. 15:12.
Amigos de David para con David.
Sal. 35:11-16; 41:9; 55:12-14,20-21;
88:8,18.
Copero de Faraón para con José.
Gén. 40:23.
Dalila para con Sansón. Jue. 16:1-20.
David para con Joab. 1 Rey. 2:5-6.
David para con Urías. 2 Sam. 11.
Discípulos para con Jesús. Mat. 26:56,58.
Judas para con Jesús. Mat. 26:48-49.
Mujer del levita. Jue. 19:1-2.
Jesús llamó, a discípulos. Juan 15:14-15.

AMISTAD
Amigo, más cercano que hermano.
Prov. 18:24.
Característica de. Prov. 27:6-19.
Constancia de la. Prov. 17:17.
De Cristo. Luc. 7:34; Juan 15:14.
De discípulos. Hech. 28:15;
2 Cor. 2:13; 3 Juan 1:14.

Ejemplos de
Abraham y Lot. Gén. 14:14-16.
Daniel y 3 compañeros. Dan. 2:49.
David e Hiram. 1 Rey. 5:1.
David e Itai. 2 Sam. 15:19-21.
David y Abiatar. 1 Sam. 22:23.
David y Husai. 2 Sam. 15:32-37.
David y Jonatán.
1 Sam. 18:1-4,20; 23:16-18.

David y Nahas. 2 Sam. 10:2.
Job y 3 amigos. Job 2:11-13.
Joram y Ocozías. 2 Rey. 8:28-29.
Las Marías y José de Arimatea.
  Mat. 27:55-61.
Lucas y Teófilo. Hech. 1:1.
María, Marta, Lázaro y Jesús.
  Luc. 10:38-42.
Pablo y su sobrino. Hech. 23:16.
Pablo, Priscila y Aquila. Rom. 16:3-4.
Pablo, Timoteo y Epafrodito.
  Fil. 2:19-20,22,25.
Rut y Noemí. Rut 1:16-17.
Samuel y Saúl. 1 Sam. 15:35; 16:1.
Utilidad de. Ecl. 4:9-10.

AMOR
Ver también Amor fraternal

Ánimo a practicar. Col. 3:14. (Ver Amor al
  hombre)
Característica de hijos de Dios.
  Juan 13:35; 1 Juan 4:7.
Cubre faltas. Prov. 10:12.
Cumple ley. Rom. 13:8.
Dios es. 1 Juan 4:8,16.
Es de Dios. 1 Juan 4:7.
Explicación. 1 Cor. 13:4-7.
Lo más importante. 1 Cor. 13.
Principio supremo. Mat. 22:37-38.

AMOR FRATERNAL
Debe aumentar. 1 Tes. 4:9-10.
Debe permanecer. Heb. 13:1.
Demuestra fe cristiana. 1 Juan 2:9-11.
Mandamiento a cristianos. Rom. 12:10;
  Juan 13:34.

AMOR A CRISTO
Ver Cristo, Amor a

AMOR A DIOS
Ver Dios, Amor a

AMOR AL HOMBRE
Ver Hombre, Amor al

AMOR DE CRISTO
Ver Cristo, Amor de

AMOR DE DIOS
Ver Dios, Amor de

AMOROSAS, AVENTURAS
Ver también Prematrimoniales, Relaciones
  sexuales; Violación

Comparación con conducta de caballos.
  Jer. 5:8.

Ejemplos de
  Amnón y Tamar. 2 Sam. 13:1-14.
  Con una prostituta. Prov. 7:6-23;
    1 Cor. 6:13-20.
  David y Betsabé. 2 Sam. 11:2-5.
  Gomer. Os. 3:1.
  Judá y Tamar. Gén. 38:12-26.
  Levita y concubina. Jue. 19:2.
  Mujer samaritana. Juan 4:17-18.

Perdón por parte de
  Cónyuge. Jue. 19:1-4.
  Dios. 2 Sam. 12:13; Sal. 51.
  Jesús. Juan 8:10-11.
Prohibidas. Ex. 20:14; Prov. 5:15-20;
  Mat. 5:27-28; 1 Cor. 6:9,18; 7:1-3;
  Col. 3:5-6; 1 Tes. 4:3-5; Heb. 13:4.
Rechazadas por José. Gén. 39:7-18.
Tentación de caer en. 1 Cor. 10:12-13.

Tienen consecuencias que afectan a otros
  Alienación. 1 Cor. 5:12.
  Codicia sexual equiparada a. Mat. 5:28.
  Cónyuge inocente. 2 Sam. 11:6-21;
    Job 31:9-10.
  Cónyuges son una carne. Gén. 2:24;
    1 Cor. 6:16-17.
  Culpa. Sal. 51:1-14.

Destruyen a persona.
Prov. 6:27-32; 7:21-27; 9:13-18;
Rom. 1:26-27.
Familia. Gén. 35:22; 2 Sam. 13:21-22.
Hijo ilegítimo. 2 Sam. 12:14.
Odio. Deut. 22:13-14; 2 Sam. 13:15,22.
Personas inocentes. 2 Sam. 12:10-11.
Vergüenza pública. Gén. 38:23-26;
1 Sam. 2:22-24; 2 Sam. 12:11-12;
Mat. 1:19.

AMOS

Autoridad de. Col. 3:22; 1 Ped. 2:18.
Benevolentes, bendecidos. Deut. 15:18.

Con toda su familia deben
Abandonar ídolos. Gén. 35:2.
Adorar a Dios. Gén. 35:3.
Observar día de reposo. Ex. 20:10;
Deut. 5:12-14.
Servir a Dios. Jos. 24:15.
Temer a Dios. Hech. 10:2.
Deben escoger siervos fieles. Gén. 24:2;
Sal. 101:6-7.
Deben recibir fiel consejo de siervos.
2 Rey. 5:13-14.

Deber de, hacia siervos
Actuar con justicia. Job 31:13,15;
Col. 4:1.
Cuidarlos si están enfermos. Luc. 7:3.
Dejar de lado amenazas. Ef. 6:9.
No defraudarlos. Gén. 31:7.
No tratarlos despiadadamente.
Lev. 25:43; Deut. 24:14.
Pagarles salario. Lev. 19:13; Deut. 24:15.
Tenerlos en alta estima si son creyentes.
Filem. 16.
Tratarlos en temor de Dios. Ef. 6:9;
Col. 4:1.
Injustos, denunciados. Jer. 22:13; Sant. 5:4.

AMPUTACIÓN

Ver Mutilación

ANARQUÍA

Cuando reina violencia. Jer. 51:46.
En rebelión final del hombre. 2 Tim. 4:3.
Sin autodisciplina. Prov. 25:28.
Sin ley ni gobierno. Jue. 2:19; 21:25.

ANCIANIDAD

Debe honrarse. Lev. 19:32; Prov. 16:31.
Debe ser tiempo de bendición especial.
Prov. 22:6; Isa. 65:20; Hech. 2:17.
Puede ser tiempo de peligro o
decaimiento. 1 Rey. 11:4; Sal. 71:9.
Tiempo de madurez. Sal. 92:14.

ANCIANO

En iglesia cristiana, requisitos del.
Tito 1:5-9.
En sistema mosaico. 1:13,15.

ÁNGELES

Alaban a Dios. Job 38:7; Sal. 148:2; Isa. 6:3;
Luc. 2:13-14; Apoc. 5:11-12; 7:11-12.
Alaban a Dios y a Cristo. Neh. 9:6;
Fil. 2:9-11; Heb. 1:6.

Anunciaron
Ascensión y segunda venida de Cristo.
Hech. 1:11.
Concepción de Cristo. Mat. 1:20-21;
Luc. 1:31.
Concepción de Juan el Bautista.
Luc. 1:13,36.
Nacimiento de Cristo. Luc. 2:10-12.
Resurrección de Cristo. Mat. 28:5-7;
Luc. 24:23.
Ayuda de, obtenida con oración.
Mat. 26:53; Hech. 12:5,7.
Comunican voluntad divina.
Dan. 8:16-17; 9:21-23; 10:11; 12:6-7;
Mat. 2:13,20; Luc. 1:19,28;
Hech. 5:20; 8:26; 10:5; 27:23; Apoc. 1:1.

A

Conocen y se deleitan en evangelio de Cristo. Ef. 3:9-10; 1 Tim. 3:16; 1 Ped. 1:12.

Cuidan a hijos de Dios. Sal. 34:7; 91:11-12; Dan. 6:22; Mat. 18:10.

Ejecutan juicios de Dios. 2 Sam. 24:16; 2 Rey. 19:35; Sal. 35:6; Hech. 12:23; Apoc. 16:1.

Ejecutan propósitos de Dios. Núm. 22:22; Sal. 103:21; Mat. 13:39-42; 28:2; Juan 5:4; Apoc. 5:2.

Ejecutarán propósitos de Cristo. Mat. 13:41; 24:31.

Estarán con Cristo en segunda venida. Mat. 16:27; 25:31; Mar. 8:38; 2 Tes. 1:7.

Fueron creados por Dios y Cristo. Neh. 9:6; Col. 1:16.

Ley fue dada por. Sal. 68:17; Hech. 7:53; Heb. 2:2.

Ministran a Cristo. Mat. 4:11; Luc. 22:43; Juan 1:51.

No debemos adorar a. Col. 2:18; Apoc. 19:10; 22:9.

Obedecen voluntad de Dios. Sal. 103:20; Mat. 6:10.

Se alegran por cada pecador arrepentido. Luc. 15:7,10

Son

Elegidos. 1 Tim. 5:21.

Espíritus que ministran. 1 Rey. 19:5; Sal. 68:17; 104:4; Luc. 16:22; Hech. 12:7-11; 27:23; Heb. 1:7,14.

Innumerables. Job 25:3; Heb. 12:22.

Poderosos. Sal. 103:20.

Sabios. 2 Sam. 14:20.

Santos. Mat. 25:31.

Seres apacibles. 2 Ped. 2:11; Jud. 9.

Seres con distintos rangos. Isa. 6:2; 1 Tes. 4:16; 1 Ped. 3:22; Jud. 9; Apoc. 12:7.

Seres sujetos a Cristo. Ef. 1:21; Col. 1:16; 2:10; 1 Ped. 3:22.

ANILLOS

Antigüedad de. Gén. 24:22; 38:18.

De reyes

Entregados a favoritos, como señal de honor. Gén. 41:42; Est. 3:10; 8:2.

Usados para sellar decretos. Est. 3:12; 8:8,10.

Hechos de oro con engastes de piedras preciosas. Núm. 31:50-51; Cant. 5:14.

Hombres ricos se distinguían por. Sant. 2:2.

Ilustrativo de

Favor (cuando se colocaba en la mano). Luc. 15:22.

Gloria de Cristo. Cant. 5:14.

Muchos, tomados de madianitas. Núm. 31:50.

Mujeres de alto rango se adornaban con. Isa. 3:16,21.

Ofrenda de, para tabernáculo. Ex. 35:22; Núm. 31:50.

Se usaban

En brazos. 2 Sam. 1:10.

En manos. Gén. 41:42.

En nariz. Prov. 11:22; Isa. 3:21.

En orejas. Job 42:11; Os. 2:11; Ezeq. 16:12.

ANIMALES

A menudo destruidos por pecados humanos. Gén. 6:7, con 7:23; Ex. 11:5; Os. 4:3.

A menudo, instrumentos de castigo. Lev. 26:22; Deut. 32:24; Jer. 15:3; Ezeq. 5:17.

Adán les puso nombre. Gén. 2:19-20.

Carne difiere de aves y peces. 1 Cor. 15:39.

Creación de, muestra poder de Dios. Jer. 27:5.

Creados para alabanza y gloria de Dios. Sal. 148:10.

Creados por Dios. Gén. 1:24-25; 2:19.

A Dados al hombre como comida después del diluvio. Gén. 9:3.

Descripción

Capaces de ser domados. Sant. 3:7.

Cuadrúpedos. Hech. 10:12.

No hablan. 2 Ped. 2:16.

No son inmortales. Sal. 49:12-15.

No tienen entendimiento.
Sal. 32:9; 73:22.

Por naturaleza, salvajes, etc. Sal. 50:11; Mar. 1:13.

Tienen instinto. Isa. 1:3.

Desde el principio diferenciados entre limpios e inmundos. Gén. 7:2.

Domésticos

Cuidarlos. Lev. 25:7; Deut. 25:4.

Deben descansar el día de reposo.
Ex. 20:10; Deut. 5:14.

No usarlos con crueldad. Núm. 22:27-32; Prov. 12:10.

Expuestos a enfermedades. Ex. 9:3.

Frecuentemente sufrían por pecados humanos. Joel 1:18,20; Hag. 1:11.

Hallados en

Bosques. Isa. 56:9; Miq. 5:8.

Campos. Deut. 7:22; Joel 2:22.

Desiertos. Isa. 13:21.

Montañas. Cant. 4:8.

Hierba del campo dada a, como comida.
Gén. 1:30.

Historia de, escrita por
Salomón. 1 Rey. 4:33.

Ilustrativos de

Anticristo. Apoc. 13:2; 20:4.

Enseñadores viles. 2 Ped. 2:12; Jud. 10.

Hombres impíos. Sal. 49:20; Tito 1:12.

Perseguidores. 1 Cor. 15:32; 2 Tim. 4:17.

Pueblos de distintas naciones.
Dan. 4:12,21-22.

Reinos. Dan. 7:11,17; 8:4.

Imágenes de, adoradas por paganos.
Rom. 1:23.

Inmundos

Asno. Gén. 22:3; Mat. 21:2.

Asno montés. Job 6:5; 39:5-8.

Behemot. Job 40:15.

Búfalo. Núm. 23:22.

Caballo. Job 39:19-25.

Camaleón. Lev. 11:30

Camello. Gén. 24:64, con Lev. 11:4.

Cerdo. Lev. 11:7; Isa. 66:17.

Comadreja. Lev. 11:29.

Conejo. Lev. 11:5; Sal. 104:18.

Erizo. Lev. 11:30.

León. Jue. 14:5,6.

Leopardo. Cant. 4:8.

Lobo. Gén. 49:27; Juan 10:12.

Mono. 1 Rey. 10:22.

Mula. 2 Sam. 13:29; 1 Rey. 10:25.

Oso. 2 Sam. 17:8.

Perro. Ex. 22:31; Luc. 16:2.

Ratón. Lev. 11:29; Isa. 66:17.

Tejón. Ex. 25:5; Ezeq. 16:10.

Topo. Isa. 2:20.

Zorro. Sal. 63:10; Cant. 2:5.

Instintivamente, temen al hombre. Gén. 9:2.

Lecciones para aprender de. Job 12:7.

Limpios

Antílope. Deut. 14:5.

Buey. Ex. 21:28, con Deut. 14:4.

Cabra. Deut. 14:4.

Cabra montés. Deut. 14:5.

Carnero montés. Deut. 14:5.

Ciervo. Deut. 14:5, con 2 Sam. 2:18.

Corzo. Deut. 14:5.

Gacela. Deut. 14:5, con 2 Sam. 2:18.

Íbice. Deut. 14:5.

Oveja. Deut. 7:13, con 14:4.

Los que eran inmundos

Causaban impureza cuando estaban muertos. Lev. 5:2.

Cómo se distinguían. Lev. 11:26.

No comerlos. Lev. 11:4-8; Deut. 1:7-8.

No ofrecerlos en sacrificio. Lev. 27:11.

Primogénitos de, debían redimirse.
Núm. 18:15.

Los que eran limpios
Cómo se distinguían. Lev. 11:3;
Deut. 14:6.

Primogénitos de, no debían redimirse.
Núm. 18:17.

Usados como alimento. Lev. 11:2;
Deut. 12:15.

Usados para sacrificio. Gén. 8:20.

Lugares en que vivían
Bajo copiosos árboles. Dan. 4:12.

Ciudades desiertas. Isa. 13:21-22;
Sof. 2:15.

Cuevas y guaridas. Job 37:8; 38:40.

Muchas clases de, domésticos.
Gén. 36:6; 45:17.

Muchas clases de, peligrosos y destructores.
Lev. 26:6; Ezeq. 5:17.

Nada semejante a, debe ser adorado.
Deut. 4:17.

No comer los que morían naturalmente o
eran destrozados. Ex. 22:31;
Lev. 17:15; 22:8.

No comerlos vivos ni con sangre. Gén. 9:4;
Deut. 12:16,23.

Pertenecen a Dios. Sal. 50:10.

Poder sobre, dado al hombre. Gén. 1:26,28;
Sal. 87.

Proporcionan ropa a seres humanos.
Gén. 3:21; Job 31:20.

Reciben cuidado de Dios.
Sal. 36:6; 104:10-11.

ANIMALES, PROTECCIÓN DE

Animales del campo
Dios los cuida. Job 38:39-41;
Sal. 104:21; 147:9; Mat. 6:26.

Personas pueden tomar huevos de nidos,
prescindiendo del ave madre.
Deut. 22:6-7.

Pueden espigar campos luego de los
pobres. Ex. 23:11.

Animales domésticos
Alimentarlos adecuadamente. Deut. 25:4;
1 Cor. 9:9; 1 Tim. 5:18.

Ayudarlos a llevar las cargas. Ex. 23:5.

Hacerlos descansar el Sábado. Ex. 20:10;
Deut. 5:14.

Personas los cuidan. Prov. 12:10.

ÁNIMO

A través de ayuda de Dios. Isa. 41:13.

A través de otros creyentes. Hech. 28:15.

A través de presencia de Cristo. Mat. 14:27.

A través de salvación. Isa. 43:1.

A través del cuidado de Dios. Mat. 10:30.

Exhortación. Hech. 27:22; 1 Tes. 5:14;
Heb. 3:13.

Necesario para profetas. 1 Rey. 19:1-19.

Necesario para todos. Neh. 4:17-23;
Dan. 6:18-23.

ANSIEDAD

Ver también Pruebas

Actitud hacia. Mat. 6:25-34; Fil. 4:6;
1 Ped. 5:7.

Admitida. Sal. 38:6.

Advertencia contra. Luc. 21:34.

Bondad providencial de Dios debe
guardarnos de. Mat. 6:26,28,30;
Luc. 22:35.

Confianza en Dios debe librarnos de.
Jer. 17:7-8; Dan. 3:16.

Debemos ponerla en Dios. Sal. 37:5; 55:22;
Prov. 16:3; 1 Ped. 5:7.

A

Ejemplos de
Cuando espías regresaron con informe desfavorable.
Núm. 13:28-29,31-33; 14:1-4.
Cuando Moisés demoró en bajar del monte. Ex. 32:1.
Discípulos, al enfrentarse a multitud hambrienta. Mar. 6:37.
Discípulos, cuando Jesús resucitó.
Luc. 24:4-9,24-31,36-40.
Discípulos, en tormenta en Mar de Galilea. Luc. 8:22-24.
Elías bajo el enebro. 1 Rey. 19:4-15.
Israelitas, en cuanto a agua.
Ex. 15:23-25; 17:2-3; Núm. 20:1-13.
Israelitas, en cuanto a comida. Ex. 16:2-3; Núm. 11:4-33.
Israelitas, en Mar Rojo. Ex. 14:10-12.
María, en el sepulcro. Juan 20:11-17.
Pasajeros en el naufragio.
Hech. 27:22-25,30-36.
Enviada como castigo a impíos.
Ezeq. 4:16; 12:19.
Hace que Palabra de Dios no dé fruto.
Mar. 4:19.
Impropia en creyentes. 2 Tim. 2:4.
Inutilidad de. Mat. 6:27; Luc. 12:25-26.
Obstruye el evangelio. Mat. 13:22;
Luc. 8:14; 14:18-20.
Por cosas terrenales, prohibición. Mat. 6:25;
Luc. 12:22,29; Juan 6:27.
Prevenida. Sal. 121:4; 1 Ped. 5:7.
Prohibida. Mat. 6:34.
Promesas de Dios deben guardarnos de.
Heb. 13:5.
Vanidad de. Sal. 39:6; Ecl. 4:8.
Vencer. Sal. 23:4.
Vivir sin. 1 Cor. 7:32; Fil. 4:6.

ANTICONCEPTIVOS

Ejemplos de
Castración. Mat. 19:12.

Tomados livianamente. Gén. 38:9.
Mandamiento a fructificar y multiplicarse.
Gén. 1:28; 9:1,7.

Mujer estéril. Sal. 113:9.
Ana. 1 Sam. 1:2-10.
Elisabet. Luc. 1:13,18.
Esposa de Manoa. Jue. 13:2-3.
Raquel. Gén. 30:22.
Rebeca. Gén. 25:21.
Sara. Gén. 16:1-2; 17:15-16; 21:1-2;
Heb. 11:11.

ANTICRISTO

Engaño característico del. 2 Juan 7.
Espíritu prevaleciente en tiempos apostólicos. 1 Juan 2:18.
Niega al Padre y al Hijo. 1 Juan 2:22.
Niega encarnación de Cristo. 1 Juan 4:3;
2 Juan 7.

En otras palabras...

ANTEDILUVIANO

Antediluviano alude a las personas que vivieron antes del diluvio que aparece descrito en Gén. 6-8.

ANZUELO

Usado como instrumento de juicio divino.
Amós 4:2.

AÑOS

Computación del tiempo por, desde antaño.
Gén. 5:3.

Divididos en
Días. Gén. 25:7; Est. 9:27.
Estaciones. Gén. 8:22.
Meses. Gén. 7:11; 1 Crón. 27:1.
Semanas. Dan. 7:27; Luc. 18:12.

Duración de, durante era patriarcal.
Gén. 7:11; 8:13, con Gén. 7:24; 8:3.

En cálculos proféticos, días equivalen a.
Dan. 12:11-12.

Extraordinarios
De jubileo. Lev. 2:11.
Sabático. Lev. 25:4.

Ilustrativos de
Ancianidad (estar lleno de). Gén. 25:8.
Juicios (de retribuciones). Isa. 34:8.
Prosperidad (años de la diestra del
Altísimo). Sal. 77:10.
Redención por Cristo (de redimidos).
Isa. 63:4.
Severos juicios (de castigo).
Jer. 11:23; 23:12.

Inicio de, modificado luego del éxodo.
Ex. 12:2.

Sol y luna, para marcar. Gén. 1:14.

APOSTASÍA

Al final de los tiempos. 2 Tim. 3:6-9; 4:3-4;
2 Ped. 3:3.

En el presente. Rom. 1:18; Tito 1:10-14.

Es así

APÓCRIFOS, LIBROS

Apócrifos son los escritos que se escribieron entre el 200 a.C. y el 100 d.C. y a los que algunos cristianos consideran parte del Antiguo Testamento aunque no hayan sido incluidos en el Antiguo Testamento hebreo. Jerónimo (aprox. 342-420) y otros eruditos reconocieron que estos libros eran parte de otra categoría y no creyeron que tuvieran la autoridad de la Escritura.

APÓSTATAS

Abundarán en los últimos días. Mat. 24:12;
2 Tes. 2:3; 1 Tim. 4:1-3.
Advertencias contra convertirse en.
Heb. 3:12; 2 Ped. 3:17.
Como resultado de espíritu
mundano. 2 Tim. 4:10.
Como resultado de persecución.
Mat. 24:9-10; Luc. 8:13.
Creyentes no han de ser. Sal. 41:18-19;
Heb. 6:9; 10:39.
Culpa y castigo de. Sof. 1:4-6;
Heb. 10:25-31,39; 2 Ped. 2:17,20-22.
Descripción de. Deut. 13:13; Heb. 3:12.
Imposible restaurar a. Heb. 6:4-6.
Nunca pertenecieron a Cristo. 1 Juan 2:19.

APÓSTOLES

Amonestados contra tímida profesión de
Cristo. Mat. 10:27-33.
Amor mutuo pedido a. Juan 15:17.
Con poder para hacer milagros.
Mat. 10:1,8; Mar. 16:20; Luc. 9:1;
Hech. 2:43.
Cristo preeminente sobre. Heb. 3:1.
Cristo siempre presente con. Mat. 28:20.
Dedicados al ministerio. Hech. 6:4; 20:27.
Enviados a predicar a todas las naciones.
Mat. 28:19-20; Mar. 16:15; 2 Tim. 1:11.
Enviados primero a la casa de Israel.
Mat. 10:5-6; Luc. 24:47; Hech. 13:46.
Espíritu Santo dado a. Juan 20:22;
Hech. 2:1-4; 9:17.
Fueron odiados por el mundo.
Mat. 10:22; 24:9; Juan 15:18.
Guiados por Espíritu a toda verdad.
Juan 14:26; 15:26; 16:13.
Hombres sin mucha educación. Hech. 4:13.
Humildad pedida a. Mat. 20:26-27;
Mar. 9:33-37; Luc. 22:24-30.
Igual autoridad para todos los. Mat. 16:19,
con 18:18; 2 Cor. 11:5.

A

Instruidos por Espíritu a responder a
adversarios. Mat. 10:19-20;
Luc. 12:11-12.

Llamados por
Cristo. Mat. 10:1; Mar. 3:13;
Hech. 20:24; Rom. 1:5.
Dios. 1 Cor. 1:1; 12:28; Gál. 1:1,15-16.
Espíritu Santo. Hech. 13:2,4.
No eran del mundo. Juan 15:19; 17:16.
Ordenados por Cristo. Mar. 3:14;
Juan 15:16.
Persecuciones y sufrimientos de.
Mat. 10:16,18; Luc. 21:16;
Juan 15:20; 16:2.
Renunciamiento pedido a. Mat. 10:37-39.
Seleccionados de ocupaciones humildes.
Mat. 4:18.
Testigos de resurrección y ascensión de
Cristo. Luc. 24:33-41,51;
Hech. 1:2-9; 10:40-41; 1 Cor. 15:8.
Título asignado por Cristo. Luc. 6:13.
Vieron a Cristo personalmente. Luc. 1:2;
Hech. 1:22; 1 Cor. 9:1; 1 Juan 1:1.

APRESURAMIENTO
Consecuencias del.
Prov. 14:29; 19:2; 21:5; 25:8.

Ejemplos de
Centurión, al rechazar consejo de Pablo.
Hech. 27:11.
David, en generosidad con Siba.
2 Sam. 16:4.
Israel y voto de destruir a benjamitas.
Jue. 21:1-23.
Jacobo y Juan, al querer llamar fuego
sobre samaritanos. Luc. 9:54.
Jefté y su voto. Jue. 11:31-39.
Josías, al luchar contra Necao.
2 Crón. 35:20-24.
Moisés, al golpear roca. Núm. 20:10-12.
Moisés, al matar al egipcio. Ex. 2:11-12.

Naanám, al no querer bañarse en el
Jordán. 2 Rey. 5:11-12.
Pablo, al querer ir a Jerusalén a pesar de
repetidas advertencias del Espíritu
Santo. Hech. 21:4,10-15.
Roboam, al despreciar consejo de
ancianos. 1 Rey. 12:8-15.
Uza, al enderezar el arca. 2 Sam. 6:6-7.
Evidente en generalizaciones presurosas.
Sal. 116:11.

APUESTA
De Sansón. Jue. 14:12-19.

APURO
En juicio, Moisés e israelitas. Núm. 32:1-19;
Jos. 22:10-34.

ARADOS Y ARAR
Con buey y asno juntos, prohibido a judíos.
Deut. 22:10.
Dificultad de, en terreno pedregoso.
Amós 6:12.
Figurativamente, aflicciones. Sal. 129:3.

Ilustrativo de
Aflicción severa. Os. 10:11.
Arrepentimiento y reforma. Jer. 4:3.
Devoción continua (por atención y
constancia necesaria para). Luc. 9:62.
Labor de ministros del evangelio.
1 Cor. 9:10.
Paz y prosperidad. Isa. 2:4; Miq. 4:3.
Senda de pecado. Job 4:8; Os. 10:13.

Llevado a cabo
A veces por dueño de tierra. 1 Rey. 19:19.
Con arado. Luc. 9:62.
Con bueyes. 1 Sam. 14:14; Job 1:14.
Durante época invernal. Prov. 20:4.
En surcos largos y derechos. Sal. 129:3.
Generalmente por sirvientes. Isa. 61:5;
Luc. 17:7.
Noé, supuestamente inventor de. Gén. 5:29.

Rejas de, afiladas por herreros filisteos.
1 Sam. 13:20.

Seguido por grada y siembra. Isa. 28:24-25.

Siervos de Job. Job 1:14.

Usado por Elías con 12 yuntas de bueyes.
1 Rey. 19:19.

ARAMEO

El arameo es una idioma semítico del norte similar al fenicio y al hebreo. Fue el idioma de los arameos que vivieron en el noroeste de Mesopotamia aprox. a partir del 2000 a.C.

ARAÑA

Mencionada en enigma de Agur.
Prov. 30:28.

Tela de, figurativa de esperanza de hipócritas. Job 8:14; Isa. 59:5.

ÁRBOLES

Ver también Encina; Frutales, Árboles; Granada; Higuera; Olivo; Palmera

A menudo se propagaban por aves que llevaban y esparcían semillas.
Ezeq. 17:3,5.

A menudo sufrían por
Fuego. Joel 1:19.
Granizo y heladas. Ex. 9:25; Sal. 78:47.
Langostas. Ex. 10:5,15; Deut. 28:42.

Brindan sombra en naciones del oriente durante calor del día. Gén. 18:4;
Job 40:21.

Cada clase, conocida por sus frutos.
Mat. 12:33.

Cada clase tiene propia semilla para propagar la especie. Gén. 1:11-12.

Costumbre antigua de plantar, en lugares consagrados. Gén. 21:33.

Creados para gloria de Dios. Sal. 148:7-9.

Creados para hermosear la tierra. Gén. 2:9.

Creados por Dios. Gén. 1:11-12; 2:9.

Cuando se cortaban, a menudo volvían a brotar de las raíces. Job 14:7.

Dados como alimento a animales.
Gén. 1:29-30; Deut. 20:19.

De la ciencia. Gén. 2:9,17; 3:3-6,11-12,17.

De la vida. Gén. 2:9; 3:22,24; Apoc. 22:14.

De tamaños variados. Ezeq. 17:24.

Diferentes clases de, mencionados
Caducos. Isa. 6:13.
Del bosque. Isa. 10:19.
Frutales. Neh. 9:25; Ecl. 2:5; Ezeq. 47:12.
Siempre verdes. Sal. 37:35; Jer. 17:2.
Silvestres. Cant. 2:3.

Dios a veces los hace improductivos como castigo. Lev. 26:20.

Dios aumenta y multiplica fruto de, para su pueblo. Lev. 26:4; Ezeq. 34:27; Joel 2:22.

Figurativamente. Sal. 1:3; Jer. 17:8.

Florecían junto a corrientes de agua.
Ezeq. 47:12.

Hombre los plantaba. Lev. 19:23.

Ilustrativos de
Creyentes (árboles siempre verdes).
Sal. 1:1-3.
Creyentes (cuando son buenos y dan fruto). Núm. 24:6; Sal. 1:3; Isa. 61:3;
Jer. 17:8; Mat. 7:17-18.
Cristo. Rom. 11:24; Apoc. 2:7; 22:2,14.
Impíos (cuando producen fruto malo).
Mat. 7:17-19.
Impíos listos para el juicio (cuando están secos). Luc. 23:31.
Inocencia de Cristo (cuando es verde).
Luc. 23:31.
Miedo de los impíos (hojas que se caen por el viento). Isa. 7:2.

Personas inútiles (cuando están secos).
Isa. 56:3.

Prosperidad continua de creyentes (en su
duración). Isa. 65:22.

Remanente escogido en la iglesia (que
pierden hojas pero retienen tronco).
Isa. 6:13.

Reyes, etc. Isa. 10:34;
Ezeq. 17:24; 31:7-10; Dan. 4:10-14.

Sabiduría. Prov. 3:18.

Vida y conversación de los justos.
Prov. 11:30; 15:4.

Judíos

A menudo armaban sus tiendas bajo.
Gén. 18:1,4; Jue. 4:5; 1 Sam. 22:6.

A menudo ejecutaban a criminales en.
Deut. 21:22-23; Jos. 10:26; Gál. 3:13.
(Ver también Gén. 40:19.)

A menudo sepultados debajo de.
Gén. 35:8; 1 Sam. 31:13.

Consideraban abominables los, donde se
ejecutaba a criminales. Isa. 14:19.

Tenían prohibido cortar, con fruto
durante sitios. Deut. 20:19.

Tenían prohibido plantar, en lugares
consagrados. Deut. 16:21.

Mencionados en la Escritura

Álamo. Os. 4:13.

Almendro. Gén. 43:11; Ecl. 12:5;
Jer. 1:11.

Áloe. Núm. 24:6.

Arrayán. Isa. 41:19; 55:13.

Balsamera. 2 Sam. 5:23-24.

Boje. Isa. 41:19.

Castaño. Ezeq. 31:8.

Cedro. 1 Rey. 10:27; Isa. 41:19.

Ciprés. Isa. 44:14.

Encina. Isa. 1:30.

Enebro. 1 Rey. 19:4-5.

Granado. Deut. 8:8; Joel 1:12.

Haya. 1 Rey. Sal. 104:17.

Higuera. Deut. 8:8.

Laurel. Sal. 37:35.

Madera de acacia. Ex. 36:20; Isa. 41:19.

Manzano. Cant. 2:3; 8:5; Joel 1:12.

Mirto. Zac. 1:8.

Mostaza. Mat. 13:31-32.

Olivo. Deut. 6:11; Isa. 41:19

Olmo. Os. 4:13.

Palmera. Ex. 15:27.

Pino. Isa. 41:19; 44:14.

Roble. Isa. 6:13.

Sándalo. 1 Rey. 10:11-12;
2 Crón. 9:10-11.

Sauce. Isa. 44:4; Ezeq. 17:5.

Sicómoro. Luc. 19:4.

Vid. Núm. 6:4; Ezeq. 15:2.

Partes de, mencionadas

Fruto o semillas. Lev. 27:30; Ezeq. 36:30.

Hojas. Isa. 6:13; Dan. 4:12; Mat. 21:19.

Raíces. Jer. 17:8.

Ramas. Lev. 23:40; Dan. 4:14.

Tronco. Isa. 11:1; 44:19.

Recibían nutrición

De la tierra. Gén. 1:12; 2:9.

De lluvia del cielo. Isa. 44:14.

De su propia savia. Sal. 104:16.

Se vendían con la tierra donde habían
crecido. Gén. 23:17.

Talados

Con hachas. Deut. 19:5; Sal. 74:5;
Mat. 3:10.

Para construcción. 2 Rey. 6:2;
2 Crón. 2:8,10.

Para hacer ídolos. Isa. 40:20; 44:14,17.

Para usar como combustible.
Isa. 44:14-16; Mat. 3:10.

Por ejércitos durante sitios para erigir
fuertes. Deut. 20:20; Jer. 6:6.

ARCA DE NOÉ

Especificaciones. Gén. 6:15 ss.

Mostró falta de justicia reinante.
Luc. 17:26-27.
Mostró fe y rectitud en Noé. 1 Ped. 3:20;
Heb. 11:7.
Prueba exitosa. Gén. 7-9.
Se ordena construcción. Gén. 6:14.

Es así

ARCA DEL PACTO

E
l arca del pacto fue el lugar original en que se depositaron las tablas con los Diez Mandamientos y el símbolo central de la presencia de Dios con el pueblo de Israel. El término hebreo traducido "arca" significa simplemente "caja", "cofre" o "ataúd", tal como se indica al usar la palabra para hablar del ataúd de José (Gén. 50:26) y de la caja en que se ponía dinero en el templo durante el reinado de Joás (2 Rey. 12:9-10).

ARCA DEL PACTO

Capturada por filisteos. 1 Sam. 4:11.
Colocada en lugar santísimo.
Ex. 26:33; 40:21; Heb. 9:3-4.
Copia de la ley al lado del. Deut. 31:26.
David hizo tienda para. 2 Sam. 6:17;
1 Crón. 15:1.
Dimensiones de. Ex. 25:10; 37:1.
En Quiriat-jearim 20 años. 1 Sam. 7:1-2.
Equivalía a gloria de Israel. 1 Sam. 4:21-22.
Era santa. 2 Crón. 35:3.
Israelitas consultaban a Jehová ante.
Jos. 7:6-9; Jue. 20:27; 1 Crón. 13:3.

Llevada
Al campamento durante guerras.
1 Sam. 4:4-5.

En viajes de israelitas. Núm. 10:33;
Jos. 3:6.
Sólo por sacerdotes o levitas. Deut. 10:8;
Jos. 3:14; 2 Sam. 15:24; 1 Crón. 15:2.
Llevada a ciudad de David. 2 Sam. 6:12-15;
1 Crón. 15:25-28.
Llevada al templo por Salomón con gran
ceremonial. 1 Rey. 8:1-6; 2 Crón. 5:2-9.
Llevada de Quiriat-jearim a casa de
Obed-edom. 2 Sam. 6:1-11.

Milagros conectados con
Caída de Dagón. 1 Sam. 5:1-4.
Caída de muros de Jericó. Jos. 6:6-20.
División del Jordán. Jos. 4:7.
Filisteos y la plaga. 1 Sam. 5:6-12.
Manera en que fue restaurada.
1 Sam. 6:1-18.

Nombres que recibió
Arca de Dios. 1 Sam. 3:3.
Arca del pacto de Jehová. Núm. 10:33
Arca del poder de Dios. 2 Crón. 6:41;
Sal. 132:8.
Arca del testimonio. Ex. 30:6;
Núm. 7:89.
Profanación de, castigada. Núm. 4:5,15;
1 Sam. 6:19; 1 Crón. 15:13.
Propiciatorio colocado sobre.
Ex. 25:21; 26:34.
Protección del, recompensada.
1 Crón. 13:14.
Provista de argollas y varas.
Ex. 25:12-15; 37:3-5.
Rodeada con moldura de oro. Ex. 25:11.
Sacerdotes la cubrían con velo antes de
moverla. Núm. 4:5-6.
Santificaba sitio donde estaba.
2 Crón. 8:11.
Símbolo de presencia y gloria de Dios.
Núm. 14:43-44; Jos. 7:6;
1 Sam. 14:18-19; Sal. 132:8.
Tablas del testimonio colocadas en.
Ex. 25:16,21.

Tipo de Cristo. Sal. 40:8; Apoc. 11:19.
Totalmente cubierta con oro.
Ex. 25:11; 37:2.
Ungida con aceite santo. Ex. 30:26.
Vasija de maná y vara de Aarón puestas
delante de. Heb. 9:4, con Ex. 16:33-34;
Núm. 17:10.

ARCO

A menudo proporcionado por el
estado. 2 Crón. 26:14.
A veces usado para cazar. Gén. 27:3.
Arma para guerra. Gén. 48:22; Isa. 7:24.
De conquistados, quebrados y quemados.
Sal. 37:15; Ezeq. 39:9.
Entesado con suma fuerza. 2 Rey. 9:24.
Entregado como señal de amistad.
1 Sam. 18:4.

Ilustrativo de
Derrocamiento, cuando se
quiebra. 1 Sam. 2:4; Jer. 49:35;
Os. 1:5; 2:18.
Fuerza y poder. Job 29:20.
Hipócritas, cuando hay engaño.
Sal. 78:57; Os. 7:16.
Lengua de impíos. Sal. 11:2; Jer. 9:3.
Judíos aprendían a usar. 2 Sam. 1:18.
Llamado arco de guerra. Zac. 9:10; 10:4.
Para disparar flechas. 1 Crón. 12:2.
Por lo general de bronce. 2 Sam. 22:35;
Job 20:24.

Quienes usan, llamados
Arqueros. Jer. 4:29.
Flecheros. 1 Sam. 31:3; Jer. 51:3.
Se sostenía en mano izquierda.
Ezeq. 39:3.

Usados con destreza por
Benjamitas. 1 Crón. 12:2; 2 Crón. 14:8.
Elamitas. Jer. 49:35.
Filisteos. 1 Sam. 31:2-3.

Hijos de Rubén, Gad y Manasés.
1 Crón. 5:18.
Los de Lud. Jer. 46:9.

ARCO IRIS

Sentido simbólico. Apoc. 4:3; 10:1.
Señal de que Dios no volverá a destruir la
tierra con agua. Gén. 9:8-16; Ezeq. 1:28.

ARMADA

De Hiram. 1 Rey. 10:11.
De Quitim. Dan. 11:30,40.
De Salomón. 1 Rey. 9:26.

ARMAS DE GUERRA

A menudo entregadas como
regalos. 1 Rey. 10:25.

Antes de usarlas
Se bruñían. Jer. 46:4; Ezeq. 21:9-11,28.
Se probaban. 1 Sam. 17:39.
Se ungían. Isa. 21:5.
Armerías construidas para. 2 Rey. 20:13;
Cant. 4:4.
Colgadas sobre muros de ciudades.
Ezeq. 27:10-11.

De los vencidos
A veces se guardaban como
trofeos. 1 Sam. 17:54.
A veces se quemaban. Ezeq. 39:9-10.
Les eran quitadas. 2 Sam. 2:21;
Luc. 11:22.
De naciones conquistadas, se quitaban para
evitar rebeliones. Jue. 5:8;
1 Sam. 13:19-22.

Defensivas
Casco. 1 Sam. 17:5,38; 2 Crón. 26:14.
Cinturón, Talabarte. 1 Sam. 18:4;
2 Sam. 18:11.
Cota de malla, Coraza o
Coselete. 1 Sam. 17:5,38; Ex. 28:32;
Jer. 46:4; Apoc. 9:9.

Escudo. 1 Rey. 10:16-17; 14:26-27;
1 Crón. 5:18; Ezeq. 26:8.

Grebas, Polainas. 1 Sam. 17:6.

Llamadas armadura. 1 Rey. 22:34.

Gran depósito de. 2 Crón. 32:5.

Hechas de hierro o bronce. Job 20:24;
1 Sam. 17:5-6.

Ilustrativo de

Armadura espiritual. Ef. 6:11-14;
1 Tes. 5:8.

Armas espirituales. Rom. 13:12;
2 Cor. 6:7; 10:4; Ef. 6:17.

Juicios de Dios. Isa. 13:5; Jer. 50:25.

Inferior a sabiduría. Ecl. 9:18.

No se usaban diariamente. 1 Sam. 21:8.

Ofensivas

Arco y flechas. Gén. 48:22; 1 Rey. 22:34.

Dardos. 2 Sam. 18:14.

Espada de 2 filos. Sal. 149:6; Prov. 5:4.

Espada. Jue. 20:15; Ezeq. 32:27;
Mat. 26:47.

Hacha. Ezeq. 26:9.

Honda. 1 Sam. 17:50; 2 Rey. 3:25.

Lanza. 1 Sam. 18:10-11;26:7; Jer. 50:42.

Llamadas armas de guerra. 2 Sam. 1:27;
1 Crón. 12:33,37.

Llamadas armas de muerte. Sal. 7:13.

Martillo. Jer. 51:20.

Puñal. Jue. 3:16,21-22.

Para realizar sitios

Arietes. 2 Sam. 20:15; Ezeq. 4:2; 26:9.

Máquinas para arrojar piedras,
etc. 2 Crón. 26:15.

Parte de, llevadas por pajes de armas.
Jue. 9:54; 1 Sam. 14:1; 16:21.

Provistas

Por arsenales
públicos. 2 Crón. 11:12; 26:14.

Por individuos. 1 Crón. 12:33,37.

ARMAS NUCLEARES

Ver Atómico, Poder

ARMONÍA

Bendición de. Sal. 133:1.

Condición de. Amós 3:3.

Es deseable. Rom. 12:18; Ef. 4:3.

AROS, ARETES

De oro. Prov. 25:12.

Ofrenda de, para becerro de oro. Ex. 32:2,3.

Para propósitos idólatras. Gén. 35:4;
Isa. 3:20.

Para tabernáculo. Ex. 35:22.

ARPA

Colgada en árboles por cautivos en
Babilonia. Sal. 137:2.

Con 10 cuerdas. Sal. 33:2; 144:9; 150:4.

Con 3 cuerdas. 1 Sam. 18:6.

David hábil para tocar. 1 Sam. 16:16,23.

Hecha de madera de sándalo. 1 Rey. 10:12.

Oída en el cielo en visión apocalíptica de
Juan. Apoc. 5:8; 14:2; 15:2.

Se originó con Jubal. Gén. 4:21.

Usada al hacer duelo. Job 30:31.

Usada en adoración. 1 Sam. 10:5;
1 Crón. 16:5; Sal. 33:2; Sal. 150:3.

Usada en celebraciones nacionales después
de triunfo sobre Goliat. 1 Sam. 18:6.

Usada en celebraciones nacionales después
del triunfo sobre ejércitos de Amón y
Moab. 2 Crón. 20:28.

Usada en dedicación de muros de Jerusalén.
Neh. 12:27,36.

Usada en festividades. Apoc. 18:22.

ARREPENTIMIENTO

Convicción de pecado, necesaria
para. 1 Rey. 8:38; Prov. 28:13;
Hech. 2:37-38; 19:18.

Cristo vino a llamar pecadores al.
Mat. 9:13.

A Cristo, exaltado para dar. Hech. 5:31.

Debe ir acompañado de
Confesión. Lev. 26:40; Job 33:27.
Conversión. Hech. 3:19; 26:20.
Fe. Mat. 21:32; Mar. 1:15; Hech. 20:21.
Humildad. 2 Crón. 7:14; Sant. 4:9-10.
Más seriedad en el deber. 2 Cor. 7:11.
Oración. 1 Rey. 8:33; Hech. 8:22.
Tristeza por pecado. Job 42:6.
Vergüenza y confusión. Esd. 9:6-15;
Jer. 31:19; Ezeq. 16:61,63; Dan. 9:7-8.
Volverse de idolatría. Ezeq. 14:6;
1 Tes. 1:9.
Volverse del pecado. 2 Crón. 6:26.

Debemos ser guiados al, por
Bondad de Dios. Rom. 2:4.
Castigo de Dios. 1 Rey. 8:47; Apoc. 3:19.
Paciencia de Dios. Gén. 6:3, con
1 Ped. 3:20; 2 Ped. 3:9.
Denegado a quienes caen y se apartan.
Heb. 6:4-6.
Descuidar, va seguido de pronto juicio.
Apoc. 2:5,16.
Dios lo otorga. Hech. 11:18; 2 Tim. 2:25.
Evidencia se debe ver en frutos. Isa. 1:16-17;
Dan. 4:27; Mat. 3:8; Hech. 26:20.

Palabra clave

ARREBATAMIENTO

El arrebatamiento es el "traslado de creyentes a las nubes" cuando Cristo regrese. La palabra empezó a usarse vía el latín rapio, que se utiliza para traducir el término griego *harpagesometha* de 1 Tes. 4:17. Los creyentes que estén vivos serán "arrebatados" para encontrarse con el Señor cuando Él venga.

Exhortaciones al. Ezeq. 14:6; 18:30;
Hech. 2:38; 3:19.
Gozo en cielo por, de pecador. Luc. 15:7,10.

Impíos
Condenados por descuidar. Mat. 11:20.
Descuidan tiempo que hay para.
Apoc. 2:21.
No llevados al, por interferencia
milagrosa. Luc. 16:30-31.
No llevados al, por juicios de Dios.
Apoc. 9:20-21; 16:9.
Remisos al. Jer. 8:6.
Llamado arrepentimiento para
salvación. 2 Cor. 7:10.
Llamado arrepentimiento para vida.
Hech. 11:18.
Mandato de Cristo. Apoc. 2:5,16; 3:3.
Mandato de Dios para todos.
Ezeq. 18:30-32; Hech. 17:30.
Necesario para perdón de pecados.
Hech. 2:38; 3:19; 8:22.
No debe lamentarse. 2 Cor. 7:10.
Pastores deben gozarse por, de
cristianos. 2 Cor. 7:9.
Peligro de descuidar. Mat. 11:20-24;
Luc. 13:3,5; Apoc. 2:22.
Por obra del Espíritu Santo. Zac. 12:10.

Predicado
En nombre de Cristo. Luc. 24:47.
Por apóstoles. Mar. 6:12; Hech. 20:21.
Por Cristo. Mat. 4:17; Mar. 1:15.
Por Juan el Bautista. Mat. 3:2.
Qué es. Isa. 45:22; Mat. 6:19-21;
Hech. 14:15; 2 Cor. 5:17; Col. 3:2;
1 Tes. 1:9; Heb. 12:1-2.
Tiempo presente, momento para.
Sal. 95:7-8, con Heb. 3:7-8; Prov. 27:1;
Isa. 55:6; 2 Cor. 6:2; Heb. 4:7.
Tristeza santa produce. 2 Cor. 7:10.

ARREPENTIMIENTO, FALTA DE

Advertencias contra. Lev. 26:21;
Heb. 12:17; Rom. 2:4.

Ejemplos de
Amasías. 2 Crón. 25:16.
Amón. 2 Crón. 33:23.
Belsasar. Dan. 5:22-23.
Faraón. Ex. 9:30,34.
Hijos de Elí. 1 Sam. 2:22-25.
Israelitas. Núm. 14:22-23.
Joacim y siervos. Jer. 36:22-24.
Joven rico. Mat. 19:22.
Manasés. 2 Crón. 33:10.
Sedequías. 2 Crón. 36:12-13.

ARTEFACTOS DOMÉSTICOS

Capacidad humana para el progreso.
Gén. 11:6.

Principios relevantes a
Buscar a Dios ante todo. Mat. 6:31-33.
Mayordomía de la creación. Gén. 2:15.
No usar cosas para propio placer.
Sant. 4:3.

ARTES

Albañil. 2 Sam. 5:11; 2 Crón. 24:12.
Alfarero. Isa. 64:8; Jer. 18:3; Lam. 4:2;
Zac. 11:13.
Armero. 1 Sam. 8:12.
Bordador. Ex. 35:35; 38:23.
Calafateador. Ezeq. 27:27.
Canteros. Ex. 20:25; 1 Crón. 22:15.
Carpintero. 2 Sam. 5:11; Mar. 6:3.
Constructor naval. 1 Rey. 9:26.
Cordelero. Jue. 16:11.
Curtidor. Hech. 9:43; 10:6.
Embalsamador. Gén. 50:2-3,26.
Escritor. Jue. 5:14; Sal. 45:1.
Fundidor. Jue. 17:4; Jer. 10:9.
Grabados, Especialista en. Ex. 28:11;
Isa. 49:16; 2 Cor. 3:7.
Herrero. Gén. 4:22; 1 Sam. 13:19.

Hilador. Ex. 35:25. Prov. 31:19.
Hortelano. Jer. 29:5; Juan 20:15.
Labrador. Gén. 4:2; 9:20.
Ladrillero. Gén. 11:3; Ex. 5:7-8,18.
Lavandero. 2 Rey. 18:17; Mar. 9:3.
Metalista. Gén. 4:22; 2 Tim. 4:14.
Músico. 1 Sam. 18:6; 1 Crón. 15:16.
Orfebre. Isa. 40:19.
Panadero. Gén. 40:1; 1 Sam. 8:13.
Perfumista. Ex. 30:25,35; 1 Sam. 8:13.
Platero. Hech. 19:24.
Refinador. 1 Crón. 28:18; Mar. 3:2-3.
Remero. Ezeq. 27:8-9.
Sastre. Ex. 28:3.
Tallador. Ex. 31:5; 1 Rey. 6:18.
Tejedor. Ex. 35:35; Juan 19:23.
Tendero. Gén. 4:20; Hech. 18:3.
Tintura, Especialista en. Ex. 25:5.
Viñatero. Neh. 13:15; Isa. 63:3.

ARTIMAÑAS

Ejemplos de
Gabaonitas, al engañar a Josué e Israel
para hacer tratado. Jos. 9:3-15.
Jacob, al comprar primogenitura de Esaú.
Gén. 25:31-33.
Jacob, al obtener bendición de Isaac.
Gén. 27:6-29.
Jacob, en administración de rebaños y
manadas de Labán. Gén. 30:31-43.
Líderes judíos, al tratar de apresar a Jesús.
Mat. 26:4; Mar. 14:1.
Líderes judíos, al tratar de tender trampa
a Jesús. Mat. 22:15-17,24-28.
Sanbalat, al tratar de engañar a
Nehemías. Neh. 6.
Satanás, al tentar a Eva. Gén. 3:1-5.

ASALTO Y AGRESIÓN

A mujer embarazada. Ex. 21:22.
A padres, castigo de. Ex. 21:15.
A sirviente. Ex. 21:26-27.

A

Respuesta que ordenó Jesús. Mat. 5:38-39.

ASCENSIÓN DE CRISTO
Ver Cristo, Ascensión de

ASCENSO
Como recompensa al mérito. 1 Crón. 11:6.

Ejemplos de
Aarón, de esclavo a sumo sacerdote.
Abraham. Gén. 12:2.
Baasa, levantado "del polvo" hasta el
trono. 1 Rey. 16:1-2.
Daniel, de cautivo a primer ministro.
Dan. 2:48.
David, de pastor a rey.
Jeroboam, de esclavo a rey.
1 Rey. 11:26-35.
José, de esclavo preso a príncipe.
Gén. 41:1-45.
Moisés, de exiliado a legislador.
Sadrac, Mesac y Abed-nego. Dan. 3:30.
Saúl, de la oscuridad al trono.

ASCUA
Sentido simbólico. 2 Sam. 14:7;
Prov. 25:22; Isa. 6:6-7.

ASESINATO
A menudo, de noche. Neh. 6:10; Job 24:14.
Asociado con idolatría. Ezeq. 22:3-4;
2 Rey. 3:27.
Característica del diablo. Juan 8:44.
Castigo de, ley no conmutaba. Núm. 35:31.

Castigo por
Infligido por pariente más cercano de
víctima. Núm. 35:19,21.
Maldición de Dios. Gén. 4:11.
Muerte. Gén. 9:5-6; Ex. 21:12;
Núm. 35:16,30.
No se debía conmutar. Núm. 35:32.
Clama pidiendo venganza. Gén. 4:10.

Corrompe
Manos. Isa. 59:3.
Persona y vestiduras. Lam. 4:13-14.
Tierra. Núm. 35:33; Sal. 106:38.

Creyentes
Advertencia especial contra. 1 Ped. 4:15.
Deben advertir a otros contra.
Gén. 37:22; Jer. 26:15.
Deben evitar. Sal. 51:14.
Cristo lo explica. Mat. 5:21-22.
Cuando no se hallaba al asesino, se
imputaba a ciudad más cercana.
Deut. 21:1-3.
De creyentes, venganza especial.
Deut. 32:43; Mat. 23:35;
Apoc. 18:20,24.

Dios
Exige sangre cuando hay. Gén. 9:5;
Núm. 35:33; 1 Rey. 2:32.
Maldice a culpables de. Gén. 4:11.
Odia. Prov. 6:16-17.
Rechaza oraciones de culpables de.
Isa. 1:15; 59:2-3.
Vengará. Deut. 32:43; 1 Rey. 21:19;
Sal. 9:12; Os. 1:4.
Excluye del cielo. Gál. 5:21; Apoc. 22:15.

Impíos
Acechan para cometer. Sal. 10:8-10.
Animan a otros a cometer.
1 Rey. 21:8-10; Prov. 1:11.
Consuman. Job 24:14; Ezeq. 22:3.
Llenos de. Rom. 1:29.
Planean. Gén. 27:41; 37:18.
Prontos a cometer. Prov. 1:16;
Rom. 3:15.
Resueltos al. Jer. 22:17.
Tienen manos llenas de. Isa. 1:15.
Judíos a menudo culpables de. Isa. 1:21.
Ley fue dada para restringir. 1 Tim. 1:9.

Maneras de matar
Acechando. Núm. 35:20; Deut. 19:11.

Arrojando piedra. Núm. 35:17.

Con instrumento de hierro. Núm. 35:16.

Con instrumento de palo. Núm. 35:18.

Por odio. Núm. 35:20-21; Deut. 19:11.

Premeditadamente. Ex. 21:14.

Matar a ladrón durante el día era. Ex. 22:3.

Modo de absolver a sospechosos de.
Deut. 21:3-9. (Ver Mat. 27:24.)

No se puede ocultar de Dios. Isa. 26:21;
Jer. 2:34.

Obra de naturaleza pecadora. Gál. 5:21.

Odio equivale a. 1 Juan 3:15.

Personas culpables de
Errantes y extranjeros. Gén. 4:14.

Huyen de presencia de Dios. Gén. 4:16.

No se debían compadecer ni perdonar.
Deut. 19:13.

No tenía protección en altar. Ex. 21:14.

No tenían protección en ciudades de
refugio. Deut. 19:11-12.

Temerosas y cobardes. Gén. 4:14.

Por qué Dios lo prohibió. Gén. 9:6.

Primer caso de. Gén. 4:8.

Prohibición. Gén. 9:6; Ex. 20:13;
Deut. 5:17, con Rom. 13:9.

Prohibición en ley de Moisés. Ex. 20:13;
Deut. 5:17.

Sale del corazón. Mat. 15:19.

Se demostraba por al menos dos testigos.
Núm. 35:30; Deut. 19:11,15.

Se representaba como pecado que clamaba
al cielo. Gén. 4:10, con Heb. 12:24;
Apoc. 6:10.

ASIRIA

Antigüedad y origen de. Gén. 10:8-11.

Asentamiento en Samaria con gente de,
completado por Asnapar. Esd. 4:10.

Como potencia, fue
Cruel y destructora. Isa. 10:7.

Egoísta y reservada. Os. 8:9.

Formidable. Isa. 28:2.

Infiel, etc. 2 Crón. 28:20-21.

Instrumento de venganza divina.
Isa. 7:18-19; 10:5-6.

Intolerante y opresiva. Nah. 3:19.

Orgullosa y altanera. 2 Rey. 19:22-24;
Isa. 10:8.

Condenada por oprimir al pueblo de Dios.
Isa. 52:4.

Ejércitos de, descritos. Isa. 5:26-29.

Famosa por
Comercio. Ezeq. 27:23-24.

Extensión de conquistas.
2 Rey. 18:33-35; 19:11-13.

Fertilidad. 2 Rey. 18:32; Isa. 36:17.

Gobernada por reyes. 2 Rey. 15:19,29.

Grandeza, extensión, duración y caída de,
ilustradas. Ezeq. 31:3-17.

Idolatría llevada a Samaria. 2 Rey. 17:29.

Idolatría, religión de. 2 Rey. 19:37.

Israel condenada por confiar en.
Os. 5:13; 7:11; 8:9.

Jefes de, descritos. Ezeq. 23:6,12,23.

Judá condenada por confiar en. Jer. 2:18,36.

Judíos condenados por seguir idolatría de.
Ezeq. 16:28; 23:5,7, etc.

Llamada
Sinar. Gén. 11:2; 14:1.

Tierra de Nimrod. Miq. 5:6.

Manasés llevado cautivo a. 2 Crón. 33:11.

Nínive, principal ciudad de. Gén. 10:11;
2 Rey. 19:36.

Predicciones sobre
Conquista de ceneos por parte de.
Núm. 24:22.

Conquista de Siria por parte de. Isa. 8:4.

Conquista y cautividad de Israel por parte
de. Isa. 8:4; Os. 9:3; 10:6; 11:5.

Destrucción de.
Isa. 10:28-34; 14:24-25; 30:31-33; 31:
8-9; Zac. 10:11.

Invasión de Judá por parte de.
Isa. 5:26; 7:17-20; 8:8; 10:5-6,12.
Participación en bendiciones del
evangelio. Isa. 19:23-25; Miq. 7-12.
Restauración de Israel de las acciones de.
Isa. 27:12-13; Os. 11:11; Zac. 10:10.

Pul, rey de
"Comprado" por Manahem.
2 Rey. 15:19-20.
Invadió Israel. 2 Rey. 15:19.
Regada por el Tigris. Gén. 2:14.

Salmanasar, rey de
Encarceló a Oseas. 2 Rey. 17:4.
Llevó cautiva a Israel. 2 Rey. 17:5-6.
Oseas conspiró contra. 2 Rey. 17:4.
Reasentamiento en Samaria con gente
de. 2 Rey. 17:24.
Redujo a Israel a ser vasallo. 2 Rey. 17:3.

Senaquerib, rey de
Asesinado por sus hijos. 2 Rey. 19:37.
Blasfemó ante Jehová. 2 Rey. 18:33-35.
"Comprado" por Ezequías.
2 Rey. 18:14-16.
Ejército suyo destruido por Dios.
2 Rey. 19:35.
Ezequías ora en contra de.
2 Rey. 19:14-19.
Insultó y amenazó a Judá.
2 Rey. 18:17-32; 19:10-13.
Invadió Judá. 2 Rey. 18:13.
Reprobado por orgullo y
blasfemia. 2 Rey. 12:20-34;
Isa. 37:21-29.
Situada al otro lado del Éufrates. Isa. 7:20.

Tiglat-pileser, rey de
Conquistó Siria. 2 Rey. 16:9.
Devastó a Israel. 2 Rey. 15:29.
Recibió dinero de Acaz, pero no lo
fortaleció. 2 Crón. 28:20-21.
Recibió pedido de ayudar a Acaz contra
Siria. 2 Rey. 16:7-8.

ASNO
Como alimento. 2 Rey. 6:25.
Descansaban día de reposo. Ex. 23:12.
Ganado de. Gén. 12:16; 24:35; 32:5; 34:28;
Núm. 31:34,45; 1 Crón. 5:21; Esd. 2:67;
Neh. 7:69.
Llevaban cargas. Gén. 42:26; 2 Sam. 16:1;
Isa. 30:6.
No debía ir en yugo con buey. Deut. 22:10.
Primogénitos de, redimidos.
Ex. 13:13,34:20.
Quijada de, usada por Sansón para matar
filisteos. Jue. 15:15-17.
Riendas para. Prov. 26:3.
Usado para montar. Gén. 22:3;
Núm. 22:21-33; Jos. 15:18;
Jue. 1:14; 5:10; 1 Sam. 25:23;
2 Crón. 28:15; Zac. 9:9.
Usado por Jesús para montar. Zac. 9:9;
Mat. 21:2,5; Luc. 13:15; Juan 12:14-15.

ASTROLOGÍA
Engaños de. Jer. 10:1-2.
Futilidad de. Isa. 47:13.

ASTRONOMÍA
Constelaciones. Job 38:31.
Fenómenos astrales. Jos. 10:12-14;
Job 9:6-9.

ATEÍSMO
Ver también Impiedad

Adoptado por necios. Sal. 14:1; 53:1.
Argumentos contra. Job 12:7-25.
Sin excusa. Rom. 1:19-20.

ATÓMICO, PODER
Nota: Se dice que 2 Ped. 3:10-12 describe
los efectos de una explosión atómica.
Algunos cristianos han interpretado que
Col. 1:17, "todas las cosas en él [Cristo]
subsisten [literalmente, se conservan

unidas]" es una referencia a la fuerza que mantiene unido al núcleo del átomo. Otros sostienen que este versículo, así como Heb. 1:3, habla en forma más amplia de Cristo como sustentador de la creación y principio unificador de la vida.

ÁTOMOS
Partículas elementales. Prov. 8:26.

AUSENCIA
De Cristo, necesaria. Juan 16:7.
Del cuerpo, presencia en espíritu. 1 Cor. 5:3.
Del cuerpo significa presencia ante el Señor. Fil. 1:20-23.
O presencia, siempre para el Señor. 2 Cor. 5:9.

AUTOESTIMA

Dios
Ama a todos. Juan 15:12; 1 Juan 4:10.
Exalta a humildes pero rechaza a orgullosos. Sal. 138:6; 1 Ped 5:5.

Ejemplos de arrogancia
Edom. Abd. 3.
Gente en últimos días. 2 Tim. 3:1-4.
Laodicenses. Apoc. 3:17.
Moab. Isa. 16:6.
Nabucodonosor. Dan. 4:30-33; 5:20-21.
Sodomitas. Ezeq. 16:49-50.
Uzías. 2 Crón. 26:16.

En relación a otros
Considerar a otros superiores a nosotros. Fil. 2:3.
No jactarse de uno mismo más allá del límite. 2 Cor. 10:7-13.
No pensar de uno más de lo debido. Rom 12:3; Gál. 6:1-3.

Humildad
Abraham. Gén. 18:27.

David. 1 Sam 13:14; 18:18; Sal. 51:1-17.
Isaías. Isa. 6:5.
Moisés. Ex. 3:11; Núm. 12:3.
Pablo. 1 Cor. 15:9-10; Ef. 3:7-8.
Nada nos separa del amor de Dios. Rom. 8:35-39.
No hay condenación en Cristo. Rom 8:1.

Personas
Con espíritu renovado. Ef. 4:23.
Con nueva naturaleza. 2 Cor. 5:16-17; Ef. 4:24; Fil. 1:6; Col. 3:10.
Creadas a imagen de Dios. Gén. 1:26-27.
Creadas en condición elevada. Sal. 8:4-8.
Son pecadoras. Rom. 3:23.
Tienen valor. 1 Cor. 6:20.

Principios relevantes a
Mejor ser humilde que orgulloso. Prov. 16:19.

AUTOEXAMEN
Mandamiento. 2 Cor. 13:5.
Necesario antes de Cena del Señor. 1 Cor. 11:28.
Razón de dificultades en. Jer. 17:9.

Se debe realizar
Con deseo de enmienda. Sal. 119:59; Lam. 3:40.
Con diligencia. Sal. 77:6; Lam. 3:40.
Con oración para que Dios examine el alma. Sal. 26:2; 139:23-24.
Con reverencia santa. Sal. 4:4.
Ventajas del. 1 Cor. 11:31; Gál. 6:4; 1 Juan 3:20-22.

AUTORIDAD
Dada a discípulos. Luc. 9:1.
De Dios. Sal. 29:10; Dan. 4:34-35.
De enseñanza de Cristo. Mat. 7:29.
De gobernantes, oración por. 1 Tim. 2:1,2.
Del gobierno. Prov. 29:2; Rom. 13:1-7.

Vida cotidiana

AVENTAR

Aventar es el proceso de separar los granos de trigo de las partes no comestibles de la planta. Los tallos se arrojan al aire, y el viento hace que la cizaña y la paja se vuelen, y que el grano en sí, que es más pesado, vuelva al suelo (Isa. 30:24). Juan el Bautista usó el proceso de aventar como una analogía del juicio de Dios, cuando el Señor separaría a los pecadores de los justos (Mat. 3:12).

Del poder de Cristo sobre espíritus.
Mar. 1:27.
En familia. Ef. 5:22; 6:1-4; 1 Cor. 11:3;
1 Tim. 2:12; 3:4,12; 1 Ped. 3:1-6.
Prometida a creyentes. Luc. 19:17;
Apoc. 2:26.
Sumisión a. Heb. 13:17; Rom. 13:7.

AVARICIA

Culpables de, descendientes de José.
Jos. 17:14-18.
Ministros y pastores deben evitar.
1 Tim. 3:2-3.
Nunca está satisfecha. Ecl. 4:7-8; 5:10-11.
Raíz de todos los males. 1 Tim. 6:10.

AVES

A menudo adoradas por idólatras.
Rom. 1:23.
A menudo dejan lugares de calamidades.
Jer. 4:25; 9:10.
A menudo sufrieron por pecados del
hombre. Gén. 6:7; Jer. 12:4; Ezeq. 38:20;
Os. 4:3.
Adán les puso nombre. Gén. 2:19-20.

Atrapadas con redes. Prov. 1:17.
Cantos de, al rayar alba. Sal. 104:12;
Ecl. 12:4; Cant. 2:12.
Carne, diferente de animales y
peces. 1 Cor. 15:39.
Confinamiento en jaulas de, alusión a.
Jer. 5:27.
Costumbres de. Job 39:13-18,26-30.
Creadas para gloria de Dios. Sal. 148:10.
Creadas por Dios. Gén. 1:20-21; 2:19.
Dadas como alimento al hombre.
Gén. 9:2-3; Deut. 14:11-20.
Descansan en árboles. Dan. 4:12;
Mat. 13:32.
Desde el principio, distinción entre limpias e
inmundas. Gén. 8:20.
Dios cuida. Job 38:41;
Sal. 104:10-12; 147:9; Mat. 6:26; 10:29;
Luc. 12:6,23-24.
Domésticas. Job 41:5; Sant. 3:7.
Dominio del hombre sobre.
Gén. 1:26-28; 9:2-3; Sal. 8:5-8; Jer. 27:6;
Dan. 2:38; Sant. 3:7.

Habitan en
Ciudades desiertas. Isa. 34:11,14-15.
Desiertos. Sal. 102:6.
Montañas. Sal. 50:11.
Pantanos. Isa. 14:23.

Hacen nidos
En árboles. Sal. 104:17; Ezeq. 31:6.
Entre rocas. Núm. 24:21; Jer. 48:28.
Sobre la tierra. Deut. 22:6.
Y viven allí. Mat. 8:20.
Hierba del campo, comida para. Gén. 1:30.
Hostiles a otras clases de aves. Jer. 12:9.

Ilustrativas de
Diablo y sus demonios. Mat. 13:4,19.
Gente de distintas naciones. Ezeq. 31:6;
Mat. 13:32.
Muerte (al ser atrapadas). Ecl. 9:12.
Naciones hostiles. Jer. 12:9.

Personas errantes, etc. Prov. 27:8;
Isa. 16:2.

Planes de impíos (al ser atrapadas).
Sal. 124:7; Prov. 1:10-17; 7:23.

Reyes crueles y voraces. Isa. 46:11.

Inmundas
Abubilla. Lev. 11:19.
Águila. Lev. 11:13; Job 39:27.
Avestruz. Lev. 11:16; Job 30:29; 39:13.
Azor. Lev. 11:13.
Búho. Lev. 11:17.
Buitre. Lev. 11:18; Job 28:7; Isa. 34:15.
Calamón. Lev. 11:18.
Cigüeña. Lev. 11:19; Sal. 104:17.
Cuervo. Lev. 11:15; Job 38:41.
Gallinazo. Deut. 14:13.
Garza. Lev. 11:19.
Gavilán. Lev. 11:16; Job 39:26.
Gaviota. Lev. 11:16.
Ibis. Lev. 11:17.
Lechuza. Lev. 11:16.
Milano. Lev. 11:14.
Murciélago. Lev. 11:19; Isa. 2:20.
Pavo real. 1 Rey. 10:22; Job 39:13.
Pelícano. Lev. 11:18; Sal. 102:6.
Quebrantahuesos. Lev. 11:13.
Somormujo. Lev. 11:17.
Instintivamente temen al hombre. Gén. 9:2.
Instinto de, inferior a raciocinio del hombre.
Job 35:11.
Lecciones que aprendemos de. Job 12:7.

Limpias
Codorniz. Ex. 16:12-13; Núm. 11:31-32.
Gallo y gallina. Mat. 23:37; 26:34,74.
Golondrina. Sal. 84:3; Isa. 38:14.
Grulla. Isa. 38:14; Jer. 8:7.
Pajarillo. Mat. 10:29-31.
Paloma. Gén. 8:8.
Palomino. Lev. 1:14; 12:6.
Perdiz. 1 Sam. 26:20; Jer. 17:11.
Tórtola. Lev. 14:22; Cant. 2:12.
Limpias, podían comerse. Deut. 14:11,20.

Llamadas
Aves aladas. Deut. 4:17.
Aves de los cielos. Gén. 7:3.
Aves del cielo. Job 35:11; Mat. 8:20.

Muchas clases de
Carnívoras. Gén. 15:11; 40:19;
Deut. 28:26.
Granívoras. Mat. 13:4.
Migratorias. Jer. 8:7.
No adorar imagen de ave. Deut. 4:17.
Para ofrecer en sacrificio, las limpias.
Gén. 8:20; Lev. 1:14.
Pertenecen a Dios. Sal. 50:11.
Poder sobre, dado al hombre. Gén. 1:26;
Sal. 8:6-8.
Prohibición de comer inmundas.
Lev. 11:13,17; Deut. 14:12.
Propagación por medio de huevos.
Deut. 22:6; Jer. 17:11.
Pueden ser domadas. Sant. 3:7.
Rápido vuelo de, alusión a. Isa. 31:5;
Os. 9:11; 11:11.
Salomón escribió historia de. 1 Rey. 4:33.
Sangre de, prohibido comer. Lev. 7:26.
Tienen canto peculiar. Sal. 104:12;
Ecl. 12:4; Cant. 2:12.
Tienen uñas. Dan. 4:33.
Usadas para sacrificio. *Ver* Paloma
Vuelan sobre la tierra. Gén. 1:20.

AVIVAMIENTOS

Ejemplos de
Con Asa. 2 Crón. 14:2-5; 15:1-14.
Con Elías. 1 Rey. 18:17-40.
Con Ezequías. 2 Rey. 18:1-7;
2 Crón. 29-31.
Con Joás y Joiada. 2 Rey. 11-12;
2 Crón. 23-24.
Con Josías. 2 Rey. 22-23; 2 Crón. 34-35.
Con Josué. Jos. 5:2-9.
Con Manasés. 2 Crón. 33:12-19.
Con Samuel. 1 Sam. 7:1-6.

En Nínive. Jon. 3:4-10.
En Pentecostés. Hech. 2:1-42,46,47.
Oración pidiendo. Hab. 3:2.
Profecías sobre. Isa. 32:15; Joel 2:28;
Miq. 4:1-8; Hab. 3:2.

AYUDA

Ejemplificada en
Ayudantes de Moisés. Ex. 17:11-12.
Buen samaritano. Luc. 10:25-37.
Cristianos. Hech. 16:9.
Gamaliel. Hech. 5:17-42.
Prójimo. Isa. 41:6.
Testimonio de. Sal. 86:17; 118:13;
Heb. 13:6.

AYUDA DEL EXTERIOR

Ejemplos de
Israel presta a otras naciones.
Deut. 15:6; 28:12.
Ofrenda de iglesia a otras iglesias.
Hech. 11:27-30; Rom 15:26;
2 Cor. 8:1-4.
Venta de trigo por Egipto a Jacob.
Gén. 41:57.

AYUNO

Acompañado por
Confesión de pecado. 1 Sam. 7:6;
Neh. 9:1-2.
Humillación. Deut. 9:18; Neh. 9:1.
Lamento. Joel 2:12.
Oración. Esd. 8:23; Dan. 9:3.

De hipócritas
Descripción. Isa. 58:4-5.
Pretensioso. Mat. 6:16.
Rechazado. Isa. 58:3; Jer. 14:12.
Se jactaban de, ante Dios. Luc. 18:12.
Debe ser para Dios. Zac. 7:5; Mat. 6:18.
Espíritu de, explicado. Isa. 58:6-7.
No exteriorizarlo. Mat. 6:16-18.

Observado en casos de
Aflicciones. Sal. 35:13; Dan. 6:18.
Aflicciones de la iglesia. Luc. 5:33-35.
Aflicciones personales. 2 Sam. 12:16.
Calamidades públicas. 2 Sam. 1:12.
Juicios de Dios. Joel 1:14; 2:12.
Ordenación de ministros del evangelio.
Hech. 13:3; 14:23.
Peligro inminente. Est. 4:16.
Para castigar alma. Sal. 69:10.
Para que alma se humille. Sal. 35:13.
Promesas relacionadas con. Isa. 58:8-12;
Mat. 6:18.

AZOTES
Ver Golpiza

AZUFRE
En Palestina. Deut. 29:23.
Fuego y, cayeron sobre Sodoma.
Gén. 19:24; Luc. 17:29.
Sentido simbólico. Job 18:15; Sal. 11:6;
Isa. 30:33; Ezeq. 38:22;
Apoc. 9:17-18; 14:10; 19:20; 21:8.

B

BAAL

Baal, deidad de la religión cananea, recibía adoración y culto como dios de la fertilidad. Demostró ser una gran tentación para Israel. En el Antiguo Testamento Baal significa "señor", "dueño", "esposo" o "aquel que tiene posesión".

BABILONIA

Antiguamente, parte de Mesopotamia. Hech. 7:2.

Capital de

Agrandada por Nabucodonosor. Dan. 4:30.

Antigüedad de. Gén. 11:4,9.

Llamada ciudad de comerciantes. Ezeq. 17:4.

Llamada ciudad de oro. Isa. 14:4.

Llamada gran Babilonia. Dan. 4:30.

Llamada grandeza de los caldeos, etc. Isa. 13:19.

Llamada hermosura de los reinos. Isa. 13:19.

Rodeada con gran muralla y fortificada. Jer. 51:53,58.

Como potencia era

Arrogante. Isa. 14:13-14; Jer. 50:29,31-32.

Babilonia, principal provincia de. Dan. 3:1.

Codiciosa. Jer. 51:13.

Cruel y destructora. Isa. 14:17; 47:6; Jer. 51:25; Hab. 1:6–7.

Espléndida y majestuosa. Isa. 47:1,5.

Instrumento de venganza divina hacia otras naciones. Isa. 47:6; Jer. 51:7.

Opresiva. Isa. 14:4.

Segura de sí misma. Isa. 47:7-8.

Constaba de varias naciones. Dan. 3:4,29.

Destruida por medos. Dan. 5:30-31.

Dolor de judíos en. Sal. 137:1-6.

Ejércitos de, descripción. Hab. 1:7-9.

BABEL

Babel es un término hebreo que significa "confusión", y deriva de una raíz que significa "mezclar". Fue el nombre dado a la ciudad que construyeron los desobedientes descendientes de Noé a fin de no ser esparcidos por toda la tierra (Gén. 11:4,9). Babel también es la palabra hebrea para Babilonia.

B

Embajadores de, enviados a Ezequías.
2 Rey. 20:12.

Evangelio predicado en. 1 Ped. 5:13.

Fundada por asirios, y parte de su
imperio. 2 Rey. 17:24, con Isa. 23:13.

Gobernadores en toda. Dan. 2:48; 6:1.

Dato geográfico

BABILONIA

Babilonia era una
ciudad-estado del Antiguo
Testamento en el sur de
Mesopotamia. Con el tiempo se
convirtió en un gran imperio que
absorbió a la nación de Judá y
destruyó Jerusalén. La ciudad de
Babilonia fue fundada antes del
2000 a.C. sobre el río Éufrates,
unos 80 km (50 millas) al sur de la
moderna Bagdad.

Habitantes de
Adictos a artes mágicas. Isa. 47:9,12-13;
Dan. 2:1-2.

Blasfemos y sacrílegos. Dan. 5:1-3.

Idólatras. Jer. 50:38; Dan. 3:18.

Impíos. Isa. 47:10.

Idiomas hablados en. Dan. 1:4; 2:4.

Irrigada por Tigris y Éufrates. Sal. 137:1;
Jer. 51:13.

Judíos, exhortados a someterse a, y
establecerse en. Jer. 27:17; 29:1-7.

Junto con Media y Persia, dividida por
Darío en 120 provincias. Dan. 6:1.

Nabucodonosor, rey de
Hizo que Joacim pagara tributo.
2 Rey. 24:1.

Hizo rey a Sedequías. 2 Rey. 24:17.

Llevó a Sedequías, etc. cautivos a
Babilonia. 2 Rey. 25:7,11,18-21;
2 Crón. 36:20.

Llevó cautivo a Joaquín a
Babilonia. 2 Rey. 24:12,14-16;
2 Crón. 36:10.

Quemó Jerusalén, etc. 2 Rey. 25:9-10.

Saqueó e incendió el templo.
2 Rey. 24:13; 25:9,13-17;
2 Crón. 36:18-19.

Sedequías se rebeló contra. 2 Rey. 24:20.

Sitió y tomó Jerusalén.
2 Rey. 24:10-11; 25:1-4.

Notable por
Antigüedad. Jer. 5:15.

Comercio. Ezeq. 17:4.

Fabricación de ropa. Jos. 7:21.

Grandeza nacional. Isa. 13:19; Jer. 51:41.

Poder militar. Jer. 5:16; 50:23.

Poderío naval. Isa. 43:14.

Riqueza. Jer. 50:37; 51:13.

Origen de. Gén. 10:10.

Origen del nombre. Gén. 11:8-9.

Predicciones sobre
Cautiverio de judíos por parte de.
Jer. 20:4-6; 22:20-26; 25:9-11;
Miq. 4:10.

Conquistas por parte de.
Jer. 21:3-10; 27:2-6; 49:28-33;
Ezeq. 21:19-32; 29:18-20.

Desolación perpetua de.
Isa. 13:19-22; 14:22-23;
Jer. 50:13,39; 51:37.

Destrucción de.
Isa. 13; 14:4-22; 21:1-10; 47;
Jer. 25:12,50,51.

Predicación del evangelio en. Sal. 87:4.

Rebelión judía y castigo, ilustrados.
Ezeq. 17.

Representada por
Cabeza de oro. Dan. 2:32,37-38.

Gran águila. Ezeq. 17:3.

León con alas de águila. Dan. 7:4.

Restauración de judíos en cuanto a.
2 Crón. 36:23; Esd. 1; 2:1-67;
Isa. 14:1-4; 44:28; 48:20;
Jer. 29:10; 50:4,8,19.

Se la llamaba
Desierto del mar. Isa. 21:1,9.
Señora de reinos. Isa. 47:5.
Tierra de caldeos. Ezeq. 12:13.
Tierra de Merataim. Jer. 50:21.
Tierra de Sinar. Dan. 1:2; Zac. 5:11.
Tipo del anticristo. Apoc. 16:19; 17:5.
Tratamiento de judíos en. 2 Rey. 25:27-30;
Dan. 1:3-7.

BAILAR
Alabar a Dios al. Sal. 150:4.
Baile convertido en lamento. Lam. 5:15.
Convertir lamento en. Sal. 30:11.
David. 2 Sam. 6:14.
En celebración retorno hijo pródigo.
Luc. 15:25.
Herodías ante Herodes. Mat. 14:6;
Mar. 6:22.
Hija de Jefté. Jue. 11:34.
Hijas de Siloh. Jue. 21:19.
Idolatría. Ex. 32:19,25.
Juegos de niños en tiempos de Jesús.
Luc. 7:32.
María. Ex. 15:20.
Mujeres israelitas cuando regresaba
ejército. 1 Sam. 18:6.
Tiempo para. Ecl. 3:4.

BALANZAS
Deben ser justas. Lev. 19:36; Prov. 16:11;
Ezeq. 45:10.
Dinero pesado con. Isa. 46:6; Jer. 32:10.
Falsas, abominación. Prov. 11:1; 20:23.
Figurativamente, juicio. Dan. 5:27.
Usadas para pesar. Job 31:6; Isa. 40:12,15;
Ezeq. 5:1.

Uso de balanzas falsas. Os. 12:7; Amós 8:5;
Miq. 6:11.

BÁLSAMO
Gran demanda de. Jer. 8:22.
Para sanar al pueblo de Dios. Jer. 51:8.
Para ungir al rey. Sal. 89:20.
Produce gozo. Isa. 61:3.
Restaura vista. Apoc. 3:18.

BANCARROTA

Ejemplos de indigencia
Bienes hipotecados para obtener comida.
Neh. 5:3.
Esposa del profeta. 2 Rey. 4:1-7.
Hombre que no pudo terminar torre.
Luc. 14:28-29.
Viuda. Luc. 21:1-4.

Prendas y fianzas
Acreedor toma todo. Sal. 109:11.
Quien aborrece, vive seguro. Prov. 11:15.
Remisión de deudas cada 7 años.
Deut. 15:1-3.

Tomar prestado
Elemento prestado debía devolverse aun a
expensas del deudor. Ex. 22:14.
Impíos no pagan lo que deben. Sal. 37:21.
Quien toma prestado es esclavo del
acreedor. Prov. 22:7.

BANDERA
Elevada para celebrar victoria de Dios.
Sal. 20:5.

BANQUETES

Ejemplos de
Desenfrenados. Isa. 5:11-12.
Nabal. 1 Sam 25:36.

BARBA
Aarón la tenía larga. Sal. 133:2.

B

Arrancarse pelo de. Esd. 9:3.

Cortar. Isa. 7:20; 15:2; Jer. 41:5; 48:37.

David. 1 Sam. 21:13; Ezeq. 5:1.

Vida cotidiana

BAÑARSE

Se bañaba acaso la gente en tiempos de la Biblia? Los idiomas bíblicos no hacen distinción entre *lavarse* y *bañarse* porque el clima seco del Medio Oriente hacía que bañarse fuera prohibitivo, excepto en ocasiones especiales o donde hubiera una fuente de agua. La palabra se usa principalmente para hablar de acciones rituales de purificación (Ex. 30:19-21). Es probable que la mayoría de las personas tanto en el Antiguo como en el Nuevo Testamento no tuvieran ni la privacidad ni el deseo de bañarse como sí sucede en nuestro tiempo.

---

de enviados de David, rasurada parcialmente por rey amorreo.
2 Sam. 10:4.

Egipcios se afeitaban. Gén. 41:14.

Leprosos debían afeitarse.
Lev. 13:29-33; 14:9.

No se recortaba durante duelo.
2 Sam. 19:24.

Práctica idólatra de dañar, prohibida.
Lev. 19:27; 21:5.

Sansón. Jue. 16:17.

BARBERO

Usa navaja. Ezeq. 5:1.

BARCOS

A menudo de remos. Jon. 1:13; Juan 6:19.

A menudo naufragaban. 1 Rey. 22:48; Sal. 48:7; Hech. 27:41-44; 2 Cor. 11:25.

A menudo pertenecían a individuos.
Hech. 27:11.

A veces se hacían con papiro. Isa. 18:2.

Antigüedad de. Gén. 49:13; Jue. 5:17.

Comandados por capitán. Jon. 1:6;
Hech. 27:11.

Cuando se dañaban, se podían reforzar con amarras. Hech. 27:17.

Curso de, a menudo según astros celestiales.
Hech. 27:20.

Curso de, por el medio del mar, asombroso.
Prov. 30:18-19.

Descripción
Fuertes. Isa. 23:14.
Gran nave. Isa. 33:21.
Grandes. Sant. 3:4.
Veloces. Job 9:26.

Generalmente de velas. Hech. 27:2-7.

Generalmente fabricados con hayas.
Ezeq. 27:5.

Generalmente se distinguían por insignias.
Hech. 28:11.

Generalmente, sonda en lugares peligrosos.
Hech. 27:28.

Gobernados y dirigidos por timón.
Sant. 3:4.

Ilustrativos de
Alejamiento de la fe (cuando naufragaban). 1 Tim. 1:19.
Mujeres laboriosas. Prov. 31:14.

En otras palabras...

BARBECHO

Barbecho es la tierra que nunca ha sido plantada, o que no ha sido plantada recientemente (Os. 10:12).

Mencionados en Escritura
Adramitio. Hech. 27:2.
Alejandría. Hech. 27:6.
Caldea. Isa. 43:14.
Quitim. Núm. 24:24; Dan. 11:30.
Tarsis. Isa. 23:1; 60:9.
Tiro. 2 Crón. 8:18.

Navegación por
Lagos. Luc. 5:1-2.
Océano. Sal. 104:26; 106:23.
Ríos. Isa. 33:21.
Operados por marineros. Ezeq. 27:9,27;
Jon. 1:5; Hech. 27:30.

Partes de, mencionadas
Amarras del timón. Hech. 27:40.
Anclas. Hech. 27:29,40.
Aparejos. Isa. 33:23; Hech. 27:19.
Bodega. Jon. 1:5.
Esquifes. Hech. 27:30,32.
Mástil. Isa. 33:23; Ezeq. 27:5.
Parte trasera o popa. Hech. 27:29,41.
Proa. Hech. 27:30,41.
Remos. Isa. 33:21; Ezeq. 27:6.
Timón. Sant. 3:4.
Velas. Isa. 33:23; Ezeq. 27:7.
Pasajeros ocupaban popa. Mar. 4:38.

Peligros que enfrentaban
Bancos de arena. Hech. 27:17.
Rocas. Hech. 27:29.
Tormentas. Jon. 1:4; Mar. 4:37-38.
Pilotos guiaban su curso. Ezeq. 27:8,27-29.
Probable origen, arca de Noé. Gén. 7:17-18.
Salomón construyó una
armada. 1 Rey. 9:26.

Usados para
Comerciar. 1 Rey. 22:48;
2 Crón. 8:18; 9:21.
Guerra. Núm. 24:24; Dan. 11:30,40.
Pescar. Mat. 4:21; Luc. 5:4-9; Juan
21:3-8.

Transportar pasajeros. Jon. 1:3;
Hech. 27:2,6; 28:11.

B

BARRO
Ojos del ciego, untados con. Juan 9:6.
Sellos hechos de. Job 38:14.
Sentido simbólico. Job 4:19; Sal. 40:2;
Isa. 45:9; 64:8; Jer. 18:6; Rom. 9:21;
Dan. 2:33-41.
Seres humanos formados del. Job 33:6.
Usado por alfarero. Isa. 29:16; 41:25; 45:9.

BARRO DE ALFARERO
Figurativamente, debilidad, en ídolo de
visión de Nabucodonosor. Dan. 2:41.
Lugar para manufactura de, fuera del muro
de Jerusalén. Mat. 27:7-10.
Se preparaba pisándolo. Isa. 41:25.
Vasijas hechas con. Jer. 18:3-4.

BASTARDO
Excluido de congregación. Deut. 23:2.
Hijo de David y Betsabé. 2 Sam. 11:2-5.
Ismael. Gén. 16:3,15; Gál. 4:22.
Jefté. Jue. 11:1.
Moab y Amón. Gén. 19:36-38.
Sentido figurado. Zac. 9:6; Heb. 12:8.

BATALLA
Clamores en. Jue. 7:20; 1 Sam. 17:20.
Oración de Asa antes de. 2 Crón. 14:11.
Oración de Josafat antes de.
2 Crón. 20:3-12.
Sacerdotes en. 2 Crón. 13:12.

BAUTISMO
Ver también Purificación

Administrado a
Familias. Hech. 16:15; 1 Cor. 1:16.
Individuos. Hech.8:38; 9:16.
Adoptado por Cristo. Juan 3:22; 4:1-2.

Agua, señal externa y visible del.
Hech. 8:36; 10:47.

Arrepentimiento, necesario para.
Hech. 2:38.

Confesión de pecado necesaria para.
Mat. 3:6.

Debe ser en nombre del Padre, del Hijo, y del Espíritu Santo. Mat. 28:19.

Fe necesaria para. Hech. 8:37; 18:8.

Forma en que bautizó Juan. Mat. 3:5-12; Juan 3:23; Hech. 13:24; 19:4.

Hay solo uno. Ef. 4:5.

Ordenanza para iglesia cristiana.
Mat. 28:19-20; Mar. 16:15-16.

Ratificado por sujeción de Cristo al.
Mat. 3:13-15; Luc. 3:21.

Remisión de pecados, simbolizada en.
Hech. 2:38; 22:16.

Simbólico del poder del Espíritu Santo.
Mat. 3:11; Tito 3:5.

Tipificado. 1 Cor. 10:2; 1 Ped. 3:20,21.

Unidad de iglesia efectuada por.
1 Cor. 12:13; Gál. 3:27-28.

Palabra clave

BAUTISMO

Bautismo es una traducción del sustantivo griego *baptisma;* el verbo es *baptizo,* que significa "sumergir". Además de la referencia a la práctica del bautismo, *baptizo* se usa en el Nuevo Testamento para indicar lavado ceremonial.

BAUTISMO DEL ESPÍRITU SANTO

Ver Espíritu Santo, Bautismo del

BEBÉS

Alabanza se perfecciona en boca de.
Mat. 21:16.

Figurativamente, cristianos débiles.
Rom. 2:20; 1 Cor. 3:1; Heb. 5:13;
1 Ped. 2:2.

Imagen de inocentes. Sal. 8:2; Mat. 11:25;
Luc. 10:21.

BECERRO, TERNERO

Adorado por Jehú. 2 Rey. 10:29.

Altares de, destruidos. 2 Rey. 23:4,15-20.

de oro, hecho por Aarón. Ex. 32;
Deut. 9:16; Neh. 9:18; Sal. 106:19;
Hech. 7:41.

Imágenes de, colocadas por Jeroboam en Bet-el y Dan. 1 Rey. 12:28-33;
2 Rey. 10:29.

Ofrecido en sacrificio. Miq. 6:6.

Profecías contra becerros de oro en Bet-el. 1 Rey. 13:1-5; Jer. 48:13;
Os. 8:5-6; 10:5-6,15; 13:2;
Amós 3:14; 4:4; 8:14.

BEELZEBÚ

Mensajeros enviados por Ocozías para inquirir a. 2 Rey. 1:2.

Príncipe de demonios.
Mat. 10:25; 12:24,27; Mar. 3:22;
Luc. 11:15,18-19.

BELLEZA, APOSTURA

Abisag. 1 Rey. 1:3-4.

Absalón. 2 Sam. 14:25.

Betsabé. 2 Sam. 11:2.

David. 1 Sam. 16:12,18.

de la santidad. 1 Crón. 16:29;
2 Crón. 20:21; Sal. 29:2; 96:9.

Espiritual. 1 Crón. 16:29;
Sal. 27:4; 29:2; 45:11; 90:17; 110:3;
Isa. 52:7; Ezeq. 16:14; Zac. 9:17.

Ester. Esther 2:7.

Iglesia. Ef. 5:27; Apoc. 21:2.

José. Gén. 39:6.
Lo vacío de. Prov. 11:22; 31:30;
 Ezeq. 16:15.
Moisés. Ex. 2:2; Heb. 11:23.
Pasajera. Sal. 39:11; 49:14.
Raquel. Gén. 29:17.
Rebeca. Gén. 24:16.
Sara. Gén. 12:11.
Señor. Sal. 27:4; 90:17; Isa. 33:17.
Sión. Sal. 48:2; 50:2.
Tamar. 2 Sam. 13:1.
Templo. Sal. 96:6.
Vanidad de. Sal. 39:11; Prov. 6:25; 31:30;
 Isa. 3:24; Ezeq. 16:14.
Vasti. Est. 1:11.

En otras palabras...

BEN

Ben es un sustantivo hebreo
que significa "hijo de".

BENDICIONES

A Esaú. Gén. 27:39-40.
A hijos de José. Gén. 48.
A Noé. Gén. 9:1-2.
A rubenitas, gaditas y media tribu de
 Manasés. Jos. 22:6-7.
A propios hijos. Gén. 40:9.
Aarón. Lev. 9:22-23.
Al hombre. Gén. 1:28.
Arauna a David. 2 Sam. 24:23.
Betuel y familia, a Rebeca. Gén. 24:60.
David a Barzilai. 2 Sam. 19:39.
David al pueblo. 2 Sam. 6:18.
Dios, a sus criaturas. Gén. 1:22.
Divina. Deut. 10:8; 21:5; Núm. 6:23-26.
Elí a Elcana. 1 Sam. 2:20.
Formas apostólicas de. Rom. 1:7;
 1 Cor. 1:3; 2 Cor. 1:2; Gál. 1:3; Ef. 1:2;

Biografía bíblica

BEN-HUR

Ben-hur (el hijo de Hur) era el
supervisor de distrito del
monte Efraín durante el
reinado de Salomón. Estaba a
cargo de abastecer la corte real un
mes por año (1 Rey. 4:8 BLA). Su
nombre significa "hijo de un
camello" o "hijo de Horus".

Fil. 1:2; Col. 1:2; 1 Tes. 1:1; 2 Tes. 1:2;
 2 Tim. 1:2; Filem. 3.
Isaac a Jacob. Gén. 27:23-29,37; 28:1-4.
Jacob a Faraón. Gén. 47:7-10.
Jesús a sus discípulos. Luc. 24:50.
Josué a Caleb. Jos. 14:13.
Levítica. Núm. 6:23-26.
Melquisedec a Abraham. Gén. 14:19-20;
 Heb. 7:7.
Mitad de tribus en monte Gerizim.
 Deut. 11:29-30; 27:11-13; Jos. 8:33.
Moisés a tribus de Israel. Deut. 3:3.
Noemí a Rut y Orfa. Rut 1:8-9.
Pueblo a Rut. Rut 4:11-12.
Salomón al pueblo. 1 Rey. 8:14,55-58;
 2 Crón. 6:3.
Simeón a Jesús. Luc. 2:34.

BENEVOLENCIA

Amor a enemigos. Mat. 5:44.
Amor a hermanos. 1 Ped. 2:17; 1 Juan 2:10.
Amor al prójimo. Lev. 19:18; Luc. 10:27;
 Gál. 5:14.
Cuidado de animales. Ex. 23:5; Deut. 22:6;
 Prov. 12:10; Job 5:23; Mat. 18:12.
Cuidado en construcciones. Deut. 22:8.
Preocupación por necesitados. Deut. 24:19;
 Mat. 25:40.

BESO

de Judas cuando traicionó a Jesús.
Mat. 26:48.
En señal de afecto. Gén. 27:26-27; 31:55;
Ex. 18:7; Rut 1:14; 2 Sam. 14:33;
Luc. 15:20; Hech. 20:37.
Engañoso de Joab cuando mató a
Amasa. 2 Sam. 20:9-10.
Engañoso. Prov. 27:6.
Pies de Jesús besados por mujer penitente.
Luc. 7:38.
Santo. Rom. 16:16.

Ahora lo sabe

BESO

B eso es una traducción de dos palabras hebreas y tres griegas que significan "tocar con los labios de uno los labios, mejillas, hombros, manos o pies de otra persona como gesto de amistad, aceptación, respeto y reverencia". El beso u ósculo santo era una práctica extendida entre los cristianos primitivos como forma de saludo, señal de aceptación y para impartir bendición. En la cultura del Cercano Oriente el beso continúa siendo una señal de amor, respeto y reverencia.

BIBLIA, INSPIRACIÓN DE LA

Ver también Escrituras; Palabra de Dios

Afirmada continuamente. Deut. 6:6;
1 Rey. 16:1; Jer. 13:1; 1 Cor. 2:13;
2 Ped. 1:21.
Apóstoles apelaron a. Hech. 8:32; 28:23.
Inspirada por Dios. 2 Tim. 3:16; Heb. 1:1.
Inspirada por Espíritu Santo. 2 Ped. 1:21;
Hech. 1:16.

Palabra clave

BIBLIA

L a palabra castellana Biblia proviene de una palabra griega que significa "libros" o "rollos". Pablo utilizó esta palabra cuando le pidió a Timoteo que le llevara libros (2 Tim. 4:13), probablemente refiriéndose a rollos de Escritura. Aunque el término griego es plural, en la actualidad en español usamos la palabra Biblia en singular.

Juzgará a quienes la rechazan. Juan 12:48;
Heb. 10:28.
Presenta a Cristo. Juan 5:39; Hech. 18:28.

BIEN POR MAL

Ejemplos de
Abraham a Abimelec. Gén. 20:14-18.
David a enemigos. Sal. 35:12-14.
David a Saúl. 1 Sam. 24:17; 26.
Eliseo a sirios. 2 Rey. 6:22-23.
Esteban a quienes lo apedrearon.
Hech. 7:60.
Jesús a quienes lo crucificaron.
Luc. 23:34.
Mandamiento de Jesús. Mat. 5:42-48.

BIENAVENTURADOS

Aquellos a quienes Dios escoge. Sal. 65:4;
Ef. 1:3-4.
Aquellos a quienes Dios imputa justicia sin
obras. Rom. 4:6-9.
Aquellos cuya fuerza está en Dios. Sal. 84:5.
Aquellos cuyos pecados son perdonados.
Sal. 32:1-2; Rom. 4:7.
La generación del justo. Sal. 112:2.
Los creyentes en día del juicio. Mat. 25:34.

BIENAVENTURANZAS

Bienaventuranzas son palabras de bendición o felicitación. En el mundo greco-romano la bendición se asociaba con la existencia de los dioses. Las bienaventuranzas en el Antiguo Testamento son muy distintas de las bendiciones seculares. A las personas se las llamaba bendecidas en razón de sus vidas piadosas. Las bienaventuranzas de Jesús son un anuncio de que el tiempo de salvación ya ha llegado.

Los de limpio corazón. Mat. 5:8.

Los fieles. Prov. 28:20.

Los generosos. Deut. 15:10; Sal. 41:1;
Prov. 22:9; Luc. 14:13-14.

Los hijos de los justos. Prov. 20:7.

Los justos. Sal. 106:3; Prov. 10:6.

Los llamados por Dios. Isa. 51:2;
Apoc. 19:9.

Los mansos. Mat. 5:5.

Los misericordiosos. Mat. 5:7.

Los pacificadores. Mat. 5:9.

Los perfectos de camino. Sal. 119:1.

Los pobres en espíritu. Mat. 5:3.

Los que coman pan en reino de Dios.
Luc. 14:15; Apoc. 19:9.

Los que confían en Dios.
Sal. 2:12; 34:8; 40:4; 84:12; Jer. 17:7.

Los que conocen a Cristo. Mat. 16:16-17.

Los que conocen evangelio. Sal. 89:15.

Los que creen. Luc. 1:45; Gál. 3:9.

Los que Dios castiga. Job 5:17; Sal. 94:12.

Los que esperan en Dios. Isa. 30:18.

Los que evitan a impíos. Sal. 1:1.

Los que frecuentan casa de Dios.
Sal. 65:4; 84:4.

Los que guardan mandamientos de Dios.
Apoc. 22:14.

Los que lloran. Mat. 5:4; Luc. 6:21.

Los que mueren en el Señor. Apoc. 14:13.

Los que muestran favor hacia creyentes.
Gén. 12:3; Rut 2:10.

Los que no hallan tropiezo en Cristo.
Mat. 11:6.

Los que oyen y guardan palabra del Señor.
Sal. 119:2; Sant. 1:25; Mat. 13:16;
Luc. 11:28; Apoc. 1:3; 22:7.

Los que participan de primera resurrección.
Apoc. 20:6.

Los que reprenden a pecadores. Prov. 24:25.

Los que se deleitan en mandamientos
divinos. Sal. 112:1.

Los que se guardan del pecado. Apoc. 16:15.

Los que soportan tentación. Sant. 1:12.

Los que sufren por Cristo. Luc. 6:22.

Los que temen a Dios. Sal. 112:1; 128:1,4.

Los que tienen a Jehová como Dios.
Sal. 144:15.

Los que tienen hambre y sed de justicia.
Mat. 5:6.

Los que velan para el Señor. Luc. 12:37.

BIENESTAR SOCIAL, PROGRAMAS DE

Compartir con necesitados, mandamiento
Apóstoles. 1 Cor. 13:3; 16:1-3;
Gál. 2:10; Ef. 4:28; 1 Tim. 5:8; 6:18;
Sant. 2:15-16; 1 Juan 3:17-18.
Jesús. Mat. 5:42; 19:21; 25:31-46;
Mar. 9:41; Luc. 10:32-36.
Juan el Bautista. Luc. 3:11.
Equivalían a bendición de Dios.
Job 31:16-22; Prov. 25:21-22; 28:27.

Ley mosaica
Año de remisión. Deut. 15:1-18.
Diezmo para levitas, extranjeros,
huérfanos, viudas. Deut. 14:28-29.

B

Pobres podían espigar en campos, huertos y viñas. Ex. 23:10-11; Lev. 19:9-10; 25:3-7; Deut. 24:19-22; Rut 2:2-3,15-17.

Provisión para levitas. Deut. 14:27.

Mandamiento sobre cantidades. Deut. 14:27-29.

Ofrenda debía ser voluntaria y generosa. Deut. 15:10,11,14; Hech. 11:29; 1 Cor. 16:2-3; 2 Cor. 8:1-4; 9:5-7.

Para necesidades de propia familia. 1 Tim. 5:8.

Para necesidades del prójimo. Rom. 15:2; 1 Cor. 10:24; Fil. 2:4.

Personas deben trabajar para ganarse la vida. Prov. 20:4; Ef. 4:28; 1 Tes. 4:11; 2 Tes. 3:7-12.

Práctica de iglesia. Hech. 2:45; 4:32,34; 6:1-4; 10:1-2; 11:2 7-30; Rom. 15:25-27; 2 Cor. 8:1-4; Fil. 4:15-18.

Profetas. Isa. 58:6-7; Ezeq. 18:7.

BISEXUALIDAD

Distinción de sexos en creación. Gén. 1:27; 2:20-24.

Distinción de sexos por largo del cabello. 1 Cor. 11:14-15.

Hombre no puede usar ropa de mujer, y viceversa. Deut. 22:5.

BLASFEMIA

Asociada con orgullo y necedad. 2 Rey. 19:22; Sal. 74:18.

Castigo por. Lev. 24:16; Isa. 65:7; Ezeq. 20:27-33; 35:11-12.

Contra Espíritu Santo, imperdonable. Mat. 12:31-32.

Creyentes se entristecen al oír. Sal. 44:15-16; 74:10,18,22.

Cristianos primitivos acusados de. Hech. 6:11,13.

Cristianos primitivos, perseguidos por Saulo de Tarso. Hech. 26:11; 1 Tim. 1:13.

Cristo acusado de. Mat. 9:2-3; 26:64-65; Juan 10:33,36.

Cristo atacado con. Mat. 10:25; Luc. 22:64-65; 1 Ped. 4:14.

Efesios descarriados. Apoc. 2:9.

Enemigos de Jesús en crucifixión. Mat. 27:40-44,63.

Esposa de Job, cuando exhortó a Job a, y morir. Job 2:9.

Hijos depravados de Selomit que maldijeron a Dios. Lev. 24:10-16.

Himeneo y Alejandro, entregados a Satanás para que no blasfemaran. 1 Tim. 1:20.

Hipocresía se considera. Apoc. 2:9.

Hombre de pecado. 2 Tes. 2:3-4.

Idolatría se considera. Isa. 65:7; Ezeq. 20:27-28.

Impíos, adictos a. Sal. 74:18; Isa. 52:5; 2 Tim. 3:2; Apoc. 16:11,21.

Infieles que usaron adulterio de David como ocasión de. 2 Sam. 12:14.

Israelitas murmurando contra Dios. Núm. 21:5-6.

No dar ocasión a. 2 Sam. 12:14; 1 Tim. 6:1.

Pedro, cuando fue acusado de ser discípulo de Jesús. Mat. 26:74; Mar. 14:71.

Procesos legales alegando

A Esteban. Hech. 6:11,13.

A Jesús. Mat. 26:65; Mar. 14:58; Luc. 22:70-71; Juan 19:7.

A Nabot. 1 Rey. 21:13.

Prohibida. Ex. 20:7; Col. 3:8.

Proviene del corazón. Mat. 15:19.

Rabsaces, en sitio de Jerusalén. 2 Rey. 18:22; 19; Isa. 36:15-20; 37:10-33.

Simei en su malicia hacia David. 2 Sam. 16:5.

BOCA
Ver Labios

BODA

L a típica boda israelita se realizaba por un acuerdo de los padres con parientes lejanos, y probablemente tenía lugar cuando el muchacho rondaba los veinte años y la jovencita era una adolescente. El arreglo se hacía sin el consentimiento de los jóvenes, aunque ellos podían dar a conocer cuáles eran sus deseos (Jue. 14:2; 1 Sam. 18:20). En la época del Nuevo Testamento, las muchachitas de más de doce años y medio tenían derecho a rehusarse.

BODAS

Alegría en
  Por parte de invitados. Mat. 9:15.
  Por parte del novio. Isa. 62:5.
Amigas de la esposa. Sal. 45:14.
Amigo del esposo. Juan 3:29.
Del cordero. Apoc. 19:7-9.
Excusa al novio/esposo de servicio militar.
  Deut. 20:7; 24:5.
Expectación por. Cant. 4:7-15.

Fiesta de
  Despreciada por invitados. Mat. 22:1-10.
  Esperada por invitados. Mat. 25:1-7,10;
    Luc. 12:35-36.
  Ignorada por invitados. Mat. 25:8-13.
  Sentarse en la. Luc. 14:7-11.
  Vino en. Juan 2:1-10.
Noche de. Gén. 29:23-25; Cant. 4:16.

Preparación para
  Invitados. Mat. 25:1-13.
  Novia. Sal. 45:13-15; Joel 2:16.
  Novio. Sal. 19:5; Joel 2:16.

Vestido de
  Invitados. Mat. 22:12.
  Novia. Sal. 45:13; Isa. 49:18; 61:10;
    Jer. 2:32; Apoc. 19:7-8; 21:2.
  Novio. Isa. 61:10.

BONDAD
Atributo de Dios. Isa. 54:8; Ef. 2:7;
  Tito 3:4-7.
Característica de personas decentes.
  Job 29:15; Prov. 31:26; 1 Cor. 13:4.
Necesidad de. Rom. 12:9; Gál. 6:10.
Necesidad en cristianos. 2 Ped. 1:7;
  Col. 3:12.
Nosotros y los demás. Mat. 7:12.
Poder de. Rom. 12:21.
Requisito fundamental. Miq. 6:8;
  Mat. 25:40.

BONDAD DE DIOS
Ver Dios, Bondad de

BORDADO
Bezaleel y Aholiab, divinamente inspirados
  para, en obra del tabernáculo.
  Ex. 35:30-35; 38:22-23.
En cinturón y manto de sumos sacerdotes.
  Ex. 28:4,39.
En cortinas del tabernáculo.
  Ex. 26:1,36; 27:16.
En vestimenta de mujeres. Sal. 45:14.
En vestimenta de Sísara. Jue. 5:30.
En vestimentas de príncipes. Ezeq. 26:16.

BORRACHERA
Advertencia contra. Luc. 21:34.
Castigo de. Deut. 21:20-21; Joel 1:5-6;
  Amós 6:6-7; Mat. 24:49-51.

Degrada. Isa. 28:8.

Denuncias contra

Aquellos que animan a. Hab. 2:15.

Quienes son dados a.
Isa. 5:11-12; 28:1-3.

Endurece el corazón. Luc. 21:34.

Evitar a aquellos dados a. Prov. 23:20;
1 Cor. 5:11.

Excluye del cielo. 1 Cor. 6:10; Gál. 5:21.

Falsos maestros a menudo adictos a.
Isa. 56:12.

Hace perder el juicio. Os. 4:11.

Impíos adictos a. Dan. 5:1-4.

Incongruente con cristianismo. Rom. 13:13;
Ef. 5:18.

Lleva a

Aflicción y pesar. Prov. 29-30.

Burlas. Os. 7:5.

Despreciar obras de Dios. Isa. 5:12.

Error. Isa. 28:7.

Peleas. Prov. 23:29-30.

Pobreza. Prov. 21:17; 23:21.

Necedad de entregarse a. Prov. 20:1.

Obra de naturaleza pecadora. Gál. 5:21.

Prohibida. Ef. 5:18.

BOSQUES

A menudo destruidos por enemigos.
2 Rey. 19:23; Isa. 37:24.

A menudo proporcionaban pastos.
Miq. 7:14.

Extensiones de tierra cubiertas con árboles.
Isa. 44:14.

Ilustrativos de

Destrucción de impíos (cuando son
destruidos por fuego).
Isa. 9:18; 10:17-18; Jer. 21:14.

Judíos rechazados por Dios (cuando
tierras fructíferas se convierten en).
Isa. 29:17; 32:15.

Mundo que no da fruto. Isa. 32:19.

Jotam construyó torres, etc., en.
2 Crón. 27:4.

Lugares de refugio. 1 Sam. 22:5; 23:16.

Llamados a alegrarse por bondad de Dios.
Isa. 44:23.

Llenos de bestias del campo.
Sal. 50:10; 104:20; Isa. 56:9; Jer. 5:6;
Miq. 5:8.

Llenos de miel silvestre. 1 Sam. 14:25-26.

Maleza, frecuente en. Isa. 9:18.

Mencionados en Escritura

Basán. Isa. 2:13; Ezeq. 27:6; Zac. 11:2.

de Arabia. Isa. 21:13.

del rey. Neh. 2:8.

Efraín. 2 Sam. 18:6,8.

Haret. 1 Sam. 22:5.

Líbano. 1 Rey. 7:2; 10:17.

Neguev. Ezeq. 20:46-47.

Poder de Dios se extiende sobre. Sal. 29:9.

Proporcionaban madera para
construcción. 1 Rey. 5:6-8.

BOTELLAS, ODRES

Algunas hechas de barro. Jer. 19:1.

Hechas de pieles

A veces, grandes dimensiones.
1 Sam. 25:18; 2 Sam. 16:1.

Arrugadas y secadas con humo.
Sal. 119:83.

Arruinadas por tiempo y uso. Jos. 9:4,13.

Viejas, no podían guardar vino nuevo.
Mat. 9:17; Mar. 2:22.

Ilustrativas de

Afligidos. Sal. 119:83.

Impacientes. Job 32:19.

Juicios severos. Jer. 48:12.

Memoria de Dios. Sal. 56:8.

Nubes. Job 38:37.

Pecadores listos para juicio.
Jer. 13:12-14.

Primera mención de, en Escrituras.
Gén. 21:14.

Usadas para guardar
Agua. Gén. 21:14-15,19.
Leche. Jue. 4:19.
Vino. 1 Sam. 1:24; 16:20.

BOTÍN
de guerra. Gén. 14:11-12.
Dedicado a Dios. 1 Crón. 26:27;
2 Crón. 15:11.
Dividido entre combatientes y no
combatientes israelitas, incluyendo a
sacerdotes y levitas. Núm. 31:25-54.

BREA
En valle de Sidim. Gén. 14:10.
Inflamable. Isa. 34:9.
Se usó en arca de Noé. Gén. 6:14.
Se usó en arquilla de Moisés. Ex. 2:3.
Se usó en Babel. Gén. 11:3.

BRIDA
Para animales. Sal. 32:9; Prov. 26:3;
Apoc. 14:20.
Sentido figurado. 2 Rey. 19:28; Sal. 39:1;
Sant. 1:26.

BROMAS GROSERAS
Necias, prohibición. Ef. 5:4.

BRONCE (o Cobre)
Abundante en Canaán. Deut. 8:9; 33:25.
Antigüedad del trabajo en. Gén. 4:22.

Caracterizado por
Color amarillento. Esd. 8:27.
Dureza. Lev. 26:19.
Fusibilidad. Ezeq. 22:18,20.
Resistencia. Job 40:18.
Gran comercio de. Ezeq. 27:13;
Apoc. 18:12.

Ilustrativo de
Decretos de Dios. Zac. 6:1.
Firmeza de Cristo. Dan. 10:6; Apoc. 1:15.
Fortaleza dada a creyentes. Jer. 15:20;
Miq. 4:13.
Imperio macedonio. Dan. 2:39.
Pecadores obstinados. Isa. 48:4; Jer. 6:28.
Sequía extrema. Deut. 28:23.
Tierra yerma. Lev. 26:19.
Menos valor que oro y plata. Isa. 60:17;
Dan. 2:32,39.
Minado en montañas. Deut. 8:9.
Monedas acuñadas en. Mat. 10:9;
Mar. 12:41.

Ofrendas de
Para tabernáculo. Ex. 38:29.
Para templo. 1 Crón. 29:6-7.
Purificadas al fundirse. Job 28:2.
Queda muy brillante al pulirlo.
2 Crón. 4:16; Ezeq. 1:7.
Recogido por David para
templo. 1 Crón. 22:3,14,16; 29:2.

Se hacían
Altares. Ex. 27:2; 39:39.
Basas para columnas. Ex. 38:10-11,17.
Cadenas. Jue. 16:21; 2 Rey. 25:7.
Cascos. 1 Sam. 17:5.
Cerraduras para puertas. 1 Rey. 4:13.
Columnas. 1 Rey. 7:15-16.
Elementos sagrados. Ex. 27:3;
1 Rey. 7:45.
Escudos. 1 Rey. 14:27; 2 Crón. 12:10.
Espejos. Ex. 38:8.
Fuentes. Ex. 30:18; 1 Rey. 7:38.
Grebas para piernas. 1 Sam. 17:6.
Ídolos. Dan. 5:4; Apoc. 9:20.
Instrumentos de música. 1 Crón. 15:19.
Moisés hizo serpiente de. Núm. 21:9;
2 Rey. 18:4.
Puertas. Sal. 107:16; Isa. 45:2.

B

B

Tomado durante guerra
A menudo en grandes cantidades.
Jos. 22:8; 2 Sam. 8:8; 2 Rey. 25:13-16.
Por lo general consagrado a Dios.
Jos. 6:19,24; 2 Sam. 8:10-11.
Purificado por fuego. Núm. 31:21-23.
Trabajar en, profesión. Gén. 4:22;
1 Rey. 7:14; 2 Crón. 24:12; 2 Tim. 4:14.

BRUJERÍA
Ver Hechicería

BUENAS NOTICIAS
Como agua fría para quien tiene sed.
Prov. 25:25.

BUENO Y MALO
Adán y Eva y elección entre. Gén. 3.
Conflicto entre. Apoc. 16:13-21.
Conflicto personal entre. Rom. 7:9-25.
Exhortación a elegir entre. Jos. 24:15.

BUEY
A menudo entregado como presente.
Gén. 12:16; 20:14.
A menudo engordado en establo para
matarlo. Prov. 15:17.
Apremiado con aguijada. Jue. 3:31.
Aumento de, promesa. Deut. 7:13; 28:4.

Comía
En colinas. Isa. 7:25.
En establos. Hab. 3:17.
En valles. 1 Crón. 27:29; Isa. 65:10.
Pasto. Job 40:15; Sal. 106:20; Dan. 4:25.
Trigo. Isa. 30:24.
Costumbre de enviar pedazos de, para que
pueblo se reúna para la guerra.
1 Sam. 11:7.
Crías de, considerados plato exquisito.
Gén. 18:7; Amós 6:4.
Cuernos y pezuñas de, alusión a. Sal. 69:31.

Descripción
Con discernimiento. Isa. 1:3.
Fuerte. Sal. 144:14; Prov. 14:4.
Hermoso. Jer. 46:20; Os. 10:11.
Diezmo de, entregado a
sacerdotes. 2 Crón. 31:6.

Era parte de
Riqueza de Israel en Egipto. Gén. 50:8;
Ex. 10:9; 12:32.
Riqueza de judíos. Núm. 32:4;
Sal. 144:14.
Riqueza de patriarcas.
Gén. 13:2,5; 26:14; Job 1:3.

Ilustrativo de
Años de abundancia (cuando vacas son
gordas). Gén. 41:2,26,29.
Años de escasez (cuando son flacos).
Gén. 41:3,27,30.
Creyentes bajo persecución (cuando es
llevado al matadero). Jer. 11:19.
Derecho a salario de ministros cristianos
(cuando no se le pone bozal al que
trilla). 1 Cor. 9:9-10.
Enemigos crueles (toros).
Sal. 22:12; 68:30.
Esposa amada (novilla). Jue. 14:18.
Gloria de José (toro primogénito).
Deut. 33:17.
Gobernantes arrogantes y ricos (ganado).
Amós 4:1.
Hermosura y riqueza de Egipto (becerra
hermosa). Jer. 46:20.
Israel que se aparta (novilla indómita).
Os. 4:16.
Joven precipitado (cuando se lo lleva al
matadero). Prov. 7:22.
Lujo de caldeos (novilla sobre la hierba).
Jer. 50:11.
Mercenarios codiciosos (becerros
engordados). Jer. 46:21.
Ministros del evangelio (al ser usado en
agricultura). Isa. 30:24; 32:20.

Moab en aflicción (novilla de 3 años).
Isa. 15:5; Jer. 48:34.
Pecadores obstinados (cuando no está
acostumbrado al yugo). Jer. 31:18.
Predilección de Israel por cosas fáciles, no
obediencia (novilla domada).
Os. 10:11.
Provisión del evangelio (cuando se lo
prepara para banquete). Prov. 9:2;
Mat. 22:4.
Impíos a menudo tomaban, de pobres en
prenda. Job 24:3.

Incluye
Novilla o becerra. Gén. 15:9; Núm. 19:2.
Toro. Gén. 32:15; Job 21:10; Sal. 50:9;
Jer. 46:21.
Vaca. Núm. 18:17; Job 21:10.

Leyes sobre
de otros, no codiciarlo. Ex. 20:17;
Deut. 5:21.
de otros, si se pierde o daña por descuido,
había que resarcir. Ex. 22:9-13.
Debía descansar el día de reposo.
Ex. 23:12; Deut. 5:14.
Gordura de, no se debe comer. Lev. 7:23.
No ponerle bozal cuando trilla.
Deut. 25:4; 1 Cor. 9:9.
No ponerlo en yugo con asno en el mismo
arado. Deut. 22:10.
Que cae bajo su carga, hay que levantarlo.
Deut. 22:4.
Que mata a un hombre, apedrearlo.
Ex. 21:28-32.
Reparación para un, que mata a otro.
Ex. 21:35-36.
Si alguien lo roba, pago doble en
restitución. Ex. 22:4.
Si se extravía, llevarlo de regreso al dueño.
Ex. 23:4; Deut. 22:1-2.
Limpio y apto para comer. Deut. 14:4.
Manera rápida de juntar su comida, alusión
a. Núm. 22:4.

Mar de fundición reposaba sobre figuras
de. 1 Rey. 7:25.
Mugido de, alusión a. 1 Sam. 15:14;
Job 6:5.
Necesitaba gran cuidado y atención.
Prov. 27:23.
Pastores cuidaban ganado de. Gén. 13:7;
1 Sam. 21:7.
Primogénito macho de, pertenecía a Dios.
Ex. 34:19.

Usado para
Arar. 1 Rey. 19:19; Job 1:14; Amós 6:12.
Arar trigo. Os. 10:11.
Comida. 1 Rey. 1:9; 19:21; 2 Crón. 18:2.
Labrar tierra. Isa. 30:24; 32:20.
Llevar cargas. 1 Crón. 12:40.
Sacrificios. Ex. 20:24; 2 Sam. 24:22.
Tirar de carros, etc. Núm. 7:3;
1 Sam. 6:7.
Va al matadero sin saberlo. Prov. 7:22.
Vendidos en público. 2 Sam. 24:24;
Luc. 14:19.

BURLA, BURLAR
Ver también Ridículo

Amonitas se burlan de Dios. Ezeq. 25:3.
Borrachos, adictos a. Sal. 69:12; Os. 7:5.
Característica de últimos días. 2 Ped. 3:3;
Jud. 1:18.
Castigo para la. Prov. 19:29; Isa. 29:20;
Lam. 3:64-66.

Creyentes soportan
Por su fe. Heb. 11:36.
Por su fidelidad al declarar Palabra de
Dios. Jer. 20:7-8.
Por su pasión por casa de Dios.
Neh. 2:19.
Porque son hijos de Dios. Gén. 21:9, con
Gál. 4:29.
Porque son justos. Job 12:4.
Cristo soportó. Mat. 9:24; 27:29.

B

Desastre para quienes se dedican a.
Isa. 5:18-19.

B Dirigida a Job. Job 15:12; 30:1.

Elías se burla de profetas de
Baal. 1 Rey. 18:27.

Figurativamente. Prov. 1:26.

Idólatras, adictos a. Isa. 57:3-6.

Impíos se dedican a, de
Amenazas de Dios. Isa. 5:19; Jer. 17:15.
Creyentes. Sal. 123:4; Lam. 3:14,63.
Dones del Espíritu. Hech. 2:13.
Ministros de Dios. 2 Crón. 36:16.
Ordenanzas de Dios. Lam. 1:7.
Resurrección de muertos. Hech. 17:32.
Segunda venida de Cristo. 2 Ped. 3:3-4.
Toda advertencia solemne.
2 Crón. 30:6-10.
Muchachos se burlan de Eliseo. 2 Rey. 2:23.
Perseguidores de Jesús se burlan de él.
Mat. 26:67-68; 27:28-31,39-44.

Quienes son adictos a
Creyentes los evitan. Sal. 1:1; Jer. 15:17.
Dios se burla de ellos. Prov. 3:34.
Hombres los aborrecen. Prov. 24:9.
No aman a quienes les hacen reproches.
Prov. 15:12.
No oyen reproches. Prov. 13:1.
No se juntan con sabios. Prov. 15:12.
Odian a quienes les hacen reproches.
Prov. 9:8.
Orgullosos y arrogantes. Prov. 21:24.
Se deleitan en. Prov. 1:22.
Siguen propios deseos. 2 Ped. 3:3.
Son belicosos. Prov. 22:10.
Tendrán que sufrir. Ezeq. 23:32.
Sedequías se burla de Micaías. 1 Rey. 22:24.
Sufrimientos de Cristo con, profecía sobre.
Sal. 22:6-8; Isa. 53:3; Luc. 18:32.
Tiro se burla de Jerusalén. Ezeq. 26:2.

BUSCAR A DIOS
Aflicciones tienen propósito de.
Sal. 78:33-34; Os. 5:15.

Asegura
Dones de justicia. Os. 10:12.
Prosperidad. Job 8:5-6; Sal. 34:10.
Protección divina. Esd. 8:22.
Que Dios no nos abandonará. Sal. 9:10.
Que Dios nos oiga. Sal. 34:4.
Que encontremos a Dios. Deut. 4:29;
1 Crón. 28:9; Prov. 8:17; Jer. 29:13.
Que entendamos todas las cosas.
Prov. 28:5.
Su favor. Lam. 3:25.
Vida. Sal. 69:32; Amós 5:4,6.
Bendición de. Sal. 119:2.
Castigo a quienes descuidan el. Sof. 1:4-6.

Creyentes
Caracterizados por. Sal. 24:6.
Deciden en su corazón. 2 Crón. 11:16.
Deciden, con todo el corazón.
2 Crón. 15:2; Sal. 119:10.
Deseosos de. Job 5:8.
Disponen su corazón para. Sal. 27:8.
Exhortados a. Sof. 2:3.
Hacen que, sea prioridad. Job 8:5;
Sal. 63:1; Cant. 3:2,4; Isa. 26:9.
Preparan sus corazones
para. 2 Crón. 30:18.

Debe tener lugar
Con diligencia. Heb. 11:6.
Con el corazón. Deut. 4:29;
1 Crón. 22:19.
En día de aflicción. Sal. 77:2.
Inmediatamente. Os. 10:12.
Mientras lo podemos encontrar. Isa. 55:6.
Siempre. Sal. 105:4.
En casa de Dios. Deut. 12:5; Sal. 27:4.
En oración. Job 8:5; Dan. 9:3.
Imperativo para todos. Isa. 8:19.

Impíos

A veces simulan. Esd. 4:2; Isa. 58:2.

En aflicción no son llevados a. Isa. 9:13.

No preparan sus corazones para.
2 Crón. 12:14.

Orgullosamente se niegan a. Sal. 10:4.

Rechazados cuando lo hacen demasiado
tarde. Prov. 1:28.

Se han desviado del camino de.
Sal. 14:2-3, con Rom. 3:11-12.

Incluye buscar

A Cristo. Mal. 3:1; Luc. 2:15-16.

Ciudad que Dios ha preparado.
Heb. 11:10,16; 13-14.

Honra que viene de Él. Juan 5:44.

Justificación por Cristo. Gál. 2:16-17.

Su fortaleza. 1 Crón. 16:11; Sal. 105:4.

Su justicia. Mat. 6:33.

Su nombre. Sal. 83:16.

Su palabra. Isa. 34:16.

Su reino. Mat. 6:33; Luc. 12:31.

Su rostro. Sal. 27:8; 105:4.

Sus leyes. Sal. 119:45,94.

Sus mandamientos. 1 Crón. 28:8;
Mal. 2:7.

Lleva a alabanza. Sal. 22:26.

Lleva al gozo. Sal. 70:4; 105:3.

Mandamiento. Isa. 55:6; Mat. 7:7.

Nunca es en vano. Isa. 45:19.

Por naturaleza, nadie se ocupa de. Sal. 14:2,
con Rom. 3:11; Luc. 12:23,30.

Promesa asociada con. Sal. 69:32.

Quienes descuidan, denunciados. Isa. 31:1.

Tendrá recompensa. Heb. 11:6.

CABALLERÍA

Con camellos. 1 Sam. 30:17.

Montada a caballo. Ex. 14:23; 1 Sam. 13:5;
2 Sam. 8:4; 1 Rey. 4:26;
2 Crón. 8:6; 9:25; 12:3; Isa. 30:16; 31:1;
Jer. 4:29; Zac. 10:5; Apoc. 9:16-18.

CABALLO

A menudo sufrían
de ceguera. Zac. 12:4.
de pestilencia. Ex. 9:3.
de picaduras de serpientes. Gén. 49:17.
de plagas. Zac. 14:15.
En batalla. Jer. 51:21; Hag. 2:22.
En cascos, por galopar. Jue. 5:22.
Adornado con cascabeles. Zac. 14:20.
Cierto número, reservado para guerra.
Jer. 51:27; Ezeq. 26:10.

Colores de, mencionados
Alazán. Zac. 1:8; 6:2; Apoc. 6:4.
Amarillento. Apoc. 6:8.
Blanco. Zac. 1:8; 6:3; Apoc. 6:2.
Negro. Zac. 6:2,6; Apoc. 6:5.
Overo. Zac. 6:3,7.
Tordo. Zac. 6: 6.
Dedicado al sol por idólatras. 2 Rey. 23:11.

Descripción
de pie firme. Isa. 63:13.
Feroz e impetuoso. Job 39:21,24.
Fuerte. Sal. 33:17; 147:10.
Intrépido. Job 39:20,22.
Listo para guerra. Job 39:21; Jer. 8:6.

Veloz. Isa. 30:16; Jer. 4:13; Hab. 1:8.
Dios lo dota de fuerza. Job 39:19.
Dirigido por freno y brida. Sal. 32:9;
Sant. 3:3.
Duras pezuñas de, alusión a. Isa. 5:28.
En batallas, protegido por armadura.
Jer. 46:4.
Entrenados para guerra. Prov. 21:31.
Evidencia de comercio de, desde antigüedad.
Gén. 47:17.
Falta de entendimiento en, alusión a.
Sal. 32:9.
Fuerte relincho de, alusión a. Jer. 8:16, con
Job 39:20.

Ilustrativo de
Belleza de iglesia. Cant. 1:9; Zac. 10:3.
Impulsividad hacia lo malo. Jer. 8:6.
Liberación gloriosa y triunfante de iglesia.
Isa. 63:13.
Torpeza e indocilidad. Sal. 32:9.
Impelidos con látigo. Prov. 26:3.

Judíos
Condenados por confiar en.
Isa. 30:16; 31:3.
Condenados por los muchos. Isa. 2:7.
Importados de Egipto. 1 Rey. 10:28-29.
No debían aumentar cantidad de.
Deut. 17:16.
No debían confiar en. Os. 14:3.
Numerosos durante reinado de
Salomón. 1 Rey. 4:26.
Regresaron de Babilonia con. Esd. 2:66.

Reyes y príncipes montaban en. Est. 6:8-11;
Ezeq. 23:23.

Se alimentaba de granos y hierba.
1 Rey. 18:5.

Usados para

Caballería montada. Ex. 14:9;
1 Sam. 13:5.

Cazar. Job 39:18.

Llevar cargas. Esd. 2:66; Neh. 7:68.

Tirar de carros. Miq. 1:13; Zac. 6:2.

Transportar servicio de correos, etc.
2 Rey. 9:17-19; Est. 8:10.

Vanidad de confiar en. Sal. 33:17;
Amós 2:15.

Vendidos en mercados. Ezeq. 27:14;
Apoc. 18:13.

CABELLO

Ver Pelo

CABEZA

A menudo se ungía. Ecl. 9:8; Mat. 6:17.

Cuando era blanca por edad avanzada,
debía respetarse. Lev. 19:32.

Cuerpo es ayudado y abastecido por.
Ef. 4:16.

de criminales, a menudo cortada.
Mat. 14:10.

de enemigos muertos en batalla, a menudo
cortada. Jue. 5:26;
1 Sam. 17:51,57; 31:9.

de mujeres, generalmente cubiertas en
público. Gén. 24:65; 1 Cor. 11:5.

Del leproso, siempre descubierta.
Lev. 13:45.

Durante el dolor

Afeitada. Job 1:20.

Cubierta. 2 Sam. 15:30; Est. 6:12.

Manos de uno puestas sobre.
2 Sam. 13:19; Jer. 2:37.

Rociada con polvo. Jos. 7:6; Job 2:12.

Ilustrativo de

Ciudad principal de reino. Isa. 7:8.

Cristo. 1 Cor. 11:3; Ef. 1:22; Col. 2:19.

Defensa y protección, cuando está
cubierta. Sal. 140:7.

Dios. 1 Cor. 11:3.

Exaltación, cuando se alza. Gén. 40:13;
Sal. 27:6.

Gobernantes. 1 Sam. 15:17; Dan. 2:38.

Gozo y confianza, cuando se alza.
Sal. 3:3; Luc. 21:28.

Gozo y prosperidad, cuando se unge.
Sal. 23:5; 92:10.

Líderes. Isa. 9:14-15.

Orgullo, etc. cuando se alza. Sal. 83:2.

Serios juicios, cuando queda calva.
Isa. 3:24; 15:2; 22:12; Miq. 1:16.

Sujeción, cuando está
cubierta. 1 Cor. 11:5,10.

Inclinada

Como señal de respeto. Gén. 43:28.

En adoración a Dios. Gén. 24:26;
Ex. 4:31.

Judíos censurados por jurar por. Mat. 5:36.

Miembro principal y más elevado del
cuerpo. Isa. 1:6; 2 Rey. 6:31.

Nazareos no podían afeitar. Núm. 6:5.

Para hablar de toda la persona. Gén. 49:26;
Prov. 10:6.

Partes de, mencionadas

Cabello. Jue. 16:22; Sal. 40:12.

Cráneo. 2 Rey. 9:35; Mat. 27:33.

Cuero cabelludo. Sal. 68:21.

Frente. 1 Sam. 17:49; Ezeq. 9:4.

Rostro. Gén. 48:12; 2 Rey. 9:30.

Sienes. Jue. 4:21-22; Cant. 4:3.

Pasible de

Calvicie. Lev. 13:40-41; Isa. 15:2.

Enfermedad. 2 Rey. 4:19; Isa. 1:5.

Lepra. Lev. 13:42-44.

Sarna. Isa. 3:17.

Ridiculez se expresaba meneando,
etc. 2 Rey. 19:21; Sal. 22:7; 109:25;
Mat. 27:39.
Sacerdotes no podían afeitarse, etc.
Lev. 21:5,10.
Simbolizaba vida toda. Dan. 1:10;
1 Sam. 28:2.
Todos los otros miembros, necesarios
para. 1 Cor. 12:21.

CABRA

Animal limpio, apto para comer. Deut. 14:4;
Lev. 11:1-8.
Cabras monteses en Palestina. 1 Sam. 24:2;
Sal. 104:18.
Cabrito no debía cocinarse en leche de su
madre. Ex. 23:19.
Leche de, alimento. Prov. 27:27.
No debía sacrificarse como ofrenda antes
que tuviera 8 días. Lev. 22:27.
Pelo usado para almohadas. 1 Sam. 19:13.
Pelo usado para cortinas de tabernáculo.
Ex. 26:7.
Pelo usado para ropa. Núm. 31:20.
Usada como alimento. Gén. 27:9.
Usada como sacrificio por Abraham.
Gén. 15:9.
Usada para comida pascual. Ex. 12:5;
2 Crón. 35:7.
Usada por Gedeón. Jue. 6:19.
Usada por Manoa. Jue. 13:19.

CADENAS

Como adornos para camellos. Jue. 8:26.
División con, en templo. 1 Rey. 6:21; 7:17.
Sobre pectoral del sumo sacerdote.
Ex. 28:14; 39:15.
Usadas como adornos. Núm. 31:50.
Usadas como adornos por parte de
princesas. Gén. 41:42; Dan. 5:7,29.
Usadas en sentido simbólico. Prov. 1:9;
Lam. 3:7; Ezeq. 7:23-27; Jud. 6;
Apoc. 20:1.

Usadas para confinar prisioneros.
Sal. 68:6; 149:8; Jer. 40:4;
Hech. 12:6-7; 21:33; 28:20; 2 Tim. 1:16.

CAÍDA DEL HOMBRE

Ver Hombre, Caída del

Es así

CAL

La cal es un elemento cáustico blanco que consta mayormente de óxido de calcio obtenido al calentar piedra caliza a una alta temperatura. Mezclada con agua, la cal se usaba como revoque (Deut. 27:2,4). Quemar los huesos de alguien como cal quemada equivalía a aniquilación total (Isa. 33:12), y se consideraba un delito horroroso (Amós 2:1).

CAL

Cadáveres quemados hasta calcinarse.
Isa. 33:12; Amós 2:1.
Usada en construcción de casas.
Lev. 14:42-43,48; Deut. 27:2; Dan. 5:5.

CALABAZA

Calabaza silvestre. 2 Rey. 4:39.
de Jonás. Jon. 4:6-10.

CALABOZO

En prisiones. Jer. 38:6; Lam. 3:53.

CALDO

Literal. Jue. 6:19-20; 2 Rey. 4:38; Isa. 65:4.
Sentido simbólico. Ezeq. 24:5.

CALOR

Jonás abrumado por. Jon. 4:8.

CALUMNIA

A menudo surge por odio. Sal. 41:7; 109:3.
Abominación para Dios. Prov. 6:16,19.
Advertencia a mujeres contra. Tito 2:3.
Característica del diablo. Apoc. 12:10.
Castigo por. Deut. 19:16-21; Sal. 101:5.
Causa enojo. Prov. 25:23.

Creyentes
Bendecidos por soportar. Mat. 5:11.
Deben evitar. Sal. 15:1,3.
Deben guardar su lengua de. Sal. 34:13,
con 1 Ped. 3:10.
Deben hacer a un lado. Ef. 4:31;
1 Ped. 2:1.
Deben pagarlas con bien. 1 Cor. 4:13.
Deben recibir advertencias sobre.
Tito 3:1-2.
Expuestos a. Sal. 38:12; 109:2;
1 Ped. 4:4.
No deben dar ocasión a.
1 Ped. 2:12; 3:16.
Cristo expuesto a. Sal. 35:11; Mat. 26:60.
Desconfiar de quien propaga. Jer. 9:4.
Destructora. Prov. 11:9.

Efectos de la
Asesinato. Sal. 31:13; Ezeq. 22:9.
Contienda. Prov. 26:20.
Discordia entre creyentes. Prov. 6:19.
Heridas mortales. Prov. 18:8; 26:22.
Separación de amigos. Prov. 16:28; 17:9.
Esposas de pastores deben evitar.
1 Tim. 3:11.
Familiares, expuestos a. Sal. 50:20.
Gobernantes expuestos a. 2 Ped. 2:10;
Jud. 1:8.
Hipócritas, adictos a. Prov. 11:9.
Holgazanería lleva a. 1 Tim. 5:13.
Ilustrada. Prov. 12:18; 25:18.
Impíos, adictos a. Sal. 50:20; Jer. 6:28; 9:4.
Impíos aman. Sal. 52:4.

Incluye
Chismes. Lev. 19:16; 1 Tim. 5:13.
Difamación. Jer. 20:10; 1 Cor. 4:13.
Divulgación de faltas. Prov. 17:9.
Envanecimiento. 1 Tim. 6:4.
Falso testimonio. Ex. 20:16; Deut. 5:20;
Luc. 3:14.
Hablar mal. Sal. 41:5; 109:20.
Informaciones falsas. Ex. 23:1.
Malignidad. Rom. 1:29.
Murmuración. Rom. 1:30; 2 Cor. 12:20.
Lengua de, es azote. Job 5:21.
Nace en corazón malo. Mat. 15:19;
Luc. 6:45.
No debemos prestar oídos a. 1 Sam. 24:9.
Obra engañosa. Sal. 52:2.
Pastores y ministros expuestos a. Rom. 3:8;
1 Cor. 6:8.
Prohibición de. Ex. 23:1; Ef. 4:31;
Sant. 4:11.
Quienes propagan, son necios. Prov. 10:18.
Todos darán cuenta de. Mat. 12:36;
Sant. 1:26.
Venenosa. Sal. 140:3; Ecl. 10:11.

Ahora lo sabe

CALENDARIO

El calendario judío es estrictamente lunar. Hay doce ciclos con un promedio de 29½ días, que hacen un total de 354 días en un año. De modo que el calendario judío consta de 13 meses. El último era Weader de Adar Sheni, que aparecía 7 veces cada 19 años, para que la duración promedio del año fuera casi correcta, y a fin de que las estaciones fueran parte de los meses apropiados.

CALVICIE

Artificial, como práctica idólatra, prohibida.
Lev. 21:5; Deut. 14:1.

Artificial, señal de duelo. Isa. 22:12;
Jer. 16:6; Ezeq. 27:31; 29:18; Amós 8:10;
Miq. 1:16.

Eliseo ridiculizado por. 2 Rey. 2:23.

Juicio. Isa. 3:24; Jer. 47:5; 48:37;
Ezeq. 7:18.

CALZADO

Ver Zapatos

CALZONCILLOS

Ver Ropa interior

CAMA

de hierro. Deut. 3:11.

de madera. Cant. 3:7-9.

de marfil. Amós 6:4.

de oro y plata. Est. 1:6.

Eximida de ser prenda por deuda.
Prov. 22:27.

Perfumada. Prov. 7:17.

Usada durante comidas. Amós 6:4.

Extraño pero cierto

CALVICIE

La calvicie natural aparentemente no era común en Israel. Sólo se menciona en las leyes levíticas sobre la lepra (Lev. 13:40-43), donde al hombre calvo se lo declara "limpio" a menos que la zona calva muestre evidencia de enrojecimiento o hinchazón. La arqueología no ha encontrado representaciones de hombres calvos en Israel.

Vida cotidiana

CAMBISTAS

Los cambistas cambiaban dinero romano o de otro tipo por el dinero judío que era aceptable para el culto de adoración en el templo. En la época del Nuevo Testamento, las regiones y las ciudades acuñaban su propio dinero. El dinero de Jerusalén en ese tiempo era monedas sirias de plata, y los adoradores las necesitaban para pagar el impuesto del templo de medio siclo y para comprar sacrificios para el altar. Como un servicio a los visitantes, los cambistas tenían mesas en el atrio de los gentiles en el templo.

CAMBISTAS

Jesús echa del templo a. Mat. 21:12.

CAMELLO

Adornos para. Jue. 8:21,26.

Docilidad. Gén. 24:11.

Establos para. Ezeq. 25:5.

Manadas de. Gén. 12:16; 24:35; 30:43;
1 Sam. 30:17; 1 Crón. 27:30; Job 1:3,17.

Pelo de, para hacer ropa. Mat. 3:4;
Mar. 1:6.

Prohibido como comida. Lev. 11:4.

Usos del

Para llevar cargas. Gén. 24:10; 37:25;
1 Rey. 10:2; 2 Rey. 8:9; 1 Crón. 12:40;
Isa. 30:6.

Para leche. Gén. 32:15.

Para servicio de correos. Jer. 2:23.

Para montar. Gén. 24:10,61,64; 31:17;
1 Sam. 30:17; Isa. 21:7.

CAMINAR CON DIOS
Ver Dios, Caminar con

CAMINO
A casa de Dios. Jue. 20:31.
A ciudades de refugio. Deut. 19:3.
A menudo en desiertos. Isa. 40:3.
A menudo obstruidos. Jer. 18:15.
de Bet-el a Siquem. Jue. 21:19.
de Gabaón a Bet-horón. Jos. 10:10.
de Judea a Galilea, pasando por Samaria.
Juan 4:3-5,43.
de justicia. Mat. 7:14.
de pecado, ancho. Mat. 7:13.
de vida, angosto. Mat. 7:14.
Desolación de, amenaza de castigo.
Lev. 26:22; Isa. 33:8.
Doctrinas que enseñó Cristo.
Hech. 9:2; 19:23; 22:4; 24:14,22.
Generalmente anchos. Jue. 20:32,45;
Mat. 7:13.
Generalmente derechos. 1 Sam. 6:12;
Isa. 40:3.
Gobernantes construían.
Núm. 20:17; 21:22.

Ilustrativo de
Cristo. Juan. 14:6.
Senda de destrucción, al ser ancho.
Mat. 7:13.
Senda de santidad. Isa. 35:8-9; Jer. 6:16;
Os. 14:9.
Senda de vida, al ser angosto. Mat. 7:14.
Jesús es el. Juan 14:6; Heb. 9:8.
Marcados con piedras. Jer. 31:21.
Mendigos se sentaban junto al. Mat. 20:30;
Mar. 10:46.
Obstrucciones quitadas de, antes que
llegaran personas distinguidas.
Isa. 40:3-4, con Mat. 3:3.
Para todas las ciudades de refugio.
Deut. 19:2-3.

Plagados de
Animales salvajes. 1 Rey. 13:24, con
Isa. 35:9.
Ladrones. Jer. 3:2; Luc. 10:30-33.
Serpientes. Gén. 49:17.
Vías de uso público. Núm. 20:19;
Deut. 2:27.

CAMPAMENTO
de israelitas alrededor del tabernáculo.
Núm. 2; 3.

CAMPANILLA
En caballos. Zac. 14:20.
Prendida al borde de vestiduras de
sacerdotes. Ex. 28:33-34; 39:25-26.

CANASTA
Luego del milagro de los panes.
Mat. 14:20; 15:37; 16:9-10.
Pablo bajado por muro en. Hech. 9:25;
2 Cor. 11:33.

CANCILLER
Funcionario de gobierno. Esd. 4:8-9,17.

CANDADO
Usado en puertas de una sala. Jue. 3:23-25.

CANELA
Especia. Prov. 7:17; Cant. 4:14;
Apoc. 18:13.
Ingrediente del aceite de la unción.
Ex. 30:23.

CÁNTICO
de guerra. Ex. 15:1-21.
de Moisés y del Cordero. Apoc. 15:3-4.
de redención. Apoc. 5:9-10.
de redimidos. Apoc. 14:2,3-5.
de salvación. Sal. 32:7; Isa. 35:6.
Didáctico. Deut. 32.
Dios da. Sal. 77:6.

Don de un nuevo. Sal. 33:3; 40:3;
Isa. 42:10.
En alegre adoración. Sal. 100:2.
Espiritual, mandamiento. Ef. 5:19;
Col. 3:16.
Jehová es nuestro. Ex. 15:2; Job 30:9.
Personificación de iglesia. Cant. 1-8.
Salomón escribió 1005. 1 Rey. 4:32.
Se cantaba en la Pascua. Mat. 26:30.

CAÑA
Dada a Jesús en son de burla como símbolo
de realeza. Mat. 27:29.
Elemento para medir. Ezeq. 40:3-8;
Apoc. 11:1; 21:15-16.
Figurativamente, debilidad. 1 Rey. 14:15;
Mat. 11:7; 12:20.
Jesús golpeado con. Mat. 27:30;
Mar. 15:19.
Planta de agua. Isa. 19:6-7; 35:7.

CAPITÁN
Ángel de Jehová, llamado. Jos. 5:14.
Comandante en jefe de ejército. Deut. 20:9;
Jue. 4:2; 1 Sam. 14:50;
1 Rey. 2:35; 16:16; 1 Crón. 27:34.
de 50 hombres. 2 Rey. 1:9; Isa. 3:3.
de 100 hombres. 2 Rey. 11:15.
de 1000 hombres. Núm. 31:48;
1 Sam. 17:18; 1 Crón. 28:1.
de David. 1 Sam. 23; 1 Crón. 11-12.
de la guardia. Gén. 37:36; 2 Rey. 25:8.
de prisión. Jer. 37:13.
de tribus. Núm. 2.
Líder. 1 Crón. 11:21; 12:34;
2 Crón. 17:14-19; Juan 18:12.
Rey designa. 1 Sam. 18:13;
2 Sam. 17:25; 18:1.
Todos los comandantes. 1 Sam. 9:16; 22:2;
2 Rey. 20:5.

CARÁCTER
Buen nombre. Prov. 22:1; Ecl. 7:1.

de creyentes
Aborrecerse a sí mismo. Ezeq. 20:43.
Alerta. Luc. 12:37.
Atento a voz de Cristo. Juan 10:3-4.
Consagrado. Hech. 8:2; 22:12.
Constante. Hech. 2:42; Col. 2:5.
Contrito. Isa. 57:15; 66:2.
Corazón puro. Mat. 5:8; 1 Juan 3:3.
Deseoso de hacer buenas obras. Tito 2:14.
Dócil a enseñanza divina. Isa. 54:13;
1 Juan 2:27.
Fiel. Apoc. 17:14.
Generoso. Isa. 32:8; 2 Cor. 9:13.
Guiado por Espíritu. Rom. 8:14.
Hambre de justicia. Mat. 5:6.
Humilde. Isa. 29:19; 1 Ped. 5:5.
Intachable. Fil. 2:15.
Justo. Gén. 6:9; 1 Rey. 3:6; Sal. 15:2;
Isa. 60:21; Hab. 2:4; Luc. 1:6; 2:25.
Manso. Sal. 34:2.
Misericordioso. Sal. 37:26; Mat. 5:7.
Nueva criatura. 2 Cor. 5:17; Ef. 2:10.
Obediente. Rom. 16:19; 1 Ped. 1:14.
Piadoso. Sal. 4:3; 2 Ped. 2:9.
Pobre en espíritu. Mat. 5:3.
Prudente. Prov. 16:21.
Santo. Deut. 7:6; 14:2; Col. 3:12.
Seguidor de Cristo. Juan 10:4,27.
Sin mancha. Sal. 119:1.
Sincero. Juan 1:47; 2 Cor. 1:12; 2:17.
Temeroso de Dios. Mal. 3:16.
Veraz. 2 Cor. 6:8.

de impíos
Abominable. Apoc. 21:8.
Alejados de Dios. Ef. 4:18; Col. 1:21.
Ama el placer, no a Dios. 2 Tim. 3:4.
Antagonista. Sal. 10:8; 94:6.
Blasfemo. Luc. 22:65; 2 Tim. 3:2;
Apoc. 16:9.
Cegado. 2 Cor. 4:4; Ef. 4:18.
Cobarde. Prov. 28:1; Apoc. 21:8.
Codicioso. Miq. 2:2; Rom. 1:29.

Conspirando contra creyentes.
Neh. 4:8; 6:2; Sal. 38:12.
Corazón endurecido. Ezeq. 3:7.
Corrupto. Mat. 7:17; Ef. 4:22.
Delicia en pecado de otros. Prov. 2:14;
Rom. 1:32.
Descontrolado. 2 Tim. 3:3.
Desobediente. Neh. 9:26; Tito 3:3;
1 Ped. 2:7.
Despiadado. Prov. 16:29; 2 Tim. 3:3.
Desprecio a creyentes. Neh. 2:19; 4:2;
2 Tim. 3:3-4.
Destructor. Isa. 59:7.
Duro de corazón. Ezeq. 2:4.
Egoísta. 2 Tim. 3:2.
Engañoso. Sal. 5:6; Rom. 3:13.
Envidioso. Neh. 2:10; Tito 3:3.
Falto de oración. Job 21:15; Sal. 53:4.
Fraudulento. Sal. 37:21; Miq. 6:11.
Hacedor de maldad. Jer. 13:23; Miq. 7:3.
Hipócrita. Isa. 29:13; 2 Tim. 3:5.
Hostil a Dios. Rom. 8:7; Col. 1:21.
Ignora a Dios. Os. 4:1; 2 Tes. 1:8.
Improductivo. Mat. 25:30; Rom. 3:12.
Imprudente y temerario. Ezeq. 2:4.
Impuro. Isa. 64:6; Ef. 4:19.
Incircunciso de corazón. Jer. 9:26.
Incitador al mal. Prov. 1:10-14;
2 Tim. 3:6.
Indócil. Hech. 2:40; Tito 1:10.
Infiel. Sal. 10:4; 14:1.
Ingrato. Luc. 6:35; 2 Tim. 3:2.
Injusto. Prov. 11:7; Isa. 26:18.
Inmisericorde. Rom. 1:31.
Jactancioso. Sal. 10:3; 49:6.
Malicioso. Prov. 28:8; Miq. 7:3.
Mentiroso. Sal. 58:3; 62:4; Isa. 59:4.
Necio. Deut. 32:6; Sal. 5:5.
Odia la luz. Job 24:13; Juan 3:20.
Odioso. Prov. 13:5.
Olvida a Dios. Job 8:13.
Orgulloso. Sal. 59:12.
Perseguidor. Sal. 69:26; 109:16.

Perverso. Deut. 32:5.
Rebelde. Isa. 57:17.
Reprobado. 2 Cor. 13:5; 2 Tim. 3:8;
Tito 1:16.
Se alegra por aflicción de creyentes.
Sal. 35:15.
Se gloría en propia vergüenza. Fil. 3:19.
Se revela en el rostro. Isa. 3:9.
Sensual. Fil. 3:19; Jud. 19.
Testarudo. Ex. 33:5; Hech. 7:51.
Torpe e incapaz. Deut. 32:6.
Vanidoso e impetuoso. 2 Tim. 3:4.
Difamación de, castigada. Deut. 22:13-19.

Ejemplo de carácter inestable
Rey Saúl en forma de tratar a David.
1 Sam. 18; 19.

Ejemplos de carácter firme
José, al resistirse a esposa de Potifar.
Gén. 39:7-12.
Pablo. Hech. 20:22-24; 21:13-14.
Pilato. Juan 19:22.
Firmeza de. Sal. 57:7; Heb. 10:23.
Inestabilidad de. Prov. 24:21.

CARCELERO
de Filipos, convertido. Hech. 16:27-34.

CARGAS
Alivio de. Sal. 55:22; Mat. 11:28-30.
Compartir las. Gál. 6:2.
Peso de. 1 Rey. 12:9; Job 7:20; Sal. 119:28.

CARIDAD
Ver Amor

CARNAL, INCLINACIÓN A LO
Ver Mundano, Inclinación a lo

CARNE
Figurativamente, frutos de. Gál. 5:19-21.
Sentido simbólico, cuerpo de Cristo
simbolizado por pan. Juan 6:51-63.

CARNERO

Parte de visión de Daniel. Dan. 8:3,20.

Pieles de, para techo del tabernáculo.
Ex. 26:14.

CARPINTERÍA, OBRA DE

Carpinteros. Zac. 1:20.

Construcción del arca. Gén. 6:14-16.

Fabricación de ídolos. Isa. 41:7; 44:13.

Jesús. Mar. 6:3.

José. Mat. 13:55.

Palacio de David. 2 Sam. 5:11.

Tabernáculo, y muebles del. Ex. 31:2-9.

Templo. 2 Rey. 12:11; 22:6.

CARRERA

Ver Profesión

CARRO

Carros de Dios. Sal. 104:3; 2 Rey. 6:17;
Isa. 66:15; Hab. 3:8; Apoc. 9:9.

Ciudades para. 1 Rey. 9:19;
2 Crón. 1:14; 8:6; 9:25.

Comandados por capitanes. Ex. 14:7;
1 Rey. 9:22; 22:31-33; 2 Rey. 8:21.

de hierro. Jos. 17:18; Jue. 1:19.

Importados de Egipto por Salomón.
1 Rey. 10:26-29.

Introducidos entre israelitas por
David. 2 Sam. 8:4.

Para guerra. Ex. 14:7,9,25; Jos. 11:4;
1 Sam. 13:5; 1 Rey. 20:1,25; 2 Rey. 6:14;
2 Crón. 12:2-3; Sal. 20:7; 46:9;
Jer. 46:9; 47:3; 51:21; Joel 2:5;
Nah. 2:3,4; 3:2.

Querubín en templo de Salomón, montado
en. 1 Crón. 28:18.

Real. Gén. 41:43; 46:29; 2 Rey. 5:9;
2 Crón. 35:24; Jer. 17:25; Hech. 8:29.

Reyes van en. 2 Crón. 35:24;
Jer. 17:25; 22:4.

Ruedas del, de Faraón, se salieron
providencialmente. Ex. 14:25.

Sentido simbólico. 2 Rey. 2:11-12.

Tránsito en. Zac. 6:1-8; Apoc. 18:13.

Vida cotidiana

CARROS

L os carros eran vehículos de dos ruedas, fabricados de madera y tiras de cuero, por lo general tirados por caballos y usados ampliamente en Mesopotamia antes del 3000 a.C. Los hicsos los llevaron a Canaán y Egipto aprox. en 1800-1600 a.C. Los carros se usaban mayormente como plataformas móviles para disparar armas en batallas, pero también se usaban para cazar, transportar dignatarios y en ceremonias de estado y religiosas.

CARTA

Artajerjes a Nehemías. Neh. 2:7-9.

Claudio Lisias a Félix. Hech. 23:35-30.

David a Joab. 2 Sam. 11:14.

de recomendación. 2 Cor. 3:1.

Lucas a Teófilo, libros de Lucas y Hechos.
Hech. 1:1.

Pablo a Filemón, intercediendo por
Onésimo. Filem. 1.

Rabsaces a Ezequías. Isa. 37:9-14.

Rey de Babilonia a Ezequías. Isa. 39:1.

Rey de Siria a rey de Israel. 2 Rey. 5:5-6.

Sanbalat a Nehemías, carta abierta.
Neh. 6:5.

Senaquerib a Ezequías. 2 Rey. 19:14.

CASA

Altares en terrado. 2 Rey. 23:12.

Aposento interior. 1 Rey. 22:25.

Aposento para huéspedes. Mar. 14:14.

Arquitectura de
Cimientos de piedra. 1 Rey. 5:17.
Corredor. Jue. 3:23.
Figurativamente. Sal. 87:1; 118:22.
Piedra angular. Job 38:6.
Cámaras. Gén. 43:30.
Celosías. Jue. 5:28.
Chimeneas de. Os. 13:3.
Columnas. Prov. 9:1.
Consagradas. Deut. 20:5; Sal. 30.
Construidas de ladrillos. Gén. 11:3;
Ex. 1:11-14; Isa. 9:10.
Construidas de madera. Cant. 1:17;
Isa. 9:10.
Construidas de piedra. Lev. 14:40-45;
Isa. 9:10; Amós 5:11.
Construidas dentro de muros de ciudades.
Jos. 2:15.
de verano. Jue. 3:20.
Enramadas en terrados. Neh. 8:16.
Figurativamente. 2 Sam. 7:18; Heb. 3:2.
Leyes sobre venta de. Lev. 25:29-33.
Oración en techo. Hech. 10:9.
Paredes encaladas. Dan. 5:5.
Patios. Neh. 8:16; Est. 1:5.
Pintadas. Jer. 22:14.
Requisito de barandas en ley mosaica.
Deut. 22:8.
Techo usado para dormir. Jos. 2:8.
Techo usado para vivir. Prov. 21:9.
Terrados planos. Jos. 2:6.
Texto de Escritura en dinteles. Deut. 6:9.
Usadas para adoración.
Hech. 1:13-14; 12:12; Rom. 16:5;
1 Cor. 16:19; Col. 4:15; Filem. 2.
Ventanas. Jue. 5:28.

CASA DE DIOS
Ver Dios, Casa de

CASA DEL TESORO
A cargo de levitas. 1 Crón. 26:20.

Cámaras en templo para distintas ofrendas.
Neh. 10:38-39; 13:5,9,12; Mal. 3:10.
de los reyes. 2 Rey. 20:13; 1 Crón. 27:25;
2 Crón. 32:27-28; Esd. 1:7-8; Est. 3:9.
Registros guardados en. Esd. 5:17; 6:1.
Sacerdotes y levitas a cargo de.
1 Crón. 9:26; 26:20-28;
Neh. 12:44; 13:13.
Tabernáculo usado para. Núm. 31:54;
Jos. 6:19,24.
Templo de Salomón usado para.
1 Rey. 7:51; 2 Rey. 12:4-14,18; 22:4-5;
1 Crón. 28:11-12; Mat. 27:6;
Mar. 12:41,43; Luc. 21:1; Juan 8:20.
Templos paganos usados para. Dan. 1:2.
Tesoreros a cargo de. Esd. 7:20-21.

CASCO
Elemento defensivo en cabeza de
soldados. 1 Sam. 17:5; 2 Crón. 26:14;
Jer. 46:4; Ezeq. 23:24.
Figurativamente. Isa. 59:17; Ef. 6:17;
1 Tes. 5:8.

CASTIDAD
Ver Pureza

CASTIGO
A veces demorado hasta consultar con Dios.
Núm. 15:34.
A veces demorado por largo tiempo.
1 Rey. 2:5-6,8-9.
A veces se conmutaba. Ex. 21:29-30.
Advertencia a otros.
Deut. 13:11; 17:13; 19:20.
Antigüedad de. Gén. 4:13-14.

Era infligido
A asesinos sin conmutación de pena.
Núm. 35:31-32.
Al culpable. Deut. 24:16; Prov. 17:26.
Inmediatamente después de sentencia.
Deut. 25:2; Jos. 7:25.

Por orden de magistrados. Job 31:11;
Hech. 16:22; Rom. 13:4.

Por orden de reyes. 2 Sam. 1:13-16;
1 Rey. 2:23-46.

Por pueblo. Núm. 15:35-36; Deut. 13:9.

Por soldados. 2 Sam. 1:15;
Mat. 27:27-35.

Por testigos. Deut. 13:9, con 17:7;
Juan 8:7; Hech. 7:58-59.

Sin compasión. Deut. 19:13,21.

Sin parcialidad. Deut. 13:6-8.

Extranjeros no estaban exentos de.
Lev. 20:2.

Pena capital, clases de

Ahorcar. Núm. 25:4; Deut. 21:22-23;
Jos. 8:29; 2 Sam. 21:12; Est. 7:9-10.

Arrojar al mar. Mat. 18:6.

Aserrar. Heb. 11:37.

Crucificar. Mat. 20:19,27:35.

Decapitar. Gén. 40:19; Mar. 6:16,27.

Dejar expuesto a animales salvajes.
Dan. 6:16,24. (Ver también
1 Cor. 15:32.)

Descuartizar. Dan. 2:5; Mat. 24:51.

Despeñar. 2 Crón. 25:12.

Hoguera. Gén. 38:24; Lev. 20:14;
Dan. 3:6.

Lapidar. Lev. 24:14; Deut. 13:10;
Hech. 7:59.

Machacar como granos de trigo.
Prov. 27:22.

Matar con espada. 1 Sam. 15:33;
Hech. 12:2.

Romanos no la permitían a judíos.
Juan 18:31.

Secundario, clases de

Arrancar cabello. Neh. 13:25; Isa. 50:6.

Azotar. Deut. 25:2-3; Mat. 27:26;
Hech. 22:25; 2 Cor. 11:24.

Confinar a calabozo interno. Jer. 38:6;
Zac. 9:11.

Confiscar propiedad. Esd. 7:26.

Contraatacar o dañar de acuerdo al daño
causado. Ex. 21:24; Deut. 19:21.

Cortar manos y pies. 2 Sam. 4:12.

Cortar nariz y orejas. Ezeq. 23:25.

Desterrar. Esd. 7:26; Apoc. 1:9.

Encadenar. Sal. 105:18.

Encarcelar. Esd. 7:26; Mat. 5:25.

Multar. Ex. 21:22; Deut. 22:19.

Mutilar manos y pies. Jue. 1:5-7.

Poner en cepo. Jer. 20:2; Hech. 16:24.

Restituir. Ex. 21:36; 22:1-4;
Lev. 6:4-5; 24:18.

Sacar ojos. Jue. 16:21; 1 Sam. 11:2.

Torturar. Mat. 18:34; Heb. 11:37.

Vender al delincuente, etc. Mat. 18:25.

CASTIGO CORPORAL

Eficaz. Prov. 20:30.

Ineficaz. Prov. 17:10.

Llevado a cabo por

Dios (fig.). 2 Sam. 7:14.

Gedeón. Jue. 8:16.

Juez. Deut. 25:1-3.

Padres. Prov. 13:24; 22:15; 23:13-14.

CASTIGO DE LOS IMPÍOS

Ver Impíos, Castigo de los

CAUTIVERIO

de pensamientos. 2 Cor. 10:5.

Del pecado. Rom. 7:23.

Esperanza durante. Esd. 9:9; Sof. 2:7.

Lecciones del. Ex. 13:3; Isa. 5:13; Lam. 1:3.

Redención del. Deut. 30:3; Job 42:10;
Sal. 14:7; Jer. 29:14.

CAUTIVO(S)

Atrocidad con mujeres embarazadas.
2 Rey. 8:12; Amós 1:13.

Avanzan a posiciones importantes en
gobierno. Gén. 41:39-45; Est. 2:8-9;
Dan. 1.

C

Bondad hacia. 2 Rey. 25:27-30;
Sal. 106:46.
Confinados a calabozos. Isa. 51:14.
Crueldad a. Núm. 31:9-20;
Luc. 20:13; 21:10;
Jos. 8:29; 10:15-40; 11:11;
Jue. 7:25; 8:21; 21:11; 1 Sam. 15:32-33;
2 Sam. 8:2; 2 Rey. 8:12; Jer. 39:6.
Dejados ciegos. Jue. 16:21; Jer. 39:7.
Esclavizados. Deut. 20:14; 2 Rey. 5:2;
Sal. 44:12; Joel 3:6.
Llevados a la fuerza. Lam. 5:11-13;
Zac. 14:2.
Mutilados. Jue. 1:6-7.
Otras afrentas hacia. Isa. 20:4.
Presas de robo. Ezeq. 23:25-26.
Prisioneros de guerra. Gén. 14:12;
1 Sam. 30:1-2.
Torturados con sierras y trillos.
2 Sam. 12:31; 1 Crón. 20:3.
Veinte mil con Amasías. 2 Crón. 25:11-12.

CAZA

Autorizada en ley mosaica. Lev. 17:13.
de aves. 1 Sam. 26:20.
de leones. Job 10:16.
Figurativamente. Jer. 16:16.
Por parte de Esaú. Gén. 27:3,5,30,33.
Por parte de Ismael. Gén. 21:20.
Por parte de Nimrod. Gén. 10:9.

CEBADA

Absalón quema campos de, de
Joab. 2 Sam. 14:30.
Alimento para caballos. 1 Rey. 4:28.
Comercialización de. 2 Crón. 2:10; Os. 3:2.
Jesús hace milagro con panes de.
Juan 6:9,13.
Producto de Egipto. Ex. 9:31.
Producto de Palestina. Deut. 8:8;
1 Crón. 11:13; Jer. 41:8.
Sacerdotes estimaban valor de. Lev. 27:16;
2 Rey. 7:1; Apoc. 6:6.

Tributo de. 2 Crón. 27:5.
Usada en ofrendas. Núm. 5:15; Ezeq. 45:15.

CEDRO

En palacio de David. 2 Sam. 5:11;
1 Crón. 17:1.
En palacio de Salomón. 1 Rey. 7:2.
En purificaciones. Lev. 14:4,6,49-52;
Núm. 19:6.
Gran provisión de, por parte de David para
templo. 2 Crón. 1:15; 2:3-4.
Para mástiles de barcos. Ezeq. 27:5.
Provisto por Hiram, rey de Tiro, para
templo de Salomón. 1 Rey. 5:6-10; 9:11;
2 Crón. 2:16.
Usado para reedificar templo. Esd. 3:7.
Valioso en construcción. Isa. 9:10.

CEGUERA ESPIRITUAL

Creyentes librados de. Juan 8:12; Ef. 5:8;
Col. 1:13; 1 Tes. 5:4-5; 1 Ped. 2:9.
Cristo designado para quitar. Isa. 42:7;
Luc. 4:18; Juan 8:12.
de ministros del evangelio, fatal para sí
mismos y pueblo. Mat. 15:14.
Explicación. Juan 1:5; 1 Cor. 2:14.
Falta de amor, prueba de. 1 Juan 2:9,11.
Impíos están en. Sal. 82:5; Jer. 5:21;
Rom. 1:19-21.
Incongruente con comunión con Dios.
1 Juan 1:6-7.
Incredulidad, resultado de. Rom. 11:8;
2 Cor. 4:3-4.
Infligida judicialmente. Sal. 69:23;
Isa. 29:10; 44:18; Mat. 13:13-14;
Juan 12:40.
Lleva a maldad. Ef. 4:17-19.
Ministros del evangelios, luces para quitar.
Mat. 5:14; Hech. 26:18.
Obra del diablo. 2 Cor. 4:4.
Orar pidiendo remoción de.
Sal. 13:3; 119:18.

Quienes se creen justos están en.
Mat. 23:19,26; Apoc. 3:17.
Remoción de, ilustrada. Juan 9:7,11,25;
Hech. 9:18; Apoc. 3:18.
Resultado del pecado. Isa. 29:10; Mat. 6:23;
Juan 3:19-20.

CELIBATO

Enseñanza de Jesús sobre. Mat. 19:10-12.
Enseñanza de Pablo sobre.
1 Cor. 7:1-9,25-26,32-39.
Impuesto erróneamente por ciertos
maestros. 1 Tim. 4:1-3.

En otras palabras...

CELIBATO

Celibato significa voto de abstención del matrimonio. Jesús dijo que algunos se habían hecho eunucos por el reino de Dios, y que los que pudieran, debían hacer lo mismo (Mat. 19:12). Esta declaración tradicionalmente se ha entendido como una referencia al celibato. Pablo le aconsejó a los solteros que permanecieran en ese estado (1 Cor. 7:8). Sin embargo, tanto Jesús (Mar. 10:2-12) como Pablo (1 Cor. 7:9,28,36-39; 9:5) afirmaron que el matrimonio era algo bueno. Un pasaje del Nuevo Testamento llega a declarar que la prohibición de casarse es algo demoníaco (1 Tim. 4:1-3).

CELO

A veces equivoca objetivo. 2 Sam. 21:2;
Hech. 22:3-4; Fil. 3:6.
A veces no se basa en conocimiento.
Rom. 10:2; Gál. 1:14; Hech. 21:20.
Anima a otros a hacer el bien. 2 Cor. 9:2.

Cristo, ejemplo de. Sal. 69:9; Juan 2:17.
de creyentes. Sal. 119:139.

Debe mostrarse
Al contender por la fe. Jud. 3.
Al desear salvación de otros. Hech. 26:29;
Rom. 10:1.
Contra idolatría. 2 Rey. 23:4-14.
En buenas obras. Gál. 4:18; Tito 2:14.
En el espíritu. Rom. 12:11.
En tareas misioneras. Rom. 15:19,23.
Para gloria de Dios. Núm. 25:11,13.
Exhortación al. Rom. 12:11; Apoc. 3:19.
Hombres impíos a veces simulan.
2 Rey. 10:16; Mat. 23:15.

CELOS

Atribuidos a Dios. Ex. 20:5; 1 Rey. 14:22;
Sal. 78:58; Isa. 30:1-2; 1 Cor. 10:22.

Ejemplos de
Caín, de Abel. Gén. 4:5-8.
Efrainitas, de Gedeón. Jue. 8:1.
Efrainitas, de Jefté. Jue. 12:1.
Entre Israel y tribu de Judá.
2 Sam. 19:41-43.
Hermano del hijo pródigo.
Luc. 15:25-32.
Hermanos de José. Gén. 37:4-8,18,28.
Joab, de Abner. 2 Sam. 3:24-27.
Natán, de Adonías. 1 Rey. 1:24-26.
Sara, de Agar. Gén. 16:5.
Saúl, de David.
1 Sam. 18:8-30; 19:8-24; 20:24-34.
Espíritu de pugna. Rom. 10:19; 11:11.
Imagen de. Ezeq. 8:3-4.
Leyes cuando esposo celaba a su mujer.
Núm. 5:12-31.

CENA DEL SEÑOR

Autoexamen, deber antes de participar
de. 1 Cor. 11:28,31.
Institución de. Mat. 26:26; 1 Cor. 11:23.

Nuevo corazón y nueva vida necesarios para
participar de. 1 Cor. 5:7-8.

Objetivo de. Luc. 22:19; 1 Cor. 11:24,26.

Participación continua en la, en iglesia
primitiva. Hech. 2:42; 20:7.

Participantes indignos de la

Culpables de cuerpo y sangre de
Cristo. 1 Cor. 11:27.

No disciernen cuerpo del Señor.
1 Cor. 11:29.

Reciben juicios. 1 Cor. 11:30.

Prefigurada. Ex. 12:21-28; 1 Cor. 5:7-8.

Se toma para recordar cuerpo y sangre de
Cristo. 1 Cor. 10:16.

Tanto pan como vino necesarios para.
Mat. 26:27; 1 Cor. 11:26.

CENSO

de Israel por Moisés. Ex. 38:26;
Núm. 1; 3:14-43; 26.

Del Imperio Romano. Luc. 2:1-3.

Por parte de David. 2 Sam. 24:1-9;
1 Crón. 21:1-8; 27:24.

Todas las personas gravadas en cada.
Ex. 30:12-16; 38:26.

CENTURIÓN

A cargo de soldados que crucificaron a
Jesús. Mat. 27:54; Mar. 15:39;
Luc. 23:47.

Comandante de 100 soldados en ejército
romano. Mar. 15:44-45;
Hech. 21:32; 22:25-26; 23:17,23; 24:23.

de Capernaum, va a Jesús y pide por su
siervo. Mat. 8:5-13; Luc. 7:1-10.

CEPO

En cárceles. Jer. 20:2; Hech. 16:24.

Pies en, como castigo. Job 13:27; 33:11;
Prov. 7:22.

Es así

CENTURIÓN

El centurión era un oficial en
el ejército romano a cargo
de cien soldados. Por lo
general eran soldados de carrera,
que formaban el fundamento de la
fuerza militar romana.

CERDOS

Alimentación de. Luc. 15:15-16.

Comían algarrobas. Luc. 15:16.

Cuando eran salvajes, habitaban en montes.
Sal. 80:13.

Cuidar, peor degradación para judíos.
Luc. 15:15.

Descripción

Destructivos para agricultura. Sal. 80:13.

Hábitos sucios. 2 Ped. 2:22.

Violentos. Mat. 7:6.

Eran inmundos, y no se debían comer.
Lev. 11:7-8.

Gadarenos castigados por tener.
Mat. 8:31-32; Mar. 5:11,14.

Grandes hatos. Mat. 8:30.

Ilustrativos de

Hipócritas. 2 Ped. 2:22.

Impíos. Mat. 7:6.

Jesús envía demonios a. Mat. 8:28-32.

Joyas en nariz de. Prov. 11:22.

Judíos impíos condenados por comer.
Isa. 65:4; 66:17.

Sacrificar, era abominación. Isa. 66:3.

CERTIDUMBRE

de esperanza. Heb. 6:11.

de fe. Heb. 10:22; Juan 6:69.

de juicio por pecado. Núm. 32:23;
Heb. 9:27.

de recompensa a la justicia. Prov. 11:18.
de salvación. 2 Ped. 1:10.
de verdad. Prov. 22:21.

CETRO
de hierro. Sal. 2:9; Apoc. 2:27; 12:5.
de oro. Est. 4:11.
Elemento usado por reyes para mostrar o no
favor a quienes pedían audiencia.
Est. 5:2; 8:4.
Figurativamente. Gén. 49:10; Núm. 24:17;
Isa. 9:4.
Símbolo de autoridad. Núm. 24:17;
Isa. 14:5.

CHISMES
Destructivos. Ezeq. 22:9.
Evitar a quienes se dan a. Prov. 20:19.
Prohibición. Lev. 19:16.

CHISMOSO
Mandamiento contra. Prov. 20:3;
2 Tes. 3:11; 1 Tim. 5:13; 1 Ped. 4:15.

CIELO
Alto. Sal. 103:11; Isa. 57:15.
Ángeles están en. Mat. 18:10; 24:36.
Arrepentimiento causa gozo en. Luc. 15:7.
Carne y sangre no pueden heredar.
1 Cor. 15:50.
Creado por Dios. Gén. 1:1; Apoc. 10:6.
Creyentes recompensados en. Mat. 5:12;
1 Ped. 1:4.

Cristo
Como mediador, entró en. Hech. 3:21;
Heb. 6:20; 9:12,24.
Es todopoderoso en. Mat. 28:18;
1 Ped. 3:22.

Dios
Envía juicios desde. Gén. 19:24;
1 Sam. 2:10; Dan. 4:13-14; Rom. 1:18.
Es Señor del. Dan. 5:23; Mat. 11:25.

Llena el. 1 Rey. 8:27; Jer. 23:24.
Reina en. Sal. 11:4; 135:6; Dan. 4:35.
Responde a su pueblo desde.
1 Crón. 21:26; 2 Crón. 7:14;
Neh. 9:27; Sal. 20:6.
Enoc y Elías, trasladados al. Gén. 5:24, con
Heb. 11:5; 2 Rey. 2:11.
Eterno. Sal. 89:29; 2 Cor. 5:1.
Felicidad en, descripción. Apoc. 7:16-17.
Impíos, excluidos del. Gál. 5:21; Ef. 5:5;
Apoc. 22:15.
Inmensurable. Jer. 31:37.
Morada de Dios. 1 Rey. 8:30; Mat. 6:9.
Nombres de creyentes, escritos en.
Luc. 10:20; Heb. 12:23.
Santo. Deut. 26:15; Sal. 20:6; Isa. 57:15.

Se lo llama
Casa del Padre. Juan. 14:2.
Granero. Mat. 3:12.
Paraíso. 2 Cor. 12:4.
Patria celestial. Heb. 11:16.
Reino de Cristo y de Dios. Ef. 5:5.
Reposo. Heb. 4:9.
Tercer cielo. 2 Cor. 12:2.
Tener tesoros en. Mat. 6:20; Luc. 12:33.
Trono de Dios. Isa. 66:1, con Hech. 7:49.

CIENCIAS
Agrimensura. Jos. 18:4-9; Neh. 2:12-16;
Ezeq. 40:5-6; Zac. 2:2.
Aritmética. Gén. 15:5; Lev. 26:8; Job 29:18.
Arquitectura. Deut. 8:12; 1 Crón. 29:19.
Astrología. Isa. 47:13.
Astronomía. Job 38:31-32; Isa. 13:10.
Botánica. 1 Rey. 4:33.
Geografía. Gén. 10:1-30; Isa. 11:11.
Historia y cronología. 1 Rey. 22:39;
2 Rey. 1:18; 1 Crón. 9:1; 29:29.
Mecánica. Gén. 6:14-16; 11:4; Ex. 14:6-7.
Medicina. Jer. 8:22; Mar. 5:26.
Música. 1 Crón. 16:4-7; 25:6.
Navegación. 1 Rey. 9:27; Sal. 107:23.

Zoología. 1 Rey. 4:33.

CIERVO

Agilidad del. 2 Sam. 2:18; 1 Crón. 12:8;
Prov. 6:5; Cant. 8:14; Isa. 35:6.
Entre animales limpios; se podía comer.
Deut. 12:15; 14:5.
Mansedumbre de. Prov. 5:19.
Pies bien asentados. 2 Sam. 22:34.
Proporcionado para familia real.
1 Rey. 4:23.

CILICIO

Color negro. Apoc. 6:12.

Ilustrativo de
Gozo y alegría (al sacarlo). Sal. 30:11.
Juicio severo (cuando cielo se cubre de).
Isa. 50:3; Apoc. 6:12.
Profundas aflicciones.
Isa. 3:24; 22:12; 32:11.
Judíos se acostaban sobre, durante gran
aflicción. 2 Sam. 21:10; 1 Rey. 21:27;
Joel 1:13.
Nadie vestido con, tenía entrada a palacio
real. Est. 4:2.

Se usaba
A menudo con cuerdas sobre
cabeza. 1 Rey. 20:31.
A menudo sobre piel durante gran
aflicción. 1 Rey. 21:27; 2 Rey. 6:30;
Job 16:15.
A menudo sobre toda la persona.
2 Rey. 19:1-2.
Alrededor de cintura. Gén. 37:34;
1 Rey. 20:31.
Con ceniza sobre cabeza. Est. 4:1.
En calles. Isa. 15:3.
En funerales. 2 Sam. 3:31.
Por parte de personas en aflicción.
Neh. 9:1; Sal. 69:11; Jon. 3:5.
Por parte de profetas de Dios. 2 Rey. 1:8;
Isa. 20:2; Mat. 3:4; Apoc. 11:3.

Velloso y de aspecto desagradable.
Zac. 13:4.

CÍMBALO

de bronce. 1 Crón. 15:19,28; 1 Cor. 13:1.
En culto del templo. 1 Crón. 16:5,42;
2 Crón. 5:12-13; 25:1,6; Sal. 150:5.

Usado en ocasiones especiales
Colocación cimiento del segundo templo.
Esd. 3:10-11.
Dedicación de muros. Neh. 12:27,36.
Día de expiación. 2 Crón. 29:25.
Usado en tabernáculo. 2 Sam. 6:5;
1 Crón. 13:8; 15:16,19,28.

CIMIENTO

Descripción
de piedra. 1 Rey. 5:17.
Firme. Esd. 6:3.
Profundo. Luc. 6:48.
Unido por piedras angulares. Esd. 4:12,
con 1 Ped. 2:6 y Ef. 2:20.

Figurativamente aplicado a
Cielos. 2 Sam. 22:8.
Montañas. Deut. 32:22.
Mundo. Sal. 18:15; Mat. 13:35.
Océano. Sal. 104:8.
Reinos. Ex. 9:18.
Tierra. Job 38:4; Sal. 104:5.

Ilustrativo de
Cristo. Isa. 28:16; 1 Cor. 3:11.
Decretos y propósitos de
Dios. 2 Tim. 2:19.
Doctrina de apóstoles, etc. Ef. 2:20.
Esperanza de creyentes. Sal. 87:1.
Justos. Prov. 10:25.
Magistrados. Sal. 82:5.
Principios del evangelio. Heb. 6:1-2.
Seguridad de herencia de creyentes.
Heb. 11:10.

Parte más baja de edificio, donde se apoya. Luc. 14:29; Hech. 16:26.

Se colocaban para
Casas. Luc. 6:48.
Ciudades. Jos. 6:26; 1 Rey. 16:34.
Muros. Esd. 4:12; Apoc. 21:14.
Templos. 1 Rey. 6:37; Esd. 3:10.
Torres. Luc. 14:28-29.
Seguridad que brinda. Mat. 7:25; Luc. 6:48.

CINTURÓN

Bordado. Ex. 28:8,27-28; 29:5; Lev. 8:7.
Comercialización. Prov. 31:24.
de cuero. 2 Rey. 1:8; Mat. 3:4.
de lino. Prov. 31:24.
En sentido simbólico. Jer. 13:1-11;
Hech. 21:11; Apoc. 15:6.
Figurativamente. Isa. 11:5; 22:21; Ef. 6:14.
Usado para portar armas. 1 Sam. 18:4;
2 Sam. 20:8; 2 Rey. 3:21.
Usado por mujeres. Isa. 3:24.
Usado por sacerdotes. Ex. 28:40; 29:9;
Lev. 8:13.
Usado por sumo sacerdote.
Ex. 28:4,39; 39:29; Lev. 8:7; 16:4.

CIRCUNCISIÓN

A veces realizada en enemigos
muertos. 1 Sam. 18:25-27; 2 Sam. 3:14.
Abolida por evangelio. Ef. 2:11,15;
Col. 3:11.
Castigo por descuidar. Gén. 17:14;
Ex. 4:24,26.
Confiar en, es negar a Cristo. Gál. 3:3-4, con
5:3-4.
Creyentes, verdadera y espiritual. Fil. 3:3;
Col. 2:11.
Cuando se le ponía nombre al niño.
Gén. 21:3-4; Luc. 1:59; 2:21.
de Timoteo por conveniencia en razón de
judíos. Hech. 16:3.
Descripción. Gén. 17:11; Ex. 4:25.

Gracia interior de. Rom. 2:29.

Ilustrativa de
Disposición para oír y obedecer. Jer. 6:10.
Pureza de corazón. Deut. 10:16; 30:6.
Pureza en el hablar. Ex. 6:12.
Impuesta por ley. Lev. 12:3, con Juan 7:22.
Instituida por Dios. Gén. 17:9-10.

Judíos
Despreciaban como inmundos a quienes
no eran de. 1 Sam.14:6; 17:26;
Mat. 15:26-27; Ef. 2:11.
No se asociaban con gentiles.
Hech. 10:28; 11:3; Gál. 2:12.
Sostenían que era ilegal casarse con
quienes no eran de. Gén. 34:14;
Jue. 14:3.

Llamada
Circuncisión en la carne. Ef. 2:11.
Mutilación. Fil. 3:2.
Pacto de circuncisión. Hech. 7:8.
Necesaria para disfrutar privilegios de
iglesia judía. Ex. 11:48; Ezeq. 44:7.
Necesidad de, afirmada por falsos maestros.
Hech. 15:24; Gál. 6:12; Tito 1:10.
Necesidad de, negada por Pablo. Gál. 2:3-5.
No se realizó en desierto. Jos. 5:5.
Pablo, denunciado por oponerse a.
Hech. 21:21.
Primera, Abraham y familia. Gén. 17:24-27.
Promesas a Abraham antes de. Rom. 4:9,13.

Realizada
Al octavo día. Gén. 17:12; Lev. 12:3.
Con cuchillos de pedernal. Ex. 4:25;
Jos. 5:3.
Con familia presente, etc. Luc. 1:58-61.
En varones, nacidos a la familia y
comprados. Gén. 17:12-13.
Incluso en día de reposo. Juan 7:22-23.
Por jefes de familias. Gén. 17:23;
Ex. 4:25.
Por personas con autoridad. Jos. 5:3.

Realizada por Josué en Gilgal. Jos. 5:2,7.
Rito doloroso y sangriento. Ex. 4:26;
Jos. 5:8.
Sacramento judío inicial. Gál. 5:3.
Sello del pacto. Gén. 17:11; Rom. 4:11.
Señal externa de. Rom. 2:28.
Sin fe, vana. Rom. 3:30; Gál. 5:6.
Sin obediencia, vana. Rom. 2:25;
1 Cor. 7:19.

CIUDADANOS

Deberes de
Estar sujetos a gobernantes. Rom. 13:1-7.
No maldecir al gobernante. Hech. 23:5.
Obedecer leyes de líderes. Esd. 7:26.
Orar por gobernantes. 1 Tim. 2:1-2.
Orar por vida de líderes de gobierno.
Esd. 6:10.
Pagar impuestos. Mat. 17:24-27.
Procurar paz de la ciudad. Jer. 29:7.
Del reino de Dios. Fil. 3:20; Ef. 2:19.

Derechos de
Ciudadanos romanos, a no ser golpeados.
Hech. 16:37; 22:25-29.

Ejemplos de, impíos y traicioneros
Absalón. 2 Sam. 15:10-13.
Adonías. 1 Rey. 1:5-7.
Ahitofel. 2 Sam. 17:1-4.
Amasías. 2 Rey. 14:18-19.
Amón. 2 Rey. 21:23.
Baasa. 1 Rey. 15:27.
Barrabás. Mar. 15:7.
Bigtán y Teres. Ester 2:21.
Coré, Datán y Abiram. Núm. 16; 26:9.
Efrainitas. Jue. 12:1-4.
Egipcio. Hech. 21:38.
Hadad y Jeroboam. 1 Rey. 11:14-26.
Hijos de Senaquerib. 2 Rey. 19:36-37.
Ismael. Jer. 40:14-16; 41.
Israelitas. 1 Sam. 10:27; 1 Rey. 12:16-19.
Josacar y Jozabad. 2 Rey. 12:19-21; 14:5.

Judíos. Ezeq. 17:12-20.
Manahem. 2 Rey. 15:14.
María y Aarón. Núm. 12:1-11.
Oseas. 2 Rey. 15:30.
Peka. 2 Rey. 15:25.
Salum. 2 Rey. 15:10.
Seba. 2 Sam. 20:1-2.
Siquemitas. Jue. 9:22-25.
Teudas y 400 personas sediciosas.
Hech. 5:36-37.
Zimri. 1 Rey. 16:9.
Impíos y traicioneros, castigo a.
Prov. 17:11; 19:10; 2 Ped. 2:10; Jud. 8

Leales, ejemplos de
Barzilai. 2 Sam. 19:32.
David. 1 Sam. 24:6-10; 26:6-16;
2 Sam. 1:14.
Husai. 2 Sam. 17:15-16.
Israelitas. Jos. 1:16-18;
2 Sam. 3:36,37; 15:23,30; 18:3; 21:17;
1 Crón. 12:38.
Joab. 2 Sam. 19:5-6.
Joiada. 2 Rey. 11:4-12.
Mardoqueo. Ester 2:21-23.
Soldados de David.
2 Sam. 18:12-13; 23:15-16.

CIUDADES

A menudo eran
Abandonadas cuando se acercaba
enemigo. 1 Sam. 31:7; Jer. 4:29.
Antiguas. Gén. 10:11-12.
Construidas para perpetuar nombre.
Gén. 11:4.
Convertidas en ruinas. Isa. 25:2.
Despobladas. Isa. 17:9; Ezeq. 26:19.
Destruidas y sembradas con sal. Jue. 9:45.
Devastadas por hambre. Jer. 52:6;
Amós 4:6.
Devastadas por plagas. 1 Sam. 5:11.
Fortificadas naturalmente. Sal. 125:2;
Isa. 33:16.

Fortificadas por hombre.
2 Crón. 11:5-10,23; Sal. 48:12-13;
Jer. 4:5; Dan. 11:15.
Fundadas y agrandadas con
derramamiento de sangre y saqueo.
Miq. 3:10; Hab. 2:12.
Grandes. Gén. 10:12; Deut. 6:10;
Dan. 4:30; Jon. 3:3.
Incendiadas. Jue. 20:38,40; Isa. 1:7.
Pequeñas. Gén. 19:20; Ecl. 9:14.
Saqueadas. Isa. 13:16; Jer. 20:5.
Sitiadas. Deut. 28:52; 2 Rey. 19:24-25.
Tomadas por asalto. Jos. 8:3-7; Jue. 9:44.
A menudo tenían fortalezas. Jue. 9:51.
A veces tenían suburbios. Núm. 35:2;
Jos. 21:3.
Al mando de gobernadores. 2 Crón. 33:14;
2 Cor. 11:32.
Con alta densidad de población. Jon. 4:11;
Nah. 3:8.
Con provisión artificial de agua.
2 Rey. 18:17; 20:20.

Construidas
A menudo cuadradas. Apoc. 21:16.
de ladrillo y asfalto. Gén. 11:3.
de ladrillo y barro. Ex. 1:14.
de piedra y madera. Sal. 102:14;
Ezeq. 26:12.
En lugares desiertos. 2 Crón. 8:4;
Sal. 107:35-36.
En llanuras. Gén. 11:2,4; 13:12.
En situaciones gratas. 2 Rey. 2:19;
Sal. 48:2.
Junto a ríos. Sal. 46:4,137:1.
Sobre fundamento sólido. Esd. 6:3;
Apoc. 21:14.
Sobre montes. Mat. 5:14; Luc. 4:29;
Apoc. 17:9.
Contaban con jueces. Deut. 16:18;
2 Crón. 19:5.
Dificultad de tomar, alusión a. Prov. 18:19;
Jer. 1:18-19.

Distintas clases de
Cercadas. Jos. 10:20; Isa. 36:1.
Comerciales. Isa. 23:11; Ezeq. 27:3.
de almacenaje. 2 Crón. 8:4,6.
de los carros. 2 Crón. 1:14; 9:25.
de refugio. Núm. 35:6.
Levíticas. Lev. 25:32-33; Núm. 35:7-8.
Reales. Núm. 21:26; Jos. 10:2;
2 Sam. 12:26.
Entrada por puertas. Gén. 34:24;
Neh. 13:19,22.
Equipadas con tropas. 2 Crón. 11:11-12.
Fortificadas durante guerras.
2 Crón. 17:2,19.

Ilustrativas de
Apostasía. Apoc. 16:10; 17:18.
Creyentes. Mat. 5:14.
Herencia celestial. Heb. 11:16.
Iglesia triunfante. Apoc. 21:2; 22:19.
Iglesia visible. Cant. 3:2-3; Apoc. 11:2.
Ricos. Prov. 10:15.
Naturaleza perecedera de. Heb. 13:14.
Numerosas. Jos. 15:21; 1 Crón. 2:22;
Jer. 2:28.
Ofrecían refugio en tiempos de peligro.
Jer. 8:14-16.
Plagadas de perros. 1 Rey. 14:11;
Sal. 59:6,14.
Primera mención. Gén. 4:17.
Prosperidad de, aumentada por comercio.
Gén. 49:13, con Deut. 33:18-19;
Ezeq. 28:5.
Protegida por atalayas de noche. Sal. 127:1;
Cant. 5:7; Isa. 21:11.

Recibían nombre de
Familia del fundador. Gén. 4:17;
Jue. 18:29.
Lugar donde eran edificadas.
Dan. 4:29-30.
Propietario de tierra. 1 Rey. 16:24.
Rodeadas por muros. Deut. 1:28; 3:5.

C

Tenían calles y callejones. Zac. 8:5;
Luc. 14:21.

CIUDADES DE ALMACENAJE
Para guardar bienes del rey. Ex. 1:11;
1 Rey. 9:19; 2 Crón. 8:4,6.

CIUDADES DE REFUGIO
Ver Refugio, Ciudades de

CLARIVIDENCIA
Adivina de Endor. 1 Sam. 28:13-14.

CLEMENCIA
de David a súbditos desobedientes.
2 Sam. 19:13,16-23.

COBARDÍA
Característica de impíos. Prov. 28:1.
Característica en algunos compañeros de
Pablo. 2 Tim. 4:16.
Contagiosa entre pueblo de Dios.
Deut. 20:8.
Dios crea, en enemigos de su pueblo.
Lev. 26:36-37.

Ejemplos de
Aarón, al consentir con israelitas cuando
exigieron ídolo. Ex. 32:22-24.
Abraham, al decir que Sara era su
hermana. Gén. 12:11-19; 20:2-12.
Adán, al tratar de responsabilizar a Eva
por propio pecado. Gén. 3:12.
Cananeos. Jos. 2:11; 5:1.
Carcelero de Filipos. Hech. 16:27.
David, al huir de Absalón.
2 Sam. 15:13-17.
Diez espías. Núm. 13:28; 31-33.
Discípulos, al ver a Jesús caminando sobre
agua. Mat. 14:25-26; Mar. 6:50;
Juan 6:19.
Discípulos, cuando Jesús fue apresado.
Mat. 26:56.

Discípulos, en tormenta en mar.
Mat. 8:26; Mar. 4:38; Luc. 8:25.
Efrainitas. Sal. 78:9.
En batalla con pueblo de Hai. Jos. 7:5.
Guardias de tumba de Jesús. Mat. 28:4.
Isaac, al decir que Rebeca era su hermana.
Gén. 26:7-9.
Israelitas, al tener miedo de conquistar
Canaán. Núm. 14:1-5; Deut. 26-28.
Jacob, al huir de Labán. Gén. 31:31.
José de Arimatea, discípulo secreto de
Jesús. Juan 19:38.
Nicodemo, al visitar a Jesús de noche.
Juan 3:1-2.
Padres del ciego sanado. Juan 9:22.
Para enfrentar a Goliat. 1 Sam. 17:24.
Para pelear contra filisteos.
1 Sam. 13:6-7.
Pedro, al negar a Jesús. Mat. 26:69-74;
Mar. 14:66-72; Luc. 22:54-60;
Juan 18:16-17,25,27.
Pedro y otros cristianos en Antioquía.
Gál. 2:11-14.
Pilato, al condenar a Jesús por miedo al
pueblo. Juan 19:12-16.
Primeros cristianos en gobierno.
Juan 12:42-43.
Pueblo de Manasés. Jos. 17:14-18.
Reyes amorreos. Jos. 10:16.
Samuel, por miedo de ungir rey que
reemplazaría a Saúl. 1 Sam. 16:2.
Veintidós mil del ejército de Gedeón.
Jue. 7:3.

COBRE
Ver Bronce

COCINA
Efraín, torta cocida de un solo lado. Os. 7:8.
En templo. Ezeq. 46:19-24.
Especias usadas en. Ezeq. 24:10.
Prohibición de cocinar cabrito en leche de su
madre. Deut. 14:21.

CODICIA

Aborrecida por creyentes. Ex. 18:21;
  Hech. 20:33.
Aborrecida por Dios. Sal. 10:3.
Abundará en últimos tiempos. 2 Tim. 3:2;
  2 Ped. 2:1-3.
Aflicción, calamidad, profetizadas contra.
  Isa. 5:8; Hab. 2:9; Prov. 1:18-19;
  Ezeq. 22:12.
Característica de impíos. Rom. 1:29.
Característica de perezosos. Prov. 21:25-26.
Castigo de. Job 20:15; Isa. 57:17;
  Jer. 22:17-19; Miq. 2:2-3.
Creyentes deben evitar. Col. 3:5.

Es
  Idolatría. Ef. 5:5; Col. 3:5.
  Insaciable. Ecl. 5:10; Hab. 2:5.
  Raíz de todos los males. 1 Tim. 6:10.
  Vanidad. Sal. 39:6; Ecl. 4:8.
Evitar a culpables de. 1 Cor. 5:11.
Excluye del cielo. 1 Cor. 6:10; Ef. 5:5.

Incongruente
  Con creyentes. Ef. 5:3; Heb. 13:5.
  Con ministros del evangelio. 1 Tim. 3:3.
Llena el corazón. Ezeq. 33:31; 2 Ped. 2:14.

Lleva a
  Aflicción en la familia. Prov. 15:27.
  Apartarse de la fe. 1 Tim. 6:10.
  Asesinato. Prov. 1:18-19; Ezeq. 22:12.
  Deseos necios y dañinos. 1 Tim. 6:9.
  Injusticia y opresión. Prov. 28:20;
    Miq. 2:2.
  Mentir. 2 Rey. 5:22-25.
  Miseria. 1 Tim. 6:10.
  Pobreza. Prov. 28:22.
  Robo. Jos. 7:21.
Nace en corazón. Mar. 7:22-23.
Orar contra. Sal. 119:36.
Prohibida. Ex. 20:17.
Recompensa a quienes odian. Prov. 28:16.
Sólo alabada por impío. Sal. 10:3.

Tener cuidado con. Luc. 12:15.

CODICIA SEXUAL

Ver también Voyerismo

Característica de falsos maestros.
  Jud. 16,18.
Con acciones lujuriosas. Ezeq. 23:8
Debe ser controlada por Dios. Gál. 5:17;
  Rom. 13:14.
Equivale a cometer adulterio. Mat. 5:28.

Mandamientos sobre
  Abstenerse de toda especie de mal.
    1 Tes. 5:22.
  Estar satisfecho con cónyuge.
    Prov. 5:15-20.
  Huir de pasiones juveniles. 2 Tim. 2:22.
  Pensamientos puros. Fil. 4:8.
Puede producir muerte espiritual.
  Sant. 1:15.

CODORNICES

Milagro de, en desierto de Sin. Ex. 16:13.
Milagro de, en Kibrot-hataava.
  Núm. 11:31-32; Sal. 105:40.

COJERA

Aborrecida por David. 2 Sam. 5:8.
Descalificaba a animales para sacrificio.
  Deut. 15:21.
Descalificaba a sacerdotes de oficio
  sacerdotal. Lev. 21:18.
Figurativamente. Heb. 12:13.
Sanada por Jesús. Mat. 11:5; Luc. 7:22.
Sanada por Pedro. Hech. 3:2-11.

COLONIZACIÓN

de naciones y pueblos conquistados.
  2 Rey. 17:6,24; Esd. 4:9-10.

COLORES

Blanco, símbolo de santidad
Cantores del coro vestidos de.
2 Crón. 5:12.
Vestidos del sumo sacerdote, de lino
blanco. Lev. 16:4,32.
de pureza y santidad. Sal. 51:7; Ecl. 9:8;
Isa. 1:18;
Apoc. 7:9,13-14; 15:6; 19:8-11; 20:11.

*Rojo, púrpura, escarlata, símbolos de varias
ideas*
Autoridades. Ester 8:15; Ezeq. 23:6.
Conquista. Nah. 2:3; Apoc. 12:3.
Iniquidad. Isa. 1:18;
Apoc. 17:3-4; 18:12,16.
Prosperidad. 2 Sam. 1:24; Prov. 31:21;
Lam. 4:5.
Tipos y sombras de expiación. Ex. 25:3-4;
Núm. 4:7-8; Isa. 63:1-3; Heb. 9:19-23.

Usos simbólicos de
Azul, símbolo de Deidad.
Ex. 24:10; 25:3-4; 26:1; 28:28; 38:18;
39:1-5; 21,24,29,31;
Núm. 4:5-12; 15:38-40; 2 Crón. 2:7;
Jer. 10:9.
de autoridades. Jue. 8:26;
Dan. 5:7,16,29; Mat. 27:28.
Negro, símbolo de aflicción y calamidad.
Job 30:26, Sal. 107:10; 143:3;
Isa. 5:30; 8:22; 9:19; 24:11; 50:3;
Joel 2:10; 3:14-15; Amós 5:8;
Nah. 2:10; Sof. 1:14-15;
Mat. 8:12; 22:13; 25:30; 2 Ped. 2:4;
Jud. 13; Apoc. 16:10.

COLUMNAS

A veces, una pila de piedras. Jos. 4:8-9,20.

Como memorial
A menudo tenían inscripciones.
Job 19:24.
Como testimonio de pactos. Gén. 31:52.

Para conmemorar eventos notables.
Ex. 24:4; Jos. 4:20,24.
Para perpetuar nombres. 2 Sam. 18:18.
Para señalar tumbas. Gén. 35:20.
Dos en pórtico del templo. 1 Rey. 7:15-21.
Esposa de Lot se convirtió en, de sal.
Gén. 19:26.
Gloria divina apareció a Israel en forma de.
Ex. 13:21-22; Núm. 12:5.

Hechas de
Bronce. 1 Rey. 7:15.
Hierro. Jer. 1:18.
Madera. 1 Rey. 10:12.
Mármol. Est. 1:6.
Plata. Cant. 3:10.

Ilustrativas de
Creyentes que vencen en Cristo.
Apoc. 3:12.
Estabilidad de Cristo. Cant. 5:15;
Apoc. 10:1.
Estabilidad de la tierra. 1 Sam. 2:8;
Sal. 75:3.
Estabilidad de los cielos. Job 26:11.
Iglesia. 1 Tim. 3:15.
Ministros del evangelio. Jer. 1:18;
Gál. 2:9.
Sostén de edificio. Jue. 16:29.
Velo y colgantes del tabernáculo sostenidos
por. Ex. 26:32,37; 36:36,38.

COMER

Anfitrión servía. Gén. 18:8.
Huéspedes de honor recibían doble porción.
Gén. 43:34.
Lavarse antes de. Mat. 15:2.
Mesa usada para. Jue. 1:7.
Reclinándose sobre lechos o canapés.
Amós 6:4,7; Luc. 7:37-38; Juan 13:25.
Sentados a la mesa. Ex. 32:6.

COMERCIO

Artículos de
Aceite. 1 Rey. 5:11; Ezeq. 27:17.
Bálsamo. Gén. 37:25.
Bordados. Ezeq. 27:16,24.
Bronce. Ezeq. 27:13.
Caballos. 1 Rey. 10:29; Ezeq. 27:14;
Apoc. 18:13.
Canela. Apoc. 18:13.
Caña olorosa. Jer. 6:20.
Carros. 1 Rey. 10:29; Apoc. 18:13.
Cofre de ricas vestiduras. Ezeq. 27:24.
Cuerpos y almas de seres humanos.
Apoc. 18:13.
Esclavos. Gén. 37:28,36; Deut. 24:7.
Estaño. Ezeq. 27:12.
Ganado. Ezeq. 27:21.
Hierro. Ezeq. 27:12,19.
Incienso. Jer. 6:20; Apoc. 18:13.
Lana blanca. Ezeq. 27:18.
Lino. 1 Rey. 10:28; Apoc. 18:12.
Madera. 1 Rey. 5:6-8.
Madera olorosa. Apoc. 18:12.
Mantos de azul. Ezeq. 27:24.
Marfil. 1 Rey. 10:22; 2 Crón. 9:21;
Ezeq. 27:15; Apoc. 18:12.
Miel. Ezeq. 27:17.
Monos. 1 Rey. 10:22.
Oro. 1 Rey. 9:28; 10:22; 2 Crón. 8:18;
Isa. 60:6; Apoc. 18:2.
Ovejas. Apoc. 18:13.
Pavos reales. 1 Rey. 10:22.
Perfumes. Cant. 3:6.
Perlas. Apoc. 18:12.
Piedras preciosas.
Ezeq. 27:16,22; 28:13,16; Apoc. 18:12.
Plata. 1 Rey. 10:22; 2 Crón. 9:21;
Apoc. 18:12.
Plomo. Ezeq. 27:12.
Púrpura. Ezeq. 27:16; Apoc. 18:12.
Ropaje para carros. Ezeq. 27:20.
Seda. Apoc. 18:12.

Tierra. Gén. 23:13-16; Rut 4:3.
Trigo. 1 Rey. 5:11; Ezeq. 27:17.
Vino. 2 Crón. 2:15; Ezeq. 27:18;
Apoc. 18:13.
Babilonios. Apoc. 18:3,11-13.
Barcos. 1 Rey. 9:27-28; 10:11; 2:48;
Sal. 107:23-30; Prov. 31:14;
Apoc. 18:19.
de árabes. Isa. 60:6; Jer. 6:20;
Ezeq. 27:21-24.
Egipcios. Gén. 42:2-34.
Etíopes. Isa. 45:14.
Ismaelitas. Gén. 37:27-28.
Israelitas. 1 Rey. 9:26-28; Neh. 3:31-32;
Ezeq. 27:17.
Judíos. Ezeq. 27:17.
Leyes sobre. Lev. 19:36-37; 25:14,17.
Ninivitas. Nah. 3:16.
Prácticas impías relacionadas con.
Prov. 29:14; Ezeq. 22:13; Os. 12:7.
Realizado en ferias. Ezeq. 27:12,19;
Mat. 11:16.
Realizado por medio de caravanas.
Gén. 37:25,27; Isa. 60:6.
Sidonios. Isa. 23:2; Ezeq. 27:8.
Sirios. Ezeq. 27:16,18.
Tarsis. Jer. 10:9; Ezeq. 27:25.
Tiro. 2 Sam. 5:11; 1 Rey. 5:6; Isa. 23:8;
Ezeq. 27; 28:5.
Transporte de pasajeros. Jon. 1:3;
Hech. 21:2; 27:2,6,37.

COMIDA

Acción de gracias antes de. Mar. 8:6.

Comestibles
Aceite. Deut. 12:17.
Carne. 2 Sam. 6:19.
Frutas secas. 1 Sam. 25:18.
Grano tostado. Rut 2:14.
Leche. Gén. 49:12.
Legumbres. Prov. 15:17.
Manteca. Deut. 32:14.

Miel. Cant. 5:1.
Pan. Gén. 18:5.
Pasas. 2 Sam. 16:2.
Peces. Mat. 7:10.
Queso. 1 Sam. 17:18.
Vinagre. Núm. 6:3.
Vino. 2 Sam. 6:19.
Cosas prohibidas como. Ex. 22:31;
Lev. 1:1-47.
Hombres y mujeres no comían juntos.
Gén. 18:8-9.
Preparada por mujeres. Gén. 27:9.
Proviene de Dios. Gén. 1:29-30.
Se cantaba himno después de. Mat. 26:30.

Vida cotidiana

COMIDA

L a comida y la bebida que se servían para la cena (la comida más importante del día) por lo general consistía en pan, frutas y verduras de estación. Las frutas podían ser melones, higos, granadas y uvas. Entre las verduras estaban las lentejas, las habas, los pepinos, el puerro, las cebollas y el ajo. Para ocasiones especiales se servía pescado, carne de ciervo o perdiz. En épocas posteriores en vez de animales salvajes por lo general se servía cordero, cabrito y carne de ganado.

COMIDAS DE LOS JUDÍOS

Ver Judíos, Régimen alimenticio de los

COMIDAS, RÉGIMEN DE

Principios relevantes a
Comer, beber y gozarse. Ecl. 5:18; 9:7;
1 Cor. 15:32.

Comer demasiado.
Prov. 23:20-21; 25:16; Fil. 3:19.
Comer para cobrar fuerzas, no
excesivamente. Ecl. 10:17.
Comidas suculentas rechazadas.
Dan. 1:5-16.
Control al comer. Prov. 23:2.
Cuerpo, templo del Espíritu Santo.
1 Cor. 6:19.
Honrar a Dios con cuerpo. 1 Cor. 6:20.
Sujetar al cuerpo. 1 Cor. 9:27.

COMIENZO
Cristo como. Apoc. 1:8.
de creación. Gén. 1:1; Heb. 1:10.
de eternidad. Juan 1:1.
de luz. Gén. 1:3.
de nueva creación. Col. 1:18.
de sabiduría. Sal. 111:10.
de vida en la tierra. Gén. 1:11.
del evangelio. Mar. 1:1.
del hombre. Gén. 1:26.

COMPAÑERISMO
Con Dios. Col. 13:14; 1 Juan 1:3.
Con discípulos. Gál. 2:9; Hech. 2:44-47;
1 Juan 1:7.
Con injustos. Sal. 1:1.
Con justos. Sal. 119:63.

COMPAÑÍAS, MALAS
Ver también Presión de terceros

Importancia de buenos compañeros.
Prov. 13:20.
Mandamiento de evitar. Ex. 23:2,32-33;
1 Cor. 5:6-11; 2 Cor. 6:14-17.

COMPASIÓN
Cristo dejó ejemplo de. Luc. 19:41-42.

de Dios hacia
Débiles y necesitados. Sal. 72:13.
Pequeñitos. Mat. 10:42.

Pobres. Prov. 19:17.
Quienes confían en él. Sal. 103:13.
Su pueblo. Joel 2:18.
Todos. Sal. 145:9; Mat. 5:45; Juan 3:16;
Dios hace que impíos tengan, hacia
creyentes. Sal. 106:46.
Exhortación a tener. Rom. 12:15;
1 Ped. 3:8.
Inseparable del amor de
Dios. 1 Juan 3:17; 4:20.

La nuestra debe ser
Característica. Mat. 5:7; 5:46-48.
Continua. 1 Ped. 3:8.
Fundamental en nuestra fe. Os. 6:6.
Parte central de nuestra vida. Col. 3:12.

Motivos para
Compasión de Dios. Mat. 13:27,33.
Promesa a compasivos. Prov. 19:17;
Mat. 10:42.

Tener, hacia
Afligidos. Job 6:14; Heb. 13:3.
Creyentes. 1 Cor. 12:25-26.
Débiles. 2 Cor. 11:29; Gál. 6:2.
Disciplinados. Isa. 22:4; Jer. 9:1.
Enemigos. Sal. 35:13.
Pobres. Prov. 19:17.

COMPETICIÓN

Cómo se decidían las batallas
David y Goliat. 1 Sam. 17:8-53.
Jóvenes de David y ejército de
Abner. 2 Sam. 2:14-17.
Representantes del ejército filisteo y del de
David. 2 Sam. 21:15-22.

COMPLICIDAD

Con ladrón. Sal. 50:18; Prov. 29:24.

Ejemplos de
Hija de Herodías al pedir cabeza de Juan
el Bautista. Mat. 14:8; Mar. 6:25.

Pilato en muerte de Jesús. Mat. 27:17-26;
Mar. 15:1-15; Luc. 23:13-25;
Juan 19:13-16.
Pablo, cuando apedrearon a Esteban.
Hech. 7:58.

COMUNICACIÓN

de Dios
En distintos momentos y distintas
maneras. Heb 1:1.
Escrita. Jer. 36:1-2; 2 Tim. 3:16.
Hablada. Ex. 20:1; 33:11.
Por medio de creación. Sal. 19:1-4.
Por medio de Jesús. Heb 1:2.

Escrita
Como Escritura. 2 Tim. 3:16.
Fuerte. 2 Cor. 10:10.
Para instrucción. Rom. 15:4.
Profética. Jer. 36:2; Hab. 2:2.

Íntima
Con amigo. Ex. 33:11; Sal. 55:13-14;
Gál. 6:2.
Con Dios. Ex. 33:11; Núm. 12:8;
Mat. 6:9; Rom. 8:26-27.

No verbal
Acciones. 1 Rey. 21:4; Mat. 5:16.
Beso. 1 Cor. 16:20.
Canciones. Ef. 5:19.
Manos. Ex. 17:11-12; Gál. 2:9;
1 Tim. 2:8.
Ojos. 2 Rey. 8:11; Luc. 22:61.
Predicación. Rom. 10:17; 2 Tim. 4:2.
Rostro. Gén. 4:6.
Tacto. Mar. 10:13; Luc. 7:39.

Obstaculizada
Por flaqueza humana.
Mar. 4:33; 8:14-21; Heb 5:11.
Por idioma extranjero. Gén. 11:1,7;
Ezeq. 3:6.
Por pecado. Gén. 3:8-10.

Realizada con interpretación. Neh 8:8.

Verbal
Clara. Núm. 12:8; Col. 4:4.
Como ejemplo. 1 Tim. 4:12.
Con gracia. Prov. 22:11; Col. 4:6.
Débil. 2 Cor. 10:10.
Deliberada. Sant. 1:19.
Edificante. Ef. 4:15,29.
Elocuente. Ex. 4:14; Prov. 17:7.
Falsa. Prov. 17:7.
Inexperta. Ex. 4:10; Jer. 1:6.
Infantil. 1 Cor. 13:11.
Oportuna. Ecl. 3:7; Ef. 4:29.
Pura. Sof. 3:9.
Sin amor. 1 Cor. 13:1.
Sucia. Ef. 5:4.
Valiente y osada. Hech. 13:46.
Veraz. Ef. 4:25.

COMUNIDAD
Acuerdo entre la. Sal. 55:13-14; Amós 3:3.
Adoración en la. Sal. 22:22,25; 107:32.
Diversidad en. Ex. 12:38; 1 Cor. 12:12;
Apoc. 5:9-10.

Establecida por Dios.
Desde creación. Gén. 2:18.
En cielo. Apoc. 5:9-10; 7:9; 21:2.
En tierra. Ex. 6:2-8; Deut. 5:3; 32:8;
Jer. 30:20; 1 Ped. 2:9-10.
Naturaleza colectiva de. Ex. 20:5-6;
Núm. 16:27-32; 1 Rey. 22:52;
Ezeq. 18:2; Hech. 16:31; Rom 14:7-8;
1 Cor. 12:26.

Responsabilidades en la.
Edificación. Luc. 22:32; Rom 15:2;
1 Tes. 5:11.
Llevar unos cargas de otros. Ecl. 4:9-12;
Rom. 12:15; Gál. 6:2.
Proveer a otros. Sant. 2:15-16;
1 Juan 3:17-18.
Unidad en la. Juan 15:5; 17:21; Ef. 4:3.

COMUNIÓN
Bendiciones de. 1 Juan 1:7.
Clases y resultados. Prov. 13:20.
Con pueblo de Dios. Sal. 55:14; 119:63;
Gál. 3:28.
En Cristo. Mat. 18:20; 1 Cor. 1:9;
Apoc. 3:20.
En Espíritu Santo. 2 Cor. 13:14.
Responsabilidades de. Gál. 6:2.

COMUNIÓN CON DIOS
Ver Dios, Comunión con

COMUNIÓN DE CREYENTES
Ver Creyentes, Comunión de

COMUNITARIO, SERVICIO
Ver Servicio Comunitario

CONCEPCIÓN

Milagrosa
Ana. 1 Sam. 1:19-20.
Elisabet. Luc. 1:24-25,36-37,58.
Esposa de Manoa. Jue. 13:3-24.
María. Mat. 1:18,20; Luc. 1:26-35.
Raquel. Gén. 30:22.
Rebeca. Gén. 25:21.
Sara. Gén. 21:1-2.

CONCIENCIA
Acusa de pecado. Gén. 42:21; 2 Sam. 24:10;
Mat. 27:3; Hech. 2:37.
de creyentes, pura y buena. Heb. 13:18;
1 Ped. 3:16,21.
de impíos, cauterizada. 1 Tim. 4:2.
de impíos, corrupta. Tito 1:15.
de otros, no debe ser ofendida. Rom. 14:21;
1 Cor. 10:28-32.
Debemos recibir aprobación de. Job 27:6;
Hech. 24:16; Rom. 9:1; 14:22.
Guardar fe en pureza de. 1 Tim. 1:19; 3:9.

Sin iluminación especial, guía falsa.
Hech. 23:1, con 26:9.

Sólo sangre de Cristo puede purificar.
Heb. 9:14; 10:2-10,22.

Sufrir pacientemente por. 1 Ped. 2:19.

Sujetarse a autoridades. Rom. 13:5.

Testifica en personas. Prov. 20:27;
Rom. 2:15.

Testimonio de, fuente de gozo. 2 Cor. 1:12;
1 Juan 3:21.

CONCIENCIA, NEGARSE POR RAZONES DE

Mandamientos sobre

Estar sujetos a autoridades por causa de
conciencia. Rom. 13:5.

Obedecer a Dios antes que a gente.
Hech. 5:29.

Vivir en paz cuanto dependa de nosotros.
Rom. 12:18.

Principios relevantes a

Aceptar consecuencias al desobedecer al
estado. Dan 6:10-16;
Hech. 5:40-42; 25:11.

Conciencia individual ante Dios.
Rom. 14:4.

Valor de buena conciencia. 1 Tim. 1:19.

CONCILIACIÓN

Ánimo a la, antes de hacer juicio.
Prov. 25:8-10; Luc. 12:58-59.

CONCUBINAS

Hijos de, no eran herederos.
Gén. 15:4; 21:10.

Leyes sobre. Ex. 21:7-11; Lev. 19:20-22;
Deut. 21:10-14.

Llamadas esposas. Gén. 37:2.

Sujetas a abandono. Gén. 21:10-14.

CONCUBINATO

Practicado por
Abías. 2 Crón. 13:21.
Abraham. Gén. 16:3; 25:6; 1 Crón. 1:32.
Belsasar. Dan. 5:2.
Caleb. 1 Crón. 2:46-48.
David. 2 Sam. 5:13; 15:16.
Elifaz. Gén. 36:12.
Gedeón. Jue. 8:31.
Jacob. Gén. 30:4.
Levita. Jue. 19:1.
Manasés. 1 Crón. 7:14.
Nacor. Gén. 22:23-24.
Roboam. 2 Crón. 11:21.
Salomón. 1 Rey. 11:3.
Saúl. 2 Sam. 3:7.

CONDENACIÓN

Apóstatas e impíos recibirán. Jud. *1*:4.

Aumenta por
Falta de arrepentimiento. Mat. 11:20-24.
Hipocresía. Mat. 23:14.
Incredulidad. Juan 3:18-19.
Opresión. Sant. 5:1-5.
Orgullo. 1 Tim. 3:6.
Castigo, es para rescatarnos de.
Sal. 94:12-13; 1 Cor. 11:32.
Conciencia testifica a la justicia de la.
Job 9:20; Rom. 2:1; Tito 3:11.
de impíos, un ejemplo. 2 Ped. 2:6; Jud. 7.
Incrédulos permanecen bajo. Juan 3:18,36.
Inseparable consecuencia del pecado.
Prov. 12:2; Rom. 6:23.
Ley es el medio para. 2 Cor. 3:9.
Ley testifica a justicia de. Rom. 3:19.
Santos liberados de, por Cristo.
Juan 3:18; 5:24; Rom. 8:1,33-34.
Según se merezca. Mat. 12:37; 2 Cor. 11:15.
Sentencia de Dios contra pecado.
Mat. 25:41.
Universal, causada por pecado de Adán.
Rom. 5:12,10,18.

CONDESCENDENCIA DE DIOS
Ver Dios, Condescendencia de

CONDOLENCIAS

Ejemplos de
David a Hanún. 2 Sam. 10:2.
Jesús a María y Marta. Juan 11:23-35.
Rey de Babilonia a Ezequías.
2 Rey. 20:12-13.
Tres amigos a Job. Job 2:11.

CONDOLERSE
Amigos de Job. Job 2:11.

CONDUCIR
Rápidamente, Jehú. 2 Rey. 9:20.

CONDUCTA CRISTIANA
Abstenerse de todo tipo de mal. 1 Tes. 5:22.
Abundar en obra del Señor. 1 Cor. 15:58;
2 Cor. 8:7; 1 Tes. 4:1.

Andar
Como digno de Dios. 1 Tes. 2:12.
Como digno de nuestra vocación. Ef. 4:1.
Como digno del Señor. Col. 1:10.
Como hijos de luz. Ef. 5:8.
de acuerdo al Espíritu. Rom. 8:1.
En Espíritu. Gál. 5:25.
En honestidad. 1 Tes. 4:12.
En novedad de vida. Rom. 6:4.
Contentarse. Fil. 4:11; Heb. 13:5.
Controlar cuerpo. 1 Cor. 9:27; Col. 3:5.
Creer en Cristo. Juan 6:29; 1 Juan 3:23.
Creerle a Dios. Mar. 11:22; Juan 14:11-12.
Cumplir deberes familiares. Ef. 6:1-8;
1 Ped. 3:1-7.
Engalana evangelio. Mat. 5:16; Tito 2:10.
Evitar a impíos. Sal. 1:1; 2 Tes. 3:6.
Hacer lo que deseamos que hagan con
nosotros. Mat. 7:12; Luc. 6:31.
Honrar a los demás. Sal. 15:4; Rom. 12:10.

Importancia de. Sal. 1:1-3; 19:9-11; 50:23;
Mat. 5:3-12; Juan 7:17; 15:10.
Odiar impureza. Jud. 23.
Perdonar agravios. Mat. 6:14; Rom. 12:20.
Seguir a Dios. Ef. 5:1; 1 Ped. 1:15-16.
Seguir ejemplo de Cristo. Juan 13:15;
1 Ped. 2:21-24.
Seguir lo bueno. Fil. 4:8; 1 Tes. 5:15;
1 Tim. 6:11.
Ser generosos. Hech. 20:35; Rom. 12:13.
Temer a Dios. Ecl. 12:13; 1 Ped. 2:17.

Vivir
Amando a Cristo. Juan 21:15;
1 Ped. 1:7-8.
Amando a Dios. Deut. 6:5; Mat. 22:37.
Amándonos unos a otros. Juan 15:12;
Rom. 12:10; 1 Cor. 13; Ef. 5:2;
Heb. 13:1.
Contendiendo por la fe. Fil. 1:27; Jud. 3.
Dejando buen ejemplo. 1 Tim. 4:12;
1 Ped. 2:12; Tito 2:7.
Dejando todo pecado. 1 Cor. 5:7;
Heb. 12:1.
En paz con todos. Rom. 12:18;
Heb. 12:14.
Obedeciendo a Cristo. Juan 14:21; 15:14.
Obedeciendo a Dios. Luc. 1:6; 1 Juan 5:3.
Para Cristo. Rom. 14:8; 2 Cor. 5:15.
Para justicia. Miq. 6:8; Rom. 6:18;
1 Ped. 2:24.
Perfeccionando santidad. Mat. 5:48;
2 Cor. 7:1; 2 Tim. 3:17.
Regocijándonos en Cristo. Fil. 3:1; 4:4.
Regocijándonos en Dios. Sal. 33:1;
Hab. 3:18.
Sobria, justa y piadosamente. Tito 2:12.
Sufrir a agravios . Mat. 5:39-41;
1 Cor. 6:7.
Sujetando temperamento. Ef. 4:26;
Sant. 1:19.
Sujetándonos a autoridades.
Rom. 13:1-7.

Teniendo compasión de otros. Gál. 6:2;
1 Tes. 5:14.
Venciendo al mundo. 1 Juan 5:4-5.
Visitando a afligidos. Mat. 25:36;
Sant. 1:27.

CONEJO
Prohibido como comida. Lev. 11:6;
Deut. 14:7.

CONFABULACIÓN
En pecado. Lev. 20:4-5.

CONFESAR A CRISTO
Asegura que él nos confesará. Mat. 10:32.
Consecuencias de no. Mat. 10:33.
Debe estar ligado a fe. Rom. 10:9.
Evidencia de unión con Dios. 1 Juan 4:15.
Influencia del Espíritu Santo necesaria
para. 1 Cor. 12:3; 1 Juan 4:2.
Necesario para salvación. Rom. 10:9-10.
Persecución no debe evitar. Mar. 8:35;
2 Tim. 2:12.
Prueba de que somos creyentes.
1 Juan 2:23; 4:2-3.
Temor a otros evita. Juan 7:13; 12:42-43.

CONFESIÓN DE PECADO
Ver Pecado, Confesión de

CONFIANZA

de impíos
En alianzas terrenales. Isa. 30:2;
Ezeq. 17:15.
En el ser humano. Jue. 9:26; Sal. 118:8-9.
En falsedad. Isa. 28:15; Jer. 13:25.
En ídolos. Isa. 42:17; Hab. 2:18.
En propia justicia. Luc. 18:9,12.
En propio corazón. Prov. 28:26.
En riquezas. Sal. 49:6; 52:7; Prov. 11:28;
Jer. 48:7; Mar. 10:24.
En vanidad. Job 15:31; Isa. 59:4.

Es vana y se diluye. Isa. 30:7; Jer. 2:37.
Hará que se avergüencen.
Isa. 20:5; 30:3,5; Jer. 48:13.
Ilustrada. 2 Rey. 18:21; Job 8:14.
No está en Dios. Sal. 78:22; Sof. 3:2.
Será destruida. Job 18:14; Isa. 28:18.

CONFIANZA EN DIOS
Bienaventuranza. Sal. 2:12; 34:8; 40:4;
Jer. 17:7.
Calamidad y maldición por la falsa.
Isa. 30:1-2; 31:1-3; Jer. 17:5.
Con todo el corazón. Prov. 3:5.

Conduce a
Cumplimiento de deseos piadosos.
Sal. 37:5.
Disfrute de bendiciones temporales y
espirituales. Isa. 57:13.
Disfrute de felicidad. Prov. 16:20.
Estar rodeado de misericordia. Sal. 32:10.
Gozarse en Dios. Sal. 5:11; 33:21.
Liberación de enemigos. Sal. 37:40.
Prosperidad. Prov. 28:25.
Seguridad en tiempos de peligro.
Prov. 29:25.

de creyentes
Basada en el pacto. 2 Sam. 23:5.
En Cristo. Ef. 3:12.
En misericordia de Dios. Sal. 13:5; 52:8.
En Palabra de Dios. Sal. 119:42.
Firme. 2 Sam. 22:3; Sal. 112:7.
Firme a pesar de la muerte. Sal. 23:4.
Ilustrada. Prov. 18:10.
Impíos desprecian. Isa. 36:4,7.
Inalterable. Job 13:15.
No en ellos mismos. 2 Cor. 1:9.
No en naturaleza pecadora. Fil. 3:3-4.
No radica en armas humanas.
1 Sam. 17:38-39,45; Sal. 44:6;
2 Cor. 10:4.
Para siempre. Sal. 52:8; Isa. 26:4.
Por medio de Cristo. 2 Cor. 3:4.

Desde niños. Sal. 71:5.
Exhortaciones a tener. Sal. 4:5; 115:9-11.
Jehová conoce a los que tienen. Nah. 1:7.

Motivos para la
Abundancia de Dios. 1 Tim. 6:17.
Bondad de Dios. Nah. 1:7.
Cuidado de Dios por nosotros.
1 Ped. 5:7.
Eterna fuerza de Dios. Isa. 26:4.
Liberaciones pasadas. Sal. 9:10;
2 Cor. 1:10.
Misericordias de Dios. Sal. 36:7.

Nos guarda de
Condenación. Sal. 34:22.
Temor. Sal. 56:11; Isa. 12:2; Heb. 13:6.
Titubeos. Sal. 26:1.
Temor de Dios lleva a. Prov. 14:26.

CONFIANZA TRAICIONADA

Ejemplos de
Abner por Joab. 2 Sam. 3:27.
Adoradores de Baal por Jehú.
2 Rey. 10:18-28.
Ahimelec por David. 1 Sam. 21:1-9.
Amasa por Joab. 2 Sam. 20:9-10.
Eglón por Aod. Jue. 3:15-23.
Josué por gabaonitas. Jos. 9:3-15.

CONFIANZA, FALSA

Ejemplos de
Asa, al confiar en Ben-adad y no en
Dios. 2 Crón. 16:7-9.
Ezequías, en defensa de Jerusalén.
Isa. 22:11.
Jonás. Jon. 1:3-5.
Pablo. Fil. 1:25; 2:23-24.
Pedro. Mat. 26:33-35.
Quienes edificaron Babel. Gén. 11:4.
Saúl. 1 Sam. 13:8-14.
Senaquerib. 2 Rey. 19:23.

Senaquerib, en sitio de Jerusalén.
2 Rey. 19:23.
En gente. Sal. 33:16; Isa. 2:22.
En recursos externos. Sal. 20:7.
En uno mismo. Deut. 29:19; Rom. 12:16.

CONFISCACIÓN
Como castigo. Esd. 10:8.

de propiedad
Por Acab, viña de Nabot. 1 Rey. 21:7-16.
Por Asuero, casa de Amán. Ester 8:1.
Por David, lo que pertenecía a
Mefi-boset. 2 Sam. 16:4.

CONFLICTO INTERPERSONAL
Ver también Enemistad entre hermanos

Aborrecido por Dios. Prov. 6:16,19.

Causado por
Jesús. Mat. 10:34-36.
Pasiones bajas. Sant. 4:1-3.
Como obra de vieja naturaleza. Gál. 5:20.

Da como resultado
Contiendas. Prov. 10:12; 16:28.
Discordia. Prov. 6:12-15.

Ejemplos de
Abram y Lot. Gén. 13:8-18.
Creyentes corintios.
1 Cor. 1:10-12; 3:2-4; 11:18.
Discípulos de Jesús. Mar. 9:33-37;
Luc. 22:24-27.
Isaac y Abimelec. Gén. 26:26-30.
Jacob y Esaú.
Gén. 25:22-34; 27:1-45; 32:3-33:17.
Jacob y Labán. Gén. 29-31.
José y sus hermanos. Gén. 37-50.
María y Marta. Luc. 10:38-42.
Pablo y Bernabé. Hech. 15:36-41.
Pastores de Isaac y Abimelec.
Gén. 26:19-22.
Sarai y Agar. Gén. 16:4-6.

Saúl y David. 1 Sam. 18-31.
Saúl y Jonatán. 1 Sam. 20:30-34.

Iniciado por
Persona codiciosa. Prov. 28:25.
Persona chismosa. Prov. 16:28.
Persona despreciable. Prov. 6:12-15.
Persona enojada. Prov. 15:18; 29:22.
Persona llena de odio. Prov. 10:12.
Persona perversa. Prov. 16:28.

Mandatos sobre
Comportarse decentemente, como a la luz
del día. Rom. 13:13.
Estar en paz unos con otros. Mar. 9:50;
1 Tes. 5:13.
Estar unidos en mente y parecer.
1 Cor. 1:10.
Procurar paz. Sal. 34:14; Rom. 14:19;
Heb. 12:14; 1 Ped. 3:11.
Tener mente de Jesús. Fil. 2:3-8.

Necesidad de vivir
En armonía. Rom. 15:5-6.
En paz. Juan 16:33; 1 Cor. 7:15.
En unidad. Sal. 133:1.

CONFUSIÓN
de idiomas. Gén. 11:1-9.

CONGRUENCIA EN LA CONDUCTA
Jesús alienta a que haya. Mat. 6:24.
Por parte de Pablo. 1 Cor. 10:21.

CONOCIMIENTO
Agradable. Prov. 2:10.
Ahora conocemos en parte. 1 Cor. 13:9-12.
Aumentará. Dan. 12:4.
de Cristo. Fil. 3:8.
de Dios, vale más que sacrificios. Os. 6:6.
de salvación. Luc. 1:77.
Del bien y de mal. Gén. 2:9,17; 3:22.
Deseo de. 1 Rey. 3:9; Sal. 119:66;
Prov. 2; 3; 12:1; 15:14; 18:15.

Don divino. 1 Cor. 12:8.
Labios del sacerdote deben guardar.
Mal. 2:7.
Llave del. Luc. 11:52.
Más valioso que oro. Prov. 8:10.
Necios odian. Prov. 1:22,29.
Poder del. Prov. 3:20; 24:5.
Quienes lo rechazan son destruidos. Os. 4:6.
Rechazado. Os. 4:6.
Temor de Jehová es principio del. Prov. 1:7.
Tierra será llena del. Isa. 11:9.

C

Biografía bíblica

CONQUISTA DE CANAÁN

Hay distintas opiniones en cuanto a la fecha de la conquista de Canaán bajo el liderazgo de Josué. La opinión tradicional ubica la conquista en el quinto siglo (1406 a.C.), basándose en la fecha de la edificación del Templo en el 966 a.C. Otros eruditos fechan la conquista aprox. en el 1250 a.C. en razón de evidencia arqueológica de Egipto y Palestina.

CONSAGRACIÓN
Condicional. Gén. 28:20; 2 Sam. 15:7-8.

Ejemplos de
Abraham en cuanto a Isaac.
Gén. 22:9-12.
Ana en cuanto a Samuel.
1 Sam. 1:11,24-28.
David, del agua obtenida por sus
valientes. 2 Sam. 23:16.
Jefté en cuanto a su hija.
Jue. 11:30-31,34-40.

Zicri en cuanto a sí mismo.
2 Crón. 17:16.
Personal. Sal. 51:17; Mat. 13:44-46;
Rom. 6:13,16,19; Rom. 12:1-2;
2 Cor. 8:5.

CONSCRIPCIÓN
de soldados. 1 Sam. 14:52.

CONSEJERO
Ahitofel, de Absalón. 2 Sam. 16:23.
Ahitofel, de David. 1 Crón. 27:33;
2 Sam. 16:23.
José de Arimatea, integrante del Sanedrín en
Jerusalén. Mar. 15:43; Luc. 23:50-51.
Sabio versado en ley y diplomacia.
1 Crón. 27:32-33.
Título de Cristo. Isa. 9:6.

CONSEJO

Ejemplos de
A joven rico. Mat. 19:22.
A Roboam. 1 Rey. 12:8-16.
Rechazado. Prov. 1:24-33.

CONSEJOS Y PROPÓSITOS DE DIOS
Ver Dios, Consejos y propósitos de

CONSERVADURISMO
Enseñanzas de ancianos. Prov. 1:8; 4:1-4;
Mar. 7:3-4.
Enseñanzas de Pablo. 1 Cor. 11:2;
2 Tes. 2:15; 2 Tim. 1:13.
Lo aprendido. 2 Tim. 3:14.

Retener
Confesión de fe. Heb. 4:14; 10:23.
Fe. 1 Cor. 16:13.
Palabra segura que recibimos. Tito 1:9.

CONSIGNATARIO
Ley mosaica sobre. Ex. 22:7-13; Lev. 6:2-7.

Parábola de las minas. Mat. 25:14-28;
Luc. 19:12-27.

CONSOLADOR
Ver también Abogado

Convence al mundo. Juan 16:8.
Da testimonio de Cristo. Juan 15:26.
Enseña todas las cosas. Juan 14:26.
Guía a la verdad. Juan 16:13.
Permanece para siempre. Juan 14:16.

CONSPIRACIÓN

Ejemplos de
Abimelec contra hijos de Gedeón.
Jue. 9:1-6.
Abner contra Is-boset. 2 Sam. 3:7-21.
Amasías. 2 Crón. 25:27.
Amón. 2 Rey. 21:23.
Asuero. Ester 2:21-23.
Contra Jesús. Jer. 11:9,19;
Mat. 12:14; 21:38-41; 26:3-4; 27:1-2;
Mar. 3:6.
Contra Pablo. Hech. 18:12; 23:12-15.
Dalila, contra Sansón. Jue. 16:4-21.
Daniel. Dan. 6:4-17.
de Absalón. 2 Sam. 15:10-13.
de Baasa. 1 Rey. 15:27.
de Jehú. 2 Rey. 9:14-26.
de Jeroboam. 1 Rey. 14:2.
de Jezabel, contra Nabot. 1 Rey. 21:8-13.
de Joiada. 2 Rey. 11:4-16.
de siervos, contra Joás. 2 Rey. 12:20.
de Zimri. 1 Rey. 16:9.
Gaal, contra Abimelec. Jue. 9:23-41.
Hermanos de José contra José.
Gén. 37:18-20.
Jeremías. Jer. 18:18.
María, Aarón e israelitas contra Moisés.
Núm. 12; 14:4; 16:1-35.
Peka. 2 Rey. 15:30.
Pekaía. 2 Rey. 15:23-25.

Pueblo en Jerusalén, contra Amasías.
2 Rey. 14:19.
Sadrac, Mesac y Abed-nego. Dan. 3:8-18.
Salum contra Zacarías. 2 Rey. 15:10.
Senaquerib. 2 Rey. 19:36-37.
Falsamente acusado de, Jonatán.
1 Sam. 22:8.
Ley contra. Ex. 23:1-2.

CONSTANCIA
Característica de creyentes. Job 17:9; Juan
8:31.

Debe manifestarse al
Aferrarse a Dios. Deut. 10:20;
Hech. 11:23.
Contender por la fe del evangelio.
Fil. 1:27, con Jud. 3.
Continuar en doctrina y comunión de
apóstoles. Hech. 2:42.
Estar en aflicción. Sal. 44:17-19;
Rom. 8:35-37; 1 Tes. 3:3.
Estar firmes en la fe. 1 Cor. 16:13.
Guardar la fe. Col. 2:5; 1 Ped. 5:9.
Hacer obra del Señor. 1 Cor. 15:58.
Mantener libertad cristiana. Gál. 5:1.
Retener firme la confianza y gloriarse en
esperanza. Heb. 3:6,14.
Retener lo bueno. 1 Tes. 5:21.
Retener nuestra profesión.
Heb. 4:14; 10:23.
Dios muestra, en todos sus propósitos y
caminos. Núm. 23:19; Dan. 6:26;
Sant. 1:17.

Ejemplos de
Jonatán. 1 Sam. 18:1; 20:16.
Priscila y Aquila. Rom. 16:3-4.
Rut. Rut 1:14.
En amistad. Prov. 27:10.
En hacer el bien. Gál. 6:9.
En obediencia. Sal. 119:31-33.
En oración. Luc. 18:1; Rom. 12:12;
Ef. 6:18; Col. 4:2; 1 Tes. 5:17.

En profesión de fe. Heb. 10:23.
En sufrimiento. Mat. 5:12; Heb. 12:5;
1 Ped. 4:12-16.
Falta de, ilustrada. Luc. 8:6,13; Juan 15:6;
2 Ped. 2:17; Jud. 12.
Impíos carecen de. Sal. 78:8,37.
Mandamiento. Fil. 4:1; 2 Tes. 2:15;
Sant. 1:6-8.

Ministros del evangelio
Animados a tener, en su
pueblo. 1 Tes. 3:8.
Deben exhortar a. Hech. 13:43; 14:22.
Deben orar pidiendo, en su
pueblo. 1 Tes. 3:13; 2 Tes. 2:17.
Exhortación a. 2 Tim. 1:13-14; Tito 1:9.
Se regocijan por, en su pueblo. Col. 2:5.
Piedad es necesaria para que haya. Job
11:13-15.
Principio de, ilustrado. Mat. 7:24-25; Juan
15:4; Col. 2:7.

CONSTELACIONES
Orión. Job 9:9; Amós 5:8.
Serpiente. Job 26:13.

CONSTITUCIÓN
Acuerdo entre gobernante y pueblo.
Deut. 17:18-20; 2 Sam. 5:3;
2 Crón. 23:2-3; Jer. 34:8-11;
Dan. 6:12-15.

CONSTRUCTOR
Dios como. Sal. 118:22; Mat. 21:42;
Hech. 4:11; 1 Ped. 2:7; Heb. 11:10.

CONSUELO
A través de Cristo. 2 Cor. 1:5.
de acuerdo a la palabra. Sal. 119:76.
de Dios. Isa. 40:1; 61:1-2; Sal. 86:17.
Falso. Job 16:2.
Prometido. Mat. 5:4.
Verdadero. Job 35:10; Sal. 23:4.

CONSUMACIÓN

de carrera del cristiano. 1 Cor. 9:24-27.
de creación. Gén. 1:31.
de destrucción de ídolos. 2 Crón. 34:7.
de entrada en tierra prometida. Jos. 3:1-17.
de guerra de Israel. Isa. 40:2.
de ofrenda para Pablo. 2 Cor. 8:11.
de perfección, negada por Pablo.
   Fil. 3:1,2-14.
de resurrección, deseada por Pablo.
   Fil. 3:11.
de todas las cosas. Apoc. 16:17.
del conocimiento divino, más allá del
   humano. Sal. 139:6.

CONTAMINACIÓN

Ver también Ambiental, Protección

Causas de, aumentadas impropiamente por
   tradición. Mar. 7:2, con Mat. 15:20.
Ceremonial, abolida con evangelio.
   Hech. 10:15; Rom. 14:14; Col. 2:20-22.

Ceremonial, causada por
   Comer cosas inmundas. Lev. 11:8;
      Hech. 10:11,14.
   Comer cosas muertas. Lev. 17:15.
   Estar con cuerpo muerto. Núm. 19:14.
   Hacer duelo por muertos. Lev. 21:1-3.
   Ir a casa de leproso. Lev. 14:46.
   Juntar cenizas de vaca alazana.
      Núm. 19:10.
   Parto. Lev. 12:2.
   Quemar vaca alazana. Núm. 19:8.
   Sacrificar vaca alazana. Núm. 19:7.
   Tener flujo, etc. Lev. 15:2; Núm. 5:2.
   Tener lepra. Lev. 13:3,11; Núm. 5:2-3.
   Tocar a persona inmunda. Núm. 19:22.
   Tocar animal muerto. Lev. 5:2; 11:24-28.
   Tocar cuerpo muerto o huesos.
      Núm. 9:6-7; 19:11,16.
   Tocar lo contaminado por flujo, etc.
      Lev. 15:5-11.
   Tocar tumba. Núm. 19:16.

Cosas pasibles de, ceremonial
   Casas. Lev. 14:44.
   Muebles, etc. Lev. 15:9-10;
      Núm. 19:14-15.
   Persona. Lev. 5:3.
   Santuario. Lev. 20:3; Sof. 3:4.
   Tierra. Lev. 18:25; Deut. 21:23.
   Vestiduras. Lev. 13:59.
de agua potable. Ezeq. 34:18-19.
de lo que no es santo. Lev. 19:31;
   Hech. 15:20.
de naturaleza pecaminosa. Ef. 4:22.
de ríos. Ex. 7:20-24; Ezeq. 32:2;
   Apoc. 8:9-10; 16:4.
del altar de Dios. Ex. 20:25; Dan. 8:11.
del día de reposo. Isa. 56:2.
del mar. Apoc. 8:8-9; 16:3.
del pecado que ha sido eliminado.
   1 Juan 1:7.

Ilustrativa de
   Doctrinas no santas. 1 Cor. 3:16-17.
   Pecado. Mat. 15:11,18; Jud. 8.
Limpiada por lavados ceremoniales.
   Núm. 19:18-19; Heb. 9:13.
Moral, castigada. Lev. 18:24-25,28-29.

Moral, causada por
   Acudir a adivinos. Lev. 19:31.
   Derramar sangre. Isa. 59:3.
   Hacer y servir a ídolos.
      Ezeq. 20:17-18; 22:3-4; 23:7.
   Ofrecer hijos a Moloc. Lev. 20:3.
   Seguir pecados de paganos. Lev. 18:24.
Prohibida a judíos. Lev. 11:44-45.
Quienes estaban bajo, sacados del
   campamento. Núm. 5:3-4; Deut. 23:14.

Sacerdotes
   Castigados por comer cosas santas
      mientras estuvieran bajo. Lev. 22:3.
   Decidían todos los casos de.
      Lev. 10:10; 13:3.

No debían comer cosas sagradas mientras
estuvieran bajo. Lev. 22:2,4-6.
Se les requería específicamente evitar.
Lev. 21:1-6,11-12.

CONTENTAMIENTO

Con buena herencia. Sal. 16:6.
Con piedad, es ganancia. Sal. 37:16;
1 Tim. 6:6.

Creyentes deben mostrar contentamiento
Con lo que tienen. Heb. 13:5.
Con ropa y comida. 1 Tim. 6:8.
Con salario. Luc. 3:14.
En respectivos llamados. 1 Cor. 7:20.
de Pablo. Fil. 4:11.

Ejemplos de
Barzilai, al negarse a ir a Jerusalén con
David. 2 Sam. 19:33-37.
Esaú, al rechazar obsequio de Jacob.
Gén. 33:9.
Sunamita, al rehusarse a hacer pedido a
Eliseo. 2 Rey. 4:13.
Fuente de contentamiento.
Prov. 16:8; 17:1; 30:8.
Impíos quieren. Isa. 5:8; Ecl. 5:10.
Mandamiento. Heb. 13:5.
Promesas de Dios deben llevar a. Heb. 13:5.
Valor del. 1 Tim. 6:6.

CONTINENCIA

Ejemplos de
Booz. Rut 3:6-13.
José, esposo de María. Mat. 1:24-25.
José, hijo de Jacob. Gén. 39:7-12.
Pablo. 1 Cor. 7:8.
Urías. 2 Sam. 11:8-13.
Job. Job 31:1.
Mandamiento de Jesús. Mat. 5:27.
Mandamiento de Pablo. Rom. 13:13;
1 Cor. 7:1-9; 25-38; 9:27; Col. 3:5;
1 Tim. 4:12; 5:1.

CONTINENTES

Creación de. Gén. 1:9-10.

CONTINGENCIAS

Caín. Gén. 4:7.
Comer fruto del árbol del conocimiento del
bien y del mal Gén. 2:16-17.
Promesa a Salomón 1 Rey. 3:14.
Promesa de Jehová a Israel. Ex. 19:5;
Deut. 11:26-28; 30:15-19; Jos. 24:15.

CONTRATOS

Cancelación. Col. 2:14.
Con sal. Núm. 18:19.
Consumados en presencia de público en
puertas de ciudad. Gén. 23:18; Rut 4:1-2.
Disueltos por mutuo consentimiento.
Ex. 4:18.
Entre Abraham y Abimelec, por pozos de
agua. Gén. 21:25-32.
Entre Salomón e Hiram.
1 Rey. 5:9-11; 9:11.
Erigiendo monumento de piedras.
Gén. 31:44-54.
Estrechando mano. Ezeq. 17:18.
Haciendo juramentos. Gén. 26:3,31;
Jos. 9:15,20; 1 Crón. 16:16;
Heb. 6:16-17.
Instrumentos escritos. Jer. 32:10-15.
Modos de ratificar, dando presentes.
Gén. 21:25-30.
Obligatoriedad de. Mat. 20:1-16.
Para ganado. Gén. 30:27-29,31-34.
Primer contrato entre Labán y Jacob por hija
del primero. Gén. 29:15-20,27-30.
Romper.
Gén. 26:15; 29:23-27; 30:37-43; 31:7.
Segundo contrato entre Labán y Jacob.
Gén. 30:28-34.
Tomando zapato. Rut 4:6-8.

CONTROL ARMAMENTISTA
Filisteos niegan a israelitas espadas y lanzas. 1 Sam 13:19,22.

C CONVERSACIÓN
Mandamiento de Jesús sobre. Mat. 5:37.
Mandamientos de Pablo sobre. Ef. 4:29;
Gál. 3:8; 4:6.

CONVERSIÓN
Aliento a llevar pecadores hacia. Dan. 12:3;
Sant. 5:19-20.
de gentiles, profetizada.
Isa. 2:2; 11:10; 60:5; 66:12.
de Israel, profetizada. Ezeq. 36:25-27.

de pecadores, motivo de gozo
Para creyentes. Hech. 15:3; Gál. 1:23-24.
Para Dios. Ezeq. 18:23; Luc. 15:32.
Deber de llevar pecadores a. Sal. 51:13.
Exhortaciones para. Prov. 1:23;
Isa. 31:6; 55:7; Jer. 3:7; Ezeq. 33:11.
Mandamiento. Job 36:10.
Necesaria. Mat. 18:3.
Obra de. 1 Rey. 18:37; Juan 6:44;
Hech. 21:19.
Obra de Cristo. Hech. 3:26; Rom. 15:18.
Obra de la gracia. Hech. 11:21, con v. 23.
Orar por. Sal. 80:7; 85:4; Jer. 31:18;
Lam. 5:21.
Peligro de descuidar. Sal. 7:12; Jer. 44:5,11;
Ezeq. 3:19.

Por medio de
Aflicción. Sal. 78:34.
Autoexamen. Sal. 119:59; Lam. 3:40.
Escritura. Sal. 19:7.
Ministros del evangelio. Hech. 26:18;
1 Tes. 1:9.
Por poder del Espíritu Santo. Prov. 1:23.
Promesas relacionadas con. Neh. 1:9;
Isa. 1:27; Jer. 3:11; Ezeq. 18:27.
Resultado de fe. Hech. 11:21.
Sigue al arrepentimiento. Hech. 3:19; 26:20.

Va acompañada por confesión de pecado y oración. 1 Rey. 8:35.

CONVERTIDOS
Ejemplos de
Andrés. Juan 1:40-41.
Carcelero. Hech. 16:27-34.
Ciego. Juan 9:8-38.
Cornelio. Hech. 10.
Eunuco etíope. Hech. 8:35-38.
Felipe. Juan 1:43-45.
Gadarenos. Luc. 8:35-39.
Griegos. Hech. 17:4,12.
Judíos y griegos en Antioquía.
Hech. 13:43.
Ladrón en cruz. Luc. 23:39-43.
Lidia. Hech. 16:14-15.
Marinos con Jonás. Jon. 1:5-6,9,14,16.
Mujer samaritana. Juan 4:28-29.
Nabucodonosor. Dan. 4.
Ninivitas. Jon. 3.
Rut. Rut 1:16.
Samaritanos. Juan 4:28-42.
Saulo de Tarso. Hech. 9:3-18.
Sergio Paulo. Hech. 13:7-12; 26:12-23.
Tres mil en Pentecostés. Hech. 2:41.

CONVICCIÓN DE PECADO
Ver Pecado, Convicción de

CONVICCIÓN, PONER EN PRÁCTICA
Abraham, al dejar patria. Gén. 12:1-9.
Abraham, al ofrecer a Isaac. Gén. 22:1-14.
Agag, en indiferencia ante muerte.
1 Sam. 15:32-33.
Apóstoles, en persecución.
Hech. 5:21,29-32.
Comandantes de David. 2 Sam. 23.
Daniel, al persistir en oración, a pesar del edicto prohibiéndola. Dan. 6:10.
David, al entrar a tienda de Saúl y tomar su lanza. 1 Sam. 26:7-12.

David, al matar a Goliat. 1 Sam. 17:32-50.

Débora, al liderar ejército de Israel. Jue. 4.

Esdras, al arriesgarse a viajar sin custodia de Babilonia a Palestina. Esd. 8:22-23.

Ester, al acudir al rey para salvar al pueblo. Ester 4:8,16.

Gedeón, al atacar con 300 hombres a ejércitos confederados de madianitas y amalecitas. Jue. 7:7-23.

Gedeón, al destruir altar de Baal. Jue. 6:25-31.

Jael, al matar a Sísara. Jue. 4:18-22.

Joab, al reprobar al rey David. 2 Sam. 19:5-7.

José de Arimatea, al pedir cuerpo de Jesús. Mar. 15:43.

Josué y Caleb, al aconsejar a Israel que fuera y poseyera la tierra. Núm. 13:30; 14:6-12.

Judíos, al responder a Tatnai. Esd. 5:11.

Nehemías, al rehusarse a refugiarse en templo. Neh. 6:10-13.

Otoniel, al atacar Quiriat-sefer. Jos. 15:16-17.

Pablo, al ir a Jerusalén a pesar de profecía que lo apresarían y encarcelarían. Hech. 20:22-24; 24:14,25.

Pedro y Juan, al rehusarse a obedecer a hombres antes que a Dios. Hech. 4:19; 5:29.

Pedro y otros discípulos. Hech. 3:12-26; 4:9-13,19-20,31.

Tomás, al estar dispuesto a morir con Jesús. Juan 11:16.

Tres hebreos, al negarse a inclinarse ante imagen de Nabucodonosor. Dan. 3:16-18.

COPA

de consuelo. Jer. 16:7.

de gozo. Sal. 23:5.

de mesa de demonios. 1 Cor. 10:21.

de oro. 1 Crón. 28:17; Jer. 52:19.

de plata. Gén. 44:2.

de salvación. Sal. 116:13.

Figurativamente, de tristeza.
Sal. 11:6; 73:10; 75:8; Isa. 51:17,22; Jer. 25:15-28; Ezeq. 23:31-34; Mat. 20:22,23; 26:39; Mar. 14:36; Luc. 22:42; Juan 18:11; Apoc. 14:10.

Usada en institución de Cena del Señor. Mar. 14:23; 1 Cor. 10:21.

En otras palabras...

COPERO

Copero es la traducción de una palabra hebrea que significa "uno que da de beber". El copero era un cargo en la corte real para la persona que estaba a cargo de vinos y otras bebidas. Era un integrante confiable de la corte pues ayudaba a evitar que se envenenara al rey.

COPERO

Del faraón, apresado y liberado. Gén. 40.

CORAZA

Armadura para soldados. Apoc. 9:9,17.

Sentido figurado. Isa. 59:17; Ef. 6:14; 1 Tes. 5:8.

CORAZÓN

Cuando está quebrantado y humillado, Dios no lo desprecia. Sal. 51:17.

de él mana vida. Prov. 4:23.

Debe

Dedicarse a sabiduría. Sal. 90:12; Prov. 2:2.

Estar preparado para Dios. 1 Sam. 7:3.

Ser entregado a Dios. Prov. 23:26.

Ser guardado con diligencia. Prov. 4:23.

Ser guiado en camino correcto.
Prov. 23:19.
Ser perfecto para con Dios. 1 Rey. 8:61.
Ser purificado. Sant. 4:8.
Ser sencillo y sincero. Ef. 6:5; Col. 3:22.
Ser tierno. Ef. 4:32.

Debemos

Amar a Dios con todo. Mat. 22:37.
Amarnos unos a otros con, puro.
1 Ped. 1:22.
Caminar ante Dios de todo. 1 Rey. 2:4.
Confiar en Dios de todo. Prov. 3:5.
Creer con. Hech. 8:37; Rom. 10:10.
Guardar estatutos de Dios con todo.
Deut. 26:16.
Hacer voluntad de Dios de. Ef. 6:6.
Regresar a Dios de todo. Deut. 30:2.
Santificar a Dios con. 1 Ped. 3:15.
Servir a Dios de todo. Deut. 11:13.

Dios

Abre. Hech. 16:14.
Afirma. Sal. 112:8; 1 Tes. 3:13.
Conoce pensamientos del. 1 Crón. 28:9;
Sal. 139:2.
Conoce. Sal. 44:21; Jer. 20:12.
Crea un nuevo. Sal. 51:10; Ezeq. 36:26.
Escudriña. 1 Crón. 28:9; Jer. 17:10.
Examina. Prov. 21:2; 24:12.
Fortalece. Sal. 27:14.
Ilumina. 2 Cor. 4:6; Ef. 1:18.
Influye en. 1 Sam. 10:26; Esd. 6:22; 7:27;
Prov. 21:1; Jer. 20:9.
Pone a prueba. 1 Crón. 29:17; Jer. 12:3.
Prepara. 1 Crón. 29:18; Prov. 16:1.
Fe, medio para purificar. Hech. 15:9.
Los de limpio, verán a Dios. Mat. 5:8.
Ningún hombre puede limpiar. Prov. 20:9.
No endurecerlo contra Dios. Sal. 95:8, con
Heb. 4:7.
No endurecerlo para con pobres.
Deut. 15:7.

Orar para que

Se encamine al amor de Dios. 2 Tes. 3:5.
Se incline hacia testimonios de Dios.
Sal. 119:36.
Sea limpiado. Sal. 51:10.
Tema a Dios. Sal. 86:11.
Quien confía en propio, es necio.
Prov. 28:26.
Renovación del, promesa del evangelio.
Ezeq. 11:19; 36:26; Heb. 3:10.

CORAZÓN NO RENOVADO

Alejado de Dios. Isa. 29:13, con Mat. 15:8.
Arrogante. Prov. 18:12; Jer. 48:29.
Cegado. Isa. 6:10; Hech. 28:26-27; Ef. 4:18.
Codicioso. Jer. 22:17; 2 Ped. 2:14.
Como trampa. Ecl. 7:26.
Con dobleces. 1 Crón. 12:33; Sal. 12:2.
Con influencia del diablo. Juan. 13:2.
Con tendencia al error. Sal. 95:10.
de escaso valor. Prov. 10:20.
de piedra. Ezeq. 11:19; 36:26.
Dedicado a hacer mal. Ecl. 8:11.
Desobediente. Sal. 101:4; Prov. 6:14; 17:20.
Dividido e infiel. Os. 10:2.
Duro. Ezeq. 3:7; Mar. 10:5; Rom. 2:5.
Empedernido. Ezeq. 2:4.
Engañado. Isa. 44:20; Sant. 1:26.
Engañoso. Jer. 17:9.
Entenebrecido. Rom. 1:21.
Entusiasmado por placeres sensuales.
Os. 13:6.
Entusiasmado por prosperidad.
2 Crón. 26:16; Dan. 5:20.
Idólatra. Ezeq. 14:3-4.
Incircunciso. Lev. 26:41; Hech. 7:51.
Incrédulo. Heb. 3:12.
Lleno de maldad. Ecl. 9:3.
Lleno de maquinaciones malvadas.
Gén. 6:5; 8:21; Prov. 6:18.
Lleno de odio hacia Dios.
Prov. 6:16,18; 11:20.
Lleno de pensamientos vanos. Jer. 4:14.

Malicioso. Sal. 28:3; 140:2.
Mundano. Rom. 8:7.
Necio. Prov. 12:23,22:15.
Necio y loco. Ecl. 9:3.
No arrepentido. Rom. 2:5.
No perfecto para con Dios. 1 Rey. 15:3;
　Hech. 8:21; Prov. 6:18.
No preparado para buscar a Dios.
　2 Crón. 12:14.
Orgulloso. Sal. 101:5; Jer. 49:16.
Perverso. Prov. 12:8; Jer. 17:9.
Pronto a alejarse de Dios. Deut. 29:18;
　Jer. 17:5.
Rebelde. Jer. 5:23.
Rencoroso. Ezeq. 25:15.
Se irrita contra Jehová. Prov. 19:3.
Soberbio. Isa. 10:12; 46:12.
Tesoro de cosas malas. Mat. 12:35;
　Mar. 7:21.
Trama maldades. Prov. 24:2.

CORAZÓN RENOVADO

Ardiente. Jer. 20:9.
Bueno y sincero. Luc. 8:15.
Circunciso. Deut. 30:6; Rom. 2:29.
Compasivo. Jer. 4:19; Lam. 3:51.
Confiado en Dios. Sal. 112:7.
Consagrado a Dios.
　Sal. 9:1; 199:10,69,145.
Contemplativo. Sal. 4:4; 77:6.
Dedicado a oración. 1 Sam. 1:13; Sal. 27:8.
Deseoso de Dios. Sal. 84:2.
Dispuesto a cosas de Dios. Sal. 57:7.
Fiel a Dios. Neh. 9:8.
Gozoso en Dios. 1 Sam. 2:1; Zac. 10:7.
Humillado, contrito. Sal. 34:18; 51:17.
Inclinado a obediencia. Sal. 119:112.
Libre de temor. Sal. 27.3.
Limpio. Sal. 73:1.
Lleno de ley de Dios. Sal. 40:8; 119:11.
Lleno de temor de Dios. Jer. 32:40.
Maravillado por Palabra de Dios.
　Sal. 119:161.

Obediente. Sal. 119:112; Rom. 6:17.
Perfecto para con Dios. 1 Rey. 8:61;
　Sal. 101:2.
Preparado para buscar a Dios. 2 Crón. 19:3;
　Esd. 7:10.
Puro. Sal. 24:4; Mat. 5:8.
Recto. Sal. 97:11,125:4.
Sabio. Prov. 10:8; 14:33; 23:15.
Sincero. Hech. 2:46; Heb. 10:22.
Tesoro de cosas buenas. Mat. 12:35.
Tierno. 2 Rey. 22:19.

CORDERO

Cantidad de, dados por Josías al pueblo
　como sacrificio. 2 Crón. 35:7.
Considerado plato especial. Amós 6:4.

Descripción
　Juguetón. Sal. 114:4,6.
　Paciente. Isa. 53:7.
Expuesto al peligro de bestias del
　campo. 1 Sam. 17:34.
Gran comercio de. Esd. 7:17; Ezeq. 27:21.

Ilustrativo de
　Completa destrucción de impíos (al
　　consumirse en sacrificio). Sal. 37:20.
　Creyentes débiles. Isa. 40:11; Juan 21:15.
　Cristo como sacrificio. Juan 1:29;
　　Apoc. 5:6.
　Israel privado de protección divina (al
　　estar desamparado y en peligro).
　　Os. 4:16.
　Juicio de impíos (cuando se los lleva al
　　matadero). Jer. 51:40.
　Lo querido o apreciado. 2 Sam. 12:3,9.
　Ministros del evangelio entre impíos
　　(cuando están entre lobos). Luc. 10:3.
　Paciencia de Cristo. Isa. 53:7; Hech. 8:32.
　Pueblo de Dios. Isa. 5:17; 11:6.
　Pureza de Cristo. 1 Ped. 1:19.
No cocinarse en leche de su madre.
　Ex. 23:19.

Ofrecido en sacrificio
Al año de vida. Ex. 12:5; Núm. 6:14.
Cada mañana y tarde. Ex. 29:38-39;
Núm. 28:3-4.
Cuando era mamón. 1 Sam. 7:9.
Desde albores de humanidad.
Gén. 4:4; 22:7-8.
En pascua. Ex. 12:3,6-7.
Hembra. Núm. 6:14.
Macho. Ex. 12:5.
Por impíos, rechazado. Isa. 1:11; 66:3.
Ofrenda de. Ex. 29:38-41.
Pactos se confirmaban con obsequios de.
Gén. 21:28-30.
Pastores cuidaban de. Isa. 40:11.
Primogénito de asno redimido con.
Ex. 13:13; 34:20.
Tributo a menudo se pagaba con.
2 Rey. 3:4; Isa. 16:1.

Usado para
Comida. Deut. 32:14; 2 Sam. 12:4.
Ropas. Prov. 27:26.
Sacrificio. 1 Crón. 29:21; 2 Crón. 29:32.

CORDERO DE DIOS
Ver Dios, Cordero de

CORDERO PASCUAL, NATURALEZA TIPOLÓGICA DEL

Asado al fuego. Ex. 12:8; Sal. 22:14-15.
Escogido de antemano. Ex. 12:3; 1 Ped. 2:4.
Lo que quedaba de él a la mañana se
quemaba. Ex. 12:10; Mat. 7:6; Luc. 11:3.
Macho de un año. Ex. 12:5.
Matado a la tarde. Ex. 12:6; Mar. 15:34,37.
Matado por el pueblo. Ex. 12:6; Hech. 2:23.
No se comía crudo. Ex. 12:9;
1 Cor. 11:28-29.
No se llevaba fuera de la casa. Ex. 12:46;
Ef. 3:17.
No se quebraba ningún hueso. Ex. 12:46;
Juan 19:36.

Persona que comía, bastón en mano.
Ex. 12:11; Sal. 23:4.
Persona que comía, calzada. Ex. 12:11;
Ef. 6:15.
Persona que comía, totalmente vestida.
Ex. 12:11; Luc. 12:35; Ef. 6:14;
1 Ped. 1:13.
Sangre del, debía derramarse. Ex. 12:7;
Luc. 22:20.
Sangre del, rociarla en dintel y postes.
Ex. 12:22; Heb. 9:13-14; 10:22;
1 Ped. 1:2.
Se comía apresuradamente. Ex. 12:11;
Heb. 6:18.
Se comía con hierbas amargas. Ex. 12:8;
Zac. 12:10.
Se comía con pan sin levadura. Ex. 12:39;
1 Cor. 5:7-8. (Ver también 2 Cor. 1:12.)
Se encerraba 4 días para examinarlo.
Ex. 12:6; Juan 18:38.
Se mataba en el lugar en que habitaba
nombre de Jehová. Deut. 16:2,5-7;
2 Crón. 35:1; Luc. 13:33.
Se tomaba del rebaño. Ex. 12:5;
Heb. 2:14,17.
Sin defecto. Ex. 12:5; 1 Ped. 1:19.
Tipo de Cristo. Ex. 12:3; 1 Cor. 5:7.

CORONA
Adorno. Ezeq. 23:42.
Con piedras preciosas. 2 Sam. 12:30;
1 Crón. 20:2; Zac. 9:16; Isa. 62:3.
Corruptible e incorruptible. 1 Cor. 9:25.
de espinas. Mat. 27:29; Juan 19:5.
de gloria. 1 Ped. 5:4.
de justicia. 2 Tim. 4:8.
de oro. Sal. 21:3; Zac. 6:11.
de victoria. 2 Tim. 2:5.
de vida. Sant. 1:12.
Eterna. Apoc. 3:11.
Ordenada para sacerdotes (mitra).
Ex. 29:6; 39:30; Lev. 8:9.

CORINTO

Corinto era un centro comercial griego famoso por sus artes y trabajos manuales. Ir rodeando el extremo sur de Grecia era un viaje dificultoso para los marinos de la antigüedad. Para evitar esta vuelta, la navegación hacia el este entre Roma y Asia usaba el istmo en Corinto como porteo, descargando la mercadería y transportándola por vía terrestre para entonces volver a cargarla en Cencrea, el puerto en el otro extremo. De modo que Corinto recibía el nombre de "puente de los mares". Además era el medio de acceso para las rutas norte-sur entre el Peloponeso y Grecia continental. Corinto tenía fama de ser una ciudad de gran inmoralidad.

Sentido simbólico.
Apoc. 4:4,10; 6:2; 9:7; 12:1,3; 13:1; 14:1
4; 19:12.
Usada por reinas. Ester 1:11; 2:17.
Usada por reyes. 2 Sam. 1:10; 12:30;
2 Rey. 11:12; Ester 6:8; Cant. 3:11;
Apoc. 6:2.

CORRECCIÓN
Como disciplina. Sal. 39:11.
de niños. Prov. 13:24; 19:15.
En amor. Heb. 12:5-7.
Para justicia. Heb. 12:11.
Por parte de Escrituras. 2 Tim. 3:16.
Por parte de gobierno. 1 Ped. 2:14.

CORREO
de Asuero. Est. 3:13,15; 8:10,14.
de Ezequías. 2 Crón. 30:6,10.

Portador de mensajes. Job 9:25; Jer. 51:31.

CORREVEIDILE
Ejemplos de
Israelitas. 2 Sam. 3:23.
José. Gén. 37:2.
Tobías. Neh. 6.
Mandamiento contra. Lev. 19:16.

CORRUPCIÓN
Figurativamente, del pecado. Isa. 38:17.
Física, descomposición. Lev. 22:25.
Monte de. 2 Rey. 23:13.

CORTAPLUMAS
Usado para cortar rollo. Jer. 36:23.

CORTE Y CONFECCIÓN
Don de Dios en construcción del
tabernáculo. Ex. 31:2-3,6,10; 39:1.

COSECHA
Ver Siega

COSMÉTICOS
Jezabel usa. 2 Rey. 9:30.

CREACIÓN
Alabanza a Dios por. Neh. 9:6; Sal. 136:3-9.
Aprobada por Dios. Gén. 1:31.

CORO

El coro es una medida de áridos que equivale a un homer. Las estimaciones van de 220 a 450 litros. Aparentemente representaba la carga que un burro podía llevar sobre su lomo.

Dios descansó de, el séptimo día. Gén. 2:2-3.

Efectuada

de acuerdo al propósito de Dios.
Sal. 135:6.
En 6 días. Ex. 20:11; 31:17.
En el principio. Ex. 20:11; 31:17.
Para Cristo. Col. 1:16.
Para deleite de Dios. Prov. 16:4;
Apoc. 4:11.
Por Cristo. Juan 1:3,10; Col. 1:16.
Por Dios. Gén. 1:1; 2:4-5; Prov. 26:10.
Por Espíritu Santo. Job 26:13;
Sal. 104:30.
Por palabra de Dios. Sal. 33:9; Heb. 11:3.
Formación de cosas sin existencia previa.
Rom. 4:17, con Heb. 11:3.
Gime a causa del pecado. Rom. 8:22.
Glorifica a Dios. Sal. 145:10; 148:5.

Vida cotidiana

COSMÉTICOS

Las mujeres de los tiempos bíblicos tenían a su disposición una amplia gama de cosméticos. Usaban galena negra en las cejas y pestañas, y malaquita verde o turquesa en los párpados inferiores. También se pintaban los labios y las mejillas con ocre rojo, y pueden haber usado ocre amarillo como polvo facial y tintura roja para manos, pies, uñas y cabello.

Ilustrativa de

Nuevo nacimiento. 2 Cor. 5:17; Ef. 2:10.
Renovación de la verdad. Isa. 65:17;
2 Ped. 3:11,13.
Renovación diaria de creyentes.
Sal. 51:40; Ef. 4:24.

Insignificancia de seres humanos evidente
en. Sal. 9:3-4; Isa. 40:12,17.
Lleva a confianza en Dios.
Sal. 124:8; 146:5-6.

Muestra

A Dios como único objeto de adoración.
Isa. 45:16-18; Hech. 17:24-27.
Bondad de Dios. Sal. 33:5.
Deidad de Dios. Rom. 1:20.
Gloria y obra de Dios. Sal. 19:1.
Poder de Dios. Isa. 40:26-28; Rom. 1:20.
Sabiduría de Dios. Sal. 104:24; 136:5.

Orden de la

Primer día, hizo luz y separó tinieblas.
Gén. 1:3-5; 2 Cor. 4:6.
Segundo día, hizo firmamento o
atmósfera y separó aguas. Gén. 1:6-8.
Tercer día, separó tierra de agua, y la hizo
fructificar. Gén. 1:9-13.
Cuarto día, colocó sol, luna y estrellas
para dar luz, etc. Gén. 1:14-19.
Quinto día, hizo pájaros, insectos y peces
Gén. 1:20-23.
Sexto día, hizo animales y creó al ser
humano. Gén. 1:24,28.
Por fe creemos que es obra de Dios.
Heb. 11:3.
Tema de gozo para ángeles. Job 38:7.

CRECIMIENTO

de cristianos. Ef. 4:14-15.
de fe. 2 Tes. 1:3.
Del reino. Mar. 4:30-32.
En conocimiento espiritual. 2 Ped. 3:18.
En cosas espirituales. Mar. 4:28.
En gracia. 2 Ped. 3:18.
En vida de Jesús. Luc. 12:40,52.
Obstáculos para. Hech. 18:24-28;
1 Cor. 3:1-3.
Por palabra de Dios. 1 Ped. 2:2.

CREMACIÓN

Ejemplos de
Hombres de Bet-el. 1 Rey. 13:2;
2 Rey. 23:16.
Pueblo de Babilonia, figurativamente.
Ezeq. 24:10.
Rey de Edom. Amós 2:1.
Sacerdotes de Samaria. 2 Rey. 23:20.
Víctimas de guerra. Amós 6:9-10.

Principios relevantes para la
Integridad individual del cuerpo en juicio
final. Apoc. 20:13.
Josué e Israel practicaban, de enemigos.
Jos. 7:25.
Practicada en Saúl y sus hijos.
1 Sam. 31:12.

CREYENTES

Comparados a
Águilas. Sal. 103:5; Isa. 40:31.
Árboles con fruto. Sal. 1:3; Jer. 17:8.
Árboles plantados junto a ríos. Sal. 1:3.
Bebés. Mat. 11:25; 1 Ped. 2:2.
Cedros del Líbano. Sal. 92:12.
Ciervo sediento. Sal. 42:1.
Corderos. Isa. 40:11; Juan 21:15.
Corredores en carrera pedestre.
1 Cor. 9:24; Heb. 12:1.
Estrellas. Dan. 12:3.
Extranjeros y peregrinos. 1 Ped. 2:11.
Granados. Cant. 4:13.
Higos buenos. Jer. 24:2-7.
Hijos obedientes. 1 Ped. 1:14.
Huertas regadas. Isa. 58:11.
Joyas. Mal. 3:17.
Leones. Prov. 28:1; Miq. 5:8.
Líbano. Os. 14:5-7.
Lirios. Cant. 2:2; Os. 14:5.
Luces. Mat. 5:14; Fil. 2:15.
Luchadores. 2 Tim. 2:5.
Manantial de aguas. Isa. 58:11.

Miembros del cuerpo. 1 Cor. 12:20,27.
Monte Sión. Sal. 125:1-2.
Niños pequeños. Mat. 18:3;
1 Cor. 14:20.
Olivos verdes. Sal. 52:8; Os. 14:6.
Oro. Job 23:10; Lam. 4:2.
Ovejas. Sal. 78:52; Mat. 25:33;
Juan 10:4.
Palmeras. Sal. 92:12.
Palomas. Sal. 68:13; Isa. 60:8.
Peces de buena calidad. Mat. 13:48.
Piedras en corona. Zac. 9:16.
Piedras vivas. 1 Ped. 2:5.
Ramas de una vid. Juan 15:2,4-5.
Rocío y lluvias. Miq. 5:7.
Sal. Mat. 5:13.
Sauces junto al agua. Isa. 44:4.
Siervos buenos. Mat. 25:21.
Sol. Jue. 5:31; Mat. 13:43.
Soldados. 2 Tim. 2:3-4.
Terneros. Mal. 4:2.
Tesoro. Ex. 19:5; Sal. 135:4.
Trigo. Os. 14:7; Mat. 3:12; 13:29-30.
Utensilios de oro y plata. 2 Tim. 2:20.
Viñas. Cant. 6:11; Os. 14:7.
Cristo aparecerá con, y será glorificado
en. 1 Tes. 3:13; 2 Tes. 1:10; Jue. 1:14.
Dios no olvidará a. Sal. 37:28; 1 Sam. 2:9.
Divina intercesión por. Rom. 8:27.
Juzgarán al mundo. 1 Cor. 6:2.
Pablo ministraba a. Rom. 15:25.
Pablo se decía el más pequeño de. Ef. 3:8.
Perfeccionados por ministerio de la iglesia.
Ef. 4:12.
Pertenecen a Cristo. Sal. 31:23; 34:9;
Rom. 1:7.

CREYENTES, CARÁCTER DE LOS
Alerta. Luc. 12:37.
Amante. Col. 1:4; 1 Tes. 4:9.
Atento a voz de Cristo. Juan 10:3-4.
Con hambre de justicia. Mat. 5:6.
Confiado. Prov. 28:1; Rom. 13:3.

Contrito. Isa. 57:15; 66:2.
Corazón puro. Mat. 5:8; 1 Juan 3:3.
Deseoso de buenas obras. Tito 2:14; 3:8.
Dócil a enseñanza divina. Isa. 54:13;
   1 Juan 2:27.
Fiel. Apoc. 17:14.
Generoso. Isa. 32:8; 2 Cor. 9:13.
Guiado por Espíritu. Rom. 8:14.
Humilde. Sal. 34:2; 1 Ped. 5:5.
Íntegro. Sal. 15:2.
Irreprensible. Fil. 2:15.
Justo. Gén. 6:9; Hab. 2:4; Luc. 2:25.
Manso. Isa. 29:19; Mat. 5:5.
Misericordioso. Sal. 37:26; Mat. 5:7.
No contaminado. Sal. 119:1.
Nueva criatura. 2 Cor. 5:17; Ef. 2:10.
Obediente. Rom. 16:19; 1 Ped. 1:14.
Perseverante. Hech. 2:42; Col. 2:5.
Piadoso. Sal. 4:3; 2 Ped. 2:9.
Pobre en espíritu. Sal. 51:17; Mat. 5:3.
Prudente. Prov. 16:21.
Recto. 1 Rey. 3:6.
Santo. Deut. 7:6; 14:2; Col. 3:12.
Seguir a Cristo. Juan 10:4,27.
Sincero. 2 Cor. 1:12; 2:17; Juan 1:47.
Temeroso de Dios. Mat. 3:16; Hech. 10:2.
Veraz. 2 Cor. 6:8.

CREYENTES, COMUNIÓN DE LOS

Cristo, presente en. Mat. 18:20.
de acuerdo a oración de Cristo.
   Juan 17:20-21.
Delicia de. Sal. 16:3; 42:4; 133:1-3;
   Rom. 15:32.
Dios aprueba. Mal. 3:16.
En Cena del Señor. 1 Cor. 10:17.
En compasión y bondad mutuas.
   Rom. 12:15; Ef. 4:32.
En consuelo y edificación mutuos.
   1 Tes. 4:18; 5:11.
En oración unos con otros. 2 Cor. 1:11;
   Ef. 6:18.

En público y durante culto de adoración.
   Sal. 34:3; 55:14; Hech. 1:14; Heb. 10:25.
En santa conversación. Mal. 3:16.

Es
   Con creyentes en el cielo. Heb. 12:22-24.
   Con Dios. 1 Juan 1:3.
   Unos con otros. Gál. 2:9; 1 Juan 1:3,7.
Exhortación a. Ef. 4:1-3.
Exhortarse mutuamente. Col. 3:16;
   Heb. 10:25.
Opuesto a comunión con impíos.
   2 Cor. 6:14-17; Ef. 5:11.

CREYENTES CON AFLICCIONES

Cristo
   Consuela a. Isa. 61:2; Mat. 11:28-30;
      Luc. 7:13; Juan 14:1; 16:33.
   Está con. Juan 14:18.
   Libera a. Apoc. 3:10.
   Preserva a. Isa. 63:9; Luc. 21:18.
   Sostiene a. 2 Tim. 4:17; Heb. 2:18.

Debieran
   Aceptarlo. 1 Sam. 3:18; 2 Rey. 20:19;
      Job 1:21; Sal. 39:9.
   Acudir a Dios y consagrarse a él. Jos. 6:1;
      Sal. 116:7-9; Jer. 50:3-4.
   Alabar a Dios.
      Sal. 13:5-6; 56:8-10,57:6-7; 71:20-23.
   Confiar en bondad de Dios. Job 13:15;
      Sal. 71:20; 1 Cor. 1:9.
   Cumplir resoluciones tomadas durante
      aflicción. Sal. 66:13-15.
   Evitar pecado. Job 34:31-32; Juan 5:14;
      1 Ped. 2:12.
   Imitar a Cristo. Heb. 12:1-3;
      1 Ped. 2:21-23.
   Imitar a profetas. Sant. 5:10.
   No despreciar disciplina. Job 5:17;
      Prov. 3:11; Heb. 12:5.

Orar frecuentemente.
Sal. 50:15,55:16-17. (*Ver también*
Aflicción, Oración durante la)
Recibir ánimo por misericordias pasadas.
Sal. 27:9; 2 Cor. 1:10.
Reconocer que castigo es justo.
Neh. 9:33; Job 2:10; Isa. 64:5-7;
Lam. 3:39; Miq. 7:9.
Ser pacientes. Luc. 21:19; Rom. 12:12;
2 Tes. 1:4; Sant. 1:4; 1 Ped. 2:20.

Dios
Consuela a. Isa. 49:13; Jer. 31:13;
Mat. 5:4; 2 Cor. 1:4-5; 7:6.
Es refugio y fortaleza para. Sal. 27:5-6;
Isa. 25:4.
Está con. Sal. 46:5,7; Isa. 43:2.
Libera a. Sal. 34:4,19; Prov. 12:13;
Jer. 39:17-18.
Preserva a. Sal. 34:20.

CREYENTES, FELICIDAD DE LOS
Abundante y satisfactoria. Sal. 36:8; 63:5.
Descrita por Cristo en bienaventuranzas.
Mat. 5:3-12.
Está en Dios. Sal. 73:25-26.

Resultado de
Alabar a Dios. Sal. 135:3.
Amor entre hermanos. Sal. 133:1.
Confianza en Dios. Prov. 16:20;
Fil. 4:6-7.
Dios como ayudador. Sal. 146:5.
Dios como Señor. Sal. 144:15.
Disciplina divina. Job 5:17; Sant. 5:11.
Esperanza de gloria. Rom. 5:2.
Esperanza en Dios. Sal. 146:5.
Hallar sabiduría. Prov. 3:13.
Obediencia a Dios. Sal. 40:8; Juan 13:17.
Palabras de Cristo. Juan 17:13.
Salvación. Deut. 33:29; Isa. 12:2-3.
Sufrir por Cristo. 2 Cor. 12:10;
1 Ped. 3:14; 4:13-14.
Temor de Dios. Sal. 128:1-2; Prov. 28:14.

Tener misericordia de pobres.
Prov. 14:21.
Únicamente en senda de sabiduría.
Prov. 3:17-18.

CREYENTES, LUCHA DE LOS
A menudo surge por oposición de amigos y
parientes. Miq. 7:6, con Mat. 10:35-36.

Armadura para
Debe colocarse. Rom. 13:12; Ef. 6:11.
Se requiere toda la. Ef. 6:13.

Armas para
Apresto del evangelio. Ef. 6:15.
Cinturón de la verdad. Ef. 6:14.
Coraza de justicia. Ef. 6:14.
Escudo de la fe. Ef. 6:16.
Espada del Espíritu. Ef. 6:17.
Llamadas armadura de Dios. Ef. 6:11.
Llamadas armas de justicia. 2 Cor. 6:7.
Llamadas armas de luz. Rom. 13:12.
No son de este mundo. 2 Cor. 10:4.
Poderosas en Dios. 2 Cor. 10:4-5.
Yelmo de salvación. Ef. 6:17; 1 Tes. 5:8.

Creyentes
Agradecen a Dios por victoria en.
Rom. 7:25; 1 Cor. 15:57.
Animados en. Isa. 41:11-12; 51:12;
Miq. 7:8; 1 Juan 4:4.
Ayudados por Dios en. Sal. 118:13;
Isa. 41:13-14.
Consolados por Dios en. 2 Cor. 7:5-6.
Deben estar firmes en. Ef. 6:13-14.
Exhortados a ser diligentes
en. 1 Tim. 6:12; Jud. 3.
Fortalecidos por Cristo en. 2 Cor. 12:9;
2 Tim. 4:17.
Fortalecidos por Dios en.
Sal. 20:2; 27:14; Isa. 41:70.
Libertados por Cristo en. 2 Tim. 4:18.
Protegidos por Dios en. Sal. 140:7.
Todos toman parte en. Fil. 1:30.

Es

Buena milicia. 1 Tim. 1:18-19.

Es contra

Diablo. Gén. 3:15; 2 Cor. 2:11; Ef. 6:12;
Sant. 4:7; 1 Ped. 5:8; Apoc. 12:17.
Enemigos. Sal. 38:19; 56:2; 59:3.
Muerte. 1 Cor. 15:26, con Heb. 2:14-15.
Mundo. Juan 16:33; 1 Juan 5:4-5.
Naturaleza pecaminosa. Rom. 7:23;
1 Cor. 9:25-27; 2 Cor. 12:7; Gál. 5:17;
1 Ped. 2:11.
Ilustrada. Isa. 9:5; Zac. 10:5.
Llamada buena batalla de fe. 1 Tim. 6:12.
No es según carne. 2 Cor. 10:3.

Quienes vencen en, habrán de

Comer del árbol de vida. Apoc. 2:7.
Comer del maná escondido. Apoc. 2:17.
Estar vestidos de blanco. Apoc. 3:5.
Evitar muerte segunda. Apoc. 2:11.
Evitar que sus nombres se borren del libro
de vida. Apoc. 3:5.
Heredar todas las cosas. Apoc. 21:7.
Sentarse con Cristo en su trono.
Apoc. 3:21.
Ser columnas en templo de Dios.
Apoc. 3:12.
Ser confesados por Cristo ante el Padre.
Apoc. 3:5.
Ser hijos de Dios. Apoc. 21:7.
Tener a Dios como su Dios. Apoc. 21:7.
Tener estrella de la mañana. Apoc. 2:28.
Tener nombre de Dios escrito en ellos por
Cristo. Apoc. 3:12.
Tener piedra blanca, y en ella nuevo
nombre escrito. Apoc. 2:17.
Tener poder sobre naciones. Apoc. 2:26.

Tendrá lugar

Con ardor. Jud. 3.
Con bandera del Señor. Sal. 60:4.
Con buena conciencia. 1 Tim. 1:18-19.
Con confianza en Dios. Sal. 27:1-3.

Con Cristo nuestro capitán. Heb. 2:10.
Con fe. 1 Tim. 1:18-19.
Con oración. Sal. 35:1-3; Ef. 6:18.
Con perseverancia en la fe. 1 Cor. 16:13;
1 Ped. 5:9, con Heb. 10:23.
Con renunciamiento. 1 Cor. 9:25-27.
Con sobriedad. 1 Tes. 5:6; 1 Ped. 5:8.
Con vigilancia. 1 Cor. 16:13; 1 Ped. 5:8.
Sufriendo dificultades. 2 Tim. 2:3,10.

Victoria en, es

de Dios. 1 Cor. 15:57; 2 Cor. 2:14.
Por fe. Heb. 11:33-37; 1 Juan 5:4-5.
Por medio de Cristo. Rom. 7:25;
1 Cor. 15:27; 2 Cor. 12:9;
Apoc. 12:11.
Sobre diablo. Rom. 16:20; 1 Juan 2:14.
Sobre muerte y tumba. Isa. 25:8; 26:19;
Os. 13:14; 1 Cor. 15:54-55.
Sobre mundo. 1 Juan 5:4-5.
Sobre naturaleza pecadora.
Rom. 7:24-25; Gál. 5:24.
Sobre toda altivez. 2 Cor. 10:5.
Triunfante. Rom. 8:37; 2 Cor. 10:5.

CREYENTES, MUERTE DE LOS

A veces se anhela. Luc. 2:29.
Bienaventurada. Apoc. 14:13.
Con aceptación. Gén. 50:24; Jos. 23:14;
1 Rey. 2:2.

Conduce a

Consuelo. Luc. 16:25.
Corona de vida. 2 Tim. 4:8; Apoc. 2:10.
Descanso. Job 3:17; 2 Tes. 1:7.
Presencia de Cristo. 2 Cor. 5:8; Fil. 1:23.
Resurrección gozosa. Isa. 26:19;
Dan. 12:2.
Dios está con ellos en. Sal. 23:4.
Es dormir en Cristo. 1 Cor. 15:18;
1 Tes. 4:14.
Es ganancia. Fil. 1:21.
Impíos desean que su muerte se parezca a.
Núm. 23:10.

Llena de

Esperanza. Prov. 14:32.

Fe. Heb. 11:13.

Paz. Isa. 57:2.

Pasada por alto por impíos. Isa. 57:1.

Preciosa a ojos de Dios. Sal. 116:15.

Preservados por Dios en. Sal. 48:14.

Quienes viven, consolados por.
1 Tes. 4:13-18.

Se espera. Job 14:14.

Separa del mal futuro. 2 Rey. 22:20;
Isa. 57:1.

Sin temor. 1 Cor. 15:55.

CREYENTES, NOMBRES PARA LOS

Amados de Dios. Rom. 1:7.

Amigos de Cristo. Juan 15:15.

Amigos de Dios. 2 Crón. 20:7; Sant. 2:23.

Árboles de justicia. Isa. 61:3.

Benditos de Jehová. Gén. 24:31; 26:29.

Benditos del Padre. Mat. 25:34.

Cartas de Cristo. 2 Cor. 3:3.

Coherederos. Ef. 3:6.

Columnas en templo de Dios. Apoc. 3:12.

Conciudadanos de santos. Ef. 2:19.

Consiervos. Apoc. 6:11.

Corderos. Isa. 40:11; Juan 21:15.

Creyentes. 1 Tim. 4:12.

Cristianos. Hech. 11:26; 26:28.

Discípulos de Cristo. Juan 8:31; 15:8.

Escogidos. 1 Crón. 16:13.

Escogidos de Dios. Col. 3:12; Tito 1:1.

Especial tesoro. Ex. 19:5,

Fieles. Sal. 12:1.

Fieles de la tierra. Sal. 101:6.

Fieles hermanos en Cristo. Col. 1:2.

Forasteros para Dios. Lev. 25:23;
Sal. 39:12.

Herederos con Cristo. Rom. 8:17.

Herederos de Dios. Rom. 8:17.

Herederos de gracia de vida. 1 Ped. 3:7.

Herederos de promesa. Heb. 6:17;
Gál. 3:29.

Herederos de reino. Sant. 2:5.

Herederos de salvación. Heb. 1:14.

Hermanos. Mat. 23:8; Hech. 12:17;
1 Tes. 5:27; Heb. 3:1.

Hermanos amados. 1 Cor. 15:58; Sant. 2:5.

Hermanos de Cristo. Luc. 8:21; Juan 20:17.

Hijitos. Juan 13:33; 1 Juan 2:1.

Hijos amados. Ef. 5:1.

Hijos de Abraham. Gál. 3:7.

Hijos de Dios. Juan 1:12; Fil. 2:15;
1 Juan 3:1-2.

Hijos de Jacob. Sal. 105:6.

Hijos de Jehová. Deut. 14:1.

Hijos de la [mujer] libre. Gál. 4:31.

Hijos de luz. Ef. 5:8; 1 Tes. 5:5.

Hijos de promesa. Rom. 9:8; Gál. 4:28.

Hijos de resurrección. Luc. 20:36.

Hijos de Sión. Sal. 149:2; Joel 2:23.

Hijos del Altísimo. Luc. 6:35.

Hijos del Dios viviente. Rom. 9:26.

Hijos del Padre. Mat. 5:45.

Hijos del reino. Mat. 13:38.

Hijos obedientes. 1 Ped. 1:14.

Hombres de Dios. 1 Tim. 6:11; 2 Tim. 3:17.

Instrumentos escogidos. Hech. 9:15.

Instrumentos para honra. 2 Tim. 2:21.

Íntegros. Sal. 16:3.

Justos. Hab. 2:4.

Liberto del Señor. 1 Cor. 7:22.

Linaje escogido. 1 Ped. 2:9.

Luces del mundo. Mat. 5:14.

Llamados a ser de Jesucristo. Rom. 1:6.

Miembros de Cristo. 1 Cor. 6:15; Ef. 5:30.

Nación santa. Ex. 19:6; 1 Ped. 2:9.

Ovejas de Cristo. Juan 10:1-16; 21:16.

Piadosos. Sal. 4:3; 2 Ped. 2:9.

Piedras vivas. 1 Ped. 2:5.

Posesión suya. Sal. 135:4.

Pueblo. Deut. 14:2; Tito 2:14; 1 Ped. 2:9.

Pueblo cercano a Dios. Sal. 148:14.

Pueblo de Dios. Heb. 4:9; 1 Ped. 2:10.

Pueblo salvado por Jehová. Deut. 33:29.

Pueblo santo. Deut. 26:19; Isa. 62:12.

Quienes están de bodas. Mat. 9:15.
Real sacerdocio. 1 Ped. 2:9.
Redimidos de Jehová. Isa. 35:10; 51:11.
Reino de sacerdotes. Ex. 19:6.
Reyes y sacerdotes para Dios. Apoc. 1:6.
Sacerdocio santo. 1 Ped. 2:5.
Sal de la tierra. Mat. 5:13.
Siervos de Cristo. 1 Cor. 7:22; Ef. 6:6.
Siervos de justicia. Rom. 6:18.
Testigos de Dios. Isa. 44:8.
Vasos de misericordia. Rom. 9:23.

CREYENTES, PRIVILEGIOS DE
Acceso a Dios por medio de Cristo. Ef. 3:12.
Clamar a Dios en angustia. Sal. 50:15.

Contar con
>   Cristo como intercesor. Rom. 8:34;
>   Heb. 7:25; 1 Juan 2:1.
>   Cristo como pastor. Isa. 40:11, con
>   Juan 10:14,16.
>   Promesas de Dios. 2 Cor. 7:1; 2 Ped. 1:4.

Contar con Dios como
>   Amigo. 2 Crón. 20:7, con Sant. 2:23.
>   Ayudador. Sal. 33:20; Heb. 13:6.
>   Escudo. Gén. 15:1; Sal. 84:11.
>   Fortaleza. Sal. 18:2; 27:1; 46:1.
>   Gloria. Sal. 3:3; Isa. 60:19.
>   Guardador. Sal. 121:4-5.
>   Guía. Sal. 48:14; Isa. 58:11.
>   Legislador. Neh. 9:13-14; Isa. 33:22.
>   Libertador. 2 Sam. 22:2; Sal. 18:2.
>   Luz. Sal. 27:1; Isa. 60:19; Miq. 7:8.
>   Padre. Deut. 32:6; Isa. 63:16; 64:8.
>   Porción. Sal. 73:26; Lam. 3:24.
>   Redentor. Sal. 19:14; Isa. 43:14.
>   Refugio. Sal. 46:1,11; Isa. 25:4.
>   Rey. Sal. 5:2; Isa. 44:6.
>   Salvación. Sal. 18:2; 27:1; Isa. 12:2.
>   Torre fuerte. 2 Sam. 22:3; Sal. 61:3.
Encomendarse a Dios. Sal. 31:5;
>   Hech. 7:59; 2 Tim. 1:12.

Interceder por otros. Gén. 18:23-33;
>   Sant. 5:16.
Miembros de congregación de primogénitos.
>   Heb. 12:23.
Participar de naturaleza divina. 2 Ped. 1:4.
Permanecer en Cristo. Juan 15:4-5.
Poseer todas las cosas. 1 Cor. 3:21-22.
Sacar provecho del castigo. Sal. 119:67;
>   Heb. 12:10-11.
Seguridad durante calamidades.
>   Job 5:20,23; Sal. 27:1-5; 91:5-10.
Ser parte de familia de Dios. Ef. 2:19.
Sufrir por Cristo. Hech. 5:41; Fil. 1:29.
Tener nombres escritos en libro de la vida.
>   Apoc. 13:8; 20:15.
Todas las cosas obran para bien de ellos.
>   Rom. 8:28; 2 Cor. 4:15-17.
Unión con Dios y Cristo. Juan 17:21.

CREYENTES, RECOMPENSA A LOS
Aflicciones presentes no pueden compararse
>   con. Rom. 8:18; 2 Cor. 5:17.
Como siervos de Cristo. Col. 3:24.
Confianza en. Sal. 73:24; Isa. 25:8-9;
>   2 Cor. 5:1; 2 Tim. 4:8.
Cuidarse de no perder. 2 Juan 1:8.

Descripción
>   Ciudad con fundamento. Heb. 11:10.
>   Corona de gloria. 1 Ped. 5:4.
>   Corona de justicia. 2 Tim. 4:8.
>   Corona de vida. Sant. 1:12; Apoc. 2:10.
>   Corona incorruptible. 1 Cor. 9:25.
>   Descanso. Heb. 4:9; Apoc. 14:13.
>   Entrar en gozo del Señor. Mat. 25:21, con
>   Heb. 12:2.
>   Esperanza de, causa de regocijo.
>   Rom. 5:2.
>   Estar con Cristo. Juan 12:26; 14:3;
>   Fil. 1:23; 1 Tes. 4:17.
>   Eterno peso de gloria. 2 Cor. 4:17.
>   Heredar todas las cosas. Apoc. 21:7.

Herencia de santos en luz.
Hech. 20:32; 26:18; Col. 1:12.
Herencia eterna. Heb. 9:15.
Herencia incorruptible, etc. 1 Ped. 1:4.
Hogar eterno en cielos. 2 Cor. 5:1.
Juzgar con Cristo. Dan. 7:22; Mat. 19:28;
Luc. 22:30, con 1 Cor. 6:2.
Luz eterna. Isa. 60:19.
Perdurable herencia. Heb. 10:34.
Plenitud de gozo. Sal. 16:11.
Premio del supremo llamamiento de Dios
en Cristo. Fil. 3:14.
Reinar con Cristo. 2 Tim. 2:12;
Apoc. 3:21; 5:10; 20:4.
Reinar eternamente. Apoc. 22:5.
Reino. Mat. 25:34; Luc. 22:29.
Reino inamovible. Heb. 12:28.
Ser coherederos con Cristo. Rom. 8:17.
Ser glorificados con Cristo.
Rom. 8:17-18; Col. 3:4; Fil. 3:21;
1 Juan 3:2.
Tesoro en cielo. Mat. 19:21; Luc. 12:33.
Ver gloria de Cristo. Juan 17:24.
Ver rostro de Dios. Sal. 17:15; Mat. 5:8;
Apoc. 22:4.
Vida eterna. Luc. 18:30;
Juan 6:40; 17:2-3; Rom. 2:7; 6:23;
1 Juan 5:11.
Entregada en segunda venida de Cristo.
Mat. 16:17; Apoc. 22:12.

Es
Algo que complace a Dios.
Mat. 20:14-15; Luc. 12:32.
de Dios. Rom. 2:7; Col. 3:24; Heb. 11:6.
de gracia, sólo por fe.
Rom. 4:4-5,16; 11:6.
Grandiosa. Mat. 5:12; Luc. 6:35;
Heb. 10:35.
Incomparable. Isa. 64:4, con 1 Cor. 2:9.
Plena. 2 Juan 1:8.
Satisfactoria. Sal. 17:15.
Segura. Prov. 11:18.

Inmerecida. Rom. 4:4-5.

Perspectiva de, debe llevarnos a
Continuar a la meta. Fil. 3:14.
Diligencia. 2 Juan 8.
Fidelidad hasta muerte. Apoc. 2:10.
Sufrir por Cristo. 2 Cor. 4:16-18;
Heb. 11:26.
Preparada por Cristo. Juan 14:2.
Preparada por Dios. Heb. 11:16.

Palabra clave

CRISTIANO

Cristiano proviene del griego *christianos*, que originalmente se aplicaba a esclavos que pertenecían a una gran familia o casa. Luego denotó seguidores de un individuo o partido. Un cristiano es un adherente de Cristo, un seguidor de Cristo. La palabra se usa sólo tres veces en el Nuevo Testamento.

CRISTIANOS
En sufrimiento. 1 Ped. 4:16.
Llamados así por primera vez. Hech. 11:26.
Persuadidos. Hech. 26:28.
Vida diaria. Mat. 5:46-48; Ef. 4:17.

CRISTIANOS, NATURALEZA DE

Nueva
Creada por Cristo. 2 Cor. 5:17.
Prometida por profetas. Jer. 31:33;
Ezeq. 36:26.
Se coloca en forma voluntaria. Ef. 4:24;
Col. 3:10.

Vieja
Corrupta. Ef. 4:22.
Crucificada con Cristo. Rom. 6:6.

Se quita en forma voluntaria. Ef. 4:22;
Col. 3:9.

CRISTO

Ver temas específicos

CRISTO, AMOR A

Aumento de, orar para. Fil. 1:9.
Ausencia de, denunciado. 1 Cor. 16:22.
Característica de creyentes. Cant. 1:4.

Debiera ser
Con alma. Cant. 1:7.
En proporción al perdón. Luc. 7:47.
Ferviente. Cant. 2:5; 8:6.
Hasta la muerte. Hech. 21:13;
Apoc. 12:11.
Inapagable. Cant. 8:7.
Sincero. Ef. 6:24.
Supremo. Mat. 10:37.
Demostrado por creyentes. 1 Ped. 1:8.
Demostrado por Dios. Mat. 17:5;
Juan 5:20.
Disminución de, reproche por. Apoc. 2:4.
Evidencia de adopción. Juan 8:42.
Excelencia de su persona merece.
Cant. 5:9-16.
Impíos no tienen. Sal. 35:19, con
Juan 15:18,25.

Manifestado al
Buscarlo. Cant. 3:2.
Obedecerlo. Juan 14:15,21,23.
Preferirlo por sobre todo. Mat. 10:37.
Servirlo. Mat. 27:55, con 25:40.
Tomar la cruz. Mat. 10:38.
Orar pidiendo gracia para quienes tienen.
Ef. 6:24.
Promesas. 2 Tim. 4:8; Sant. 1:12.

Quienes tienen
Disfrutan de comunión con Dios y con
Cristo. Juan 14:23.

Son amados por Dios. Prov. 8:17;
Juan 14: 21.
Son amados por el Padre.
Juan 14:21,23; 16:27.
Su amor por nosotros, motivo
de. 2 Cor. 5:14.

CRISTO, AMOR DE

A aquellos que le aman. Prov. 8:17;
Juan 14:21.
A los creyentes, reconocido hasta por
enemigos. Apoc. 3:9.
A su iglesia. Cant. 4:8-9; 5:1; Juan 15:9;
Ef. 5:25.
Al Padre. Sal. 91:14; Juan 14:31.
Bandera sobre creyentes. Cant. 2:4.
Base del amor de creyentes hacia él.
Luc. 7:47.
Creyentes obedientes permanecen en.
Juan 15:10.
Creyentes obtienen victoria por. Rom. 8:37.
Debe ser imitado. Juan 13:34; 15:12;
Ef. 5:2; 1 Juan 3:16.
Ilustrado. Mat. 18:11-13.

Manifestado al
Darse a sí mismo por nosotros. Gál. 2:20.
Enviar el Espíritu. Sal. 68:18; Juan 16:7.
Interceder por nosotros. Heb. 7:25; 9:24.
Limpiarnos de nuestros pecados.
Apoc. 1:5.
Morir por nosotros. Juan 15:13;
1 Juan 3:16.
Orar por sus enemigos. Luc. 23:34.
Reprender y castigar. Apoc. 3:19.
Venir a buscar a perdidos. Luc. 19:10.

Para los creyentes es
Apremiante. 2 Cor. 5:14.
Inapagable. Cant. 8:7.
Inmutable. Juan 13:1.
Permanente. Rom. 8:35.
Sobrepasa conocimiento. Ef. 3:19.

CRISTO, ASCENSIÓN DE

Anticipada por él mismo,
Juan 6:62; 7:33; 14:28; 16:5; 20:17.

Como precursor de su pueblo. Heb. 6:20.

Comparada a segunda venida.
Hech. 1:10-11.

Cuando hubo expiado pecados.
Heb. 9:12; 1:12.

Cuarenta días después de resurrección.
Hech. 1:3.

Descripción. Hech. 1:9.

Desde Monte de los Olivos. Luc. 24:50, con
Mar. 11:1; Hech. 1:12.

Mientras bendecía a discípulos. Luc. 24:50.

Para enviar Espíritu Santo. Juan 16:7;
Hech. 2:33.

Para gloria y dignidad supremas.
Luc. 24:26; Ef. 1:20-21; 1 Ped. 3:22.

Para interceder. Rom. 8:34; Heb. 9:24.

Para preparar lugar para su pueblo.
Juan 14:2.

Para recibir dones para hombres. Sal. 68:18,
con Ef. 4:8,11.

Profecías sobre. Sal. 24:7; 68:18, con
Ef. 4:7,8.

Tipificada. Lev. 16:15, con Heb. 6:20;
Heb. 9:7,9,12.

Triunfante. Sal. 68:18.

CRISTO, CABEZA DE LA IGLESIA

Comisionó a apóstoles. Mat. 10:1,7; 28:19;
Juan 20:21.

Como su cuerpo místico. Ef. 4:12,15; 5:23.

Creyentes están completos en. Col. 2:10.

Fue profetizado. Sal. 118:22, con
Mat. 21:42.

Imparte dones. Sal. 68:18, con Ef. 4:8.

Instituyó sacramentos. Mat. 28:19;
Luc. 22:19-20.

Lo declaró él mismo. Mat. 21:42.

Por designio de Dios. Ef. 1:22.

Quienes pervierten la verdad no están asidos
a. Col. 2:18-19.

Tiene preeminencia en todo. 1 Cor. 11:3;
Ef. 1:22; Col. 1:18.

CRISTO, CARÁCTER DE

Ver también Cristo, Título y nombres de

Amante. Juan 13:1; 15:13.

Apacible. Mat. 11:29.

Benevolente. Mat. 4:23-24; Hech. 10:38.

Bueno. Mat. 19:16.

Celos para con cosas de Dios. Luc. 2:49;
Juan 2:17; 8:29.

Clemente. 1 Tim. 1:16.

Compasivo. Isa. 40:11; Luc. 19:41.

Creyentes conformados al. Rom. 8:29.

Deseable, encantador. Cant. 5:16.

Fiel. Isa. 11:5; 1 Tes. 5:24.

Humilde. Isa. 53:7; Zac. 9:9; Mat. 11:29.

Inocente. Isa. 53:9; Mat. 27:4; 1 Ped. 2:22.

Justo. Isa. 53:11; Zac. 9:9; Juan 5:30;
Hech. 22:14; Heb. 1:9.

Misericordioso. Heb. 2:17.

Obediente a Dios Padre. Sal. 40:8;
Juan 4:34; 15:10.

Paciente. Isa. 53:7; Mat. 27:14.

Perdonador. Luc. 23:34.

Resistió tentación. Mat. 4:1-10.

Sacrificado. Mat. 8:20; 2 Cor. 8:9.

Santo. Luc. 1:35; Hech. 4:27; Apoc. 3:7.

Sin mancha. 1 Ped. 1:19.

Sin pecado. Juan 8:46; 2 Cor. 5:21.

Sufrido. Luc. 22:42.

Sujeto a sus padres. Luc. 2:51.

Veraz. Juan 1:14; 7:18; 1 Juan 5:20.

CRISTO, COMPASIÓN DE

Manifestada para con
Afligidos. Luc. 7:13; Juan 11:33,35.

Cansados y cargados. Mat. 11:28-30.

Débiles en la fe. Isa. 40:11; 42:3, con
Mat. 12:20.

Enfermos. Mat. 14:14; Mar. 1:41.

Pecadores perdidos. Mat. 9:36;
Luc. 19:41; Juan 3:16.
Pobres. Mar. 8:2.
Tentados. Heb. 2:18.
Necesaria para su oficio de sacerdote.
Heb. 5:2,7.
Nos anima a orar. Heb. 4:15.

CRISTO, DEIDAD DE

Como creador de todo. Isa. 40:28; Juan 1:3;
Col. 1:16; Heb. 1:2.
Como Dios el juez. Ecl. 12:14, con
1 Cor. 4:5; 2 Cor. 5:10; 2 Tim. 4:1.
Como Dios el Verbo. Juan 1:1.
Como Dios poderoso. Isa. 9:6.
Como Dios, redime y purifica a iglesia para
sí. Apoc. 5:9, con Tito 2:14.
Como Dios, se presenta la iglesia a sí mismo.
Ef. 5:27, con Jud. 24-25.
Como Dios sobre todo. Sal. 45:6-7;
Rom. 9:5.
Como dueño de toda las cosas en igualdad
con el Padre. Juan 16:15.
Como Emanuel. Isa. 7:14, con Mat. 1:23.
Como esposo de iglesia. Isa. 54:5, con
Ef. 5:25-32; Isa. 62:5, con Apoc. 21:2,9.
Como eterno Dios y Creador.
Sal. 102:24-27, con Heb. 1:8,10-12.
Como fuente de gracia juntamente con el
Padre. 1 Tes. 3:11; 2 Tes. 2:16-17.
Como gran Dios y Salvador. Os. 1:7, con
Tito 2:13.
Como Hijo de Dios. Mat. 26:63-67.
Como igual de Jehová. Zac. 13:7; Fil. 2:6.
Como inescrutable, así como el
Padre. 1 Tes. 3:11; 2 Tes. 2:16-17.
Como inmutable. Mal 3:6, con Heb. 1:12;
Heb. 13:8.
Como Jehová. Isa. 40:3, con Mat. 3:3.
Como Jehová (a quien invocamos).
Joel 2:32, con Hech. 2:21 y 1 Cor. 1:2.
Como Jehová de los ejércitos. Isa. 6:1-3, con
Juan 12:41; Isa. 8:13-14, con 1 Ped. 2:8.

Como Jehová el pastor. Isa. 40:11;
Heb. 13:20.
Como Jehová, mensajero del pacto.
Mal. 3:1, con Mar. 1:2 y Luc. 2:27.
Como Jehová nuestra justicia. Jer. 23:5-6,
con 1 Cor. 1:30.
Como Jehová, para cuya gloria todas las
cosas fueron creadas. Prov. 6:14, con
Col. 1:16.
Como Jehová, primero y último. Isa. 44:6,
con Apoc. 1:17; Isa. 48:12-16, con
Apoc. 22:13.
Como Jehová, rey de gloria. Sal. 24:7,10,
con 1 Cor. 2:8; Sant. 2:1.
Como Jehová sobre todo. Sal. 97:9, con
Juan 3:31.
Como objeto de adoración divina.
Hech. 7:59; 2 Cor. 12:8-9; Heb. 1:6;
Apoc. 5:12.
Como objeto de la fe. Sal. 2:12, con
1 Ped. 2:6; Jer. 17:5,7, con Juan 14:1.
Como omnipotente. Sal. 45:3; Fil. 3:21;
Apoc. 1:8.
Como omnipresente. Mat. 18:20; 28:30;
Juan 3:13.
Como omnisciente. Juan 16:30; 21:17.
Como quien da pastores a iglesia. Jer. 3:15,
con Ef. 4:11-13.
Como quien discierne pensamientos del
corazón. 1 Rey. 8:39, con Luc. 5:22;
Ezeq. 11:5, con Juan 2:24-25;
Apoc. 2:23.
Como quien envió Espíritu juntamente con
el Padre. Juan 14:16, con 15:26.
Como quien es uno con el Padre.
Juan 10:30,38; 12:45; 14:7-10; 17:10.
Como quien merece mismo honor que el
Padre. Juan 5:23.
Como quien no estuvo restringido por ley
del sábado, como tampoco el Padre.
Juan 5:17.
Como quien posee plenitud de Deidad.
Col. 2:9; Heb. 1:3.

Como quien resucita muertos.
Juan 5:21; 6:40,54.
Como quien resucitó de muertos.
Juan 2:19,21; 10:18.
Como quien tiene poder para perdonar
pecados. Col. 3:13, con Mar. 2:7,10.
Como Rey de reyes y Señor de señores.
Dan. 10:17, con Apoc. 1:5; Apoc. 17:14.
Como Santo de Dios. 1 Sam. 2:2, con
Hech. 3:14.
Como Señor de todo. Hech. 10:36;
Rom. 10:11-13.
Como Señor del cielo. 1 Cor. 15:47.
Como Señor del sábado (día de reposo).
Gén. 2:3, con Mat. 12:8.
Como ser eterno. Isa. 9:6; Miq. 5:2;
Juan 1:1; Col. 1:17; Heb. 1:8-10;
Apoc. 1:8.
Como sustentador y preservador de todas
las cosas. Neh. 9:6, con Col. 1:17;
Heb. 1:3.
Como unigénito Hijo del Padre.
Juan 1:14,18; 3;16,18; 1 Juan 4:9.
Como verdadero Dios. Jer. 10:10, con
1 Juan 5:20.
Reconocida por apóstoles. Juan 20:28.
Reconocida por creyentes del Antiguo
Testamento. Gén. 17:1, con
48:15-16; 32:24-30, con Oseas 12:3-5;
Jue. 6:22-24; 13:21-22; Job 19:25-27.

CRISTO, EJEMPLO DE
Conformidad al, progresiva. 2 Cor. 3:18.

Conformidad al, requisito para
Amor. Juan 13:34; Ef. 5:2; 1 Juan 3:16.
Benevolencia. Hech. 20:35; 2 Cor. 8:7,9.
Humildad. Luc. 22:27; Fil. 2:5,7.
Justicia. 1 Juan 2:6.
Mansedumbre. Mat. 11:29.
Ministrar a otros. Mat. 20:28;
Juan 13:14-15.
No ser del mundo. Juan 17:16.

Obediencia. Juan 15:10.
Perdonar faltas. Col. 3:13.
Perfección. Heb. 7:26.
Pureza. 1 Juan 3:3.
Renunciamiento. Mat. 16:24; Rom. 15:3.
Santidad. 1 Ped. 1:15-16, con Rom. 1:6.
Ser sincero. 1 Ped. 2:21-22.
Sufrir injustamente. 1 Ped. 2:21-22.
Sufrir por causa de justicia. Heb. 12:3-4.
Vencer al mundo. Juan 16:33, con
1 Juan 5:4.
Creyentes predestinados a seguir.
Rom. 8:29.

CRISTO, EL MEDIADOR
Del evangelio del pacto. Heb. 8:6; 12:24.
En virtud de su expiación. Ef. 2:13-18;
Heb. 9:15; 12:24.
Único entre Dios y hombres. 1 Tim. 2:5.

CRISTO, EL PASTOR
Buen Pastor. Juan 10:11,14.
Gran Pastor. Miq. 5:4; Heb. 13:20.

Ovejas
Dio su vida por. Zac. 13:7; Mat. 26:31;
Juan 10:11,15; Hech. 20:28.
Las alimenta. Sal. 23:1-2; Juan 10:9.
Las ama. Isa. 40:11.
Las conoce. Juan 10:14,27.
Les da vida eterna. Juan 10:28.
Las guía. Sal. 23:3; Juan 10:3-4;
Las junta. Isa. 40:11; Juan 10:16.
Las llama. Juan 10:3.
Las protege y preserva. Jer. 31:10;
Ezeq. 34:10; Zac. 9:16; Juan 10:28.
Profecía. Gén. 49:24; Isa. 40:11;
Ezeq. 34:23; 37:24.
Supremo. 1 Ped. 5:4.

CRISTO, EL PROFETA
Abunda en sabiduría. Luc. 2:40,47,52;
Col. 2:3.

Declaró que su doctrina es del Padre.
Juan 8:26,28; 12:49-50; 14:10,24; 15:15;
17:8,16.

Dios nos castigará severamente si no
prestamos oídos a. Deut. 18:19;
Hech. 3:23; Heb. 2:3.

Dios nos manda prestar oídos a.
Deut. 18:15; Mat. 17:25;
Hech. 3:22; 7:37.

Fiel a su encargo. Luc. 4:32; Juan 17:8;
Heb. 3:2; Apoc. 1:5; 3:14.

Humilde y sencillo en su predicación.
Isa. 42:2; Mat. 12:17-20.

Poderoso en obras y palabra. Mat. 13:54;
Mar. 1:27; Luc. 4:32; Juan 7:46.

Predicó evangelio e hizo milagros.
Mat. 4:23; 11:5; Luc. 4:43.

Profetizado. Deut. 18:15,18; Isa. 52:7;
Nah. 1:15.

Profetizó sobre tiempo del fin.
Mat. 24:3-35; Luc. 19:41,44.

Ungido con Espíritu Santo. Isa. 61:1, con
Luc. 4:18; Juan 3:34.

Único que conoce y revela a Dios.
Mat. 11:27; Juan 3:2,13,34; 17:6,14,26;
Heb. 1:1-2.

CRISTO, EL REY

Creyentes reciben reino de. Luc. 22:29-30;
Heb. 12:28.

Creyentes verán a. Isa. 33:17; Apoc. 22:3-4.

Creyentes, súbditos de. Col. 1:13;
Apoc. 15:3.

Declarado por él mismo. Mat. 25:34;
Juan 18:37.

En trono de David. Isa. 9:7; Ezeq. 27:24-25;
Luc. 1:32; Hech. 2:30.

En trono de Dios. Apoc. 3:21.

Escrito en la cruz. Juan 19:19.

Glorioso. Sal. 24:7-10; 1 Cor. 2:8;
Sant. 2:1.

Judíos buscarán a. Os. 3:5.

Profetizado. Núm. 24:17; Sal. 2:6; 45;
Isa. 9:7; Jer. 23:5; Miq. 5:2.

Reconocido por
Magos de oriente. Mat. 2:2.
Natanael. Juan 1:49.
Seguidores. Luc. 19:38; Juan 12:13.
Rey de Sión. Sal. 2:6; Isa. 52:7; Zac. 9:9;
Mat. 21:5; Juan 12:12-15.

Reyes respetarán y honrarán a. Sal. 72:10;
Isa. 49:7.

Su reino no es de este mundo. Juan 18:36.

Supremo. Sal. 89:27; Apoc. 1:5; 19:16.

Tiene reino de justicia. Sal. 45:6, con
Heb. 1:8-9; Isa. 32:1; Jer. 23:5.

Tiene reino eterno. Dan. 2:44; 7:14;
Luc. 1:33.

Tiene reino universal. Sal. 2:8; 72:8;
Zac. 14:9; Apoc. 11:15.

Vencerá a todos sus enemigos. Sal. 110:1;
Mar. 12:36; 1 Cor. 15:25; Apoc. 17:14.

CRISTO, EL SALVADOR

Anuncio de su nacimiento. Mat. 1:21;
Luc. 2:11.

Llevó nuestro pecado. Juan 1:29.

Nuestro Libertador. Isa. 61:1; Rom. 8:2.

Nuestro Redentor. 1 Cor. 1:30;
2 Cor. 5:21.

Nuestro Sanador. Hech. 9:34.

Predicado por discípulos.
Hech. 2:21; 3:6; 8:4.

Proclamado por él mismo. Mat. 20:28.

CRISTO, EL SEÑOR

Aceptado. Juan 6:68.

Confesado. Fil. 2:11.

Designado. Luc. 2:11.

Soberano. 1 Tim. 6:15; Mat. 12:8.

Visto. Juan 20:25.

CRISTO, EL SUMO SACERDOTE

Bendice. Núm. 6:23-26, con Hech. 3:26.

Consagrado con juramento. Heb. 7:20-21.
Designación de, y aliento a ser constantes.
Heb. 4:14.
Designado y llamado por Dios.
Heb. 3:1-2; 5:4-5.
En su trono. Zac. 6:13.
Entró al cielo. Heb. 4:14; 10:12.
Fiel. Heb. 3:2.
Intercede. Heb. 7:25; 9:24.
No necesita ofrecer sacrificio para sí.
Heb. 7:27.
Obtuvo redención para nosotros. Heb. 9:12.
Ofreció sacrificio una sola vez.
Heb. 7:27; 9:25-26.
Realizó reconciliación. Heb. 2:17.
Se ofreció a sí mismo como sacrificio.
Heb. 9:14,26.
Según orden de Melquisedec. Sal. 110:4, con
Heb. 5:6; Heb. 6:20; 7:15,17.
Su sacrificio es superior a todos los otros.
Heb. 9:13-14,23.
Superior a Aarón y sacerdotes levíticos.
Heb. 7:11,16,22; 8:1-2,6.
Tiene compasión con quienes son tentados.
Heb. 2:18; 4:15.
Tiene plena pureza. Heb. 7:26,28.
Tiene sacerdocio que no cambia.
Heb. 7:23,28.

CRISTO, GLORIA DE

Celebrada por redimidos.
Apoc. 5:8-14; 7:9-12.
Como bendito de Dios. Sal. 45:2.
Como cabeza de iglesia. Ef. 1:22.
Como el camino. Juan 14:6; Heb. 10:19-20.
Como Creador. Juan 1:3; Col. 1:17;
Heb. 1:2.
Como Dios. Juan 1:1-5; Fil. 2:6,9-10.
Como Dios encarnado. Juan 1:14.
Como fundamento de iglesia. Isa. 28:16.
Como Hijo de Dios. Mat. 3:17; Heb. 1:6,8.
Como imagen de Dios. Col. 1:15; Heb. 1:3.
Como juez. Mat. 16:27; 25:31,33.

Como luz verdadera. Luc. 1:78-79;
Juan 1:4,9.
Como mediador. 1 Tim. 2:5; Heb. 8:6.
Como pastor. Isa. 40:10-11; Juan 10:11,14.
Como primogénito. Col. 1:15,18; Heb. 1:6.
Como profeta. Deut. 18:15-16, con
Hech. 3:22.
Como rey. Isa. 6:1-5, con Juan 12:41.
Como sacerdote. Sal. 110:4; Heb. 4:15.
Como Señor de señores, etc. Apoc. 17:14.
Como uno con el Padre. Juan 10:30,38.
Como la verdad. 1 Juan 5:20; Apoc. 3:7.
Como la vida. Juan 11:25; Col. 3:4;
1 Juan 5:11.
Creyentes se gozarán en revelación
de. 1 Ped. 4:13.
Creyentes verán, en el cielo. Juan 17:24.
En llamado a gentiles. Sal. 72:17;
Juan 12:21,23.
En plenitud de su gracia y verdad. Sal. 45:2,
con Juan 1:14.
En restauración de judíos. Sal. 102:16.
En su exaltación. Hech. 7:55-56; Ef. 1:21.
En su perfección sin pecado. Heb. 7:26-28.
En su transfiguración. Mat. 17:2, con
2 Ped. 1:16-18.
En su triunfo. Isa. 63:1-3, con
Apoc. 19:11,16.
En sus obras. Mat. 13:54; Juan 2:11.
En sus palabras. Luc. 4:22; Juan 7:46.
Impartida a creyentes. Juan 17:22;
2 Cor. 3:18.
Incomparable. Cant. 5:10; Fil. 2:9.
Inmutable. Heb. 1:10-12.
Revelada en evangelio. Isa. 40:5.
Siguió a su resurrección. 1 Ped. 1:21.
Siguió a sus sufrimientos. 1 Ped. 1:10-11.

CRISTO, HUMILDAD DE

Creyentes deben imitar. Fil. 2:5-8.
Declaración sobre sí mismo. Mat. 11:29.

Demostrada en su

Actitud de siervo. Mat. 20:28;
Luc. 22:27; Fil. 2:7.

Amistad con despreciados. Mat. 9:10-11;
Luc. 15:1-2.

Disposición para lavar pies de discípulos.
Juan 13:5.

Disposición para ser deshonrado y
despreciado. Sal. 22:6; 69:9, con
Rom. 15:3; Isa. 53:3.

Disposición para tomar nuestra
naturaleza. Fil. 2:7; Heb. 2:16.

Entrada en Jerusalén. Zac. 9:9, con
Mat. 21:5,7.

Muerte. Juan 10:15,17-18; Fil. 2:8;
Heb. 12:2.

Nacimiento. Luc. 2:4-7.

Obediencia. Juan 6:38; Heb. 10:9.

Participación en nuestros sufrimientos.
Heb. 4:15; 5:7.

Pobreza. Luc. 9:58; 2 Cor. 8:9.

Posición en la vida. Mat. 13:55;
Juan 9:29.

Rechazo de honores. Juan 5:41; 6:15.

Someterse a ordenanzas. Mat. 3:13-15.

Someterse a padecimientos.
Isa. 50:6; 53:7, con Hech. 8:32;
Mat. 26:37-39.

Sujeción a sus padres. Luc. 2:51.

En razón de, fue despreciado. Mar. 6:3;
Juan 9:29.

Su exaltación, resultado de. Fil. 2:9.

CRISTO, MILAGROS DE

Agua convertida en vino. Juan 2:6-10.

Aparición a discípulos a través de puertas
cerradas. Juan 20:19.

Ascensión. Hech. 1:9.

Caminata sobre agua. Mat. 14:25-27.

Ciego recibe vista. Mat. 9:27-30;
Mar. 8:22-25; Juan 9:1-7.

Demonios expulsados.
Mat. 8:28-32; 9:32-33; 15:22-28;
17:14-18; Mar. 1:23-27.

Dinero para impuesto, en pez. Mat. 17:27.

Hemorragia se detuvo. Mat. 9:20-22.

Hidropesía sanada. Luc. 14:2-4.

Higuera se secó. Mat. 21:19.

Hijo del noble, sanado Juan 4:46-53.

Inválido sanado. Juan 5:5-9.

Leprosos limpiados. Mat. 8:3; Luc. 17:14.

Llegada repentina del barco. Juan 6:21.

Malco, sanado. Luc. 22:50-51.

Mano con parálisis, restaurada.
Mat. 12:10-13.

Muchas enfermedades sanadas.
Mat. 4:23-24; 14:14; 15:30; Mar. 1:34;
Luc. 6:17-19.

Muertos, resucitados. Mat. 9:18-19,23-25;
Luc. 7:12-15; Juan 11:11-44.

Mujer encorvada, sanada. Luc. 13:11-13.

Multitud alimentada.
Mat. 14:15-21; 15:32-38.

Paralítico sanado. Mar. 2:3-12.

Pedro caminó sobre agua. Mat. 14:29.

Redes llenas de peces. Luc. 5:4-6; Juan 21:6.

Resurrección. Luc. 24:6, con Juan 10:18.

Sanidades ante mensajeros de Juan.
Luc. 7:21-22.

Siervo del centurión, sanado. Mat. 8:5-13.

Sordomudo, sanado. Mar. 7:32-35.

Suegra de Pedro, sanada. Mat. 8:14-15.

Tempestad calmada. Mat. 8:23-26; 14:32.

Transfiguración. Mat. 17:1-8.

CRISTO, MUERTE DE

Aceptable como sacrificio a Dios.
Mat. 20:28; Ef. 5:2; 1 Tes. 5:10.

Acompañada de señales sobrenaturales.
Mat. 27:45,51-53.

Conmemorada en sacramento de Cena del
Señor. Luc. 22:19-20; 1 Cor. 11:26-29.

Determinada por Dios. Isa. 53:6,10;
Hech. 2:23.

En compañía de criminales. Isa. 53:12, con
Mat. 27:38.
Exigida por judíos. Mat. 27:22-23.

Forma de
Locura para gentiles. 1 Cor. 1;18,23.
Maldecida. Gál. 3:13.
Mostró su humildad. Fil. 2:8.
Piedra de tropiezo para judíos.
1 Cor. 1:23.
Predicha por Cristo mismo.
Mat. 20:18-19; Juan 12:32-33.
Prefigurada. Núm. 21:8, con Juan 3:14.
Vergonzosa. Heb. 12:2.
Infligida por gentiles. Mat. 27:26-35.
Inmerecida. Isa. 53:9.
Necesaria para redención. Luc. 24:46;
Hech. 17:3.
Profetizada. Isa. 53:8; Dan. 9:26; Zac. 13:7.
Simboliza muerte al pecado. Rom. 6:3-8;
Gál. 2:20.
Voluntaria. Isa. 53:12; Mat. 26:53;
Juan 10:17-18.

CRISTO, NATURALEZA HUMANA DE
Atestiguada por sentidos. Luc. 24:39;
Juan 20:27; 1 Juan 1:1-2.
Como nosotros en todo pero sin pecado.
Hech. 3:22; Fil. 2:7-8; Heb. 2:17.
Confesión de, prueba de pertenecer a Dios.
Juan 4:2.

Demostrada por
Azotes que sufrió. Mat. 27:26;
Mat. 26:67; Luc. 22:64; Juan 19:1.
Circuncisión. Luc. 2:21.
Concepción en vientre de virgen.
Mat. 1:18; Luc. 1:31.
Costado traspasado. Juan 19:34.
Crecer en sabiduría y estatura. Luc. 2:52.
Dormir. Mat. 8:24; Mar. 4:38.
Estar sujeto a cansancio físico. Juan 4:6.
Llorar. Luc. 19:41; Juan 11:35.
Muerte. Juan 19:30.

Nacimiento. Mat. 1:16,25; 2:2;
Luc. 2:7,11.
Participar de carne y sangre. Juan 1:14;
Heb. 2:14.
Resurrección. Hech. 3:15; 2 Tim. 2:8.
Sepultura. Mat. 27:59-60; Mar. 15:46.
Ser clavado en la cruz. Sal. 22:16, con
Luc. 23:33.
Ser hombre de dolores. Isa. 53:3-4;
Luc. 22:44; Juan 11:33; 12:27.
Soportar indignidades. Luc. 23:11.
Tener alma humana. Mat. 26:38;
Luc. 23:46; Hech. 2:31.
Tener hambre. Mat. 4:2; 21:18.
Tener sed. Juan 4:7; 19:28.

Fue descendiente de
Abraham. Gén. 22:18, con Gál. 3:16;
Heb. 2:16.
David. 2 Sam. 7:12,16; Sal. 89:35-36;
Jer. 23:5; Mat. 22:42; Mar. 10:47;
Hech. 2:30; 13:23; Rom. 1:3.
Mujer. Gén. 3:15; Isa. 7:4; Jer. 31:22;
Luc. 1:31; Gál. 4:4.
Genealogía de. Mat. 1:1, etc.; Luc. 3:23, etc.
Manifestada. Mat. 8:20; 16:13.
Necesaria para poder ser mediador.
1 Tim. 2:5.
Negada por anticristo. 1 Juan 4:3;
2 Juan 1:7.
Reconocida por hombres. Mar. 6:3;
Juan 7:27; 19:5; Hech. 2:22.
Sin pecado. Juan 8:46; 18:38;
Heb. 4:15; 7:26,28; 1 Ped. 2:22;
1 Juan 3:5.

CRISTO, NEGACIÓN DE
Característica de falsos
maestros. 2 Ped. 2:1; Jud. 4.
Conduce a destrucción. 2 Ped. 2:1;
Jud. 4,15.
Cristo negará a culpables de. Mat. 10:33;
2 Tim. 2:12.

En doctrina. Mar. 8:38; 2 Tim. 1:8.
En la práctica. Fil. 3:18-19; Tito 1:16.
Espíritu del anticristo. 1 Juan 2:22-23; 4:3.

C CRISTO, ODIO HACIA

Castigo del. Sal. 2:2,9; 21:8.
En razón de su testimonio contra el mundo.
Juan 7:7.
Ilustrado. Luc. 19:12-14,17.

Incluye
Odio a su Padre. Juan 15:23-24.
Odio a su pueblo. Juan 15:18.
No hay escape para quienes perseveran
en. 1 Cor. 15:25; Heb. 10:29-31.
No tiene razón de ser. Sal. 69:4, con
Juan 15:25.

CRISTO, PODER DE

Capaz de someter todas las cosas. Fil. 3:21.
Como Hijo de Dios, poder de Dios.
Juan 5:17-19; 10:28-30.
Como hombre, dado por el Padre.
Hech. 10:38.

Creyentes
Ayudados por. Heb. 2:18.
Cuerpos de, serán cambiados por.
Fil. 3:21.
Fortalecidos por. Fil. 4:13; 2 Tim. 4:17.
Preservados por. 2 Tim. 1:12; 4:18.
Se ofrecen voluntariamente por.
Sal. 110:3.

Demostrado
Al dar vida espiritual. Juan 5:21,25-26.
Al dar vida eterna. Juan 17:2.
Al destruir obras de Satanás. 1 Juan 3:8.
Al hacer milagros. Mat. 8:27; Luc. 5:17.
Al perdonar pecados. Mat. 9:6;
Hech. 5:31.
Al permitir que otros hagan milagros.
Mat. 10:1; Mar. 16:17-18; Luc. 10:17.

Al resucitar de entre los muertos.
Juan 2:19-21; 10:18.
Al resucitar muertos. Juan 5:28-29.
Al sustentar todas las cosas. Col. 1:17;
Heb. 1:3.
Al vencer a Satanás. Col. 2:15; Heb. 2:14.
Al vencer al mundo. Juan 16:33.
En creación. Juan 1:3,10; Col. 1:16.
En salvación. Isa. 63:1; Heb. 7:25.
En su enseñanza. Mat. 7:28-29;
Luc. 4:32.

Descripción
Eterno. 1 Tim. 6:16.
Glorioso. 2 Tes. 1:9.
Ilimitado. Mat. 28:18.
Sobre toda carne. Juan 17:2.
Sobre todas las cosas. Juan 3:35; Ef. 1:22.
Supremo. Ef. 1:20-21; 1 Ped. 3:22.
Está en creyentes. 2 Cor. 12:9.
Impíos serán destruidos por. Sal. 2:9;
Isa. 11:4; 63:3; 2 Tes. 1:9.
Ministros deben hacer conocer. 2 Ped. 1:16.
Presente cuando creyentes se reúnen.
1 Cor. 5:4.
Sujetará todo poder. 1 Cor. 15:24.
Sumamente evidente en segunda venida.
Mar. 13:26; 2 Ped. 1:16.

CRISTO, PROFECÍAS SOBRE

Abandonado por Dios. Sal. 22:1. *Cumplida:*
Mat. 27:46.
Abandonado por discípulos. Zac. 13:7.
Cumplida: Mat. 26:31,56.
Actuando como sacerdote en cielo.
Zac. 6:13. *Cumplida:* Rom. 8:34.
Ascensión. Sal. 68:18. *Cumplida:*
Luc. 24:51; Hech. 1:9.
Asesinato de niños de Belén. Jer. 31:15.
Cumplida: Mat. 2:16-18.
Burlas. Sal. 22:7-8. *Cumplida:*
Mat. 27:39-44.

Carne no vio corrupción. Sal. 16:10. *Cumplida:* Hech. 2:31.

Celo por Dios. Sal. 69:9. *Cumplida:* Juan 2:17.

Comienzo de ministerio público. Isa. 61:1-2. *Cumplida:* Luc. 4:16-21,43.

Contado con transgresores. Isa. 53:12. *Cumplida:* Mar. 15:28.

Descendiente de Abraham. Gén. 17:7; 22:18. *Cumplida:* Gál. 3:16.

Descendiente de David. Sal. 132:11; Jer. 23:5. *Cumplida:* Hech. 13:23; Rom. 1:3.

Descendiente de Isaac. Gén. 21:12. *Cumplida:* Heb. 11:17-19.

Descendiente de mujer. Gén. 3:15. *Cumplida:* Gál. 4:4.

Entrada pública en Jerusalén. Zac. 9:9. *Cumplida:* Mat. 21:1-5.

Gentiles se convierten a él. Isa. 11:10; 42:1. *Cumplida:* Mat. 1:17,21; Juan 10:16; Hech. 10:45,47.

Golpeado en mejilla. Miq. 5:1. *Cumplida:* Mat. 27:30.

Grandes personalidades llegaron para adorarlo. Sal. 72:10. *Cumplida:* Mat. 2:1-11.

Hiel y vinagre para beber. Sal. 69:21. *Cumplida:* Mat. 27:34.

Hijo de Dios. Sal. 2:7. *Cumplida:* Luc. 1:32,35.

Huesos no serían quebrados. Ex. 12:46; Sal. 34:20. *Cumplida:* Juan 19:33,36.

Ida al templo. Hag. 2:7,9; Mal. 3:1. *Cumplida:* Mat. 21:12; Luc. 2:27-32; Juan 2:13-16.

Intensidad de sus sufrimientos. Sal. 22:14-15. *Cumplida:* Luc. 22:42,44.

Intercesión por sus asesinos. Isa. 53:12. *Cumplida:* Luc. 23:34.

Judíos y gentiles unidos contra él. Sal. 2:1-2. *Cumplida:* Luc. 23:12; Hech. 4:27.

Llamado a Egipto. Os. 11:1. *Cumplida:* Mat. 2:15.

Llamado Emanuel. Isa. 7:14. *Cumplida:* Mat. 1:22-23.

Llegada en tiempo determinado. Gén. 49:10; Dan. 9:24-25. *Cumplida:* Luc. 2:1.

Manos y pies clavados en cruz. Sal. 22:16. *Cumplida:* Juan 19:18; 20:25.

Mansedumbre y humildad. Isa. 42:2. *Cumplida:* Mat. 12:15-16,19.

Milagros. Isa. 35:5-6. *Cumplida:* Mat. 11:4-6; Juan 11:47.

Ministerio comenzó en Galilea. Isa. 9:1-2. *Cumplida:* Mat. 4:12-16,23.

Muerte. Isa. 53:12. *Cumplida:* Mat. 27:50.

Nacido de virgen. Isa. 7:14. *Cumplida:* Mat. 1:18; Luc. 2:7.

Nacimiento en Belén de Judá. Miq. 5:2. *Cumplida:* Mat. 2:1; Luc. 2:4-6.

Odiado por judíos. Sal. 69:4; Isa. 49:7. *Cumplida:* Juan 15:24-25.

Paciencia y silencio en su sufrimiento. Isa. 53:7. *Cumplida:* Mat. 26:63; 27:12-14.

Permanencia de su reino. Isa. 9:7; Dan. 7:14. *Cumplida:* Luc. 1:32-33.

Piedra de tropiezo para judíos. Isa. 8:4. *Cumplida:* Rom. 9:32; 1 Ped. 2:8.

Pobreza. Isa. 53:2. *Cumplida:* Mar. 6:3; Luc. 9:58.

Precedido por Juan el Bautista. Isa. 40:3; Mal. 3:1. *Cumplida:* Mat. 3:1,3; Luc. 1:17.

Precio pagado por campo del alfarero. Zac. 11:13. *Cumplida:* Mat. 27:7.

Predicó con parábolas. Sal. 78:2. *Cumplida:* Mat. 13:34-35.

Principal piedra angular de iglesia. Isa. 28:16. *Cumplida:* 1 Ped. 2:6-7.

Profeta como Moisés. Deut. 18:15-18. *Cumplida:* Hech. 3:20-22.

C

Recibió escupidas y golpes. Isa. 50:6.
Cumplida: Mar. 14:65; Juan 19:1.
Rechazado por autoridades judías.
Sal. 118:22. *Cumplida:* Mat. 21:42;
Juan 7:48.
Rechazado por sus hermanos. Sal. 69:8;
Isa. 63:3. *Cumplida:* Juan 1:11; 7:3.
Resurrección. Sal. 16:10; Isa. 26:19.
Cumplida: Luc. 24:6,31,34.
Rey en Sión. Sal. 2:6. *Cumplida:* Luc. 1:32;
Juan 18:33-37.
Rostro desfigurado. Isa. 52:14; 53:3.
Cumplida: Juan 19:5.
Sacerdote según orden de Melquisedec.
Sal. 110:4. *Cumplida:* Heb. 5:5-6.
Sentado a la diestra de Dios. Sal. 110:1.
Cumplida: Heb. 1:3.
Sepultado con ricos. Isa. 53:9. *Cumplida:*
Mat. 27:57-60.
Sin engaño. Isa. 53:9. *Cumplida:*
1 Ped. 2:22.
Suerte sobre sus vestidos. Sal. 22:18.
Cumplida: Mat. 27:35.
Sufrió por otros. Isa. 53:4-6,12; Dan. 9:26.
Cumplida: Mat. 20:28.
Sufrir deshonras. Sal. 22:6; 69:7,9,20.
Cumplida: Juan 1:11; 7:3.
Ternura y compasión. Isa. 40:11; 42:3.
Cumplida: Mat. 12:15,20; Heb. 4:15.
Traicionado por amigo. Sal. 41:9; 55:12-14.
Cumplida: Juan 13:18,21.
Traspasado con lanza. Zac. 12:10.
Cumplida: Juan 19:34,37.
Ungido con Espíritu. Sal. 45:7;
Isa. 11:2; 61:1. *Cumplida:* Mat. 3:16;
Juan 3:34; Hech. 10:38.
Vendido por 30 piezas de plata. Zac. 11:12.
Cumplida: Mat. 26:15.

CRISTO, RESURRECCIÓN DE

Afirmada por
Ángeles. Mat. 28:5-7; Luc. 24:4-7,23.

Apóstoles. Hech. 1:22; 2:32; 3:15; 4:33.
Enemigos. Mat. 28:11-15.
Afirmada y predicada por apóstoles.
Hech. 25:19; 26:23.
Al tercer día de su muerte. Luc. 24:26;
Hech. 10:40; 1 Cor. 15:4.

Apareció a, después de
Apóstoles, con excepción de Tomás.
Juan 20:19,24.
Apóstoles, cuando Tomás estaba
presente. Juan 20:26.
Apóstoles en Galilea. Mat. 28:16-17.
Apóstoles en mar de Tiberias. Juan 21:1.
Dos discípulos. Luc. 24:13-31.
Jacobo. 1 Cor. 15:7.
María Magdalena. Mar. 16:9;
Juan 20:18.
Más de 500 creyentes. 1 Cor. 15:6.
Mujeres. Mat. 28:9.
Pablo. 1 Cor. 15:8.
Simón Pedro. Luc. 24:34.
Todos los apóstoles. Luc. 24:51;
Hech. 1:9; 1 Cor. 15:7.

Apóstoles
Criticados por no creer en. Mar. 16:14.
Inicialmente no entendieron predicciones
sobre. Mar. 9:10; Juan 20:9.
Muy lentos para creer. Mar. 16:13;
Luc. 24:9,11,37-38.
Certidumbre del juicio. Hech. 17:31.

Creyentes
Deben recordar. 2 Tim. 2:8.
Desean conocer poder de. Fil. 3:10.
Resucitarán como lo hizo. Rom. 6:5;
1 Cor. 15:49, con Fil. 3:21.
Tienen esperanza viva. 1 Ped. 1:3,21.
Demostración de que era Hijo de Dios.
Sal. 2:7, con Hech. 13:33; Rom. 1:4.
Dio muchas pruebas indubitables de.
Luc. 24:35,39,43; Juan 20:20,27;
Hech. 1:3.

Efectuada por
Poder de Dios. Hech. 2:24; 3:15;
Rom. 8:11; Ef. 1:20; Col. 2:12.
Poder del Espíritu Santo. 1 Ped. 3:18.
Propio poder. Juan 2:19; 10:18.
Figura del nuevo nacimiento. Rom. 6:4;
Col. 2:12.
Fraude, imposible en. Mat. 27:63-66.

Necesaria para
Convalidar fe. 1 Cor. 15:14,17.
Convalidar predicación. 1 Cor. 15:14.
Cumplimiento de Escritura.
Luc. 24:45-46.
Esperanza. 1 Cor. 15:19.
Justificación. Rom. 4:25; 8:34.
Perdón de pecados. 1 Cor. 15:17.
Predicha por él mismo. Mat. 20:9;
Mar. 9:9; 14:28; Juan 2:19-22.
Predicha por profetas. Sal. 16:10, con
Hech. 13:34-35; Isa. 26:19.
Primer día de la semana. Mar. 16:9.
Primicias de nuestra resurrección.
Hech. 26:23; 1 Cor. 15:20,23.
Seguida por exaltación. Hech. 4:10-11;
Rom. 8:34; Ef. 1:20; Fil. 2:9-10;
Apoc. 1:18.
Veracidad del evangelio y. 1 Cor. 15:14-15.

CRISTO, SEGUNDA VENIDA DE

Bendición de estar preparados para.
Mat. 24:6; Luc. 12:37-38.
Cielos y tierra desaparecerán, etc. en.
2 Ped. 3:10,12.

Creyentes
Aman. 2 Tim. 4:8.
Anhelan. 2 Ped. 3:12.
Aparecerán con él en gloria en. Col. 3:4.
Deben estar listos para. Mat. 24:44;
Luc. 12:40.
Deben ser pacientes hasta. 2 Tes. 3:5;
Sant. 5:7-8.

Deben velar y esperar. Mat. 24:42;
Mar. 13:35-37; Luc. 21:36.
Esperan. 1 Cor. 1:7; Fil. 3:20;
1 Tes. 1:10; Tito 2:13.
Fe de, hallada en alabanza en. 1 Ped. 1:7.
Lo verán como él es, en. 1 Juan 3:2.
No serán avergonzados en.
1 Juan 2:28; 4:17.
Oran pidiendo. Apoc. 22:20.
Recibirán corona de gloria en. 2 Tim. 4:8;
1 Ped. 5:4.
Reinarán con él en. Dan. 7:27;
2 Tim. 2:12; Apoc. 5:10; 20:6; 22:5.
Seguridad de. Job 19:25-26.
Serán como él en. Fil. 3:21; 1 Juan 3:2.
Serán irreprochables en. 1 Cor. 1:8;
1 Tes. 3:13; 5:23; Jud. 24.
Serán preservados hasta. Fil. 1:6.
Creyentes que vivan en, serán arrebatados
para encontrarse con él. 1 Tes. 4:17.
Día de, no se conoce. Mat. 24:36;
Mar. 13:32.
Hombre de pecado será destruido en.
2 Tes. 2:8.
Ilustrada. Mat. 25:6;
Luc. 12:36,39; 19:12,15.

Impíos
Actúan con presunción por demora de.
Mat. 24:28.
Se burlan de. 2 Ped. 3:3-4.
Serán castigados en. 2 Tes. 1:8-9.
Serán sorprendidos por. Mat. 24:37-39;
1 Tes. 5:3.

Llamada
Día del Señor Jesucristo. 1 Cor. 1:8.
Manifestación de Jesucristo. 1 Ped. 1:7.
Manifestación gloriosa del gran Dios y
Salvador. Tito 2:13.
Revelación de Jesucristo. 1 Ped. 1:13.
Tiempo postrero. 1 Ped. 1:5.
Tiempos de refrigerio. Hech. 3:19.

Tiempos de restauración de todas las
cosas. Hech. 3:21, con Rom. 8:21.
Venida del día de Dios. 2 Ped. 3:12.

Manera en que ocurrirá
Así como ascendió al cielo. Hech. 1:9,11.
Como ladrón en noche. 1 Tes. 5:2;
2 Ped. 3:10; Apoc. 16:15.
Como relámpago. Mat. 24:27.
Con creyentes. 1 Tes. 3:13; Jud. 14.
Con poder y gran gloria. Mat. 24:30.
Con voz de mando y voz de arcángel,
etc. 1 Tes. 4:16.
En fuego ardiente. 2 Tes. 1:8.
En gloria de su Padre. Mat. 16:27.
En nubes. Mat. 24:30; 26:64; Apoc. 1:7.
En su propia gloria. Mat. 25:31.
Inesperadamente. Mat. 24:44;
Luc. 12:40.
Junto con ángeles. Mat. 16:27; 25:31;
Mar. 8:38; 2 Tes. 1:7.
Repentinamente. Mar. 13:36.
No para hacer expiación. Heb. 9:28, con
Rom. 6:9-10 y Heb. 10:14.

Predicha por
Ángeles. Hech. 1:10-11.
Apóstoles. Hech. 3:20; 1 Tim. 6:14.
Cristo mismo. Mat. 25:31; Juan 14:3.
Profetas. Dan. 7:13; Jud. 14.

Propósitos de
Completar salvación de creyentes.
Heb. 9:28; 1 Ped. 1:5.
Destruir la muerte. 1 Cor. 15:25-26.
Juzgar. Sal. 50:3-4, con Juan 5:22;
2 Tim. 4:1; Jud. 15; Apoc. 20:11-13.
Reinar. Isa. 24:23; Dan. 7:14;
Apoc. 11:15.
Ser admirado por creyentes. 2 Tes. 1:10.
Ser glorificado en creyentes. 2 Tes. 1:10.
Traer a la luz cosas escondidas de
tinieblas, etc. 1 Cor. 4:5.

Quienes murieron en Cristo, resucitarán
primero en. 1 Tes. 4:16.
Señales que anticipan. Mat. 24:3, etc.
Siempre debe considerarse inminente.
Rom. 13:12; Fil. 4:5; 1 Ped. 4:7.
Todo ojo lo verá en. Apoc. 1:7.

CRISTO, TIPOS DE

Aarón. Ex. 28:1, con Heb. 5:4-5;
Lev. 16:15, con Heb. 9:7,24.
Abel. Gén. 4:8,10; Heb. 12:24.
Abraham. Gén. 17:5, con Ef. 3:15.
Adán. Rom. 5:14; 1 Cor. 15:45.
Altar de bronce. Ex. 27:1-2, con
Heb. 13:10.
Altar de oro. Ex. 40:5,26-27, con Apoc. 8:3;
Heb. 13:15.
Árbol de la vida. Gén. 2:9, con Juan 1:4;
Apoc. 22:2.
Arca. Gén. 7:16, con 1 Ped. 3:20-21.
Arca del pacto. Ex. 25:16, con Sal. 40:8;
Isa. 42:6.
Candelero de oro. Ex. 25:31, con Juan 8:12.
Ciudades de refugio. Núm. 35:6, con
Heb. 6:18.
Cordero pascual. Ex. 12:3-6,46, con
Juan 19:36; 1 Cor. 5:7.
David. 2 Sam. 8:15, con Ezeq. 37:24;
Sal. 89:19-20, con Fil. 2:9.
Eliaquim. Isa. Isa. 22:20-22, con Apoc. 3:7.
Esposa, un tipo de la iglesia.
Apoc. 21:2,9; 22:17.
Expiación, Sacrificios ofrecidos en día de la.
Lev. 16:15-16, con Heb. 9:12,24.
Fuente de bronce. Ex. 30:18-20, con
Zac. 13:1; Ef. 5:26-27.
Holocausto. Lev. 1:2,4, con Heb. 10:10.
Isaac. Gén. 22:1-2, con Heb. 11:17-19.
Jacob. Gén. 32:28, con Juan 11:42;
Heb. 7:25.
Jacob, escalera de. Gén. 28:12, con
Juan 1:51.
Jonás. Jon. 1:17, con Mat. 12:40.

José. Gén. 50:19-20, con Heb. 7:52.
Josué. Jos. 1:5-6, con Heb. 4:8-9;
   Jos. 11:23, con Hech. 20:32.
Macho cabrío. Lev. 16:20-22, con
   Isa. 53:6,12.
Maná. Ex. 16:11-15, con Juan 6:32-35.
Melquisedec. Gén. 14:18-20, con
   Heb. 7:1-17.
Mesa y pan de proposición. Ex. 25:23-30,
   con Juan 1:16; Juan 6:48.
Moisés. Núm. 12:7, con Heb. 3:2;
   Deut. 18:15, con Hech. 3:20-22.
Noé. Gén. 5:29; 2 Cor. 1:5.
Ofrenda de paz. Lev. 3:1, con Ef. 2:14,16.
Ofrenda del leproso. Lev. 14:4-7, con
   Rom. 4:25.
Ofrenda por culpa. Lev. 6:1-7, con
   Isa. 53:10.
Ofrenda por pecado. Lev. 4:2-3,12, con
   Heb. 13:11-12.
Primicias. Ex. 22:29, con 1 Cor. 15:20.
Propiciatorio. Ex. 25:17-22, con Rom. 3:25;
   Heb. 4:16.
Roca de Horeb. Ex. 17:6, con 1 Cor. 10:4.
Sacrificios de mañana y de tarde.
   Ex. 29:38-41, con Juan 1:29,36.
Salomón. 2 Sam. 7:12-13, con
   Luc. 1:32-33; 1 Ped. 2:5.
Salvación de Noé y su familia, tipo de
   salvación en Cristo. 1 Ped. 3:20-21.
Sansón. Jue. 16:30, con Col. 2:14-l5.
Santuario, tipo del santuario celestial.
   Ex. 40:2,24; Heb. 8:2,5; 9:1-12.
Serpiente de bronce. Núm. 21:9, con
   Juan 3:14-15.
Tabernáculo. Ex. 40:2,34, con Heb. 9:11;
   Col. 2:9.
Templo. 1 Rey. 6:1,38, con Juan 2:19,21.
Vaca alazana. Núm. 19:2-6, con
   Heb. 9:13-14.
Velo del templo y del tabernáculo.
   Ex. 40:21; 2 Crón. 3:14, con Heb. 10:20.
Zorobabel. Zac. 4:7-9, con Heb. 12:2-3.

CRISTO, TÍTULOS Y NOMBRES DE

Abogado. 1 Juan 2:1.
Adán, postrer. 1 Cor. 15:45.
Admirable. Isa. 9:6.
Alfa y Omega. Apoc. 1:8; 22:13.
Amén. Apoc. 3:14.
Ángel de Jehová. Ex. 3:2; Jue. 13:15-18.
Ángel de la presencia de Dios. Isa. 63:9.
Ángel. Gén. 48:16; Ex. 23:20-21.
Apóstol. Heb. 3:1.
Aurora. Luc. 1:78.
Autor de salvación. Heb. 2:10.
Autor de vida. Hech. 3:15.
Autor y consumador de la fe. Heb. 12:2.
Bienaventurado y solo Soberano.
   1 Tim. 6:15.
Brazo de Jehová. Isa. 51:9; 53:1.
Buen Pastor. Juan 10:14.
Cabeza de iglesia. Ef. 5:23; Col. 1:18.
Camino. Juan 14:6.
Compañero de Dios. Zac. 13:7.
Consejero. Isa. 9:6.
Consuelo de Israel. Luc. 2:25.
Cordero. Apoc. 5:6,12; 13:8; 21:22; 22:3.
Cordero de Dios. Juan 1:29,36.
Cristo de Dios. Luc. 9:20.
David. Jer. 30:9; Ezeq. 34:23.
Deseado de todas naciones. Hag. 2:7.
Dios. Isa. 40:9; Juan 20:28.
Dios bendito por siglos. Rom. 9:5.
Dios fuerte. Isa. 9:6.
Emanuel. Isa. 7:14, con Mat. 1:23.
Escogido de Dios. Isa. 42:1.
Estrella resplandeciente de la mañana.
   Apoc. 22:16.
Estrella. Núm. 24:17.
Fuerte de Jacob. Isa. 60:16.
Garantía. Heb. 7:22.
Gloria de Jehová. Isa. 40:5.
Gobernante. Mat. 2:6.
Gran sumo sacerdote. Heb. 4:14.
Guiador. Mat. 2:6.
Heredero de todo. Heb. 1:2.

C

Hijo de David. Mat. 9:27.

Hijo de Dios. Luc. 1:35; Juan 1:49.

Hijo del Altísimo. Luc. 1:32.

Hijo del Bendito. Mar. 14:61.

Hijo del hombre. Juan 5:27; 6:37.

Jefe. Isa. 55:4.

Jehová. Isa. 26:4.

Jehová justicia nuestra. Jer. 23:6.

Jesús. Mat. 1:21; 1 Tes. 1:10.

Juez de Israel. Miq. 5:1.

Justo. Hech. 7:52.

Legislador. Isa. 33:22.

León de tribu de Judá. Apoc. 5:5.

Libertador. Rom. 11:26.

Linaje de David. Apoc. 22:16.

Luz del mundo. Juan 8:12.

Luz verdadera. Juan 1:9.

Mediador. 1 Tim. 2:5.

Mensajero. Mal. 3:1.

Mesías. Dan. 9:25; Juan 1:41.

Nazareno. Mat. 2:23.

Nuestra pascua. 1 Cor. 5:7.

Padre eterno. Isa. 9:6.

Pan de vida. Juan 6:35,48.

Pastor y obispo de nuestras almas.
1 Ped. 2:25.

Planta de renombre. Ezeq. 34:29.

Precursor. Heb. 6:20.

Primero y último. Apoc. 1:17; 2:8.

Primogénito de muertos. Apoc. 1:5.

Primogénito de toda creación. Col. 1:15.

Principal piedra del ángulo. Ef. 2:20;
1 Ped. 2:6.

Príncipe de pastores. 1 Ped. 5:4.

Príncipe de paz. Isa. 9:6.

Príncipe del ejército de Jehová. Jos. 5:14-15.

Principio de creación de Dios. Apoc. 3:14.

Profeta. Luc. 24:19; Juan 7:40.

Puerta. Juan 10:7.

Raíz de David. Apoc. 22:16.

Raíz de Isaí. Isa. 11:10.

Redentor. Job 19:25; Isa. 59:20; 60:16.

Renuevo. Jer. 23:5; Zac. 3:8; 6:12.

Rescate. 1 Tim. 2:6.

Resurrección y vida. Juan 11:25.

Rey. Zac. 9:9, con Mat. 21:5.

Rey de Israel. Juan 1:49.

Rey de judíos. Mat. 2:2.

Rey de reyes. 1 Tim. 6:15; Apoc. 17:14.

Rey de santos. Apoc. 15:3.

Roca. 1 Cor. 10:4.

Sabiduría. Prov. 8:12.

Salvador. 2 Ped. 2:20; 3:18.

Santo. Sal. 16:10, con Hech. 2:27,31.

Santo de Dios. Mar. 1:24.

Santo de Israel. Isa. 41:14.

Señor de gloria. 1 Cor. 2:8.

Señor de Israel. Miq. 5:2.

Señor de todos. Hech. 10:36.

Señor Dios de los espíritus de profetas.
Apoc. 22:6.

Señor Dios Todopoderoso. Apoc. 15:3.

Siervo. Isa. 42:1; 52:13.

Siloh. Gén. 49:10.

Soberano de reyes de la tierra. Apoc. 1:5.

Sol de justicia. Mal. 4:2.

Testigo. Isa. 55:4.

Testigo fiel. Apoc. 1:5; 3:14.

Todopoderoso. Apoc. 1:8.

Unigénito. Juan 1:14.

Verbo. Juan 1:1; 1 Juan 5:7.

Verbo de Dios. Apoc. 19:13.

Verbo de vida. 1 Juan 1:1.

Verdad. Juan 14:6.

Verdadero. 1 Juan 5:20.

Vid verdadera. Juan 15:1.

Vida. Juan 14:6; Col. 3:4; 1 Juan 1:2.

Vida eterna. 1 Juan 1:2; 5:20.

Yo soy. Ex. 3:14, con Juan 8:58.

CRISTO, UNIÓN CON

Beneficios de
Confianza en su venida. 1 Juan 2:28.
Espíritu vivo para justicia. Rom. 8:10.
Fruto abundante. Juan 15:5.

Justicia imputada. 2 Cor. 5:21; Fil. 3:9.
Libertad de condenación. Rom. 8:1.
Libertad de vida de pecado. 1 Juan 3:6.
Respuestas a oración. Juan 15:7.
Ser nuevas criaturas. 2 Cor. 5:17.
Castigo de los que no tienen. Juan 15:6.
Como cabeza de iglesia.
  Ef. 1:22-23; 4:15-16; Col. 1:18.

Creyentes
Completos por medio de. Col. 2:10.
Disfrutan, en Cena del Señor.
  1 Cor. 10:16-17.
Exhortados a mantener. Juan 15:4;
  Hech. 11:23; Col. 2:7.
Identificados con Cristo en.
  Mat. 25:40,45; Hech. 9:4, con 8:1.
Tienen seguridad de. Juan 14:20.
Tienen, en amor. Cant. 2:16; 7:10.
Tienen, en espíritu. 1 Cor. 6:17.
Tienen, en la mente. 1 Cor. 2:16; Fil. 2:5.
Tienen, en su muerte. Rom. 6:3-8;
  Gál. 2:20.
Tienen, en sufrimientos. Fil. 3:10;
  2 Tim. 2:12.
Cristo oró pidiendo que creyentes tengan.
  Juan 17:21,23.

Descripción
Cristo en nosotros. Ef. 3:17; Col. 1:27.
Nosotros en Cristo. 2 Cor. 12:2;
  1 Juan 5:20.
Don del Espíritu Santo, evidencia de
  1 Juan 4:13.

Es
de Dios. 1 Cor. 1:30.
Permanente. Rom. 8:35.
Espíritu Santo testifica de. 1 Juan 3:24.
Falsos maestros no tienen. Col. 2:18-19.
Incluye unión con Padre. Juan 17:21;
  1 Juan 2:24.
Necesaria para crecer en gracia. Ef. 4:15-16;
  Col. 2:19.

Necesaria para que haya fruto. Juan 15:4-5.
Quienes tienen, deben andar como él
  anduvo. 1 Juan 2:6.

Se mantiene al
Alimentarse de. Juan 6:56.
Obedecerlo. 1 Juan 3:24.
Permanecer en él. Juan 15:4,7.
Permanecer su Palabra en nosotros.
  Juan 15:7; 1 Juan 2:24; 2 Juan 1:9.
Tener fe. Gál. 2:20; Ef. 3:17.

CRISTO, VENIDA DE

Atestiguada en Cena del Señor.
  1 Cor. 11:26.
Celebrada. Mat. 21:5-9.
Profetizada. Isa. 52:13-53:12;
  Miq. 4:1-8; 5:2; Mal. 4:2.
Significado para cristianos. 2 Ped. 3:10-12;
  Apoc. 22:12-14.
Viene otra vez. Luc. 21:27; Hech. 1:11;
  Apoc. 1:7.

CRÍTICAS

Abimelec a Abraham por afrenta.
  Gén. 20:9-10.
Abimelec a Isaac por conducta similar.
  Gén. 26:9-10.
Caín a Dios. Gén. 4:13-14.
David a Joab por matar a Abner.
  2 Sam. 3:28-21.
Débora a Israel en su cántico. Jue. 5:16-23.
Faraón a Abraham por decir que Sara era su
  hermana. Gén. 12:18-19.
Israelitas a Moisés y tientan a Dios.
  Ex. 17:7.
Jacob a Simeón y Leví por haber matado a
  Hamor y Siquem. Gén. 34:30.
Jacob y Labán, mutuamente. Gén. 31:26-42.
Jesús a discípulos por falta de
  entendimiento. Mat. 15:16; 16:8-9,11;
  Mar. 7:18; Luc. 24:25; Juan 14:9.

Jesús a discípulos por impedir que niños fueran a él. Mat. 19:14; Mar. 10:14; Luc. 18:16.

Jesús a discípulos por incredulidad. Mat. 8:26; 14:31; 16:8-11; 17:17; Mar. 4:40; Luc. 8:25.

Jesús a discípulos por quedarse dormidos en Getsemaní. Mat. 26:40; Mar. 14:27.

Joab a David por lamentar muerte de Absalón. 2 Sam. 19:5-7.

Rubén a sus hermanos por cómo trataron a José. Gén. 42:22.

CRONOLOGÍA

Año judío, institución de. Ex. 12:2.

CRUCIFIXIÓN

Con Cristo. Gál. 2:20.

de 2 delincuentes. Mat. 27:38.

de discípulos, profetizada. Mat. 23:34.

de nuestro yo. Rom. 6:6.

Deshonra de. Gál. 3:13; 5:11.

CRUELDAD

En guerra. Isa. 13:16,18.

Ejemplos de

Egipcios a israelitas. Ex. 5:6-18.

Líderes judíos a Jesús. Mat. 26:67; 27:28-31.

Penina a Ana. 1 Sam. 1:4-7; 2:3.

Sara a Agar. Gén. 16:6; 21:9-14.

Soldados romanos a Jesús. Luc. 22:64; Juan 19:3.

CRUJIR DE DIENTES

Ver Dientes, Crujir de

CRUZ

Cargada por Jesús. Juan 19:17.

Cargada por Simón. Mat. 27:32; Mar. 15:21; Luc. 23:26.

Debe ser llevada por seguidores de Jesús. Mat. 10:38.

Enemigos de. Fil. 3:18.

Jesús crucificado en. Mat. 27:32; Luc. 23:26; Hech. 2:23,36; 4:10; 1 Cor. 1:23; 2:2,8; Ef. 2:16; Fil. 2:8; Col. 1:20; 2:14; Heb. 12:2.

Ofensiva. Gál. 5:11.

Pablo se gloriaba en. Gál. 6:14.

Predicación de, es locura. 1 Cor. 1:17.

CUARENTA

Coincidencias notables en el número

Años de peregrinación israelita en desierto. Ex. 16:35.

Ayuno de Moisés. Ex. 24:18; 34:28; Deut. 9:9,25.

Azotes para castigar a delincuentes. Deut. 25:3; 2 Cor. 11:24.

Días después del diluvio, antes de soltar cuervo. Gén. 8:6.

Días de lluvia en diluvio. Gén. 7:7-12.

Días que vivió Cristo después de resucitar. Hech. 1:3.

Egipto, desolado. Ezeq. 29:11.

Egipto, restaurado después de. Ezeq. 29:13.

Elías. 1 Rey. 19:8.

Espías en tierra prometida. Núm. 13:25.

Jesús. Mat. 4:2.

Para embalsamar. Gén. 50:3.

Paz en Israel. Jue. 3:11; 5:31; 8:28.

Sentido simbólico. Ezeq. 4:6.

Tiempo de prueba para ninivitas. Jon. 3:4.

CUCHARAS

Del tabernáculo. Ex. 25:29.

Del templo. 1 Rey. 7:50.

CUCHILLO

Automutilación con, práctica
   idólatra. 1 Rey. 18:28.
Del templo, llevados de regreso desde
   Babilonia. Esd. 1:9.
Instrumento cortante. Jer. 36:23.
Instrumento filoso que usó Abraham al
   ofrecer a Isaac. Gén. 22:6.

CUERDA

de amistad. Ecl. 4:12; Os. 11:4.
de pecado. Prov. 5:22.
En cuello, señal de sujeción. 1 Rey. 20:31.
Para asegurar tiendas. Ex. 35:18; 39:40.
Para atar carro o arado. Job 39:10.
Para atar prisioneros. Jue. 15:13.
Para llevar o atar animales. Sal. 118:27;
   Os. 11:4.
Para medir tierra. 2 Sam. 8:2.

Sentido figurado
   Bendiciones espirituales. Sal. 16:6.
   de aflicción. Job 36:8.
   de amor. Os. 11:4.
   de tentaciones. Sal. 140:5; Prov. 5:22.
Señal de duelo. 1 Rey. 20:31-33; Job 36:8.
Triple. Ecl. 4:12.
Usada en cabeza como emblema de
   esclavitud. 1 Rey. 20:30,32.

CUERNO

de poder. 1 Rey. 22:11.
Figurativamente, protección divina.
   2 Sam. 22:3.
Sentido simbólico. Dan. 7:7-24; Hab. 3:4;
   Apoc. 17:3-16.
Usado para poner aceite de unción.
   1 Sam. 16:1; 1 Rey. 1:39.

CUERO

Cinturón. 2 Rey. 1:8; Mat. 3:4.
Curtidor de. Hech. 9:43; 10:5-6.
Llamado piel. Gén. 3:21; Lev. 8:17.

CUERVO

Descripción
   Carnívoro. Prov. 30:17.
   Negro. Cant. 5:11.
   No hace provisión para futuro.
      Luc. 12:24.
   Vive en lugares desolados. Isa. 34:11.
Dios alimenta a. Job 38:41; Sal. 147:9;
   Luc. 12:24.
Elías fue alimentado por. 1 Rey. 17:4-6.
Inmundo; no debía comerse. Lev. 11:15;
   Deut. 14:14.
Noé lo envió desde arca. Gén. 8:7.
Plumaje de, ilustrativo de gloria de Cristo.
   Cant. 5:11.

CUEVA

de Adulam. 1 Sam. 22:1; 2 Sam. 23:13;
   1 Crón. 11:15.
En-gadi. 1 Sam. 24:3-8.
Lugar de refugio. Jos. 10:16-27; Jue. 6:2;
   1 Sam. 13:6; 1 Rey. 18:4,13; 19:9,13.
Lugar de sepultura.
   Gén. 23:9-20; 25:9; 49:29-32; 50:13;
   Juan 11:38.

Usada para vivir
   Creyentes. Heb. 11:38.
   Elías. 1 Rey. 19:9.
   Israelitas. Ezeq. 33:27.
   Lot. Gén. 19:30.

CUIDADO DE DIOS

Afirmado por fe. Sal. 23.
Asegurado con confianza. Sal. 55:22.
Ilustrado en iglesia. 1 Cor. 12:25.
Prometido. 1 Ped. 5:7.

CULPA

Ver Conciencia; Gracia; Pecado; Perdón de
   pecados; Perdonar a otros; Redención;
   Sacrificios; Salvación

CUMPLEAÑOS

Celebraciones. Gén. 40:20; Mat. 14:6.

Maldición. Job 3:1-3; Jer. 20:14,18.

CURIOSIDAD

Característica de seres humanos.
Prov. 27:20.

Ejemplos de

de Abraham, por saber si Dios destruiría
a justos en Sodoma. Gén. 18:23-32.

de ángeles, por conocer misterios de
salvación. 1 Ped. 1:12.

de atenienses, por oír cosas nuevas.
Hech. 17:19-21.

de babilonios, por ver tesoros de
Ezequías. 2 Rey. 20:13.

de Daniel, por conocer visión.
Dan. 12:8-9.

de discípulo, por saber si eran pocos
quienes se salvarían. Luc. 13:23.

de discípulos, por saber si Jesús
restauraría reino en ese momento.
Hech. 1:6-7.

de griegos, por ver a Jesús. Juan 12:20-21.

de Herodes, por ver a Jesús
Luc. 9:9; 23:8.

de israelitas, por ver a Dios. Ex. 19:21-24.

de Jacob, por saber nombre del ángel.
Gén. 32:29.

de líderes judíos, por ver a Lázaro después
que resucitó. Juan 12:9.

de Manoa, por saber nombre del ángel.
Jue. 13:17-18.

de Pedro, por saber qué ocurría con Jesús.
Mat. 26:58.

de Pedro, por saber qué se le
encomendaría a Juan. Juan 21:21-22.

Del pueblo de Bet-semes, por ver interior
del arca. 1 Sam. 6:19.

Por ver ofrenda en lugar santísimo.
Núm. 4:19,20.

Primera, de Eva. Gén. 3:6.

D

DANZAR
Ver Bailar

DAÑOS Y PERJUICIOS
Por causar aborto involuntariamente.
Ex. 21:22.
Por daño a joven mujer. Deut. 22:13-19.
Por daño al animal del prójimo.
Ex. 21:33-34.
Por daño causado por animal. Ex. 21:28-32.
Por daños como resultado de mentira.
Lev. 6:1-5.
Por pérdida de tiempo. Ex. 21:18-19.

DARDO
Figurativamente, de impíos Ef. 6:16.

DEBER
Ante Dios. Deut. 6:18; 1 Crón. 16:29;
Ecl. 12:13.
Hacia gobierno. Luc. 20:25; 1 Ped. 2:17.
Hacia hijos. Ef. 6:4.
Hacia hombres. Prov. 3:27; Rom. 13:7;
1 Juan 4:11.
Hacia otros cristianos. Rom. 15:1;
1 Cor. 8:11.
Resumido en amor. Rom. 13:9.
Y estancamiento. Deut. 1:6.

DECADENCIA MORAL
Al final de los tiempos. Mat. 24:12,37;
2 Tim. 3:1-5.
Carencia de moral. Gál. 5:19-21; Ef. 5:3-5;
Col. 3:5-6; 1 Tim. 1:9-10.

DECÁLOGO
Autoridad divina del. Ex. 20:1; 34:27-28;
Deut. 5:4-22.
Escrito por Dios. Ex. 24:12; 31:18; 32:16;
Deut. 5:22; 9:10; Os. 8:12.
Llamado palabras del pacto. Ex. 34:28.
Llamado tablas del testimonio.
Ex. 31:18; 34:29; 40:20.

DECAPITACIÓN

Ejecutados por
Jacobo. Hech. 12:2.
Juan el Bautista. Mat. 14:10; Mar. 6:27.
Mártires. Apoc. 20:4.

DECISIÓN, TOMAR
Bienaventuranza de. Jos. 1:7.

Evidente al
Amar a Dios de manera perfecta.
Deut. 6:5.
Buscar a Dios de todo corazón.
2 Crón. 15:12.
Estar del lado de Dios. Ex. 32:26.
Guardar mandamientos de Dios.
Neh. 10:29.
Seguir a Dios plenamente.
Núm. 14:24; 32:12; Jos. 14:8.
Servir a Dios. Isa. 56:6.
Exhortaciones a. Jos. 24:14-15.
Necesaria para servir a Dios. Luc. 9:62.

Opuesta a
Infidelidad. Sal. 78:8.

Ir a derecha o izquierda. Deut. 5:32.
Servicio dividido. Mat. 6:24.
Titubear entre 2 opiniones. 1 Rey. 18:21.
Vacilación. Sant. 1:8.

DECRETOS

de medos, irrevocables. Dan. 6:14-15.
Eclesiásticos, de iglesia en Jerusalén.
Hech. 16:4; 15:28-29.

DEDICACIÓN

Consagración del lugar de reunión.
2 Crón. 2:4.

Cosas dedicadas a Dios
Cámaras especiales para.
2 Crón. 31:11-12.
Colocadas con tesoros de casa de
Jehová. 1 Rey. 7:51; 2 Crón. 5:1.
Consideradas santas. Lev. 27:28;
2 Rey. 12:18.
Entregadas para apaciguar a
enemigos. 2 Rey. 12:17-18.
Levitas colocados sobre.
1 Crón. 26:20,26; 2 Crón. 31:12.
Leyes sobre liberación de. Lev. 27.
Para sostener a sacerdotes. Núm. 18:14;
Ezeq. 44:29.
Reparación y mantenimiento del
templo. 2 Rey. 12:4-5; 1 Crón. 26:27.
de idólatras al erigir ídolos. Dan. 3:2-3.
de propiedad, a menudo pervertida.
Mar. 7:9-13.
de todo para uso sagrado. 1 Crón. 28:12.

Objetos de
Botín de guerra. 2 Sam. 8:11;
1 Crón. 18:11.
Casas, al ser construidas. Deut. 20:5;
Sal. 30.
Muros de ciudades. Neh. 12:27.
Personas. Ex. 22:29; 1 Sam. 1:11.
Propiedad. Lev. 27:28; Mat. 15:5.
Segundo templo. Esd. 6:16-17.

Tabernáculo. Núm. 7.
Templo de Salomón. 1 Rey. 8:1-63;
2 Crón. 7:5.
Tributo de extranjeros. 2 Sam. 8:10-11.

DEDICACIÓN, FIESTA DE LA

En Quisleu, mes invernal. Juan 10:22.
Para conmemorar limpieza del templo
después de profanación de Antíoco.
Dan. 11:31.

DEDO

Seis en una mano. 2 Sam. 21:20.

DEFECTOS CONGÉNITOS

Desarrollo del niño por nacer.
Con propósito. Isa. 49:5; Jer. 1:5;
Rom. 8:28.
Controlado por Dios. Job 10:11;
Sal. 119:73; 139:13-15; Isa. 44:2; 46:3.
Misterioso. Ecl. 11:5.

Ejemplos de
Ceguera. Juan 9:1.
Cojera. Hech. 3:2; 14:8.
Esterilidad masculina. Mat. 19:12.

DEFENSA

de Esteban. Hech. 7.
de Jeremías. Jer. 26:12-16.
de Pablo.
Hech. 22; 23:1-6; 24:10-21; 26:1-23.
de Pedro. Hech. 4:8-13; 5:23-29.

DEFENSA PROPIA

Acusado hablaba en. Mat. 27:11-14;
Hech. 2:37-40; 22; 23; 24:10-21; 26.

DELEITARSE EN DIOS

Ver Dios, Deleitarse en

DELEITE

A pesar de problemas. 2 Cor. 7:4.

A pesar de tentaciones y pruebas. Sant. 1:2.
Abundante. 1 Tim. 6:17.
Bendiciones del. Sal. 112:1.
Camino al. 1 Ped. 3:10-11.
En todas las cosas. 1 Tim. 6:17.
Produce satisfacción. Isa. 55:1-2.

DELINCUENCIA JUVENIL

Ejemplos de
Hijo pródigo. Luc. 15:12-13.
Hijos de Elí. 1 Sam. 2:22-25.
Muchachos burlándose de Eliseo.
2 Rey. 2:23-25.

Hijo que delinque
Corrección del. Prov. 19:18.
Rechaza corrección. Deut. 21:18-21;
Jer. 2:30.
Responsable por propias acciones.
Ezeq. 18:10-13.

Trato que dan a padres
Deshonran. Deut. 27:16.
Desprecian. Ezeq. 22:7.
Hieren. Ex. 21:15.
Maldicen. Ex. 21:17.
Son insolentes. Isa. 3:5.

DELINCUENTES

Confinados a calabozos. Gén. 40:15; 41:14;
Ex. 12:29; Isa. 24:22; Jer. 37:16; 38:10;
Lam. 3:53,55.
Confinados en prisiones. Gén. 39:20-23;
Esd. 7:26; Hech. 4:3; 12:4-5; 16:19-40.
Liberados en ciertas fiestas. Mat. 27:15,21.

DELITO

Astucia de delincuentes. Prov. 1:11,15,18.
Censura de. Isa. 1:16-17; Jon. 3:8.
Desbarajuste y violencia. Jer. 7:9;
Ezeq. 7:23.
Fuente de. Mat. 15:19-20.
Importancia de. Juan 3:19; 1 Cor. 6:10.

Resultados del derramamiento de sangre.
Gén. 9:6; Mat. 26:52.

DEMAGOGIA

de Absalón. 2 Sam. 15:2-6.
de Félix. Hech. 24:27.
de Herodes. Hech. 12:3.
de Pilato. Mat. 27:17-26; Mar. 15:15;
Luc. 23:13-24; Juan 18:38-40; 19:6-13.

DEMONIOS

Adoración a. Lev. 17:7; Deut. 32:17;
2 Crón. 11:15; Sal. 106:37; Mat. 4:9;
Luc. 4:7; 1 Cor. 10:20-21; 1 Tim. 4:1;
Apoc. 13:4.
Adoración a, prohibida. Lev. 17:7;
Zac. 13:2; Apoc. 9:20.
Adversarios de seres humanos. Mat. 12:45.
Castigo a. Mat. 8:29; 25:41; Luc. 8:28;
2 Ped. 2:4; Jud. 6; Apoc. 12:7-9.
Creen y tiemblan. Sant. 2:19.
Discípulos no pudieron echar.
Mar. 9:18,28-29.

Ejemplos de posesión de
Dos gadarenos. Mat. 8:28-34;
Mar. 5:2-20.
Hato de cerdos. Mat. 8:30-32.
Hija de sirofenicia. Mat. 15:22-29;
Mar. 7:25-30.
Hombre ciego y mudo. Mat. 12:22;
Luc. 11:14.
Hombre en sinagoga. Mar. 1:23-26;
Luc. 4:33-35.
María Magdalena. Mar. 16:9; Luc. 8:2-3.
Muchacho lunático. Mat. 17:14-18;
Mar. 9:17-27; Luc. 9:37-43.
Mudo. Mat. 9:32-33.
Saúl. 1 Sam. 16:14-23; 18:10-11;
19:9-10.
Enviados para causar dificultades entre
Abimelec y siquemitas. Jue. 9:23.

D

Expulsados por discípulos. Mar. 9:38;
Luc. 10:17.

Expulsados por Felipe. Hech. 8:5-7.

Expulsados por Jesús. Mat. 4:24; 8:16;
Mar. 3:22; Luc. 4:41.

Expulsados por Pablo.
Hech. 16:16-18; 19:12.

Expulsados por Pedro. Hech. 5:16.

Hijos de Esceva echan. Hech. 19:13-16.

Jesús, falsamente acusado de estar poseído
por. Mar. 3:22-30; Juan 7:20; 10:20.

Mensaje dado a falsos profetas por parte
de. 1 Rey. 22:21-23.

Parábola del hombre a quien, volvieron a
poseer. Mat. 12:43-45.

Poder sobre, otorgado a discípulos.
Mat. 10:1; Mar. 6:7; 16:7.

Serán juzgados en juicio final. Mat. 8:29;
2 Ped. 2:4; Jud. 6.

Testifican de divinidad de Jesús. Mat. 8:29;
Mar. 1:23-24; 3:11; 5:7; Luc. 8:28;
Hech. 19:15.

Vida cotidiana

DENARIO

U n denario es una moneda
que representa el salario
típico diario de un jornalero
(Mat. 20:2). Esta moneda romana
es la que se menciona más
frecuentemente en el Nuevo
Testamento.

DEPORTES

Descripción
Boxeo. 1 Cor. 9:26.
Carreras pedestres. 1 Cor. 9:24-25.

Figura de vivir la vida cristiana
Boxeo. 1 Cor. 9:27.

Carreras pedestres. 1 Cor. 9:24-25;
Gál. 2:2; 5:7; Fil. 2:16; 3:13-14;
2 Tim. 4:7; Heb. 12:1.

Gladiadores. 1 Cor. 4:9; 15:32.

DEPRAVACIÓN HUMANA

Antes del diluvio. Gén. 6:5-13; 8:21.

Descrita por David. Sal. 51:5.

Descrita por Pablo.
Rom. 2:1; 3:9-23; 7:5-25.

DERECHOS CIVILES

Deben ser sustentados
Por personas. Prov. 31:4-5,8-9; Isa. 1:17;
1 Tim. 6:17-18.
Por testigos. Deut. 19:15; Isa. 43:9.

Derecho a asilo. Ex. 21:13.

Derecho a juicio justo. Ex. 22:9.

Derecho a trabajar
Salario a tiempo. Lev. 19:13;
Deut. 24:14-15; Prov. 3:27-28.
Salario justo. Mat. 10:10; 1 Cor. 9:3-12;
1 Tim. 5:18; Sant. 5:4.

Derecho a vida. Ex. 20:13; 21:22-25;
Sal. 139:13-15; Mat. 5:21-22.

Dios defiende. Sal. 146:7-9; Mal. 2:9;
1 Tim. 5:21.

En juicio, para con
Autoridades. 2 Sam. 12:7; 14:13;
1 Rey. 20:42.
Ciudadanos y no ciudadanos. Ex. 12:49;
Lev. 24:22; Núm. 15:15-16.
Grandes y pequeños. Deut. 1:17.
Ricos y pobres. Lev. 19:15; Amós 5:12.
Todo el pueblo. Deut. 16:18-20.

Imparcialidad
Como característica de Dios.
Deut. 10:17-18; Hech. 10:34.
Como característica de Jesús. Luc. 20:21.

Subordinación voluntaria de derechos.
Luc. 22:26; 1 Cor. 8:9-13; Ef. 5:21;
Fil. 2:4.

Todas las personas
Creadas a imagen de Dios. Gén. 1:27-28.
Iguales en Cristo. Gál. 3:28.

DESALIENTO

Agar, cuando fue echada de casa de
Abraham por celos de Sara.
Gén. 21:15-16.
Caín, cuando Dios pronunció juicio sobre él
por asesinato de Abel. Gén. 4:13-14.
Consuelo en. Isa. 35:3-4; Luc. 18:1-8;
Heb. 12:12-13.
Cuando el pueblo anheló comer carne.
Núm. 11:15.
Elías, cuando huyó de Jezabel al
desierto. 1 Rey. 19:4.
En mar Rojo. Ex. 14:15.
Israelitas, por cruel opresión de egipcios.
Ex. 6:9.
Jonás, después de predicar a ninivitas.
Jon. 4:3,8.
Marineros que viajaban a Roma con Pablo.
Hech. 27:20.
Moisés, cuando fue enviado a israelitas.
Ex. 4:1,10,13; 6:12.

DESALOJO

de inquilinos. Mat. 21:41; Mar. 12:9.

DESÁNIMO

Ilustrado. 1 Rey. 19:4; Neh. 4:10; Sal. 43:3;
Isa. 49:14; Luc. 5:5; 24:24.
Peligro de causar. Col. 3:21; 1 Tes. 5:19.
Razones para. Prov. 13:12; 2 Cor. 12:7.
Victoria sobre. Hab. 3:17-19; Hag. 1:2-14;
Hech. 28:15; 2 Cor. 12:9.

DESCANSO

Día de Dios para el. Ex. 23:12.

Eterno. Sal. 104:23; Apoc. 14:13.
Jesús y el, de fatigas de su ministerio.
Mar. 6:31-32; 7:24.
Llamado de Cristo al. Mat. 11:28.
Provisión de Dios para el. Sal. 23:2; 37:7;
Heb. 4:9.

D

DESCARRIARSE

Advertencias contra. Sal. 85:8;
1 Cor. 10:12.
Bienaventuranza de quienes se guardan de.
Prov. 28:14; Isa. 26:3-4; Col. 1:21-23.
Castigo por tentar a otros al pecado de.
Prov. 28:10; Mat. 18:6.
Conlleva castigo. Prov. 14:14; Jer. 2:19.
Culpabilidad y consecuencias de.
Núm. 14:43; Sal. 125:5; Isa. 59:2,9-11;
Jer. 5:6; 8:5,13; 15:6; Luc. 9:62.
Detestable para creyentes. Sal. 101:3.

Equivale a
Alejarse de Dios. 1 Rey. 11:9.
Apartarse de simplicidad del
evangelio. 2 Cor. 11:3;
Gál. 3:1-3; 5:4,7.
Dejar primer amor. Apoc. 2:4.
Espíritu arrogante lleva a. Prov. 16:18.
Exhortaciones a volver luego de.
2 Crón. 30:6; Isa. 31:6; Jer. 3:12,14,22;
Os. 6:1.
Hay esperanza. Sal. 37:24; Prov. 24:16.
Orar para ser restaurado luego de.
Sal. 80:3; 85:4; Lam. 5:21.
Pecado de, debe ser confesado.
Isa. 59:12-14; Jer. 3:13-14; 14:7-9.
Perdón por, prometido. 2 Crón. 7:14;
Jer. 3:12; 31:20; 36:3.
Probablemente continúe y aumente.
Jer. 8:5; 14:7.
Sanidad luego de, prometida. Jer. 3:22;
Os. 14:4.
Tendencia a. Prov. 24:16; Os. 11:7.

Tratar de hacer regresar a quienes optaron por. Gál. 6:1; Sant. 5:10,20.

DESCUIDO, NEGLIGENCIA

Advertencia contra. Deut. 8:11; Isa. 47:8; Luc. 8:15.

Amonestación contra. Heb. 2:1.

Necedad de. Prov. 14:16; Mat. 7:26-27.

Peligro de. Ezeq. 39:6; Mat. 12:36.

DESESPERACIÓN

Conduce a

Blasfemia. Isa. 8:21; Apoc. 16:10-11.

Seguir en pecado. Jer. 2:25; 18:12.

Confianza en Dios preserva contra. Sal. 42:5,11.

Creyentes a veces tentados a. Job 7:6; Lam. 3:18.

Creyentes pueden vencer. 2 Cor. 4:8-9.

de impíos cuando se manifieste Cristo. Apoc. 6:16.

Producida en impíos por juicios divinos. Deut. 28:34,67; Apoc. 9:6; 16:10.

DESFALCO

Parábola de. Luc. 16:1-7.

DESHONESTIDAD

Actitud de Dios hacia. 1 Tes. 4:6; Sant. 5:4.

Castigo y restauración. Lev. 6:2-7.

Ejemplos de

Acab toma viña de Nabot. 1 Rey. 21:2-16.

Acán oculta lingote de oro y manto babilónico. Jos. 7:11-26.

Jacob obtiene primogenitura de su hermano por ventaja injusta. Gén. 25:29-33.

Jacob roba bendición paterna. Gén. 27:6-29.

Jacob roba rebaños de Labán. Gén. 30:31-43.

Joab y su engaño para asegurar regreso de Absalón. 2 Sam. 14:2-20.

Judas y su compasión hipócrita por pobres. Juan 12:6.

Labán y forma en que trató a Jacob. Gén. 29:21-30; 31:36-42.

Micaía y su robo de 1100 piezas de plata. Jue. 17:2.

Raquel roba ídolos de su padre. Gén. 31:19.

Rebeca y su engaño para favorecer a Jacob. Gén. 27:6-17.

Sacerdote de Micaía roba imágenes. Jue. 18:14-21.

Siervos de Abimelec toman pozo de agua. Gén. 21:25; 26:15-22.

Simeón y Leví engañan a siquemitas. Gén. 34:15-31.

En negocios. Deut. 25:13-16.

DESIERTO

Descontentos, huyeron al. 1 Sam. 22:2; Hech. 21:38.

Descripción

Asolado y devastado. Ezeq. 6:14.

Despoblado. Jer. 2:6.

Grande y terrible. Deut. 1:19.

Seco y sin agua. Ex. 17:1; Deut. 8:15.

Sin camino, sin huellas. Isa. 43:19.

Sin cultivar. Núm. 20:5; Jer. 2:2.

Yermo de horrible soledad. Deut. 32:10.

Fenómenos del, alusión a

Espejismo. Jer. 15:18.

Nubes de arena y polvo. Deut. 28:24; Jer. 4:12-13.

Tornados o remolinos. Isa. 21:1.

Viento seco. Jer. 4:11.

Guías, necesarios en. Núm. 10:31; Deut. 32:10.

Habitados por tribus errantes. Gén. 21:20-21; Jer. 25:24.

Ilustrativo de
Desolación por parte de ejércitos.
Jer. 12:10-13; 50:12.
Esterilidad. Sal. 106:9; 107:33,35.
Gentiles. Isa. 35:1,6; 41:19.
Lo que no proporciona nada. Jer. 2:31.
Mundo. Cant. 3:6; 8:5.
Quienes están privados de bendiciones.
Os. 2:3.
Lugares inhabitados. Mat. 14:15;
Mar. 6:31.

Mencionados en Escrituras
Arábigo o gran desierto. Ex. 23:31.
Beerseba. Gén. 21:14; 1 Rey. 19:3-4.
Bet-avén. Jos. 18:12.
Cademot. Deut. 2:26.
Cades. Sal. 29:8.
Cerca de Gaza. Hech. 8:26.
Damasco. 1 Rey. 19:15.
Del mar Rojo. Ex. 13:18.
Edom. 2 Rey. 3:8.
En-gadi. 1 Sam. 24:1.
Gabaón. 2 Sam. 2:24.
Jeruel. 2 Crón. 20:16.
Judea. Mat. 3:1.
Maón. 1 Sam. 23:24-25.
Parán. Gén. 21:21; Núm. 10:12.
Shur. Gén. 16:7; Ex. 15:22.
Sin. Ex. 16:1.
Sinaí. Ex. 19:1-2; Núm. 33:16.
Zif. 1 Sam. 23:14-15.
Zin. Núm. 20:1; 27:14.
Partes de, proporcionaban lugar de
pastoreo. Gén. 36:24; Ex. 3:1.
Peligro de viajar en. Ex. 14:3; 2 Cor. 11:26.
Peregrinación de israelitas en, figura de
condición de pecadores. Deut. 32:10.
Perseguidos, huían al. 1 Sam. 23:14;
Heb. 11:38.

Plagado de
Animales salvajes. Isa. 13:21; Mar. 1:13.
Ladrones. Jer. 3:2; Lam. 4:19.

Serpientes. Deut. 8:15.
Región árida con escasa vegetación.
Lev. 16:22; Deut. 8:15; Jer. 2:2,6; 17:6.
Retama, a menudo hallada en. Jer. 17:6.
Tentación de Jesús en el. Mat. 4:1.
Usado figurativamente. Isa. 35:1.
Vastas planicies áridas. Ex. 5:3.

D

DESIERTO, VIAJE DE ISRAEL POR EL
Adoración a Dios durante.
Ex. 24:5-8; 29:38-42; 40:24-29.
Bajo dirección de Dios.
Ex. 13:21-22; 15:13; Neh. 9:12;
Sal. 78:52; Isa. 63:11-14.
Bajo protección de Dios. Ex. 14:19-20, con
Sal. 105:39; Ex. 23:20, con Sal. 78:53.
Buena salud durante. Sal. 105:37.
Cantidad de personas. Ex. 12:37.
Caracterizado por constante murmuración y
rebelión. Sal. 78:40; 95:10; 106:7-39.
Causó miedo universal. Ex. 15:14-16;
Núm. 22:3-4.
Circuncisión omitida durante. Jos. 5:5.
Comenzó prestamente. Ex. 12:39.
Con Moisés como líder. Ex. 3:10-12, con
Hech. 7:36,38.
Con provisión milagrosa. Ex. 16:35;
Deut. 8:3.
Constante bondad y misericordia de Dios
durante. Sal. 106:10,43-46; 107:6,13.
Dificultad y peligro de. Deut. 8:15.

Duró 40 años
Como castigo. Núm. 14:33-34.
Para probarlos y humillarlos, etc.
Deut. 8:2.
Para enseñarles a vivir en palabra de Dios.
Deut. 8:3.
Fecha del comienzo. Ex. 12:41-42.
Gente extranjera los acompañó en.
Ex. 12:38; Núm. 11:4.
Ilustrativo del peregrinaje de iglesia.
Cant. 8:5; 1 Ped. 1:17.

Justicia administrada durante. Ex. 18:13,26.

Obstruido, etc., por naciones vecinas.
Ex. 17:8; Núm. 20:21.

Orden de marcha durante. Núm. 10:14-28.

Orden del campamento durante. Núm. 2.

Por ruta sinuosa. Ex. 13:17-18.

Realizado con regularidad. Ex. 13:18.

Ropa preservada durante. Deut. 8:4; 29:5;
Neh. 9:21.

Territorio adquirido durante. Deut. 29:7-8.

Comenzó en Ramesés, Egipto. Ex. 12:37.
A Sucot. Ex. 12:37; Núm. 33:5.
A Etam. Ex. 13:20; Núm. 33:6.

Entre Baal-zefón y Pi-hahirot. Ex. 14:2;
Núm. 33:7.
Alcanzados por Faraón. Ex. 14:9.
Exhortación a mirar a Dios.
Ex. 14:13-14.
Nube se colocó en retaguardia.
Ex. 14:19-20.
Mar Rojo dividido. Ex. 14:16,21.

A través del mar Rojo. Ex. 14:22,29.
Fe demostrada al cruzar. Heb. 11:29.
Faraón y ejército destruidos.
Ex. 14:23-28; Sal. 106:11.
Cántico de alabanza de Israel.
Ex. 15:1-21; Sal. 106:12.

A través del desierto de Shur o Etam.
Ex. 15:22; Núm. 33:8.
A Mara. Ex. 15:23; Núm. 33:8.
Murmuración del pueblo por aguas
amargas. Ex. 15:24.
Agua endulzada. Ex. 15:25.
A Elim. Ex. 15:27; Núm. 33:9.

Por mar Rojo. Núm. 33:10.

Por desierto de Sin. Ex. 16:1; Núm. 33:11.
Murmuración pidiendo pan. Ex. 16:2-3.
Codornices una noche. Ex. 16:8,12-13.
Envío del maná. Ex. 16:14,8,16-31.

A Dofca. Núm. 33:12.

A Alús. Núm. 33:13.

A Refidim. Ex. 17:1; Núm. 33:14.
Murmuración pidiendo agua. Ex. 17:2-3.
Agua de roca. Ex. 17:5-6.
Llamado Masah y Meriba. Ex. 17:7.
Amalec se opone a Israel. Ex. 17:8.
Amalec vence. Ex. 17:9-13.

Al monte Sinaí. Ex. 19:1-2; Núm. 33:15.
Visita de Jetro. Ex. 18:1-6.
Nombramiento de jueces. Ex. 18:14-26;
Deut. 1:9-15.
Se entrega ley. Ex. 19:3; 20.
Pacto. Ex. 24:3-8.
Ley escrita en tablas. Ex. 31:18.
Orden de hacer tabernáculo, etc.
Ex. 24-27.
Tribu de Leví tomada en vez del
primogénito. Núm. 3:11-13.
Aarón e hijos elegidos para sacerdocio.
Ex. 28-29; Núm. 3:1-3,10.
Levitas apartados. Núm. 3:5-9.
Becerro de oro. Ex. 32:1,4.
Tablas del testimonio quebradas.
Ex. 32:19.
Pueblo castigado por idolatría.
Ex. 32:25-29,35.
Gloria de Dios mostrada a Moisés.
Ex. 33:18-23; 34:5-8.
Tablas del testimonio, renovación de.
Ex. 34:1-4,27-29; Deut. 10:1-5.
Tabernáculo erigido por primera vez.
Ex. 40.
Nadab y Abiú destruidos por ofrecer
fuego extraño. Lev. 10:1-2; Núm. 3:4.
Pascua conmemorada por primera vez.
Núm. 9:1-5.
Segundo censo del pueblo. Núm. 1:1-46,
con Ex. 38:25-26.

A *Kibrot-hataava. Núm. 33:16.*
Quejas castigadas con fuego.
Núm. 11:1-3.
Llamado Tabera. Núm. 11:3.
Murmuración de extranjeros y de Israel,
pidiendo carne. Núm. 11:4-9.
Promesa de carne. Núm. 11:10-15,18-23.
Designan 70 ancianos para ayudar a
Moisés. Núm. 11:16-17,24-30.
Codornices durante un mes.
Núm. 11:19-20,31-32.
Murmuración castigada. Núm. 11:23;
Sal. 78:30-31.
Por qué se llama Kibrot-hataava.
Núm. 11:34.

A *Hazerot. Núm. 11:35; 33:17.*
Aarón y María envidian a Moisés.
Núm. 12:1-2.
María castigada con lepra. Núm. 12:10.
Demora de 7 días por María.
Núm. 12:14-15.

A *Cades-barnea en desierto de Ritma,*
Parán. Deut. 1:19, y Núm. 32:8
con 12:16 y 33:18.
Pueblo ansioso para reconocimiento de
tierra. Deut. 1:22.
Moisés debe enviar espías. Núm. 13:1-2.
Personas seleccionadas como espías.
Núm. 13:3-16.
Envían espías. Jos. 14:7, con
Núm. 13:17-20.
Espías regresan con informe malo.
Núm. 13:26-33.
Pueblo teme y se rebela. Núm. 14:1-4.
Castigo por rebelión.
Núm. 14:26,35; 32:11-13;
Deut. 1:35-36,40.
Espías culpables castigados con plaga.
Núm. 14:36-37.
Pueblo vencido por Abimelec por haber
subido sin Dios. Núm. 14:40-45;
Deut. 1:41-44.

Regreso por mar Rojo. Núm. 14:25;
Deut. 1:40; 2:1.
Quien quebrantó el sábado, apedreado.
Núm. 15:32-36.
Rebelión de Coré. Núm. 16:1-19.
Coré, etc. castigados. Núm. 16:30-35.
Llega plaga. Núm. 16:41-46.
Plaga continúa. Núm. 16:47-50.
Confirmación de elección divina de
Aarón. Núm. 17.

A *Rimón-peres. Núm. 33:19.*

A *Libna o Labán. Núm. 33:20; Deut. 1:1.*

A *Rissa. Núm. 33:21.*

A *Ceelata. Núm. 33:22.*

Al *monte de Sefer. Núm. 33:23.*

A *Harada. Núm. 33:24.*

A *Macelot. Núm. 33:25.*

A *Tahat. Núm. 33:26.*

A *Tara. Núm. 33:27.*

A *Mitca. Núm. 33:28.*

A *Hasmona. Núm. 33:29.*

A *Moserot. Núm. 33:30.*

A *Bene-jaacán. Núm. 33:31.*

A *Monte de Gidgad o Godgoda.*
Núm. 33:32; Deut. 10:7.

A *Jotbata o tierra de arroyo de aguas.*
Núm. 33:33; Deut. 10:7.

Varios de estos lugares posiblemente
visitados otra vez. Deut. 10:6-7,
con Núm. 33:30-32.

A *Abrona. Núm. 33:34.*

A *Ezión-geber. Núm. 33:35.*

D

A Cades en desierto de Zin.
Núm. 20:1; 33:36; Jue. 11:16.
María muere y es sepultada. Núm. 20:1.
Segunda murmuración pidiendo agua.
Núm. 20:2-6.
Moisés golpea roca en vez de hablarle, y
desobedece a Dios. Núm. 20:7-11.
Moisés y Aarón castigados. Núm. 20:12.
Llamado Meriba para conmemorar
murmuración. Núm. 20:13; 27:14.
Órdenes con respecto a Edom.
Deut. 2:3-6.
Rey de Edom se niega a dejarlos pasar.
Núm. 20:14-21; Jue. 11:17.

Al monte Hor. Núm. 20:22; 33:37.
Aarón muere. Núm. 20:28-29; 33:38-39.
Conquista de Arad. Núm. 21:1-3; 33:40.
Llamado Horma. Núm. 21:2-3.

A Zalmona. Núm. 33:41.
Murmuración del pueblo. Núm. 21:4-5.
Serpientes ardientes. Núm. 21:6.
Se erige serpiente de bronce.
Núm. 21:7-9.

A Punón. Núm. 33:42.

A Obot. Núm. 21:10; 33:43.

A Ije-abarim antes de Moab.
Núm. 21:11; 33:44.
Órdenes con respecto a Moab.
Deut. 2:8-9.

A Zared o Dibón-gad. Núm. 21:12; 33:45.

A Almón-diblataim. Núm. 33:46.

Paso del arroyo de Zered. Deut. 2:13.
Tiempo transcurrido en ir de
Cades-barnea a esta posición.
Deut. 2:14.
Orden de pasar a través de Ar. Deut. 2:18.
Órdenes con respecto a Amón.
Deut. 2:19.

Cruce del Arnón. Núm. 21:13-15.
Deut. 2:24.

A Beer o el pozo. Núm. 21:16.

A Matana. Núm. 21:18.

A Nahaliel. Núm. 21:19.

A Barmot. Núm. 21:19.

A montes de Abarim. Núm. 21:20; 33:47.
Amorreos se niegan a darle paso a Israel.
Núm. 21:21-23; Deut. 2:26-30.
Conquista de Sehón. Núm. 21:23-32;
Deut. 2:32-36.
Conquista de Og. Núm. 21:33-35;
Deut. 3:1-11.
Rubenitas, etc., obtienen tierra tomada de
amorreos. Núm. 32; Deut. 3:12-17.

Regreso a campos de Moab.
Núm. 22:1; 33:48-49.
Balac manda a buscar a Balaam.
Núm. 22:5-6,15-17.
Balaam y prohibición de maldecir a Israel.
Núm. 22:9-41; 23-24.
Israel seducido a idolatría, etc., por
consejo de Balaam. Núm. 25:1-3;
Apoc. 2:14.
Israel castigado. Núm. 25:5,9.
Tercer censo. Núm. 26:1-62.
Todos los censados anteriormente de más
de 20 años, muertos, excepto Caleb y
Josué. Núm. 26:63-65, con 14:29.
Se establece ley de herencia para hijas.
Núm. 27:1-11, con 36:1-9.
Designación de Josué. Núm. 27:15-23.
Madianitas destruidos y Balaam muerto.
Núm. 31, con 25:17-18.
Ley dada nuevamente. Deut. 1:3.
Ley escrita por Moisés. Deut. 31:9.
Moisés observa Canaán. Deut. 34:1-4.
Moisés muere y es sepultado.
Deut. 34:5-6.

Josué y orden de cruzar el Jordán.
Jos. 1:2.
Dos espías a Jericó. Jos. 2:1.

Cruce del río Jordán. Jos. 2:1.

DESIGNIO
En naturaleza, evidencia de. Job 12:7-11;
Prov. 16:4.

DESILUSIÓN
Aliento en. Jos. 1:6-7; Isa. 35:3-4;
Luc. 18:1-8; Col. 2:2; Heb. 12:12-13.
Consejero para. Deut. 1:38; Job 4:3-4.
Consuelo por. Mat. 5:4.
Difícil de soportar. Prov. 18:14.

Ejemplos de
Hombres en camino a Emaús.
Luc. 24:17-21.
Pablo. 1 Tes. 2:17-20.
Otros casos de. Lev. 26:16; 1 Crón. 22:7;
Hech. 16:7.
Esperanza en. Rom 5:3-5.
Juicio y. Heb. 6:10-12.
Por dolor del corazón. Prov. 15:13.
Tiene efectos físicos. Prov. 17:22; 18:14.
Victoria sobre. Hab. 3:17; Rom. 8:28.

DESMAYO
Daniel, como respuesta a visión de Dios.
Dan. 8:27.
Juan, al ver al Cristo resucitado. Apoc. 1:17.

DESOBEDIENCIA A DIOS
Ver Dios, Desobediencia a

DESOBEDIENCIA CIVIL

Advertencia contra, por parte de
Pablo. Rom. 13:1-7.
Pedro. 1 Ped. 2:11-17.

Practicada por
Apóstoles. Hech. 4:1-3.

Daniel. Dan. 3,6.
Padres de Moisés. Ex. 1:16-2:10.
Urgida por Jeremías. Jer. 38:1-6.

DESPIDOS

Amonestaciones sobre
Estar satisfecho en toda circunstancia.
Fil. 4:11-12.
No preocuparse en tiempos de
dificultades. Mat. 6:25-33.

Principios relevantes a
En Dios, todas las cosas ayudan a bien.
Rom 8:28.

DESPRECIO
A pastores, es desprecio a Dios. Luc. 10:16;
1 Tes. 4:8.
Característica de impíos. Prov. 18:3;
Isa. 5:24; 2 Tim. 3:3.
Creyentes a veces culpables de. Sant. 2:6.
Fariseísmo y. Isa. 65:5; Luc. 18:9,11.
Hace que creyentes clamen a Dios. Neh. 4:4;
Sal. 123:3.

Hacia iglesia
A menudo castigado. Ezeq. 28:26.
A menudo se convirtió en admiración.
Isa. 60:14.

Impíos para con
Afligidos. Job 19:18.
Autoridades. 2 Ped. 2:10; *Jud. 18.*
Creyentes. Sal. 119:111.
Cristo. Sal. 22:6; Isa. 53:3; Mat. 27:29.
Padres. Prov. 15:5,20.
Pobres. Sal. 14:6; Ecl. 9:16.
Necedad del. Prov. 11.12.
Orgullo y prosperidad inclinan hacia.
Sal. 123:4.
Pastores no deben dar ocasión para.
1 Tim. 4:12.
Pecado de. Job 31:13-14; Prov. 14:21.

D

D

Prohibido hacia
Amos creyentes. 1 Tim. 6:2.
Hermanos débiles. Rom. 14:3.
Padres. Prov. 23:22.
Pastores jóvenes. 1 Cor. 16:11.
Pequeñitos de Cristo. Mat. 18:10.
Pobres. Sant. 2:1-3.

DESTIERRO
de Adán y Eva, del Edén. Gén. 3:22-24.
de Caín, para ser fugitivo y errante.
Gén. 4:14.
de Juan, a Patmos. Apoc. 1:9.
de judíos, de Roma. Hech. 18:2.

DETECTIVES
Enviados para espiar a Jesús. Luc. 20:20.

DEUDAS

Materiales
Interés excesivo, prohibido. Ex. 22:25.
Necesidad de pagar pronto.
Deut. 24:14-15; Prov. 3:27; Rom. 13:8.
Parábolas sobre. Luc. 7:41-42;
Mat. 18:23-25.
Protección de quienes piden prestado.
Deut. 24:6,17.

Espirituales
Condición para perdón.
Mat. 6:12,14-15; 18:23-25.
Liberación a través de Cristo.
Rom. 6:20-23.
Nuestra responsabilidad.
Rom. 1:14-15; 13:8.
Reclamadas por Dios. Mat. 25-26;
Luc. 7:41,47; 16:5.

DEVOCIÓN
Ver Piedad

DÍA
Animales del campo se esconden durante.
Sal. 104:22.

Artificial, dividido en
Amanecer. Gén. 32:24,26; Cant. 2:17.
Caída de la tarde. Jue. 19:8-9;
Luc. 9:12; 24:29.
Mañana. Ex. 29:39; 2 Sam. 23:4.
Mediodía. Gén. 43:16; Sal. 55:17.
Tarde. Gén. 8:11; Sal. 104:23; Jer. 6:4.
Artificial, tiempo que continúa el sol sobre
horizonte. Gén. 31:39-40; Neh. 4:21-22.
Bajo control de Dios. Amós 5:8; 8:9.
Dividido en 4 partes. Neh. 9:3.

Época de juicio, llamada día de
Aflicción o trabajo. Deut. 32:35;
Prov. 24:10.
Angustia. Sal. 102:2.
Castigo. Miq. 7:4.
Destrucción. Job 21:30.
Furor. Lam. 2:21.
Ira. Job 20:28; Sof. 1:15,18; Rom. 2:5.
Jehová. Isa. 2:12; 13:6; Sof. 1:14.
Maldad. Jer. 17:17; Amós 6:3; Ef. 6:13.
Matanza. Isa. 30:25; Jer. 12:3.
Perdición. Jer. 18:17.
Tinieblas. Joel 2:2; Sof. 1:15.
Venganza. Prov. 6:34; Isa. 61:2.

Época de misericordia, llamada día de
Poder de Dios. Sal. 110:3.
Redención. Ef. 4:30.
Salvación. 2 Cor. 6:2.
Visitación. Jer. 27:22; 1 Ped. 2:12.
Hecho para gloria de Dios. Sal. 74:16.

Ilustrativo de
Camino de justos. Prov. 4:18.
Luz espiritual. 1 Tes. 5:5,8; 2 Ped. 1:19.
Tiempo de juicio. 1 Cor. 3:13, con 4:3.
Luego dividido en 12 horas. Mat. 20:3,5-6;
Juan 11:9.

Natural, de tarde a tarde. Gén. 1:5;
Lev. 23:32.
Primera luz llamada. Gén. 1:5.
Proclama gloria de Dios. Sal. 19:2.
Proféticamente, un año. Ezeq. 4:6;
Dan. 12:12.
Sucesión de, prometido en pacto. Gén. 8:22.

Tiempo de festividad, llamado
Día de alegría. Núm. 10:10.
Día de buena nueva. 2 Rey. 7:9.
Día de placer. Est 8:17.
Día que el Señor ha hecho. Sal. 118:24.
Día solemne. Núm. 10:10; Os. 9:5.
Tiempo de trabajar. Sal. 104:23; Juan 9:4.
Tiempo marcado por reloj de sol.
2 Rey. 20:11.

DÍA DE LA EXPIACIÓN
Ver Expiación, Día de

DÍA DE REPOSO
Adoración a Dios debía celebrarse.
Ezeq. 46:3; Hech. 16:13.
Bienaventuranza por guardar. Isa. 56:2,6.
Bienaventuranza por honrar. Isa. 58:13-14.
Castigo para quienes profanan.
Ex. 31:14-15; Núm. 15:32-36.

Creyentes
Honran a Dios al observar. Isa. 58:13.
Observan. Neh. 13:22.
Se gozan en. Sal. 118:24; Isa. 58:13.
Testifican contra quienes profanan.
Neh. 13:15,20-21.

Cristo
Enseñó sobre. Luc. 4:31; 6:6.
Es Señor de. Mar. 2:27.
Observaba. Luc. 4:16.
Denuncias contra quienes profanan.
Ex. 31:14-15; Núm. 15:32-36.

Dios
Bendijo. Gén. 2:3; Ex. 20:11.

Demuestra bondad al designar.
Ex. 23:12.
Mandó guardar. Lev. 19:3,30.
Mandó santificar. Ex. 20:8.
Muestra su favor al designar. Neh. 9:14.
Ordena conmemorar su bondad al
observar. Deut. 5:15.
Santificó. Gén. 2:3; Ex. 20:11; 31:15.
Fundamentos para instituirlo. Gén. 2:2-3;
Ex. 20:11.
Hecho para el hombre. Mar. 2:27.
Iglesia primitiva guardaba primer día de
semana como. Juan 20:26; Hech. 20:7;
1 Cor. 16:2.

Impíos
A veces alegan ser celosos del. Luc. 13:14;
Juan 9:16.
Apartan sus ojos de. Ezeq. 22:26.
Cansados del. Amós 8:5.
Compran y venden en.
Neh. 10:31; 13:15-16.
Hacen su voluntad en. Isa. 58:13.
Llevan cargas en. Neh. 13:15.
Privados de, judicialmente. Lam. 2:6;
Os. 2:11.
Profanan. Neh. 13:17; Ezeq. 22:8.
Se burlan de. Lam. 1:7.
Trabajan en. Neh. 13:15.
Instituido por Dios. Gén. 2:3.
Leer Escrituras en. Hech. 13:27; 15:21.

Llamado
Día de reposo. Ex. 31:15.
Día del Señor. Apoc. 1:10.
Día santo de Dios. Isa. 58:13.
Reposo para Jehová. Ex. 20:10;
Lev. 23:3; Deut. 5:14.
Santo día de reposo. Ex. 16:23.
Necesidades básicas se pueden satisfacer en.
Mat. 12:1; Luc. 13:15; 14:1.
No llevar cargas en. Neh. 13:19; Jer. 17:21.
No realizar compras en.
Neh. 10:31; 13:15-17.

No realizar tareas en. Ex. 20:10; Lev. 23:3.
Obras de misericordia, lícitas en.
Mat. 12:12; Luc. 13:16; Juan 9:14.
Observancia de, perpetua. Ex. 31:16-17,
con Mat. 5:17-18.
Predicación de Palabra de Dios en.
Hech. 13:14-15,44; 17:2; 18:4.
Señal del pacto. Ex. 31:13,17.
Séptimo día observado como. Ex. 20:9,11.
Siervos y ganado debían descansar en.
Ex. 20:10; Deut. 5:14.
Tareas conectadas con servicio religioso,
lícitas en. Núm. 28:9; Mat. 12:5; Juan
7:23.
Tipo del reposo celestial. Heb. 4:4,9.

DIABLO

Apostasía es del. 2 Tes. 2:9; 1 Tim. 4:1.
Autor de caída. Gén. 3:1,6,14,24.

Carácter del
Cobarde. Sant. 4:7.
Engañoso. 2 Cor. 11:14; Ef. 6:11.
Feroz y cruel. Luc. 8:29; 9:39,42;
1 Ped. 5:8.
Malicioso. Job 1:9; 2:4.
Malvado. 1 Juan 2:13.
Orgulloso. 1 Tim. 3:6.
Poderoso. Ef. 2:2; 6:12.
Presumido. Job 1:6; Mat. 4:5-6.
Sutil. Gén. 3:1, con 2 Cor. 11:3.

Comparado con
Aves. Mat. 13:4.
Cazador. Sal. 91:3.
León rugiente. 1 Ped. 5:8.
Lobo. Juan 10:12.
Sembrador de cizaña. Mat. 13:25,28.
Serpiente. Apoc. 12:9; 20:2.

Creyentes
Afligidos por, sólo en lo que permite Dios.
Job 1:12; 2:4-7.
Deben estar armados contra. Ef. 6:11-16.

Deben resistir al. Sant. 4:7; 1 Ped. 5:9.
Deben velar contra. 2 Cor. 2:11.
Habrán de triunfar sobre. Rom. 16:20.
Pecaron contra Dios. 2 Ped. 2:4;
1 Juan 3:8.
Tentados por. 1 Crón. 21:1; 1 Tes. 3:5.
Vencen al. 1 Juan 2:13; Apoc. 12:10-11.
Zarandeados por. Luc. 22:31.
Enviado al infierno. 2 Ped. 2:4; Jud. 6.
Expulsado del cielo. Luc. 10:18.
Fuego eterno preparado para. Mat. 25:41.

Impíos
Afligidos por. 1 Sam. 16:14.
Atrapados por. 1 Tim. 3:7; 2 Tim. 2:26.
Castigados, junto con. Mat. 25:41.
Cegados por. 2 Cor. 4:4.
Engañados por. 1 Rey. 22:21-22;
Apoc. 20:7-8.
Hacen deseos de. Juan 8:44.
Hijos de. Mat. 13:38; Hech. 13:10;
1 Juan 3:10.
Poseídos por. Luc. 22:3; Hech. 5:3;
Ef. 2:2.
Se apartan siguiendo al. 1 Tim. 5:15.
Obstaculiza evangelio. Mat. 13:19;
2 Cor. 4:4.
Pervierte Escrituras. Mat. 4:6, con
Sal. 91:11-12.
Se opone a obra de Dios. Zac. 3:1;
1 Tes. 2:18.
Señales y prodigios mentirosos. 2 Tes. 2:9;
Apoc. 16:14.
Tentó a Cristo. Mat. 4:3-10.
Toma forma de ángel de luz. 2 Cor. 11:14.

Triunfo sobre, por parte de Cristo
Al echar fuera demonios.
Luc. 11:20; 13:32.
Al destruir obras del. 1 Juan 3:8.
Al permitir que discípulos echen fuera
demonios. Mat. 10:1; Mar. 16:17.
Al resistir tentaciones. Mat. 4:11.

Completo por muerte de Cristo.
Col. 2:15; Heb. 2:14.
Ilustrado. Luc. 11:21-22.
Profetizado. Gén. 3:15.

DIABLO, TÍTULOS Y NOMBRES DEL

Abadón. Apoc. 9:11.
Acusador de hermanos. Apoc. 12:10.
Adversario. 1 Ped. 5:8.
Ángel del abismo. Apoc. 9:11.
Apolión. Apoc. 9:11.
Asesino. Juan 8:44.
Beelzebú. Mat. 12:24.
Belial. 2 Cor. 6:15.
Dios de este mundo. 2 Cor. 4:4.
Dragón. Isa. 27:1; Apoc. 20:2.
Enemigo. Mat. 13:39.
Espíritu de mentira. 1 Rey. 22:22.
Espíritu inmundo. Mat. 12:43.
Espíritu malo. 1 Sam. 16:14.
Espíritu que obra en hijos de desobediencia.
Ef. 2:2.
Gobernador de tinieblas de este siglo.
Ef. 6:12.
Gran dragón escarlata. Apoc. 12:3.
Leviatán. Isa. 27:1.
Malo. Mat. 13:19,38.
Mentiroso. Juan 8:44.
Padre de mentiras. Juan 8:44.
Poder de tinieblas. Col. 1:13.
Príncipe de demonios. Mat. 12:24.
Príncipe de este mundo. Juan 14:30.
Príncipe de potestad del aire. Ef. 2:2.
Satanás. 1 Crón. 21:1; Job 1:6.
Serpiente. Gén. 3:4,14; 2 Cor. 11:3.
Serpiente antigua. Apoc. 12:9; 20:2.
Serpiente tortuosa. Isa. 27:1.
Serpiente veloz. Isa. 27:1.
Tentador. Mat. 4:3; 1 Tes. 3:5.

DIACONISA

Febe. Rom. 16:1.

DIÁCONO

Persona ordenada por apóstoles a cargo de
cuestiones temporales de iglesia.
Hech. 6:1-6.
Requisitos para. 1 Tim. 3:8-13.

En otras palabras...   D

DIADEMA

Diadema es una traducción castellana de tres términos hebreos para referirse a una cubierta para la cabeza como símbolo de autoridad y honor.

DIAMANTE

Una de las joyas en pectoral.
Ex. 28:18; 39:11; Jer. 17:1; Ezeq. 28:13.

DIBUJAR

Sobre tablilla. Ezeq. 4:1.

DIENTES, CRUJIR DE

En el infierno. Luc. 13:28.
Job al hablar de Dios. Job 16:9.

DIEZ MANDAMIENTOS

Ver también Ley de Dios

Enumerados. Ex. 20:3-17.
Escritos por Dios. Ex. 32:16,34:1,28;
Deut. 4:13; 10:4.
Ley de, es espiritual. Mat. 5:28; Rom. 7:14.
Pronunciados por Dios. Ex. 20:1;
Deut. 5:4,22.
Resumidos por Cristo. Mat. 22:35-40.

DIEZMO

Antigüedad de costumbre de dar, a siervos
de Dios. Gén. 14:20; Heb. 7:6.
Bajo la ley, pertenecía a Dios. Lev. 27:30.
Castigo por cambiar. Lev. 27:33.

Consistía en décima parte de
Cosas santas dedicadas. 2 Crón. 31:6.
Ganado. Lev. 27:32.
Producto de la tierra. Lev. 27:30.
Cuando se redimía, se debía agregar un
quinto de su valor. Lev. 27:31.
Décima parte de todas las cosas.
1 Sam. 8:15,17.
Dios lo daba a levitas por su servicio.
Núm. 18:21,24; Neh. 10:37.
Dirigentes a cargo del, para distribución.
2 Crón. 31:12; Neh. 13:13.
Fariseos, escrupulosos para dar.
Luc. 11:42; 18:12.
Gobernantes piadosos de Israel hacían que
se pagara el. 2 Crón. 31:5;
Neh. 13:11-12.
Judíos y reproche porque no daban.
Mal. 3:8.
Judíos demoraban para dar. Neh. 13:10.
Lógica de designar, para levitas
Núm. 18:20,23-24; Jos. 13:33.
Se consideraba justa devolución a Dios por
sus bendiciones. Gén. 28:22.
Un décimo del, dado por levitas a sacerdotes
como su porción. Núm. 18:26,28;
Neh. 10:38.
Un décimo del, ofrecido por levitas como
ofrenda apartada para Dios.
Núm. 18:26-27.

DIFICULTADES

de creyentes. Sal. 137:4.
de cristianos. Juan. 16:33; Hech. 15:26.
de obreros cristianos. 2 Tim. 2:3.
de Pablo. 2 Cor. 11:23-27.
de pecadores. Prov. 13:15.
Del camino verdadero. Mat. 7:14.
Dios y. Gén. 18:14; Jer. 32:17.
Poder sobre. Fil. 4:13.
Realidad de. Sal. 137:15.
Triunfo sobre. Juan. 16:33;
2 Cor. 4:17; 12:10.

DILACIÓN

Advertencias sobre. Prov. 27:1;
Mat. 25:2-12; 1 Tes. 5:2-3.
Condenada por Cristo. Luc. 9:59-62.
Creyentes evitan. Sal. 27:8; 119:60.

Debe evitarse al
Buscar a Dios. Isa. 55:6.
Cumplimiento de votos. Deut. 23:21;
Ecl. 5:4.
Dar ofrendas a Dios. Ex. 22:29.
Escuchar a Dios. Sal. 95:7-8, con
Heb. 3:7-8.
Glorificar a Dios. Jer. 13:16.
Guardar mandamientos de Dios.
Sal. 119:60.

Motivos para evitar
Ahora, tiempo aceptable. 2 Cor. 6:2.
Incertidumbre de la vida. Prov. 27:1.
Presente es el tiempo mejor. Ecl. 12:1.
Peligro de, ilustrado. Mat. 5:25; Luc. 13:25.

DILIGENCIA, SOLICITUD

Creyentes deben abundar en. 2 Cor. 8:7.
Cristo, ejemplo. Mar. 1:35; Luc. 2:49.
Dios recompensa. Deut. 11:14.

En cuestiones temporales, lleva a
Buena voluntad. Prov. 11:27.
Honra. Prov. 12:24; 22:29.
Prosperidad. Prov. 10:4; 13:4.

En servicio a Dios
Debe haber perseverancia en. Gál. 6:9.
Lleva a esperanza segura. Heb. 6:11.
No es en vano. 1 Cor. 15:58.
Preserva del mal. Ex. 15:26.
Ilustrada. Prov. 6:6-8.

Requerida por Dios para
Buscarlo. 1 Crón. 22:19.
Cultivar virtudes cristianas. 2 Ped. 1:5.
Desempeñar tareas oficiales. Deut. 19:18.
Enseñar religión. 2 Tim. 4:2; Jud. 3.

Guardar corazón. Deut. 4:9; Prov. 4:23.

Instruir a hijos. Deut. 6:7; 11:19.

Negocios lícitos. Prov. 27:23; Ecl. 9:10.

Obedecerlo. Deut. 6:17; 11:13.

Obras de amor. Heb. 6:10-12.

Presentarse ante Dios. 2 Tim. 2:15.

Procurar perfección. Fil. 3:13-14.

Tratar de ser hallados sin mancha.
2 Ped. 3:14.

Para considerar

DILUVIO, RELATO DEL

E l relato más importante y completo del diluvio en Mesopotamia se encuentra en la undécima tablilla de la épica Gilgamesh, un emotivo relato de Gilgamesh y su amigo Endiku y su inútil búsqueda de la vida eterna. Las similitudes entre este relato y el relato bíblico son demasiado llamativas como para que se trate de coincidencias, aunque las diferencias también son significativas. En vista de que el diluvio fue un evento histórico, es razonable que el recuerdo hubiera sido preservado en la memoria de los sobrevivientes y sus descendientes.

DILUVIO

Advertencia a impíos sobre. 1 Ped. 3:19-20;
2 Ped. 2:5.

Advertencia a Noé sobre. Gén. 6:13;
Heb. 11:7.

Altura extrema del. Gén. 7:19-20.

Apareció repentina e inesperadamente.
Mat. 24:38-39.

Apertura de cataratas de cielos. Gén. 7:11.

Aumentó gradualmente. Gén. 7:17-18.

Causas de disminución y cesación.
Gén. 8:1-2.

Completa destrucción por medio de.
Gén. 7:23.

Cuarenta días de lluvia incesante.
Gén. 7:4,12,17.

Disminución de, gradual. Gén. 8:3,5.

Enviado como castigo por maldad extrema de humanidad. Gén. 6:5-7,11-13,17.

Faz de tierra cambiada por. 2 Ped. 3:5-6.

Fecha de comienzo. Gén. 7:11.

Fecha de eliminación total. Gén. 8:13.

Ilustrativo del
Bautismo. 1 Ped. 3:20-21.
Carácter repentino de venida de Cristo
(por ser inesperada). Mat. 24:36-39;
Luc. 17:26-30.
Destrucción de pecadores. Sal. 32:6;
Isa. 28:2,18.
Llamado aguas de Noé. Isa. 54:9.
Noé salvado del. Gén. 6:18-22; 7:13-14.

Nunca volverá a suceder
Arco iris en señal. Gén. 9:12-17.
Confirmado por pacto. Gén. 9:9-11.
Garantía de fidelidad de Dios.
Isa. 54:9-10.
Promesa. Gén. 8:21-22.
Paciencia de Dios al demorar. Gén. 6:3, con
1 Ped. 3:20.
Relato tradicional del. Job 22:15-17.
Tiempo que prevaleció. Gén. 7:24.

DINERO

Amor al, raíz de todos los males.
1 Tim. 6:10.

Bronce comenzó a ser, con romanos.
Mat. 10:9.

Cambista, oficio. Mat. 21:12; Juan 2:15.

Costumbre de presentar pieza de. Job 42:11.

de buena ley entre mercaderes. Gén. 23:16.

de los judíos, según moneda del santuario.
Lev. 5:15; Núm. 3:47.

de romanos, tenía imagen de César.
Mat. 22:20-21.

Generalmente por peso. Gén. 23:16;
Jer. 32:10.

Judíos no debían cobrar interés por.
Lev. 25:37.

Oro y plata usados como. Gén. 13:2;
Núm. 22:18.

Piezas de, mencionadas

Blanca. Mar. 12:42; Luc. 21:2.

Cuadrante. Mat. 5:26.

Cuarto. Luc. 12:6.

Cuarto de siclo. 1 Sam. 9:8.

Denario. Mat. 20:2; Mar. 6:37.

Gera, vigésima parte de un siclo.
Núm. 3:47.

Medio siclo. Ex. 30:15.

Mina. Luc. 19:13.

Siclo de plata. Jue. 17:10; 2 Rey. 15:20.

Talento de oro. 1 Rey. 9:14;
2 Rey. 23:33.

Talento de plata. 1 Rey. 16:24;
2 Rey. 5:22-23.

Tercio de siclo. Neh. 10:32.

Poder y utilidad del. Ecl. 7:12; 10:19.

Se daba

Como limosna. 1 Sam. 2:36; Hech. 3:3,6.

Como ofrenda. 2 Rey. 12:7-9;
Neh. 10:32.

Como salario. Esd. 3:7; Mat. 20:2;
Sant. 5:4.

Por esclavos. Gén. 37:28; Ex. 21:21.

Por mercadería. Gén. 43:12; Deut. 2:6.

Por tierras. Gén. 23:9; Hech. 4:37.

Por tributo. 2 Rey. 23:33; Mat. 22:19.

DIOS

Debe ser adorado en espíritu y en verdad.
Juan 4:24.

Es

Altísimo. Sal. 83:18; Hech. 7:48.

En otras palabras...

DINTEL

El dintel es una viga transversal sobre el vano de una puerta, prominente en la celebración de la Pascua. El pueblo de Israel debía pintar con sangre de un cordero sacrificado el dintel y los quiciales como señal para el ángel de la muerte. Cada casa y familia que tuviera sangre en el dintel no sufriría la muerte del primogénito (Ex. 12:22-23).

Amor. 1 Juan 4:8,16.

Bueno. Sal. 25:8; 119:68.

Celoso. Jos. 24:19; Nah. 1:2.

Compasivo. 2 Rey. 13:23.

Espíritu. Juan 4:24; 2 Cor. 3:17.

Eterno. Deut. 33:27; Sal. 90:2;
Apoc. 4:8-10.

Fiel. 1 Cor. 10:13; 1 Ped. 4:19.

Fuego consumidor. Heb. 12:29.

Glorioso. Ex. 15:11; Sal. 145:5.

Grande. 2 Crón. 2:5; Sal. 86:10.

Incorruptible. Rom. 1:23.

Inescrutable. Job 11:7; 37:23; Sal. 145:3;
Isa. 40:28; Rom. 11:33.

Inmortal. 1 Tim. 1:17; 6:16.

Inmutable. Sal. 102:26-27; Sant. 1:17.

Invisible. Job 23:8,9; Juan 1:18; 5:37;
Col. 1:15; 1 Tim. 1:17.

Justo. Deut. 32:4; Esd. 9:15;
Sal. 25:8; 92:15;145:17; Isa. 45:21.

Luz. Isa. 60:19; Sant. 1:17; 1 Juan 1:5.

Lleno de gracia. Ex. 34:6; Sal. 116:5.

Misericordioso. Ex. 34:6-7; Sal. 86:5.

Omnipotente (todopoderoso). Gén. 17:1;
Ex. 6:3.

Omnipresente (presente en todos lados).
Sal. 139:7; Jer. 23:23.

Omnisciente (lo sabe todo). Sal. 139:1-6;
Prov. 5:21.

Paciente. Núm. 14:18; Miq. 7:1.

Perfecto. Mat. 5:48..

Sabio. Rom. 16:27; 1 Tim. 1:17.

Santo. Sal. 99:9; Isa. 5:16.

Veraz. Jer. 10:10; Juan 17:3.

Llena cielos y tierra. 1 Rey. 8:27; Jer. 23:24.

Nadie antes que Él. Isa. 43:10.

Nadie como Él. Ex. 9:14; Deut. 33:26;
2 Sam. 7:22; Isa. 46:5,9; Jer. 10:6.

Nadie es bueno sino Él. Mat. 19:17.

Nadie fuera de Él. Deut. 4:35; Isa. 44:6.

DIOS, ACCESO A

Bendición del. Sal. 16:11; 65:4; 73:28.

Creyentes buscan, intensamente.
Sal. 27:4; 42:1-2; 43:3; 84:1-2.

Creyentes tienen, con confianza. Ef. 3:12;
Heb. 4:16; 10:19,22.

En oración. Deut. 4:7; Mat. 6:6;
1 Ped. 1:17. (*Ver también* Oración)

En su templo. Sal. 15:1; 27:4; 43:3; 65:4.

Es por Cristo. Juan 10:7,9; 14:6; Rom. 5:2;
Ef. 2:13; 3:12; Heb. 7:19,25; 10:19;
1 Ped. 3:18.

Es mediante Espíritu Santo. Ef. 2:18.

Es privilegio de creyentes. Deut. 4:7;
Sal. 15; 23:6; 24:3-4.

Impíos y mandamiento de buscar. Isa. 55:6;
Sant. 4:8.

Instar a otros a buscar. Isa. 2:3; Jer. 31:6.

Obtenido por fe. Hech. 14:27; Rom. 5:2;
Ef. 3:12; Heb. 11:6.

Otorgado a pecadores arrepentidos.
Os. 14:2; Joel 2:12. (*Ver también*
Arrepentimiento)

Para obtener misericordia y gracia.
Heb. 4:16.

Promesas relacionadas con. Sal. 145:18;
Isa. 55:3; Mat. 6:6; Sant. 4:8.

Sigue a reconciliación con Dios.
Col. 1:21-22.

Tipificado. Lev. 16:12-15, con
Heb. 10:19-22.

DIOS, AMOR A

Amor al mundo, prueba de no
tener. 1 Juan 2:15.

Animarse unos a otros a. Sal. 31:23.

Característica de creyentes. Sal. 5:11.

Con todo corazón. Deut. 6:5, con
Mat. 22:37.

Debe producir
Amor a creyentes. 1 Juan 5:1.
Gozo. Sal. 5:11.
Obediencia a Dios. Deut. 30:20;
1 Juan 5:3.
Odio al pecado. Sal. 97:10.

Demostrado por Cristo. Juan 14:31.

Dios pone a prueba sinceridad de.
Deut. 13:3.

Dios, fiel a aquellos que tienen. Deut. 7:9.

Hipócritas no tienen. Luc. 11:42; Juan 5:42.

Mandamiento. Deut. 11:1; Jos. 22:5.

Mejor que sacrificios. Mar. 12:33.

Orar por. 2 Tes. 3:5.

Perfeccionado en obediencia. 1 Juan 2:5.

Perfeccionado, otorga confianza.
1 Juan 4:17-18.

Perseverar en. Jud. 21.

Primer y más grande mandamiento.
Mat. 22:38.

Producido por
Amor de Dios hacia nosotros.
1 Juan 4:19.
Espíritu Santo. Gál. 5:22; 2 Tes. 3:5.
Respuestas a oración. Sal. 116:1.

Promesas relacionadas con. Deut. 11:13-15;
Sal. 69:36; Isa. 56:6-7; Sant. 1:12.

Quienes no aman a otros, no tienen.
1 Juan 3:17; 4:20.

Quienes tienen
Participan de su misericordia. Ex. 20:6;
Deut. 7:9.
Saben que todo obra para bien de ellos.
Rom. 8:28.
Son conocidos por Él. 1 Cor. 8:3.
Son librados por Él. Sal. 91:14.
Son preservados por Él. Sal. 145:20.

DIOS, AMOR DE

Creyentes conocen y creen en. 1 Juan 4:16.
Creyentes deben permanecer en. Jud. 21.
Cristo permanece en. Juan 15:10.
Cristo, especial objeto del. Juan 15:9; 17:26.

Demostrado en
Adopción. 1 Juan 3:1.
Bendiciones temporales. Deut. 7:13.
Cómo Dios nos lleva a sí. Os. 11:4.
Corrección y disciplina. Heb. 12:6.
Elección. Mal. 1:2-3; Rom. 9:11-13.
Haber enviado a Cristo. 1 Juan 4:9.
Muerte de Cristo por pecadores.
Rom. 5:8; 1 Juan 4:10.
Nueva vida. Ef. 2:4-5.
Perdón de pecados. Isa. 38:17.
Redención. Isa. 43:3-4; 63:9.
Regalo de su Hijo. Juan 3:16.
Salvación. Tito 3:4-7.
Derramado en corazón por Espíritu Santo.
Rom. 5:5.

Descripción
Constante. Sof. 3:17.
Constriñe. Os. 11:4.
Eterno. Jer. 31:3.
Grande. Ef. 2:4.
Inagotable. Isa. 49:15-16.
Inseparable. Rom. 8:39.
Soberano. Deut. 7:8; 10:15.

Manifestado a
Dador alegre. 2 Cor. 9:7.

Discípulos. Juan 16:27; 17:23;
2 Tes. 2:16; 1 Juan 4:16.
Pecadores que perecían. Juan 3:16;
Tito 3:4.
Pobres. Deut. 10:18.
Parte de su carácter. 2 Cor. 13:11;
1 Juan 4:8.

Perfeccionado en creyentes
Por amor fraternal. 1 Juan 4:12.
Por obediencia. 1 Juan 2:5.
Procurarlo en oración. 2 Cor. 13:14.
Razón para que lo amemos a Él.
1 Juan 4:19.
Sin considerar posibles méritos. Deut. 7:7;
Job 7:17.

DIOS, BONDAD DE

Es
Abundante. Ex. 34:6; Sal. 33:5.
Constante. Sal. 23:6; 52:1.
Grande. Neh. 9:35; Zac. 9:17.
Rica. Sal. 104:24; Rom. 2:4.
Universal. Sal. 145:9; Mat. 5:45.
Impíos tienen en menos. Neh. 9:35.
Instar a otros a confiar en. Sal. 34:8.
Lleva a arrepentimiento. Rom. 2:4.
Magnificar. Sal. 107:8; Jer. 33:11.

Manifestada
A su iglesia. Sal. 31:19; Lam. 3:25.
Al hacer bien. Sal. 119:68; 145:9.
Al perdonar pecados. 2 Crón. 30:18;
Sal. 86:5.
Al proveer para necesidades temporales.
Hech. 14:17.
Al proveer para pobres. Sal. 68:10.
No despreciar. Rom. 2:4.
Orar para que se manifieste. 2 Tes. 1:11.
Parte de su carácter. Sal. 25:8; Nah. 1:7;
Mat. 19:17.
Reconocer, en su accionar. Esd. 8:18;
Neh. 2:18.

Reverenciar. Jer. 33:9; Os. 3:5.
Satisface. Sal. 65:4; Jer. 31:12,14.

DIOS, CAMINAR CON

Debemos caminar
Como Cristo caminó. 1 Juan 2:6.
Como hijos de luz. Ef. 5:8.
Con diligencia. Ef. 5:15.
En amor. Ef. 5:2.
En Espíritu. Gál. 5:16,25.
En luz. 1 Juan 1:7.
En nueva vida. Rom. 6:4.
Por fe, no por vista. 2 Cor. 5:7.

No debemos caminar
Desordenadamente. 2 Tes. 3:6.
En camino de Caín. Jud. 1:11.
En nuestros propios caminos.
   Hech. 14:16.
En tinieblas. Juan 8:12; 1 Juan 1:6.
Engañosamente. 2 Cor. 4:2.
Por vista sino por fe. 2 Cor. 5:7.
Según naturaleza pecaminosa. Rom. 8:4.

DIOS, CASA DE

Lugar de oración. Mat. 21:13; Mar. 11:17;
   Luc. 19:46.
Santa. Ecl. 5:1; Isa. 62:9; Ezeq. 43:12;
   1 Cor. 3:17.

DIOS, COMUNIÓN CON

Creyentes
Desean. Sal. 42:1; Fil. 1:23.
Disfrutan siempre. Sal. 16:8;
   Juan 14:16-18.
Tienen, en Cena del Señor. 1 Cor. 10:16.
Tienen, en meditación. Sal. 63:5-6.
Tienen, en oración. Fil. 4:6; Heb. 4:16.
Es comunión con Espíritu Santo.
   1 Cor. 12:13; 2 Cor. 13:14; Fil. 2:1.
Es comunión con Hijo. 1 Cor. 1:9;
   1 Juan 1:3; Apoc. 3:20.

Es comunión con Padre. 1 Juan 1:3.
Prometida a obedientes. Juan 14:23.
Reconciliación debe preceder. Amós 3:3.
Santidad, esencial para. 2 Cor. 6:14-16.

DIOS, CONDESCENDENCIA DE

Advierte a Abimelec en sueño. Gén. 20:3-7.
Cede ante intercesión de Abraham por
   Sodoma. Gén. 18:23-33.
Concede pedido de Moisés para ver gloria de
   Dios. Ex. 33:18-23.
Concede prueba que pide Gedeón.
   Jue. 6:36-40.
Dialoga con Israel, que se estaba alejando.
   Isa. 41:21-24; Jer. 3:1-15;
   Ezeq. 18:25-32; Os. 2; Miq. 6:1-9;
   Mal. 3:7-15.
Dialoga con Job. Job 38; 39; 40; 41.
Dialoga con Moisés. Ex. 4:2-17.
Envía carne a israelitas en desierto.
   Ex. 16:12.
Hace pacto con Abraham.
   Gén. 15:11-21; 18:1-22.
Invita a pecadores. Isa. 1:18-20.
Presenta sus razones para enviar diluvio.
   Gén. 6:11-13.

DIOS, CONSEJOS Y PROPÓSITOS DE

Creyentes llamados y salvados de acuerdo a.
   Rom. 8:28; 2 Tim. 1:9.

Impíos
Desprecian. Isa. 5:19.
No entienden. Miq. 4:12.
Rechazan. Luc. 7:30.
Lo secreto no se debe indagar. Deut. 29:29;
   Mat. 24:36; Hech. 1:7.
Ministros del evangelio deben declarar.
   Hech. 20:27.
Nadie puede anular, cancelar. Isa. 14:27.
Obras de Dios están de acuerdo con.
   Ef. 1:11.
Prestar oídos a. Jer. 49:20; 50:45.

Se llevarán a cabo. Isa. 14:24; 46:11.

Son

Eternos. Ef. 3:11.

Fidelidad y verdad. Isa. 25:1.

Grandiosos. Jer. 32:19.

Inmutables. Sal. 33:11; Prov. 19:21;
Jer. 4:28; Rom. 9:11; Heb. 6:17.

Maravillosos. Isa. 28:29.

Soberanos. Isa. 40:13-14; Dan. 4:35.

Sufrimiento y muerte de Cristo, de acuerdo
con. Hech. 2:23; 4:28.

Unión de creyentes en Cristo es según.
Ef. 1:9-10.

DIOS, CORDERO DE

Designación de Jesús. Juan 1:29;
Apoc. 22:1,3.

DIOS, DEJAR A

Advertencias contra. Jos. 24:20;
1 Crón. 28:9.

Castigo por. Deut. 28:20; 2 Rey. 22:16-17;
Isa. 1:28; Jer. 1:16; 5:19.

Causa confusión. Jer. 17:13.

Confiar en seres humanos es. Jer. 17:5.

Conlleva ira divina. Esd. 8:22.

Determinación de no. Jos. 24:16;
Neh. 10:29-30.

Es dejar

Camino correcto. 2 Ped. 2:15.

Casa. 2 Crón. 29:6.

Mandamientos. Esd. 9:10.

Pacto. Deut. 29:25; 1 Rey. 19:10;
Jer. 22:9; Dan. 11:30.

Hace que Dios abandone a humanidad.
Jue. 10:13; 2 Crón. 15:2; 24:20,24.

Hace que personas sigan propio camino.
Jer. 2:13.

Idólatras, culpables de. 1 Sam. 8:8;
1 Rey. 11:33.

Impíos culpables de. Deut. 28:20.

Irracionalidad e ingratitud de. Jer. 2:5-6.

Maldición por. Jer. 17:5.

Pecado de, debe confesarse. Esd. 9:10.

Prosperidad y tentación de.
Deut. 31:20; 32:15.

Seguido por remordimiento. Ezeq. 6:9.

DIOS, DESOBEDIENCIA A

Advertencias contra. Deut. 28:15-68;
1 Sam. 12:15; Jer. 12:17.

Amargos resultados de, ilustrados.
Jer. 9:13,15.

Característica de impíos. Ef. 2:2;
Tito 1:16; 3:3.

Conlleva maldición. Deut. 11:28; 28:15,
etc.

Ejemplos de

Aarón, cuando Moisés golpeó roca.
Núm. 20:23-24.

Acab, al permitirle escapar a rey de
Siria. 1 Rey. 20:42.

Acán, al esconder lingote de oro.
Jos. 7:15-26.

Adán y Eva, al comer fruto prohibido.
Gén. 3:6-11.

Balaam, al acompañar a mensajeros de
Balac. Núm. 22:22.

Ciegos sanados por Jesús, al revelar lo
sucedido. Mat. 9:30-31.

David, al adulterar y mandar matar a
Urías. 2 Sam. 12:9.

Esposa de Lot, al mirar atrás hacia
Sodoma. Gén. 19:26.

Faraón, al no dejar ir al pueblo de Israel.
Ex. 5:2; 7:13,22,23; 8:15,19,32; 9:12,3
4; 10:20,27; 11:10; 14:8.

Hijos de Israel, al negarse a entrar a tierra
prometida. Deut. 1:26.

Hijos de Israel, al recoger demasiado
maná. Ex. 16:19-20.

Hombre de Israel, al negarse a herir al
profeta. 1 Rey. 20:35-36.

Jonás, al no querer entregar mensaje a
ninivitas. Jon. 1.
Leproso sanado por Jesús quien no debía
revelarlo a gente. Mar. 1:45.
Lot, al negarse a ir a montañas como
habían ordenado ángeles.
Gén. 19:19-20.
Moisés, al golpear roca.
Núm. 20:11,23-24.
Moisés, al presentar excusas ante
comisión de libertar a Israel.
Ex. 4:13-14.
Nadab y Abiú, al ofrecer fuego extraño.
Lev. 10:1-2.
Pablo, al ir a Jerusalén a pesar de
admoniciones. Hech. 21:4,10-14.
Profeta de Judá, al no entregar mensaje a
Jeroboam sin demora. 1 Rey. 13.
Pueblo de Judá, al ir a Egipto a pesar de
mandamiento divino. Jer. 44:12-14.
Sacerdotes, al no realizar funciones según
ordenanza divina. 1 Crón. 15:13.
Salomón, al construir lugares para
adoración de ídolos. 1 Rey. 11:7-10.
Saúl, al ofrecer sacrificio. 1 Sam. 13:13.
Saúl, al perdonar a Agag y botín de
amalecitas. 1 Sam. 15; 28:18.
Hace perder bendiciones prometidas.
Jos. 5:6; 1 Sam. 2:30; Jer. 18:10.
Hace perder favor divino. 1 Sam. 13:14.
Impíos perseveran en. Jer. 22:21.
Lo infame que resulta, ilustración.
Jer. 35:14, etc.
Provoca enojo divino. Sal. 78:10,40;
Isa. 3:8.
Reconocer que castigo para, es justo.
Neh. 9:32-33; Dan. 9:10-11,14.
Será castigada. Isa. 42:24-25; Heb. 2:2.
Seres humanos y tendencia a excusar.
Gén. 3:12-13.

DIOS, DEVOCIÓN A
Característica de creyentes. Job 23:12.

Cristo, ejemplo de. Juan 4:34; 17:4.

Debe manifestarse
Amando a Dios. Deut. 6:5; Luc. 10:27.
Dejando todo por Cristo.
Mat. 19:21,28-29.
En renunciamiento. Mar. 8:34.
Haciendo todo para gloria de
Dios. 1 Cor. 10:31.
Llevando cruz. Mar. 8:34.
Sirviendo a Dios. 1 Sam. 12:24;
Rom. 12:11.
Viviendo como es digno de Dios.
1 Tes. 2:12.
Viviendo para Cristo. 2 Cor. 5:15.

Debe ser
Abundante. 1 Tes. 4:1.
Con nuestro cuerpo. Rom. 6:12,13; 12:1;
1 Cor. 6:20; 1 Ped. 4:2.
Con nuestro espíritu. 1 Cor. 6:20;
1 Ped. 4:6.
Con nuestros bienes. Ex. 22:29;
Prov. 3:9.
En vida y muerte. Rom. 14:8; Fil. 1:20.
Perseverante. Luc. 1:74-75; 9:62.
Sin reservas. Mat. 6:24; Luc. 14:33.
Falta de, condenada. Apoc. 3:16.

Se basa en
Bondad de Dios. 1 Sam. 12:24.
Llamado de Dios. 1 Tes. 2:12.
Misericordias de Dios. Rom. 12:1.
Muerte de Cristo. 2 Cor. 5:15.
Nuestra creación. Sal. 86:9.
Nuestra preservación. Isa. 46:4.
Nuestra redención. 1 Cor. 6:19-20.

DIOS, DONES DE
Dados de acuerdo a su voluntad. Ecl. 2:26;
Dan. 2:21; Rom. 12:6; 1 Cor. 7:7.

Espirituales
Arrepentimiento. Hech. 11:18.

Cristo, principal de. Isa. 42:6; 55:4;
Juan 3:16; 4:10; 6:32-33.
Deben usarse para beneficio mutuo.
1 Ped. 4:10.
Descanso. Mat. 11:28; 2 Tes. 1:7.
Espíritu Santo. Luc. 11:3; Hech. 8:20.
Fe. Ef. 2:8; Fil. 1:29.
Fortaleza y poder. Sal. 68:35.
Gloria. Sal. 84:11; Juan 17:22.
Gracia. Sal. 84:11; Sant. 4:6.
Justicia. Rom. 5:16-17.
Llegan a través de Cristo. Sal. 68:18, con
Ef. 4:7-8; Juan 6:27.
No se revocan. Rom. 11:29.
Nuevo corazón. Ezeq. 11:19.
Orar pidiendo. Mat. 7:7,11;
Juan 16:23-24.
Paz. Sal. 29:11.
Reconocerlos. Sal. 4:7; 21:2.
Sabiduría. Prov. 2:6; Sant. 1:5.
Vida eterna. Rom. 6:23.
Gratuitos y abundantes. Núm. 14:8;
Rom. 8:32.
Ilustración. Mat. 25:15-30.

Temporales
Comida y vestido. Mat. 6:25-33.
Debe hacer que recordemos a Dios.
Deut. 8:18.
Deben usarse y disfrutarse.
Ecl. 3:13; 5:19-20; 1 Tim. 4:4-5.
Lluvia y estaciones fructíferas.
Gén. 27:28; Lev. 26:4-5; Isa. 30:23.
Orar pidiendo. Zac. 10:1; Mat. 6:11.
Paz. Lev. 26:6; 1 Crón. 22:9.
Sabiduría. 2 Cor. 1:12.
Todas las cosas buenas. Sal. 34:10;
1 Tim. 6:17.
Todos participan de.
Sal. 136:25; 145:15-16.
Vida. Isa. 42:5.
Todas las bendiciones. Sant. 1:17;
2 Ped. 1:3.

DIOS, ELEGIDOS DE
En Cristo. Juan 15:16; Rom. 1:6; Gál. 1:1.
Para santidad. Núm. 16:7; Ef. 1:4.
Por gracia. Deut. 7:7; Ef. 2:1-10.
Por medio del Espíritu. 1 Ped. 1:2.
Separados para servicio. 1 Ped. 2:9.

DIOS, ENOJO DE
Agravado por continua provocación.
Núm. 32:14.
Con creyentes, atemperado con
misericordia. Sal. 30:5;
Isa. 26:20; 54:8; 57:15-16; Jer. 30:11;
Miq. 7:11.

Contra
Apostasía. Heb. 10:26-27.
Idolatría.
Deut. 29:20,27-28; 32:19-20,22;
Jos. 23:16; 2 Rey. 22:17; Sal. 78:58-59;
Jer. 44:3.
Impíos. Sal. 7:11; 21:8-9; Isa. 3:8; 13:9;
Nah. 1:2-3; Rom. 1:18; 2:8; Ef. 5:6;
Col. 3:6.
Incredulidad. Sal. 78:21-22;
Heb. 3:18-19; Juan 3:36.
Pecado en creyentes.
Sal. 89:30-32; 90:7-9; 99:8; 102:9-10;
Isa. 47:6.
Quienes lo abandonan. Esd. 8:22;
Isa. 1:4.
Quienes no se arrepienten. Sal. 7:12;
Prov. 1:30-31; Isa. 9:13-14; Rom. 2:5.
Quienes se oponen al evangelio.
Sal. 2:2-3,5; 1 Tes. 2:16.
Debe llevar a arrepentimiento.
Isa. 42:24-25; Jer. 4:8.
Eliminación de, pedir en oración.
Sal. 39:10; 79:5; 80:4; Dan. 9:16;
Hab. 3:2.
Justicia de, no cuestionar. Rom. 9:18,20,22.
Justo. Sal. 58:10-11; Lam. 1:18;
Rom. 2:6,8; 3:5-6; Apoc. 16:6-7.

Lento. Sal. 103:8; Isa. 48:9; Jon. 4:2;
Nah. 1:3.
Manifestado en juicios y aflicciones.
Job 21:17; Sal. 78:49-51; 90:7; Isa. 9:19;
Jer. 7:20; Ezeq. 7:19; Heb. 3:17.
Necedad de provocar. Jer. 7:19;
1 Cor. 10:22.
No se puede resistir. Job 9:13; 14:13;
Sal. 76:7; Nah. 1:6.
Reservado especialmente para día de ira.
Sof. 1:14-18; Mat. 25:41; Rom. 2:5,8;
2 Tes. 1:8; Apoc. 6:17; 11:18; 19:15.

Se aleja
Por obra Cristo. Rom. 5:9;
2 Cor. 5:18-19; Ef. 2:14,17; Col. 1:20;
1 Tes. 1:10.
de quienes creen. Juan 3:14-18;
Rom. 3:25; 5:1.
Por confesión de pecado y
arrepentimiento. Job 33:27-28;
Sal. 106:43-45;
Jer. 3:12-13; 18:7-8,31:18-20;
Joel 2:12-14; Luc. 15:18-20.
Soportarlo con sumisión. 2 Sam. 24:17;
Lam. 3:39,43; Miq. 7:9.
Temer. Sal. 2:12; 76:7; 90:11; Mat. 10:28.
Tratar de evitar. Ex. 32:11;
Sal. 6:1; 38:1; 74:1-2; Isa. 64:9.

DIOS, ESPERAR EN

Como el
Dador de bendiciones temporales.
Sal. 104:27-28; 145:15-16.
Dios de providencia. Jer. 14:22.
Dios de salvación. Sal. 25:5.

Creyentes
Determinación de. Sal. 52:9; 59:9.
En oración. Sal. 25:21; Isa. 33:2.

Debe hacerse
Con alma. Sal. 62:1,5.
Con esperanza en su Palabra. Sal. 130:5.

Con gran anhelo. Sal. 130:6.
Con paciencia. Sal. 37:7,40:1.
Con plena confianza. Miq. 7:7.
Con resignación. Lam. 3:26.
Continuamente. Os. 12:6.
En camino de sus juicios. Isa. 26:8.
Especialmente en adversidad Sal. 59:1-9;
Isa. 8:17.
Todo el día. Sal. 25:5.
Dios nos llama a. Sof. 3:8.
Es bueno. Sal. 52:9.
Exhortaciones y ánimo para.
Sal. 27:14; 37:7; Os. 12:6.
Ilustración. Sal. 123:2; Luc. 12:36;
Sant. 5:7.
Paciencia de creyentes a menudo puesta a
prueba al. Sal. 69:3.

Para
Consolación de Israel. Luc. 2:25.
Cumplimiento de su Palabra. Hab. 2:3.
Cumplimiento de sus promesas.
Hech. 1:4.
Dirección y enseñanza. Sal. 25:5.
Esperanza de justicia por fe. Gál. 5:5.
Misericordia. Sal. 123:2.
Perdón. Sal. 39:7-8.
Protección. Sal. 33:20; 59:9-10.
Salvación. Gén. 49:18; Sal. 62:1-2.
Venida de Cristo. 1 Cor. 1:7; 1 Tes. 1:10.
Profetizado en cuanto a gentiles.
Isa. 42:4; 60:9.

Quienes lo hacen
Esperan sólo en Él. Sal. 62:5.
Experimentan su bondad. Lam. 3:25.
Heredarán la tierra. Sal. 37:9.
No serán avergonzados. Sal. 25:3;
Isa. 49:23.
Recibirán cosas gloriosas que Dios
preparó para ellos. Isa. 64:4.
Renovarán sus fuerzas, etc. Isa. 40:31.
Se regocijarán en salvación. Isa. 25:9.
Serán salvados. Prov. 20:22; Isa. 25:9.

D

Son benditos. Isa. 30:18; Dan. 12:12.
Son oídos. Sal. 40:1.

DIOS, FAVOR DE

Bendiciones en familia provienen de.
Prov. 18:22.
Como contestación a oración. Job 33:26.

Creyentes
A veces tentados a dudar de. Sal. 77:7.
Fortalecidos por. Sal. 30:7.
Obtienen. Prov. 12:2.
Preservados por. Job 10:12.
Rodeados de. Sal. 5:12.
Victoriosos por medio de. Sal. 44:3.
Cristo, especial objeto del. Luc. 2:52.
Debemos reconocer. Sal. 85:1.

Fuente de
Misericordia. Isa. 60:10.
Vida espiritual. Sal. 30:5.

Impíos
No obtienen. Isa. 27:11; Jer. 16:13.
Sin influencia de. Isa. 26:10.
Misericordia y verdad llevan a. Prov. 3:3-4.
Pedir, en oración. Ex. 33:13; Núm. 11:15.
Sabiduría espiritual lleva a. Prov. 8:35.

DIOS, FIDELIDAD DE

Creyentes alentados a depender de.
1 Ped. 4:19.

Debe ser
Magnificada. Sal. 89:5; 92:2.
Pedida en oración. Sal. 143:1.
Proclamada. Sal. 40:10; 89:1.

Declaración de que es
Eterna. Sal. 119:90; 146:6.
Grande. Lam. 3:23.
Inagotable. 2 Tim. 2:13.
Incomparable. Sal. 89:8.
Infinita. Sal. 36:5.

Manifestada
A creyentes. Sal. 89:24; 2 Tes. 3:3.
Al afligir a creyentes. Sal. 119:75.
Al cumplir promesas. 1 Rey. 8:20;
Sal. 132:11; Miq. 7:20; Heb. 10:23.
Al ejecutar juicios. Jer. 23:20; 51:29.
Al guardar pacto. Deut. 7:9; Sal. 111:5.
Al perdonar pecados. 1 Juan 1:9.
En sus consejos. Isa. 25:1.
En sus testimonios. Sal. 119:138.
Parte de su carácter. Isa. 49:7; 1 Cor. 1:9;
1 Tes. 5:24.

DIOS, GLORIA DE

Conocimiento de, llenará la tierra.
Hab. 2:14.
Creyentes desean ver. Sal. 63:2; 90:16.

Debemos
Declarar. 1 Crón. 16:24; Sal. 145:5,11.
Magnificar. Sal. 57:5.
Pedir en oración. Sal. 79:9.
Reverenciar. Isa. 59:19.

Demostrada en su(s)
Majestad. Job 37:22;
Sal. 93:1; 104:1; 145:5,12; Isa. 2:10.
Nombre. Deut. 28:58; Neh. 9:5.
Obras. Sal. 19:1; 111:3.
Poder. Ex. 15:1,6; Rom. 6:4.
Santidad. Ex. 15:11.

Descripción
Eterna. Sal. 104:31.
Excelsa. Sal. 8:1; 113:4.
Grande. Sal. 138:5.
Dios, celoso de. Isa. 42:8.
Ilumina a iglesia. Isa. 60:1-2;
Apoc. 21:11,23.

Mostrada a
Esteban. Hech. 7:55.
Iglesia. Deut. 5:24; Sal. 102:16.
Moisés. Ex. 34:5-7, con 33:18-23.
Tierra llena de. Isa. 6:3.

Visible en Cristo. Juan 1:14; 2 Cor. 4:6;
Heb. 1:3.

DIOS, GLORIFICAR A
A nivel universal. Sal. 86:9; Apoc. 5:13.
Aceptable a través de Cristo. Fil. 1:11;
1 Ped. 4:11.
Bendiciones de Dios llevan a.
Isa. 60:21; 61:3.
Castigo por no. Dan. 5:23,30; Mal. 2:2;
Hech. 12:23; Rom. 1:21.
Con cuerpo y espíritu. 1 Cor. 6:20.

Creyentes deben
Perseverar al. Sal. 86:12.
Tomar determinación de.
Sal. 69:30; 118:28.
Unirse para. Sal. 34:3; Rom. 15:6.
Cristo, ejemplo en cuanto a. Juan 17:4.
Deber. 1 Crón. 16:29.
Ejemplo de creyentes puede llevar a otros a.
Mat. 5:16; 1 Ped. 2:12.
Ejército celestial dedicado a. Apoc. 4:11.
Impíos adversos a. Dan. 5:23; Rom. 1:21.
Mandamiento. 1 Crón. 16:28; Sal. 22:23;
Isa. 42:12.
Obligación de creyentes de. 1 Cor. 6:20.
Por naturaleza no lo hacemos. Rom. 3:23.

Por su(s)
Fidelidad y verdad. Isa. 25:1.
Gracia para con otros. Hech. 11:18;
2 Cor. 9:13; Gál. 1:24.
Juicios. Isa. 25:3; Ezeq. 28:22;
Apoc. 14:7.
Liberación. Sal. 50:15.
Misericordia y verdad. Sal. 115:1;
Rom. 15:9.
Obras maravillosas. Mat. 15:31;
Hech. 4:21.
Santidad. Sal. 99:9; Apoc. 15:4.

Se logra
Adorándolo. Sal. 50:23.

Con fidelidad. 1 Ped. 4:11.
Con paciencia en aflicción. Isa. 24:15.
Confesando a Cristo. Fil. 2:11.
Confiando en promesas. Rom. 4:20.
Glorificando a Cristo. Hech. 19:17;
2 Tes. 1:12.
Haciendo todo para Él. 1 Cor. 10:31.
Muriendo por Él. Juan 21:19.
Produciendo frutos de justicia. Juan 15:8;
Fil. 1:11.
Sufriendo por Cristo. 1 Ped. 4:14,16.

DIOS, GOZO DE, POR SU PUEBLO

En razón de
Arrepentimiento. Luc. 15:7,10.
Esperanza en misericordia divina.
Sal. 147:11.
Espíritu de oración. Prov. 15:8.
Fe. Heb. 11:5-6.
Humildad. Sal. 149:4.
Rectitud. 1 Crón. 29:17; Prov. 11:20.
Temor de Dios. Sal. 147:11.
Grandeza de, descripción. Sof. 3:17.

Hace que Dios
Consuele. Isa. 65:19.
Dé herencia. Núm. 14:8.
Haga bien. Deut. 28:63; Jer. 32:41.
Libre. 2 Sam. 22:20.
Prospere. Deut. 30:9.
Ilustrado. Isa. 62:5; Luc. 15:23-24.

DIOS, INGRATITUD A
Advertencias contra. Deut. 8:11-14;
1 Sam. 12:24-25.
Característica de impíos. Rom. 1:21.
Castigo por. Neh. 9:20-27; Os. 2:8-9.
Culpabilidad por. Sal. 106:7,21;
Jer. 2:11-13.
Es ilógica. Jer. 5:5-6,31; Miq. 6:2-3.
Extrema necedad de. Deut. 32:6.
Ilustrada. Isa. 5:1-7; Ezeq. 16:1-15.
Inexcusable. Isa. 1:2-3; Rom. 1:21.

D

Prosperidad probablemente lleve a.
Deut. 31:20; 32:15; Jer. 5:7-11.

DIOS, IRA DE
Ver Dios, Enojo de

DIOS, JUSTICIA DE
Ángeles reconocen. Apoc. 16:5.
Cielos declaran. Sal. 50:6; 97:6.

Creyentes
Atribuyen a Él. Job 36:3; Dan. 9:7.
Confían en que verán. Miq. 7:9.
Declaran a otros. Sal. 22:31.
Hablan de. Sal. 35:28; 71:15,24.
Hacen memoria de. Sal. 71:16.
Magnifican. Sal. 7:17; 51:14; 145:7.
No ocultan. Sal. 40:10.
Oran pidiendo. Sal. 143:11; Dan. 9:16.
Reconocen, aunque impíos prosperen.
Jer. 12:1, con Sal. 73:12-17.
Reconocen, en acciones divinas.
Esd. 9:15.
Reconocen, en cumplimiento de promesas
divinas. Neh. 9:8.
Sustentados con. Isa. 41:10.
Cristo encomendó su causa a. 1 Ped. 2:23.
Cristo reconoció. Juan 17:25.
Cuidado y defensa de su pueblo enseñan.
Miq. 6:4-5.

Debemos orar pidiendo
Continua manifestación. Sal. 36:10.
Recibir respuesta en. Sal. 143:1.
Ser guiados en. Sal. 5:8.
Ser juzgados de acuerdo con. Sal. 35:24.
Ser librados en. Sal. 31:1; 71:2.
Ser vivificados en. Sal. 119:40.

Demostrada en
Castigo de impíos. Rom. 2:5; 2 Tes. 1:6;
Apoc. 16:7; 19:2.
Evangelio. Sal. 85:10, con Rom. 3:25-26.
Juicio final. Hech. 17:31.

Demostrada en su(s)
Acciones. Jue. 5:11; 1 Sam. 12:7.
Caminos. Sal. 145:17; Ezeq. 18:25,29.
Dominio sobre la tierra. Sal. 96:13; 98:9.
Gobierno. Sal. 9:4; Jer. 9:24.
Juicios. Gén. 18:25; Sal. 19:9; 119:7,62
Apoc. 19:2.
Mandamientos. Deut. 4:8; Sal. 119:172.
Palabra. Sal. 119:123.
Perdón de pecados. 1 Juan 1:9.
Redención. Rom. 3:26.
Testimonios. Sal. 119:138,144.

Descripción
Abundante. Job 37:23; Sal. 48:10.
Cimiento de su trono. Sal. 97:2; 89:14.
Constante. Job 8:3; 34:12.
Eterna. Sal. 119:142.
Excelsa. Sal. 71:19.
Imparcial. 2 Crón. 19:7; Jer. 32:19.
Incomparable. Job 4:1.
Incorruptible. Deut. 10:17; 2 Crón. 19:7.
Infalible. Sof. 3:5.
Más allá de comprensión humana.
Sal. 71:15.
Permanece para siempre. Sal. 111:3.
Sin favoritismo. Rom. 2:11; Col. 3:25;
1 Ped. 1:17.
Dios se deleita en llevar a cabo. Jer. 9:24.
Hace que ame justicia. Sal. 11:7.
Ilustrada. Sal. 36:6.
Impíos no tienen interés en. Sal. 69:27.
Magnificar. Sal. 98:9; 99:3-4.
Mostrada a descendientes de creyentes.
Sal. 103:17.
Mostrada abiertamente ante paganos.
Sal. 98:2.
Negada por impíos. Ezeq. 33:17,20.
No pecar contra. Jer. 50:7.
Parte de su carácter.
Sal. 7:9; 11:6:5; 119:137.
Reconocer. Sal. 51:4, con Rom. 3:4.

DIOS, JUSTIFICACIÓN ANTE

Bajo ley

Personas no pueden alcanzar.
Job 9:2-3,20; 25:4; Sal. 130:3; 143:2,
con Rom. 3:20; Rom. 9:31-32.
Requiere obediencia perfecta. Lev. 18:5,
con Rom. 10:5; 2:13; Sant. 2:10.

En evangelio

Asegura glorificación. Rom. 8:30.
Bendición de. Sal. 32:1-2, con
Rom. 4:6-8.
Da derecho a herencia. Tito 3:7.
En nombre de Cristo. 1 Cor. 6:11.
Es por gracia. Rom. 3:24; 4:16; 5:17-21.
Es sólo por fe. Juan 5:24; Hech. 13:39;
Rom. 3:30; 5:1; Gál. 2:16.
Libera de condenación.
Isa. 50:8-9; 54:17, con Rom. 8:33-34.
No es por fe y obras conjuntamente.
Hech. 15:1-29; Rom. 3:28; 11:6;
Gál. 2:14-21; 5:4.
No es por obras. Hech. 13:39; Rom. 8:3;
Gál. 2:16; 3:11.
Por imputación de justicia de Dios.
Isa. 61:10; Jer. 23:6; Rom. 3:22; 5:18;
1 Cor. 1:30; 2 Cor. 5:21.
Por resurrección de Cristo. Rom. 4:25;
1 Cor. 15:17.
Por sangre de Cristo. Rom. 5:9.
Impíos no alcanzarán. Ex. 23:7.

Por fe

Excluye jactancia. Rom. 3:27; 4:2;
1 Cor. 1:29-31.
No anula ley. Rom. 3:30-31; 1 Cor. 9:21.
Revelada en Antiguo Testamento.
Hab. 2:4, con Rom. 1:17.
Prometida a Cristo. Isa. 45:25; 53:11.

DIOS, LEY DE

Absoluta y perpetua. Mat. 5:18.
Amor de, produce paz. Sal. 119:165.

Amor, cumplimiento de. Rom. 13:8,10;
Gál. 5:14; Sant. 2:8.
Bendición por guardar. Sal. 119:1;
Mat. 5:19; 1 Juan 3:22,24; Apoc. 22:14.
Castigo por desobedecer. Neh. 9:26-27;
Isa. 65:11-13; Jer. 9:13-16.
Conciencia testifica a. Rom. 2:15.
Conlleva castigo. Rom. 4:15.

Creyentes

Aman. Sal. 119:97,113.
Deben hablar de. Ex. 13:9.
Deben recordar. Mal. 4:4.
Guardan. Sal. 119:55.
Liberados de esclavitud de.
Rom. 6:14; 7:4,6; Gál. 3:13.
Liberados de maldición de. Gál. 3:13.
Oran pidiendo entender. Sal. 119:18.
Oran pidiendo poder para guardar.
Sal. 119:34.
Preparan sus corazones para buscar.
Esd. 7:10.
Prometen caminar en. Neh. 10:29.
Se deleitan en. Sal. 119:77; Rom. 7:22.
Se entristecen cuando otros violan.
Sal. 119:136.
Tienen escrita en corazón. Jer. 31:33, con
Heb. 8:10.

Cristo

Explicó. Mat. 7:12; 22:37-40.
Magnificó. Isa. 42:21.
Vino a cumplir. Mat. 5:17.
Da conocimiento de pecado.
Rom. 3:20; 7:7.

Descripción

Amplia sobremanera. Sal. 119:96.
Espiritual. Rom. 7:14.
No gravosa. 1 Juan 5:3.
Perfecta. Sal. 19:7; Rom. 12:2.
Pura. Sal. 19:8.
Santa, justa y buena. Rom. 7:12.
Verdad. Sal. 119:142.

Entregada

A Adán. Gén. 2:16-17, con
Rom. 5:12-14.
A israelitas. Ex. 20:2, etc.; Sal. 78:5.
A Noé. Gén. 9:6.
A través de Moisés. Ex. 31:18; Juan 7:19.
Por ministerio de ángeles. Hech. 7:53;
Gál. 3:19; Heb. 2:2.
Establecida por fe. Rom. 3:31.
Ideada para llevar a Cristo. Gál. 3:24.

Impíos

Dejan. 2 Crón. 12:1; Jer. 9:13.
Desechan. Isa. 5:24.
Desprecian. Amós 2:4.
Olvidan. Os. 4:6.
Se niegan a caminar en. Sal. 78:10.
Se niegan a oír. Isa. 30:9; Jer. 6:19.

Obediencia a

Característica de creyentes. Apoc. 12:17.
de suma importancia. 1 Cor. 7:19.
Prueba del amor. 1 Juan 5:3.
Pauta para juicio. Rom. 2:12.
Pecado es transgresión de. 1 Juan 3:4.
Regla de vida para creyentes. 1 Cor. 9:21;
Gál. 5:13-14.

Requiere

Obediencia de corazón. Sal. 51:6;
Mat. 5:28; 22:37.
Obediencia perfecta. Deut. 27:26;
Gál. 3:10 Sant. 2:10.
Seres humanos deben guardar. Ecl. 12:13.
Seres humanos no pueden obedecer, en
forma perfecta. 1 Rey. 8:46; Ecl. 7:20;
Rom. 3:10.
Seres humanos no pueden ser justificados
por. Hech. 13:39; Rom. 3:20,28;
Gál. 2:16; 3:11.
Seres humanos por naturaleza no están
sujetos a. Rom. 7:5; 8:7.
Todos los hombres han transgredido.
Rom. 3:9,19.

Usarla legítimamente. 1 Tim. 1:8.

DIOS, LLAMADO DE

A salir de tinieblas. 1 Ped. 2:9.

Al ser humano es

A comunión con Cristo. 1 Cor. 1:9.
A libertad. Gál. 5:13.
A paz. 1 Cor. 7:15; Col. 3:15.
A santidad. 1 Tes. 4:7.
A vida eterna. 1 Tim. 6:12.
Celestial. Heb. 3:1.
de acuerdo al propósito de Dios.
Rom. 8:28; 9:11,23-24.
de gracia. Gál. 1:15; 2 Tim. 1:9.
Para eterna gloria de Cristo. 2 Tes. 2:14;
1 Ped. 5:10.
Por gloria y excelencia. 2 Ped. 1:3.
Santo. 1 Tim. 1:19.
Supremo. Fil. 3:14.
Alabar a Dios por. 1 Ped. 2:9.
Bendición de recibir. Apoc. 19:9.
Dirigido a todos. Isa. 45:22; Mat. 20:16.
Ilustrado. Prov. 9:3-4; Mat. 23:3-9.
Mayoría rechaza. Prov. 1:24; Mat. 20:16.
Participantes de, justificados. Rom. 8:30.
Por Cristo. Isa. 55:5; Rom. 1:6.
Por su Espíritu. Apoc. 22:17.
Por su evangelio. 2 Tes. 2:14.
Por sus ministros. Jer. 35:15; 2 Cor. 5:20.
Por sus obras. Sal. 19:2-3; Rom. 1:20.

Su rechazo lleva a

Ceguera crítica. Isa. 6:9; con
Hech. 28:24-27; Rom. 11:8-10.
Condenación. Juan 12:48;
Heb. 2:1-3; 12:25.
Destrucción. Prov. 29:1; Mat. 22:3-7.
Engaño. Isa. 66:4; 2 Tes. 2:10-11.
Juicios temporales. Isa. 28:12;
Jer. 6:16,19; 35:17; Zac. 7:12-14.
Rechazo por parte de Dios. Prov. 1:24-32;
Jer. 6:19,30.

Remoción de meDios de gracia.
Jer. 26:4-6; Hech. 13:46; 18:6;
Apoc. 2:5.
Vivir como es digno del. Ef. 4:1.

DIOS, MENSAJEROS DE

Enviados para asegurar presencia de Dios.
Hag. 1:13.
Enviados para ministrar. Heb. 1:14.
Enviados para preparar camino al Mesías.
Mal. 3:1; Luc. 1:76.
Enviados para revelar palabra de Dios.
Mat. 23:34.
Enviados para salvación del mundo.
Juan 3:17; Heb. 1:1-2.

DIOS, MISERICORDIA DE

Debe ser
Buscada para nosotros mismos. Sal. 6:2.
Buscada para otros. Gál. 6:16;
1 Tim. 1:2; 2 Tim. 1:18.
Magnificada. 1 Crón. 16:34;
Sal. 115:1; 118:1-4,29; Jer. 33:11.
Motivo de alegría. Sal. 31:7.
Pedida en oración. Sal. 6:4; 25:6; 51:1.

Descripción
Abundante. 1 Ped. 1:3.
Alta como cielo. Sal. 36:5,103:11.
Copiosa. Sal. 86:5,15; 103:8.
Eterna. 1 Crón. 16:34;
Sal. 89:28; 106:1; 107:1; 136.
Grande. Núm. 14:18; Isa. 54:7.
Llena la tierra. Sal. 119:64.
Multifacética. Neh. 9:27; Lam. 3:32.
Nueva cada mañana. Lam. 3:23.
Rica. Ef. 2:4.
Segura. Isa. 55:3; Miq. 7:20.
Sobre todas sus obras. Sal. 145:9.
Tierna. Sal. 25:6; 103:4; Luc. 1:78.
Es deleite de Dios. Miq. 7:18.

Manifestada
A afligidos. Isa. 49:13; 54:7.
A huérfanos. Os. 14:3.
A pecadores arrepentidos. Sal. 32:5;
Prov. 28:13; Isa. 55:7; Luc. 15:18-20.
A quien Él quiere. Os. 2:23, con
Rom. 9:15,18.
A quienes le temen. Sal. 103:17;
Luc. 1:50.
A quienes vuelven a Él. Jer. 3:12;
Os. 14:4; Joel 2:13.
A su pueblo. Deut. 32:43; 1 Rey. 8:23.
Al enviar a Cristo. Luc. 1:78.
Con bondad eterna. Isa. 54:8.
En salvación. Tito 3:5.
Parte de su carácter. Ex. 34:6-7; Sal. 62:12;
Neh. 9:17; Jon. 4:2,10-11; 2 Cor. 1:3.
Razón de confianza. Sal. 52:8.
Razón de esperanza. Sal. 130:7; 147:11.
Tipificada. Ex. 25:17.

DIOS, OBEDIENCIA A

Bendición de. Deut. 11:27; 28:1-13;
Luc. 11:28; Sant. 1:25.
Característica de creyentes. 1 Ped. 1:14.
Castigo por negarse a. Deut. 11:28.
Confesar falta de. Dan. 9:10.
Creyentes escogidos para. 1 Ped. 1:2.
Cristo, ejemplo de. Mat. 3:15; Juan 15:10;
Fil. 2:5-8; Heb. 5:8.

Debe ser
Con espíritu dispuesto. Sal. 18:44;
Isa. 1:19.
Constante. Deut. 28:14; Fil. 2:12.
de corazón. Deut. 11:13; Rom. 6:17.
Sin reservas. Jos. 22:2-3.
Deber. Hech. 4:19-20; 5:29.
Determinación de. Ex. 24:7; Jos. 24:24.
Exhortaciones a. Jer. 26:13; 38:20.
Impíos rechazan. Ex. 5:2; Neh. 9:17.
Imposible sin fe. Heb. 11:6.

Incluye

Guardar mandamientos. Ecl. 12:13.

Obedecer a Cristo. Ex. 23:21;
2 Cor. 10:5.

Obedecer evangelio.
Rom. 1:5; 6:17; 10:16-17.

Obedecer ley. Deut. 11:27; Isa. 42:24.

Obedecer voz. Ex. 19:5; Jer. 7:23.

Sumisión a autoridades. Rom. 13:1.

Justificación obtenida por, de Cristo.
Rom. 5:19.

Mandamiento. Deut. 13:4.

Mejor que sacrificio. 1 Sam. 15:22.

Orar pidiendo aprender.
Sal. 119:35; 143:10.

Por parte de ángeles. Sal. 103:20.

Preparar corazón para. 1 Sam. 7:3;
Esd. 7:10.

Promesas por. Ex. 23:22; 1 Sam. 12:14;
Isa. 1:19; Jer. 7:23.

Será universal en últimos días. Dan. 7:27.

DIOS, OLVIDARSE DE

Advertencias contra. Deut. 6:12; 8:11.

Característica de impíos. Prov. 2:17;
Isa. 65:11.

Castigo por. Job 8:12-13; Sal. 9:17;
Isa. 17:10-11; Ezeq. 23:35; Os. 8:14.

Determinación de no. Sal. 119:16,93.

Es olvidar su(s)

Beneficios. Sal. 103:2; 106:7.

Iglesia. Sal. 137:5.

Ley. Sal. 119:153,176; Os. 4:6.

Liberación pasada. Jue. 8:34; Sal. 78:42.

Obras. Sal. 78:7,11; 106:13.

Pacto. Deut. 4:23; 2 Rey. 17:38.

Palabras. Heb. 12:5; Sant. 1:25.

Poder para librar. Isa. 51:13-15.

Exhortación a culpables de. Sal. 50:22.

Falsos maestros alientan a. Jer. 23:27.

Prosperidad a menudo lleva a.
Deut. 8:12-14; Os. 13:6.

Pruebas no deben llevar a. Sal. 44:17-20.

DIOS, PACIENCIA DE

A través de intercesión de Cristo. Luc. 13:8.

Debe llevar a arrepentimiento. Rom. 2:4;
2 Ped. 3:9.

Demostrada en perdón de pecados.
Rom. 3:25.

Ilustrada. Luc. 13:6,9.

Impíos

Abusan de. Ecl. 8:11; Mat. 24:4849.

Castigados por despreciar. Neh. 9:30;
Mat. 24:48-51; Rom. 2:5.

Desprecian. Rom. 2:4.

Límites para. Gén. 6:3; Jer. 44:22.

Nos alienta a arrepentirnos. Joel 2:13.

Para con

Impíos. Rom. 9:22; 1 Ped. 3:20.

Su pueblo. Isa. 30:18; Ezeq. 20:17.

Parte de su carácter. Ex. 34:6; Núm. 14:18;
Sal. 86:15.

Pedir en oración. Jer. 15:15.

Salvación es propósito de. 2 Ped. 3:15.

DIOS, PODER DE

Actúa a favor de creyentes. 2 Crón. 16:9.

Creyentes

Anhelan demostraciones del. Sal. 63:1-2.

Exaltados por. Job 36:22.

Fortalecidos por. Ef. 6:10; Col. 1:11.

Librados por. Neh. 1:10; Dan. 3:17.

Protegidos por, hasta que llegue
salvación. 1 Ped. 1:5.

Reciben abundancia de gracia por.
2 Cor. 9:8.

Sostenidos en aflicción por. 2 Cor. 6:7;
2 Tim. 1:8.

Sostenidos por. Sal. 37:17; Isa. 41:10.

Tienen confianza en. Jer. 20:11.

Debe ser
Buscado en oración. Sal. 79:11;
Mat. 6:13.
Magnificado. Sal. 21:13; Jud. 25.
Reconocido. 1 Crón. 29:11; Isa. 33:13.
Temido. Jer. 5:22; Mat. 10:28.

Demostrado en
Creación. Sal. 102:25; Jer. 10:12.
Destrucción de impíos. Ex. 9:16;
Rom. 9:22.
Frutos del evangelio. Rom. 1:16;
1 Cor. 1:18,24.
Liberación de su pueblo. Sal. 106:8.
Milagros de Cristo. Luc. 11:20.
Resurrección de creyentes. 1 Cor. 6:14.
Resurrección de Cristo. 2 Cor. 13:4;
Col. 2:12.
Soberanía sobre todo. Sal. 65:6; 66:7.

Descripción
Eficaz. Isa. 43:13; Ef. 3:7.
Eterno. Isa. 26:4; Rom. 1:20.
Glorioso. Ex. 15:6; Isa. 63:12.
Grande. Sal. 79:11; Nah. 1:3.
Incomparable. Ex. 15:11-12; Deut. 3:24;
Job 40:9; Sal. 89:8.
Incomprensible. Job 26:14; Ecl. 3:11.
Inescrutable. Job 5:9; 9:10.
Irresistible. Deut. 32:39; Dan. 4:35.
Soberano. Rom. 9:21.
Eficiencia de ministros del evangelio es
por. 1 Cor. 3:6-8; Gál. 2:8; Ef. 3:7.
Ejército celestial magnifica.
Apoc. 4:11; 5:13; 11:17.
Fe de creyentes se apoya en. 1 Cor. 2:5.
Fuente de toda fuerza. 1 Crón. 29:12;
Sal. 68:35.
Fundamento de fe. Isa. 26:4; Rom. 4:21.

Impíos
No conocen. Mat. 22:29.
Obra en y para creyentes. 2 Cor. 13:4;
Ef. 1:19; 3:20.

Serán destruidos por. Luc. 12:5.
Tienen en su contra. Esd. 8:22.
Nada es difícil para. Gén. 18:14; Jer. 32:27.

Representado por
Brazo de Dios. Job 40:9; Isa. 52:10.
Dedo de Dios. Ex. 8:19; Sal. 8:3.
Mano de Dios. Ex. 9:3,15; Isa. 48:13.
Trueno de su poder, etc. Job 26:14.
Voz de Dios. Sal. 29:3,5; 68:33.
Todas las cosas posibles para. Mat. 19:26.
Uno de sus atributos. Sal. 62:11.

DIOS, PROMESAS DE
Burladores desprecian. 2 Ped. 3:3-4.

Creyentes
A veces en sufrimiento, tentados a dudar
de. Sal. 77:8,10.
Esperan realización de. Luc. 1:38,45;
2 Ped. 3:13.
Herederos de. Gál. 3:29; Heb. 6:17; 11:9.
Hijos de. Rom. 9:8; Gál. 4:28.
No dudan de. Rom. 4:20.
Piden, en oración. Gén. 32:9,12;
1 Crón. 17:23,26; Isa. 43:26.
Tienen confianza implícita en.
Heb. 11:11.
Deben llevar a perfección de santidad.
2 Cor. 7:1.
Dios fiel a. Tito 1:2; Heb. 10:23.
Dios recuerda. Sal. 105:42; Luc. 1:54-55.

Ejemplos de
Adopción. 2 Cor. 6:18, con 7:1.
Bendición. Deut. 1:11.
Corona de vida. Sant. 1:12.
Cristo. 2 Sam. 7:12-13, con
Hech. 13:22-23.
Entrar en reposo de Dios. Jos. 22:4, con
Heb. 4:1.
Espíritu Santo. Hech. 2:33; Ef. 1:13.
Evangelio. Rom. 1:1-2.
Nuevos cielos y tierra nueva. 2 Ped. 3:13.

D

Perdón de pecados. Isa. 1:18; Heb. 8:12.

Poner ley en el corazón. Jer. 31:33, con Heb. 8:10.

Preservación en aflicción. Isa. 43:2.

Segunda venida de Cristo. 2 Ped. 3:4.

Vida en Cristo. 2 Tim. 1:1.

Vida eterna. Tito 1:2; 1 Juan 2:25.

Vida presente. 1 Tim. 4:8.

Esperar cumplimiento de. Hech. 1:4.

Gentiles serán participantes de. Ef. 3:6.

Hechas a

Abraham. Gén. 12:3,7, con Gál. 3:16.

Cristo. Gál. 3:16,19.

David. 2 Sam. 7:12; Sal. 89:3-4,35-36.

Isaac. Gén. 26:3-4.

Israelitas. Rom. 9:4.

Jacob. Gén. 28:14.

Padres. Hech. 13:32; Hech. 26:6-7.

Quienes lo aman. Sant. 1:12; 2:5.

Todos los llamados por Dios. Hech. 2:39.

Herencia de creyentes. Rom. 4:13; Gál. 3:18.

Ley no es contraria a. Gál. 3:21.

Ley no pudo eliminar. Gál. 3:17.

Ninguna habrá de faltar. Jos. 23:14; 1 Rey. 8:56.

Pacto establecido sobre. Heb. 8:6.

Personas, por naturaleza no tienen interés en. Ef. 2:12.

Son

Buenas. 1 Rey. 8:56.

Confirmadas en Cristo. Rom. 15:8.

Confirmadas por juramento. Sal. 89:3-4; Heb. 6:17.

Cumplidas en Cristo. 2 Sam. 7,12, con Hech. 13:23; Luc. 1:69-73.

Dadas a quienes creen. Gál. 3:22.

Grandes y preciosas. 2 Ped. 1:4.

Hechas en Cristo. Ef. 3:6; 2 Tim. 1:1.

Heredadas a través de fe y paciencia. Heb. 6:12,15; 10:36.

Llevadas a cabo en momento oportuno. Jer. 33:14; Hech. 7:17; Gál. 4:4.

Mencionadas en Escrituras. Rom. 1:2.

Obtenidas por fe. Heb. 11:33.

Por justicia de la fe. Rom. 4:13,16.

Santas. Sal. 105:42.

Sí y amén en Cristo. 2 Cor. 1:20.

DIOS, PROVIDENCIA DE

A veces oscura y misteriosa.
Sal. 36:6; 73:16; 77:19; Rom. 11:33.

Creyentes deben

Encomendar sus obras a. Prov. 16:3.

Hallar ánimo en. 1 Sam. 30:6.

Orar dependiendo de. Hech. 12:5.

Orar pidiendo ser guiados por. Gén. 24:12-14; 28:20-21; Hech. 1:24.

Tener fe en. Mat. 6:33-34; Mat. 10:9,29-31.

Tener plena confianza en. Sal. 16:8; 139:10.

Cuida todas sus obras. Sal. 145:9.

Debe ser reconocida

En adversidad. Job 1:21; Sal. 119:75.

En desastres públicos. Amós 3:6.

En prosperidad. Deut. 8:18; 1 Crón. 29:12.

En su cuidado diario. Gén. 48:15.

En todas las cosas. Prov. 3:6.

En todo el universo. Sal. 139:1-5.

Esfuerzos humanos son inútiles sin. Sal. 127:1-2; Prov. 21:31.

Está en acción al

Derrotar planes de impíos. Ex. 15:9-19; 2 Sam. 17:14-15; Sal. 33:10.

Determinar duración de vida humana. Sal. 31:15; 39:5; Hech. 17:26.

Dirigir todos los eventos. Jos. 7:14; 1 Sam. 6:7-10,12; Prov. 16:33; Isa. 44:7; Hech. 1:26.

Guiar a creyentes. Deut. 8:2,15;
Isa. 63:12.

Hacer que planes para mal sean para bien.
Gén. 45:5-7; 50:20; Fil. 1:12.

Hacer que sus palabras se cumplan.
Núm. 26:65 Jos. 21:45; Luc. 21:32-33.

Librar a creyentes. Sal. 91:3; Isa. 31:5.

Ordenar caminos de las personas.
Prov. 16:9; 19:21; 20:24.

Ordenar circunstancias y condiciones de
personas. 1 Sam. 2:7-8; Sal. 75:6-7.

Ordenar detalles más pequeños.
Mat. 10:29-30; Luc. 21:18.

Preservar a creyentes. Sal. 37:28; 91:11;
Mat. 10:30.

Preservar creación. Neh. 9:6; Sal. 36:6;
Mat. 10:29.

Preservar curso de naturaleza. Gén. 8:22;
Job 26:10; Sal. 104:5-9.

Prevalecer sobre elementos. Job 37:9-13;
Isa. 50:2; Juan 1:4,15; Nah. 1:4.

Prosperar a creyentes. Gén. 24:48,56.

Proteger a creyentes. Sal. 91:4; 140:7.

Proveer para su creación.
Sal. 104:27-28; 136:25; 147:9;
Mat. 6:26.

Impíos y planes de. Isa. 10:5-12;
Hech. 3:17-18.

Justa. Sal. 145:17; Dan. 4:37.

No puede ser frustrada. 1 Rey. 22:30,34;
Prov. 21:30.

Para quienes dependen de Él. Luc. 22:35.

Peligro de negar. Isa. 10:13-17;
Ezeq. 28:2-10; Dan. 4:29-31; Os. 2:8-9.

Siempre atenta y vigilante. Sal. 121:4;
Isa. 27:3.

Todas las cosas ordenadas por
Para bien de creyentes. Rom. 8:28.
Para gloria de Dios. Isa. 63:14.

Vista en causas secundarias. 1 Rey. 21:19,
con 22:37-38; Miq. 5:2, con Luc. 2:1-4;
Hech. 27:22,31-32.

DIOS, REBELIÓN CONTRA

Asociada con
Desprecio hacia Dios. Sal. 107:11.
Injusticia y corrupción. Isa 1:23.
Obstinación. Deut. 31:27.
Castigada. Lev. 26:14-39; 1 Sam. 12:15;
Isa. 1:20; Jer. 4:16-18; Ezeq. 20:8,38.
Castigo por enseñar. Jer. 28:16.
Contrista al Espíritu Santo. Isa. 63:10.
Corazón es asiento de. Jer. 5:23;
Mat. 15:18-19; Heb. 3:12.

Demostrada al
Actuar de acuerdo a nuestros
pensamientos. Isa. 65:2.
Alejarse de adoración prescrita.
Ex. 32:8-9; Jos. 22:16-19.
Alejarse de Él. Isa. 59:13.
Alejarse de mandamientos. Dan. 9:5.
Despreciar su ley. Neh. 9:26.
Despreciar sus consejos. Sal. 107:11.
Murmurar contra Él. Núm. 20:3,10.
Negarse a escucharlo. Deut. 9:23;
Ezeq. 20:8; Zac. 7:11.
No confiar en su poder. Ezeq. 17:15.
No creer. Deut. 9:23; Sal. 106:24-25.
Pecar contra luz. Job 24:13; Juan 15:22;
Hech. 13:41.
Rebelarse contra gobernantes designados
por Él. Jos. 1:18.
Rechazar gobierno instituido por Dios.
1 Sam. 8:7; 15:23.
Sublevarse contra Él. Isa. 1:5; 31:6.
Dios pronto a perdonar. Neh. 9:17.
Ingratitud de, ilustrada. Isa. 1:2-3.
Instrucción religiosa destinada a prevenir.
Sal. 78:5,8.
Lo infame de. 1 Sam. 15:23.

Ministros del evangelio
Advertencia contra. Ezeq. 2:8.
Deben hacer advertencias contra.
Núm. 14:9.

D

Deben recordar a su pueblo de, pasada.
Deut. 9:7; 31:27.
Deben testificar contra. Isa. 30:8-9;
Ezeq. 17:12; 44:6.
Enviados a quienes son culpables de.
Ezeq. 2:3-7; 3:4-9; Mar. 12:4-8.

Pecado de
Agravado en vista de cuidado paterno de
Dios. Isa. 1:2.
Agravado pues Dios no cesa en invitación
a volver a Él. Isa. 65:2.
Debe ser condenado. Jos. 22:29.
Debe ser confesado. Lam. 1:18,20;
Dan. 9:5.
Perdonada cuando hay arrepentimiento.
Neh. 9:26-27.
Prohibida. Núm. 14:9; Jos. 22:19.
Promesas a aquellos que evitan.
Deut. 28:1-13; 1 Sam. 12:14.
Provoca a Cristo. Ex. 23:20-21, con
1 Cor. 10:9.
Provoca a Dios. Núm. 16:30; Neh. 9:26.

Quienes son culpables de
Agravan su pecado por. Job 34:37.
Continúan en, a pesar del castigo. Isa. 1:5.
Denunciados. Isa. 30:1.
Empobrecidos por. Sal. 68:6.
Entregados en manos de enemigos.
Neh. 9:26-27.
Humillados. Sal. 107:11-12.
Perseveran en. Deut. 9:7,24.
Practican hipocresía para ocultar.
Os. 7:14.
Proscriptos de iglesia. Ezeq. 20:38.
Proscriptos por su pecado. Sal. 5:10.
Restaurados por medio de Cristo.
Sal. 68:18.
Tienen a Dios como enemigo. Isa. 63:10.
Tienen mano de Dios en su contra.
1 Sam. 12:15, con Sal. 106:26-27.
Seres humanos tienen tendencia a.
Deut. 31:27; Rom. 7:14-18.

Sólo Dios puede perdonar. Dan. 9:9.

DIOS, RECONCILIACIÓN CON
Anulación de deuda de pecados, necesaria
para. Ef. 2:16; Col. 2:14.

Efectos de
Acceso a Dios. Rom. 5:2; Ef. 2:18.
Paz con Dios. Rom. 5:1; Ef. 2:16-17.
Unión de cosas en cielo y tierra. Col. 1:20,
con Ef. 1:10.
Unión de judíos y gentiles. Ef. 2:14.
En nombre de Cristo, debemos animar a
otros a procurar. 2 Cor. 5:20.
Garantía de salvación. Rom. 5:10.
Ministerio de, encomendado a creyentes.
2 Cor. 5:18-19.
Necesidad de, ilustrada. Mat. 5:24-26.
Proclamada por ángeles cuando nació
Cristo. Luc. 2:14.
Profetizada. Dan. 9:24, con Isa. 53:5.

Realizada
Cuando éramos enemigos de Dios.
Rom. 5:10.
Cuando estábamos separados de Dios.
Col. 1:21.
Para con personas débiles. Rom. 5:6.
Para con personas pecadoras. Rom. 5:8.
Por Cristo como Sumo Sacerdote.
Heb. 2:17.
Por Dios en Cristo. 2 Cor. 5:19.
Por muerte de Cristo. Rom. 5:10;
Ef. 2:16; Col. 1:21-22.
Por sangre de Cristo. Ef. 2:13. Col. 1:20.
Tipos. Lev. 8:15; 16:20.

DIOS, REINO DE
Anunciado. Mat. 3:2; 4:23.
Certeza futura. Mat. 6:10; Luc. 22:16;
1 Cor. 6:9.
Comparado a cosas que crecen.
Mar. 4:1-11,26-32.
Prometido. Dan. 2:44.

Realidad presente. Luc. 17:21; Col. 1:13.

DIOS, SABIDURÍA DE
Creyentes le atribuyen. Dan. 2:20.
Debe ser magnificada. Rom. 16:27; Jud. 25.

Demostrada al conocer
Acciones. Job 34:21; Sal. 139:2-3.
Aflicciones de creyentes. Ex. 3:7;
Sal. 142:3.
Asuntos más pequeños. Mat. 10:29-30.
Camino de creyentes. Job 23:10; Sal. 1:6.
Corazón. Sal. 44:21; Prov. 15:11;
Luc. 16:15.
Cosas secretas. Mat. 6:18.
Creyentes. 2 Sam. 7:20; 2 Tim. 2:19.
Impíos. Neh. 9:10; Job 11:11.
Necesidades de creyentes. Deut. 2:7;
Mat. 6:8.
Obras de impíos. Isa. 66:18.
Palabras. Sal. 139:4.
Sufrimientos de creyentes. Sal. 103:14.
Tiempo de juicio. Mat. 24:36.

Descripción
Incomparable. Isa. 44:7; Jer. 10:7.
Inescrutable. Isa. 40:28; Rom. 11:33.
Infinita. Sal. 147:5; Rom. 11:33.
Maravillosa. Sal. 139:6.
Más allá de comprensión humana.
Sal. 139:6.
Perfecta. Job 36:4; 37:16.
Poderosa. Job 36:5.
Suprema. Job 21:22; Isa. 40:14.
Universal. Job 28:24; Dan. 2:22;
Hech. 15:18.
Evangelio contiene tesoros de. 1 Cor. 2:7.
Impíos cuestionan. Sal. 73:11; Isa. 47:10.

Mostrada en
Conocimiento de pensamientos.
1 Crón. 28:9; Sal. 139:2.
Escudriñar el corazón. 1 Crón. 28:9;
Apoc. 2:23.

Redención. 1 Cor. 1:24; Ef. 1:8; 3:10.
Su anuncio de eventos futuros.
Isa. 42:9; 46:10.
Sus consejos. Isa. 28:29; Jer. 32:19.
Sus obras. Job 37:16; Sal. 104:24; 136:5;
Prov. 3:19; Jer. 10:12.
Nada oculto de. Sal. 139:12.
Sabiduría de creyentes deriva de. Esd. 7:25.
Toda sabiduría humana deriva de.
Esd. 7:25.
Uno de sus atributos. 1 Sam. 2:3; Job 9:4.

DIOS, SANTIDAD DE
Creyentes deben alabar. Sal. 30:4.
Creyentes deben imitar. Lev. 11:44, con
1 Ped. 1:15-16.
Debe producir temor reverencial.
Apoc. 15:4.
Debe ser magnificada. 1 Crón. 16:10;
Sal. 48:1; 99:3,5; Apoc. 15:4.
Ejército celestial adora. Isa. 6:3; Apoc. 4:8.
Incomparable. Ex. 15:11; 1 Sam. 2:2.

Mostrada en (sus)
Carácter. Sal. 22:3; Juan 17:11.
Nombre. Isa. 57:15; Luc. 1:49.
Obras. Sal. 145:17.
Palabras. Sal. 60:6; Jer. 23:9.
Reino. Sal. 47:8; Mat. 13:41;
1 Cor. 6:9-10; Apoc. 21:27.

Prometida para cumplimiento de sus
Juicios. Amós 4:2.
Promesas. Sal. 89:35.
Requiere servicio santo. Jos. 24:19;
Sal. 93:5.

DIOS, SOBERANÍA DE
Características de
Dominio. Apoc. 1:6.
Gloria. 1 Crón. 29:11; Apoc. 1:6.
Grandeza. 1 Crón. 29:11; Sal. 135:5;
Mal. 1:14.

Inmortalidad. 1 Tim. 6:16.
Majestad. 1 Crón. 29:11.
Poder. 1 Crón. 29:11; Dan. 2:20;
  Mat. 6:13; 1 Tim. 6:16; Apoc. 19:6.
Sabiduría. Dan. 2:20.
Salvación. Apoc. 19:1.
Victoria. 1 Crón. 29:11.

Dios
Controla eventos. Lam. 3:37.
Da y quita vida. Job 1:21; Rom. 14:7-8.
Es dueño de la tierra. Deut. 10:14;
  Sal. 24:1.
Es más grande que todos los dioses.
  Ex. 18:11; Deut. 10:14.
Es único Dios. Deut. 6:4; Isa. 44:6.
Hizo cielos y tierra. Gén. 1:1; Neh. 9:6.
Reconocimiento de, por parte de gente.
  Isa. 45:23; Rom. 14:11.
Reduce a nada a gobernantes del mundo.
  Isa. 40:23.
Reina eternamente. Ex. 15:18;
  Sal. 93:1-2; 146:10; Apoc. 11:15.
Rige sobre toda la tierra. 2 Rey. 19:15;
  2 Crón. 29:11; Sal. 10:16.

Títulos que muestran
Creador de cielos y tierra. Gén. 14:19.
Dios Altísimo. Gén. 14:18-19.
Dios de cielos y tierra. Gén. 24:3.
Jehová el Altísimo. Sal. 47:2.
Padre de todos. Ef. 4:6.
Rey de reyes. 1 Tim. 6:15.
Rey de toda la tierra. Sal. 47:7.
Señor de señores. 1 Tim. 6:15.

DIOS, SUMISIÓN A

Cristo dejó ejemplo de. Mat. 26:39-44.
  Juan 12:27; 18:11.

Debe demostrarse
Al enfrentarse a muerte. Hech. 21:13;
  2 Cor. 4:16-51.
Al perder bienes. Job 1:15-16,21.

Al perder hijos. Job 1:18-19,21.
Al ser disciplinados. Heb. 12:9.
Al sufrir corporalmente. Job 2:8-10.
En sumisión a soberanía de sus
  propósitos. Rom. 9:20-21.
En sumisión a su voluntad. 2 Sam. 15:26;
  Sal. 42:5,11; Mat. 6:10.
Exhortación a. Sal. 37:1-11.
Impíos carecen de. Prov. 19:3.
Mandamiento. Sal. 37:7; 46:10.

Motivos para
Amor de Dios. Heb. 12:6.
Fidelidad de Dios. 1 Ped. 4:19.
Grandeza de Dios. Sal. 46:10.
Justicia de Dios. Neh. 9:33.
Nuestra pecaminosidad. Lam. 3:39;
  Miq. 7:9.
Sabiduría de Dios. Rom. 11:32-33.

DIOS, UNIDAD DE

Afirmada por
Apóstoles. 1 Cor. 8:4,6; Ef. 4:6;
  1 Tim. 2:5.
Cristo. Mar. 12:29; Juan 17:3.
Dios mismo. Isa. 44:6,8; 45:18,21.
Moisés. Deut. 4:39; 6:4.
Congruente con deidad de Cristo y del
  Espíritu Santo. Juan 10:30, con
  1 Juan 5:7; Juan 14:9-11.
Conocimiento de, necesario para vida
  eterna. Juan 17:3.
Creyentes reconocen, al adorarlo.
  2 Sam. 7:22; 2 Rey. 19:15;
  1 Crón. 17:20.

Demostrada
Por su elección sin paralelos y cuidado de
  su pueblo. Deut. 4:32-35.
Por su grandeza y obras maravillosas.
  2 Sam. 7:22; Sal. 86:10.
Por sus obras de creación y providencia.
  Isa. 44:24; 45:5-8.

Porque es única fuente de perdón.
Miq. 7:18, con Mar. 2:7.
Porque es único bueno. Mat. 19:17.
Porque es único con absoluto
conocimiento. Isa. 46:9-11.
Porque es único Salvador. Isa. 45:21-22.
Pues ejercita absoluta soberanía.
Deut. 32:39.
Pues es único objeto de adoración en cielo
y tierra. Neh. 9:6; Mat. 4:10.
Motivo para amarlo de modo supremo.
Deut. 6:4-5, con Mar. 12:29-30.
Motivo para obedecerlo de modo exclusivo.
Deut. 4:39-40.
Puede reconocerse sin que haya fe salvadora.
Sant. 2:19-20.
Todos deben conocer y reconocer.
Deut. 4:35; Sal. 83:18.

DIOS, VERDAD DE

Debemos
Confiar en. Sal. 31:5; Tito 1:2.
Dar a conocer a otros. Isa. 38:19.
Magnificar. Sal. 71:22; 138:2.
Orar pidiendo que otros vean en
nosotros. 2 Sam. 2:6.
Orar pidiendo revelación de.
2 Crón. 6:17.
Pedir, en oración. Sal. 89:49.

Demostrada en su(s)
Administración de justicia. Sal. 96:13.
Caminos. Apoc. 15:3.
Castigo de impíos. Apoc. 16:7.
Consejos de tiempos antiguos. Isa. 25:1.
Cumplimiento de promesas en Cristo.
2 Cor. 1:20.
Cumplimiento del pacto. Miq. 7:20.
Estatutos judiciales. Sal. 19:9.
Liberación a creyentes. Sal. 57:3.
Obras. Sal. 33:4; 111:7; Dan. 4:37.
Palabra. Sal. 119:160; Juan 17:17.
Trato con creyentes. Sal. 25:10.

Descripción
Abundante. Ex. 34:6.
Cierta y confiable. Núm. 23:19; Tito 1:2.
Grande. Sal. 57:10.
Llega hasta nubes. Sal. 57:10.
Permanece por todas las generaciones.
Sal. 100:5.
Él guarda, para siempre. Sal. 146:6.
Él recordó, hacia creyentes. Sal. 98:3.
Escudo y refugio para creyentes. Sal. 91:4.

Negada por
Diablo. Gén. 3:4-5.
Incrédulos. 1 Juan 5:10.
Quienes se creen justos. 1 Juan 1:10.
Siempre va delante de su rostro. Sal. 89:14.
Unida a misericordia en redención.
Sal. 85:10.
Uno de sus atributos. Deut. 32:4; Isa. 65:16.

DIOS, VOLUNTAD DE

Características de la
Buena y perfecta. Rom. 12:2.
Dadivosa. 2 Cor. 8:5; Gál. 1:4.
de salvar a personas. Mat. 18:14; Gál. 1:4.
Debemos entender. Ef. 5:17.
Debemos seguir. Col. 4:12; 1 Ped. 3:17.

Deseo de hacer
Jesús. Mat. 26:42; Juan 5:30;
Heb. 10:5-7.
Pablo, para colosenses. Col. 4:12.
Salmista. Sal. 40:8.

Ejemplos de
José vendido a Egipto.
Gén. 45:5,7; 50:20.
Pablo al buscar. Rom 1:10.
Pablo resignado a. Hech. 21:14.
Siervo sufriente. Isa. 53:10.

Hacer
Confirma enseñanzas de Jesús. Juan 7:17.
Sustentó a Jesús. Juan 4:34.

Hacer bien es hacer. 1 Ped. 2:15.
Jesús dispuesto a hacer. Juan 6:38-40.
Oración de seguidores de Jesús. Luc. 11:2.
Para crear a personas. Apoc. 4:11.
Para santificar a su pueblo. 1 Tes. 4:3.
Pedido de que sea hecha. Mat. 6:10.
Quienes hacen, familia de Jesús. Mat. 12:50.
Quienes hacen, viven para siempre.
1 Juan 2:17.

DIOS, VOZ DE

Testimonio del Padre en cuanto al Hijo.
Juan 12:28-29.

DIPLOMACIA

Absalón ganándose al pueblo.
2 Sam. 15:2-6.
Acaz comprando ayuda del rey de
Asiria. 2 Rey. 16:7-9.
Al celebrar matrimonios con mujeres de
otras naciones. 1 Rey. 1:1-5.
David, al enviar a Husai a corte de
Absalón. 2 Sam. 15:32-37.
de Abigail. 1 Sam. 25:23-31.
de Abimelec. Gén. 21:22-23; 26:26-31.
de gabaonitas. Jos. 9:3-16.
de Hiram, para asegurarse buena voluntad
de David. 2 Sam. 5:11.
de Jefté, con rey de Moab, sin éxito.
Jue. 11:12-28.
Eclesiástica, Pablo, al circuncidar a Timoteo.
Hech. 16:3.
Embajadores de Ben-adad a Acab.
1 Rey. 20:31-34.
Joás compró paz de Hazael. 2 Rey. 12:18.
Pablo, al poner a fariseos y saduceos unos
contra otros durante su juicio.
Hech. 23:6-10.
Pablo, al realizar ciertos servicios en templo
para aplacar a judíos. Hech. 21:20-25;
Gál. 6:12.
Pablo, en testimonio a todas las
naciones. 1 Cor. 9:20-23.

Prácticas corruptas en, funcionarios de corte
de Nabucodonosor para asegurar
destrucción de Daniel. Dan. 6:4-15.
Pueblo de Tiro y Sidón, al asegurarse favor
de Herodes. Hech. 12:20-22.
Rabsaces, con arengas pomposas al tratar de
inducir a Jerusalén a capitular.
2 Rey. 18:17-37; 19:1-13; Isa. 36:11-22.
Sabia mujer de Abel. 2 Sam. 20:16-22.
Salomón, en alianza con Hiram.
1 Rey. 5:1-12; 9:10-14,26-27; 10:11.
Sanbalat, en intento de detener
reconstrucción de Jerusalén por parte de
Nehemías. Neh. 6.
Toi, al promover amistad con David.
2 Sam. 8:10.

DIRECCIÓN, GUÍA

A través de Cristo. Juan 10:3.
Afirmaciones de. Sal. 23.
Del Señor. Deut. 32:12; Ex. 13:21.
Hacia lo supremo. 2 Tes. 3:5.
Oración pidiendo. Sal. 31:3; 43:3.
Por parte de ángel. Hech. 10:22.
Promesa de. Sal. 32:8; Prov. 3:6.

DISCIPLINA

de ejércitos, por desobedecer órdenes.
Jos. 7:10-26; Jue. 21:5-12.

DISCIPLINA DE LA IGLESIA

Ver Iglesia, Disciplina de

DISCIPULADO

Pruebas del. Mat. 10:32-39;
Luc. 14:26-27,33; Juan 21:15-19.

DISCÍPULOS

de Jesús. Mat. 10:1; 20:17;
Hech. 9:26; 14:2; 21:4.
de Juan el Bautista. Mat. 9:14.
Inicialmente llamados cristianos en
Antioquía. Hech. 11:26.

Setenta son enviados. Luc. 10:1.

DISCRIMINACIÓN
Ver también Racial, Tensión

No hay distinciones de sexo ni raza.
Gál. 3:28.

DISPEPSIA
de Timoteo. 1 Tim. 5:23.

DISPERSIÓN
de judíos, profetizada. Jer. 16:15; 24:9;
Juan 7:35.
Descendientes de Noé. Gén. 10.
Después de edificar torre de Babel.
Gén. 11:1-9; Deut. 32:8.

DISPUESTO, ESTAR
Al buscar a Dios. Hech. 16:30-34.
Al esperar redención. Rom. 8:19;
2 Cor. 5:2.
En obediencia. Jos. 22:5; Ef. 6:6.
En obra de la iglesia. 2 Cor. 8:16-22.
En oración. 2 Crón. 6:12-42; Hech. 12:5.
En perseverancia espiritual.
Heb. 2:1; 12:15.
En todo. Col. 3:23.

DIVERSIDAD
Dones espirituales. 1 Cor. 12:4,7-31;
Ef. 4:11.

Hallada en
Israel. Ex. 12:38.
Ministros del evangelio.
1 Cor. 12:5-6,14-31.
Población de la tierra. Hech. 17:26-27.
Población del cielo. Apoc. 5:9-10; 7:9.

DIVERSIDAD DE PUEBLOS
Ver también Comunidad; Tensión racial

Centurión romano. Mat. 8:5-13.

En familia de Dios, mostrada por
Cada tribu, lengua y nación en el cielo.
Apoc. 5:9-10; 7:9.
Cornelio. Hech. 10:9-48.

Israelitas
Eran como etíopes. Amós 9:7.
Eran hermanos de edomitas. Deut. 23:7.
Mujer samaritana. Juan 4:1-42.
Mujeres sirofenicias. 1 Rey. 17:8-24;
Mat. 8:5-13; Luc. 4:25-26.
Multitud de distintos pueblos. Ex. 12:38.
Naamán. 2 Rey. 5:1-19; Luc. 4:27.

Principios relevantes a
Dios no es parcial en salvación.
Hech. 10:34; Rom. 2:9-11.
Extranjeros debían tener iguales derechos.
Lev. 24:22; Deut. 24:17.
Familia de Abraham sería canal de
bendición divina a otros. Gén. 12:1-3;
Gál. 3:6-9.
No hay distinciones raciales en Cristo.
Gál. 3:28-29.
Pared de separación, destruida.
Ef. 2:11-14.
Rahab. Jos. 6:25; Mat. 1:5.
Rut. Rut 1:4; Mat. 1:5.
Simón de Cirene. Mar. 15:21.
Timoteo. Hech. 16:1.

DIVERSIÓN Y PLACERES DEL PECADO
Abstinencia de, parece extraña a
impíos. 1 Ped. 4:4.
Ahogan palabra de Dios en el corazón.
Luc. 8:14.
Castigo de. Ecl. 11:9; 2 Ped. 2:13.
Cristianos de primeros tiempos
evitaban. 1 Ped. 4:3.
Denunciados por Dios. Isa. 5:11-12.
Eran parte de adoración idólatra.
Ex. 32:4,6,19, con 1 Cor. 10:7;
Jue. 16:23-25.

Indulgencia en
Abuso de ricos. Sant. 5:1,5.
Característica de impíos. Isa. 47:8;
Ef. 4:17,19; 2 Tim. 3:4; Tito 3;3;
1 Ped. 4:3.
Prueba de muerte espiritual. 1 Tim. 5:6.
Prueba de necedad. Ecl. 7:4.

Lleva a
Ignorar juicios y obras de Dios. Isa. 5:12;
Amós 6:1-6.
Pobreza. Prov. 21:17.
Rechazar a Dios. Job 21:14-15.
Puede llevar a más pecado. Job 1:5;
Mat. 14:6-8.
Sabiduría de abstenerse de. Ecl. 7:2-3.
Son obras de la naturaleza pecaminosa.
Col. 5:19,21.
Son transitorios. Job 21:12-13; Heb. 11:25.
Son vanidad. Ecl. 2:11.
Termina en tristeza. Prov. 14:13.

DIVISIONES

Condenadas en iglesia.
1 Cor. 1:11-13; 11:18.
Evitar a quienes causan. Rom. 16:17.
Indecorosas en iglesia. 1 Cor. 12:24-25.
Maldad de, ilustrada. Mat. 12:25.
Prohibidas en iglesia. 1 Cor. 1:10.
Prueba de espíritu mundano. 1 Cor. 3:3.

Van en contra de
Deseo de Cristo. Juan 17:21-23.
Espíritu de iglesia primitiva.
1 Cor. 11:16.
Propósito de Cristo. Juan 10:16.
Unidad de Cristo. 1 Cor. 1:13; 12:12.

DIVORCIO

A menudo procurado por judíos. Miq. 2:9;
Mal. 2:14.
de cautivos, regulado por ley.
Deut. 21:13-14.
de siervos, regulado por ley. Ex. 21:7,11.

Forzado en quienes tenían esposa extranjera.
Esd. 10:2-17.
Ilustrativo de cómo Dios había "despedido"
a iglesia judía. Isa. 50:1; Jer. 3:8.
Judíos condenados por su amor al.
Mal. 2:14-16.
Ley del matrimonio, y contra. Gén. 2:24;
Mat. 19:6.

Mujeres
Afligidas por. Isa. 54:4,6.
Podían obtener. Prov. 2:17, con
Mar. 10:12.
Podían volver a casarse. Deut. 24:2.
Responsables de votos que hicieran
después de. Núm. 30:9.
Vueltas a casar, no podían volver al
primer marido. Deut. 24:3-4; Jer. 3:1.
No permitido a quienes acusaban a esposa
falsamente. Deut. 22:18-19.

Permitido
Por dureza del corazón. Mat. 19:8.
Por ley de Moisés. Deut. 24:1.
Prohibición del, ofendía a judíos.
Mat. 19:10.
Sacerdotes no debían casarse con mujeres
divorciadas. Lev. 21:14.
Se procuraba por cualquier causa.
Mat. 5:31; 19:3.
Prohibido por Cristo, excepto por adulterio.
Mat. 5:32; 19:9.

Extraño pero cierto

DODO

Dodo es un nombre propio
que significa "su amado".

DOCTOR
Maestro. Mat. 8:19; Luc. 2:46; Hech. 5:34;
1 Tim. 1:7.

DOCTRINAS DEL EVANGELIO
Creyentes obedecen, de corazón. Rom. 6:17.
Creyentes permanecen en. Hech. 2:42.
Enseñadas por Escritura. 2 Tim. 3:16.
Impíos no soportan. 2 Tim. 4:3.
Inmoralidad condenada por. 1 Tim. 1:9-11;
Llevan a comunión con Padre e Hijo.
1 Juan 1:3; 2 Juan 9.
Llevan a santidad. Rom. 6:17-22; Tito 2:12.

Ministros del evangelio deben
Asirse con sinceridad a. 2 Cor. 2:17;
Tito 2:7.
Continuar en. 1 Tim. 4:16.
Hablar lo que está de acuerdo con.
Tito 2:1.
Nutrirse de. 1 Tim. 4:6.
Ocuparse de. 1 Tim. 4:13,16.
Retener. 2 Tim. 1:13; Tito 1:9.
No causan deshonra. 1 Tim. 6:1; Tito 2:5.
Obediencia de creyentes lleva a
conocimiento más seguro de. Juan 7:17.

Quienes se oponen a
Deben ser evitados. Rom. 16:17.
No deben ser recibidos. 2 Juan 10.
Son ignorantes. 1 Tim. 6:4.
Son orgullosos. 1 Tim. 6:3-4.
Son peleadores. 1 Tim. 6:4.
Son piadosas. 1 Tim. 6:3; Tito 1:1.
Vida fiel hace atractivas. Tito 2:10.
Vienen de Dios Juan 7:16; Hech. 13:12.

DOCTRINAS FALSAS
Abominables para Dios. Apoc. 2:14-15.
Castigo a quienes enseñan. Miq. 3:6-7;
2 Ped. 2:1,3.

Deben ser evitadas por
Creyentes. Ef. 4:14; Col. 2:8.

Ministros del evangelio. 1 Tim. 1:4; 6:20.
Todos los hombres. Jer. 23:16; 29:3.
Destruyen fe. 2 Tim. 2:18.
Impíos aman. 2 Tim. 4:3-4.
Impíos, reciben poder para creer.
2 Tes. 2:11.

Maestros de
Abundarán en últimos tiempos.
1 Tim. 4:1.
Atraen a muchos. 2 Ped. 2:2.
Deben evitarse. Rom. 16:17-18.
Deshonran religión. 2 Ped. 2:2.
Engañan a muchos. Mat. 24:5.
Hablan cosas perversas. Hech. 20:30.
No deben tolerarse. 2 Juan 10.
Pervierten evangelio de Cristo. Col. 1:6-7.
Serán desenmascarados. 2 Tim. 3:9.

Maestros de, descripción
Codiciosos. Tito 1:11; 2 Ped. 2:3.
Corruptos y depravados. 2 Tim. 3:8.
Crueles. Hech. 20:29.
Engañosos. 2 Cor. 11:13.
Impíos. Jud. 4,8.
Orgullosos e ignorantes. 1 Tim. 6:3-4.
Probar, por Escritura. Isa. 8:20;
1 Juan 4:1.
Maldición a quienes enseñan. Gál. 1:8-9.
Sin provecho y vanas. Tito 3:9; Heb. 13:9.

DOLOR
Ausencia de, en cielo. Apoc. 21:4.
Caracterizó a Cristo. Isa. 53:3-10;
Juan 11:35.

Clases de
Como resultado del pecado. Sal. 51.
El natural. Luc. 22:45; Rom. 9:2.
El que proviene de Dios. 2 Cor. 7:10.
Consolado. Isa. 40; 61:1-3; Sant. 4:9.
de hombres, quitado por Dios. Isa. 61:3;
2 Cor. 1:5.
Dios se apiada del, de Agar. Gén. 21:17-20.

Dios se apiada del, de israelitas. Ex. 3:7-10.

Ejemplos
Ana. 1 Sam. 1:15.
Jeremías. Lam. 1:12.
Jesús. Luc. 22:42-44.
Job. Job 33:19.
Perdidos. Mat. 8:12.

Por duelo
de David por Absalón. 2 Sam. 18:33.
de Jacob por Benjamín. Gén. 43:14.
de Jacob por José. Gén. 37:34-35.
de María y Marta. Juan 11:19-40.
Por el pecado. 2 Cor. 7:10-11.
Presente en infierno. Apoc. 16:10.
Puede ser rasgo de justos. Sal. 139:21;
1 Ped. 2:19.

DOMINIO PROPIO

Fruto del Espíritu Santo. Gál. 5:22-23.
Para clara conciencia. Hech. 24:16.
Por medio de ayuda divina. Jer. 10:23.
Recompensa de. Apoc. 21:7.
Sobre nuestros cuerpos. Rom. 6:12.
Sobre nuestros espíritus. Prov. 16:32; 25:28.
Sobre nuestros labios. Sal. 141:3;
Sant. 1:26.
Valor de. Prov. 16:32; 25:28.

DON DEL ESPÍRITU SANTO

Ver Espíritu Santo, Don del

DONES DE DIOS

Ver Dios, Dones de

DONES MILAGROSOS DEL ESPÍRITU SANTO

Ver Espíritu Santo, Dones milagrosos del

DORMIR MUCHO

Consecuencias de. Prov. 6:9-11; 24:33-34.

DOTE

Ley sobre. Ex. 22:16-17.
Rut. Rut 4:3.

DRAGÓN

Descripción
A menudo de color rojo. Apoc. 12:3.
Poderoso. Apoc. 12:4.
Traga su presa. Jer. 51:34.

Hallado en
Mar. Isa. 27:1.
Río. Ezeq. 29:3.

Ilustrativo de
Diablo. Apoc. 13:2; 20:2,7.
Enemigos de iglesia. Sal. 91:13.
Seres crueles y perseguidores.
Isa. 27:1; 51:9; Ezeq. 29:3.

DROGAS (NARCÓTICOS ILEGALES)

Amonestaciones sobre
Honrar a Dios con cuerpo. 1 Cor. 6:20.
No gratificar deseos de naturaleza
pecadora. Gál. 5:16.
Permanecer alerta. 1 Tes. 5:6; 1 Ped. 5:8.
Preparar mente para acción. 1 Ped. 1:13.
Ciclo vicioso. Rom 7:18-20.
Efectos de malas compañías. 1 Cor. 15:33.

Principios relevantes para
Cuerpo como templo del Espíritu
Santo. 1 Cor. 6:19.
Cuerpo, sacrificio vivo. Rom 12:1.
Tentación. 1 Cor. 10:13.
Valor del dominio propio. Prov. 25:28;
Gál. 5:23.

DROGAS PARA LA FERTILIDAD

Mandrágoras como afrodisíaco.
Gén. 30:14-18.

Abraham hizo, por Sara. Gén. 23:2.
Acostarse en el suelo. 2 Sam. 12:16.
Ayuno. 1 Sam. 31:13; 2 Sam. 1:12; 3:35.
Cabeza descubierta. Lev. 10:6; 21:10.
Descuido de apariencia personal.
2 Sam. 14:2.
Egipcios por Jacob,70 días. Gén. 50:1-3.
Hacerse cortes en cuerpo.
Lev. 19:28; 21:1-5; Deut. 14:1;
Jer. 16:6-7; 41:5.
Hacía que ofrendas no se aceptaran.
Deut. 26:14; Os. 9:4.
Israelitas por Aarón, 30 días. Núm. 20:29.
Jeremías, cantores y cantoras endechan a
Josías. 2 Crón. 35:25.

Lamentos de David
Por muerte de Abner. 2 Sam. 3:33-34.
Por muerte de Absalón. 2 Sam. 18:33.
Por muerte de Saúl e hijos.
2 Sam. 1:17-27.
Lamentos. Gén. 50:10; Ex. 12:30;
1 Sam. 30:4; Jer. 22:18; Mat. 2:17-18.
Mujeres y hombres hacían, por separado.
Zac. 12:12,14.
Plañideras contratadas. 2 Crón. 35:25;
Mat. 9:23.

Por desastres y otras dificultades
Caminar descalzo. 2 Sam. 15:30;
Isa. 20:2.
Ceniza sobre cabeza. Ezeq. 27:30.
Cortar o tirar pelo y barba. Esd. 9:3.
Cubrirse labio superior. Ezeq. 24:17,22.
Cubrirse rostro y cabeza. 2 Sam. 15:30.
Dejar de lado adornos. Ex. 33:4,6.
Polvo sobre cabeza. Jos. 7:6.
Poner mano sobre cabeza. 2 Sam. 13:19;
Jer. 2:37.
Rasgar vestiduras. Gén. 37:29;
Mat. 26:65; Hech. 14:14.
Sentarse en el suelo. Isa. 3:26.
Vestir ropa de duelo. Gén. 38:14.

Para considerar

DURACIÓN DE LA VIDA

¿Cómo pueden los cristianos explicar la duración de la vida de Matusalén, 969 años; Adán, 930 años, y Set, 912 años (Gén. 5:5-27)? Hay varias interpretaciones. Dichas edades indican: (1) una manera distinta de contar el paso del tiempo; (2) referencia a toda una familia y no a un individuo; (3) evidencia de que el pecado o las enfermedades no había afectado lo suficiente a la raza humana como para acortar la duración de la vida; (4) una importancia cuyo significado se desconoce, o (5) un hecho histórico.

DUDAS

Ayuda de Dios en. Sal. 73:13-17;
Isa. 40:27-28.

Ejemplos de
Abraham. Gén. 12:12-13.
Algunos que presenciaron ascensión de
Jesús. Mat. 28:17.
Ananías. Hech. 9:13-14.
Discípulos. Mat. 8:23-27.
Elías. 1 Rey. 19:13-18.
Felipe. Juan 14:8-11.
Jeremías. Jer. 1:6; 32:24-25.
Juan el Bautista. Mat. 11:2-3.
Lot. Gén. 19:30.
Moisés. Ex. 3:11.
Samuel. 1 Sam. 16:1-2.
Sara. Gén. 18:12-14.

Vestirse de negro. Jer. 14:2.
Por Nadab y Abiú, prohibido. Lev. 10:6.
Producía impureza ceremonial.
   Núm. 19:11-16; 31:19; Lev. 21:1.

Sacerdotes tenían prohibido, excepto por
   pariente cercano. Lev. 21:1-11.

D

E

ECLIPSE

de sol y luna. Isa. 13:10; Ezeq. 32:7-8;
Joel 2:10,31; 3:15; Amós 8:9; Miq. 3:6;
Mat. 24:29; Mar. 13:24; Hech. 2:20;
Apoc. 6:12-13; 8:12.

ECONOMÍA

Familiar. Prov. 24:27; 31:10-31;
Ecl. 11:4-6; Juan 6:12-13.
Política. Gén. 41:33-57.

EDAD AVANZADA

Ver Ancianidad

EDIFICACIÓN

Amor lleva a. 1 Cor. 8:1.
Descripción. Ef. 4:12-16.

Es el objetivo de
Autoridad ministerial.
2 Cor. 10:8; 13:10.
Dones del ministerio. 1 Cor. 14:3-5,12.
Función ministerial. Ef. 4:11-12.
Unión de iglesia en Cristo. Ef. 4:16.
Evangelio como instrumento de.
Hech. 20:32.
Exhortación a. Jud. 20-21.
Mutua, mandamiento. Rom. 14:19;
1 Tes. 5:11.
Paz de iglesia favorece. Hech. 9:31.
Preguntas necias se oponen a. 1 Tim. 1:4.
Todo debe hacerse para. 2 Cor. 12:19;
Ef. 4:29.

Usar renunciamiento para promover, en
otros. 1 Cor. 10:23,33.

EDIFICIO

Simbólico de morada eterna. 2 Cor. 5:1.

EDUCACIÓN

A través de experiencia personal.
Sal. 78:1-8.
de hijos en Escrituras. Deut. 6:7; Ef. 6:4;
2 Tim. 3:15-16.
En ministerio pastoral. 1 Tim. 4:11.
En ministerio profético. Isa. 28:10.
Por la vida misma. Isa. 28:10; Prov. 6:6.

EFOD

Emblema de cargo sacerdotal. Os. 3:4.

Para sumo sacerdote
Ajustado con propio cinto. Lev. 8:7.
Generalmente de hilo. 1 Sam. 2:18;
2 Sam. 6:14.
Hecho de ofrendas de gente. Ex. 25:4,7.
Hecho de oro, azul, púrpura, carmesí, etc.
Ex. 28:6; 29:2-3.
Hombros unidos por piedras de ónix
grabadas con nombres de 12 tribus de
Israel. Ex. 28:7; 9:12; 39:4,6-7.
Israel privada de, por pecado. Os. 3:4.
Mandamiento de fabricarlo. Ex. 28:4.
Pectoral de juicio inseparable del.
Ex. 28:25-28; 39:20-21.
Se colocaba sobre manto. Ex. 28:31;
Lev. 8:7.

Sostenido por él cuando recibía
consulta. 1 Sam. 23:6,9-12; 30:7-8.
Tenía cinto de obra primorosa. Ex. 28:8.
Usado por sacerdotes idólatras.
Jue. 8:27; 17:5; 18:14.

Usado por
Personas al servicio de Dios. 1 Sam. 2:18;
2 Sam. 6:14.
Sacerdotes comunes. 1 Sam. 22:18.
Sumo sacerdote. 1 Sam. 2:28; 14:3.

Dato geográfico

EGIPTO

El dominio de Egipto se extendió por un período de casi 3000 años, y terminó con la conquista romana en el 31 a.C. El período más importante fue el del antiguo reino (2700-2200 a.C.), conocido también como "la era de las pirámides". En esta época al faraón se lo consideraba un dios. La religión de Egipto era politeísta. Sus dioses más importantes eran Ra, el dios sol; Osiris, el dios de los muertos, e Isis, la esposa de Osiris. Se desarrollaron elaborados sistemas rituales como parte del culto a los muertos asociado con Osiris. Los egipcios también adoraban a numerosos dioses de menor importancia, muchos de los cuales estaban asociados con lugares y familias específicos.

EGIPTO
A menudo refugio para extranjeros.
Gén. 12:10; 47:4.
A veces pasaba por hambrunas. Gén. 41:30.
Al mando de gobernador. Gén. 41:41-44.
Alimentos usados en. Núm. 11:5.

Clima seco de. Deut. 11:10-11.

Como potencia era
Ambiciosa en conquistas. Jer. 46:8.
Orgullosa y arrogante. Ezeq. 29:3; 30:6.
Poderosa. Isa. 30:2-3.
Pomposa. Ezeq. 32:12.
Traicionera. Isa. 36:6; Ezeq. 29:6-7.

Ejército de
Ayuda de, procurada por Judá contra
caldeos. Ezeq. 17:15, con Jer. 37:5,7.
Capturó y quemó Gezer. 1 Rey. 9:16.
Depuso a Joacaz e hizo pagar tributo a
Judá. 2 Rey. 23:31-35.
Descripción. Ex. 14:7-9.
Destruido en mar Rojo. Ex. 14:23-28.
Invadió Asiria y mató a Josías.
2 Rey. 23:29.
Sitió y saqueó Jerusalén en época de
Roboam. 1 Rey. 14:25-26.

Famoso por
Caballos de calidad. 1 Rey. 10:28-29.
Comercio. Gén. 41:57; Ezeq. 27:7.
Fertilidad. Gén. 13:10; 45:18.
Lino de calidad, etc. Prov. 7:16; Isa. 19:9.
Literatura. 1 Rey. 4:30; Hech. 7:22.
Riqueza. Heb. 11:26.
Fronteras de. Ezeq. 29:10.
Gobernado por reyes llamados faraones.
Gén. 12:14-15; 40:1-2; Ex. 1:8,22.
Habitado por posteridad de Mizraim.
Gén. 10:6,13-14.

Habitantes de
A menudo se casaban con extranjeros.
Gén. 21:21; 1 Rey. 3:1; 11:19;
1 Crón. 2:34-35.
Detestaban a pastores. Gén. 46:34.
Detestaban sacrificios de bueyes, etc.
Ex. 8:26.
Hospitalarios. Gén. 47:5-6; 1 Rey. 11:18.
Israel no debía detestarlos. Deut. 23:7.

Podrían ser recibidos en la congregación
en tercera generación. Deut. 23:8.
Supersticiosos. Isa. 19:3.

Historia de Israel en
Años allí, profetizados. Gén. 15:13.
José vendido en. Gén. 37:28; 39:1.
Potifar bendecido por causa de José.
Gén. 39:2-6.
José encarcelado injustamente.
Gén. 39:7-20.
José interpreta sueños de panadero y
copero. Gén. 40:5-19.
José interpreta sueños de Faraón.
Gén. 41:14-32.
José aconseja a Faraón. Gén. 41:33-36.
José se convierte en gobernador.
Gén. 41:41-44.
José y su éxito en provisión para años de
hambre. Gén. 41:46-56.
Diez hermanos de José llegan.
Gén. 42:1-6.
José reconoce a sus hermanos.
Gén. 42:7-8.
Llega Benjamín. Gén. 43:15.
José se da a conocer a hermanos.
Gén. 45:1-8.
José manda a buscar a su padre.
Gén. 45:9-11.
Faraón invita a Jacob a. Gén. 45:16-20.
Jacob y su viaje. Gén. 46:5-7.
Jacob, etc., presentados a Faraón.
Gén. 47:1-10.
Israel ubicado en tierra de Gosén.
Gén. 46:34; 47:11,27.
José enriquece al rey. Gén. 47:13-26.
Muerte y sepultura de Jacob.
Gén. 49:33; 50:1-13.
Multiplicación y opresión de Israel.
Ex. 1:1-14.
Niños varones matados. Ex. 1:15-22.
Moisés nace y es escondido 3 meses.
Ex. 2:2.

Moisés dejado en Nilo. Ex. 2:3-4.
Moisés adoptado y criado por hija de
Faraón. Ex. 2:5-10.
Moisés mata a egipcio. Ex. 2:11-12.
Moisés huye a Madián. Ex. 2:15.
Moisés enviado a Faraón. Ex. 3:2-10.
Faraón aumenta aflicción de hebreos.
Ex. 5.
Moisés demuestra con milagros su misión
divina. Ex. 4:29-31; 7:10.
Plagas de Egipto por obstinación de
Faraón. Ex. 7:14-10.
Institución de la pascua. Ex. 12:1-28.
Muerte de primogénitos. Ex. 12:29-30.
Israel saquea a egipcios. Ex. 12:35-36.
Israel echada de. Ex. 12:31-33.
Fecha del éxodo. Ex. 12:41; Heb. 11:27.
Faraón persigue a Israel y es destruido
milagrosamente. Ex. 14:5-25.
Idolatría de, imitada por Israel. Ex. 32:4,
con Ezeq. 20:8,19.

Llamado
Casa de servidumbre. Ex. 13:3,14;
Deut. 7:8.
Rahab. Sal. 87:4; 89:10.
Sur. Dan. 11:14,25.
Tierra de Cam. Sal. 105:23; 106:22.
Manera de embalsamar en. Gén. 50:3.
Manera de ser hospitalario en.
Gén. 43:32-34.
Practicaban magia. Ex. 7:11-12,22; 8:7.

Profecías contra
Aliados correrían misma suerte.
Ezeq. 30:4,6.
Botín de, recompensa a Babilonia por
servicio contra Tiro. Ezeq. 29:18-20.
Cautiverio de su pueblo. Isa. 20:4;
Jer. 46:19,24,26; Ezeq. 30:4.
Contada y bendecida con Israel.
Isa. 19:23-25.
Conversión de. Isa. 19:18-20.

E

Cristo sería llamado a salir de. Os. 11:1;
Mat. 2:15.

Deficiencia de recursos internos.
Isa. 19:5-10.

Desaliento de sus habitantes.
Isa. 19:1,16-17.

Desolación completa por 40 años.
Ezeq. 29:8-12; 30:12; 32:15.

Destrucción de su poder. Ezeq. 30:24-25.

Destrucción de sus ciudades.
Ezeq. 30:14-18.

Destrucción de sus ídolos.
Jer. 43:12-13; 46:25; Ezeq. 30:13.

Ejércitos destruidos por Babilonia.
Jer. 46:2-12.

Engreimiento de sus gobernantes.
Isa. 19:3,11-14.

Guerra civil y problemas internos.
Isa. 19:2.

Ilustración profética de su destrucción.
Jer. 43:9-10; Ezeq. 30:21-22; 32:4-6.

Inundación de, alusión a. Amós 8:8.

Invasión de Babilonia. Jer. 46:2-12.

Judíos que practicaran idolatría egipcia,
pasibles del mismo castigo. Jer. 44:7-28.

Siempre sería reino humilde. Ezeq. 29:15.

Terror ocasionado por su caída.
Ezeq. 32:9-10.

Regado por Nilo. Gén. 41:1-3; Ex. 1:22.

Religión de, idólatra. Ex. 12:12; Núm. 33:4;
Isa. 19:1; Ezeq. 29:7.

Sujeto a plagas, etc. Deut. 7:15; 28:27,60.

Tenía príncipes y consejeros. Gén. 12:15;
Isa. 19:11.

EGOÍSMO

Amor de Cristo debe llevarnos a
evitar. 2 Cor. 5:14-15.

Característica de últimos días. 2 Tim. 3:1-2.

Contrario a ley de Dios. Lev. 19:18;
Mat. 22:39; Sant. 2:8.

Creyentes, falsamente acusados de.
Job 1:9-11.

Demostrado al

Agradarse a uno mismo. Rom. 15:1.

Buscar bien propio. 1 Cor. 10:33;
Fil. 2:21.

Buscar ganancias. Isa. 56:11.

Buscar precedencia no merecida.
Mat. 20:21.

Descuidar a pobres. 1 Juan 3:17.

Realizar deberes por recompensa.
Miq. 3:11.

Ser amador de uno mismo. 2 Tim. 3:2.

Servir a Dios por recompensa. Mal. 1:10.

Vivir para uno mismo. 2 Cor. 5:15.

Dios detesta. Mal. 1:10.

Ejemplo de (Cristo condena). Juan 4:34;
Rom. 15:3; 2 Cor. 8:9.

Incongruente con amor cristiano.
1 Cor. 13:5.

Incongruente con comunión de creyentes.
Rom. 12:4-5, con 1 Cor. 12:12-27.

Ministros del evangelio no deben tener.
1 Cor. 9:19-23; 10:33.

Prohibido a creyentes. 1 Cor. 10:24;
Fil. 2:4.

Todos los seres humanos adictos al. Ef. 2:3;
Fil. 2:21.

EJEMPLO DE CRISTO

Ver Cristo, Ejemplo de

EJERCICIOS FÍSICOS

Mandamientos sobre

Dominar cuerpo. 1 Cor. 9:27.

Honrar a Dios con cuerpo. 1 Cor. 6:20.

Principios sobre

Cuerpo, sacrificio vivo. Rom 12:1.

Cuerpo, templo del Espíritu Santo.
1 Cor. 6:19.

Tienen cierto valor. 1 Tim. 4:8.

EJÉRCITOS

A menudo destruidos por
Ellos mismos a través de intervención
divina. Jue. 7:22; 1 Sam. 14:15-16;
2 Crón. 20:23.
Enemigos. Ex. 17:13; Jos. 10:10,20;
Jue. 11:33; 2 Sam. 18:7; 1 Rey. 20:21.
Medios sobrenaturales. Jos. 10:11;
2 Rey. 19:35.
A menudo se contrataban tropas.
1 Crón. 19:7; 2 Crón. 25:6.
A menudo servían a otro país.
Jer. 5:15; 50:3.
A menudo soportaban dura labor y fatiga.
Ezeq. 29:18.
A menudo sorprendían a enemigos. Jos. 8:2;
2 Crón. 13:13; Jer. 51:12.
A menudo, total de fuerzas de una nación.
Núm. 21:23; 1 Sam. 29:1.

Acampaban
Cerca de ciudades. Jos. 10:5; 1 Sam. 11:1.
En campos abiertos. 2 Sam. 11:11;
1 Crón. 11:15.
Acompañados por animales de carga y
carros para equipaje. Jue. 7:12;
2 Rey. 7:7; Ezeq. 23:2.
Antigüedad de. Gén. 14:1-8.
Antiguos, a menudo numerosos. Jos. 11:4;
1 Sam. 13:5.
Causaban temor. Núm. 22:3; Jer. 6:25.
Comenzaban batalla con un grito.
1 Sam. 17:20; 2 Crón. 13:15; Jer. 51:14.
Comenzaban campañas en primavera.
2 Sam. 11:1.
Cometían crueldades con derrotados.
Jer. 50:42; Lam. 5:11-13; Amós 1:13.

Comparados con
Aguas de río. Isa. 8:7.
Aguas que inundan. Isa. 28:2;
Dan. 11:10.
Langostas. Jue. 6:3-5; 7:12; Isa. 33:4;
Jer. 51:14,27; Apoc. 9:3,7.
Moscas. Isa. 7:18-19.
Nubes. Ezeq. 38:9-16.
Tempestad. Jer. 25:32.

Constaban de
Caballería. Ex. 14:9; 1 Rey. 20:20.
Carros de guerra. Jos. 17;16; Jue. 4:3.
Flecheros y hombres con hondas.
1 Crón. 12:2; Jer. 4:29.
Lanceros u hombres armados. Sal. 68:30;
Hech. 23:23.
de distintas naciones, a menudo
confederados. Jos. 9:2; 10:5; Jue. 3:13;
1 Rey. 20:1.
Devastación causada por. Isa. 37:18;
Jer. 5:17.
En épocas posteriores recibían pago.
Luc. 3:14; 1 Cor. 9:7.
Enviaban bandas de saqueo. 2 Rey. 5:2.
Frecuentemente, instrumento de venganza
divina. Isa. 10:5-6; 13:5.
Generalmente en 3 escuadrones. Gén. 14:5;
Job 1:17.

Ilustración de
Aflicciones numerosas y difíciles.
Job 19:12.
Iglesia. Dan. 8:10-13; Cant. 6:4,10.
Multitudes de ángeles. 1 Rey. 22:19;
Sal. 148:2; Dan. 4:35; Mat. 26:53.

Liderados por
Comandantes experimentados.
2 Rey. 18:17,24.
Reyes. 2 Rey. 18:13; 25:1.
Llevaban banderas. Isa. 10:18; Jer. 4:21.
Llevaban consigo ídolos. 1 Crón. 14:12.

Marchaban
Con orden y precisión. Isa. 5:27;
Joel. 2:7-8.
Con rapidez. Jer. 48:40; Hab. 1:8.

E

Con ruido y tumulto. Isa. 17:12-13; Joel. 2:5.

Nombres que recibían
Alas de una nación. Isa. 8:8; Jer. 48:40.
Bandas. 2 Rey. 5:2.
Fuerzas del rey. 2 Crón. 32:9.
Hombres de guerra. 1 Crón. 7:4.
Repartían botín. Ex. 15:9; Zac. 14:1.

Utilizados para
Asediar ciudades. Jos. 7:3-4.
Librar batallas. 1 Sam. 17:2-3; 1 Crón. 19:17.
Sitiar ciudades. Deut. 20:12; Isa. 29:3.

EJÉRCITOS DE ISRAEL
Ver Israel, Ejércitos de

ELECCIÓN

Asegura a creyentes
Aceptación de Dios. Rom. 11:7.
Bienaventuranza. Sal. 33:12; 65:4.
Enseñanza divina. Juan 17:6.
Fe en Cristo. Hech. 13:48.
Herencia. Isa. 65:9; 1 Ped. 1:4-5.
Llamado. Rom. 8:30.
Protección. Mar. 13:20.
Que todo obra para bien. Rom. 8:28.
Vindicación de sus agravios. Luc. 18:7.
Creyentes pueden tener seguridad de. 1 Tes. 1:4.
de ángeles. 1 Tim. 5:21.

de creyentes es
de acuerdo a presciencia de Dios. Rom. 8:29; 1 Ped. 1:2.
de acuerdo a propósito de Dios. Rom. 9:11; Ef. 1:11.
En conformidad con Cristo. Rom. 8:29.
En Cristo. Ef. 1:4.
Es de Dios. 1 Tes. 1:4; Tito 1:1.
Eterna. Ef. 1:4.
Independiente de méritos. Rom. 9:11.

Para adopción. Ef. 1:5.
Para buenas obras. Ef. 2:10.
Para gloria de Dios. Ef. 1:6.
Para gloria eterna. Rom. 9:23.
Para guerra espiritual. 2 Tim. 2:4.
Para salvación 2 Tes. 2:13.
Personal. Mat. 20:16, con Juan 6:44; Hech. 22:14; 2 Juan 1:13.
Por Cristo. Juan 13:18; 15:16.
Por fe. 2 Tes. 2:13.
Por gracia. Rom. 11:5.
Por santificación del Espíritu. 1 Ped. 1:2.
Registrada por escrito en cielos. Luc. 10:20.
Soberana. Rom. 9:15-16; 1 Cor. 1:27; Ef. 1:11.
de Cristo, como Mesías. Isa. 42:1; 1 Ped. 2:6.
de iglesias. 1 Ped. 5:13.
de Israel. Deut. 7:6; Isa. 45:4.
de ministros del evangelio. Luc. 6:13; Hech. 9:15.
Debe llevar a crecer en gracia. Col. 3:12.
Debe ser evidenciada por diligencia. 2 Ped. 1:10.

ELECTORAL, CAMPAÑA
Por parte de Absalón. 2 Sam. 15:1-6.
Por parte de Adonías. 1 Rey. 1:7.

ELEGÍA
Ver Lamento

EMANCIPACIÓN
de siervos judíos durante jubileo. Lev. 25:8-17.
Proclamación de, por parte de Ciro. 2 Crón. 36:23; Esd. 1:1-4.
Proclamación de, por parte de Sedequías. Jer. 34:8-11.

EMBAJADOR

Enviado para
Buscar favores. Núm. 20:14.
Felicitar. 1 Rey. 5:1; 2 Sam. 8:10.
Hacer alianzas. Jos. 9:4.
Negociar. 2 Rey. 18:17-19:8.
Protestar contra injusticia. Jue. 11:12.

Espiritual
En cadenas. Ef. 6:10.
Para Cristo. 2 Cor. 5:20.
Sufre prisión. Filem. 1:9.

EMBALSAMAMIENTO

Aprendido por judíos en Egipto.
Gén. 50:2,26.
Cómo lo realizaban los judíos.
2 Crón. 16:14; Luc. 23:56, con
Juan 19:40.
de Asa. 2 Crón. 16:14.
de Jacob. Gén. 50:2,3.
de Jesús. Mar. 15:46; 16:1.
de José. Gén. 50:26.
Desconocido para primeros patriarcas.
Gén. 23:4.
Intento de frustrar propósitos de Dios.
Gén. 3:19.
No siempre practicado por judíos.
Juan 11:39.
Tiempo necesario para. Gén. 50:3.

Palabra clave

EMANUEL

E manuel significa "Dios con nosotros". Es el nombre del hijo que nacería al rey Acaz según la profecía de Isaías (Isa. 7:14) que halló cumplimiento en el nacimiento de Jesús (Mat. 1:22-23).

EMPLEADO

Cómo tratarlo. Deut. 24:14.
Descanso para. Lev. 25:6.
Salario justo para. Lev. 19:13.

EMPLEADOR

Ver también Amos

Instrucciones al. Col. 4:1.

EMPLEO

Ver también Industria

Deberes de empleadores. Lev. 19:13;
Luc. 10:17; Col. 4:1.
Deberes de trabajadores. Ex. 20:9; Ef. 6:5;
2 Tes. 3:12.
Hay que trabajar para vivir. Ef. 4:28;
1 Tes. 4:11; 2 Tes. 3:7-12.
Obrero, digno de salario puntualmente.
Lev. 19:13; Deut. 24:14-15;
Prov. 3:27-28.
Obrero, digno de salario. Mat. 10:10;
1 Cor. 9:3-10; 1 Tim. 5:18.
Pago de salario. Deut. 24:15; Mal. 3:5;
Sant. 5:4.
Trabajar todo el día. Sal. 104:23.
Trabajo espiritual. Miq. 3:11;
Mat. 9:37-38; Juan 10:12; 1 Cor. 3:10.
Valor del. Gén. 2:15; 2 Tes. 3:7-12.
Vanidad de trabajar demasiado. Sal. 127:2.

ENANOS

No podían ser sacerdotes. Lev. 21:20.

ENCINA

Al huir, Absalón tropezó con, y quedó
colgado. 2 Sam. 18:9-10,14.
Basán y su fama por. Isa. 2:13.

Descripción
Espesa. 2 Sam. 18:9; Ezeq. 6:13.
Fuerte. Amós 2:9.
Un tocón. Isa. 6:13.

En la antigüedad a menudo
Se descansaba bajo. Jue. 6:11,19;
1 Rey. 13:14.
Se erigían monumentos bajo. Jos. 24:26.
Se realizaban ritos idólatras bajo.
Isa. 1:29; Ezeq. 6:13; Os. 4:13.
Se sepultaban muertos bajo. Gén. 35:8;
1 Crón. 10:12.
Habitantes de Tiro hacían remos con.
Ezeq. 27:6.
Idólatras a menudo hacían ídolos con.
Isa. 44:14.

Ilustrativa de
Gobernantes impíos. Isa. 2:13; Zac. 11:2.
Hombres fuertes y poderosos. Amós 2:9.
Iglesia. Isa. 6:13.
Impíos que son juzgados (cuando hoja se
cae). Isa. 1:30.
Jacob sepultó ídolos bajo. Gén. 35:4.

ENEMIGOS

Alabar a Dios por liberación de. Sal. 136:24.
Amistad de, engañosa. 2 Sam. 20:9-10;
Prov. 26:26; 27:6; Mat. 26:48-49.
Bienes de, deben respetarse. Ex. 23:4-5.
Cristo oró por sus. Luc. 23:34.
de creyentes, Dios destruirá a. Sal. 60:12.

Deben ser
Amados. Mat. 5:44.
Ayudados. Prov. 25:21, con Rom. 12:20.
Vencidos con bondad. 1 Sam. 26:21.
Dios defiende de. Sal. 59:9; 61:3.
Dios libra de. 1 Sam. 12:11; Esd. 8:31;
Sal. 18:48.
Forzados a estar en paz con creyentes.
Prov. 16:7.
No alegrarse por debilidades de.
Prov. 24:17.
No alegrarse por desventuras de. Job 31:29.
No desear muerte de. 1 Rey. 3:11.
No maldecirlos. Job 31:30.

Orar pidiendo liberación de. 1 Sam. 12:10;
Sal. 17:9; 59:1; 64:1.
Orar por. Hech. 7:60.
Preocuparse sinceramente por. Sal. 35:13.
Vidas de, serían perdonadas. 1 Sam. 24:10;
2 Sam. 16:10-11.

ENEMISTAD ENTRE HERMANOS

Características de
Hermano nacido para adversidad.
Prov. 17:17.
Hermano que engaña a hermano.
Mat. 10:21; Mar. 13:12.

Ejemplos de
Abimelec, Jotam y hermanos. Jue. 9:1-57.
Absalón, Amnón y Tamar.
2 Sam. 13:1-39.
Caín y Abel. Gén. 4:1-11.
David y Eliab. 1 Sam. 17:28-30.
Er y Onán. Gén. 38:1-10.
Hijo pródigo y hermano mayor.
Luc. 15:25-30.
Jacob y Esaú.
Gén. 25:22-28:9; 32:1-33:17;
Mal. 1:2-3.
José y hermanos. Gén. 37,39-50.
Lea y Raquel. Gén. 29:16-30:24.
Moisés, Aarón y María. Núm. 12:1-15.
Salomón y Adonías. 1 Rey. 1:5-53.
Sem, Cam y Jafet. Gén. 9:20-27.
Hermanos en unidad. Sal. 133:1.

ENFERMEDAD

Abuso del alcohol, causa de. Os. 7:5.
A menudo castigo por pecado.
Lev. 26:14-16; 2 Crón. 21:12-15;
1 Cor. 11:30.
A menudo causada por borracheras.
Os. 7:5.
A menudo incurable por medios humanos.
Deut. 28:27; 2 Crón. 21:18.

Afligidos por

A menudo Jehová sustentaba. Sal. 41:3.

A menudo sanados divinamente.
2 Rey. 20:5; Sant. 5:15.

Colocados en calles para recibir consejos
de quienes pasaban. Mar. 6:56;
Hech. 5:15.

Giezi. 2 Rey. 5:27.

Hijo de David. 2 Sam. 12:15.

Jeroboam. 2 Crón. 13:20.

Joram. 2 Crón. 21:12-19.

Muchas y variadas. Mat. 4:24.

Nabal. 1 Sam. 25:38.

Ungidos. Mar. 6:13; Sant. 5:14.

Uzías. 2 Crón. 26:17-20.

Apóstoles tenían poder para sanar.
Mat. 10:1.

Arte de curar, defectuoso. Job 13:4;
Mar. 5:26.

Buscar ayuda de Dios en. 2 Crón. 16:12.

Cataplasmas usadas para. 2 Rey. 20:7.

Como juicio. Sal. 107:17; Isa. 3:17.

Consideradas como castigo del cielo.
Job 2:7-10; Sal. 38:2,7.

Creyentes

Agradecen a Dios públicamente por
recobrarse de. Isa. 38:20; Hech. 3:8.

Alaban a Dios por recuperarse de.
Sal. 103:1-3; Isa. 38:19; Luc. 17:15.

Atribuyen a Dios la recuperación.
Isa. 38:20.

Gimen en oración durante. Isa. 38:14.

Oran pidiendo recuperarse de.
Isa. 38:2-3.

Reconocen que viene de Dios. Sal. 31:1-8;
Isa. 38:12,15.

Se conduelen con otros que tienen.
Sal. 35:13.

Se conforman con. Job 2:10.

Visitan a quienes sufren. Mat. 25:36.

Cristo, compasivo con quienes sufren.
Isa. 53:4, con Mat. 8:16-17.

Cristo sanó

Al decir ciertas palabras. Mat. 8:8,13.

Al estar presente. Mar. 1:31; Mat. 4:23.

Al imponer manos. Mar. 6:5; Luc. 13:13.

Al tocar a la persona. Mat. 8:3.

Cuando alguien tocó su manto.
Mat. 14:35-36; Mar. 5:27-34.

Sin estar presente. Mat. 8:13.

Dios

A menudo manifiesta gracia salvadora a
pecadores durante. Job 33:19-24;
Sal. 107:17-21.

A menudo recibe ruegos para sanar.
2 Sam. 12:16; 2 Rey. 20:1-3; Sal. 6:2;
Sant. 5:14.

Abandona a impíos a. Jer. 34:17.

Consuela a creyentes en. Sal. 41:3.

Demuestra amor al sanar. Isa. 38:17.

Demuestra misericordia al sanar.
Fil. 2:27.

Demuestra su poder al. Luc. 5:17.

Fortalece a creyentes en. Sal. 41:3.

Oye oraciones de quienes sufren.
Sal. 30:2; 107:18-20.

Permite que creyentes sean probados con.
Job 2:5-6.

Persigue a impíos con. Jer. 29:18.

Preserva a creyentes en tiempos de.
Sal. 91:3-7.

Promete sanar. Ex. 23:25; 2 Rey. 20:5.

Sana. Deut. 32:39; Sal. 103:3; Isa. 38:5,9.

En respuesta a oración, Ezequías sanado.
2 Rey. 20:1-11; Isa. 38:1-8.

Enviadas

Como castigo. Deut. 28:21; Juan 5:14.

Por Dios. Lev. 14:34.

Por medio de Satanás. 1 Sam. 16:14-16;
Job 2:7.

Fe, requisito para aquellos sanados por
Cristo. Mat. 9:28-29; Mar. 5:34; 10:52.

E

Frecuentemente
Complicadas. Deut. 28:60-61;
Hech. 28:8.
Detestables. Sal. 38:7; 41:8.
Dolorosas. 2 Crón. 21:15; Job 33:19.
Incurables. 2 Crón. 21:18; Jer. 14:19.
Prolongadas. Deut. 28:59; Juan 5:5;
Luc. 13:16.
Ilustración del pecado. Lev. 13:45-46;
Isa. 1:5; Jer. 8:22; Mat. 9:12.

Impíos
Abandonan a quienes sufren.
1 Sam. 30:13.
No visitan a quienes sufren. Mat. 25:43.
Tienen mucho dolor, etc., en. Ecl. 5:17.
Medicina usada para curar. Prov. 17:22;
Isa. 1:6.
Médicos empleados para. 2 Crón. 16:12;
Jer. 8:22; Mat. 9:12; Mar. 5:26;
Luc. 4:23.

Mencionadas en Escritura
Atrofiarse. Job 16:8.
Ceguera. Job 29:15; Mat. 9:27.
Cojera. 2 Sam. 4:4; 2 Crón. 16:12.
Debilidad. Sal. 102:23; Ezeq. 7:17.
Disentería. 2 Crón. 21:12-19;
Hech. 28:8.
Edema. Luc. 14:2.
Fiebre. Lev. 26:16; Deut. 28:22;
Mat. 8:14.
Forúnculos y úlceras. Ex. 9:10.
Gusanos. Hech. 12:23.
Hemorragia. Mat. 9:20.
Inflamación. Deut. 28:22.
Insania. Mat. 4:24; 17:15.
Insolación. 2 Rey. 4:18-20; Isa. 49:10.
Lepra. Lev. 13:2; 2 Rey. 5:1.
Llaga. 2 Rey. 20:7.
Melancolía. 1 Sam. 16:14.
Mudez. Prov. 31:8; Mat. 9:32.
Parálisis. Mat. 8:6; 9:2.

Pérdida de apetito. Job 33:20;
Sal. 107:18.
Picazón. Deut. 28:27.
Plaga. Núm. 11:33; 2 Sam. 24:15,21,25.
Posesión demoníaca. Mat. 15:22;
Mar. 5:15.
Sarna. Deut. 28:27.
Sordera. Sal. 38:13; Mar. 7:32.
Tartamudez. Mar. 7:32.
Tisis. Deut. 28:22.
Tumores. Deut. 28:27; 1 Sam. 5:6,12.
Niños sujetos a. 2 Sam. 12:15;
1 Rey. 17:17.
No acudir a Dios durante, condenado.
2 Crón. 16:12.
No visitar a quienes sufren, evidencia de no
ser de Cristo. Mat. 25:43,45.
Orar por los afligidos por. Hech. 28:8;
Sant. 5:14-15.
Pecados de juventud, una causa de.
Job 20:11.
Poder para sanar, don milagroso en iglesia
primitiva. 1 Cor. 12:9,30; Sant. 5:14-15.
Remedios usados. Prov. 17:22; 20:30;
Isa. 38:21; Jer. 30:13; 46:11.
Sanidad de, legítima en día de reposo.
Luc. 13:14-16.
Sanidad de, viene de Dios Ex. 15:26;
Sal. 103:3.
Sanidad milagrosa de, señal que acompaña a
predicación de la palabra. Mar. 16:18.
Sobreexcitación, causa de. Dan. 8:27.
Ungüentos usados para. Isa. 1:6; Jer. 8:22.
Uno de 4 terribles juicios de Dios a la tierra.
Ezeq. 14:19-21.
Visitar a quienes sufren, evidencia de ser de
Cristo. Mat. 25:34,36,40.

ENGAÑO

A menudo con fraude e injusticia.
Sal. 10:7; 43:1.
Aborrecido por Dios. Sal. 5:6.

Bendición de estar libres de.
Sal. 24:4-5; 32:2.
Besos de enemigo. Prov. 27:6.
Característica de apostasía. 2 Tes. 2:10.
Característica del anticristo. 2 Juan 1:7.
Característica del corazón. Jer. 17:9.
Castigo para. Sal. 55:23; Jer. 9:7-9.

Creyentes
Aversión al. Job 27:4.
Deben cuidarse de quienes enseñan.
Ef. 5:6; Col. 2:8.
Deben dejar de lado, y procurar la
verdad. 1 Ped. 2:1.
Evitan a quienes se dedican al. Sal. 101:7.
Evitan. Job 31:5.
Oran pidiendo liberación de quienes usan.
Sal. 43:1; 120:2.
Son libertados de quienes usan.
Sal. 72:14.
Son libres de. Sal. 24:4; Sof. 3:13;
Apoc. 14:5.
Cristo estaba totalmente libre de. Isa. 53:9,
con 1 Ped. 2:22.

Ejemplos de
Abraham. Gén. 12:13; 20:2.
Absalón. 2 Sam. 13:24-28; 15:7.
Amigos de Job. Job 6:15.
Amnón. 2 Sam. 13:6-14.
Ananías y Safira. Hech. 5:1.
Aod. Jue. 3:15-30.
Dalila. Jue. 16:4-20.
David. 1 Sam. 21:10-15.
Doeg. Sal. 52:2.
Fariseos. Mat. 22:16.
Gabaonitas. Jos. 9:3-15.
Giezi. 2 Rey. 5:20.
Herodes. Mat. 2:8.
Hijos de Jacob. Gén. 34:13-31.
Intérprete de ley. Luc. 10:25.
Isaac. Gén. 26:7.
Jacob y Rebeca. Gén. 27:6-23.
José. Gén. 42-44.

Principales sacerdotes. Mar. 14:1.
Sanbalat. Neh. 6.
Satanás. Gén. 3:4.
Viejo profeta. 1 Rey. 13:18.
Falsedad. Sal. 119:118.

Falsos maestros
Predican. Jer. 14:14; 23:26.
Se deleitan abiertamente en. 2 Ped. 2:13.
Se imponen por. Rom. 16:18; Ef. 4:14.
Son obreros de. 2 Cor. 11:13.
Falsos testigos usan. Prov. 12:17; 14:5.
Hipócritas planean. Job 15:35.
Hipócritas practican. Os. 11:12.

Impíos
Aumentan en. 2 Tim. 3:13.
Llenos de. Rom. 1:29.
Obran. Prov. 11:18.
Planean. Sal. 35:20,38:12; Prov. 12:5.
Pronuncian. Sal. 10:7; 36:3.
Se deleitan en. Prov. 20:17.
Usan entre ellos. Jer. 37:9 Abd. 1:3,7.
Usan, unos con otros. Jer. 9:5.
Lengua como instrumento de. Rom. 3:13.

Maldad del
Impide que conozcamos a Dios. Jer. 9:6.
Impide que nos volvamos a Dios. Jer. 8:5.
Lleva a mentira. Prov. 14:25.
Lleva a orgullo y opresión. Jer. 5:27-28.
Necedad de necios. Prov. 14:8.
Odio a menudo se encubre con.
Prov. 26:24-28.
Pastores deben dejar de lado. 2 Cor. 4:2;
1 Tes. 2:3.
Prohibido. Prov. 24:28; 1 Ped. 3:10.
Viene del corazón. Mar. 7:22.

ENGREIMIENTO
Advertencias contra. Prov. 3:5-7.
Del pueblo de Dios, Israel. Rom. 11:25.
Ejemplo de, el fariseo. Luc. 18:11-12.

ENOJO/ENOJARSE
Característica de necios.
  Prov. 12:16; 14:29; 27:3; Ecl. 7:9.

Conectado con
  Crueldad. Gén. 49:7; Prov. 27:3-4.
  Luchas y contiendas.
    Prov. 21:19; 29:22; 30:33.
  Malicia y blasfemia. Col. 3:8;
  Orgullo. Prov. 21:24.
  Palabras duras y malas. Ef. 4:31.
En oración estar libres de. 1 Tim. 2:8.
Evitar a quienes suelen. Gén. 49:6;
  Prov. 22:24.
Genera su propio castigo. Job 5:2;
  Prov. 19:19; 25:28.
Hijos no deben ser provocados al. Ef. 6:4;
  Col. 3:21.
Mansedumbre apacigua. Prov. 15:1;
  Ecl. 10:4.
No debe llevarnos al pecado. Sal. 37:8;
  Ef. 4:26.
Obra de naturaleza pecadora. Gál. 5:20.
Palabras duras generan. Jue. 12:4;
  2 Sam. 19:43; Prov. 15:1.
Prohibido. Ecl. 7:9; Mat. 5:22; Rom. 12:19.
Sabiduría puede alejarlo. Prov. 29:8.
Ser lentos para. Prov. 15:18; 16:32; 19:11;
  Tito 1:7; Sant. 1:19.

ENSEÑANZA
de Dios, pedido. Sal. 25:4; 86:11.
de Dios, promesa. 1 Sam. 12:23; Ex. 4:15;
  Luc. 12:12.
de la naturaleza. Job 12:7-8; 1 Cor. 11:14.
Deber de los padres. Deut. 4:10; 11:19.
En la iglesia. Hech. 5:42; Rom. 12:7;
  Col. 1:28; 1 Tim. 4:11; Tito 1:11;
  Heb. 5:12.

Falsa
  Advertencia contra. Jer. 12:6; Heb. 13:9.
  Descripción. Isa. 56:11.
  Motivos de la. Tito 1:10-11.

Maestros, dignos de honra. 1 Cor. 9:9;
  1 Tim. 5:17.
Mandamiento. Prov. 19:20; Col. 1:28.

ENTENDIMIENTO

Importancia del
  Es fuente de vida. Prov. 16:22.
  Guardará a justos. Prov. 2:11.

Pertenece a Dios
  El suyo es inescrutable. Isa. 40:28.
  El suyo es infinito. Sal. 147:5.

Quiénes lo buscaron
  Salmista. Sal. 119:34,125.
  Salomón. 1 Rey. 3:9-11; 4:29.

Quiénes lo necesitan
  Creyentes. Luc. 24:45; Mar. 12:33.
  Pastores. Jer. 3:15.
  Quienes cantan. Sal. 47:4.
  Quienes oran. 1 Cor. 14:15.

Extraño pero cierto

ENTRAÑAS

En la RVR 1960 entrañas se usa para aludir a los intestinos, al sistema reproductor (2 Sam. 16:11; Sal. 71:6) y, en forma figurada, al amor y la compasión (Col. 3:12). Tanto los hebreos como los griegos creían que las entrañas eran el centro de las emociones y los sentimientos.

ENTUSIASMO
de espíritu. Rom. 12:11.
En todo. Col. 3:23.
En trabajo. Neh. 4:6; Ecl. 9:10.
Gedeón. Jue. 6,7.
Jehú. 2 Rey. 9:1-14; 10:1-28.

Mandamiento. Rom. 12:8; Col. 3:23.

Para Dios. Núm. 25:13; 2 Rey. 10:16;
Juan 2:17.

Sin fundamento. Rom. 10:2; Fil. 3:6.

ENVIDIA

Castigo de. Isa. 26:11.

Daña a envidiosos. Job 5:2; Prov. 14:30.

Impíos

Están llenos de. Rom. 1:29.

Viven en. Tito 3:3.

Incoherente con evangelio. Sant. 3:14.

Lleva a toda mala obra. Sant. 3:16.

Nadie puede sostenerse delante de.
Prov. 27:4.

Obra de naturaleza pecaminosa. Gál. 5:21;
Sant. 4:5.

Obstaculiza crecimiento en gracia.
1 Ped. 2:1-2.

Producida por buenas obras de otros.
Ecl. 4:4.

Producida por disputas necias. 1 Tim. 6:4.

Prohibida. Prov. 3:31; Rom. 13:13.

Prosperidad de impíos no debe producir.
Sal. 37:1,35; 73:3,17-20.

Prueba de mente mundana. 1 Cor. 3:1,3.

Palabra clave

EPIFANÍA

E pifanía proviene de una palabra griega que significa "aparición" o "manifestación". La fiesta de la epifanía (también llamada el día de los reyes magos) celebra la manifestación de Cristo a los gentiles, la llegada de los magos para ver a Jesús.

ÉPICA

Poesía épica

Cántico de Débora. Jue. 5.

Cántico de guerra de David. 2 Sam. 22.

Cántico de María. Ex. 15:1-19,21.

EPICÚREOS

Disputa con Pablo. Hech. 17:18.

Doctrinas enseñadas por, conocidas por
Pablo. 1 Cor. 15:32.

Doctrinas enseñadas por, conocidas por
Salomón. Ecl. 2:1-10.

Rechazaban a Juan el Bautista. Mat. 11:18;
Luc. 7:33.

EPIDEMIA MORTAL

Enviada como juicio divino. Deut. 28:22.

EQUIDAD

Ver también Justicia

Como criterio para juzgar a personas.
Isa. 11:4; Juan 7:24.

de Dios

Al castigar pecado. Rom. 3:3-6.

Al hacernos responsables de propias
acciones. Ezeq. 18:14-20.

Al juzgarnos. Sal. 98:9.

Ejercitada al vivir sabiamente.
Prov. 2:9-10.

Establecida sobre la tierra. Sal. 99:4.

Reciprocidad. Ex. 21:24; Mat. 7:2;
Mar. 4:24; 2 Cor. 11:15.

Trono establecido sobre. Sal. 89:14.

Deseada para vivir sabiamente. Prov. 1:3.

Ejemplificada en Dios. 2 Crón. 19:7;
Ezeq. 18:29; Apoc. 15:3.

Ejemplos de

Jacob. Gén. 31:38-41.

Jesús y mujer sorprendida en adulterio.
Juan 7:53-8:11.

Ladrón en cruz. Luc. 23:40-41.

Salomón. 1 Rey. 3:16-27.
Esperada de cristianos. Luc. 10:7;
1 Tim. 5:21; Sant. 2:4.

Exhortaciones a
En el hablar. Ex. 23:1.
En juicio legal. Ex. 23:3; Deut. 16:19;
Prov. 29:14.
En negocios. Lev. 19:36; Deut. 25:15;
1 Tim. 5:18.
En trato de esclavos. Col. 4:1.
En vida en general. Isa. 56:1; Amós 5:24.
Falta de. Sal. 82:2-4; Prov. 18:17;
Isa. 59:9-11; Miq. 3:9; Hab. 1:4.
Por medio de fe. Heb. 10:38.
Por medio de sabiduría. Prov. 8:15.
Requerida por Dios. Deut. 1:17; Prov. 11:1.
Requerida por Juan. Luc. 3:12-13.

ESCALERA
En visión de Jacob. Gén. 28:12.

ESCAMAS
Cayeron de ojos de Pablo. Hech. 9:18.

En otras palabras...

ESCATOLOGÍA

Escatología es el estudio de las cosas que se espera que ocurran al final de la historia. La palabra griega *escatos* significa "último" o "final".

ESCEPTICISMO
Faraón. Ex. 5:2.
Job. Job 21:15; 22:17.
Tomás. Juan 20:25-28.

ESCLAVITUD ESPIRITUAL
Al diablo. 1 Tim. 3:7; 2 Tim. 2:26.

Al pecado. Juan 8:34; Hech. 8:23;
Rom. 6:16; 7:23; Gál. 4:3; 2 Ped. 2:19.
Al temor de muerte. Heb. 2:14-15.
Creyentes son liberados de. Rom. 6:18,22.
Cristo libera de. Luc. 4:18,21; Juan 8:36;
Rom. 7:24-25; Ef. 4:8.
Evangelio, instrumento de liberación de.
Juan 8:32; Rom. 8:2.
Liberación de, ilustrada. Deut. 4:20.
Liberación de, prometida. Isa. 42:6-7.

ESCOGER
A quién servir. Jos. 24:15.
Por parte de Dios. Sal. 65:4; Col. 3:12;
Sant. 2:5.
Sabiduría. 1 Rey. 3:9.
Vida o muerte. Deut. 30:19.

ESCOGIDOS DE DIOS
Ver Dios, Escogidos de

ESCONDITES
Usados como lugares de refugio. Jue. 6:2;
Heb. 11:38; Apoc. 6:15.

ESCORIA
Ver Impurezas

ESCRIBAS
A menudo entendidos en la ley. Esd. 7:6.

Actuaban como
Escribientes de documentos públicos.
1 Crón. 24:6.
Maestros religiosos. Neh. 8:2-6.
Notarios en tribunales. Jer. 32:11-12.
Secretarios de monarcas.
2 Sam. 8:17; 20:25; 2 Rey. 12:10;
Est. 3:12.
Secretarios de profetas. Jer. 36:4,26.
Secretarios reales. 2 Rey. 25:19;
2 Crón. 26:11; Jer. 52:25.
Antigüedad de. Jue. 5:14.

En tiempos del Nuevo Testamento
A menudo hallaban tropiezo en conducta
y enseñanza de Cristo. Mat. 21:15;
Mar. 2:6-7,16; 3:22.
Condenados por Cristo por ser hipócritas.
Mat. 23:15.
Considerados cultos y educados.
1 Cor. 1:20.
Considerados intérpretes de Escrituras.
Mat. 2:4; 17:10; Mar. 12:35.
Eran doctores de la ley. Mar. 12:28, con
Mat. 22:35.
Frecuentemente eran fariseos. Hech. 23:9.
Manera de enseñar contrastaba con la de
Cristo. Mat. 7:29; Mar. 1:22.
Parte activa en causar muerte de Cristo.
Mat. 26:3; Luc. 23:10.
Persiguieron a primeros cristianos.
Hech. 4:5,18,21; 6:12.
Se sentaban en silla de Moisés. Mat. 23:2.
Tentaron a Jesús. Juan 8:3.
Vestían largas túnicas y se deleitaban en
preeminencia. Mar. 12:38-39.

Familias famosas por proporcionar
Ceneos. 1 Crón. 2:55.
Leví. 1 Crón. 24:6; 2 Crón. 34:13.
Zabulón. Jue. 5:14.
Generalmente, hombres de gran
sabiduría. 1 Crón. 27:32.
Ilustrativos de ministros del evangelio bien
instruidos. Mat. 13:52.
Llevaban cuerno de tinta en cinturón.
Ezeq. 9:2-3.
Siempre listos para escribir. Sal. 45:1.

ESCRITURAS

Ver también Biblia, Inspiración de; Palabra
de Dios

Advertencia a quienes quitan de Escrituras o
agregan. Apoc. 22:18-19.
Bienaventuranza de oír y obedecer.
Luc. 11:28; Sant. 1:25.

Contienen promesas del evangelio.
Rom. 1:2.

Creyentes
Aman profundamente.
Sal. 119:86,113,159,167.
Anhelan. Sal. 119:82.
Confían en. Sal. 119:42.
Esperan en. Sal. 119:74,81,147.
Hablan de. Sal. 119:172.
La llevan en corazones. Sal. 119:11.
Las consideran dulces. Sal. 119:103.
Las consideran luz. Sal. 119:105.
Las estiman sobre todas las cosas.
Job 23:12.
Meditan en. Sal. 1:2; 119:99,148.
Obedecen. Sal. 119:67; Luc. 8:21;
Juan 17:6.
Oran implorando promesas de.
Sal. 119:25,28,41,76,169.
Oran pidiendo aprender de.
Sal. 119:12-13,33,66.
Oran pidiendo ser conformados a.
Sal. 119:133.
Recuerdan. Sal. 119:16.
Se alegran en. Sal. 119:162; Jer. 15:16.
Se deleitan en. Sal. 1:2.
Se maravillan de. Sal. 119:161; Isa. 66:2.
Sienten pesar cuando hay desobediencia a.
Sal. 119:158.
Cristo enseñó de. Luc. 24:27.
Cristo las ratificó apelando a ellas. Mat. 4:4;
Mar. 12:10; Juan 7:42.
Cristo nos permite entender. Luc. 24:45.
Dadas por inspiración de Dios. 2 Tim. 3:16.
Dadas por inspiración del Espíritu Santo.
Hech. 1:16; Heb. 3:7; 2 Ped. 1:21.

Deberes
Apelar a. 1 Cor. 1:31; 1 Ped. 1:16.
Conocer. 2 Tim. 3:15.
Creer en. Juan 2:22.
Enseñarlas a hijos. Deut. 6:7; 11:19;
2 Tim. 3:15.

E

E

Enseñarlas a todos. 2 Crón. 17:7-9;
Neh. 8:7-8.
Escudriñarlas. Juan 5:39; 7:52.
Escudriñarlas diariamente. Hech. 17:11.
Guardarlas en corazón. Deut. 6:6; 11:18.
Hablar de ellas continuamente. Deut. 6:7.
Leerlas. Deut. 17:19; Isa. 34:16.
Leerlas públicamente a todos.
Deut. 31:11-13; Neh. 8:3; Jer. 36:6;
Hech. 13:15.
No usarlas con engaño. 2 Cor. 4:2.
Oírlas y obedecerlas. Mat. 7:24, con
Luc. 11:28; Sant. 1:22.
Recibirlas con humildad. Sant. 1:21.
Recibirlas no como palabra de hombres
sino de Dios. 1 Tes. 2:13.
Tenerlas como estándar de enseñanza.
1 Ped. 4:11.
Usarlas contra enemigos espirituales.
Mat. 4:4,7,10, con Ef. 6:11,17.
Dejar que moren en nosotros. Col. 3:16.

Descripción
Perfectas. Sal. 19:7.
Preciosas. Sal. 19:10.
Puras. Sal. 12:6; 119:140; Prov. 30:5.
Rápidas y poderosas. Heb. 4:12.
Verdaderas. Sal. 119:160; Juan 17:17.
Destrucción de, castigada. Jer. 36:29-31.
Escritas para nuestra instrucción.
Rom. 15:4.
Espíritu Santo nos permite entender.
Juan 16:13; 1 Cor. 2:10-14.
Ignorancia de, fuente de error. Mat. 22:29;
Hech. 13:27.

Impíos
A menudo distorsionan, para propia
destrucción. 2 Ped. 3:16.
Corrompen. 2 Cor. 2:17.
Las hacen a un lado para observar propias
tradiciones. Mar. 7:9-13.
No obedecen. Sal. 119:158.
Rechazan. Jer. 8:9.

Tropiezan con. 1 Ped. 2:8.
Letra de, sin espíritu, mata. Juan 6:63, con
2 Cor. 3:6.

Llamadas
Escritura de verdad. Dan. 10:21.
Espada del Espíritu. Ef. 6:17.
Ley de Jehová. Sal. 1:2; Isa. 30:9.
Libro. Sal. 40:7; Apoc. 22:19.
Libro de Jehová. Isa. 34:16.
Libro de la ley. Neh. 8:3; Gál. 3:10.
Palabra. Sant. 1:21-23; 1 Ped. 2:2.
Palabra de Cristo. Col. 3:16.
Palabra de Dios. Luc. 11:28; Heb. 4:12.
Palabra de verdad. Sant. 1:18.
Profecías de Dios. Rom. 3:2; 1 Ped. 4:11.
Sagradas Escrituras. Rom. 1:2;
2 Tim. 3:15.
Meros oidores de, se engañan a sí mismos.
Sant. 1:22.
Nada se debe sacar o agregar de.
Deut. 4:2; 12:32.
Ninguna profecía de, es de interpretación
privada. 2 Ped. 1:20.
Obra con eficacia en vida de creyentes.
1 Tes. 2:13.
Para uso de todas las personas. Rom. 16:26.
Pasaje de, se debe comparar con otro.
1 Cor. 2:13.

Propósitos
Alegrar corazón. Sal. 19:8; 119:111.
Amonestar. Sal. 19:11; 1 Cor. 10:11.
Consolar. Sal. 119:82; Rom. 15:4.
Convertir alma. Sal. 19:7.
Edificar en la fe. Hech. 20:32.
Guardarnos de sendas destructoras.
Sal. 17:4.
Hacer sabio al sencillo. Sal. 19:7.
Iluminar. Sal. 119:130.
Limpiar caminos. Sal. 119:9.
Limpiar corazón. Juan 15:3; Ef. 5:26.
Producir esperanza. Sal. 119:49;
Rom. 15:4.

Producir fe. Juan 20:31.
Producir obediencia. Deut. 17:19-20.
Promover crecimiento en gracia.
1 Ped. 2:2.
Proporcionar vida. Deut. 8:3, con
Mat. 4:4.
Reavivar. Sal. 119:50,93.
Regenerar. Sant. 1:18; 1 Ped. 1:23.
Santificar. Juan 17:17; Ef. 5:26.
Quienes escudriñan, son verdaderamente
nobles. Hech. 17:11.
Registran profecías divinas. 2 Ped. 1:19-21.
Revela ley, estatutos y juicios de Dios.
Deut. 4:5,14, con Ex. 24:3-4.

Son
Capaces de hacernos salvos para
salvación por fe en Cristo. 2 Tim. 3:15.
Completas y suficientes. Luc. 16:29,31.
Guía infalible. Prov. 6:23; 2 Ped. 1:19.
Provechosas para doctrina y práctica.
2 Tim. 3:16-17.
Testifican de Cristo. Juan 5:39;
Hech. 10:43; 18:28; 1 Cor. 15:3.
Todo debe ser puesto a prueba por.
Isa. 9:20; Hech. 17:11.
Todos deberían desear oír. Neh. 8:1.
Ventaja de contar con. Rom. 3:2.

ESCUCHAR
Acción enfatizada en camino de fe. Isa. 55:3;
Mat. 11:15; Apoc. 2:7.
Injustos no lo hacen. Neh. 9:16.
Requerido por Dios. Sal. 34:11.

ESCUDOS
A menudo los llevaba paje de armas.
1 Sam. 17:7.

Antes de la guerra
A menudo se pintaban de rojo. Nah. 2:3.
Se reparaban. Jer. 46:3.
Se ungían. 2 Sam. 1:21, con Isa. 21:5.

Clases de
Grandes. 2 Crón. 9:15, con 1 Crón. 5:18;
Ezeq. 26:8.
Pequeños. 2 Crón. 9:16.
de vencidos, a menudo se quemaban.
Ezeq. 39:9.
En tiempos de paz se colgaban en torres de
armerías. Ezeq. 27:10, con Cant. 4:4.
Escasos en Israel en época de Débora y
Barac. Jue. 5:8.

Frecuentemente hechos de o cubiertos de
Bronce. 1 Rey. 14:27.
Oro. 2 Sam. 8:7; 1 Rey. 10:17.

Ilustrativos de
Favor de Dios. Sal. 5:12.
Fe. Ef. 6:16.
Protección de Dios. Gén. 15:1; Sal. 33:20.
Salvación de Dios. 2 Sam. 22:36;
Sal. 18:35.
Verdad de Dios. Sal. 91:4.
Muchos israelitas usaban, con pericia.
1 Crón. 12:8,24,34; 2 Crón. 14:8; 25:5.
Parte de armadura. Sal. 115:9, con 140:7.
Perderlos o tirarlos era desgracia.
2 Sam. 1:21.
Proporcionados por reyes de Israel.
2 Crón. 11:12; 26:14; 32:5.
Se dice que pertenecen a Dios. Sal. 47:9.

ESCUELA
de Gamaliel. Hech. 5:34; 22:3.
de profetas, en Naiot. 1 Sam. 19:20.
de Tirano. Hech. 19:9.
En Bet-el. 2 Rey. 2:3.
En el hogar. Deut. 4:9-10; 6:7,9; 11:19-20;
Sal. 78:5-8.
En Gilgal. 2 Rey. 4:38.
En Jericó. 2 Rey. 2:5-15.
En Jerusalén. 2 Rey. 22:14; 2 Crón. 34:22.
Escuela bíblica. Deut. 31:10-13.
Escuela estatal. 2 Crón. 17:7-9;
Dan. 1:3-21.

Gran asistencia a. 2 Rey. 6:1.
Tutor. Gál. 3:24-25.

Es así

ESCUPIR

En la Biblia, escupirle a alguien era la señal más grosera de desprecio.

ESCUPIR

En rostro, una indignidad. Núm. 12:14;
Job 30:10; Mat. 26:67; 27:30.
Jesús usó saliva para sanar. Mar. 7:33; 8:23.

ESMERALDA

Color en arco iris. Apoc. 4:3.
Mercancías de, en Tiro. Ezeq. 27:16; 28:13.
Piedra en pectoral. Ex. 28:18.
Sentido simbólico, en cimientos de santa
ciudad. Apoc. 21:19.

ESPACIO SIDERAL

Adoración de elementos del
Práctica de. 2 Rey. 23:5; Jer. 8:2.
Prohibición. Deut. 4:19; 17:3.
Astrología. Isa. 47:13; Jer. 10:2.
Cometas. Jud. 13.
Creado por Dios. Gén. 1:1,14-19;
Job 9:7-10; 26:7; Sal. 8:3; 136:5-9.

Estrellas
de Belén. Mat. 2:2,7,9-10.
de diferentes magnitudes. 1 Cor. 15:41.
En constelaciones. 2 Rey. 23:5;
Job 9:9; 38:31-33; Isa. 13:10;
Amós 5:8.
En la mañana. Job 38:7.
En la tarde. Neh. 4:21.
En movimiento. Mat. 2:9.
Incontables. Jer. 33:22.

Luces del
Aumentarán. Isa. 30:26.
Dios las sobrepasa. Isa. 60:19-20;
Apoc. 21:23.

Luna
Luz de la. Gén. 1:16; Job 25:5; 31:26;
Cant. 6:10.
Oscurecido. Isa. 13:10; Joel 2:31;
Mat. 24:29; Apoc. 6:12-13; 8:12.

Planetas
Estrella de la mañana. Job 38:7.
Tierra. Job 26:7.
Presencia de Dios en. Sal. 139:8.

Sol
Brillantez del. Gén. 1:16; 2 Sam 23:4;
Cant. 6:10.
Movimiento del sol, visto desde tierra.
Sal. 19:4-6; 104:19; Ecl. 1:5.
Vacío del. Job 26:7.

Es así

ESENIOS

Los esenios eran una secta sacerdotal que se retiró al desierto a fin de estudiar la ley y consiguientemente preparar el camino para el Señor. El centro de la comunidad esenia de Qumrán se estableció aprox. en el 130 a.C.

ESPADA

A menudo, advertencia de castigo.
Lev. 26:25,33; Deut. 32:25.
A menudo, castigo. Esd. 9:7; Sal. 78:62.
Afilada y bruñida antes de guerra. Sal. 7:12;
Ezeq. 21:9.
Atravesaba a enemigos. Ezeq. 16:40.
de 2 filos. Heb. 4:12; Apoc. 1:16; 2:12.
de juicios. Deut. 32:41.

Descripción
Aguda. Sal. 57:4.
Maligna. Sal. 144:10.
Reluciente. Deut. 32:41.
Relumbrante. Job 20:25.
Resplandeciente. Nah. 3:3.
Vencedora. Jer. 46:16.
Ejército de David, equipado con.
1 Crón. 21:5.
En épocas de guerra, rejas de arado
convertidas en. Joel 3:10.
En épocas de paz, transformadas en rejas de
arado. Isa. 2:4; Miq. 4:3.
Frecuentemente tenía 2 filos. Sal. 149:6.
Hebreos, desde antigüedad familiarizados
con fabricación de. 1 Sam. 13:19.

Ilustrativa de
Autoridad judicial. Rom. 13:4.
Calamidad perpetua (cuando no se
alejaba de alguna casa). 2 Sam. 12:10.
Calamidades severas.
Ezeq. 5:2,17; 14:17; 21:9.
Espíritu de persecución de impíos.
Sal. 37:14.
Fin de impíos. Prov. 5:4.
Gran aflicción mental. Luc. 2:35.
Guerra y contención. Mat. 10:34.
Guerra y destrucción (cuando se blandía).
Lev. 26:33; Ezeq. 21:3-5.
Justicia de Dios. Deut. 32:41; Zac. 13:7.
Lengua de impíos. Sal. 57:4; 64:3;
Prov. 12:18.
Palabra de Cristo. Isa. 49:2, con
Apoc. 1:16.
Palabra de Dios. Ef. 6:17, con Heb. 4:12.
Paz y amistad (cuando está envainada).
Jer. 47:6.
Protección de Dios. Deut. 33:29.
Saqueo (cuando se vive por). Gén. 27:40.
Testigos falsos. Prov. 25:18.
Origen probable de. Gén. 3:24.
Puntiaguda. Ezeq. 21:15.

Quienes morían por espada, transmitían
impureza ceremonial. Núm. 19:16.
Se blandía sobre cabeza. Ezeq. 32:10.
Se colgaba del cinto. 1 Sam. 17:39;
2 Sam. 20:8; Neh. 4:18; Sal. 45:3.
Se llevaba en vaina. 1 Crón. 21:27;
Jer. 47:6; Ezeq. 21:3-5.
Uno de 4 terribles juicios de Dios.
Ezeq. 14:21.

Usada
A veces para suicidarse. 1 Sam. 31:4-5;
Hech. 16:27.
En sentido simbólico. Gén. 3:24;
Jos. 5:13; Apoc. 1:16.
Figurativamente, en cuanto a guerra.
Gén. 27:40.
Para castigar criminales. 1 Sam. 15:33;
Hech. 12:2.
Para defensa propia. Luc. 22:36.
Para destruir enemigos. Núm. 21:24;
Jos. 6:21.
Por Gedeón. Jue. 7:20.
Por Goliat. 1 Sam. 21:9.
Por judíos. Jue. 20:2; 2 Sam. 24:9.
Por naciones paganas. Jue. 7:22;
1 Sam. 15:33.
Por patriarcas. Gén. 34:25; 48:22.
Por Pedro. Mat. 26:51.

ESPECIAS

Depósitos de. 2 Rey. 20:13.
Entre ingredientes de aceite de unción.
Ex. 25:6.
Enviadas como presente de Jacob a José.
Gén. 43:11.
Exportadas de Galaad. Gén. 37:25.
Para embalsamar cadáver de Jesús.
Luc. 23:56; 24:1.
Presentadas por reina de Sabá a
Salomón. 1 Rey. 10:2,10.
Se vendían en mercados de Tiro.
Ezeq. 27:22.

Usadas en templo. 1 Crón. 9:29.
Usadas para embalsamar a Asa.
2 Crón. 16:14.

Vida cotidiana

ESPECIAS

L as especias se usaban en la preparación de comidas, aceites sagrados para la unción, incienso, perfumes, y ungüentos para higiene personal y para sepultura de los muertos. Las especias eran muy costosas y apreciadas. Las más importantes eran: áloe, azafrán, bálsamo, canela, comino, coriandro, eneldo, estacte, gálbano, incienso, nardo y ruda.

ESPEJO
de bronce. Job 37:18.
Figurativamente. 1 Cor. 13:12; 2 Cor. 3:18; Sant. 1:23-24.
Ofrecidos por mujeres israelitas para hacer fuente de bronce. Ex. 38:8.

ESPERANZA
Alentar a otros a tener. Sal. 130:7.
Alienta a valentía en predicación.
2 Cor. 3:12.
Aliento a tener. Os. 2:15; Zac. 9:12.
Asociada con fe y amor. 1 Cor. 13:13.
Bendición de. Sal. 146:5.
Buscar plena seguridad de. Heb. 6:11.
Conduce a paciencia. Rom. 8:25; 1 Tes. 1:3.
Conduce a pureza. 1 Juan. 3:3.

Creyentes
Deben abundar en. Rom. 15:3.
Deben aguardar al objeto de. Tito 2:13.
Deben asirse de. Heb. 3:6.

Deben continuar en. Sal. 71:14;
1 Ped. 1:13.
Llamados a. Ef. 4:4.
No deben avergonzarse de. Sal. 119:116.
No deben moverse de. Col. 1:23.
Se gozan en. Rom. 5:2; 12:12.
Tienen, en muerte. Prov. 14:32.
Todos tienen misma. Ef. 4:4.

de impíos
Está en posesiones. Job 31:24.
Los avergonzará. Isa. 20:5-6; Zac. 9:5.
Se desvanece. Job 8:13; 11:20;
Prov. 10:28.
Termina al morir. Job 27:8.

Descripción
Alegría. Prov. 10:28.
Bienaventurada. Tito 2:13.
Buena. 2 Tes. 2:16.
Segura y firme. Heb. 6:19.
Viva. 1 Ped. 1:3.
En Cristo. 1 Cor. 15:19; 1 Tim. 1:1.
En Dios. Sal. 39:7; 1 Ped. 1:21.
En misericordia de Dios. Sal. 33:18.
En promesas de Dios. Hech. 26:6-7;
Tito 1:2.
Estar listo para dar respuesta sobre nuestra. 1 Ped. 3:15.
Impíos no tienen razón para. Ef. 2:12.
Mejor, por medio de Cristo. Heb. 7:19.
No desilusiona. Rom. 5:5.

Objetos de
Aparición gloriosa de Cristo. Tito 2:13.
Gloria. Rom. 5:2; Col. 1:27.
Justicia. Gál. 5:5.
Resurrección. Hech. 23:6; 24:15.
Salvación. 1 Tes. 5:8.
Vida eterna. Tito 1:2; 3:7.
Obra del Espíritu Santo. Rom. 15:13;
Gál. 5:5.
Resultado de experiencia. Rom. 5:4.

Se obtiene por
    Evangelio. Col. 1:5,23.
    Fe. Rom. 5:1-2; Gál. 5:5.
    Gracia. 2 Tes. 2:16.
    Paciencia y consuelo de Escrituras.
        Rom. 15:4.
Triunfa sobre dificultades. Rom. 4:18.
Vida es tiempo de. Ecl. 9:4; Isa. 38:18.

Es así

ESPEJOS

En el tiempo de Moisés ya había espejos (Ex. 38:8), aunque no eran de vidrio sino de metal pulido, como por ejemplo bronce, plata u oro (Job 37:18; Isa. 3:23).

ESPERAR EN DIOS
Ver Dios, Esperar en

ESPÍAS
En iglesia de Galacia. Gál. 2:4.

Enviados para investigar
    Canaán. Núm. 13.
    Jazer. Núm. 21:32.
    Jericó. Jos. 2:1.
Fariseos actuaron como. Luc. 20:20.
Usados por David. 1 Sam. 26:4.
Usados por David en corte de
    Absalón. 2 Sam. 15:10; 17:1-17.

ESPIGAR

Ejemplo de
    Rut en campo de Booz. Rut 2:2-3.
Figurativamente. Jue. 8:2; Isa. 17:6;
    Jer. 49:9; Miq. 7:1.
Leyes sobre. Lev. 19:9-10; 23:22;
    Deut. 24:19-20.

Vida cotidiana

ESPIGAR

Espigar es el proceso de juntar grano o productos agrícolas que los segadores habían dejado en los sembrados o los recolectores habían dejado en la vid o los árboles. La ley de Moisés exigía que se dejara esta porción de manera que los pobres y los extranjeros pudieran subsistir.

ESPINOS
Simbólicos. Isa. 5:6; 55:13;
    Ezeq. 2:6; 28:24.

ESPÍRITU
Llamado hombre interior. Rom. 7:22;
    Ef. 3:16.

ESPÍRITU SANTO, BAUTISMO CON EL
Cristo bautizó con. Mat. 3:11; Juan. 1:33.
Es a través de Cristo. Tito 3:6.
Necesidad de. Juan. 3:5; Hech. 19:2-6.
Palabra de Dios, esencial para. Hech. 10:44;
    Ef. 5:26.
Profetizado. Ezeq. 36:25.
Prometido a creyentes.
    Hech. 1:5; 2:38-39; 11:16.
Renueva y purifica alma. Tito 3:5;
    1 Ped. 3:20-21.
Tipificado. Hech. 2:1-4.
Todos los creyentes participan de.
    1 Cor. 12:13.

ESPÍRITU SANTO, CARACTERÍSTICAS
Consuela. Hech. 9:31.
Contiende con pecadores. Gén. 6:3.
Convence. Juan. 16:8.
Crea y da vida. Job 33:4.

Designa y comisiona ministros del evangelio.
  Isa. 48:16; Hech. 13:2; 20:28.
Dirige a no predicar. Hech. 16:6-7.
Dirige a predicar. Hech. 8:29; 10:19-20.
Dirige en cuanto a qué predicar.
  1 Cor. 2:13.
Enseña. Juan. 14:26; 1 Cor. 12:3.
Escudriña todo. Rom. 11:33-34, con
  1 Cor. 2:10-11.
Glorifica a Cristo. Juan. 16:14.
Guía. Juan. 16:13.
Habla por profetas. Hech. 1:16;
  1 Ped. 1:11-12; 2 Ped. 1:21.
Nos ayuda en sufrimientos. Rom. 8:26.
Obra según su voluntad. 1 Cor. 12:11.
Puede ser contristado. Isa. 63:10; Ef. 4:30.
Puede ser resistido. Hech. 7:51.
Puede ser tentado. Hech. 5:9.
Santifica. Rom. 15:16; 1 Cor. 6:11.
Testifica de Cristo. Juan. 15:26.
Tiene poder propio. Rom. 15:13.
Vive con creyentes. Juan. 14:17.

ESPÍRITU SANTO, DEIDAD DEL

Al convencer de pecado, justicia y juicio.
  Juan. 16:8-11.
Al enviar ministros del evangelio.
  Hech. 13:2,4, con Mat. 9:38;
  Hech. 20:28.
Al estar unido con Padre e Hijo en fórmula
  del bautismo. Mat. 28:19.
Al guiar predicación del evangelio.
  Hech. 16:6-7,10.
Al inspirar Escritura. 2 Tim. 3:16, con
  2 Ped. 1:21.
Al morar en creyentes. Juan. 14:17, con
  1 Cor. 14:25; 1 Cor. 3:16, con 6:19.
Al resucitar a Cristo de muertos Hech. 2:24,
  con 1 Ped. 3:18; Heb. 13:20, con
  Rom. 1:4.
Al santificar a iglesia. Ezeq. 37:28, con
  Rom. 15:16.
Al ser eterno. Heb. 9:14.

Al ser igual que el Padre y uno con Él.
  Mat. 28:19; 2 Cor. 13:14.
Al ser Jehová. Ex. 17:7, con Heb. 3:7-9;
  Núm. 12:6, con 2 Ped. 1:21.
Al ser Jehová de ejércitos. Isa. 6:3,8-10, con
  Hech. 28:25.
Al ser Jehová el Altísimo. Sal. 78:17,21, con
  Hech. 7:51.
Al ser llamado Dios. Hech. 5:3-4.
Al ser llamado Señor. Luc. 2:26-29;
  Hech. 4:23-25, con 1:16,20; 2 Tes. 3:5.
Al ser omnipotente (todopoderoso).
  Luc. 1:35; Rom. 15:19.
Al ser omnipresente (presente en todos
  lados). Sal. 139:7-13.
Al ser omnisciente (todo lo sabe).
  1 Cor. 2:10.
Como autor del nuevo nacimiento.
  Juan. 3:5-6, con 1 Juan. 5:4.
Como Consolador de iglesia. Juan 14:26
  con 2 Cor. 1:3.
Como Creador. Gén. 1:26-27, con Job 33:4.
Como Espíritu de gloria y de Dios.
  1 Ped. 4:14.
Como fuente de poder milagroso.
  Mat. 12:28, con Luc. 11:20; Hech. 19:11,
  con Rom. 15:19.
Como fuente de sabiduría. 1 Cor. 12:8;
  Isa. 11:2; Juan. 16:13; 14:26.
Como soberano que dispone todas las cosas.
  Dan. 4:35, con 1 Cor. 12:6,11.
Como testigo. Heb. 10:15, con 1 Juan. 5:9.

ESPÍRITU SANTO, DON DEL

Dado

  A Cristo, sin medida. Juan. 3:34.
  A gentiles. Hech. 10:44-45; 11:17; 15:8.
  A quienes obedecen a Dios. Hech. 5:32.
  A quienes se arrepienten y creen.
    Hech. 2:38.
  En respuesta a oración. Luc. 11:13;
    Ef. 1:16-17.

Luego de glorificación de Cristo.
Sal. 68:18; Juan. 7:39.
Para consolar a creyentes. Juan. 14:16.
Para instrucción. Neh. 9:20.
Por intercesión de Cristo. Juan. 14:16.
Según promesa. Hech. 2:38-39.
Evidencia de unión con Cristo.
1 Juan. 3:24; 4:13.
Garantía de herencia de creyentes.
2 Cor. 1:22; 5:5; Ef. 1:14.
Garantía del continuo favor de Dios.
Ezeq. 39:29.
Hace que desierto sea fértil. Isa. 32:15.
Permanente. Isa. 59:21; Hag. 2:5;
1 Ped. 4:14.
Por el Padre. Neh. 9:20; Luc. 11:13.
Por medio del Hijo. Juan 20:22.
Recibido por fe. Gál. 3:14.

ESPÍRITU SANTO, DONES MILAGROSOS DEL

Cristo estaba dotado de. Mat. 12:28.
de diferentes clases. 1 Cor. 12:4-6.
Deben procurarse. 1 Cor. 12:31; 14:1.
Derramados en pentecostés. Hech. 2:1-4.
Dispensados según soberana voluntad.
1 Cor. 12:11.
Imitados por anticristo. Mat. 24:24;
2 Tes. 2:9; Apoc. 13:13-14.
Lista de. 1 Cor. 12:8-10,28; 14:1.
Naturaleza temporal de. 1 Cor. 13:8.

Otorgados
Con predicación del evangelio.
Hech. 10:44-46.
Para confirmación del evangelio.
Mar. 16:20; Hech. 14:3; Rom. 15:19;
Heb. 2:4.
Para edificación de iglesia.
1 Cor. 12:7; 14:12-13.
Por imposición de manos de apóstoles.
Hech. 8:17-18; 19:6.
Profetizados. Isa. 35:4-6; Joel 2:28-29.

Se pueden tener sin que haya gracia
salvadora. Mat. 7:22-23; 1 Cor. 13:1-2.

ESPÍRITU SANTO, EL CONSOLADOR

Como tal Él
Da gozo a creyentes. Rom. 14:17;
Gál. 5:22; 1 Tes. 1:6.
Edifica a iglesia. Hech. 9:31.
Enseña a creyentes. Juan. 14:26.
Imparte amor de Dios. Rom. 5:3-5.
Imparte esperanza. Rom. 15:13; Gál. 5:5.
Mora con y en creyentes. Juan. 14:17.
Procede del Padre. Juan. 15:26.
Testifica de Cristo. Juan. 15:26.
Vive para siempre en creyentes.
Juan. 14:16.
Creyentes lo conocen. Juan. 14:17.

Dado
Por Cristo. Isa. 61:3.
Por intercesión de Cristo. Juan. 14:16.
Por Padre. Juan. 14:16.
Enviado en nombre de Cristo. Juan. 14:26.
Mundo no puede recibir al. Juan. 14:17.

ESPÍRITU SANTO, EL ENSEÑADOR

Como tal Él
Da poder para enseñar. 1 Cor. 12:8.
Dirige en camino de santidad. Isa. 30:21;
Ezeq. 36:27.
Enseña a creyentes a responder a
perseguidores. Mar. 13:11; Luc. 12:12.
Guía a toda verdad. Juan. 14:26; 16:13.
Guía decisiones de iglesia. Hech. 15:28.
Nos recuerda palabras de Cristo.
Juan. 14:26.
Revela cosas de Cristo. Juan. 16:14.
Revela cosas de Dios. 1 Cor. 2:10,13.
Revela futuro. Luc. 2:26; Hech. 21:11.

Dado
A creyentes. Neh. 9:20; 1 Cor. 2:12-13.
En respuesta a oración. Ef. 1:16-17.

Espíritu de sabiduría. Isa. 11:2; 40:13-14.
Hombre natural no recibirá cosas de.
1 Cor. 2:14.
Necesidad de. 1 Cor. 2:9-10.
Oír instrucción de. Apoc. 2:7,11,29.
Prometido. Prov. 1:23.

ESPÍRITU SANTO EN EL CREYENTE

Ellos disfrutan. Isa. 63:11; 2 Tim. 1:14.

Es el medio para que haya
    Dirección. Juan. 16:13; Gál. 5:18.
    Fruto. Gál. 5:22.
    Nueva vida. Rom. 8:11.
Naturaleza pecadora se opone a. Gál. 5:17.
Permanece en ellos. 1 Juan. 2:27.
Prometido a creyentes. Ezeq. 36:27.
Prueba de adopción. Rom. 8:15; Gál. 4:5.
Prueba de pertenecer a Cristo. Rom. 8:9;
    1 Juan 4:13.
Su cuerpo es templo. 1 Cor. 6:19;
    2 Cor. 6:16.

ESPÍRITU SANTO, INSPIRACIÓN DEL

Irresistible. Amós 3:8.

Maneras de
    Impulso interior. Jue. 13:25; 2 Ped. 1:21.
    Sueños. Núm. 12:6; Dan. 7:1.
    Varias. Heb. 1:1.
    Visiones. Núm. 12:6; Ezeq. 11:24.
    Voz. Isa. 6:8; Hech. 8:29; Apoc. 1:10.
Necesaria para profetizar. Núm. 11:25-27;
    2 Crón. 20:14-17.
Profetizada. Joel 2:28, con Hech. 2:16-18.

Propósito
    Dar poder. Miq. 3:8; Hech. 1:8.
    Dirigir. Ezeq. 3:24-27;
        Hech. 11:12; 13:2.
    Encauzar ministerio. Hech. 16:6.
    Revelar eventos futuros.
        Hech. 1:16; 28:25; 1 Ped. 1:11.

Revelar misterios de Dios. Amós 3:7;
    1 Cor. 2:10.
Testificar contra pecado. 2 Rey. 17:13;
    Neh. 9:30; Miq. 3:8; Juan. 16:8-9.
Quienes desprecian, castigados.
    2 Crón. 36:15-16; Zac. 7:12.
Toda la Escritura dada por. 2 Sam. 23:2;
    2 Tim. 3:16.

ESPÍRITU SANTO, PECAR CONTRA EL

Blasfemia contra Él, imperdonable.
    Mat. 12:31-32; 1 Juan. 5:16.
Exhortaciones a no. Ef. 4:30; 1 Tes. 5:19.
Peligro de ser frívolo con Espíritu Santo.
    Heb. 6:4-6.

Se demuestra al
    Apagarlo. 1 Tes. 5:19.
    Contristarlo. Isa. 63:10; Ef. 4:30.
    Hacer caso omiso de su testimonio.
        Neh. 9:30.
    Insultarlo. Heb. 10:29.
    Menospreciar sus dones. Hech. 8:19-20.
    Mentirle. Hech. 5:3-4.
    Resistirlo. Hech. 7:51.
    Tentarlo. Hech. 5:9.

ESPÍRITU SANTO, PODER DEL

Capacita a obreros cristianos. Luc. 24:49;
    Hech. 1:8.

Creyentes
    Abundan en esperanza por. Rom. 15:13.
    Ayudados en oración por. Rom. 8:26.
    Fortalecidos por. Ef. 3:16.
    Pueden hablar valientemente por.
        Miq. 3:8; Hech. 6:5,10; 2 Tim. 1:7-8.
    Sostenidos por. Sal. 51:12.
Cristo comenzó su ministerio en. Luc. 4:14.
Cristo hizo milagros por. Mat. 12:28.
Palabra de Dios, instrumento del. Ef. 6:17.
Poder de Dios. Mat. 12:28, con Luc. 11:20.
Prometido por Cristo. Hech. 1:8.
Prometido por Padre. Luc. 24:49.

Se ve
Al dar vida espiritual. Ezeq. 37:11-14,
con Rom. 8:11.
Al hacer milagros. Rom. 15:19.
Al hacer que evangelio sea eficaz.
1 Cor. 2:4; 1 Tes. 1:5.
Al resucitar a Cristo. 1 Ped. 3:18.
Al vencer sobre dificultades. Zac. 4:6-7.
En concepción de Cristo. Luc. 1:35.
En creación. Gén. 1:2; Job 26:13;
Sal. 104:30.

ESPÍRITU SANTO, SELLO DEL
Creyentes reciben. 2 Cor. 1:22; Ef. 1:13.
Cristo recibió. Juan. 6:27.
Impíos no reciben. Apoc. 9:4.
Juicio cesa hasta tanto todos los creyentes
reciban. Apoc. 7:3.
Permanece hasta día de redención. Ef. 4:30.
Tipo. Rom. 4:11.

ESPÍRITU SANTO, SÍMBOLOS DEL

Aceite
Consagra. Ex. 29:7; 30:30; Isa. 61:1.
Consuela. Isa. 61:3; Heb. 1:9.
Da gozo. Sal. 45:7.
Ilumina. Mat. 25:3-4; 1 Juan. 2:20,27.
Sana. Luc. 10:34; Apoc. 3:18.

Agua
Abundante. Juan. 7:37-38.
Dada gratuitamente. Isa. 55:1;
Juan. 4:14; Apoc. 22:17.
Fertilizante. Sal. 1:3;
Isa. 27:3,6; 44:3-4; 58:11.
Limpia. Ezeq. 16:9; 36:25; Ef. 5:26;
Heb. 10:22.
Nacer de. Juan. 3:5.
Refresca. Sal. 46:4; Isa. 41:17-18.

Fuego
Bautiza. Mat. 3:11.
Escudriña. Sof. 1:12, con 1 Cor. 2:10.

Ilumina. Ex. 13:21; Sal. 78:14.
Purifica. Isa. 4:4; Mal. 3:2-3.

Lenguas de fuego
de galileos. Hech. 2:3.
Entendidas por otros. Hech. 2:6-11.

Lluvia y rocío
Abundante. Sal. 133:3.
Fertilizante. Ezeq. 34:26-27;
Os. 6:3; 10:12; 14:5.
Imperceptible. 2 Sam. 17:12, con
Mar. 4:26-28.
Refrescante. Sal. 68:9; 72:6; Isa. 18:4.

Paloma
Desciende. Mat. 3:16.
Sencilla. Mat. 10:16, con Gál. 5:22.

Sello
Autentica. Juan. 6:27; 2 Cor. 1:22.
Da seguridad. Ef. 1:13-14; Ef. 4:30.
Para siervos de Dios. Apoc. 7:2.

Viento
Efectos se sienten. Juan. 3:8.
Independiente. Juan. 3:8; 1 Cor. 12:11.
Poderoso. 1 Rey. 19:11, con Hech. 2:2.
Reaviva. Ezeq. 37:9-10,14.

Voz
Advierte. Heb. 3:7-11.
Guía. Isa. 30:21, con Juan. 16:13.
Habla. Mat. 10:20.

ESPÍRITU SANTO, TESTIMONIO DEL
Contra todos los incrédulos. Neh. 9:30;
Hech. 28:25-27.

Dado a creyentes
Como evidencia de adopción. Rom. 8:16.
Como evidencia de que Cristo está en
ellos. 1 Juan. 3:24.
Como evidencia de que Dios está en
ellos. 1 Juan. 4:13.
Cuando creen. Hech. 15:8; 1 Juan. 5:10.

Para testificar de Cristo. Juan. 15:26.
Debemos aceptarlo. 1 Juan. 5:6,9.

En cuanto a Cristo
En cielo. 1 Juan. 5:7,11.
En tierra. 1 Juan. 5:8.
Exaltado como Príncipe y Salvador para dar arrepentimiento. Hech. 5:31-32.
Que era el Mesías. Luc. 3:22, con Juan. 1:32-33.
Que perfecciona a creyentes. Heb. 10:14-15.
Que vendría a redimir y santificar. 1 Juan. 5:6.
Según lo profetizó. Juan. 15:26.
Es verdadero. 1 Juan. 5:6.
Fiel predicación de apóstoles acompañada de. 1 Cor. 2:4; 1 Tes. 1:5.
Primera predicación del evangelio confirmada por. Hech. 14:3, con Heb. 2:4.

ESPÍRITU SANTO, TÍTULOS Y NOMBRES
Consolador. Juan. 14:16,26; 15:26.
Dios. Hech. 5:3-4.
Espíritu. Mat. 4:1; Juan. 3:6; 1 Tim. 4:1.
Espíritu bueno. Neh. 9:20; Sal. 143:10.
Espíritu de adopción. Rom. 8:15.
Espíritu de conocimiento. Isa. 11:2.
Espíritu de consejo. Isa. 11:2.
Espíritu de Cristo. Rom. 8:9; 1 Ped. 1:11.
Espíritu de devastación. Isa. 4:4.
Espíritu de Dios. Gén. 1:2; 1 Cor. 2:11; Job 33:4.
Espíritu de gracia. Zac. 12:10; Heb. 10:29.
Espíritu de inteligencia. Isa. 11:2.
Espíritu de Jehová. Isa. 11:2.
Espíritu de Jehová el Señor. Isa. 61:1.
Espíritu de juicio. Isa. 4:4; 28:6.
Espíritu de poder. Isa. 11:2.
Espíritu de profecía. Apoc. 19:10.
Espíritu de revelación. Ef. 1:17.
Espíritu de sabiduría. Isa. 11:2; Ef. 1:17.

Espíritu de santidad. Rom. 1:4.
Espíritu de temor de Jehová. Isa. 11:2.
Espíritu de verdad. Juan. 14:17; 15:26.
Espíritu de vida. Rom. 8:2; Apoc. 11:11.
Espíritu del Hijo. Gál. 4:6.
Espíritu del Padre. Mat. 10:20.
Espíritu del Señor. Hech. 5:9.
Espíritu eterno. Heb. 9:14.
Espíritu glorioso. 1 Ped. 4:14.
Espíritu noble. Sal. 51:12.
Espíritu Santo. Sal. 51:11; Luc. 11:13; Ef. 1:13; 4:30.
Poder del Altísimo. Luc. 1:35.
Señor. 2 Tes. 3:5.
Siete espíritus de Dios. Apoc. 1:4.
Soplo del Omnipotente. Job 33:4.

ESPÍRITU SANTO, UNCIÓN DEL
Creyentes reciben. Isa. 61:3; 1 Juan. 2:20.
Dios preserva a quienes reciben. Sal. 18:50; 20:6; 89:20-23.
Está en creyentes. 1 Juan. 2:27;
Guía a toda verdad. 1 Juan. 2:27.

Que Cristo recibiría, fue
Cumplido. Luc. 4:18,21; Hech. 4:27; 10:38; Heb. 1:9.
Profetizado. Sal. 45:7; Isa. 61:1; Dan. 9:24.
Tipos. Ex. 40:13-15; Lev. 8:12; 1 Sam. 16:13; 1 Rey. 19:16.
Viene de Dios. 2 Cor. 1:21.

ESPIRITUALIDAD
Amor y devoción a Dios. Deut. 6:5.
Espíritu Santo en nosotros produce. Juan 14:16-17; Rom. 8:4.
Indiferencia por cosas del mundo. 1 Cor. 7:29-31.
Llamada la buena parte. Luc. 10:42.
Sed de bendiciones celestiales. Mat. 5:6; Juan 6:27.
Trae paz. Isa. 26:3; Rom. 8:6; 14:17.

ESPONJA

Empapada con vinagre. Mat. 27:48;
Mar. 15:36; Juan 19:29.

ESPOSA

Ver también Novia

Amada por Isaac. Gén. 24:67.
Amada por Jacob. Gén. 29:30.
Betsabé. 2 Sam. 11:2-5.

Buena
    Confianza de esposo. Prov. 31:11.
    Debe guardar silencio en
        iglesia. 1 Cor. 14:34.
    Deber de, hacia esposo
        incrédulo. 1 Cor. 7:13-14,16;
        1 Ped. 3:1-2.
    Es bendición a esposo.
        Prov. 12:4; 31:10,12.
    Es benevolente para con pobres.
        Prov. 31:20.
    Es diligente y prudente. Prov. 31:13-27.
    Es elogiada por esposo. Prov. 31:28.
    Es honra para esposo. Prov. 31:23.
    Es señal de favor de Dios. Prov. 18:22.
    La da el Señor. Prov. 19:14.
Comprada. Gén. 29; Ex. 21:7-11; Rut 4:10.
Contenciosa, Séfora. Ex. 4:25.
Cuidado al elegirla.
    Gén. 24:3; 26:34-35; 28:1.
de ministros del evangelio, debe ser
    ejemplo. 1 Tim. 3:11.
de Potifar. Gén. 39:7.

Debe estar adornada
    Con buenas obras. 1 Tim. 2:10; 5:10.
    Con espíritu manso. 1 Ped. 3:4-5.
    Con pudor y modestia. 1 Tim. 2:9.
    No con adornos. 1 Tim. 2:9; 1 Ped. 3:3.
Debe procurar enseñanza religiosa de su
    marido. 1 Cor. 14:35.

Deberes de, hacia esposo
    Amarlo. Tito 2:4.

Estar sujetas a él. Gén. 3:16; Ef. 5:22,24;
    1 Ped. 3:1.
Obedecerlo. 1 Cor. 14:34; Tito 2:5.
Quedarse con él de por vida. Rom. 7:2-3.
Reverenciarlo. Ef. 5:33.
Serle fiel. 1 Cor. 7:3-5,10.
Deberes domésticos de. Gén. 18:6;
    Prov. 31:13-27.
Discreta, Abigail. 1 Sam. 25:3,14-42.
Idólatras, esposas de Salomón.
    1 Rey. 11:4-8; Neh. 13:26.
Incorruptible, Vasti. Est. 1:10-22.
Infiel. Núm. 5:14-31.
Instrucciones de Pablo a. Ef. 5:22-33.
Jezabel. 1 Rey. 21; 2 Rey. 9:30-37.
Juicio contra Eva. Gén. 3:16.
Leal. Gén. 31:14-16.
Llamada ayuda. Gén. 2:18,20.
Llamada deleite de los ojos. Ezeq. 24:16.
Menosprecio a. Gén. 29:31-33.
Obtenida con violencia. Jue. 21.
Relación de, con esposo. Gén. 2:18,23-24;
    1 Cor. 11:3-12.
Vid que lleva fruto. Sal. 128:3.
Virtuosa. Prov. 31:10-31.
Votos de. Núm. 30:6-16.

ESPOSO

Ver Novio

ESTACA

de hierro. 1 Crón. 22:3.
de oro. 2 Crón. 3:9.
Figurativamente. Esd. 9:8; Isa. 22:23,25;
    Zac. 10:4.
Jael mata a Sísara con. Jue. 4:21.

ESTANDARTE

Banderas usadas como. Sal. 20:5;
    Cant. 6:4,10.
Cada tribu de Israel usaba bandera al
    acampar y al marchar. Núm. 1:52.
Figurativamente. Isa. 49:22; 62:10; Jer. 4:6.

Para anunciar noticias. Jer. 50:2; 51:12.

Para dirigir camino a ciudades de defensa.
Jer. 4:6.

Se usaba en guerra. Jer. 4:21.

ESTANQUES, MANANTIALES

Agua de, llevada a ciudad por conducto.
Isa. 22:11, con 2 Rey. 20:20.

Artificiales, a fin de

Preservar peces. Isa. 19:10.

Proporcionar agua a ciudades.
2 Rey. 20:20.

Proporcionar agua a huertos, etc. Ecl. 2:6.

Egipto y abundancia de. Ex. 7:19.

Hechos por Dios. Isa. 35:7.

Hechos por hombre. Isa. 19:10.

Ilustrativos de

Dones del Espíritu (en el desierto).
Isa. 35:7; 41:18.

Gran desolación (volver ciudades en).
Isa. 14:23.

Nínive. Nah. 2:8.

Llenados por agua de lluvia. Sal. 84:6.

Mencionados en Escrituras

Betesda. Juan 5:2.

Estanque de abajo. Isa. 22:9.

Estanque de arriba. 2 Rey. 18:17;
Isa. 7:3.

Estanque del rey. Neh. 2:14.

Estanque viejo. Isa. 22:11.

Gabaón. 2 Sam. 2:13.

Hebrón. 2 Sam. 4:12.

Samaria. 1 Rey. 22:38.

Siloé. Juan 9:7.

ESTERILIDAD

Como juicio. Gén. 20:17-18.

Deshonra. Gén. 30:22-23; 1 Sam. 1:6-7;
Isa. 4:1; Luc. 1:25.

Quitada milagrosamente

Ana. 1 Sam. 1:6-20.

Elisabet. Luc. 1:5-25.

Esposa de Manoa. Jue. 13.

Rebeca. Gén. 25:21.

Sara. Gén. 17:15-21.

ESTER

El libro de Ester es el único libro en la Biblia hebrea que no menciona el nombre de Dios. Tampoco hay referencias a la ley, el sacrificio judío, la oración o la revelación.

ESTOICISMO

Escuela de, en Atenas. Hech. 17:18.

ESTRADO

Figurativamente, la tierra es, de Dios.
Isa. 60:13; 66:1; Lam. 2:1; Hech. 7:49.

ESTRANGULACIÓN

Lo que moría por, no se podía comer.
Hech. 15:20,29; 21:25.

ESTRATEGIA

En guerra. Gén. 14:14; Jos. 8:3-25;
Jue. 7:16-23; 2 Sam. 15:31-34; Neh. 6;
Jer. 6:5.

ESTRELLAS

Al agruparse, se llaman constelaciones.
2 Rey. 23:5; Isa. 13:10.

Aparecen después del ocaso. Neh. 4:21, con
Job 3:9.

Babilonios practicaban astrología y
observación de, etc. Isa. 47:13.

Brillan en cielo. Dan. 12:3.

Castigo por adorar. Deut. 17:5-7.

Creadas para alabar a Dios. Sal. 148:3.

de diferentes magnitudes. 1 Cor. 15:41.

Dios

Cuenta y pone nombre a. Sal. 147:4.
Las colocó en cielo. Gén. 1:17.
Las creó. Gén. 1:16; Sal. 8:3; 148:5.
Las creó para que dieran luz en noche.
Gén. 1:16, con v. 14; Sal. 136:9;
Jer. 31:35.
Las estableció para siempre. Sal. 148:3,6;
Jer. 31:36.
Oscurece. Job 9:7.
Frecuentemente, adoración de dioses falsos
con imagen de. Amós 5:26; Hech. 7:43.
Giran en órbitas fijas. Jue. 5:20.
Idólatras adoraban. Jer. 8:2; 19:13.

Ilustrativas de

Ángeles. Job 38:7.
Cristo. Núm. 24:17.
Cristo (estrella resplandeciente de la
mañana). Apoc. 22:16.
Falsos maestros (errantes). Jud. 13.
Gloria que recibirán creyentes fieles
(estrella de la mañana). Apoc. 2:28.
Juicios severos (cuando no dan su luz).
Isa. 13:10; Ezeq. 32:7; Joel 2:10; 3:15.
Ministros del evangelio.
Apoc. 1:16,20; 2:10.
Orgullo y seguridad del mundo (poner
confianza en). Abd. 4.
Recompensa de ministros fieles (por
resplandecer). Dan. 12:3.
Impuras a ojos de Dios. Job 25:5.
Incontables. Gén. 15:5; Jer. 33:22.
Israelitas y prohibición de adorar.
Deut. 4:19; 17:2-4.

Llamadas

Ejército del cielo. Deut. 17:3; Jer. 33:22.
Estrellas del cielo. Isa. 13:10.
Lucientes estrellas. Sal. 148:3.

Mencionadas en Escritura

Estrella de la mañana. Apoc. 2:28.
Mazarot. Job 38:32.

Orión. Job 9:9; 38:31; Amós 5:8.
Osa. Job 9:9; 38:32.
Pléyades. Job 9:9; 38:31; Amós 5:8.
Muestran grandeza del poder de Dios.
Sal. 8:3, con Isa. 40:26.
Una muy brillante apareció para nacimiento
de Cristo. Mat. 2:2,9.
Uso de, en navegación, alusión a.
Hech. 27:20.

E

ESTUDIANTES

En escuela de profetas. 1 Sam. 19:20.
En escuela estatal. Dan. 1.
Pobreza de. 2 Rey. 4:1.

ETERNIDAD

Dios habita. Isa. 57:15; Miq. 5:2.
Dios rige. Jer. 10:10.

EUNUCO

Bautismo del etíope. Hech. 8:26-38.
Desprovistos de ciertos privilegios de
congregación. Deut. 23:1; Isa. 56:3-5.
Influyentes funcionarios de la corte.
Jer. 38:7-13; 52:25; Dan. 1:3.
Quienes voluntariamente se hicieron, por
reino de los cielos. Mat. 19:12.

EUTANASIA

Puede llevar a devaluación de vida.
Gén. 1:27.
Viola mandamiento de Dios. Ex. 20:13.

EVA

Creación de. Gén. 1:26-28; 2:21-24.
Engañada por Satanás. Gén. 3; 2 Cor. 11:3;
1 Tim. 2:14.
Hijos de. Gén. 4:1-2,25; 5:3-4.
Maldición, denuncia contra. Gén. 3:16.
Mesías prometido a. Gén. 3:15.
Nombres dados por Adán. Gén. 2:23; 3:20.
Ropas de hojas de higuera. Gén. 3:7.
Ropas de pieles. Gén. 3:21.

EVANGELIO

Conocimiento de gloria de Dios por
el. 2 Cor. 4:4,6.

Creyentes tienen comunión en. Fil. 1:5.

Debemos creer en. Mar. 1:15; Heb. 4:2.

Eterno. 1 Ped. 1:25; Apoc. 14:6.

Glorioso. 2 Cor. 4:4.

Hay plenitud de bendición en. Rom. 15:29.

Llamado

Dispensación de gracia de Dios. Ef. 3:2.

Doctrina de piedad. 1 Tim. 6:3.

Evangelio de Cristo. Rom. 1:9,16;
2 Cor. 2:12; 1 Tes. 3:2.

Evangelio de Dios. Rom. 1:1; 1 Tes. 2:8;
1 Ped. 4:17.

Evangelio de gracia de Dios. Hech. 20:24.

Evangelio de paz. Ef. 6:15.

Evangelio de salvación. Ef. 1:13.

Evangelio del reino. Mat. 24:14.

Forma de sanas palabras. 2 Tim. 1:13.

Glorioso evangelio de Cristo. 2 Cor. 4:4.

Ministerio del espíritu. 2 Cor. 3:8.

Misterio del evangelio. Ef. 6:19.

Palabra de Cristo. Col. 3:16.

Palabra de Dios. 1 Tes. 2:13.

Palabra de fe. Rom. 10:8.

Palabra de gracia. Hech. 14:3; 20:32.

Palabra de reconciliación. 2 Cor. 5:19.

Palabra de salvación. Hech. 13:26.

Palabra de verdad. Ef. 1:13; Sant. 1:18.

Palabra de vida. Fil. 2:16.

Predicación de Jesucristo. Rom. 16:25.

Ministros deben predicar. 1 Cor. 9:17.

Muestra gracia de Dios. Hech. 14:3; 20:32.

Nuevas de gran gozo para todo el pueblo.
Luc. 2:10-11,31-32.

Oculto a perdidos. 2 Cor. 4:3.

Poder de Dios para salvación. Rom. 1:16;
1 Cor. 1:18; 1 Tes. 1:5.

Predicado a

Abraham. Gén. 22:18, con Gál. 3:8.

Gentiles. Mar. 13:10; Gál. 2:2,9.

Judíos. Luc. 24:47; Hech. 13:46.

Pobres. Mat. 11:5; Luc. 4:18.

Toda criatura. Mar. 16:15; Heb. 4:2.

Predicado en Antiguo Testamento. Heb. 4:2.

Predicado por Cristo. Mat. 4:23; Mar. 1:14.

Produce esperanza. Col. 1:23.

Produce paz. Luc. 2:10,14; Ef. 6:15.

Profesión del, acompañado por aflicciones.
2 Tim. 3:12.

Profetizado. Isa. 41:27; 52:7; 61:1-3;
Mar. 1:15.

Promesas a quienes sufren por.
Mar. 8:35; 10:30.

Que quien predica otro, sea anatema.
Gál. 1:8.

Quienes lo reciben deben

Aferrarse a verdad del. Gál. 16-7,2:14;
2 Tim. 1:13.

Conducirse de manera digna. Fil. 1:27.

Contender ardientemente por fe del.
Fil. 1:17,27; Jud. 13.

Sacrificar amigos y bienes por.
Mat. 10:37.

Sacrificar vida misma por. Mar. 8:35.

Vivir en sujeción a. 2 Cor. 9:13.

Rechazo de, por judíos, bendición para
gentiles. Rom. 11:28.

Rechazo del, por muchos, profetizado.
Isa. 53:1, con Rom. 10:15-16.

Ser cuidadoso para no obstaculizar.
1 Cor. 9:12.

Terribles consecuencias de no obedecer.
2 Tes. 1:8-9.

Testifica del juicio final. Rom. 2:16.

Vida e inmortalidad llevadas a la luz por
Jesús por. 2 Tim. 1:10.

EVANGELISMO

Ejemplificado

Felipe. Hech. 8:5; 21:8.

Pablo. Rom. 1:16.

Pedro. Hech. 2:14-42.

Timoteo. 2 Tim. 4:5.
Gloria del. Dan. 12:3.
Hermosura de. Isa. 52:7.
Mandamiento. Mat. 28:19-20; Mar. 16:5;
2 Tim. 4:5.
Obra de Dios. Ef. 4:11.
Sabiduría del. Prov. 11:30.

EVIDENCIA

Autoincriminación. Jos. 7:19-21.
Leyes sobre. Núm. 35:30; Deut. 17:6.

EVOLUCIÓN

Ver también Creación

Contraria a enseñanza congruente y
continua de Escritura. Gén. 1-2;
Job 38-39; Juan 1:1-3; Col. 1:16-17;
Heb. 11:3.

EXAMEN, ANÁLISIS

de Escrituras. Hech. 17:11.
de fe y vida. 1 Cor. 11:28.
Del corazón. Sal. 139:23-24.
Estándar incorrecto del. 2 Cor. 10:12.

EXCELENCIA

Hallada en
Acciones de Dios. Isa. 12:5.
Amor. 1 Cor. 12:31-13:13.
Amor de Dios. Sal. 36:7.
Conocimiento de Cristo. Fil. 3:8.
Cosas habladas. Prov. 8:6.
Cosas que aprobaron judíos.
Rom. 1:17-21.
Cosas que deben aprobar cristianos.
Fil. 1:10.
Cosas que se piensan. Fil. 4:8.
Creyentes en la tierra. Sal. 16:3.
Dispensación del Espíritu. 2 Cor. 3:7-11.
Edificación de iglesia. 1 Cor. 14:12.
Fruto de la tierra. Isa. 4:2.
Grandeza de Dios. Sal. 150:2.

Hablar. Prov. 17:7; 1 Cor. 2:1.
Hacer lo que es bueno. Tito 3:8.
Ministerio de Jesús. Heb. 8:6.
Mujer virtuosa. Prov. 31:29.
Nombre de Dios. Sal. 8:1,9; 148:13.
Nombre de Jesús. Heb. 1:4.
Nuestro amado. Cant. 5:10.
Poder de Dios. Job 37:23; 2 Cor. 4:7.
Sabiduría de Salomón. 1 Rey. 4:29-30.
Sabiduría divina. Isa. 28:29.
Sabiduría humana. Ecl. 2:13.
Teófilo. Luc. 1:3.

EXCUSAS

Adán y Eva a Dios. Gén. 3:12-13.
Discípulo a Jesús. Mat. 8:21.
Eliseo a Elías. 1 Rey. 19:19-21.
Félix a Pablo. Hech. 24:25.
Humanidad a Dios. Rom. 1:20.
Jeremías a Dios. Jer. 1:1-10.
Moisés a Dios. Ex. 4:1-14.
Naamán a Elías. 2 Rey. 5:10-14.

EXILIO

Ver también Destierro

Absalón. 2 Sam. 14:13-14,24.
Itai. 2 Sam. 15:19.

EXPERIENCIA ESPIRITUAL

Base de confianza. Juan 4:42; 2 Ped. 1:16;
1 Juan 1:1.
Base del compartir. 2 Cor. 1:4.
Base del testimonio. Mar. 5:19.
Crecimiento lento del. Mar. 4:28.
Didáctica. Gén. 30:27.

EXPERIMENTO

de Salomón, en placeres mundanos. Ecl. 1:2.
En cuanto a régimen de comidas. Dan. 1.

En otras palabras...

EXPIACIÓN

Expiación significa "reconciliación", y se asociaba con las ofrendas sacrificiales para eliminar los efectos del pecado. El Nuevo Testamento alude específicamente a la reconciliación entre Dios y la humanidad, algo que se llevó a cabo por la muerte, sepultura y resurrección de Cristo. El término se basa en la palabra hebrea que habla de cubrir y limpiar totalmente.

EXPIACIÓN

Acceso a Dios por. Heb. 10:19-20; Gál. 2:20; Fil. 1:20-21.

Aceptable a Dios. Ef. 5:2.

Conmemorada en Cena del Señor. Mat. 26:26-28; 1 Cor. 11:23-26.

Creyentes alaban a Dios por. Apoc. 5:9-13.

Creyentes se regocijan en Dios por. Rom. 5:11.

Demuestra
Amor de Cristo. Juan 15:13; Gál. 2:20; Ef. 5:2,25; Apoc. 1:5.
Amor de Dios. Rom. 5:8; 1 Juan 4:9-10.
Gracia y misericordia de Dios. Rom. 8:32; Ef. 2:4-5,7; 1 Tim. 2:4; Heb. 2:9.

Efectuada por Cristo. Juan 1:29,36; Hech. 4:10,12; 1 Tes. 1:10; 1 Tim. 2:5-6; Heb. 2:9; 1 Ped. 2:4.

Efectuada una sola vez. Heb. 7:27; 9:24-28; 10:10,12,14; 1 Ped. 3:18.

Explicación. Rom. 5:8-11; 2 Cor. 5:18-19; Gál. 4:1-7; 1 Juan 2:2; 4:10.

Fe en, indispensable. Rom. 3:25; Gál. 3:13-14.

Fue voluntaria. Sal. 40:6-8, con Heb. 10:5-9; Juan 10:11,15,17-18.

Ha librado a creyentes de
Poder del diablo. Col. 2:15; Heb. 2:14-15.
Poder del mundo. Gál. 1:4; 6:14.
Poder del pecado. Rom. 8:3; 1 Ped. 1:18-19.

Justificación por. Rom. 5:9; 2 Cor. 5:21.

Ministros y predicadores deben hablar claramente de. Hech. 5:29-1,42; 1 Cor. 15:3; 2 Cor. 5:18-21.

Necesidad de. Isa. 59:16; Luc. 19:10; Heb. 9:22.

Predeterminada. 1 Ped. 1:11,20; Apoc. 13:8.

Profetizada. Isa. 53:4-6;8-12; Dan. 9:24-27; Zac. 13:1,7; Juan 11:50-51.

Reconcilia justicia y misericordia de Dios. Isa. 45:21; Rom. 3:25-26.

Reconciliación con Dios efectuada por. Rom. 5:10; 2 Cor. 5:18-20; Ef. 2:13-16; Col. 1:20-22; Heb. 2:17; 1 Ped. 3:18.

Redención por. Mat. 20:28; Hech. 20:28; 1 Tim. 2:6; Heb. 9:12; Apoc. 5:9.

Remisión de pecados por. Juan 1:29; Rom. 3:25; Ef. 1:7; 1 Juan 1:7; Apoc. 1:5.

Santificación por. 2 Cor. 5:15; Ef. 5:26-27; Tito 2:14; Heb. 10:10; 13:12.

Tipificada. Gén. 4:4, con Heb. 11:4; Gén. 22:2, con Heb. 11:17,19; Ex. 12:5,11,14, con 1 Cor. 5:7; Ex. 24:8, con Heb. 9:20; Lev. 16:30,34, con Heb. 9:7,12,28; Lev. 17:11, con Heb. 9:22.

EXPIACIÓN, BAJO LA LEY

Casos extraordinarios de. Ex. 32:30-34; Núm. 16:47; 25:10-13.

Efectuada con sacrificios. Lev. 1:4-5.

Necesaria para
Propiciación ante Dios. Ex. 32:30;
Lev. 23:27-28; 2 Sam. 21:3.
Purificación. Ex. 29:36.
Rescate, redención. Ex. 30:15-16;
Job 33:24.

Ofrecida para
Altar. Ex. 29:36-37; Lev. 16:18-19.
Casa con lepra, sanada. Lev. 14:53.
Congregación. Núm. 15:25;
2 Crón. 29:24.
Leprosos sanados. Lev. 14:18.
Lugar santo. Lev. 16:16-17.
Mujeres después del parto. Lev. 12:8.
Personas impuras. Lev. 5:2-3,6.
Personas que juraban precipitadamente.
Lev. 5:4,6.
Personas que ocultaban evidencia.
Lev. 5:1,6.
Personas que pecaban a conciencia.
Lev. 6:7
Personas que pecaban por ignorancia.
Lev. 4:20, etc.
Sacerdotes. Ex. 29:31-33. Lev. 8:34.
Por medio de sacerdotes solamente.
1 Crón. 6:49; 2 Crón. 29:24.
Tipo de expiación de Cristo. Rom. 5:6-11.

EXPIACIÓN, DÍA DE LA
Año de jubileo comenzaba en. Lev. 25:9.
Castigo por no observar. Lev. 23:29-30.
Décimo día del séptimo mes. Lev. 23:26-27.

Expiación en, para
Lugar santo. Ex. 30:10; Lev. 16:15-16.
Sumo sacerdote. Lev. 16:11; Heb. 9:7.
Toda la congregación.
Lev. 16:17,24; 23:28; Heb. 9:7.
Ofrendas durante. Lev. 16:3,5-15.
Para humillación. Lev. 16:29-31; 23:27.
Se observaba como sábado (día de reposo).
Lev. 23:28,32.

Sumo sacerdote entraba al lugar santo en.
Lev. 16:2-3; Heb. 9:7.
Tipológico. Heb. 9:8,24.

EXPORTACIONES

de Arabia
Ovejas y cabras. Ezeq. 27:21.

de Egipto
Caballos y carros. 1 Rey. 10:28-29;
2 Crón. 1:16-17.
Trigo. Gén. 42; 43.

de Galaad
Especias. Gén. 37:25.

de Ofir
Oro. 1 Rey. 10:11; 22:48; 1 Crón. 29:4.

de Tarsis
Marfil, monos y pavos reales.
1 Rey. 10:22.
Miel. Ezeq. 27:17.
Oro. 1 Rey. 10:22.
Plata, hierro, estaño, plomo, bronce,
esclavos. Ezeq. 27:12-13.

EXTORSIÓN

Ejemplos de
Faraón, al tomar de egipcios tierras y
personas a cambio de trigo.
Gén. 47:13-26.
Jacob, al demandar primogenitura de
Esaú por plato de guisado.
Gén. 25:31-34.

EXTRADICIÓN
Cristianos de Damasco, por parte de Saulo
de Tarso. Hech. 9:1-2.
Urías de Egipto. Jer. 26:21-23.

EXTRANJEROS EN ISRAEL
A menudo empleados en obras
públicas. 1 Crón. 22:2; 2 Crón. 2:18.

E

Bajo cuidado y protección de Dios.
Deut. 10:18; Sal. 146:9.

Constaban principalmente de
Cautivos de guerra. Deut. 21:10.
Quienes buscaban empleo entre
judíos. 1 Rey. 7:13; 9:27.
Quienes iban a Israel para beneficios
religiosos. 1 Rey. 8:41.
Remanente de gran multitud que salió de
Egipto. Ex. 12:38.
Remanente de naciones de la tierra.
1 Rey. 9:20; 2 Crón. 8:7.
Siervos extranjeros. Lev. 25:44-45.
Gran cantidad de, en reinado de
Salomón. 2 Crón. 2:17.
Judíos condenados por oprimir a. Sal. 94:6;
Ezeq. 22:7,29.
Judíos no podían oprimir a. Ex. 22:21; 23:9.

Leyes sobre
Amarlos. Lev. 19:34; Deut. 10:19.
Ayudarlos en dificultades. Lev. 25:35.
Debían disfrutar beneficios de ciudades de
refugio. Núm. 35:15.
Debían escuchar lectura de ley.
Deut. 31:12; Jos. 8:32-35.
Debían participar del gozo del pueblo.
Deut. 14:29; 16:11,14; 26:11.
Judíos podían comprarlos y tenerlos como
esclavos. Lev. 25:44-45.
Judíos podían exigir interés de.
Deut. 23:20.
No angustiarlos ni oprimirlos.
Ex. 22:21; 23:9; Lev. 19:33.
No debían blasfemar a Dios. Lev. 24:16.
No debían comer Pascua sin
circuncidarse. Ex. 12:43-44.
No debían comer sangre. Lev. 17:10-12.
No debían practicar ritos idólatras.
Lev. 20:2.
No debían trabajar el día de reposo.
Ex. 20:10; 23:12; Deut. 5:14.

No podían ser reyes de Israel.
Deut. 17:15.
Podían comer animal que se muriera.
Deut. 14:21.
Podían comprar siervos hebreos sujetos a
redención. Lev. 25:47-48.
Podían ofrecer holocaustos en altar de
Dios. Lev. 17:8; 22:18; Núm. 15:14.
Sujetos a ley civil. Lev. 24:22.
Tenían derecho a espigar en siega.
Lev. 19:10; 23:22; Deut. 24:19-22.
Tratarlos con justicia en todas las
disputas. Deut. 1:16; 24:17.
Podían adorar en atrio exterior del
templo. 1 Rey. 8:41-43, con Apoc. 11:2.
(*Ver también* Ef. 2:14.)

Biografía bíblica

EZEQUIEL

De todos los profetas, Ezequiel es el más conocido por sus acciones simbólicas, de las cuales se mencionan once. Aunque los mensajes de Ezequiel no son fáciles de entender, a este libro se lo describe como una obra de arte. En una época quienes tuvieran menos de 30 años no podían leer el primer capítulo ni los capítulos 40-48. El rabino Ben Ezequías usó 300 potes de aceite para iluminar su trabajo al intentar armonizar el texto. Llegó a la conclusión de que había resuelto todos los problemas. Hay gran cantidad de alusiones a Ezequiel en el Evangelio de Juan y en el Apocalipsis.

EXTRAVAGANCIA
Consecuencias de. Prov. 21:17-20;
Luc. 16:19.

FÁBULAS
No tener nada que ver con. 1 Tim. 1:4; 4:7.

FALSA CONFIANZA
Ver Confianza, Falsa

FALSEDAD
Consecuencia de. Apoc. 21:8,27.

Ejemplos de
Aarón, al intentar desviar responsabilidad por hacer becerro de oro. Ex. 32:1-24.
Abraham, al negar que Sara era su esposa. Gén. 12:11-19; 20:2.
Acusadores de Esteban, al acusarlo de blasfemar a Moisés y a Dios. Hech. 6:11-14.
Adán y Eva, al intentar evadir su responsabilidad. Gén. 3:12-13.
Adversarios de Jeremías, al acusarlo de unirse a caldeos. Jer. 37:13-15.
Amalecita que alegó haber matado a Saúl. 2 Sam. 1:10-12.
Amán, en su conspiración contra judíos. Est. 3:8.
Ananías y Safira, al declarar que habían vendido su tierra por determinada cantidad de dinero. Hech. 5:1-10.
Aod, al alegar tener mensajes secretos para Eglón. Jue. 3:16-23.
Caín, al negar tener conocimiento de muerte de su hermano. Gén. 4:9.
David, al fingir locura. 1 Sam. 21:13-15.
David, al mentir a Abimelec. 1 Sam. 21.

David, en otros engaños a filisteos. 1 Sam. 27:8-12.
David, por falsedad que puso en boca de Husai. 2 Sam. 15:34-37.
Embajadores gabaonitas, en su engaño con Josué. Jos. 9.
Enemigos de Pablo, al acusarlo de traición a César. Hech. 16:20-21.
Esposa de Potifar, al acusar a José. Gén. 39:14-17.
Faraón, en conducta engañosa con israelitas. Ex. 7-12.
Hermanos de José, al engañar a su padre. Gén. 37:29-35.
Herodes a sabios de oriente, al profesar deseos de adorar a Jesús. Mat. 2:8.
Hijo desobediente que prometió trabajar en viña y no lo hizo. Mat. 21:30.
Hijos de Jacob, en artimaña para destruir a siquemitas. Gén. 34.
Husai, en consejo engañoso a Absalón. 2 Sam. 17:7-14.
Husai, en falsas predicciones a Absalón. 2 Sam. 16:16-19.
Isaac, al negar que Rebeca era su esposa. Gén. 26:7-10.
Josué, en engaño hacia sus hermanos. Gén. 42-44.
Mical, en declaración que David estaba enfermo. 1 Sam. 19:12-17.
Pedro, al negar a Jesús. Mat. 26:69-75.
Rahab, al negar que espías estuvieran en su casa. Jos. 2:4-6.

Rebeca y Jacob, en conspiración contra Esaú. Gén. 27:6-24,46.

Sara a ángeles, al negar su burlona risa de incredulidad. Gén. 18:15.

Sara, al negar al rey de Gerar que fuera esposa de Abraham. Gen. 20:5.

Satanás, al engañar a Eva. Gén. 3:4-5.

Satanás, al impugnar motivación de Job para ser justo. Job 1:9-10.

Satanás, en falsas pretensiones ante Jesús. Luc. 4:6-7.

Saúl, al acusar a Abimelec de conspirar con David. 1 Sam. 22:11-16.

Saúl, al profesar a Samuel haber obedecido mandamiento de destruir todo el botín de amalecitas. 1 Sam. 15:1-26.

Sísara, al instruir a Jael a despistar a sus perseguidores. Jue. 4:20.

Soldados romanos, al decir que discípulos robaron cuerpo de Jesús. Mat. 28:13,15.

Ahora lo sabe

FALSOS PROFETAS

En Israel existieron dos clases de falsos profetas que confundieron al pueblo cuando éste quería conocer la voluntad de Dios: (1) profetas que alegaban tener un mensaje de Jehová, el Dios de Israel, pero que pronunciaban palabras que salían "de su propio corazón" (Ezeq. 13:17), y por lo general eran palabras de paz; (2) profetas que profetizaban en nombre de otros dioses (1 Rey. 18:22).

FALSIFICACIÓN

Por parte de Jezabel. 1 Rey. 21:8.

FAMILIAS

Advertencia sobre apartarse de Dios. Deut. 29:18.

Castigo de, no religiosas. Jer. 10:25.

de creyentes, bendecidas. Sal. 128:3-6.

Deben

Adorar juntos a Dios. 1 Cor. 16:19.

Estar debidamente ordenadas. Prov. 31:27; 1 Tim. 3:4-5,12.

Regocijarse juntos ante Dios. Deut. 14:26.

Ser enseñadas en Escrituras. Deut. 4:9-10.

Vivir en paciencia y perdón mutuos. Gén. 50:17-21; Mat. 18:21-22.

Vivir en unidad. Gén. 45:24; Sal. 133:1.

Engañadores y mentirosos deben ser sacados de. Sal. 101:7.

FANATISMO

Acusar a Jesús de blasfemia. Juan 5:18.

Acusar a Jesús de ser comilón y bebedor. Mat. 11:18,19.

Al rechazar enseñanzas de Jesús en Nazaret. Luc. 4:28.

Argumento de Pablo contra. Rom. 3:1-23; Rom. 4:1-25.

de compañía de pecadores. Luc. 7:39; 15:2; 19:5-7.

de cristianos primitivos al oponerse a predicación del evangelio a gentiles. Hech. 10:45; 11:2,3; 21:20-25.

de discípulos, al prohibir que niños fueran llevados a Jesús. Mat. 9:13; Mar. 10:13; Luc. 18:15.

de no conformarse a tradiciones. Luc. 11:38-39.

de samaritanos al no querer recibir a Jesús. Luc. 9:52-53.

de Saulo, al perseguir a cristianos. Hech. 22:3-4; 9:1-5; 26:9;

Discípulos de Jesús como ejemplos de. Luc. 9:49.

En celo por Dios. Rom. 10:2-3.

En cuanto a circuncisión. Hech. 15:1-10,24; Gál. 2:3-5.

En cuanto a predicación de Pablo. Hech. 21:28-29; 22:22.

En persecuciones. 1 Tes. 2:15-16.

En trato al joven ciego de nacimiento sanado por Jesús. Juan 9:28-29,34. Gál. 1:13-14; Fil. 3:6.

Jacobo y Juan, al querer fuego del cielo para samaritanos que no recibían a Jesús. Luc. 9:51-56.

Josué, por envidia al querer impedir a Eldad y Medad. Núm. 11:27-29.

Juan, al prohibirle echar demonios a uno que no seguía a Jesús. Mar. 9:38-40.

Judíos con respecto a samaritanos. Juan 4:9,27.

Perspectiva de Dios sobre. Isa. 65:5.

Tribus y fariseos como ejemplos de. Mar. 2:16; Luc. 15:2; Luc. 18:9-14.

FARISEÍSMO

Ver Santurronería

FARISEOS

A menudo trataron de destruir a Cristo. Mat. 12:14; 21:46; Juan 11:47,53,57.

Algunos fueron a Juan para ser bautizados. Mat. 3:7.

Asignaban milagros de Cristo a poder satánico. Mat. 9:34; 12:24.

Características de

Activos en proselitismo. Mat. 23:15.

Afectos a saludos públicos. Mat. 23:7.

Afectos a títulos de distinción. Mat. 23:7-10.

Celosos de ley. Hech. 15:5; Fil. 3:5.

Celosos de tradición. Mar. 7:3,5-8; Gál. 1:14.

Codiciosos. Mat. 23:14; Luc. 16:14.

Crueles en persecución. Hech. 9:1-2.

Deseaban trato especial. Mat. 23:6.

Exteriormente morales. Luc. 18:11; Fil. 3:5-6.

Minuciosos al diezmar. Mat. 23:23.

Opresores. Mat. 23:4.

Rígidos en ayuno. Luc. 5:33; 18:12.

Se creían justos. Luc. 16:15; 18:9.

Como partido, rechazaron bautismo de Juan. Luc. 7:30.

Creían en resurrección, etc. Hech. 23:8.

Cristo

A menudo invitado por. Luc. 7:36; 11:37.

Condenado por, por asociarse con pecadores. Mat. 9:11; Luc. 7:39; 15:1-2.

Declaró que doctrinas eran hipócritas. Mat. 16:6,11-12; Luc. 12:1.

Declaró que justicia de ellos era insuficiente para el cielo. Mat. 5:20.

Dejó Judea por un tiempo a causa de. Juan 4:1-3.

Doctrinas de, los ofendía. Mat. 15:12; 21:45; Luc. 16:14.

Hizo advertencias contra. Mat. 23:13, etc.

Los comparó a sepulcros blanqueados. Mat. 23:27.

Los comparó a tumbas sin marcas. Luc. 11:44.

Los llamó generación mala y adúltera. Mat. 12:39.

Los llamó necios y guías ciegos. Mat. 23:17,24.

Los llamó serpiente y generación de víboras. Mat. 23:33.

Recibió pedido de señales por parte de. Mat. 12:38; 16:1.

Tentado por, con preguntas sobre la ley. Mat. 19:3; 22:15-16,35.

de linaje, muy estimados. Hech. 23:6.

Enviaron oficiales para apresar a Jesús. Juan 7:32,45.

F

Muchos gobernantes, intérpretes de la ley y
escribas. Juan 3:1; Hech. 5:34; 23:9.

Muchos sacerdotes y levitas. Juan 1:19,24.

Quienes observaban más estrictamente ley
de Moisés. Hech. 26:5.

Secta de judíos. Hech. 15:5.

Sus opiniones eran estándar para muchos.
Juan 7:48.

Tenían discípulos. Luc. 5:33; Hech. 22:3.

Usaban filacterias anchas, etc. Mat. 23:5.

Es así

FARAÓN

Faraón es un título para los
antiguos reyes de Egipto y
significa "gran casa". Los
egipcios aplicaron el término faraón
al palacio real y a los parques
reales en la dinastía IV (aprox.
2500 a.C.). El título faraón
comenzó a aplicarse al rey a partir
de aprox. el 1500 a.C. hasta la
dominación persa, alrededor del
550 a.C. El antiguo faraón era un
monarca absoluto, comandante
supremo del ejército, juez principal
de la corte real y sumo sacerdote
de todas las religiones. Un ejemplo
de su poder divino era que
diariamente presidía "el rito de la
casa de la mañana", un ritual
primitivo en el cual rompía el sello
de la estatua del dios sol,
despertándolo con una oración.
Esto hacía que el sol saliera y
comenzara el día para el pueblo.

FAVOR DE DIOS

Ver Dios, Favor de

FAVORITISMO

de David. 2 Sam. 8:16; 19:13.

de José. Gén. 47:11-12.

de Nehemías. Neh. 7:2.

de Saúl.1 Sam. 14:50.

Ahora lo sabe

FARISEOS

Los fariseos no eran
sacerdotes sino un grupo de
laicos que mantenían su
pureza por estricta observancia de
la ley. Trataron de universalizar su
adhesión a la ley a través de la
educación en las sinagogas y las
escuelas, y a veces a través de su
poder político.

FE

A menudo probada con aflicción.
1 Ped. 1:6-7.

A través de ella hay
Acceso a Dios. Rom. 5:2; Ef. 3:12.
Adopción. Juan 1:12; Gál. 3:26.
Descanso en cielo. Heb. 4:3.
Dones del Espíritu Santo.
Hech. 11:15-17; Gál. 3:14; Ef. 1:13.
Edificación. 1 Tim. 1:4; Jud. 20.
Herencia de promesas. Gál. 3:22;
Heb. 6:12.
Justificación. Hech. 13:39;
Rom. 3:21-22,28,30; 5:1; Gál. 2:16.
Luz espiritual. Juan 12:36,46.
Preservación. 1 Ped. 1:5.
Remisión de pecados. Hech. 10:43;
Rom. 3:25.
Salvación. Mar. 16:16; Hech. 16:31.
Santificación. Hech. 15:9; 26:18.
Vida espiritual. Juan 20:31; Gál. 2:20.
Vida eterna. Juan 3:15-16; 6:40,47.

Creyentes deben
Abundar en. 2 Cor. 8:7.

Asirse de, con buena conciencia.
1 Tim. 1:19.

Continuar en. Hech. 14:22; Col. 1:23.

Estar cimentados y establecidos en.
Col. 1:23.

Orar pidiendo que les aumente. Luc. 17:5.

Permanecer en. 1 Cor. 16:13.

Ser fuertes en. Rom. 4:20-24.

Ser sinceros en. 1 Tim. 1:5; 2 Tim. 1:5.

Tener plena seguridad de. 2 Tim. 1:12;
Heb. 10:22.

Creyentes mueren en. Heb. 11:13.

Cristo es autor y consumador de. Heb. 12:2.

Cristo es precioso para quienes tienen.
1 Ped. 2:7.

Cristo mora en corazón por. Ef. 3:17.

Dificultades vencidas por.
Mat. 17:20; 21:21; Mar. 9:23.

Don del Espíritu Santo. 1 Cor. 12:9.

En Cristo la

Acompañada de arrepentimiento.
Mar. 1:15; Luc. 24:47.

Da frutos. 1 Tes. 1:3.

Don de Dios. Rom. 12:3; Ef. 2:8; 6:23;
Fil. 1:29.

Obra de Dios. Hech. 11:21; 1 Cor. 2:5.

Preciosa. 2 Ped. 1:1.

Santa. Jud. 20.

Seguida de conversión. Hech. 11:21.

Escrituras pensadas para producir.
Juan 20:31; 2 Tim. 3:15.

Esencial para recepción provechosa del
evangelio. Heb. 4:2.

Evangelio es eficaz en los que tienen.
1 Tes. 2:13.

Evidencia de cosas que no se ven. Heb. 11:1.

Evidencia del nuevo nacimiento. 1 Juan 5:1.

Examinar si estamos en. 2 Cor. 13:5.

Excluye jactancia. Rom. 3:27.

Impíos a menudo profesan tener.
Hech. 8:13,21.

Impíos no tienen. Juan 10:25; 12:37;
Hech. 19:9; 2 Tes. 3:2.

Imposible agradar a Dios sin. Heb. 11:6.

Justificación es por, por gracia. Rom. 4:16.

Mandamiento. Mar. 11:22; 1 Juan 3:23.

Necesaria en lucha del cristiano.
1 Tim. 1:18-19; 6:12.

Necesaria en oración. Mat. 21:22; Sant. 1:6.

Objetos de la

Cristo. Juan 6:29; Hech. 20:21.

Dios. Juan 14:1.

Escritos de Moisés. Juan 5:46;
Hech. 24:14.

Escritos de profetas. 2 Crón. 20:20;
Hech. 26:27.

Evangelio. Mar. 1:15.

Promesas de Dios. Rom. 4:21;
Heb. 11:13.

Por ella los creyentes

Alcanzan buen testimonio. Heb. 11:2.

Caminan. Rom. 4:12; 2 Cor. 5:7.

Están firmes. Rom. 11:20; 2 Cor. 1:24.

Resisten al diablo. 1 Ped. 5:9.

Son sostenidos. Sal. 27:13; 1 Tim. 4:10.

Vencen al diablo. Ef. 6:16.

Vencen al mundo. 1 Juan 5:4-5.

Viven. Gál. 2:20.

Predicación pensada para producir.
Juan 17:20; Hech. 8:12;
Rom. 10:14-15,17; 1 Cor. 3:5.

Produce

Confianza. Isa. 28:16, con 1 Ped. 2:6.

Esperanza. Rom. 5:2.

Gozo. Hech. 16:34; 1 Ped. 2:6.

Paz. Rom. 15:13.

Valentía en predicación. Sal. 116:10, con
2 Cor. 4:13.

Prueba de, produce paciencia. Sant. 1:3.

Quienes no están en Cristo, no tienen.
Juan 10:26-27.

F

Su protección, ilustrativa de
Coraza. 1 Tes. 5:8.
Escudo. Ef. 6:16.
Sustancia de lo que se espera. Heb. 11:1.
Todas las cosas se deben hacer por.
Rom. 14:22.
Todo lo que no es de, es pecado.
Rom. 14:23.
Verdadera, evidenciada por sus frutos.
Sant. 2:21-25.

FERIADO
Para descansar. Lev. 25:2-7.

FERTILIDAD, DROGAS PARA LA
Ver Drogas para la fertilidad

FIDELIDAD
Asociarse con aquellos que demuestran.
Sal. 101:6.
Bienaventuranza de. 1 Sam. 26:23;
Prov. 28:20.
Característica de creyentes. Ef. 1:1; Col. 1:2;
1 Tim. 6:2; Apoc. 17:14.

Demostrada
Al ayudar a creyentes. 3 Juan 1:5.
Al cuidar cosas consagradas.
2 Crón. 31:12.
Al dar testimonio. Prov. 14:5.
Al declarar palabra de Dios. Jer. 23:28;
2 Cor. 2:17; 4:2.
Al guardar secretos. Prov. 11:13.
Al trabajar. 2 Crón. 34:12.
Al transmitir mensajes.
Prov. 13:17; 25:13.
Debe ser hasta la muerte. Apoc. 2:10.
En cosas pequeñas. Luc. 16:10-12.
En servicio a Dios. Mat. 24:45.
En situaciones de confianza.
2 Rey. 12:15; Neh. 13:13; Hech. 6:1-3.
En todas las cosas. 1 Tim. 3:11.
Impíos carecen de. Sal. 5:9.

Dificultad de hallar. Prov. 20:6.

Ejemplos de
Abías. 2 Crón. 13:4-20.
Abraham. Gál. 3:9.
David. 2 Sam. 22:22-25.
Elías. 1 Rey. 19:10,14.
Job. Job 1:21,22; 2:9,10.
Josafat. 2 Crón. 20:1-30.
Moisés. Heb. 3:5.

En especial un requisito de
Esposas de ministros del evangelio.
1 Tim. 3:11.
Hijos de ministros del evangelio. Tito 1:6.
Ministros del evangelio. 1 Cor. 4:2;
2 Tim. 2:2.

FIDELIDAD DE DIOS
Ver Dios, Fidelidad de

FIESTAS, CONMEMORACIONES
Cristo asistió. Juan 5:1; 7:10.
Diez tribus convencidas por Jeroboam para
no asistir. 1 Rey. 12:27.
Enumeradas. Ex. 23:15-16.

Eran épocas de
Agasajos. 1 Sam. 1:4,9.
Gozo y alegría. Sal. 42:4; Isa. 30:29.
Sacrificios. 1 Sam. 1:3; 1 Rey. 9:25;
2 Crón. 8:13.
Eran inútiles por irreverencia de judíos.
Isa. 1:13-14; Amós 5:21.

Eran llamadas
Fiestas solemnes. 2 Crón. 8:13; Lam. 1:4.
Ilustrativas de congregación general de
iglesia. Heb. 12:23.
Instituidas por Dios. Ex. 23:14.

Judíos
Asistían con alegría. Sal. 122:1-2.
Dispersos en distintos lugares, a menudo
asistían. Hech. 2:5-11; 8:27.

Subían a, en grupos numerosos. Sal. 42:4;
Luc. 2:44.

Mujeres a menudo asistían. 1 Sam. 1:3,9;
Luc. 2:41.

Niños comenzaban a asistir con 12 años.
Luc. 2:42.

Ofrendas durante. Ex. 34:20;
Deut. 16:16-17.

Peligros y dificultades al subir a, alusión a.
Sal. 84:6-7.

Tierra divinamente protegida durante.
Ex. 34:24.

Todos los varones debían asistir.
Ex. 23:17; 34:23.

FILACTERIA

Caja pequeña con porciones de Escritura en
tiras de pergamino. Ex. 13:16;
Deut. 6:4-9; 11:18.

Ciertos líderes judíos la llevaban
ostentosamente sobre frente y brazo
izquierdo. Mat. 23:5.

Dato geográfico

FILIPOS

Filipos era una ciudad en la provincia romana de Macedonia. Pablo realizó allí obra misionera (Hech. 16:12) y tiempo después escribió una epístola a la iglesia en ese lugar (Fil. 1:1). En la antigüedad el sitio estaba en una zona donde había minas de oro. Después del 400 a.C. Felipe II de Macedonia tomó las minas, fortificó la ciudad, y le puso su nombre. Filipos y el resto de Macedonia estuvieron bajo poder romano después del 200 a.C.

FILISTEOS

Acosaron a Judá en reinado de Acaz.
2 Crón. 28:18-19.

Algunos quedaron para probar a Israel.
Jue. 3:1-3.

Características de
Guerreros. 1 Sam. 17:1; 28:1.
Idólatras. Jue. 16:23; 1 Sam. 5:2.
Orgullosos. Zac. 9:6.
Supersticiosos. Isa. 2:6.

Castigados con plaga por retener el
arca. 1 Sam. 5:6-12.

Conquistaron a aveos y costa oeste de
Canaán. Deut. 2:23.

David
A menudo los derrotó en reinado de Saúl.
1 Sam. 19:8; 23:1-5.
A menudo los derrotó en su reinado.
2 Sam. 5:17-23; 8:1; 21:15-22;
23:8-12.
Desconfiaban de él los. 1 Sam. 29:2-7.
Huyó a, para su seguridad.
1 Sam. 27:1-7.
Mató a Goliat, héroe de.
1 Sam. 17:40-50.
Recibió a hija de Saúl a cambio de 100
prepucios de. 1 Sam. 18:25-27.
Se ganó confianza de Aquis rey de.
1 Sam. 28:2; 29:9.
Tenía guarda compuesta por.
2 Sam. 8:18, con Ezeq. 25:16; Sof. 2:5.

Derrotados milagrosamente en Mizpa.
1 Sam. 7:7-14.

Derrotados por Ezequías. 2 Rey. 18:8.

Derrotados por Israel en Efes-damim y
perseguidos a Ecrón. 1 Sam. 17:1,52.

Derrotados por Uzías. 2 Crón. 26:6-7.

Derrotaron a Israel en Eben-ezer.
1 Sam. 4:1-2.

Derrotaron a Israel y mataron a Saúl.
1 Sam. 31:1-10.

Descendían de Casluhim. Gén. 10:13-14.

Enviados por Dios contra Joram.
2 Crón. 21:16-17.

Enviaron arca de regreso y fueron
sanados. 1 Sam. 6:1-18.

Gobernados por reyes en época de
patriarcas. Gén. 21:22,34; 26:8.

Hombres de gran fuerza y estatura.
1 Sam. 17:4-7; 2 Sam. 21:16,18-20.

Invadieron tierra de Israel con gran
ejército. 1 Sam. 13:5,17-23.

Israel condenado por imitar a. Jue. 10:6;
Amós 6:2; 9:7.

Jonatán mató guarnición de, en un
collado. 1 Sam. 13:3-4.

Jonatán y su paje de armas mataron
guarnición de, en desfiladeros.
1 Sam. 14:1-14.

Juntaron todo su ejército en Afec contra
Israel. 1 Sam. 28:1; 29:1.

Llamados
Caftoreos. Deut. 2:23.
Cereteos. 1 Sam. 30:14; Sof. 2:5.

Milagrosamente entraron en pánico.
1 Sam. 14:15-23.

Nadab los sitió en Gibetón. 1 Rey. 15:27.

Oprimieron a Israel 18 años después de
muerte de Jair. Jue. 10:7-8.

Oprimieron a Israel 40 años después de
muerte de Abdón. Jue. 13:1.

País de
Dado por Dios a israelitas.
Jos. 13:2-3; 15:45,47.

Dividido en 5 estados o territorios.
Jos. 13:3; Jue. 3:3; 1 Sam. 6:16.

Llamado Filistea. Sal. 87:4; 108:9.

Tenía muchas ciudades florecientes.
1 Sam. 6:17.

Profecía sobre
Arca en casa de Dagón. 1 Sam. 5:1-4.

Ayudarían en restauración de Israel.
Isa. 11:14.

Castigo con otras naciones. Jer. 25:20.

Desaliento por ruina de Tiro. Zac. 9:3,5.

Destrucción total por Faraón, rey de
Egipto. Jer. 47:1-4; Sof. 2:5-6.

Destrucción y desolación de sus ciudades.
Jer. 47:5; Sof. 2:4.

Gobernadores serían extranjeros.
Zac. 9:6.

Odio y venganza contra Israel serían
retribuidos. Ezeq. 25:15-17;
Amós 1:6-8.

País sería futura posesión de Israel.
Abd. 1:19; Sof. 2:7.

Unión con Siria contra Israel.
Isa. 9:11-12.

Samgar mató a 600 y liberó a Israel.
Jue. 3:31.

Sansón
Cegado y apresado por. Jue. 16:21.

Derribó casa de Dagón y murieron gran
cantidad de. Jue. 16:29-30.

Mató a 1000 con quijada de asno.
Jue. 15:15-16.

Mató a muchos por quemar a su esposa.
Jue. 15:7-8.

Mató a 30 cerca de Ascalón. Jue. 14:19.

Prometido como libertador de. Jue. 13:5.

Quemó viñas, etc., de. Jue. 15:3-5.

Se casó con mujeres. Jue. 14:1,10.

Saúl, en guerra constante con. 1 Sam. 14:52.

Se llevaron el arca. 1 Sam. 4:3-11.

Siclag, ciudad de los, tomada y saqueada por
amalecitas. 1 Sam. 30:1-2,16.

Siempre se unían a enemigos de Israel.
Sal. 83:7; Isa. 9:11-12.

Su héroe se burló de Israel. 1 Sam. 17:4-10.

Vivieron originalmente en tierra de Caftor.
Jer. 47:4; Amós 9:7.

FILOSOFÍA
Discurso filosófico sobre sabiduría. Job 28.

Empleo de, no era método paulino para
predicar evangelio.
1 Cor. 1:17,19,21; 2:1-5,13.

Escuelas griegas de. Hech. 17:18.

Inducciones y deducciones filosóficas sobre
Dios y su providencia.
Job 5:8-20; 9; 10:2-21; 12:6-24;
33:12-30; 37.

Naturaleza de las cosas. Ecl. 1-7.

No es suficiente para adecuado
conocimiento de Dios. 1 Cor. 1:21-22.

No es suficiente para conocimiento de
salvación a tavés de expiación de
Cristo. 1 Cor. 2:6-10.

Rabínica. Gál. 2:8,16-19; 1 Tim. 6:20.

Reveló misterios de providencia. Prov. 25:2;
Rom. 1:19-20.

FINANCIERA, RESPONSABILIDAD

Ahorros

Planes para. Gén. 41:1-57;
Prov. 6:6-8; 21:20; Ecl. 11:2;
Mat. 6:19-21; Luc. 12:16-21;
1 Cor. 16:2.

Amar dinero. Prov. 23:4-5; 28:22;
1 Tim. 6:9-10.

Dar

de acuerdo a posibilidad. Deut. 16:17;
1 Crón. 29:2; Esd. 2:69; Hech. 11:29;
Rom 12:6-8; 1 Cor. 16:2-3.

Diezmo. Gén. 14:20; Deut. 14:22;
Mal. 3:8-10.

Disposición a. Deut. 15:10-11,14;
Mat. 5:42; 2 Cor. 8:3; 9:5,7.

Mejor que recibir. Hech. 20:35.

Primicias. Ex. 34:26; Núm. 18:12-13;
Prov. 3:9-10; Ezeq. 44:30.

Sin amor, no es nada. 1 Cor. 13:3.

Sin jactancia. Mat. 6:3-4.

Sin pensar en beneficios. Rom. 11:35.

Esperanza

Puesta en dinero, no en Dios. Sal. 49:5-9;
Mat. 19:22.

Puesta en Dios, no en dinero. 1 Tim. 6:17.

Exhortaciones sobre

Dar cuando alguien pida. Mat. 5:42.

Pagar deudas a tiempo. Prov. 3:27-28.

Proveer para oprimidos. Job 20:18-19;
Zac. 7:9-10; Mat. 25:31-46;
1 Tim. 6:18.

Proveer para propia familia. 1 Tim. 5:8.

Ser honesto en negocios. Lev 19:35-36;
Deut. 25:13-16; Prov. 11:1; 1 Tim. 3:8.

Ser piadoso y contentarse. 1 Tim. 6:6-10.

Trabajar. Prov. 20:4; Ef. 4:28;
2 Tes. 3:10.

Ganancia ilícita. Prov. 13:11; 15:27;
Hech. 5:1-10.

Gastar en demasía. Job 20:20-22;
Prov. 21:20.

Generosidad

A ojos de Dios. Luc. 21:1-4.

Recíproca. Prov. 11:25; Luc. 6:38.

Sembrar y cosechar abundantemente.
2 Cor. 9:6.

Trae bendición. Prov. 22:9; Mal. 3:10;
2 Cor. 9:7-10.

Hay que proveer para propia familia.
1 Tim. 5:8.

Herencia

A extranjeros. Núm. 36:3-9; Lam. 5:2.

A hijos. Núm. 27:7-11; Prov. 13:22.

Malgastada. Ecl. 5:14; Luc. 15:12.

Protegida. Rut 4:6.

Robada. Mat. 21:38-41.

Incapacidad de manejar riqueza material,
indicativo de incapacidad de manejar
riqueza espiritual. Luc. 16:11.

Interés

Cobrado a extranjeros. Deut. 23:20.

Cobrado por impíos. Ezeq. 18:13;
Luc. 6:34.

No cobrado por justos. Deut. 23:19;
Neh. 5:7-12; Sal. 15:5; Luc. 6:34.

Justicia era imprescindible al requerir
garantía o cobrar interés por deudas.
Ex. 22:26-27; Deut. 24:6,10-13.

No cobrar interés sobre préstamos.
Ezeq. 18:7-9

A pobres. Ex. 22:25.

Al hermano u otro creyente. Deut. 23:19.

Parábola de minas. Luc. 19:11-27.

Parábola de talentos. Mat. 25:14-30.

Parábolas sobre mayordomía y
administración

Administrador sagaz. Luc. 16:1-13.

Minas. Luc. 19:11-27.

Talentos. Mat. 25:14-30.

Plata y oro pertenecen a Dios. Hag 2:8.

Posibilidad de prestar

Evidencia de bendición de Dios.
Deut. 15:6; 28:12.

Por parte de personas justas.
Sal. 37:25-26; 112:5.

Proveer para tiempos de necesidad.
Gén. 41:1-57; Prov. 6:6-8.

Ricos deben proveer para otros.
1 Tim. 6:18.

Ser piadoso y contentarse. 1 Tim. 6:6-10.

Somos administradores de Dios.
Luc. 16:1-13.

Tierra y recursos

Dados por Dios a gente.
Gén. 1:29-30; 9:1-4; Deut. 8:7-10.

Pertenecen a Dios. Lev. 25:23; Job 41:11;
Sal. 24:1; 89:11.

Tomar prestado

Deudor esclavo del acreedor. Prov. 22:7.

Diversificación. Ecl. 11:2.

Elemento prestado debe devolverse en
totalidad, aun si es pérdida para deudor.
Ex. 22:14.

Impíos no pagan lo que deben. Sal. 37:21.

No deber a nadie nada. Rom. 13:8.

Trabajador digno de salario justo.
1 Cor. 9:3-10; 1 Tim. 5:18.

Trabajar

Duramente. Ecl. 9:10.

Falta de trabajo lleva a pobreza.
Prov. 24:33-34.

Para provisión adecuada. Prov. 28:19.

FINANCIERO, PLANEAMIENTO

Confiar en Dios. Prov. 3:5-6.

Debe presentarse ante Dios. Prov. 16:1-4.

Dios

Conoce todos los planes. Isa. 29:15.

Hace que planes tengan éxito. Sal. 20:4;
Prov. 16:1.

Proporciona consejo. Sal. 32:8.

Proporciona dirección. Prov. 3:6; 16:9.

Ejemplos de

Buen. Gén. 41:34-36; Ecl. 11:2;
Luc. 19:23; 1 Cor. 16:2; 2 Cor. 9:4-5.

Mal. Luc. 12:16-21; 14:28-30; 19:20-21.

Esperar en Dios. Sal. 37:7,34.

Hacer planes

Evita problemas. Prov. 6:6-8; 30:25.

Lleva al éxito. Prov. 21:5; Isa. 32:8;
2 Cor. 9:5.

Planes

Necesitan consejo. Prov. 13:18; 20:18.

FISIOLOGÍA

Descripción de. Job 10:11; Sal. 139:14-16.

Figurativamente. Ef. 4:16; Col. 2:19.

FISIONOMÍA

Carácter se revelaba en. Isa. 3:9.

FLAUTA
Instrumento musical usado en Babilonia.
Dan. 3:5-7,10,15.

FLECHAS
A veces envenenadas. Job 6:4.
Antiguamente se adivinaba por.
Ezeq. 21:21.
Armas mortales y destructoras. Prov. 26:18.
Brillantes y pulidas. Isa. 49:2; Jer. 51:11.
Filosas. Sal. 120:4; Isa. 5:28.

Ilustrativas de
Aflicciones severas. Job 6:4; Sal. 38:2.
Cristo. Isa. 49:2.
Destrucción del poder (cuando se
rompían). Sal. 76:3.
Falsos testigos. Prov. 25:18.
Instrumento de impíos. Sal. 11:2.
Juicio de Dios. Deut. 32:23-42;
Sal. 7:13; 21:12; 64:7; Ezeq. 5:16.
Lenguas mentirosas. Jer. 9:8.
Niños pequeños. Sal. 127:4.
Palabras amargas. Sal. 64:3.
Palabras de Cristo. Sal. 45:5.
Poder paralizante (cuando caen de la
mano). Ezeq. 39:3.
Relámpagos. Sal. 77:17-18; Hab. 3:11.
Llamadas saetas. Isa. 49:2.
Llevadas en aljaba. Gén. 27:3; Isa. 49:2;
Jer. 5:16; Lam. 3:13.

Se tiraban
A animales del campo. Gén. 27:3.
A un blanco, como
entretenimiento. 1 Sam. 20:20-22.
Con mucha fuerza. Núm. 24:8;
2 Rey. 9:24.
Contra enemigos. 2 Rey. 19:32;
Jer. 50:14.
Desde máquinas. 2 Crón. 26:15.
Desde un arco. Sal. 11:2; Isa. 7:24.
Velocidad de, alusión a. Zac. 9:14.

FLORES
Aparecen en primavera. Cant. 2:12.
Cultivadas en jardines. Cant. 6:2-3.

Descripción
Fragrantes. Cant. 5:13.
Hermosas. Mat. 6:29.
Temporales. Sal. 103:16; Isa. 40:8.
Guirnaldas de, usadas en adoración idólatra.
Hech. 14:13.

Ilustrativas de
Brevedad de vida. Job 14:2; Sal. 103:15.
Gloria de humanidad. 1 Ped. 1:24.
Personas ricas. Sant. 1:10-11.
Reino de Israel. Isa. 28:1.

Mencionadas en Escritura
Flor de hierba. 1 Ped. 1:24.
Flor del campo. Sal. 103:15.
Lirio. Os. 14:5; Mat. 6:28.
Lirio de valles. Cant. 2:1.
Rosa. Isa. 35:1.
Rosa de Sarón. Cant. 2:1.

Representaciones de, en
Candelero de oro. Ex. 25:31,33;
2 Crón. 4:21.
Madera tallada del templo.
1 Rey. 6:18,29,33,35.
Mar de fundición. 1 Rey. 7:26;
2 Crón. 4:5.

FLUJO DE SANGRE
Menstruación. Lev. 15:19; Mat. 9:20;
Luc. 8:43.
Mujer sufrió de,12 años. Mar. 5:25-29.

FORMALISMO
Insuficiente al adorar a Dios. 1 Sam. 15:22;
Sal. 51:16-17; Mat. 9:13.

FORTALEZA
A través de Cristo. Fil. 4:13.
Dios es nuestra. Sal. 27:1; 73:26; Isa. 40:29.

En debilidad. 2 Cor. 12:10; Heb. 11:34.
Es estarse quieto. Isa. 30:7.
Hay que demostrarla. 1 Cor. 16:13.
Por medio del Espíritu. Ef. 3:16; Col. 1:11.

FORTIFICACIÓN

Sentido literal. Deut. 20:20; 2 Crón. 26:15;
Ecl. 9:14.
Sentido simbólico. Sal. 48:13; Isa. 26:1.

FORTUNA, SUERTE

Cambios en vida de
Copero y panadero de Faraón. Gén. 40.
José, de esclavo a primer ministro.
Gén. 40-41.

FRANQUEZA

Característica de Cristo. Juan 16:29.
Característica de Pablo. 1 Tes. 2:3.
Característica del amor cristiano. Ef. 6:24.
Procurada por Job. Job 33:3.

FRATRICIDIO

Ejemplos de
Abimelec. Jue. 9:5.
Absalón. 2 Sam. 13:28-29.
Caín. Gén. 4:8.
Joram. 2 Crón. 21:4.
Salomón. 1 Rey. 2:23-25.

FRONTALES

Cinta de cuero sobre frente, con ciertos
mandamientos. Ex. 13:6,16;
Deut. 6:1-8; 11:18.

FRUGALIDAD

Característica de mujer virtuosa.
Prov. 31:27.

Ejemplos de
Al juntar maná. Ex. 16:17-18,22-24.

Previsiones de egipcios para hambruna.
Gén. 41:48-49,53-54.

FRUSTRACIÓN

Ejemplos de
Acab. 1 Rey. 18:17.
Faraón.
Ex. 8:8,25,28; 9:27-28; 10:7,10-11,16-
17,24; 12:31-32.
Gente astuta. Job 5:12.
Israel con Zorobabel. Esd. 4:4-5.
Mentirosos. Isa. 44:25.
Pilato. Juan 19:1-16.

Madurez espiritual
A través de pruebas. Sant. 1:2-4.
Confianza. Sal. 22:5; Prov. 3:5-6.
Crecimiento en. Fil. 1:6.

Principios relevantes a
Consolación. Isa. 40:1; 1 Cor. 1:3-7.
Contentamiento. 1 Tim. 6:6-10.
Todo obra para bien a quienes aman a
Dios. Rom 8:28.

FRUTALES, ÁRBOLES

Cuidado de. Deut. 20:19-20.

FRUTO

A menudo destruidos
Por enemigos. Ezeq. 25:4.
Por ira de Dios. Jer. 7:20.
Por langostas, etc. Deut. 28:38-39;
Joel 1:4.
Por plaga. Joel 1:12.
Por sequía. Hag. 1:10.
A menudo enviados como presentes.
Gén. 43:11.
Dados por Dios. Hech. 14:17.
Dios los preserva. Mal. 3:11.

Divididos en
Dulces. Cant. 4:16.

Escogidos. Deut. 33:14.
Hermosos. Jer. 11:16.
Malos. Mat. 7:17.
Nuevos y añejos. Cant. 7:13.
Tempranos. Isa. 28:4.
En época respectiva. Mat. 21:41.

Ilustrativo de
Alabanza. Heb. 13:15.
Buenas obras. Mat. 7:17-18; Fil. 4:17.
Conducta y conversación de impíos,
cuando son malos. Mat. 7:17; 12:33.
Convertidos a iglesia. Sal. 72:16;
Juan 4:36.
Doctrinas de Cristo. Cant. 2:3.
Efectos de industria. Prov. 31:16,31.
Efectos del arrepentimiento. Mat. 3:8.
Ejemplo, etc., de piadosos. Prov. 11:30.
Obras del Espíritu. Gál. 5:22-23; Ef. 5:9.
Recompensa de creyentes. Isa. 3:10.
Recompensa de impíos. Jer. 17:9-10.
Santa conversación. Prov. 12:14; 18:20.
Primicias, consagradas a Dios. Deut. 26:2.
Producto de árboles. Gén. 1:29; Ecl. 2:5.
Producto del trigo, etc. Deut. 22:9;
Sal. 107:37.

Requisitos
Esperar con paciencia. Sant. 5:7.
Influencia de sol y luna. Deut. 33:14.
Lluvia. Sal. 104:13; Sant. 5:18.
Tierra fértil. Sal. 107:34.

FRUTO, FALTA DE
Consecuencias de. Isa. 5:2; Juan 15:2-6.

FUEGO
Aunque sea pequeño quema mucho.
Sant. 3:5.

Características
Brillante. Ezeq. 1:13.
Calienta. Mar. 14:54.

Consumidor. Jue. 15:4-5; Sal. 46:9;
Isa. 10:16-17.
Derrite. Sal. 68:2; Isa. 64:2.
Ilumina. Sal. 78:14; 105:39.
Insaciable. Prov. 30:16.
Purifica. Núm. 31:23; 1 Ped. 1:7;
Apoc. 3:18.
Se extiende. Sant. 3:5.
Seca. Job 15:30; Joel 1:20.

Cosas asociadas con
Carbones ardientes. Prov. 26:21.
Cenizas. 1 Rey. 13:3; 2 Ped. 2:6.
Chispas. Job 18:5; Isa. 1:31.
Humo. Isa. 34:10; Joel 2:30.
Llama. Cant. 8:6; Isa. 66:15.
Cristo aparecerá en medio de. Dan. 7:10;
2 Tes. 1:8.
Daño por, restitución por parte de quien lo
encendió. Ex. 22:6.
Dios apareció en medio de. Ex. 3:2; 19:18.

En casas
Encendido en invierno. Jer. 36:22.
Encendido en mañanas de primavera.
Juan 18:18.
Hecho con madera. Hech. 28:3.
No debía encenderse en sábado. Ex. 35:3.

Ilustrativo de
Aflicción. Isa. 43:2.
Celo de ángeles. Sal. 104:4; Heb. 1:7.
Celo de creyentes. Sal. 39:3; 119:139.
Codicia sexual. Prov. 6:27-28.
Cristo como juez. Isa. 10:17; Mal. 3:2.
Enemigos de Dios. Isa. 10:17; Abd. 1:18.
Esperanza de hipócritas. Isa. 50:11.
Espíritu Santo. Isa. 4:4; Hech. 2:3.
Juicios. Jer. 48:45; Lam. 1:13; Ezeq. 39:6.
Lengua. Prov. 16:27; Sant. 3:6.
Maldad. Isa. 9:18.
Palabra de Dios. Jer. 5:14; 23:29.
Persecución. Luc. 12:49-53.
Protección de Dios. Núm. 9:16; Zac. 2:5.

Quienes se creen justos. Isa. 65:5.
Venganza de Dios. Deut. 4:24;
Heb. 12:29.

Milagroso

Ángel ascendió en. Jue. 13:20.

Castigo de impíos será en.
Mat. 13:42; 25:41.

Consumió a compañeros de Coré.
Núm. 16:35.

Consumió sacrificio de Elías.
2 Rey. 1:18,38.

Consumió sacrificio de Gedeón.
Jue. 6:21.

Destruyó a enemigos de Elías.
2 Rey. 1:10,12.

Destruyó a Nadab y Abiú. Lev. 10:2.

Destruyó al pueblo en Tabera.
Núm. 11:1.

Elías llevado al cielo en carro de.
2 Rey. 2:11.

En monte Sinaí al entregar ley.
Deut. 4:11,36.

En zarza ardiente. Ex. 3:2.

Guió al pueblo de Israel en desierto.
Ex. 13:22; 40:38.

Plagó a egipcios. Ex. 9:23-24.

Puede aumentar en intensidad.
Dan. 3:19,22.

Sagrado

Culpa por quemar incienso sin. Lev. 10:1.

Incienso quemado con. Lev. 16:12;
Núm. 16:46.

Llegó de Jehová. Lev. 9:24.

Restaurado en templo. 2 Crón. 7:1-3.

Siempre ardía en altar. Lev. 6:13.

Todos los holocaustos consumidos por.
Lev. 6:9,12.

Usado frecuentemente como instrumento de
venganza divina. Sal. 97:3;
Isa. 47:14; 66:16.

FUELLES

Usados con horno del fundidor. Jer. 6:29.

Es así

FUENTE O LAVACRO

El lavacro es una gran fuente o bol usado en rituales de purificación. La fuente de bronce del tabernáculo se hizo con espejos de metal que proporcionaron las mujeres que ministraban a la entrada del tabernáculo (Ex. 38:8). Los sacerdotes usaban la fuente para lavarse las manos y los pies antes del servicio sacerdotal (Ex. 30:18; 40:30-31). Los levitas también usaban agua de esta fuente o lavacro a fin de purificarse (Núm. 8:7).

FUENTES Y MANANTIALES

A veces se cerraban para angustiar a
enemigos. 2 Crón. 32:3-4.

A veces se secaban. Isa. 58:11.

Abundan en Canaán. Deut. 8:7;
1 Rey. 18:5.

Alabar a Dios por. Apoc. 14:7.

Creados por Dios. Sal. 74:15; 104:10.

En montes y valles. Deut. 8:7; Sal. 104:10.

Frecuentados por viajeros. Gén. 16:7.

Ilustrativos de

Buena esposa. Prov. 5:18.

Corazón natural (cuando agua no es
buena). Sant. 3:11, con Mat. 15:18-19.

Creyentes que se apartan (cuando están
turbios). Prov. 25:26.

Cristo. Zac. 13:1.

Dios. Sal. 36:9; Jer. 2:13; 17:13.

Espíritu Santo. Juan 7:38-39.

Iglesia (cuando estaban sellados).
Cant. 4:12.
Iglesia (cuando no faltan aguas).
Isa. 58:11.
Ley de sabios. Prov. 13:14.
Maldad incesante de judíos (cuando
fluyen continuamente). Jer. 6:7.
Medios de gracia. Isa. 41:18; Joel 3:18.
Numerosa posteridad. Deut. 33:28.
Provisiones constantes de gracia.
Sal. 87:7.
Sabiduría espiritual. Prov. 16:22; 18:4.
Temor de Dios. Prov. 14:27.
Vida eterna. Juan 4:14; Apoc. 21:6.

Mencionados en Escritura
de aguas de Neftoa. Jos. 15:9.
de Jezreel. 1 Sam. 29:1.
de Pisga. Deut. 4:49.
En camino de Shur. Gén. 16:7.
Fuentes de arriba y de abajo. Jos. 15:19;
Jue. 1:15.

Proporcionan
Agua para animales. Sal. 104:11.
Refrigerio para aves. Sal. 104:12.
Tierra que da fruto. 1 Rey. 18:5;
Joel 3:18.

Que fluían continuamente
Siempre limpios ceremonialmente.
Lev. 11:36.

Sumamente valiosos. Isa. 58:11.
Que se secaran, severo castigo.
Sal. 107:33-34; Os. 13:15.
Tenían una sola clase de agua. Sant. 3:11.
Vienen del gran abismo. Gén. 7:11;
Job 38:16.

FUERTES

Cuevas usadas como. Jue. 6:2; Isa. 33:16.
Defensa militar. Deut. 20:19-20.
Defensas de ciudades. 2 Crón. 26:15;
Isa. 25:12.
Erigidos en viñas y tierras de ganado.
2 Crón. 26:10; Isa. 5:2; Luc. 20:9.
Figurativamente, cuidado de Dios.
2 Sam. 22:2-3,47.

FUGITIVOS

Absalón. 2 Sam. 13:34-38.
David, de ira de Saúl. 1 Sam. 21:10.
de la justicia, Moisés. Ex. 2:15.
de servidumbre, no volverían a su amo.
Deut. 23:15-16.

Ejemplos de
Onésimo. Filem. 1.
Siervos de Simei. 1 Rey. 2:39.
Jeroboam. 1 Rey. 11:40.
José y María, a Egipto. Mat. 2:13-15.

GALAAD

Galaad significa "tosco" o "escarpado". El término hace alusión a la sección central norte de la región montañosa de Transjordania, y también al biznieto de José y líder original de un clan de la tribu de Manasés.

GALLINA

Figurativamente. Mat. 23:37; Luc. 13:34.

GANADO

Ver también Buey

Alimentado en establos. Prov. 15:17.
Basán. Sal. 22:12; Ezeq. 39:18; Amós 4:1.
Galaad adaptada para cría de ganado.
Núm. 32:1-4.
Resguardado. Gén. 33:17.
Usado para sacrificio. 1 Rey. 8:63.

GEMELOS

Fares y Zara. Gén. 38:27-30.
Jacob y Esaú. Gén. 25:24-26.

GENEALOGÍA

de Abraham, y su esposa Cetura.
Gén. 25:1-4; 1 Crón. 1:32-33.

de Adán a Noé. Gén. 4:16-22; 5;
1 Crón. 1:1-4; Luc. 3:36-38.

de Cristo
Demuestra su descendencia de Judá.
Heb. 7:14.
Mencionada. Mat. 1:1-17; Luc. 3:23-38.
de descendientes de Noé. Gén. 10.
de Esaú. Gén. 36; 1 Crón. 1:35-54.
de Fares a David. Rut 4:18-22.
de Ismael. Gén. 25:12-16; 1 Crón. 1:28-31.
de Jacob. Gén. 35:23-26; Ex. 1:5; 6:14-27;
Núm. 26; 1 Crón. 2-9.
de José. Mat. 1; Luc. 3:23-38.
de judíos que regresaron del cautiverio.
Esd. 7:1-5; 8:1-15; Neh. 7; 11:12.
de Nacor. Gén. 22:20-24.
Evitar cuestión de. 1 Tim. 1:4; Tito 3:9.
Hasta Abraham. Gén. 11:10-32;
1 Crón. 1:4-27; Luc. 3:34-38.
Ilustrativo del registro de creyentes en libro
de vida. Luc. 10:20; Heb. 12:23;
Apoc. 3:5.

GALACIA

Galacia originalmente fue un asentamiento en la región central de Asia Menor. El nombre geográfico deriva de Galia porque sus habitantes eran celtas o galos.

Judíos reconocidos según. 1 Crón. 9:1;
2 Crón. 31:19.

Registros públicos de. 2 Crón. 12:15;
Neh. 7:5.

Sacerdotes que no podían demostrar su
propia, excluidos del sacerdocio.
Esd. 2:62; Neh. 7:64.

Sin importancia espiritual. Mat. 3:9;
1 Tim. 1:4; Tito 3:9.

Dato geográfico

GAZA

Gaza, que significa "fuerte", es una ciudad filistea sobre la llanura costera, unos 5 km (3 millas) tierra adentro del mar Mediterráneo.

GENEROSIDAD

Afirmada. 1 Crón. 29:14.

Agradable a Dios. 2 Cor. 9:7; Heb. 13:16.

Aliento a. Hech. 20:35; 2 Cor. 8:7.

Bendiciones ligadas a. Sal. 41:1; Prov. 22:9;
Hech. 20:35.

Característica de creyentes. Sal. 112:9;
Isa. 32:8.

Cristo dejó ejemplo de. 2 Cor. 8:9.

de Dios. Sal. 107:9; Rom. 8:32; Sant. 1:5.

de Jesús. Hech. 10:38; 2 Cor. 8:9.

Debe llevarse a cabo

Abundantemente. 2 Cor. 8:7; 9:11-13.

Ayudando a necesitados. Isa. 58:7.

Con buena voluntad. Ex. 25:2;
2 Cor. 8:12.

Con sencillez. Rom. 12:8.

Dando limosnas. Luc. 12:33.

de acuerdo a posibilidades.
Deut. 16:10,17; 1 Cor. 16:2.

En servicio a Dios. Ex. 35:21-29.

Para con creyentes. Rom. 12:13;
Gál. 6:10.

Para con enemigos. Prov. 25:21.

Para con extranjeros. Lev. 25:35.

Para con los pobres. Deut. 15:11;
Isa. 58:7.

Para con siervos. Deut. 15:12-14.

Para con todos. Gál. 6:10.

Para extensión de misiones. Fil. 4:14-16.

Prestando a quienes tienen necesidad.
Mat. 5:42.

Prestando servicio personal. Fil. 2:30.

Sin ostentación. Mat. 6:1-3.

Dios nunca olvida. Heb. 6:10.

Exhortaciones a. Luc. 3:11; 11:41;
Hech. 20:35; 1 Cor. 16:1;
1 Tim. 6:17-18.

Biografía bíblica

GEDEÓN

Gedeón reunió 32.000 soldados para luchar contra los madianitas. Sin embargo, y a fin de que el Señor pudiera recibir crédito por la victoria, Dios decidió reducir el ejército de Gedeón a sólo 300 hombres que lamieran "las aguas con su lengua como lame el perro" pues así demostraban estar más vigilantes para con el enemigo. Con este grupo de 300 Gedeón lanzó un ataque sorpresivo, y en el campamento madianita cundió el pánico (Jue. 7:15-21). A pesar de tener un líder débil, de ser un pequeño ejército y de las descabelladas armas de trompetas y antorchas, Israel salió victorioso a causa del poder del Señor (7:22).

Falta de
Conlleva maldiciones. Prov. 28:27.
Prueba de no amar a Dios. 1 Juan 3:17.
Prueba de que no hay fe. Sant. 2:14-16.
Hacia Jesús. Luc. 8:3.
Mandamiento. Deut. 16:17; 2 Cor. 9:7.
Practicar, estimula a otros. 2 Cor. 9:2.
Promesas para. Sal. 112:9;
Prov. 11:25; 28:27; Ecl. 11:1-2;
Isa. 58:10.
Recompensada. Prov. 19:17; 22:9; 28:27;
Ecl. 11:1.
Sin amor, no aprovecha. 1 Cor. 13:3.
Trabajo hace posible que practiquemos.
Hech. 20:35; Ef. 4:28.

GENOCIDIO

Ver también Guerra, Crímenes de

Intento de, en Persia. Est. 1-10.

GENTILES

A menudo devastaban y profanaban tierra
santa y santuario. Sal. 79:1; Lam. 1:10.
Atrio exterior del templo, para. Ef. 2:14;
Apoc. 11:2.

Características
Blasfemos y censurables. Neh. 5:9.
Depravados y malvados. Rom. 1:28-32;
Ef. 4:19.
Fieles a dioses falsos. Jer. 2:11.
Idólatras. Rom. 1:23,25; 1 Cor. 12:2.
Ignorantes en cuanto a Dios. Rom. 1:21;
1 Tes. 4:5.
Se niegan a conocer a Dios. Rom. 1:28.
Sin ley. Rom. 2:14.
Supersticiosos. Deut. 18:14.
Castigados por Dios. Sal. 9:5; 94:10.
Consejo de, ineficaz. Sal. 33:10.
Conversión de, profetizada. Isa. 2:2; 11:10.
Cristo enviado como luz a. 42:6; Luc. 2:32.
Entregados a Cristo como herencia. Sal. 2:8.

Evangelio no debe predicarse a, hasta que se
predique a judíos. Mat. 10:5; Luc. 24:47;
Hech. 13:46.
Excluidos de privilegios de Israel.
Ef. 2:11-12.
Gobernados por Dios. 2 Crón. 20:6;
Sal. 47:8.
Israel rechazada hasta plenitud de.
Rom. 11:25.
Jerusalén sería pisoteada por, etc.
Luc. 21:24.

Judíos
A menudo corrompidos
por. 2 Rey. 17:7-8.
Despreciados como si fueran perros.
Mat. 15:26.
Dispersados entre. Juan 7:35.
No debían casarse con. Deut. 7:3.
No debían seguir caminos de. Lev. 18:3;
Jer. 10:2.
Nunca se asociaban con.
Hech. 10:28; 11:2-3.
Podían tener, como siervos. Lev. 25:44.

Llamados
Extranjeros. Isa. 14:1; 60:10.
Gentes. Sal. 2:1.
Griegos. Rom. 1:16; 10:12.
Incircuncisos. 1 Sam. 14:6; Isa. 52:1;
Rom. 2:26.
Naciones. Sal. 9:20; 22:28; Isa. 9:1.
No podían entrar al templo.
Hech. 21:28-29.
Odiaban y despreciaban a judíos. Est. 9:1,5;
Sal. 44:13-14; 123:3.
Pablo apóstol a. Hech. 9:15; Gál. 2:7-8.
Primera presentación especial del evangelio
a. Hech. 10:34-45; 15:14.
Primera presentación general del evangelio
a. Hech. 13:48-49,52; 15:12.
Se unieron a judíos contra Cristo.
Hech. 4:27.

G

Todas las naciones excepto judíos.
Rom. 2:9; 3:9; 9:24.

GEOLOGÍA

Cimientos del mundo. 2 Sam. 22:16.
Columnas de la tierra. 1 Sam. 2:8.
Jehová hizo ríos entre rocas. Job 28:9.

GIGANTES

Habitaban la tierra. Gén. 6:4.

GLADIADOR

Contendía con animales salvajes.
1 Cor. 15:32.

GLORIA

Creyentes desean contemplar.
Sal. 63:2; 90:16.
Creyentes serán, de ministros del
evangelio. 1 Tes. 2:19-20.
Cristo es, de su pueblo. Isa. 60:1; Luc. 2:32.
Cuerpos de creyentes serán resucitados en.
1 Cor. 15:43; Fil. 3:21.
de hipócritas, convertida en vergüenza.
Os. 4:7.
de iglesia será abundante. Isa. 60:11-13.

de impíos
Está en su vergüenza. Fil. 3:19.
Termina en destrucción. Isa. 5:14.
Del evangelio, excede la de la ley.
2 Cor. 3:9-10.
Dios es, de su pueblo. Sal. 3:3; Zac. 2:5.

Espiritual
Dada por Cristo. Juan 17:22.
Dada por Dios. Sal. 84:11.
Obra del Espíritu Santo. 2 Cor. 3:18.

Eterna
Acompaña salvación en Cristo.
2 Tim. 2:10.
Aflicciones presentes no se comparan con.
Rom. 8:18.

Aumentada por aflicciones presentes.
2 Cor. 4:17.
Creyentes llamados a. 2 Tes. 2:14;
1 Ped. 5:10.
Creyentes preparados para. Rom. 9:23.
Heredada por creyentes. 1 Sam. 2:8;
Sal. 73:24; Prov. 3:35; Col. 3:4;
1 Ped. 5:10.
Obtenida por muerte de Cristo.
Heb. 2:10.
Evangelio será, para creyentes. 1 Cor. 2:7.
Gozo de creyentes, lleno de. 1 Ped. 1:8.
No buscar, por parte de personas. Mat. 6:2;
1 Tes. 2:6.

Temporal
Dada por Dios. Dan. 2:37.
Diablo trata de seducir con. Mat. 4:8.
Habrá de pasar. 1 Ped. 1:24.

GLORIA DE DIOS

Ver Dios, Gloria de

GLORIA, NUBE DE

Apariciones especiales de
Ascensión de Cristo. Hech. 1:9.
Cuando Israel murmuró pidiendo pan.
Ex. 16:10.
Cuando Israel murmuró por informe de
espías. Núm. 14:10.
Cuando Israel murmuró por muerte de
Coré. Núm. 16:42.
Cuando se entregó ley.
Ex. 19:9,16; 24:16-18.
En rebelión de Coré, etc. Núm. 16:19.
En sedición de Aarón y María.
Núm. 12:5.
Transfiguración de Cristo. Mat. 17:5.
Continuó durante peregrinación de Israel.
Ex. 13:22; 40:38.
Cristo vendrá otra vez en. Luc. 21:27;
Hech. 1:11.
Dios descendió en. Ex. 34:5; Núm. 11:25.

Dios habló desde. Ex. 24:16; Sal. 99:7.
Era la *Shekinah* sobre propiciatorio.
Lev. 16:2.
Era oscura para enemigos de Israel.
Ex. 14:20.

Fue diseñada para
Cubrir tabernáculo. Ex. 40:34;
Núm. 9:15.
Defender a Israel. Ex. 14:19; Sal. 105:39.
Guiar a Israel. Ex. 13:21; Neh. 9:19.
Iluminar a Israel. Sal. 78:14; 105:39.
Regular movimientos de Israel.
Ex. 40:36-37; Núm. 9:17-25.
Gloria de Dios manifestada en.
Ex. 16:10; 40:35.

Ilustrativo de
Gloria de Cristo. Apoc. 10:1.
Protección de iglesia. Isa. 4:5.

Llamada
Columna de nube y columna de fuego.
Ex. 13:22.
Columna de nube. Ex. 33:9-10.
La nube. Ex. 34:5.
Nube de Jehová. Núm. 10:34.
Presencia de Dios. Ex. 33:14-15.
Manifestada en templo de Salomón.
1 Rey. 8:10-11; 2 Crón. 5:13; Ezeq. 10:4.
Primera manifestación de. Ex. 13:20-21.

GLORIFICAR A DIOS
Ver Dios, Glorificar a

GLOTONERÍA
Advertencia contra. Prov. 23:2-3;
Luc. 21:34; Rom. 13:13-14.
Castigo de. Núm. 11:33-34, con Sal. 78:31;
Deut. 21:21; Amós 6:4,7.

Conduce a
Pobreza. Prov. 23:21.
Seguridad mundana. Isa. 22:13, con
1 Cor. 15:32; Luc. 12:19.

Consecuencias de. Prov. 23:21.
Cristo falsamente acusado de. Mat. 11:19.
de príncipes, ruina para pueblo.
Ecl. 10:16-17.

Ejemplos de
Belsasar. Dan. 5:1.
Esaú. Gén. 25:30-34; Heb. 12:16-17.
Hijos de Elí. 1 Sam. 2:12-17.
Israel. Núm. 11:4; Sal. 78:18.
Impíos adictos a. Fil. 3:19; Jud. 12.
Incongruente con creyentes. 1 Ped. 4:3.
Mandamiento contra. Rom. 13:13-14.
Necedad de. Luc. 12:19-46.
Orar contra tentación a. Sal. 141:4.
Peligro de, ilustrado. Luc. 12:45-46.

GOBERNANTES

Carácter y requisitos de
Persona no dadas al vino ni bebidas
fuertes. Prov. 31:4-5.
Personas con capacidad. Ex. 18:21.
Personas justas. Deut. 16:18-20.
Personas maduras. Ecl. 10:16-17.
Personas que castigan a impíos.
Prov. 20:8; 26-28.
Personas que conocen ley de Dios.
Esd. 7:25.
Personas que dicen verdad. Prov. 17:7.
Personas que no aceptan sobornos.
Ex. 23:8.
Personas que temen a Dios. Sal. 2:10.
Personas sabias y prudentes. Gén. 41:33.
Castigados. Dan. 4.

Ejemplos de, impíos
Abías. 1 Rey. 15:3.
Abimelec. Jue. 9:1-5.
Acab. 1 Rey. 16:30-33; 21:21-26; 22:38;
2 Rey. 9:26.
Acaz. 2 Rey. 16:3.
Adoni-bezec. Jue. 1:7.
Amasías. 2 Crón. 25:14.

G

Amón. 2 Rey. 21:19-22.
Ananías. Hech. 23:2.
Asa. 2 Crón. 16:10.
Asuero. Est. 3.
Baasa. 1 Rey. 15:33-34.
Belsasar. Dan. 5:22-23.
Darío. Dan. 6:7,9.
David. 2 Sam. 24:1-9;
    1 Crón. 21:1-7; 27:23-24.
Faraón. Ex. 1-11.
Hanún. 2 Sam. 10:4; 1 Crón. 19:2-5.
Hazael. 2 Rey. 8:12.
Herodes Agripa. Hech. 12:1-19.
Herodes Antipas. Mat. 14:1-11.
Herodes el Grande. Mat. 2:16-18.
Hijos de Elí. 1 Sam. 2:12-17; 2:22.
Hijos de Samuel. 1 Sam. 8:1-5.
Jehú. 2 Rey. 10:29.
Jeroboam. 1 Rey. 12:26-33; 13:1-5;
    13:33; 14:6; 2 Rey. 14:23,24;
    2 Crón. 11:14-15; Ezeq. 44:7.
Joacaz. 2 Rey. 13:1-2.
Joacim. 2 Rey. 23:37.
Joaquín. 2 Rey. 24:9.
Joás. 2 Rey. 13:10; 2 Crón. 24:2,17-25.
Joram. 2 Rey. 3:2-3; 8:18.
Manasés. 2 Rey. 21:1-17.
Nabucodonosor. Dan. 2:13; 3:1-23.
Nadab. 1 Rey. 15:26.
Ocozías. 2 Crón. 22:1-9.
Omri. 1 Rey. 16:25-29.
Oseas. 2 Rey. 15:30.
Pilato. Mat. 27:11-26.
Potifar. Gén. 39:20.
Principales sacerdotes, ancianos y todo el
    concilio. Mat. 26:59.
Roboam. 1 Rey. 12:8-11;
    2 Crón. 10:1-15.
Salomón. 1 Rey. 4:7-23; 11:1-13; 12:4.
Saúl. 1 Sam. 15:8-35; 18:8,29; 19;
    22:7-19.
Sedequías. 2 Rey. 24:19.
Uzías. 2 Crón. 26:16.

Zimri. 1 Rey. 16:19.

Ejemplos de, justos
Abimelec. Gén. 20.
Artajerjes. Esd. 7; Neh. 2; 5:14.
Asa. 1 Rey. 15:11-15; 2 Crón. 14:2-5.
Ciro. Esd. 1.
Daniel. Dan. 1-6.
Darío. Esd. 6:1-12.
Ezequías. 2 Rey. 18:3; 20:1-11;
    2 Crón. 30; 31.
Faraón. Gén. 12:15-20; 47:5-10; 50:1-6.
Isaac. Gén. 26:6-11.
Josafat. 1 Rey. 22:41-46;
    2 Crón. 17:3-10; 19; 20:3-30.
José. Gén. 41:37-57.
Josías. 2 Rey. 22; 23; 2 Crón. 34; 35.
Moisés. Núm. 16:15.
Nehemías. Neh. 4-5.
Rey de Nínive. Jon. 3:6-9.
Salomón. 1 Rey. 3:16-28.
Samuel. 1 Sam. 12:3-4.
Saúl. 1 Sam. 11:12-13.

Ejemplos entre patriarcas
Abraham.
    Gén. 14:13-24; 17:6; 21:21-32.
Cabezas de familia. Ex. 6:14.
Esaú y príncipes de Edom. Gén. 36.
Isaac. Gén. 26:26-31.
Ismael. Gén. 17:20.
Judá. Gén. 38:24.
Melquisedec. Gén. 14:18.
Nimrod. Gén. 10:8-10.

GOBIERNO

Divino
A través de Cristo. Isa. 9:6; Mat. 29:18;
    Juan 3:35; 1 Cor. 15:24-25; Ef. 1:22;
    Apoc. 11:15.
A través de gobierno humano.
    1 Sam. 16:1; Jue. 2:14-18.

A través de providencia. Jue. 2:14-16;
Os. 4:5; Mal. 1:14.

A través de voceros especiales. Os. 12:13;
Jer. 1:13-19.

A través del reino. Sal. 22:28; 99:1;
1 Cor. 4:20; Heb. 1:8; Apoc. 19:6.

Humano

Debe haber obediencia cuando sea
posible. Rom. 13; Tito 3:1; 1 Ped. 2:13.

Debe subordinarse a Dios, y por ende ser
obedecido cuando es congruente con
voluntad divina. Jer. 32:1-5; Dan. 3;
Hech. 5:29; Rom. 13:4.

Del pueblo. Jue. 11:11.

Por ancianos. Ex. 12:21.

Por gobernantes. Esd. 6:7.

Por jueces. Ex. 18:13-26; Deut. 1:9-18.

Por líderes designados divinamente.
Ex. 12:35; Jue. 2:16.

Por reyes. 1 Sam. 10:24.

Iglesia

A través de ancianos. Hech. 14:23;
1 Tim. 5:17.

A través de apóstoles. Mat. 10:1-4;
Hech. 6:1-2.

A través de concilios eclesiásticos.
Hech. 15.

A través de diáconos. Hech. 6:3-7.

A través de maestros. Hech. 13:1.

A través de obispos. Fil. 1:1; 1 Tim. 3:2.

A través de oración. Hech. 1:24.

A través de profetas y evangelistas.
Ef. 4:11.

A través de suertes. Hech. 1:26.

A través del pueblo. Hech. 6:5.

Cristo, cabeza. Ef. 5:23; Col. 2:19.

GOLPIZA

Como castigo. Ex. 5:14; Deut. 25:3;
Mar. 13:9; Hech. 5:40; 16:22,37;
18:17; 21:32; 22:19.

de siervo, se castigaba. Ex. 21:20.

Ejemplos de

Figurativamente, opresión de
gobernantes. 1 Rey. 12:11.

Jesús. Mat. 20:19.

Pablo y Silas. Hech. 16:23.

Pablo. Hech. 21:32; 2 Cor. 11:24,25.

Sóstenes. Hech. 18:17.

Fatal. Job 9:23.

Máximo, 40 latigazos. Deut. 25:3.

Prescrita en ley mosaica por inmoralidad
sexual. Lev. 19:20; Deut. 22:18.

Prescrita para otras ofensas. Deut. 25:2.

Profetizado por Jesús como forma de
persecución. Mat. 10:17.

G

GOZO

Aflicción de creyentes seguida por.
Sal. 30:5; 126:5; Isa. 35:10; Juan 16:20.

Aumentado a humildes. Isa. 29:19.

Creyentes deben tener, en todo lo que
realizan. Deut. 12:18.

Creyentes serán presentados a Dios con
gran. 1 Ped. 4:13, con Jud. 24.

Cristo daría. Isa. 61:3.

de creyentes

En Cristo. Luc. 1:47; Fil. 3:3.

En Dios. Sal. 89:16; 149:2; Hab. 3:18;
Rom. 5:11.

En Espíritu Santo. Rom. 14:17.

Por bendiciones temporales. Joel 2:23-24.

Por cuidado divino. Sal. 28:7; 63:7.

Por elección. Luc. 10:20.

Por esperanza de gloria. Rom. 5:2.

Por éxito del evangelio. Hech. 15:3.

Por liberación de esclavitud. Sal. 105:43;
Jer. 31:10-13.

Por manifestación de bondad.
2 Crón. 7:10.

Por protección divina. Sal. 5:11; 16:8-9.

Por provisiones de gracia. Isa. 12:3.

Por salvación. Sal. 21:1; Isa. 61:10.

Por victoria de Cristo. Juan 16:33.

de creyentes debe ser
Abundante. 2 Cor. 8:2.
Animado. Sal. 32:11; Luc. 6:23.
Con temor reverencial. Sal. 2:11.
Constante. 2 Cor. 6:10; Fil. 4:4.
Durante calamidades. Hab. 3:17-18.
Durante persecuciones. Mat. 5:11-12;
Luc. 6:22-23; Heb. 10:34.
Durante tribulaciones.
Sant. 1:2; 1 Ped. 1:6.
Durante tristeza. 2 Cor. 6:10.
En esperanza. Rom. 12:12.
Expresado en himnos. Ef. 5:19;
Sant. 5:13.
Glorioso. 1 Ped. 1:8.
Grande. Zac. 9:9; Hech. 8:8.
Indecible. 1 Ped. 1:8.
Para siempre. 1 Tes. 5:16.
Pleno. Sal. 21:6; 68:3.
Será quitado. Isa. 16:10.

de creyentes es pleno por
Comunión. 2 Tim. 1:4; 1 Juan 1:3-4;
2 Juan 1:12.
Favor de Dios. Hech. 2:28.
Fe en Cristo. Rom. 15:13.
Palabra de Cristo. Juan 17:13.
Permanecer en Cristo. Juan 15:10-11.
Respuestas a oración. Juan 16:24.

de impíos
Deriva de necedad. Prov. 15:21.
Deriva de placeres terrenales.
Ecl. 2:10; 11:9.
Es breve. Job 20:5; Ecl. 7:6.
Es engañoso. Prov. 14:13.
Se debe convertir en tristeza. Sant. 4:9.
Dios da. Ecl. 2:26; Sal. 4:7.

Es experiencia de
Creyentes. Luc. 24:52; Hech. 16:34.
Justos. Prov. 21:15.
Pacificadores. Prov. 12:20.
Padres de hijos buenos. Prov. 23:24.

Sabios en su hablar. Prov. 15:23.
Es fuerza de creyentes. Neh. 8:10.
Evangelio debe recibirse con. 1 Tes. 1:6.
Evangelio, buenas noticias de gran.
Luc. 2:10-11.
Fruto del Espíritu. Gál. 5:22.
Generosidad debe causar. 1 Crón. 29:9,17.
Mandamiento a creyentes. Sal. 32:11;
Fil. 3:1.

Ministros del evangelio deben
Considerar como su, al pueblo de Dios.
Fil. 4:1; 1 Tes. 2:20.
Pedir, para su pueblo. Rom. 15:13.
Promover, en su pueblo. 2 Cor. 1:24;
Fil. 1:25.
Querer dar cuentas con. Fil. 2:16;
Heb. 13:17.
Tener, en la fe y santidad de su
pueblo. 2 Cor. 7:4; 1 Tes. 3:9;
3 Juan 1:4.
Terminar su carrera con. Hech. 20:24.
Tratar con, al pueblo de Dios.
Rom. 15:32.
Orar por restauración del.
Sal. 51:8,12; 85:6.
Palabra de Dios proporciona. Neh. 8:12;
Jer. 15:16.
Plenitud de, en presencia de Dios. Sal. 16:11.
Preparado para creyentes. Sal. 97:11.
Prometido a creyentes. Sal. 132:16;
Isa. 35:10; 55:12; 56:7.
Promover, en afligidos. Job 29:13.
Recompensa de creyentes en día del juicio.
Mat. 25:21.
Santo, ilustrado. Isa. 9:3; Mat. 13:44.
Servir a Dios con. Sal. 100:2.
Vanidad de buscar, en cosas terrenales.
Ecl. 2:10-11; 11:8.
Venida de Cristo traerá sumo, a
creyentes. 1 Ped. 4:14.

G

GOZO DE DIOS POR SU PUEBLO
Ver Dios, Gozo de, por su pueblo

Palabra clave

GRACIA

Gracia es aceptación y amor inmerecidos que se reciben de otro, en especial la actitud característica de Dios al proporcionar salvación para los pecadores. Para los cristianos, la palabra *gracia* es virtualmente un sinónimo del evangelio, del regalo divino inmerecido de salvación en Jesucristo.

GRACIA

Algunos la usaron como licencia para inmoralidad. Jud. 4.

Creyentes
Abundan en dones de. Hech. 4:33;
    2 Cor. 8:1; 9:8,14.
Deben crecer en. 2 Ped. 3:18.
Deben estar afirmados en. Heb. 13:9.
Deben hablar con. Ef. 4:29; Col. 4:6.
Deben ser fuertes en. 2 Tim. 2:1.
Están bajo. Rom. 6:14.
Reciben, de Cristo. Juan 1:16.
Son herederos de. 1 Ped. 3:7.
Son quienes son por. 1 Cor. 15:10;
    2 Cor. 1:12.
Cristo estaba lleno de. Juan 1:14.
Cristo habló con. Sal. 45:2, con Luc. 4:22.

Dada especialmente
A humildes. Prov. 3:24, con Sant. 4:6.
A ministros del evangelio.
    Rom. 12:3,6; 15:15; 1 Cor. 3:10;
    Gál. 2:9; Ef. 3:7.
A quienes caminan rectamente.
    Sal. 84:11.

Dada por Cristo. 1 Cor. 1:4.

Descripción
Abundante. Rom. 5:15,17,20.
Gloriosa. Ef. 1:6.
Grande. Hech. 4:33.
Multifacética. 1 Ped. 4:10.
Rica. Ef. 1:7; 2:7.
Soberana. Rom. 5:21.
Suficiente. 2 Cor. 12:9.
Superabundante. 2 Cor. 9:14.
Dios, dador de. Sal. 84:11; Sant. 1:17.
Dios, el Dios de toda. 1 Ped. 5:10.
Espíritu Santo es Espíritu de. Zac. 12:10;
    Heb. 10:29.
Estaba en Cristo. Luc. 2:40; Juan 3:34.
Evangelio, declaración de. Hech. 20:24,32.
Éxito y consumación de obra de Cristo, debe
    atribuirse a. Zac. 4:7.

Fuente de
Consolación. 2 Tes. 2:16.
Elección. Rom. 11:5.
Esperanza. 2 Tes. 2:16.
Fe. Hech. 18:27.
Justificación. Rom. 3:24; Tito 3:7.
Llamado de Dios. Col. 1:15.
Perdón de pecados. Ef. 1:7.
Salvación. Hech. 15:11; Ef. 2:5,8.
Gloria de la, demostrada en que aceptamos
    a Cristo. Ef. 1:6.
Herencia de promesas por. Rom. 4:16.
Justificación por, opuesta a por obras.
    Rom. 4:4-5; 11:16; Gál. 5:4.
Manifestación de, en otros, motivo de
    alegría. Hech. 11:23; 3 Juan 1:3-4.
Manifestación especial de, en segunda
    venida de Cristo. 1 Ped. 1:13.
Necesaria para servicio a Dios. Heb. 12:28.
No abusar de. Rom. 3:8; 6:1,15.
No alcanzar la, de Dios. Heb. 12:15.
No recibirla en vano. 2 Cor. 6:1.
Obra de Dios completada en cristianos
    por. 2 Tes. 1:11-12.

G

Orar pidiendo
Para nosotros. Heb. 4:16.
Para otros. 2 Cor. 13:14; Ef. 6:24.
Profetizada por profetas. 1 Ped. 1:10.
Riquezas de, mostradas en bondad de Dios
    por medio de Cristo. Ef. 2:7.
Trono de Dios, trono de. Heb. 4:16.
Vino por medio de Cristo. Juan 1:17;
    Rom. 5:15.

GRANADO

Abundancia en Canaán. Núm. 13:23;
    Deut. 8:8.
Abundancia en Egipto. Núm. 20:5.
Creyentes. Cant. 6:11; 7:12.
Favor de Dios evidente al hacer que, sea
    fructífero. Hag. 2:19.

Figuras de
En columnas del templo. 1 Rey. 7:18.
En manto de sumo sacerdote.
    Ex. 39:24-26.

Ilustrativo de
La hermosura de la iglesia (en el fruto).
    Cant. 4:3; 6:7.
La iglesia (como un huerto). Cant. 4:13.

Judíos
A menudo vivían bajo sombra de.
    1 Sam. 14:2.
Bebían jugo de. Cant. 8:2.
Cultivaban, en huertos. Cant. 4:13.
Si se secaba, gran desastre. Joel 1:12.

GRANIZO

Destruye ejército de amorreos. Jos. 10:11.
Figurativamente. Isa. 28:2;
    Apoc. 8:7; 11:19; 16:21.
Plaga de, en Egipto. Ex. 9:18-29.

GUARDIANES

A veces ciudadanos actuaban como.
    Neh. 7:3.

Apostados
Alrededor del templo en Jerusalén en
    ocasiones especiales. 2 Rey. 11:6.
En calles de ciudades. Sal. 127:1.
En muros de ciudades. Isa. 62:6.
En torres de vigías. 2 Rey. 9:17; Isa. 21:5.

En tiempo de peligro
Anunciaban llegada de extranjeros.
    2 Sam. 18:24-27; 2 Rey. 9:18-20;
    Isa. 21:6-7,9.
Aumentaban en cantidad. Jer. 51:12.
Hacían sonar alarma al acercarse
    enemigo. Ezeq. 33:2-3.
Velaban día y noche. Neh. 4:9; Isa. 21:8.

Ilustrativo de
Esperar ansiosamente a Dios (cuando se
    espera la mañana). Sal. 130:5-6.
Ministros del evangelio. Isa. 52:8; 62:6;
    Ezeq. 3:17; Heb. 13:17.
Ministros negligentes (cuando son
    ciegos). Isa. 56:10.
Peligro de dormirse, alusión a.
    Mat. 28:13-14.
Recorrían calles por la noche para preservar
    orden. Cant. 3:3; 5:7.
Relevo de acuerdo a turnos. Neh. 7:3.
Si no daban alarma, castigo de muerte.
    Ezeq. 33:6.
Soldados generalmente actuaban como.
    Mat. 27:65-66.
Vigilancia de, vana sin protección de Dios.
    Sal. 127:1.

GUARNICIÓN

Campamento militar. 1 Sam. 13:3; 14:1;
    2 Sam. 8:6,14; 23:14.

GUERRA

A menudo acompañadas de
Crueldad. Jer. 18:21; Lam. 5:11-14.
Devastación. Isa. 1:7.

Hambre. Isa. 51:19; Jer. 14:15;
Lam. 5:10.

Plagas. Jer. 27:13; 28:8.

A menudo, castigo por el pecado. Jue. 5:8.

A menudo había descripciones escritas de.
Núm. 21:14.

A menudo ejércitos numerosos iban a la.
2 Crón. 13:3; 14:9.

A menudo larga. 2 Sam. 3:1.

A menudo terrible y sangrienta.
1 Sam. 14:22; 1 Crón. 5:22;
2 Crón. 14:13; 28:6.

Antigüedad de. Gén. 14:2.

Armas usadas en. Jos. 1:14; Jue. 18:11.

Ilustrativa de

Lucha de creyentes con enemigos de su
salvación. Rom. 7:23; 2 Cor. 10:3;
Ef. 6:12; 1 Tim. 1:18.

Lucha entre anticristo e iglesia.
Apoc. 11:7; 13:4,7.

Maldad de impíos. Sal. 55:21.

Nuestra lucha con muerte. Ecl. 8:8.

Judíos

Especialistas en. 1 Crón. 12:33,35-36;
Cant. 3:8.

Iban a la guerra frecuentemente.
Jos. 6-11; 1 Rey. 14:30; 15:7-16.

Precedidas por

Consultas. Luc. 14:31, con Prov. 24:6.

Gran preparación. Joel 3:9.

Rumores. Jer. 4:19; Mat. 24:6.

Se originan en pasiones de las personas.
Sant. 4:1.

GUERRA, CRÍMENES DE

Ver también Genocidio; Limpieza étnica

Ejemplos de

Cadáveres no sepultados. Sal. 79:2-3.

Deportación en esclavitud. Amós 1:6,9.

Emboscada a débiles. Deut. 25:17-18.

Maltrato a mujeres. Amós 1:13.

Principios relevantes a

Leyes sobre. Deut. 20:1-20.

Trato a mujeres cautivas. Deut. 21:10-14.

GUÍA

A la satisfacción. Apoc. 7:17.

Al amor y paciencia. 2 Tes. 3:5.

Al arrepentimiento. Rom. 2:4.

de creyentes. Sal. 32:8; Juan 10:3.

de Israel. Ex. 15:13; Deut. 32:12;
Neh. 9:19.

Por medio de luz divina. Sal. 43:3.

Por Palabra de Dios. Isa. 30:21.

Por testimonio. Prov. 3:6.

HABLAR

Con prudencia. Sant. 1:19,26.

Con sabiduría

Beneficios de. Prov. 10:11-13.

Mal

Chisme. Prov. 18:8.

Hablar no limpio. Isa. 6:5.

Lisonja. Sal. 12:3.

Mandamiento contra maldición.
Ex. 22:28.

Palabras provocadoras. Prov. 15:1.

Poder de lo que se dice. Sant. 3:5-10.

HACHA

Arma de guerra. Ezeq. 26:9.

Eliseo hace flotar. 2 Rey. 6:5-6.

Figurativamente. Jer. 46:22; Mat. 3:10.

Implemento. Deut. 19:5; 1 Sam. 13:20,21;
2 Sam. 12:31; Sal. 74:5-6.

Para considerar

HADES

En algunas versiones, la palabra griega para Hades se traduce por "infierno". Sin embargo, difiere del término *gehenna*, que de manera más precisa se refiere al infierno.

HADES

Lugar de espíritus sin cuerpos

Contiene lugar de descanso, seno de
Abraham. Luc. 16:23.

Cristo lo visitó. Luc. 23:43; Hech. 2:31;
1 Ped. 3:19.

Lugar de tormento. Luc. 16:23.

Mundo invisible. Mat. 10:28; 11:23; 16:18;
Apoc. 1:18; 6:8; 20:13-14.

Poderes de, no pueden prevalecer contra
iglesia. Mat. 16:18.

HAMBRE

A menudo a causa del pecado.
Lev. 26:21,26; Lam. 4:4-6.

A menudo acompañada de guerra.
Jer. 14:15; 29:18.

A menudo por largo tiempo. Gén. 41:27;
2 Rey. 8:1-2.

A menudo seguida por plagas. Jer. 42:17;
Ezeq. 7:15; Mat. 24:7.

A menudo severa. Gén. 12:10; 1 Rey. 18:2;
Jer. 52:6.

Ausencia de, en cielo. Apoc. 7:16-17.

Causaba

Cuerpo consumido. Lam. 4:8; Ezeq. 4:17.

Desmayo. Gén. 47:13.

Dolor y duelo. Joel 1:11-13.

Fiebre ardiente. Deut. 32:24.

Muerte. 2 Rey. 7:4; Jer. 11:22.

Negrura de piel. Lam. 4:8; 5:10.

Causada por

Devastación por parte de enemigos. Deut. 28:33,51.

Enjambres de insectos. Deut. 28:38,42; Joel 1:4.

Falta de bendición de Dios. Os. 2:8-9; Hag. 1:6.

Falta de lluvia oportuna. 1 Rey. 17:1; Jer. 14:1-4; Amós 4:7.

Putrefacción de semilla en tierra. Joel 1:17.

Viento solano y plagas. Amos 4:9; Hag. 2:17.

Cosas comidas durante

Carne de asno. 2 Rey. 6:25.

Carne humana. Lev. 26:29; 2 Rey. 6:28-29.

Excremento. 2 Rey. 6:25; Lam. 4:5.

Hierbas silvestres. 2 Rey. 4:39-40.

de Jesús. Mat. 4:2-4; 21:18; Mar. 11:12; Luc. 4:2-4; Juan. 4:8.

Dios daba provisión a su pueblo durante. 1 Rey. 17:4,9; Job 5:20; Sal. 33:19; 37:19.

Ejemplos de, en Escritura

Antes destrucción de Jerusalén. Mat. 24:7.

de 7 años, profetizada por Eliseo. 2 Rey. 8:1.

Después del cautiverio. Neh. 5:3.

Durante sitio de Jerusalén. 2 Rey. 25:3.

Durante sitio de Samaria. 2 Rey. 6:25.

En días de Abraham. Gén. 12:10.

En días de Isaac. Gén. 26:1.

En días de José. Gén. 41:53-56.

En días de jueces. Rut 1:1.

En reinado de Acab. 1 Rey. 17:1; 18:5.

En reinado de Claudio César. Hech. 11:28.

En reinado de David. 2 Sam. 21:1.

En tiempos de Eliseo. 2 Rey. 4:38.

En tiempos de Jeremías. Jer. 14:1.

Enviada por Dios. Sal. 105:16.

Estímulo para trabajar. Prov. 16:26.

Ilustrativo de

Ausencia de gracia de Dios. Amós 8:11-12.

Destrucción de ídolos. Sof. 2:11.

Judíos en su restauración no serían afligidos por. Ezeq. 36:29-30.

Provisiones vendidas por peso durante. Ezeq. 4:16.

Sentido espiritual. Mat. 5:6.

Sinónimos

Diente limpio. Amós 4:6.

Quitar provisión de pan. Isa. 3:1.

Saetas del hambre. Ezeq. 5:16.

Sufrimiento de creación por. Jer. 14:5-6.

Uno de los 4 horrendos juicios de Dios. Ezeq. 14:21.

HAMMURABI

Hammurabi fue un rey de Babilonia que aprox. en el 1700 a.C. emitió un famoso código legal. Su nombre probablemente significa "Hammu [el dios] es grande".

HARAGÁN

Puede aprender de la hormiga. Prov. 6:6-11.

HARAGANERÍA

Ver Pereza

HEBREO

Denota idioma de judíos. Juan. 5:2; Hech. 21:40; Apoc. 9:11.

Nombre aplicado a Abraham. Gén. 14:13.

Nombre para descendientes de Abraham. Gén. 39:14; Ex. 2:6; Deut. 15:12;

1 Sam. 4:9; Jon. 1:9; Hech. 6:1;
2 Cor. 11:22.
Probable degeneración del término Heber,
antepasado de Abraham.
Gén. 10:24; 11:14-26.

HECHOS

Hechos se escribió como complemento del Evangelio de Lucas. En realidad, durante mucho tiempo a partir de que comenzaran a circular, ambos volúmenes aparecían juntos.

HECHICERÍA
Adivinación por espíritus de muertos.
Lev. 20:27.
Castigo por. Ex. 22:18.
Con ídolos de madera. Os. 4:12.
Debía cesar. Ezeq. 12:23-24.
Denuncia contra. Isa. 8:19; Mal. 3:5.
Futilidad. Isa. 44:25.
Leyes sobre. Ex. 22:18; Lev. 19:31; 20:6,27.
Encantadores y adivinos
destruidos. 1 Sam. 28:3,9.

Practicada por
Adivina de Endor. 1 Sam. 28:7-25.
Astrólogos. Jer. 10:2.
Babilonios. Isa. 47:9-13; Ezeq. 21:21-22.
Balaam. Núm. 22:6; 23:23.
Belsasar. Dan. 5:7,15.
Elimas. Hech. 13:8.
Falsos profetas. Jer. 14:14.
Hijos de Esceva. Hech. 19:14-15.
Jezabel. 2 Rey. 9:22.
Magos egipcios. Ex. 7:11,22; 8:7,18.
Muchacha esclava en Filipos.
Hech. 16:16.
Ninivitas. Nah. 3:4-5.

Simón el mago. Hech. 8:9.
Lo malo de. 1 Sam. 15:23.
Mensajes de, falsos. Ezeq. 21:29.
Obra de naturaleza pecadora. Gál. 5:20.
Por el hígado. Ezeq. 21:21.
Por imágenes. 2 Rey. 23:24.
Prohibición. Lev. 19:26-28,31; 20:6;
Deut. 18:9-14.
Quienes practicaran, se confundirían.
Miq. 3:7.

HEREDERO
Figurativamente, nacidos de Dios son, con
Cristo. Rom. 8:17.
Ismael no sería, de Abraham. Gén. 21:10.
Quienes están en Cristo son, según promesa.
Gál. 3:29.

HEREJÍA
Actividad propagandística de, prohibida con
castigos severos. Deut. 12; Tito 3:10-11;
2 Juan 10-11.
Maestros de, entre primeros cristianos.
Hech. 15:24; 2 Cor. 11:4; Gál. 1:7; 2:4;
2 Ped. 2; Jud. 3-16; Apoc. 2:2.
Pablo acusado de. Hech. 18:13.
Pablo y Silas acusados de.
Hech. 16:20-21,23.
Repudiada por Pablo. Hech. 24:13-16.

HERENCIA
de hijos de Adán. Gén. 5:3.
Deseo de mantener. 1 Rey. 21:3.
Figurativamente. Sal. 37:29; Rom. 8:16-17;
Ef. 1:11-14; Tito 3:7; Heb. 1:14.
Muerte se transmite por. 1 Cor. 15:22.
No es suficiente para presentarse ante Dios.
Mat. 3:9; Juan. 3:5-7.
Pecado se transmite por. Ef. 2:3.
Provisiones en matrimonio por levirato.
Gén. 38:7-11; Núm. 36:6-9;
Deut. 25:5-10; Rut 3:1-8; 4:7-17.

H

HERIDAS

Tratamiento de. Prov. 20:30; Isa. 1:6;
Luc. 10:34.

HEREJÍA

Herejía es una opinión o doctrina que no concuerda con la enseñanza aceptada en una iglesia; es lo contrario de ortodoxia. La palabra castellana deriva de una palabra griega que presenta la idea básica de "elección", aquello que es elegido. En el antiguo griego clásico, se usaba mayormente para referirse a la escuela filosófica a la que una persona elegía pertenecer.

HERMANO

Amor de. Prov. 17:17; 18:24; Cant. 8:1.

Amor de José hacia sus.
Gén. 43:30-34; 45:1-5; 50:19-25.

Amor de Rubén hacia José. Gén. 37:21,22.

Compañero. 2 Sam. 1:26;
1 Rey. 13:30; 20:33.

Epíteto fraternal, especialmente entre cristianos, instituido por Cristo.
Mat. 12:50; 25:40; Heb. 2:11-12.

Infiel. Prov. 27:10.

Pariente. Gén. 14:16; 29:12.

Prójimo. Deut. 23:7; Jue. 21:6; Neh. 5:7.

Todo israelita. Jer. 34:9; Abd. 10.

Todos los seres humanos. Gén. 9:5;
Mat. 18:35; 1 Juan 3:15.

Usado entre israelitas. Lev. 19:17;
Deut. 22:1-4.

Usado por discípulos. Hech. 9:17; 21:20;
Rom. 16:23; 2 Cor. 2:13.

Viuda del, ley sobre matrimonio por levirato con. Deut. 25:5-10; Mat. 22:24;
Mar. 12:19; Luc. 20:28.

HERMANOS, ENEMISTAD ENTRE

Ver Enemistad entre hermanos

HÍBRIDOS

Prohibición. Lev. 19:19.

HIEL

Dada a Jesús. Sal. 69:21; Mat. 27:34.

Hierba amarga. Deut. 29:18.

Sentido simbólico de, hiel de amargura.
Hech. 8:23.

Toda sustancia amarga o venenosa, como bilis. Job 16:13.

Veneno de serpientes. Job 20:14.

HIERBA

A menudo crecía en techos de casas.
Sal. 129:6.

Cortada. Sal. 72:6.

Creada el tercer día. Gén. 1:11.

HERODES

Herodes era el nombre de la familia que gobernó Palestina inmediatamente antes del nacimiento de Cristo y durante la primera mitad del primer siglo de la era cristiana. El integrante más prominente de la familia fue Herodes, hijo de Antípater, que había sido designado gobernador de Idumea por Alejandra Salomé, la reina macabea que gobernó Palestina entre el 78 y el 69 a.C.

Destruida por

Granizo y relámpagos. Apoc. 8:7.

Langostas. Apoc. 9:4.

Sequía. 1 Rey. 17:1, con 18:5.

Hiel

L a hiel es una hierba amarga y venenosa (tal vez *Citrullus colocynthis*), cuyo jugo se cree fue el veneno de "cicuta" que bebió Sócrates. La hiel se asociaba con el ajenjo (Deut. 29:18; Jer. 9:15; 23:15; Lam. 3:19; Amós 6:12) para denotar amargura y tragedia. El ajenjo y la hiel a menudo se ligaban a la infidelidad para con Dios, ya sea como una descripción de los infieles (Deut. 29:18) o como el castigo.

Dios

Adorna y viste. Mat. 6:30.

Creó. Gén. 1:11-12.

Dador de. Deut. 11:15.

Hace que crezca. Sal. 104:14; 147:8.

Figurativamente. Sal. 90:5-6; Isa. 40:6; 1 Ped. 1:24; Sant. 1:10-11.

Ganado se alimenta de. Job 6:5; Jer. 50:11.

Hornos a menudo calentados con.
Mat. 6:30.

Ilustrativa de

Brevedad e incertidumbre de la vida.
Sal. 90:5; 103:15; Isa. 40:6-7;
1 Ped. 1:24.

Creyentes refrescados por gracia (cuando se refresca con rocío y lluvia). Sal. 72:6; Miq. 5:7.

Impíos (cuando crece en terrados).
2 Rey. 19:26; Isa. 37:27.

Prosperidad de impíos. Sal. 92:7.

Marchita, gran calamidad. Isa. 15:5-6.

Refrescada por rocío y lluvia. Deut. 32:2; Prov. 19:12.

Sale de la tierra. 2 Sam. 23:4.

Suave y tierna cuando recién aparece.
Prov. 27:25.

Sufrimiento de animales por falta de, descripción. Jer. 14:5.

HIERBAS AMARGAS

Se comían simbólicamente con la pascua.
Ex. 12:8; Núm. 9:11.

HIERRO

Afila cosas del mismo material. Prov. 27:17.

Canaán tenía abundancia de.
Deut. 8:9; 33:25.

Comercio de. Ezeq. 27:12,19; Apoc. 18:12.

de poco valor comparativo. Isa. 60:17.

Del norte, el más duro y mejor. Jer. 15:12.

Descripción

Fuerte y duradero. Job 40:18; Dan. 2:40.

Fundible. Ezeq. 22:20.

Maleable. Isa. 2:4.

Flotó milagrosamente. 2 Rey. 6:6.

Gran cantidad de, para templo.
1 Crón. 22:3,14,16; 29:2.

Hierro forjado. Ezeq. 27:19.

Hierbas Amargas

C on la comida de la Pascua se comían hierbas amargas (Ex. 12:8; Núm. 9:11) para simbolizar las experiencias amargas de la esclavitud de los israelitas en Egipto. Tal vez hayan sido ingredientes de una ensalada que incluía lechuga, endibia, achicoria y dientes de león.

Ilustrativo de

Aflicción severa. Deut. 4:20; Sal. 107:10.

Fortaleza. Dan. 2:33,40.

Insensibilidad de conciencia, cuando se cauteriza. 1 Tim. 4:2.

Obstinación. Isa. 48:4.

Severo ejercicio de poder. Sal. 2:9; Apoc. 2:27.

Tierra dura y árida. Deut. 28:23.

Modo de purificar, tomado en guerra. Núm. 31:21-23.

Sacado de la tierra. Job 28:2.

H *Se fabricaban*

Armas de guerra. 1 Sam. 13:19; 17:7.

Armas y armaduras. 2 Sam. 23:7; Apoc. 9:9.

Cadenas. Sal. 105:18; 149:8.

Camas. Deut. 3:11.

Carros. Jue. 4:3.

Cerrojos. Sal. 107:16; Isa. 45:2.

Clavos y grampas. 1 Crón. 22:3.

Columnas. Jer. 1:18.

Herramientas para albañiles. Jos. 8:31; 1 Rey. 6:7.

Ídolos. Dan. 5:4,23.

Implementos para agricultura. 1 Sam. 13:20-21; 2 Sam. 12:31.

Instrumentos para esculpir. Job 19:24; Jer. 17:1.

Puertas. Hech. 12:10.

Varas. Sal. 2:9; Apoc. 2:27.

Yugos. Deut. 28:48; Jer. 28:33-14

Se hunde en agua. 2 Rey. 6:5.

Tomado en guerra, a menudo dedicado a Dios. Jos. 6:19,24.

Trabajar en, ocupación. 1 Sam. 13:19; 2 Crón. 2:7,14.

Usados desde tiempos inmemoriales. Gén. 4:22.

HÍGADO

Quemado en sacrificio. Lev. 3:5.

Ritos supersticiosos con. Ezeq. 21:21.

HIGUERA

A menudo no tenía fruto. Luc. 13:7.

A veces se plantaba en viñas. Luc. 13:6.

Alegoría Jue. 9:11.

Cierta especie de, producía fruto malo e inútil. Jer. 29:17.

Debía cultivarse. Luc. 13:8.

Estéril, parábola de. Luc. 13:6-9; 21:29-31.

Figurativamente. Mat. 24:32; Apoc. 6:13.

Frutos de

Aparecían después del invierno. Cant. 2:11,13.

Se comían frescos al arrancarlos del árbol. Mat. 21:18-19.

Se comían secos en tortas. 1 Sam. 30:12.

Se enviaban como presentes. 1 Sam. 25:18; 1 Crón. 12:40.

Se juntaban y guardaban en canastos. Jer. 24:1.

Se usaron en curación milagrosa de Ezequías. 2 Rey. 20:7; Isa. 38:21.

Se venían en mercados. Neh. 13:15.

Tempranos, valioso. Jer. 24:2; Os. 9:10.

Hojas de, Adán las usó para hacer cubiertas. Gén. 3:7.

Hojas de, señal de verano próximo. Mat. 24:32.

Ilustrativa de

Meros profesantes religiosos (cuando era estéril). Mat. 21:19; Luc. 13:6-7.

Paz y prosperidad (sentarse bajo la higuera). 1 Rey. 4:25; Miq. 4:4.

Judíos castigados con

Destrucción de, por parte de Dios. Os. 2:12.

Enemigos que devoraban fruto de. Jer. 5:17.

Higuera sin fruto. Jer. 8:13; Hag. 2:19.

Langostas que descortezan y comen.
Joel 1:4,7,12; Amós 4:9.

Lógica de esperar fruto de, cuando estaba
llena de hojas. Mar. 11:13.

No crecen en lugares desiertos. Núm. 20:5.

Numerosas en
Canaán. Núm. 13:23; Deut. 8:8.
Egipto. Sal. 105:33.

Parábola de, de Jeremías. Jer. 24:2-3.

Produce fruto dulce y nutritivo. Jue. 9:11.

Proporcionaban sombra agradable.
Juan 1:48,50.

Que no florecía, gran desastre. Hab. 3:17.

Su fruto, ilustrativo de
Buenas obras. Mat. 7:16.
Creyentes Jer. 24:2-3.
Hombres impíos (cuando son malos).
Jer. 24:2-8.
Impío listo para el juicio (cuando se cae).
Isa. 34:4; Nah. 3:12; Apoc. 6:13.
Padres de iglesia judía (fruto temprano).
Os. 9:10.

HIJO

Figurativamente, relación de un hombre
para con Dios. Ex. 4:22.

HIJOS BUENOS

Alegran corazón de padres.
Prov. 10:1; 29:17.

Conocen Escrituras. 2 Tim. 3:15.

El Señor está con. 1 Sam. 3:19.

Espíritu de, requisito para reino de los cielos.
Mat. 18:3.

Honran a ancianos. Job 32:6-7.

Ilustración de espíritu dócil. Mat. 18:4.

Mencionados como motivo para sujetarse a
Dios. Heb. 12:9.

Muestran amor a padres. Gén. 46:29.

Obedecen a padres. Gén. 28:7; 47:30.

Observan ley de Dios. Prov. 28:7.

Participan de promesas divinas. Hech. 2:39.

Prestan atención a enseñanza de padres.
Prov. 13:1.

Se preocupan por padres.
Gén. 45:9,11; 47:12.

Serán bendecidos. Prov. 3:1-4; Ef. 6:2-3.

Su obediencia a padres agrada a Dios.
Col. 3:20.

HIJOS, FALTA DE

Deshonra. Gén. 16:2; 29:32; 30:1-3,13;
1 Sam. 1:6; Isa. 4:1; Luc. 1:25.

HIJOS MALOS

Castigados por
Atacar o golpear a padres. Ex. 21:15.
Burlarse de padres. Prov. 30:17.
Burlarse de profeta. 2 Rey. 2:23-24.
Deshonrar a padres. Deut. 27:16.
Desobedecer a padres. Deut. 21:21.
Glotonería y borrachera. Deut. 21:20-21.
Maldecir a padres. Ex. 21:15, con
Mar. 7:10.
Desprecian a sus mayores. Job 19:18.

En relación a los padres
Desprecian. Prov. 15:5,20; Ezeq. 22:7.
Les roban. Prov. 28:24.
Maldicen. Prov. 30:11.
No les prestan oídos. 1 Sam. 2:25.
Son calamidad para ellos. Prov. 19:13.
Son causa de deshonra. Prov. 19:26.
Son dolor para ellos. Prov. 17:25.
No conocen a Dios. 1 Sam. 2:12.
No tienen entendimiento. Prov. 7:7.
Orgullosos. Isa. 3:5.

HIJOS, NIÑOS

Ver también subtemas: Abuso de menores;
Hijos buenos; Hijos malos

A menudo cargaban con maldición de los
padres. Ex. 20:5; Sal. 109:9-10.

A menudo eran numerosos. 2 Rey. 10:1;
1 Crón. 4:27.

A menudo eran respuesta a oración.
Gén. 25:21; 1 Sam. 1:27; Luc. 1:13.

A menudo malos y rebeldes. 2 Rey. 2:23.

A menudo se oraba por. 1 Sam. 1:10-11;
Luc. 1:13.

A veces dedicaban bienes a Dios para no
sostener a padres. Mat. 15:5;
Mar. 7:11-12.

A veces nacían cuando padres eran viejos.
Gén. 15:3,6; 17:17; Luc. 1:18.

Ansiedad de judíos por. Gén. 30:1;
1 Sam. 1:5,8.

Capaces de glorificar a Dios. Gén. 33:5;
Sal. 127:3.

Circuncidados al octavo día. Fil. 3:5.

Costumbres con, después del nacimiento,
mencionadas. Ezeq. 16:4.

Cristo, ejemplo para. Luc. 2:51;
Juan 19:26-27.

Cuidados más que nada por madre.
1 Sam. 1:22; 1 Rey. 3:21; Sal. 22:9;
Cant. 8:1.

de pueblo de Dios, interesados en promesas.
Deut. 29:29; Hech. 2:39.

Deberes de

Cuidar a padres. 1 Tim. 5:4.

Honrar a ancianos. Lev. 19:32;
1 Ped. 5:5.

Honrar a padres. Ex. 20:12; Heb. 19:9.

No imitar a padres malos. Ezeq. 20:18.

No olvidarse de Dios. Ecl. 12:1.

Obedecer a Dios. Deut. 30:2.

Obedecer a padres. Prov. 6:20; Ef. 6:1.

Prestar atención a enseñanza de padres.
Prov. 1:8-9.

Temer a Dios. Prov. 24:21.

Temer a padres. Lev. 19:3.

Deberes para con

Disciplinarlos sabiamente.
Prov. 22:15; 29:17; Ef. 6:4.

Instruirlos en caminos de Dios.
Deut. 31:12-13; Prov. 22:6.

Llevarlos a Cristo. Mar. 10:13-16.

Llevarlos desde temprano a casa de
Dios. 1 Sam. 1:21.

Debían

Honrar a padres. Ex. 20:12.

Recibir instrucción. Deut. 4:9; 11;19.

Respetar a ancianos. Lev. 19:32.

Sujetarse a disciplina. Prov. 29:17;
Heb. 12:9.

Del pueblo de Dios, santos. Esd. 9:2;
1 Cor. 7:14.

Destetar a, tiempo de gozo y festejos.
Gén. 21:8; 1 Sam. 1:24.

Destrucción de, un castigo. Lev. 26:22;
Ezeq. 9:6; Luc. 19:44.

Dolor por pérdida de.
Gén. 37:35; 44:27-29; 2 Sam. 13:37;
Jer. 6:26; 31:15.

Echar a débiles, etc., alusión a. Ezeq. 16:5.

Entretenimientos de. Zac. 8:5;
Mat. 11:16-17.

Familia numerosa, considerada bendición.
Sal. 115:14; 127:4-5.

Forma de instrucción a. Luc. 2:46;
Hech. 22:3.

Herencia del Señor. Sal. 113:9; 127:3.

Hija mujer

Con ocupación provechosa. Gén. 24:13;
Ex. 2:16.

Cuidadas por nodrizas. Gén. 35:8.

Dada en matrimonio por sus padres.
Jue. 1:12-13; 1 Sam. 17:25; 18:20-21.

Derecho de propiedad de.
Núm. 27:1-11; 36; Jos. 17:3-6; Rut 4:3.

Heredaba propiedad si no había hijos
varones. Núm. 27:1-8; Jos. 17:1-6.

No podía ser esposa del esposo de la
madre. Lev. 20:14.

También se refería a nieta. Gén. 36:2.

Vendida como concubina. Ex. 21:7-10.

Hijo varón

Al cuidado de tutores, hasta que se hicieran grandes. 2 Rey. 10:1; Gál. 4:1-2.

Con ocupación provechosa. 1 Sam. 9:3; 17:15.

Heredaban posesiones del padre. Deut. 21:16-17; Luc. 12:13-14.

Nacimiento del, anunciado al padre por mensajero. Jer. 20:15.

Primogénito, pertenecía a Dios y era redimido. Ex. 13:12-13,15.

Recibían bendición del padre antes que este muriera. Gén. 27:1-4; 48:15; 49.

Ilegítimos

A veces echados de la casa con regalos. Gén. 25:6.

Despreciados por sus hermanos. Jue. 11:2.

Excluidos de congregación. Deut. 23:2.

No eran cuidados por padre. Heb. 12:8.

No tenían herencia. Gén. 21:10,14; Gál. 4:30.

Modo de dar instrucción pública a. Luc. 2:46; Hech. 22:3.

No tener

Considerado aflicción. Gén. 15:2-3; Jer. 22:30.

Deshonra en Israel. 1 Sam. 1:6-7; Luc. 1:25.

Poder de padres sobre, durante época patriarcal. Gén. 9:24-25; 21:14; 38:24.

Podían pedir herencia mientras el padre viviera. Luc. 15:12.

Práctica inhumana de ofrecer a ídolos. 2 Rey. 17:31; 2 Crón. 28:3; 33:6.

Prosperidad de, dependía mucho de obedecer a padres. Deut. 4:40; 12:25,28; Sal. 128:1-3.

Rebelde, castigado por poder civil. Ex. 21:15-17; Deut. 21:18-21.

Recibían el nombre

A veces de parte de Dios. Isa. 8:3; Os. 1:4,6,9.

de acuerdo a eventos notables. Gén. 21:3,6, con 18:13; Ex. 2:10; 18:3-4.

Para recordar a parientes. Luc. 1:59,61.

Según circunstancias relacionadas con nacimiento. Gén. 25:25-26; 35:18; 1 Crón. 4:9.

Recibían nombre al ser circuncidados. Luc. 1:59; 2:21.

Regalo de Dios. Gén. 33:5; Sal. 127:3.

Resignación por haber perdido. Lev. 10:19-20; 2 Sam. 12:18-23; Job 1:19-21.

Ternura y cuidado de madres hacia. Ex. 2:2-10; 1 Sam. 2:19; 1 Rey. 3:27; Isa. 49:15; 1 Tes. 2:7-8.

HILAR

Ver Tejer

HIPÓCRITAS

Abundancia de, en apostasía. 1 Tim. 4:2.

Adoración de, no es agradable a Dios. Isa. 1:11-15; 58:3-5; Mat. 15:9.

Aflicción de. Isa. 29:15; Mat. 23:13.

Amontonan ira. Job 36:13.

Castigo a. Job 15:34; Isa. 10:6; Jer. 42:20,22; Mat. 24:51.

Cristo conocía y detectaba a. Mat. 22:18.

Descripción

Adoran de boca para afuera. Isa. 29:13, con Mat. 15:8.

Aman preeminencia. Mat. 23:6-7.

Aparatosos. Mat. 6:2,5,16; 23:5.

Aparente celo por cosas de Dios. Isa. 58:2.

Censuradores. Mat. 7:3-5; Luc. 13:14-15.

Codiciosos. Ezeq. 33:31; 2 Ped. 2:3.

H

Confiaban en privilegios. Jer. 7:4;
Mat. 3:9.
Consideraban que tradición era más
importante que Escrituras. Mat. 15:1-3.
Detestables. Isa. 32:6.
Devoraban casas de viudas. Mat. 23:14.
Disfrutan proselitismo. Mat. 23:15.
Exigían minucias pero descuidaban
deberes importantes. Mat. 23:23-14.
Farisaicos. Isa. 65:5; Luc. 18:11.
Intencionalmente ciegos.
Mat. 23:17,19,26.
Profesan pero no practican.
Ezeq. 33:31-32; Mat. 23:3;
Rom. 2:17-23.
Se gloriaban de apariencias. 2 Cor. 5:12.
Sólo buscaban pureza exterior.
Luc. 11:39.
Tienen sólo forma de piedad. 2 Tim. 3:5.
Destruyen a otros con mentiras. Prov. 11:9.
Dios conoce y detecta a. Isa. 29:15-16.
Dios no se deleita en. Isa. 9:17.
En posiciones de poder, trampa para pueblo.
Job 34:30.
Esperanza de, perece. Job 8:13; 27:8-9.
Espíritu de, dificulta crecimiento en
gracia. 1 Ped. 2:1.
Gozo de, sólo un momento. Job 20:5.
Guardarse de los. Luc. 12:1.
Miedo los sorprenderá. Isa. 33:14.
No comparecerán ante Dios. Job 13:16.

HIPOTECA
Sobre la tierra. Neh. 5:3.

HISOPO
Figurativamente, limpieza espiritual.
Sal. 51:7.
Israelitas usaron, para rociar sangre del
cordero pascual en dinteles de puertas.
Ex. 12:22.
Para rociar sangre durante purificación.
Lev. 14:4; Heb. 9:19.

Planta originaria de Asia occidental y norte
de África. 1 Rey. 4:33.
Usado en sacrificios de separación.
Núm. 19:6.
Usado para darle vinagre a Jesús en cruz.
Juan. 19:29.

Es así

HISOPO

El hisopo es una planta pequeña y tupida, la mejorana siria, con racimos de numerosas florecillas blancas; de manera que el hisopo resultaba apropiado para usar como pincel.

HOLOCAUSTO
Abraham y mandamiento de ofrecer a Isaac
como. Gén. 22.
Amar a Dios, mejor que. Mar. 12:33.
Cenizas de, recogidas al pie de altar y
llevadas fuera del campamento.
Lev. 6:11.
Conocer a Dios, mejor que. Os. 6:6.
de impíos, no aceptados por Dios.
Isa. 1:10-11; Jer. 6:19-20; Amós 5:22.
de víctimas humanas, denunciado.
Deut. 12:31; 2 Rey. 3:27; Jer. 7:31; 19:5.
Debía ofrecerse sólo a Jehová. Jue. 13:16.

Debía ser
Consumido totalmente.
Lev. 1:8-9,12-13; 6:9.
Macho sin defecto. Lev. 1:3; 22:19.
Matado y preparado por levitas para el
pueblo en general. Ezeq. 44:11.
Ofrecido en justicia. Sal. 51:19.
Presentado a la puerta del tabernáculo.
Lev. 13; Deut. 12:6,11,14.
Si era animal, matado por persona que lo
ofrecía. Lev. 1:5,11.

Si era ave, matada por sacerdote.
Lev. 1:15.

Sólo ofrecido por sacerdotes. Lev. 1:9;
Ezeq. 44:15.

Voluntario. Lev. 1:3; 22:18-19.

Debía tomarse de
Aves. Lev. 1:14.

Ganado bovino u ovino. Lev. 1:2.

Especialmente aceptables. Gén. 8:21;
Lev. 1:9,13,17.

Expiación por el pecado. Lev. 9:7.

Grosura, etc., de sacrificios de paz, colocada
y consumida con, diario. Lev. 3:5; 6:12.

Incapaz de eliminar pecado y reconciliar con
Dios. Sal. 40:6; 50:8; Heb. 10:6.

Más costoso, no es suficiente tributo a Dios.
Isa. 40:16, con Sal. 50:9-13.

Obediencia es mejor que. 1 Sam. 15:22;
Jer. 7:21-23.

Ofrecido
Antes de ir a la guerra. 1 Sam. 7:9.

Después de grandes misericordias.
1 Sam. 6:14; 2 Sam. 24:22,25.

Día de expiación. Lev. 16:3,5;
Núm. 29:8.

En consagración de levitas. Núm. 8:12.

En consagración de reyes.
1 Crón. 29:21-23.

En consagración de sacerdotes.
Lev. 9:2,12-14.

En dedicación de lugares sagrados.
Núm. 7:15, etc.; 1 Rey. 8:64.

En fiestas, con sonido de trompetas.
Núm. 10:10.

En purificación de mujeres. Lev. 12:6.

Por judíos antes de la ley. Ex. 10:25; 24:5.

Por leproso sanado. Lev. 14:13,19-20.

Por nazareos al contaminarse, o cuando
concluía voto. Núm. 6:11,14.

Primer día de cada mes. Núm. 28:11.

Siete días de panes sin levadura.
Núm. 28:19,24.

Todas las mañanas y las tardes.
Ex. 29:38-42.

Todos los días de reposo. Núm. 28:9-10.

Pecado de ofrecer, en lugar que no se debía
ofrecer. Lev. 17:8-9.

Pecado de quienes ofrecían, sin estar
autorizados. 1 Sam. 13:12-13.

Pecado transferido al, por imposición de
manos. Lev. 1:4; Núm. 8:12.

Piel del, dada a sacerdotes para vestidura.
Lev. 7:8. (Ver Gén. 3:21.)

Sacrificio más antiguo. Gén. 4:4, con
8:20; 22:2,13; Job 1:5.

Sangre del, rociada alrededor del altar.
Lev. 1:5,11.

Si era ave, sangre se exprimía al lado del
altar. Lev. 1:15.

HOLOCAUSTO, ALTAR DEL

Acaz quitó y profanó. 2 Rey. 16:10-16.

Colocado en atrio, antes de puerta del
tabernáculo. Ex. 40:6,29.

Cubierto con bronce. Ex. 27:2.

Cuernos en esquinas de. Ex. 27:2; 38:2.

Dimensiones, etc., de. Ex. 27:1; 38:1.

Enrejado de bronce puesto en.
Ex. 27:4-5; 38:4.

Era santo. Ex. 40:10.

Fuego
Ardía continuamente. Lev. 6:13.

Consumía sacrificios. Lev. 1:8-9.

Salía delante de Jehová. Lev. 9:24.

Judíos condenados por jurar livianamente
por. Mat. 23:18-19.

Limpiado y purificado con sangre.
Ex. 29:36-37.

Llamado
Altar de bronce. Ex. 39:39; 1 Rey. 8:64.

Altar de Dios. Sal. 43:4.

Altar de Jehová. Mal. 2:13.

Nada contaminado ni con defecto debía
ofrecerse en. Lev. 22:22; Mal. 1:7-8.

Ofrendas en dedicación de. Núm. 7.

Sacerdotes
Recibían alimentos del. 1 Cor. 9:13.
Solos para servicio de. Núm. 18:3,7.
Sacrificios atados a cuernos del. Sal. 118:27.
Sangre de sacrificios puesta sobre cuernos y
vertida a los pies de. Ex. 29:12;
Lev. 4:7,18,25; 8:15.
Santificaba todo lo que tocaba. Ex. 29:37.
Santificado por Dios. Ex. 29:44.
Según diseño divino. Ex. 27:8.
Tenía argollas y varas. Ex. 27:6-7; 38:5-7.
Todas las ofrendas, presentarse ante.
Mat. 5:23-24.
Todos los sacrificios, ofrecidos en.
Ex. 29:38-42; Isa. 56:7.
Todos sus artículos, de bronce.
Ex. 27:3; 38:3.
Un tipo de Cristo. Heb. 13:10.
Ungido y santificado con aceite de unción.
Ex. 40:10; Lev. 8:10-11.

HOMBRE
Avergonzado después de la caída. Gén. 3:10.
Ayuda del, vana. Sal. 60:11.
Bendecido por Dios. Gén. 1:28; 5:2.
Brevedad de vida. Job 14:1.
Buscó muchas perversiones. Ecl. 7:29.
Cada planta y árbol dados al, como comida.
Gén. 1:29.
Caminos del, rectos según su opinión.
Prov. 16:2.
Castigado por desobedecer. Gén. 3:16-19.
Colocado en huerto del Edén. Gén. 2:15.

Comparado con
Arcilla en manos de alfarero. Isa. 64:8;
Jer. 18:2,6.
Hierba. Isa. 40:6-8; 1 Ped. 1:24.
Sueño. Sal. 90:5.
Vanidad. Sal. 144:4.

Creado
A imagen de Dios. Gén. 1:26; Sant. 3:9.
Alma viviente. Gén. 2:7; 1 Cor. 15:45.
Con conocimiento (inferido). Col. 3:10.
Con obligación de obedecer.
Gén. 2:16-17.
de polvo de la tierra. Gén. 2:7; Job 33:6.
En sexto día. Gén. 1:31.
Hombre y mujer. Gén. 1:27; 5:2.
Por Cristo. Juan 1:3; Col. 1:16.
Por decisión de Trinidad. Gén. 1:26.
Por Dios. Gén. 1:27; Isa. 45:12.
Por Espíritu Santo. Job 33:4.
Recto. Ecl. 7:29.
Sobre la tierra. Deut. 4:32; Job 20:4.
Tipo de Cristo. Rom. 5:14.
Creado de modo formidable y maravilloso.
Sal. 139:14.
Creado por Dios generación tras generación.
Job 10:8-11; 31:15.

Cristo
Aprobado por Dios como. Hech. 2:22.
Cabeza de todo. 1 Cor. 11:3.
En encarnación, tomó naturaleza del.
Juan 1:14; Heb. 2:14,16.
Estuvo en la condición de. Fil. 2:8.
Hecho a semejanza del. Fil. 2:7.
Llamado segundo. 1 Cor. 15:47.
Refugio para pecadores. Isa. 32:2.
Sabía qué había en cada. Juan 2:25.
Daría todas sus posesiones para preservar su
vida. Job 2:4.
de la tierra, terrenal. 1 Cor. 15:47.
de todos los linajes, de una sangre.
Hech. 17:26.
Desobedeció a Dios al comer parte del fruto
prohibido. Gén. 3:1-12.
Días del, como días del trabajador. Job 7:1.
Días del, como una sombra. 1 Crón. 29:15.

Dios
Destruye esperanzas del. Job 14:19.
Guarda al. Job 7:20; Sal. 36:6.

Hace que ira del, lo alabe. Sal. 76:10.

Hace que su belleza se desvanezca.
Sal. 39:11.

Le permite hablar. Prov. 16:1.

Lo instruye. Sal. 94:10.

Ordena pasos del. Prov. 5:21; 20:24.

Prepara corazón del. Prov. 16:1.

Provee para. Sal. 145:15-16.

Dios consideró que creación era buena.
Gén. 1:31.

Dios lo vistió con pieles. Gén. 3:21.

Es como sombra. Sal. 39:6.

Expulsado del paraíso. Gén. 3:23-24.

Hecho para Dios. Prov. 16:4, con
Apoc. 4:11.

Ignora lo que es bueno para él. Ecl. 6:12.

Ignora lo que sucederá después de él.
Ecl. 10:14.

Implicó a su posteridad en la ruina.
Rom. 5:12-19.

Indigno del favor de Dios. Job 7:17; Sal. 8:4.

Inferior a ángeles. Sal. 8:5, con Heb. 2:7.

Intelecto del, madura con edad.
1 Cor. 13:11.

Límite de su vida. Sal. 90:10.

Llamado

Carne. Gén. 6:12; Joel 2:28.

Gusano. Job 25:6.

Hombre vano. Job 11:12; Sant. 2:20.

Polvo de la tierra. Isa. 45:9.

Más sabio que otras criaturas. Job 35:11.

Más valioso que otras criaturas. Job 35:11.

Mujer formada para ser ayuda del.
Gén. 21:2-25.

Nacido en pecado. Sal. 51:5.

Nacido para aflicción. Job 5:7.

Naturaleza y constitución diferente de otras
criaturas. 1 Cor. 15:39.

No confiar en. Sal. 118:8; Isa. 2:22.

No es bueno que esté solo. Gén. 2:18.

No puede dirigir sus caminos. Jer. 10:23;
Prov. 20:24.

No puede evitar muerte. Ecl. 8:8.

No puede limpiarse a sí mismo. Job 15:14;
Jer. 2:22.

No puede ser justo ante Dios. Job 9:2; 25:4;
Sal. 143:2; Rom. 3:20.

No saca provecho de trabajo y angustia.
Ecl. 2:22; 6:12.

No soporta angustia. Prov. 18:14.

Originalmente desnudo y sin avergonzarse.
Gén. 2:25.

Propósito de Dios en creación se completó al
hacer al. Gén. 2:5,7.

Puede comer carne después del diluvio.
Gén. 9:3.

Puede soportar aflicción corporal.
Prov. 18:14.

Puso nombre a otras criaturas.
Gén. 2:19-20.

Recibió dominio sobre otras criaturas.
Gén. 1:28; Sal. 8:6-8.

Recibió vida por soplo de Dios.
Gén. 2:7; 7:22; Job 33:4.

Recompensa según sus obras. Sal. 62:12;
Rom. 2:6.

Se cubrió con hojas de higuera. Gén. 3:7.

Tiene

Afectos. 1 Crón. 29:3.

Alma. Luc. 12:20; Hech. 14:22;
1 Ped. 4:19.

Conciencia. Rom. 2:15; 1 Tim. 4:2.

Cuerpo. Mat. 6:25.

Entendimiento. Ef. 1:18; 4:18.

Espíritu. Prov. 18:14; 20:27; 1 Cor. 2:11.

Memoria. Gén. 41:9; 1 Cor. 15:2.

Voluntad. 1 Cor. 9:17; 2 Ped. 1:21.

Tiene sabiduría por inspiración del
Omnipotente. Job 32:8-9.

Todo deber del. Ecl. 12:13.

HOMBRE, AMOR AL

Amor a uno mismo es medida para.
Mar. 12:33.

Amor de Dios es motivo para. Juan 13:34;
1 Juan 4:11.

Bueno y agradable. Sal. 133:1-2.

Creyentes deben

Animarse mutuamente al. 2 Cor. 8:7; 9:2;
Heb. 10:24.

Hacer a un lado interés propio.
1 Cor. 10:24; 13:5; Fil. 2:4.

Permanecer en. 1 Tim. 2:15; Heb. 13:1.

Seguir. 1 Cor. 14:1.

Ser fervientes en. 1 Ped. 1:22; 4:8.

Ser sinceros en. Rom. 12:9;
2 Cor. 6:6; 8:8; 1 Juan 3:18.

Tener, en abundancia. Fil. 1:9;
1 Tes. 3:12.

Vestirse de. Col. 3:14.

Cumplimiento de ley. Rom. 13:8-10;
Gál. 5:14; Sant. 2:8.

de Dios. 1 Juan 4:7.

Debe demostrarse al

Amarse unos a otros. Gál. 5:13.

Ayudar a extranjeros. Lev. 25:35;
Mat. 25:35.

Cubrir faltas de otros. Prov. 10:12, con
1 Ped. 4:8.

Ministrar a necesidades de otros.
Mat. 25:35; Heb. 6:10.

Perdonar faltas. Ef. 4:32; Col. 3:13.

Reprender. Lev. 19:17; Mat. 18:15.

Ser compasivo. Rom. 12:15;
1 Cor. 12:26.

Soportarse mutuamente. Ef. 4:2.

Sostener a débiles. Gál. 6:2; 1 Tes. 5:14.

Vestir a quienes no tienen ropas. Isa. 58:7;
Mat. 25:36.

Visitar a enfermos, etc. Job 31:16-22;
Sant. 1:27.

Debe estar conectado con bondad cristiana.
Rom. 12:10; 2 Ped. 1:7.

Debe mostrarse para con

Conciudadanos. Ex. 32:32;
Rom. 9:2-3; 10:1.

Creyentes. 1 Ped. 2:17; 1 Juan 5:1.

Enemigos. Ex. 23:4-5; 2 Rey. 6:22;
Mat. 5:44; Rom. 12:14,20; 1 Ped. 3:9.

Extranjeros. Lev. 19:34; Deut. 10:19.

Familias. Ef. 5:25; Tito 2:4.

Ministros del evangelio. 1 Tes. 5:13.

Todos los hombres. Gál. 6:10.

Dones sobrenaturales no son nada sin.
1 Cor. 13:1-2.

Enseñanza de Dios. 1 Tes. 4:9.

Evidencia de

Estar en luz. 1 Juan 2:10.

Ser discípulo de Cristo. Juan 13:35.

Vida espiritual. 1 Juan 3:14.

Explicación. 1 Cor. 13:4-7.

Fe obra por. Gál. 5:6.

Fruto del Espíritu. Gál. 5:22; Col. 1:8.

Hacer todas las cosas con. 1 Cor. 16:14.

Hipócritas carecen de. 1 Juan 3:10.

Mandato de Cristo. Juan 13:34; 15:12;
1 Juan 3:23.

Mandato de Dios. 1 Juan 4:21.

Necesario para verdadera felicidad.
Prov. 15:17.

Principio activo. 1 Tes. 1:3; Heb. 6:10.

Principio constante. 1 Cor. 13:8,13.

Produce unidad. Col. 2:2.

Propósito del mandamiento. 1 Tim. 1:5.

Pureza de corazón lleva a. 1 Ped. 1:22.

Sacrificios más grandes son nada sin.
1 Cor. 13:3.

Se espera especialmente de ministros del
evangelio. 1 Tim. 4:12; 2 Tim. 2:22.

Según ejemplo de Cristo. Juan 13:34; 15:12;
Ef. 5:2.

Segundo grande mandamiento.
Mat. 22:37-39.

Une todas las cosas en perfecta unidad.
Col. 3:14.

HOMBRE, CAÍDA DEL

A través de tentación del diablo. Gén. 3:1-5;
2 Cor. 11:3; 1 Tim. 2:14.
Adán y Eva. Gén. 3:1-19.

Castigo por la
Condenación a trabajo y dolor.
Gén. 3:16,19; Job 5:6-7.
Expulsión del paraíso. Gén. 3:24.
Muerte eterna. Job 21:30;
Rom. 5:18,21; 6:23.
Muerte física. Gén. 3:19; Rom. 5:12;
1 Cor. 15:22.

Hombre, en consecuencia
Abominable. Job 15:16; Sal. 14:3.
Alejado de Dios. Gén. 3:8; Sal. 58:3;
Ef. 4:18; Col. 1:21.
Ama la oscuridad. Juan 3:19.
Ciego en su corazón. Ef. 4:18.
Consciente de culpa. Gén. 3:7-8,10.
Constante en maldad. Sal. 10:5;
2 Ped. 2:14.
Corazón malvado. Gén. 6:5; 8:21;
Jer. 16:12; Mat. 15:19.
Corrupto y perverso. Gén. 6:12;
Sal. 10:5; Rom. 3:12-16.
Destituido de gloria de Dios. Rom. 3:23.
Esclavo del diablo. 2 Tim. 2:26;
Heb. 2:14-15.
Esclavo del pecado. Rom. 6:19; 7:5,23;
Gál. 5:17; Tito 3:3.
Hecho a imagen de Adán. Gén. 5:3, con
1 Cor. 15:48-49.
Hijo de ira. Ef. 2:3.
Injusto. Ecl. 7:20; Rom. 3:10.
Mente depravada. Rom. 8:5-7; Ef. 4:17;
Col. 1:21; Tito 1:15.
Nace en pecado. Job 15:14; 25:4;
Sal. 51:5; Isa. 48:8; Juan 3:6.
No percibe cosas de Dios. 1 Cor. 2:14.
No tiene temor de Dios. Rom. 3:18.
Obstinado. Job 11:12.
Se alejó por propio camino. Isa. 53:6.

Sin entendimiento. Sal. 14:2-3, con
Rom. 1:31; 3:11.
Tiene mente corrompida. Tito 1:15;
Heb. 10:22.
Totalmente depravado. Gén. 6:5;
Rom. 7:18.
Implicaciones de. 2 Cor. 11:3; 1 Tim. 2:14.
Muerto en pecado. Ef. 2:1; Col. 2:13.
No tiene remedio humano. Prov. 20:9;
Jer. 2:22; 13:23.
Por desobediencia de Adán. Gén. 3:6,11-12,
con Rom. 5:12,15,19.
Remedio para, proporcionado por Dios.
Gén. 3:15; Juan 3:16.
Todas las personas participan de efectos
de. 1 Rey. 8:46; Gál. 3:22;
1 Juan 1:8; 5:19.

HOMICIDIO

Accidental, leyes sobre. Ex. 21:13-32.
Culposo, castigo por. Gén. 4:9-11;
Ex. 20:13; Deut. 15:17; Rom. 13:9.

Ejemplos de
Abimelec. Jue. 9:5,18,56.
Abner. 2 Sam. 2:18-24.
Absalón. 2 Sam. 13:22-29.
Acab y Jezabel. 1 Rey. 21:10-24.
Adramelec y Sarezer. 2 Rey. 19:37.
Amalecita. 2 Sam. 1:16.
Amonitas. Amós 1:13-15.
Aod. Jue. 3:16-23.
Atalía. 2 Rey. 11:1.
Baasa. 1 Rey. 15:27-29.
Barrabás. Mar. 15:7.
Caín. Gén. 4:8.
David. 2 Sam. 11:14-17.
Faraón. Ex. 1:16,22.
Hazael. 2 Rey. 8:15.
Herodes. Hech. 12:2,19.
Herodes Antipas. Mat. 14:10.
Herodes el Grande. Mat. 2:16.
Ismael. Jer. 41:1-7.

H

Jael. Jue. 4:21.
Jehú. 2 Rey. 9:24-37.
Joab. 2 Sam. 3:24-27.
Joram. 2 Crón. 21:4.
Lamec. Gén. 4:23-24.
Manahem. 2 Rey. 15:16.
Manasés. 2 Rey. 21:16.
Moisés. Ex. 2:11-12.
Nabucodonosor. Jer. 39:6.
Recab y Baana. 2 Sam. 4:5-8.
Sanedrín. Hech. 7:54-60.
Sanedrín y Pilato. Mat. 26,27.
Siervos de Amón. 2 Rey. 21:23.
Siervos de Joás. 2 Rey. 12:20-21.
Simeón y Leví. Gén. 34:25-31.
Soldados de Amasías. 2 Crón. 25:12.
Zimri. 1 Rey. 16:9-11.

Ejemplos de castigo por
Amán. Est. 7:10.
Asesino de Is-boset. 2 Sam. 4:11-12.
Asesino de Saúl. 2 Sam. 1:15-16.
Asesinos de Joás. 2 Rey. 14:5.
Caín. Gén. 4:11-15.
David. 2 Sam. 12:9-10.
Joab. 1 Rey. 2:31-34.
Por violación. Jue. 19:25-28.

HOMOSEXUALIDAD
Practicada en Sodoma. Gén. 19:4-5.

Principios relevantes sobre
Quienes practican, no heredarán reino de
Dios. 1 Cor. 6:9-11.
Seres humanos, creados varón y mujer.
Gén. 1:27; 2:18-25; Mat. 19:4-6.
Prohibida. Lev. 18:22; 20:13.
Se declara que es maldad. Gén. 19:7;
Rom. 1:26-27,32; 1 Tim. 1:8-10.

HONDA
David mata a Goliat con. 1 Sam. 17:40-50.
Destreza en uso de. Jue. 20:16.
En guerra. 2 Crón. 26:14.

Para tirar piedras. Prov. 26:8.

HONESTIDAD
Dios exige. Amós 8:4-7.
Imperativa para cristianos. Rom. 13:13;
2 Cor. 8:21..
Requerida en negocios. Deut. 25:13;
Prov. 11:1; Lev. 19:35.

HONRA
A ancianos. Lev. 19:32; 1 Tim. 5:1.
A padres. Ex. 20:12; Mat. 15:4.
A príncipes. Est. 3:2,5.
A reyes. 1 Rey. 1:16,23,31.
Dios digno de. Sal. 145:5; Apoc. 4:11.
Obtenida por honrar a Dios.
Prov. 15:33; 21:31.
Recibida de Dios. Est. 8:16; Dan. 5:18;
Juan. 12:26.
Rechazada por ángel de visión de Juan.
Apoc. 19:10; 22:8-9.
Rechazada por Pablo y Bernabé.
Hech. 14:11-18.
Rechazada por Pedro. Hech. 10:26.

HORAS
Doce, en un día. Juan. 11:9.
Durante noche. Hech. 23:23.
Usadas en sentido simbólico.
Apoc. 8:1; 9:15.

HORCA
Pena capital. Gén. 40:19-22; Jos. 8:29;
2 Sam. 4:12; Est. 7:10.

HORNO
Figurativamente. Sal. 21:9; Os. 7:4,6,7;
Mal. 4:1; Mat. 6:30; Luc. 12:28.
Para castigo, Sadrac, Mesac y Abed-nego.
Dan. 3:6-26.
Para cocinar. Ex. 8:3;
Lev. 2:4; 7:9; 11:35; 26:26.
Para derretir plomo y estaño. Ezeq. 22:20.

Para refinar oro. Prov. 17:3.

Para refinar plata. Ezeq. 22:22; Mal. 3:3.

Símbolo de
Aflicción. Deut. 4:20.
Infierno. Mal. 4:1; Mat. 13:42,50;
Apoc. 9:2.
Lujuria. Os. 7:4.

HORÓSCOPO

Por parte de astrólogos. Isa. 47:13.

En otras palabras...

HOSANNA

Hosanna es una palabra hebrea o aramea cuya mejor traducción es el ruego "salva ahora" o "salva, te rogamos". Fue el clamor dirigido a Jesús durante su entrada triunfal en Jerusalén (Mar. 11:9). Las palabras se toman de Sal. 118:25-26.

HOSPITALIDAD

Ver también Agasajos

Ánimo a practicar. Luc. 14:14; Heb. 13:2.

Debía mostrarse especialmente a
Enemigos. 2 Rey. 6:22-23; Rom. 12:20.
Extraños. Heb. 13:2.
Pobres. Isa. 58:7; Luc. 14:13.
Mandamiento. Rom. 12:13; 1 Ped. 4:9.
Prueba del carácter cristiano. 1 Tim. 5:10.
Requisito para ministros del evangelio.
1 Tim. 3:2; Tito 1:8.

HOSPITALIDAD, FALTA DE

Ejemplos de
Hacia israelitas: amonitas y moabitas.
Deut. 23:3-6.
Hacia israelitas: Edom. Núm. 20:18-20.
Hacia israelitas: Sehón. Núm. 21:22-23.
Hombres de Gabaón hacia levita.
Jue. 19:15.
Nabal hacia David. 1 Sam. 25:10-17.
Samaritanos hacia Jesús. Luc. 9:53.

HOZ

Figurativamente, juicio de Dios. Joel 3:13;
Apoc. 14:14-19.
Implemento agrícola para cortar grano.
Deut. 23:25; Jer. 50:16; Mar. 4:29.

HUÉRFANOS

Bendición a quien cuida de. Deut. 14:29;
Job 29:12-13; Jer. 7:6-7.
Defender a. Sal. 82:3; Isa. 1:17.

Vida cotidiana

HOSPITALIDAD

Por toda la zona del Mediterráneo, la hospitalidad no era sólo una cortesía sino además una necesidad. En la Biblia no aparecen posadas hasta la época del Nuevo Testamento (con la posible excepción de Jos. 2:1 y Jer. 41:17), e incluso en ese entonces su reputación era cuestionada. La hospitalidad llegó a considerarse un deber sagrado y un privilegio, hasta el punto de que el viajero tenía derecho a esperar comida, techo y protección (Gén. 19:1-11; Jue. 19:16-30). La ley del Antiguo Testamento la exigía (Lev. 19:33-34), y no brindarla era considerado una desgracia y un delito (Deut. 23:3-4; Jue. 19:12-15; 1 Sam. 25:2-42).

Dejar que tengan parte en nuestras bendiciones. Deut. 14:29.

Dios ha de

Castigar a quienes maltratan a. Jer. 5:28-29.

Castigar a quienes oprimen a. Ex. 22:24; Isa. 10:1-3; Mal. 3:5.

Hacer justicia a. Deut. 10:18; Sal. 10:18.

Oír clamor de. Ex. 22:23-24.

Ser ayudador de. Sal. 10:14.

Ser padre de. Sal. 68:5.

Ejemplos de

Ester. Est. 2:7.

Figura de Sión en aflicción. Lam. 5:3.

Hijas de Zelofehad. Núm. 27:1-5.

Joás. 2 Rey. 11:1-12.

Jotam. Jue. 9:16-21.

Lot. Gén. 11:27-28.

Mefi-boset. 2 Sam. 9:3.

Hallan misericordia en Dios. Os. 14:3.

Impíos

Abruman a. Job 6:27.

Afligen a. Ezeq. 22:7.

Asesinan a. Sal. 94:6.

No hacen justicia a. Jer. 5:28.

Oprimen a. Job 24:3.

Roban a. Isa. 10:2.

Maldición a quien oprime a. Deut. 27:19.

Mandamiento sobre. Ex. 22:22-24; Sant. 1:27.

No actuar con violencia para con. Jer. 22:3.

No afligir a. Ex. 22:23.

No aprovecharse de. Deut. 24:17.

No defraudar a. Prov. 23:10.

No oprimir a. Zac. 7:10.

Promesas con respecto a. Jer. 49:11.

Visitarlos en su aflicción. Sant. 1:27.

HUERTO

A menudo cercados. Cant. 4:12.

A menudo con fuentes. Cant. 4:15.

A menudo hechos por riberas de ríos. Núm. 24:6.

Cabañas erigidas en. Isa. 1:8.

Clases de, mencionados

Árboles frutales. Ecl. 2:5-6.

Especias, etc. Cant. 4:16; 6:2.

Legumbres. Deut. 11:10; 1 Rey. 21:2.

Melones. Isa. 1:8.

Cuidados por hortelanos. Juan 20:15.

Del Edén

Fertilidad de Canaán, como. Gén. 13:10; Joel 2:3.

Futuro estado de judíos será como. Isa. 51:3; Ezeq. 36:35.

Hombre colocado en, para labrarlo. Gén. 2:8.

Hombre expulsado del, luego de caída. Gén. 3:23-24.

Llamado huerto de Dios. Ezeq. 28:13.

Llamado huerto de Jehová. Gén. 13:10.

Plantado por Jehová. Gén. 2:8.

Regado por río. Gén. 2:10-14.

Se podía comer todo árbol bueno. Gén. 2:9.

Ilustrativo de

Carácter afable y capacidad fructífera de iglesia (cuando está cercado). Cant. 4:12.

Iglesia. Cant. 5:1; 6:2,11.

Impíos (cuando está seco). Isa. 1:30.

Prosperidad espiritual de iglesia (cuando está bien regado). Isa. 58:11; Jer. 31:12.

Judíos debieron plantar, en Babilonia. Jer. 29:5,28.

Usados también para

Adoración idólatra. Isa. 1:29; 65:3.

Agasajos. Cant. 5:1.

Lugar de retiro. Juan 18:1.

Sepultura. 2 Rey. 21:18,26; Juan 19:41.

Viento solano en, castigo. Amós 4:9.

HUMILDAD

Acompaña a presencia de Dios. Isa. 57:15;
Mat. 5:3.
Aflicciones, para producir. Lev. 26:41;
Deut. 8:3; Lam. 3:20.
Aliento a. Rom. 12:16; Fil. 2:3.
Antes de honra. Prov. 15:33.
Bienaventuranza de. Mat. 5:3.
Característica de creyentes. Sal. 34:2.
Caracteriza a alguien que ayuda Dios.
Mat. 8:8; Luc. 18:9-14.
Conduce a riquezas, honra y vida.
Prov. 22:4.

Creyentes deben
Cuidarse de falsa. Col. 2:18,23.
Vestirse con. Col. 3:12; 1 Ped. 5:5.
Vivir con. Ef. 4:1-2.
Cristo, ejemplo de. Mat. 11:29;
Juan. 13:14-15; Fil. 2:5-8.
Excelencia de. Prov. 16:19.
Falta de, condenada. 2 Crón. 33:23; 36:12;
Jer. 44:10; Dan. 5:22.

Juicios temporales evitados por.
2 Crón. 7:14; 12:6-7.
Necesaria para servir a Dios. Miq. 6:8.
Produce sabiduría. Prov. 11:2; Mat. 11:25.

Quienes tienen
Disfrutan presencia de Dios. Isa. 57:15.
Reciben gracia. Prov. 3:34; Sant. 4:6.
Son estimados por Dios. Sal. 138:6;
Isa. 66:2.
Son exaltados por Dios.
Luc. 14:11; 18:14.
Son levantados por Dios. Sant. 4:10.
Son librados por Dios. Job 22:29.
Son los más grandes en reino de Cristo.
Mat. 18:4; 20:26-28.
Son oídos por Dios. Sal. 9:12; 10:17.
Son sustentados por honra.
Prov. 18:12; 29:23.

HUSO
Usado para hilar. Prov. 31:19.

H

I

IDIOMA

Bárbaros eran quienes hablaban en, extraño. 1 Cor. 14:11.

Capacidad de hablar en diferentes
A veces se abusaba de. 1 Cor. 14:2-12,23.
Conferida cuando apóstoles imponían manos. Hech. 8:17-18; 19:6.
Dada el día de pentecostés. Hech. 2:3-4.
Don del Espíritu Santo. 1 Cor. 12:10.

Es así

IDIOMAS

La estructura de los idiomas bíblicos hebreo y arameo difiere del español en gran manera. La formación de palabras comienza con una raíz de tres letras que presenta un significado básico. Por ejemplo, Q-D-S da la idea de santidad. La raíz es modificada por prefijos, sufijos e infijos que entonces forman distintos tipos de sustantivos, adjetivos, verbos, infinitivos y participios. El orden estructural típico es verbo-sujeto-objeto. El sistema de tiempos verbales es mucho menos capaz de comunicar distinciones sutiles que en el caso del griego o el castellano. Tanto el hebreo como el arameo se escriben de derecha a izquierda.

Luego que se recibía evangelio. Hech. 10:44-46.
Necesaria para extender evangelio. Hech. 2:7-11.
Prometida. Mar. 16:17.
Señal para incrédulos. 1 Cor. 14:22.

Confusión de
Castigo por presunción, etc. Gén. 11:2-6.
Dividió a personas en diferentes naciones. Gén. 10:5,20,31.
Esparció a gente por toda la tierra. Gén. 11:8-9.
Originó variedades de. Gén. 11:7.
De algunas naciones, difícil. Ezeq. 3:5-6.
De todas las personas, al principio uno solo. Gén. 11:1,6.
Gran variedad de, hablados por hombre. 1 Cor. 14:10.

Interpretación de
Antigüedad de contar con. Gén. 42:23.
Don del Espíritu Santo. 1 Cor. 12:10.
Muy importante en iglesia primitiva. 1 Cor. 14:5,13,27-28.
Judíos castigados al ser entregados a pueblos de, extraño. Deut. 28:49; Isa. 28:11; Jer. 5:15.

Llamado
Lengua. Hech. 1:19; Apoc. 5:9.
Manera de hablar. Mar. 14:70.
Reinos de antigüedad a menudo comprendían naciones de distinto. Est. 1:22; Dan. 3:4; 6:25.

Tipos de, mencionados
Árabe, etc. Hech. 2:11.
Arameo. 2 Rey. 18:26; Esd. 4:7.
Caldeo. Dan. 1:4.
Egipcio. Sal. 81:5; 114:1; Hech. 2:10.
Griego. Hech. 21:37.
Hebreo. 2 Rey. 18:28; Hech. 26:14.
Latín. Luc. 23:38.
Licaónico. Hech. 14:11.

IDOLATRÍA
Adivinación, relacionada con. 2 Crón. 33:6.
Adoptada por reyes impíos.
  1 Rey. 21:26; 2 Rey. 21:21;
  2 Crón. 28:2-4; 33:3,7.
Adoptada por Salomón. 1 Rey. 11:5-8.
Advertencias contra. Deut. 4:15-19.
Altares edificados para. 1 Rey. 18:26;
  Os. 8:11.
Ángeles se niegan a aceptar culto de.
  Apoc. 22:8-9.
Buenos reyes de Judá trataron de acabar
  con. 2 Crón. 15:16; 34:7.
Cambiar gloria de Dios por imagen.
  Rom. 1:23, con Hech. 17:29.
Cambiar verdad de Dios por mentira.
  Rom. 1:25, con Isa. 44:20.

Castigo por medio de
Destierro. Jer. 8:3; Os. 8:5-8;
  Amós 5:26-27
Exclusión del cielo. 1 Cor. 6:9-10;
  Ef. 5:5.
Muerte. Deut. 17:2-5.
Terribles juicios que terminan en muerte.
  Jer. 8:2; 16:1-11.
Tormentos eternos. Apoc. 14:9-11; 21:8.
Cautividad de Israel por su. 2 Rey. 17:6-18.
Cautividad de Judá por su. 2 Rey. 17:19-23.
Conducía a pecados abominables.
  Hech. 15:20; Rom. 1:26-32.

Consiste en
Adorar a ángeles. Col. 2:18.

Adorar a demonios. Mat. 4:9-10;
  Apoc. 9:20.
Adorar a muertos. Sal. 106:28.
Adorar a otros dioses. Deut. 30:17;
  Sal. 81:9.
Adorar al Dios verdadero usando imagen,
  etc. Ex. 32:4-6, con Sal. 106:19-20.
Adorar al ejército de los cielos.
  Deut. 4:19; 17:3.
Adorar imágenes. Isa. 44:17;
  Dan. 3:5,10,15.
Caminar en pos de otros dioses.
  Deut. 8:19.
Codicia. Ef. 5:5; Col. 3:5.
Hablar en nombre de otros dioses.
  Deut. 18:20.
Inclinarse ante imágenes. Ex. 20:5;
  Deut. 5:9.
Jurar por otros dioses. Ex. 23:13;
  Jos. 23:7.
Mirar a otros dioses. Os. 3:1.
Ofrecer sacrificios a imágenes.
  Sal. 106:38; Hech. 7:41.
Ofrecer sacrificios a otros dioses.
  Ex. 22:20.
Sensualidad. Fil. 3:19.
Servir a otros dioses. Deut. 7:4; Jer. 5:19.
Temer a otros dioses. 2 Rey. 17:35.
Tener ídolos en corazón. Ezeq. 14:3-4.

Creyentes deben
Guardarse de. Jos. 23:7; 1 Juan 5:21.
Huir de. 1 Cor. 10:14.
Negarse a, aunque reciban amenazas de
  muerte. Dan. 3:18.
Testificar contra. Hech. 14:15; 19:26.

Creyentes no deben
Casarse con quienes practican. Ex. 34:16;
  Deut. 7:3.
Juntarse con quienes practican.
  Ex. 34:12,15; Deut. 7:2.
Participar de nada conectado con.
  1 Cor. 10:19-20.

Tener en su casa nada asociado con.
Deut. 7:26.
Tener parte en religión de quienes
practican. Jos. 23:7; 1 Cor. 5:1 l.
Creyentes preservados por Dios de.
1 Rey. 19:18, con Rom. 11:4.
Creyentes se niegan a aceptar culto de.
Hech. 10:25-26; 14:11-15.

Descripción
Abominable. Jer. 44:4; 1 Ped. 4:3.
Abominación para Dios. Deut. 7:25.
Aborrecible para Dios. Deut. 16:22.
Deshonrosa. Ezeq. 20:7; 36:18.
Irracional. Hech. 17:29; Rom. 1:21-23.
Sangrienta. Ezeq. 23:39.
Sin provecho. Jue. 10:14; Isa. 46:7.
Vana y necia. Sal. 115:4-8; Isa. 44:19;
Jer. 10:3.
Destrucción de, prometida. Ezeq. 36:25;
Zac. 13:2.
Ejemplo de reyes, alentó a Israel a.
1 Rey. 12:30; 2 Rey. 21:11;
2 Crón. 33:9.
Exhortaciones a dejar. Ezeq. 14:6; 20:7;
Hech. 14:15.
Existió desde el comienzo entre quienes
profesaban a Dios.
Gén. 31:19,30; 35:1-4; Jos. 24:2.
Fiestas celebrando. 2 Rey. 10:20;
1 Cor. 10:27-28.
Frecuencia de, en Israel. Isa. 2:8; Jer. 2:28;
Ezeq. 8:10.
Hacer ídolos para, mencionado y
ridiculizado. Isa. 44:10-20.

Ídolos, etc. mencionados en Escritura
Adramelec. 2 Rey. 17:31.
Anamelec. 2 Rey. 17:31.
Asima. 2 Rey. 17:30.
Astoret. Jue. 2:13; 1 Rey. 11:33.
Baal. Jue. 2:11-13; 6:25.
Baal-berit. Jue. 8:33; 9:4,46.
Baal-peor. Núm. 25:1-3.

Baal-zebub. 2 Rey. 1:2,16.
Baal-zefón. Ex. 14:2.
Bel. Jer. 50:2; 51:44.
Dagón. Jue. 16:23; 1 Sam. 5:1-3.
Diana. Hech. 19:24,27.
Júpiter. Hech. 14:12.
Mercurio. Hech. 14:12.
Merodac. Jer. 50:2.
Moloc o Milcom.
Lev. 18:21; 1 Rey. 11:5,33.
Nebo. Isa. 46:1.
Nergal. 2 Rey. 17:30.
Nibhaz y Tartac. 2 Rey. 17:31.
Nisroc. 2 Rey. 19:37.
Quemos. Núm. 21:29; 1 Rey. 11:33.
Quiún. Amós 5:26.
Reina del cielo. Jer. 44:17,25.
Renfán. Hech. 7:43.
Rimón. 2 Rey. 5:18.
Succot-benot. 2 Rey. 17:30.
Tamuz. Ezeq. 8:14.
Incompatible con servicio a Dios.
Gén. 35:2-3; Jos. 24:23.

Judíos
A menudo mezclaban, con culto a Dios.
Ex. 32:1-5; 1 Rey. 12:27-28.
Practicaron, en Egipto. Jos. 24:14;
Ezeq. 23:3,19.
Salieron de Egipto adoptando.
Ezeq. 23:8, con Hech. 7:39-41.
Siguieron a asirios en.
Ezeq. 16:28-30; 23:5-7.
Siguieron a cananeos en.
Jue. 2:11-13; 1 Crón. 5:25.
Siguieron a moabitas en. Núm. 25:1-3.
Siguieron a sirios en. Jue. 10:6.
Tenían prohibida. Ex. 20:1-5; 23:24.
Maldición contra. Deut. 27:15.

Objetos de
Ángeles. Col. 2:18.
Criaturas terrenales. Rom. 1:23.

I

Cuerpos celestiales. 2 Rey. 23:5;
Hech. 7:42.
Espíritus de muertos. 1 Sam. 28:14-15.
Imágenes. Deut. 29:17; Sal. 115:4;
Isa. 44:17.

Objetos de, adorados
Al besarles mano. Job 31:26-27.
Al besarlos. 1 Rey. 19:18; Os. 13:2.
Al inclinarse a ellos. 1 Rey. 19:18;
2 Rey. 5:18.
Al mutilar. 1 Rey. 18:28.
Al quemar niños.
Deut. 12:31; 2 Crón. 33:6; Jer. 19:4,5;
Ezeq. 16:21.
Bajo árboles. Jer. 2:20.
Con cantos y danzas.
Ex. 32:18-19; 1 Cor. 10:7.
Con incienso. Jer. 48:35.
Con libaciones. Isa. 57:6; Jer. 19:13.
Con oración. 1 Rey. 18:26; Isa. 44:17.
Con sacrificios.
Núm. 22:40; 2 Rey. 10:24.
En bosques. Ex. 34:13.
En casas. Jue. 17:4-5.
En lugares altos. Núm. 22:41; Jer. 2:20.
En techos de casas. 2 Rey. 23:12;
Sof. 1:5.
En templos. 2 Rey. 5:18.

Objetos de, descripción
Abominables ídolos. Ezeq. 7:20.
Abominaciones. Isa. 44:19; Jer. 32:34.
Dioses de fundición. Ex. 34:17; Lev. 19:4.
Dioses extraños. Gén. 35:2,4; Jos. 24:20.
Dioses que no crearon los cielos.
Jer. 10:11.
Dioses que no pueden salvar. Isa. 45:20.
Ídolos de abominación. Ezeq. 16:36.
Ídolos de madera. Jer. 3:9; Os. 4:12.
Ídolos de naciones. Jer. 14:22.
Ídolos mudos. Hab. 2:18; 1 Cor. 12:2.
Ídolos sin sentidos. Deut. 4:28;
Sal. 115:5,7.

Imagen de fundición. Deut. 27:15;
Hab. 2:18.
Imágenes talladas en madera. Isa. 45:20;
Os. 11:2.
Impotentes e inútiles. Jer. 10:5.
Lo que no es Dios. Jer. 5:7; Gál. 4:8.
Maestros de mentira. Hab. 2:18.
Nada. 1 Cor. 8:4.
Nuevos dioses. Deut. 32:17; Jue. 5:8.
Numerosos. 1 Cor. 8:5.
Otros dioses. Jue. 2:12,17; 1 Rey. 14:9.
Piedras de tropiezo. Ezeq. 14:3.
Piedras mudas. Hab. 2:19.
Vanidad. Isa. 41:24.
Vanidad. Jer. 18:15.
Viento y vanidad. Isa. 41:29.
Objetos de, llevados en procesión. Isa. 46:7;
Amós 5:26; Hech. 7:43.
Obra de naturaleza pecaminosa.
Gál. 5:19-20.
Paganos creían que sus dioses sólo tenían
influencia local.
1 Rey. 20:23; 2 Rey. 17:26.
Paganos creían que sus dioses visitaban la
tierra con cuerpos humanos. Hech. 14:11.
Pecadores obstinados entregados
judicialmente a. Deut. 4:28; 28:64;
Os. 4:17.
Predicción de calamidad por. Hab. 2:19.
Prohibición. Ex. 20:2-3; Deut. 5:7.

Quienes practican
Dejan a Dios. 2 Rey. 22:17; Jer. 16:11.
Están alejados de Dios. Ezeq. 14:5.
Juran por sus ídolos. Amós 8:14.
Odian a Dios. 2 Crón. 19:2-3.
Piden consejo a ídolos. Os. 4:12.
Piden liberación a ídolos.
Isa. 44:17; 45:20.
Profanan nombre de Dios. Ezeq. 20:39.
Profanan santuario de Dios. Ezeq. 5:11.
Provocan a Dios. Deut. 31:20; Isa. 65:3;
Jer. 25:6.

Se aferran a su engaño. Jer. 8:5.

Se alejan de Dios. Ezeq. 44:10.

Se dejan arrastrar hacia. 1 Cor. 12:2.

Se entontecen. Jer. 50:38.

Se envanecen en sus razonamientos. Rom. 1:21.

Se jactan. Sal. 97:7.

Se olvidan de Dios. Deut. 8:19; Jer. 18:15.

Son como humo. Isa. 65:5.

Son necios e ignorantes. Rom. 1:21-22.

Su corazón va tras. Ezeq. 20:16.

Tienen comunión con demonios. 1 Cor. 10:20.

Ritos de, obscenos e impuros. Ex. 32:25; Núm. 25:1-3; 2 Rey. 17:9; Isa. 57:6,8-9; 1 Ped. 4:3.

Se renuncia a, en conversión. 1 Tes. 1:9.

Templos construidos para. Os. 8:14.

Toda forma de, prohibida en ley mosaica. Ex. 20:4-5.

Todas las naciones paganas, entregadas a. Sal. 96:5; Rom. 1:23,25; 1 Cor. 12:2.

Todo lo conectado con, debe destruirse. Deut. 7:5; 2 Sam. 5:21; 2 Rey. 23:14; Ezeq. 34:13.

Víctimas sacrificadas, a menudo adornadas con guirnaldas. Hech. 14:13.

Virtual abandono de Dios. Jer. 2:9-13.

Palabra clave

IGLESIA

La palabra griega para iglesia en el Nuevo Testamento es *ekklesia*, y significa "un grupo de personas reunidas". En la Biblia *ekklesia* tiene una variedad de significados, pero la mayoría de las referencias indican un cuerpo local de creyentes.

IGLESIA

Alcance de, profetizado. Isa. 2:2; Ezeq. 17:22-24; Dan. 2:34-35; Hab. 2:14.

Amada por Cristo. Cant. 7:10; Ef. 5:25.

Como cuerpo de Cristo. Ef. 1:23; Col. 1:24.

Comprada por sangre de Cristo. Hech. 20:28; Ef. 5:25; Heb. 9:12.

Creyentes bautizados en, por un solo Espíritu. 1 Cor. 12:13.

Creyentes continuamente añadidos por el Señor. Hech. 2:47; 5:14; 11:24.

Cristo, cabeza de. Ef. 1:22; 5:23.

Cristo, fundamento de. 1 Cor. 3:11; Ef. 2:20; 1 Ped. 2:4,6.

Destrucción de, será castigada. 1 Cor. 3:17.

Dios defiende a. Sal. 89:18; Isa. 4:5; 49:25; Mat. 16:18.

Dios provee pastores y ministros a. Jer. 3:15; Ef. 4:11-12.

Edificada por la Palabra. 1 Cor. 14:4,13; Ef. 4:15-16.

Elegida. 1 Ped. 5:13.

Gloria a Dios por parte de. Ef. 3:21.

Gloriosa. Sal. 45:13; Ef. 5:27.

Muestra sabiduría de Dios. Ef. 3:10.

No debe despreciarse. 1 Cor. 11:22.

Objeto de gracia de Dios. Isa. 27:3; 2 Cor. 8:1.

Perseguida por impíos. Hech. 8:1-3; 1 Tes. 2:14-15.

Pertenece a Dios. 1 Tim. 3:15.

Proclama alabanzas de Dios. Isa. 60:6.

Santificada y limpiada por Cristo. 1 Cor. 6:11; Ef. 5:26-27.

Sujeta a Cristo. Rom. 7:4; Ef. 5:24.

Unidad de. Rom. 12:5; 1 Cor. 10:17; 12:12; Gál. 3:28.

Vestida de justicia. Apoc. 19:8.

IGLESIA, DISCIPLINA DE

Consiste en

Amonestar a ofensores. 1 Tim. 5:20;
2 Tim. 4:2.

Mantener sana doctrina. 1 Tim. 1:3;
Tito 1:13.

Ordenar sus asuntos. 1 Cor. 11:34;
Tito 1:5.

Quitar a ofensores obstinados.
1 Cor. 5:3:5,13; 1 Tim. 1:20.

Decoro y orden, objetivos de. 1 Cor. 14:40.

Ejercitar, en espíritu de amor. 2 Cor. 2:6-8.

Pastores, autorizados a establecer.
Mat. 16:19; 18:18.

Prohíbe predicar a mujeres. 1 Cor. 14:34;
1 Tim. 2:12.

Sujetarse a. Heb. 13:17.

IGLESIA, GLORIA DE

Consiste en

Belleza perfecta. Sal. 50:2.

Dulzura de carácter. Cant. 2:14.

Miembros son justos. Isa. 60:21;
Apoc. 19:8.

Posición preeminente. Sal. 48:2; Isa. 2:2.

Santificación. Ef. 5:26-27.

Ser centro de adoración a Dios. Sal. 96:6.

Ser cuerpo de Cristo Ef. 1:22-23.

Ser esposa de Cristo. Sal. 45:13-14;
Apoc. 19:7-8; 21:2.

Ser plantada y afirmada. Sal. 48:8;
Isa. 33:20.

Ser templo de Dios. 1 Cor. 3:16-17;
Ef. 2:21-22.

Crece cuando aumentan miembros.
Isa. 49:18; 60:4-14.

Creyentes se deleitan en. Isa. 66:11.

Dios se deleita en. Sal. 45:11; Isa. 62:3-5.

Es abundante. Isa. 66:11.

Pecado oscurece. Lam. 2:14-15.

Resultado del favor de Dios. Isa. 43:4.

Viene de Cristo. Isa. 60:1; Luc. 2:34.

Viene de Dios. Isa. 28:5.

IGLESIA, ISRAELITAS EN LA

Admisión a, por circuncisión.
Gén. 17:10-14.

Adoración en, constaba de

Alabanza. 2 Crón. 5:13; 30:21.

Lectura de Palabra de Dios. Ex. 24:7;
Deut. 31:11.

Oración. Ex. 24:1; Sal. 5:7; 95:6.

Predicación. Neh. 8:4,7.

Sacrificio. Ex. 10:25; Lev. 1:2; Heb. 10:1.

Apego de judíos a. Hech. 6:11.

Convertidos admitidos a.
Núm. 9:14; 15:15,29.

Depositaria de Escrituras. Rom. 3:2.

Establecida por Dios. Deut. 4:5-14;
Deut. 26:18, con Hech. 7:35,38.

Llamada

Congregación de Israel. Ex. 12:47;
Lev. 4:13.

Congregación de Jehová.
Núm. 27:17; 31:16.

Miembros de

Debían asistir a la adoración. Ex. 23:17.

Debían conocer estatutos. Lev. 10:11.

Debían guardar estatutos. Deut. 16:12.

Expulsados por graves ofensas.
Núm. 15:30-31; 19:20.

Separados de, mientras estuvieran
inmundos. Lev. 13: 46; 15:31;
Núm. 5:2-4.

Personas excluidas de. Ex. 12:48;
Deut. 23:1-4; Ezeq. 44:7,9.

Privilegios de. Rom. 9:4.

Relativamente santa. Ex. 31:13; Núm. 16:3.

Sostenida por el pueblo. Ex. 34:20;
Deut. 16:17.

Tenía

Fiestas señaladas. Lev. 23:2; Isa. 1:14.

Iglesia espiritual. Rom. 9:6-8; 11:2-7.

Lugar de adoración determinado.
Deut. 12:5.
Ministerio ordenado. Ex. 29:9;
Deut. 10:8.
Ordenanzas señaladas. Ex. 18:20;
Heb. 9:1,10.
Pacto con Dios. Deut. 4:13,23;
Hech. 3:25.
Presencia divina manifestada.
Ex. 29:45-46; Lev. 26:11-12;
1 Rey. 8:10-11.
Tipo de iglesia de Cristo. Gál. 4:24-26;
Heb. 12:23.
Todos los israelitas miembros de. Rom. 9:4.

IGLESIA, TÍTULOS Y NOMBRES DE LA
Candeleros de oro. Apoc. 1:20.
Casa de Cristo. Heb. 3:6.
Casa de Dios. 1 Tim. 3:15; Heb. 10:21.
Casa del Dios de Jacob. Isa. 2:3.
Casa espiritual. 1 Ped. 2:5.
Ciudad del Dios vivo. Heb. 12:22.
Ciudad deseada, no desamparada.
Isa. 62:12.
Columna y baluarte de verdad. 1 Tim. 3:15.
Congregación de afligidos de Jehová.
Sal. 74:19.
Congregación de rectos. Sal. 111:1.
Congregación de santos. Sal. 89:7; 149:1.
Cuerpo de Cristo. Ef. 1:22-23; Col. 1:24.
Edificio de Dios. 1 Cor. 3:9.
Esposa de Cristo. Cant. 4:12; 5:1.
Esposa del Cordero. Apoc. 21:9.
Familia de Dios. Ef. 2:19.
Familia en cielos y tierra. Ef. 3:15.
Grey de Dios. 1 Ped. 5:2.
Heredad. Sal. 28:9; Isa. 19:25.
Heredad de Dios. Joel 3:2.
Heredad de Jehová. Deut. 32:9.
Hija del rey. Sal. 45:13.
Iglesia de primogénitos. Heb. 12:23.
Iglesia del Dios viviente. 1 Tim. 3:15.
Iglesia del Señor. Hech. 20:28.

Israel de Dios. Gál. 6:16.
Jerusalén celestial. Heb. 12:22.
Labranza de Dios. 1 Cor. 3:9.
Monte de casa de Jehová. Isa. 2:2.
Monte de santidad. Zac. 8:3.
Monte santo. Sal. 15:1.
Monte Sión. Sal. 2:6; Heb. 12:22.
Morada de Dios. Ef. 2:22.
Nueva Jerusalén. Apoc. 21:2.
Paloma. Cant. 2:14; 5:2.
Redil de Cristo. Juan 10:16.
Renuevo del plantío de Dios. Isa. 60:21.
Santa ciudad. Apoc. 21:2.
Santuario. Sal. 114:2.
Templo de Dios. 1 Cor. 3:16-17.
Templo del Dios viviente. 2 Cor. 6:16.
Viña. Jer. 12:10; Mat. 21:41.

IGLESIA-ESTADO, SEPARACIÓN

Autoridades de gobierno
Ministros de Dios. Rom 13:6.
Siervos de Dios. Rom 13:4.

Dios
Controla la historia. Isa. 46:9-10.
Dueño de la tierra. Gén. 14:22; Sal. 24:1.
Gobierna sobre todo. Sal. 103:19.
Otorga poder civil. Job 12:18;
Jer. 22:1-5; 27:5-6; Dan 2:21;
Juan 19:11; Rom 13:1.

*Ejemplos de personas del pueblo de Dios
con altos cargos en gobiernos no
teocráticos.*
Daniel. Dan 2:48.
Ester. Ester 2:16-17.
José. Gén. 41:39-44.
Nehemías. Neh. 1:11.

Mandamientos sobre
Estar sujetos a autoridades de gobierno.
Ecl. 8:2-5; Rom 13:1-5; Tito 3:1;
1 Ped. 2:13-14.
Honrar a líderes de gobierno. 1 Ped. 2:17.

Obedecer a Dios antes que a personas.
Ex. 1:17; Dan 3; Hech. 4:19-20; 5:29.
Orar por autoridades del gobierno.
1 Tim. 2:1-2.
Pagar impuestos al gobierno.
Mat. 17:24-27; 22:17-21; Rom. 13:6-7.
Reino de Jesús no es de este mundo.
Juan 18:36.

IGNORANCIA

Asociada con injusticia. Prov. 12:2;
Jer. 4:22; Hech. 17:30; Rom. 10:3.
Ofrendas por pecados de. Lev. 5:15-16;
Núm. 15:22,24,28.
Resultados de. Rom. 10:3; 2 Ped. 3:5;
Isa. 5:13.

IGNORAR A DIOS

Castigo por. Sal. 79:6; 2 Tes. 1:8.

Evidenciado al
No guardar mandamientos. 1 Juan 2:4.
No haber amor. 1 Juan 4:8.
Vivir en pecado. Tito 1:16; 1 Juan 3:6.
Ignorar a Cristo equivale a. Juan 8:19.
Impíos optan por. Job 21:14; Rom. 1:28.
Impíos se caracterizan por. Jer. 9:3;
Juan 15:21; 17:25; Hech. 17:30.

Lleva a
Alienación de Dios. Ef. 4:18.
Codicia pecaminosa. 1 Tes. 4:5;
1 Ped. 1:14.
Error. Mat. 22:29.
Idolatría. Isa. 44:19; Hech. 17:29-30.
Perseguir a creyentes. Juan 15:21; 16:3.
No es excusa para pecado. Lev. 4:2;
Luc. 12:48.

IGUALDAD

Bajo Dios. Prov. 22:2.
En Cristo. Gál. 3:28.
En justicia. Prov. 24:23.
En pecado y culpa. Rom. 3:10-19; 5:12-21.

En salvación. Juan 3:16; Rom. 5:18-21.
Entre creyentes. Gén. 13:8; Mat. 23:8.

IMAGEN

Figurativamente
Cristo, de Dios. Col. 1:15; Heb. 1:3.
Hombre creado a, de Dios.
Gén. 1:26,27; 5:1; 9:5; Sant. 3:9.
Regenerada. Sal. 17:15; Rom. 8:29.

IMÁGENES

Uso en adoración, prohibido. Lev. 26:1.

IMAGINACIÓN

Maldad de. Gén. 6:5; Mat. 5:28;
Rom. 1:21.

IMITAR

A apóstoles. 1 Tes. 1:6.
A Cristo. 1 Ped. 2:23.
A Dios. Ef. 5:1.
A impíos, lo malo de. 2 Rey. 17:15.
A personas de fe, valor de. Heb. 6:12.
A profetas, necesidad de. Sant. 5:10.
Lo bueno, protección al. 1 Ped. 3:13;
3 Juan 1:11.

IMPERIO ROMANO

Ciudadanía del
Eximía de la degradación de azotes.
Hech. 16:37-38; 22:25.
Se obtenía al comprarla. Hech. 22:28.
Se obtenía por nacimiento. Hech. 22:28.

Cuestiones judiciales de
Acusación escrita, sobre cabeza de
ejecutados. Juan 19:19.
Acusadores y acusados eran confrontados
al mismo tiempo.
Hech. 23:35; 25:16-19.
Acusados, examinados con azotes.
Hech. 22:24,29.

Criminales, entregados a soldados para
ejecución. Mat. 27:26-27.
Personas acusadas, protegidas de
violencia popular. Hech. 23:20,24-27.
Poder de vida y muerte, dado a
autoridades. Juan 18:31,39-40; 19:10.
Presos encadenados a soldados para
seguridad. Hech. 21:33, con 12:6;
2 Tim. 1:16, con Hech. 28:16.
Quienes apelaban a César, debían
comparecer ante él. Hech. 26:32.
Toda apelación iba al emperador.
Hech. 25:11-12.
Vestidos de los ejecutados, iban a
soldados. Mat. 27:35; Juan 19:23.

Cuestiones militares del
Coronación de soldados
distinguidos. 2 Tim. 4:7-8.
Dificultades que soportaban
soldados. 2 Tim. 2:3.
Distintos funcionarios militares, etc.
Hech. 21:31; 23:23-24.
Especial camarada del soldado, que
compartía labor y peligros. Fil. 2:25.
Obediencia estricta a superiores.
Mat. 8:8-9.
Peligro de que centinela se duerma.
Mat. 28:13-14.
Quitar de lista nombres de soldados que
cometieron delitos. Apoc. 3:5.
Regimientos la Italiana e imperial.
Hech. 10:1; 27:1.
Soldados no debían enredarse con
cuestiones terrenales. 2 Tim. 2:4.
Triunfo de generales victoriosos.
2 Cor. 2:14-16; Col. 2:15.
Uso de armadura espiritual o defensiva.
Rom. 13:12; 2 Cor. 6:7; Ef. 6:11-17.

Emperadores del, mencionados
Augusto. Luc. 2:1.
Claudio. Hech. 11:28.
Nerón. Fil. 4:22; 2 Tim. 4:17.

Tiberio. Luc. 3:1.
Judá, provincia del, al mando de gobernador
o procurador. Luc. 3:2;
Hech. 23:24,26; 25:1.

Juegos griegos adoptados por
Carreras pedestres. 1 Cor. 9:24;
Fil. 2:16; 3:11-14; Heb. 12:1-2.
Coronación de vencedores. 1 Cor. 9:25;
Fil. 3:14; 2 Tim. 4:8.
Entrenamiento de combatientes.
1 Cor. 9:25,27.
Lucha. Ef. 6:12.
Luchas de gladiadores. 1 Cor. 4:9; 15:32.
Reglas que se observaban en. 2 Tim. 2:5.
Llamado el mundo (por su extensión).
Luc. 2:1.

Predicciones sobre
División en 10 partes.
Dan. 2:41-43; 7:20,24.
Dominio universal. Dan. 7:23.
Origen del poder papal en.
Dan. 7:8,20-25.

Representado por
Bestia terrible en visión de Daniel.
Dan. 7:7,19.
Piernas de hierro en visión de
Nabucodonosor. Dan. 2:33,40.
Roma, capital del. Hech. 18:2; 19:21.

IMPIEDAD

De idólatras. Ezeq. 14:5.
De los injustos. Sal. 10:4; 53:1.
De quienes no tienen esperanza. Ef. 2:12.

IMPÍOS

Carácter de los
Abominable. Apoc. 21:8.
Alejado de Dios. Ef. 4:18; Col. 1:21.
Alienta a hacer el mal. Prov. 1:10-14;
2 Tim. 3:6.
Ama placer por sobre todo. 2 Tim. 3:4.

Asesino. Sal. 10:8; 94:6; Rom. 1:29.

Blasfemo. Luc. 22:65; Apoc. 16:9.

Cegado. 2 Cor. 4:4; Ef. 4:18.

Codicioso. Miq. 2:2; Rom. 1:29.

Conspira contra pueblo de Dios.
Neh. 4:8; 6:2; Sal. 38:12.

Corazón empedernido. Ezeq. 2:4.

Corazón obstinado. Ezeq. 3:7.

Cruel. Prov. 16:29; 2 Tim. 3:3.

Desagradecido. Luc. 6:35; 2 Tim. 3:2.

Desobediente. Neh. 9:26; Prov. 21:8;
Isa. 57:17; Tito 3:3; 1 Ped. 2:7.

Despiadado. Rom. 1:31.

Desprecia obras de fieles. Neh. 2:19; 4:2;
2 Tim. 3:3-4.

Destructor. Isa. 59:7.

Duro de cerviz. Ex. 33:5; Hech. 7:51.

Egoísta. 2 Tim. 3:2.

Engañoso. Sal. 5:6; Rom. 3:13.

Envidioso. Neh. 2:10; Tito 3:3.

Fraudulento. Sal. 37:21; Miq. 6:11.

Hipócrita. Isa. 29:13; 2 Tim. 3:5.

Hostil a Dios. Rom. 8:7; Col. 1:21.

Ignorante de Dios. Os. 4:1; 2 Tes. 1:8.

Ignorante. Deut. 32:6.

Incircunciso de corazón. Jer. 9:26;
Hech. 7:51.

Indisciplinado. 2 Tim. 3:3.

Inútil. Mat. 25:30; Rom. 3:12.

Jactancioso. Sal. 10:3; 49:6.

Malicioso. Prov. 24:8; Miq. 7:3.

Malvado. Prov. 11:7; Isa. 26:10.

Mentiroso. Sal. 58:3; 64:4; Isa. 59:4.

Necio. Deut. 32:6; Sal. 5:5.

No ora. Job 21:15; Sal. 53:4.

Obstinado. Ezeq. 2:4.

Odia la luz. Job 24:13; Juan 3:20.

Odioso. Prov. 13:5.

Olvida a Dios. Job 8:13.

Orgulloso. Sal. 59:12; Abd. 1:3;
2 Tim. 3:2.

Perseguidor. Sal. 69:26; 109:16.

Perverso. Deut. 32:5; Prov. 16:27.

Rebelde. Tito 1:10.

Reprobado. 2 Cor. 13:5; 2 Tim. 3:8;
Tito 1:16.

Se deleita en iniquidad de otros.
Prov. 2:14; Rom. 1:32.

Se gloría en su vergüenza. Fil. 3:19.

Se goza en aflicción de creyentes.
Sal. 35:15.

Sensual. Fil. 3:19; Jud. 1:19.

Temeroso. Prov. 28:1; Apoc. 21:8.

Vendido al pecado. 1 Rey. 21:20;
2 Rey. 17:17.

Se comparan con

Animales. Sal. 49:12; 2 Ped. 2:12.

Árboles. Luc. 6:43.

Bronce y hierro, etc. Jer. 6:28;
Ezeq. 22:18.

Caballos que se apresuran a la batalla.
Jer. 8:6.

Cabritos. Mat. 25:32.

Cenizas bajo los pies. Mal. 4:3.

Cera que se derrite. Sal. 68:2.

Cerdos. Mat. 7:6; 2 Ped. 2:22.

Ciegos. Sof. 1:17; Mat. 15:14.

Cizaña. Mat. 13:38.

Cuerpo muerto pisoteado. Isa. 14:19.

Encina que se marchita. Isa. 1:30.

Escorpiones. Ezeq. 2:6.

Estopa. Job 21:18; Mal. 4:1.

Estrellas errantes. Jud. 13.

Fieras ondas del mar. Jud. 13.

Fuego de espinos. Sal. 118:12.

Heno en el terrado. 2 Rey. 19:26.

Heno marchito. 2 Rey. 19:26.

Hierba del campo. Sal. 37:2; 92:7.

Hierba verde. Sal. 37:2.

Higos malos. Jer. 24:8.

Horno encendido. Sal. 21:9; Os. 7:4.

Huerto sin agua. Isa. 1:30.

Humo. Os. 13:3.

Ídolos. Sal. 115:8.

Impurezas. Sal. 119:119; Ezeq. 22:18-19.

Laurel verde. Sal. 37:35.
León que desea presa. Sal. 17:12.
Mar en tempestad. Isa. 57:20.
Muchachos descarriados. Mat. 11:16.
Necios que construyen sobre arena.
Mat. 7:26.
Nubes de la mañana. Os. 13:3.
Nubes sin agua. Jud. 12.
Paja. Job 21:18; Sal. 1:4; Mat. 3:12.
Pasto del fuego. Isa. 9:19.
Peces malos. Mat. 13:48.
Perros. Prov. 26:11;
Mat. 7:6; 2 Ped. 2:22.
Plata desechada. Jer. 6:30.
Pozos sin agua. 2 Ped. 2:17.
Ramas abominables. Isa. 14:19.
Retama en desierto. Jer. 17:6.
Rocío de la madrugada. Os. 13:3.
Sepulcros blanqueados. Mat. 23:27.
Serpientes. Sal. 58:4; Mat. 23:33.
Serpientes sordas. Sal. 58:4.
Suelo con piedras. Mat. 13:5.
Torbellinos que pasan. Prov. 10:25.
Torbellinos. Sal. 83:13.
Toros de Basán. Sal. 22:12.
Vasija de barro. Prov. 26:23.
Vestiduras atacadas por polillas.
Isa. 50:9; 51:8.
Visiones de la noche. Job 20:8.
Zarzas y espinos. Isa. 55:13; Ezeq. 2:6.

IMPÍOS, AFLICCIONES DE LOS

A menudo empeoran. Neh. 9:28-29;
Jer. 5:3.
A menudo, repentinas. Sal. 73:19;
Prov. 6:15; Isa. 30:13; Apoc. 18:10.
A menudo, un juicio. Job 21:17;
Sal. 107:17; Jer. 30:15.
A veces los humilla. 1 Rey. 21:27.
Continuas. Job 15:20; Ecl. 2:23; Isa. 32:10.
Creyentes no deben alarmarse por.
Prov. 3:25-26.

Dios se glorifica en. Ex. 14:4;
Ezeq. 38:22-23.
Dios se ríe de. Sal. 37:13; Prov. 1:26-27.
Ejemplos para otros. Sal. 64:7-9; Sof. 3:6-7;
1 Cor. 10:5-11; 2 Ped. 2:6.
Ineficaces en sí mismas para efectuar
conversión. Ex. 9:30; Isa. 9:13; Jer. 2:30;
Hag. 2:17.
Persecución a creyentes, una causa de.
Deut. 30:7; Sal. 55:19; Zac. 2:9;
2 Tes. 1:6.
Producen miedo. Job 15:24; Sal. 73:19;
Jer. 49:3,5.
Rechazar corrección de Dios, una causa de.
Prov. 1:30-31; Ezeq. 24:13; Amós 4:6-12;
Zac. 7:11-12; Apoc. 2:21-22.
Se multiplican. Deut. 31:17; Job 20:12-18;
Sal. 32:10.

IMPÍOS, CASTIGO DE LOS

A menudo comienza en esta vida.
Prov. 11:31.
A menudo producido por planes malvados.
Est. 7:10; Sal. 37:1,5; 57:6.
Consumado en día del juicio.
Mat. 25:31,46; Rom. 2:5,16; 2 Ped. 2:9.
Debe ser advertencia para otros.
Núm. 26:10; 1 Cor. 10:6-11; Jud. 7.
Diferido, anima al pecado. Ecl. 8:11.

En esta vida
Animales feroces. Lev. 26:22.
Destrucción. Sal. 94:23.
Dios abatirá su orgullo. Isa. 13:11.
Enfermedad. Lev. 26:16; Sal. 78:50.
Entregarlos a enemigos. Neh. 9:27.
Guerra. Lev. 26:25,32-33; Jer. 6:4.
Hambres. Lev. 26:19-20,26,29;
Sal. 107:34.
Mente depravada. Rom. 1:28.
Temor. Lev. 26:36-37; Job 18:11.
Tribulación y angustia. Isa. 8:22;
Sof. 1:15.

En razón de

Codicia. Isa. 57:17; Jer. 51:13.

Desobediencia a Dios. Neh. 9:26-27;
Ef. 5:6.

Desobediencia al evangelio. 2 Tes. 1:8.

Idolatría. Lev. 26:30; Isa. 10:10-11.

Ignorancia de Dios. 2 Tes. 1:8.

Incredulidad. Mar. 16:16; Rom. 11:20;
Heb. 3:18-19; 4:2.

Iniquidad. Jer. 36:31; Ezeq. 3:17-18;
18:4,13,20; Amós 3:2.

Malas obras. Jer. 21:14; Os. 4:9; 12:2.

Opresión. Isa. 49:26; Jer. 30:16,20.

Orgullo. Isa. 10:12; 24:21; Luc. 14:11.

Pecado. Lam. 3:39.

Persecución. Jer. 11:21-22;
Mat. 23:34-36.

Rechazo de ley de Dios. 1 Sam. 15:23;
Os. 4:6-9.

Fruto del pecado. Job 4:8; Prov. 22:8;
Rom. 6:21; Gál. 6:8.

Futuro, descripción

A menudo repentino e inesperado.
Sal. 35:8; 64:7; Prov. 29:1; Luc. 12:20;
1 Tes. 5:3.

Castigo con fuego. Apoc. 14:10.

Condenación del infierno. Mat. 23:33.

Despertar para vergüenza y confusión
perpetua. Dan. 12:2.

Destrucción eterna. Sal. 52:5; 92:7;
2 Tes. 1:9.

Eterna condenación. Mar. 3:29.

Fuego eterno. Mat. 25:41; Jud. 7.

Infierno. Sal. 9:17; Mat. 5:29;
Luc. 12:5; 16:23.

Ira de Dios. Juan 3:36.

Llamas eternas. Isa. 33:14.

Muerte segunda. Apoc. 2:11; 21:8.

Muerte. Rom. 5:12-17; 6:23.

Oscuridad. Mat. 8:12; 2 Ped. 2:17.

Oscuridad de tinieblas. 2 Ped. 2:17;
Jud. 13.

Resurrección a condenación. Juan 5:29.

Tormento por siglos de los siglos.
Apoc. 14:11.

Vino de ira de Dios. Apoc. 14:10.

Futuro, por parte de Cristo.
Mat. 16:27; 25:31,41.

Justicia de Dios exige. 2 Tes. 1:6.

Nada es eficaz para detener. Prov. 11:21.

Proviene de Dios. Lev. 26:18; Isa. 13:11.

Recompensa del pecado. Job 4:8;
Prov. 22:8; Rom. 6:21; Gál. 6:8.

Será

Aumentado por descuidar privilegios.
Mat. 11:21-24; Luc. 10:13-15.

Con remordimiento. Isa. 66:24, con
Mar. 9:44.

De acuerdo a sus hechos. Mat. 16:27;
Rom. 2:6,9; 2 Cor. 5:10.

De acuerdo al conocimiento que tuvieron.
Luc. 12:47-48.

Sin atenuantes. Luc. 16:23-26.

IMPÍOS, FELICIDAD DE LOS

A menudo interrumpida por castigos.
Núm. 11:33; Job 15:21; Sal. 73:18-20;
Jer. 25:10-11.

A veces piedra de tropiezo para creyentes.
Sal. 73:3,16; Jer. 12:1; Hab. 1:13.

Advertencia contra. Amós 6:1; Luc. 6:25.

Breve. Job 20:5.

Creyentes a veces pueden ver fin de.
Sal. 73:17-20.

Ilustrada. Sal. 37:35-36;
Luc. 12:16-20; 16:19-25.

Incierta. Luc. 12:20; Sant. 4:13-14.

Limitada a esta vida. Sal. 17:14; Luc. 16:25.

Lleva a temeridad. Isa. 22:13.

Lleva a tristeza. Prov. 14:13.

No impacientarse por. Sal. 37:1.

Proviene de

Aplausos. Hech. 12:22.

Borrachera. Isa. 5:11; 56:12.

Glotonería. Isa. 22:13; Hab. 1:16.
Opresión que ejercieron. Hab. 1:15;
Sant. 5:6.
Poder. Job 21:7; Sal. 37:35.
Prosperidad en el mundo.
Sal. 17:14; 73:3-4,7.
Riqueza. Job 21:13; Sal. 52:7.
Vanos placeres. Job 21:12; Isa. 5:12.
Se echa a perder por celos. Est. 5:13.
Vana. Ecl. 2:1; 7:6.

IMPÍOS, MUERTE DE LOS

A menudo caracterizada por pánico.
Job 18:11-15; 27:19-21; Sal. 73:19.
A menudo inesperada. Job 21:13,23; 27:21;
Prov. 29:1.
A veces, sin temor. Jer. 34:5, con
2 Crón. 36:11-13.
Como muerte de animales. Sal. 49:14.
Dios no se complace en. Ezeq. 18:23,32.
En sus pecados. Ezeq. 3:19; Juan 8:21.
Ilustrada. Luc. 12:20; 16:22-23.
Memoria de ellos perece con su muerte.
Job 18:17; Sal. 34:16; Prov. 10:7.
Seguida por castigo. Isa. 14:9; Hech. 1:25.
Sin esperanza. Prov. 11:7.

IMPÍOS, TÍTULOS Y NOMBRES DE LOS

Aborrecedores de Dios. Sal. 81:15;
Rom. 1:30.
Adversarios de Jehová. 1 Sam. 2:10.
Casa rebelde. Ezeq. 2:5,8; 12:2.
Descendencia de impíos. Sal. 37:28.
Enemigos de Dios. Sal. 37:20; Sant. 4:4.
Enemigos de la cruz de Cristo. Fil. 3:18.
Enemigos de toda justicia. Hech. 13:10.
Escarnecedores. Sal. 1:1.
Esclavos de corrupción. 2 Ped. 2:19.
Esclavos del pecado. Juan 8:34; Rom. 6:20.
Generación contumaz y rebelde. Sal. 78:8.
Generación de malignos. Isa. 1:4; 14:20.
Generación de víboras. Mat. 3:7; 12:34.

Generación incrédula y perversa.
Deut. 32:5; Mat. 17:17; Fil. 2:15.
Generación mala. Deut. 1:35;
Mat. 12:45; 16:4.
Generación mala y adúltera. Mat. 12:39.
Generación mentirosa. Isa. 57:4.
Generación pecadora. Mar. 8:38.
Generación perversa. Deut. 32:20.
Hacedores de iniquidad. Sal. 28:3; 36:12.
Hijos de Belial. Deut. 13:13; 2 Crón. 13:7.
Hijos de desobediencia. Ef. 2:2; Col. 3:6.
Hijos de duro rostro. Ezeq. 2:4.
Hijos de este siglo. Luc. 16:8.
Hijos de extranjeros. Isa. 2:6.
Hijos de ira. Ef. 2:3.
Hijos de maldición. 2 Ped. 2:14.
Hijos de viles. Job 30:8.
Hijos del diablo. Hech. 13:10; 1 Juan 3:10.
Hijos del infierno. Mat. 23:15.
Hijos del malo. Mat. 13:38.
Hijos depravados. Isa. 1:4.
Hijos ignorantes. Jer. 4:22.
Hijos mentirosos. Isa. 30:9.
Hijos que no quisieron oír ley de Jehová.
Isa. 30:9.
Hijos que se apartan. Isa. 30:1.
Hijos rebeldes. Isa. 57:4.
Hijos según la carne. Rom. 9:8.
Hombres extraños. Sal. 144:7.
Hombres impíos. Jud. 4.
Hombres malos. Prov. 4:14; 2 Tim. 3:13.
Hombres mundanos. Sal. 17:14.
Hombres perversos. 1 Rey. 21:10.
Hombres sin nombre. Job 30:8.
Impíos de la tierra. Sal. 75:8.
Inicuos. Os. 10:9.
Insensatos. Prov. 1:7.
Inventores de males. Rom. 1:30.
Malhechores. 1 Ped. 2:14.
Malignos. Sal. 37:1.
Malos. Sal. 1:1.
Malvados. Jer. 2:33.
Necios. Rom. 1:22.

I

Pecadores. Sal. 26:9; Prov. 1:10.
Perversa generación. Hech. 2:40.
Pueblo cargado de maldad. Isa. 1:4.
Pueblo rebelde. Isa. 30:9; 65:2.
Rebeldes porfiados. Jer. 6:28.
Reprobados. 2 Cor. 13:5-7.
Serpientes. Mat. 23:33.
Siervos inútiles. Mat. 25:30.
Siervos malos. Mat. 25:26.
Soberbios. Job. 41:34.
Transgresores. Sal. 37:38; 51:13.
Vasos de ira. Rom. 9:22.

IMPORTACIONES

De Egipto, especias. Gén. 37:25.
De Jerusalén, caballos, carros y lino.
1 Rey. 10:28-29; 2 Crón. 1:16.
De Tiro. Ezeq. 27:12-25.
Oro, marfil, monos, pavos
reales. 2 Crón. 9:21.

IMPOSIBLE

Agradar a Dios sin fe. Heb. 11:6.
Amar a Dios sin amar a los demás.
1 Juan 4:20.
Escapar de Dios. Sal. 139:7-12.
Nada es, para la fe. Mat. 17:20.
Nada hay, para Dios. Mat. 19:26;
Luc. 1:37; 18:27.
Que Dios falle. Tito 1:2.

IMPRECACIÓN

Ejemplos de
David. 2 Sam. 1:21; 3:28-29.
Rut. Rut 1:17.
Samuel. 1 Sam. 3:17.
Simei. 2 Sam. 16:5,13.

IMPUESTOS

Capitación. Ex. 30:11-16.
Exención impositiva para personal religioso.
Gén. 47:26; Esd. 7:24.

Hipoteca de tierra para pagar. Neh. 5:3-4.

Impuestos sobre
Diezmo de producción agrícola.
1 Sam. 8:15.
Diezmo del ganado. 1 Sam. 8:17.
La tierra. Gén. 41:34; 2 Rey. 23:35.
Lo mejor de producción agrícola.
1 Sam. 8:14.
Un quinto de producción agrícola.
Gén. 41:34; 47:26.
Jesús paga. Mat. 17:24-27.
Lapidación por tema de. 2 Crón. 10:18.

Mandatos sobre
Pagarlos. Mat. 22:17-21; Rom 13:1,5-7.
Recaudarlos de modo justo.
Luc. 3:13; 19:8.
No eran populares. Mat. 5:46.
Pago en granos. Amós 5:11.
Pago en provisiones. 1 Rey. 4:7-28.
Personal. 1 Rey. 9:15.
Por parte de autoridad religiosa.
Ex. 30:11-16.
Por parte del estado. Luc. 2:1.

*Propósito del sistema tributario de
autoridades religiosas*
Para reparar templo. 2 Rey. 12:4-5.
Para servicio del tabernáculo.
Ex. 30:16; 38:24,26.

Propósito del sistema tributario del estado
Construir templo. 1 Rey. 5:13-18; 9:15.
Establecer poder real. 1 Sam 8:13-17;
1 Rey. 9:15.
Pagar a rey extranjero. 2 Rey. 23:35.
Recaudadores de. 2 Sam. 20:24;
Dan. 11:20; Mat. 5:46; 9:11; 21:31;
Mar. 2:14; Luc. 3:12-13; 18:11; 19:1-10.
Reclutamiento. 1 Sam 8:13,16;
1 Rey. 5:13,15; 9:15.
Resistencia de israelitas. 1 Rey. 12:18;
2 Crón. 10:18.

I

Sacerdotes exentos de. Gén. 47:26;
Esd. 7:24.

Sistema tributario excesivo. 1 Rey. 12:4-15;
Neh 5:4.

IMPUREZAS

Figurativamente. Sal. 119:119;
Prov. 25:4; 26:23; Isa. 1:22;
Ezeq. 22:18-19.

INCENSARIO

Para templo, hecho de oro. 1 Rey. 7:50;
2 Crón. 4:22; Heb. 9:4.

Usado en ritos idólatras. Ezeq. 8:11.

Usados para ofrecer incienso. Lev. 16:12;
Núm. 4:14; 16:6-7,16-18,46; Apoc. 8:3.

Usados por Coré, convertidos en platos.
Núm. 16:37-39.

INCESTO

Ejemplos de
Abraham. Gén. 20:12-13.
Absalón. 2 Sam. 16:21-22.
Amón. 2 Sam. 13:14.
Amram. Ex. 6:20.
Herodes. Mat. 14:3-4.
Israel. Amós 2:7.
Judá. Gén. 38:16-18.
Lot. Gén. 19:31-36.
Nacor. Gén. 11:29.
Rubén. Gén. 35:22; 49:4.

Ejemplos de casamiento con pariente
cercano
Isaac con Rebeca. Gén. 24:15,67.
Jacob con Lea y Raquel. Gén. 29:23,30.
Roboam. 2 Crón. 11:18.

Prohibición. Lev. 18:6-18; 1 Cor. 5:1.

INCIENSO

Comercialización de. Apoc. 18:13.
Común, no debía ofrecerse a Dios. Ex. 30:9.
Con oblaciones. Lev. 2:1-2,15-16; 6:15.

Coré y compañeros, castigados por ofrecer.
Núm. 16:16-35.

En unción de profetas. Ex. 30:34.

Ilustrativo de
Méritos de Cristo. Apoc. 8:3-4.
Oración. Sal. 141:2; Mal. 1:11;
Apoc. 5:8.

Judíos
Castigados por ofrecer, a ídolos.
2 Crón. 34:25.
No debían ofrecer, a causa del pecado.
Isa. 1:13; 66:3.
Ofrecían, a ídolos en altares de ladrillo.
Isa. 65:3.
Oraban al ofrecer. Luc. 1:10.

Levitas, a cargo del. 1 Crón. 9:29.

Nadab y Abiú destruidos por ofrecer, con
fuego extraño. Lev. 10:1-2.

No sustituye a verdadera adoración.
Isa. 60:3.

Obsequio al niño Jesús. Mat. 2:11.

Ofrecido
Con fuego del altar del holocausto.
Lev. 16:12; Núm. 16:46.
Continuamente. Ex. 30:8.
En incensarios. Lev. 10:1;
Núm. 16:17,46.
Mañana y tarde. Ex. 30:7-8.
Por sumo sacerdote en lugar santísimo el
día de expiación. Lev. 16:12-13.
Sobre altar de oro. Ex. 30:1,6; 40:5.

Es así

INCIENSO

El incienso es una sustancia resinosa derivada de ciertos árboles de la familia de la balsamera, y se usaba para hacer perfume de gran precio.

Ofrenda de, según tocara en suerte a
sacerdotes. Luc. 1:9.
Para hacer expiación. Núm. 16:46-47.
Para servicio de Dios, mezclado con
especias. Ex. 25:6; 37:29.
Por parte de Amón. 2 Sam 13:11-14.
Quemar, en adoración. Lev. 16:12-13.
Receta para mezcla de. Ex. 30:34-36.
Simbolizaba devoción. Sal. 141:2.
Sólo podían ofrecerlo sacerdotes.
Núm. 16:40; Deut. 33:10.
Traído de Sabá. Jer. 6:20.
Usado en culto idólatra. Jer. 48:35.
Uzías castigado por ofrecer.
2 Crón. 26:16-21.

I

INCIENSO, ALTAR DEL

Castigo por
Ofrecer fuego extraño en. Lev. 10:1-2.
Ofrendas no permitidas.
2 Crón. 26:16-19.
Colocado antes del velo en santuario
exterior. Ex. 30:6; 40:5,26.
Cubierto con oro. Ex. 30:3; 37:26.
Cubierto por sacerdotes antes de sacarlo del
santuario. Núm. 4:11.
Dimensiones, etc., del. Ex. 30:1-2; 37:25.
Expiación hecha por sumo sacerdote una vez
por año. Ex. 30:10; Lev. 16:18-19.
Llamado altar de oro. Ex. 39:38.
No debía ofrecerse incienso extraño ni
sacrificios en el. Ex. 30:9.
Parte superior de, rodeada por cornisa de
oro. Ex. 30:3; 37:26.
Sangre de ofrenda por pecado, puesta en
cuernos del. Lev. 4:7,18.
Se decía que estaba ante el Señor.
Lev. 4:7; 1 Rey. 9:25.
Se quemaba incienso en, todos los días
mañana y tarde. Ex. 30:7-8.
Tenía 4 anillos de oro bajo cornisas para
varas. Ex. 30:4; 37:27.

Tipo de Cristo. Apoc. 8:3; 9:3.
Ungido con aceite santo. Ex. 30:26-27.
Varas, recubiertas de oro. Ex. 30:5.

INCONGRUENCIA

Ejemplos de
Jehú. 2 Rey. 10:16-31.
Judíos al oprimir a pobres. Neh. 5:9.
Líderes judíos al acusar a Jesús de
quebrantar ley de día de reposo.
Juan 7:22-23.
Jesús critica la. Mat. 7:3-5; 23:3-4.
Pablo critica. Rom. 2:1,21-23.

INCREDULIDAD

Advertencias contra. Heb. 3:12; 4:11.
Creyentes no deben tener comunión con
aquellos en. 2 Cor. 6:14.
Cuestiona veracidad de Dios. 1 Juan 5:10.

Demostración de, al
Alejarse de Dios. Heb. 3:12.
Cuestionar poder de Dios. 2 Rey. 7:2;
Sal. 78:19-20.
Dudar de promesas de Dios. Rom. 4:20.
No creer en obras de Dios. Sal. 78:32.
Rechazar a Cristo. Juan 16:9.
Rechazar evangelio. Isa. 53:1;
Juan 12:38.
Rechazar evidencia de milagros.
Juan 12:37.
Rechazar Palabra de Dios. Sal. 106:24.
Es pecado. Juan 16:9.
Impureza, inseparable de. Tito 1:15.
Judíos, rechazados por su. Rom. 11:20.
Obstáculo para que haya milagros.
Mat. 17:20; Mar. 6:5.
Orar pidiendo ayuda contra. Mar. 9:24.

Procede de
Buscar honra de hombres. Juan 5:44.
Corazón duro. Mar. 16:14; Hech. 19:9;
Juan 12:39-40.

Corazón malvado. Heb. 3:12.
Diablo, que ciega mente. 2 Cor. 4:4.
Diablo, que quita Palabra del corazón.
Luc. 8:12.
Lentitud y torpeza de corazón.
Luc. 24:25.
No ser oveja de Cristo. Juan 10:26.
Rehusarse a aceptar la verdad.
Juan 8:45-46.
Propósito de milagros: convencer a quienes
están en. Juan 10:37-38; 1 Cor. 14:22.

Quienes son culpables de
Cuentan con ira de Dios. Juan 3:36.
Difaman el evangelio. Hech. 19:9.
Morirán en sus pecados. Juan 8:24.
No entrarán al reposo. Heb. 3:19; 4:11.
No pueden agradar a Dios. Heb. 11:6.
No tienen Palabra de Dios en ellos.
Juan 5:38.
Perseveran en. Juan 12:37.
Persiguen a ministros de Dios.
Rom. 15:31.
Provocan a otros contra creyentes.
Hech. 14:2.
Se vuelven combativos. 2 Rey. 17:14.
Serán arrojados a lago de fuego.
Apoc.. 21:8.
Serán condenados. Mar. 16:16;
2 Tes. 2:12.
Serán destruidos. Jud. 5.
Ya han sido condenados. Juan 3:18.
Reproche de Cristo por. Mat. 17:17;
Juan 20:27.

INDECISIÓN

Ejemplos de
Ester. Est. 5:8.
Félix. Hech. 24:25.
Gobernantes que creyeron en Jesús.
Juan 12:42.
Josué en Hai. Jos. 7:10.
Moisés en mar Rojo. Ex. 14:15.

Elías critica. 1 Rey. 18:21.
Lleva a inestabilidad. Sant. 1:8.
Neutralidad es imposible. Mat. 6:24.

INDIA
Probablemente, límite oriental del reino de
Asuero. Est. 1:1; 8:9.

INDIFERENCIA
Advertencias contra. Sal. 95:8-11;
Prov. 21:9; Apoc. 9:20-21.

Ejemplos de
Generación de Noé. Gén. 6:3,5,7.
Hijos de Elí. 1 Sam. 2:22-25.
Israelitas. Núm. 14:22.
Sodomitas. Gén. 19:9,14.

INERRANCIA

Certidumbre en cuanto a Palabra de Dios
Escritura no puede ser quebrantada.
Juan 10:35.
Ley permanecerá. Mat. 5:18-19.
Palabra de Dios, verdadera. Prov. 30:5-6.
Palabra fiel y digna de ser recibida.
1 Tim. 1:15; 2 Tim. 2:11; Tito 3:8.
Testimonios de Dios, seguros. Sal. 19:7.

Naturaleza divina de Escritura
Como Palabra de Dios. 1 Tes. 2:13.
Dios habló. Ex. 20:1; Mat. 22:31;
Hech. 13:32-35; 1 Cor. 14:37;
2 Ped. 1:21.
Escrita por hombres inspirados por
Espíritu Santo. 2 Ped. 1:21.
Espíritu Santo habló.
Hech. 1:16; 1 Cor. 2:13; Heb 3:7.
Inspirada por Dios. 2 Tim. 3:16.
Revelada por Cristo Jesús. Gál. 1:12.

Naturaleza humana de Escritura
David habló por inspiración del Espíritu
Santo. Mar. 12:36; Hech. 4:25.

Escrita por hombres inspirados por
Espíritu Santo. 2 Ped. 1:21.
Pablo habló. 1 Cor. 7:10,12,25,40;
14:37; 2 Ped. 3:15.

INERRANCIA

C omo término aplicado a la
Escritura, inerrancia ha dado
lugar a numerosas
controversias en los últimos años.
Algunos sostienen que la doctrina no
es parte esencial de la ortodoxia
cristiana. Aunque la manera precisa
y moderna de afirmar el concepto es
de origen considerablemente
reciente, en los escritos de Agustín,
Lutero, Calvino y otros hay
expresiones que afirman que la
Biblia está libre de errores.

INFANTICIDIO

De bebés hebreos. Ex. 1:15-16.
De niños en Belén. Mat. 2:16-18.

INFERTILIDAD

Ver también Esterilidad

Vientre estéril nunca se sacia. Prov. 30:16.

INFIDELIDAD

Israel acusada de. Os. 10:1-2.
Juicio por. Mat. 3:10.
Parábola sobre. Mat. 21:33-43.

INFIERNO

Alma sufre en. Mat. 10:28.
Bestia, falsos profetas y diablo serán
arrojados al. Apoc. 19:20; 20:10.
Compañía de impíos, conduce al.
Prov. 5:5; 9:18.
Cuerpo sufre en. Mat. 5:29; 10:28.

Demonios confinados en, hasta día de
juicio. 2 Ped. 2:4; Jud. 6.

Descripción
Castigo eterno. Mat. 25:46.
Fuego consumidor. Isa. 33:14.
Fuego eterno. Mat. 25:41.
Fuego que nunca se apagará. Mat. 3:12.
Fuego y azufre. Apoc. 14:10.
Horno de fuego. Mat. 13:42,50.
Lago de fuego. Apoc. 20:15.
Llamas eternas. Isa. 33:14.
Esforzarse por salvar a otros del.
Prov. 23:14; Jud. 23.
Ilustrado. Isa. 30:33.
Impíos, llevados al. Sal. 9:17.

Lugar del castigo futuro
Eterno. Isa. 33:14; Apoc. 20:10.
Exclusión de presencia de Dios.
2 Tes. 1:9.
Poder humano no puede preservar del.
Ezeq. 32:27.
Preparado para diablo, etc. Mat. 25:41.
Sabios evitan. Prov. 15:24.

INFLUENCIA

Buena, ejemplos de
Esdras. Esd. 10:1.
Ezequías. 2 Crón. 29:31.
Josías. 2 Rey. 22-23.
Manasés. 2 Crón. 33:12-19.
Nehemías. Neh. 4; 5.

Mala, ejemplos de
Eva sobre Adán. Gén. 3:6.
Satanás, sobre Adán y Eva. Gén. 3:1-5.
Política. 1 Rey. 2:13-18.

INGENIERÍA CIVIL

Dios y su parte en. Job 28:9-11.
En conquista de Canaán. Jos. 18:9.

INGRATITUD

A menudo demostrada
A amigos en dificultades. Sal. 38:11.
A benefactores. Sal. 109:5; Ecl. 9:15.
Por parientes. Job 19:14.
Por siervos. Job 19:15-16.
Característica de impíos.
Sal. 38:20; 2 Tim. 3:2.
Castigo a. Prov. 17:13; Jer. 18:20-21.
Creyentes deben evitar. Sal. 7:4-5.

Respuesta a, debe ser
Amor perseverante. 2 Cor. 12:15.
Fidelidad. Gén. 31:38-42.
Oración. Sal. 35:12-13; 109:4.

INGRATITUD HACIA DIOS
Ver Dios, Ingratitud hacia

INJERTO
Uso simbólico. Rom. 11:17-24.

INJURIAS
A Cristo, profecías. Sal. 69:9, con
Rom. 15:3; Sal. 89:51.
Bienaventuranzas por soportar, por amor de
Cristo. Mat. 5:11; Luc. 6:22.
Castigo por. Sof. 2:8-9; Mat. 5:22.
Conducta de Cristo al recibir. 1 Ped. 2:23.

Creyentes
A veces deprimidos por.
Sal. 42:10-11; 44:16; 69:20.
Confían en Dios cuando pasan por.
Sal. 57:3; 119:42.
Deben esperar. Mat. 10:25.
No deben temer. Isa. 51:7.
Oran durante. 2 Rey. 19:4,16; Sal. 89:50.
Pagan, con bendición. 1 Cor. 4:12;
1 Ped. 3:9.
Pueden gozarse en. 2 Cor. 12:10.
Soportan por amor de Cristo. Luc. 6:22.
Soportan por amor de Dios. Prov. 69:7.

Soportan. 1 Tim. 4:10; Heb. 10:33.
Sostenidos durante. 2 Cor. 12:10.
De gobernantes, especial prohibición.
Ex. 22:28, con Hech. 23:4-5.
Excluyen del cielo. 1 Cor. 6:10.
Felicidad al soportar, por amor de
Cristo. 1 Ped. 4:14.

Impíos pronuncian, contra
Creyentes. Sal. 102:8; Sof. 2:8.
Cristo. Mat. 27:39; Luc. 7:34.
Dios, al oprimir a pobres. Prov. 14:31.
Dios. Sal. 74:22; 79:12.
Gobernantes. 2 Ped. 2:10-11; Jud. 8-9.
Ministros no deben temer. Ezeq. 2:6.
Prohibición. 1 Ped. 3:9.

INJUSTICIA
Borrachera lleva a. Prov. 31:5.
Castigo de. Prov. 11:7; 28:8; Amós 5:11-12;
Amós 8:5,8; 1 Tes. 4:6.
Codicia lleva a. Jer. 6:13; Ezeq. 22:12;
Miq. 2:2.
Conlleva maldición. Deut. 27:17,19.

Creyentes deben
No vengarse por. Mat. 5:39.
Odiarla. Prov. 29:27.
Soportarla con paciencia. 1 Cor. 6:7.
Testificar contra. Sal. 58:1-2; Miq. 3:8-9.

Dios
Desaprueba. Lam. 3:35-36.
Desprecia. Prov. 17:15; 20:10.
Juzga. Ecl. 5:8; Sant. 5:4.
Oye clamor de quienes sufren. Sal. 12:5.

Evitar, especialmente hacia
Extranjeros y huérfanos. Ex. 22:21-22;
Deut. 24:17; Jer. 22:3.
Pobres. Ex. 23:6; Prov. 22:16,22-23.
Siervos. Job 31:13-14; Deut. 24:14;
Jer. 22:13.

Impíos

Juzgan con. Sal. 82:2; Ecl. 3:16; Hab. 1:4.

Obran con. Isa. 26:10.

Practican, desvergonzadamente. Jer. 6:13,15; Sof. 3:5.

La más pequeña, condenada. Luc. 16:10.

Mal ejemplo lleva a. Ex. 23:2.

Prohibición. Lev. 19:15,35; Deut. 16:19.

INMORTALIDAD

Esperanza de David. 2 Sam. 12:23.

Promesa de Jesús. Juan 6:39-58.

INOCENCIA

Contrastada con culpa. Gén. 2:25; 3:7-11.

Por parte de Daniel. Dan. 6:22.

Por parte de Jeremías. Jer. 2:35.

Profesada por Pilato. Mat. 27:24.

Simbolizada al lavarse manos. Deut. 21:6; Sal. 26:6; Mat. 27:24.

INSANIA

De Nabucodonosor. Dan. 4:32-34.

Demoníaca, de Saúl. 1 Sam. 16:14; 18:10.

Enviada como juicio de Dios. Deut. 28:28; Zac. 12:4

Fingida por David. 1 Sam. 21:13-15.

Jesús acusado de. Mar. 3:21; Juan 10:20.

Pablo acusado de. Hech. 26:24,25.

Quien engaña a amigo, comparado a persona con. Prov. 26:18-19.

Sanada por Jesús. Mat. 4:24; 17:15.

INSCRIPCIONES

En cruz de Jesús. Juan 19:19.

En sepulturas. 2 Rey. 23:17.

INSECTOS

Creados por Dios. Gén. 1:24-25.

Dios los alimenta. Sal. 104:25,27; 145:9,15.

Divididos en

Inmundos y abominables. Lev. 11:23-24.

Limpios e inmundos. Lam. 11:21-25; Deut. 14:19.

Limpios y aptos para comer. Lev. 11:21-22.

Mencionados en Biblia

Abeja. Jue. 14:8; Sal. 118:12; Isa. 7:18.

Araña. Job 8:14; Prov. 30:28.

Avispa. Deut. 7:20.

Gusanos. Ex. 16:20; Job 25:6.

Hormiga. Prov. 6:6; 30:25.

Langosta. Lev. 11:22; Jue. 6:5; Job 39:20.

Mosca. Ex. 8:22; Ecl. 10:1; Isa. 7:18.

Mosquito. Mat. 23:24.

Oruga. Sal. 78:46; Isa. 33:4.

Piojos. Ex. 8:16; Sal. 105:31.

Polilla. Job 4:19; 27:18; Isa. 50:9.

Pulga. 1 Sam. 24:14.

· Palabra clave

INSPIRACIÓN

Inspiración es la actividad del Espíritu Santo al dirigir y guiar a los escritores de la Biblia, a fin de que lo que escribieran fuera en realidad la Palabra de Dios, o lo que Dios deseaba que quedara registrado. En otras palabras, la inspiración preservó o registró lo que Dios había revelado, de modo que el documento resultante tuviera igual efecto y autoridad que si Dios mismo hubiera hablado en forma directa.

INSINUACIONES

A través del lenguaje corporal. Prov. 6:13.

INSOLACIÓN

Causa de muerte de un niño. 2 Rey. 4:19.

INSOMNIO

Ejemplos de
Asuero. Est. 6:1.
Nabucodonosor. Dan. 6:18.

Es así

ISCARIOTE

Iscariote es un nombre traducido del hebreo al griego y que significa "hombre de Queirot"; probablemente derive de la palabra latina que significa "asesino" o "bandido".

INSPIRACIÓN DE LA BIBLIA
Ver Biblia, Inspiración de

INSPIRACIÓN DEL ESPÍRITU SANTO
Ver Espíritu Santo, Inspiración del

INSTINTOS
De animales. Isa. 1:3.
De aves. Prov. 1:17; Jer. 8:7.

INSTRUCCIÓN

Por medio de lecciones objetivas
Acostarse públicamente sobre un costado por largo tiempo. Ezeq. 4:4-8.
Afeitarse la cabeza. Ezeq. 5.
Cestas de higos. Jer. 24.
Cinturón de lino. Jer. 13:1-11.
Comer pan con estiércol. Ezeq. 4:9-17.
Comer y beber frugalmente.
Ezeq. 12:18-20.
Cuerdas y yugos. Jer. 27:2-11; 28.
De niños. Deut. 4:9;
Prov. 22:6; 2 Tim. 3:15.
Doce piedras en vados del Jordán.
Jos. 4:19-24.

Dos varas unidas. Ezeq. 37:16-22.
Flecos en bordes de vestiduras.
Núm. 15:38-39.
Gemir. Ezeq. 21:6-7.
Ilustraciones en ladrillo. Ezeq. 4:1-3.
Olla hirviente. Ezeq. 24:1-14.
Traslado de bienes y pertenencias.
Ezeq. 12:3-16.
Vasija de maná. Ex. 16:32.
Vasija del alfarero. Jer. 19:1-12.
Vestir cilicio y estar descalzo. Isa. 20:2-3.
Viudez. Ezeq. 24:16-27.
Por observación de naturaleza humana.
Ecl. 3-12.
Por parte de naturaleza. Prov. 24:30-34;
Ecl. 1:13-18; 3; 4:1; Mat. 6:25-30.

INSULTOS
Prohibición. 1 Cor. 5:11; 1 Tim. 6:4;
1 Ped. 3:9; 2 Ped. 2:11; Jud. 9.

INSURGENTES
Ejército de David. 1 Sam. 22:1-2.

INSURRECCIÓN
Descrita por David. Sal. 64:2; 55.
Israelitas contra Moisés. Núm. 14:4.
Por parte de Barrabás. Mar. 15:7.
Por parte de Seba. 2 Sam. 20.

INTEGRIDAD
Característica de hombres justos.
Núm. 16:15; Job 27:5; Sal. 26:11;
Prov. 11:3.
Protege a justos. Sal. 25:21; Prov. 11:3.
Y honestidad. 2 Cor. 7:2.
Y soborno. Hech. 8:18-23.

INTERCESIÓN
Conlleva bendiciones. 1 Sam. 7:5-9;
Núm. 6:23-26; Sant. 5:14-16.

Ejemplos divinos

Cristo. Juan 17:1-26; Heb. 7:25;
Rom. 8:34; 1 Juan 2:1.

Espíritu Santo. Rom. 8:26.

Ejemplos humanos

Esteban. Hech. 7:60.

Job. Job 42:8-10.

Moisés. Núm. 14:19.

En favor de personas específicas.
Rom. 15:30; Heb. 13:18.

En favor de todos. 1 Tim. 2:1; Ef. 6:18.

INTERÉS

Ver también Usura

Ilustrativo del incremento de talentos
recibidos de Dios. Mat. 25:27;
Luc. 19:23.

Judíos

A menudo culpables de exigir. Neh. 5:6-7;
Ezeq. 22:12.

Debían hacer restitución de. Neh. 5:9-13.

No podían cobrar, a hermanos pobres.
Ex. 22:25; Lev. 25:35-37.

No podían cobrar, a hermanos.
Deut. 23:19.

Podían exigir, de extranjeros.
Deut. 23:20.

Juicios contra quienes exigían excesivo.
Isa. 24:1-2; Ezeq. 18:13.

Maldición por exigir o recibirlo cuando es
ilícito. Jer. 15:10.

Quienes se enriquecían con, no podían
disfrutar de ganancia. Sal. 28:8.

Verdaderos israelitas fieles nunca cobraban,
de sus hermanos. Sal. 15:5; Ezeq. 18:8-9.

INTERPRETACIÓN

De idiomas extranjeros. 1 Cor. 14:9-19.

INTÉRPRETE

De idiomas. Gén. 42:23; 2 Crón. 32:31;
Neh. 8:8; Job 33:23.

De sueños. Gén. 40:8; 41:16; Dan. 2:18-30.

En iglesias cristianas.
1 Cor. 12:10,30; 14:5,13,26-28.

INTOLERANCIA RELIGIOSA

Al perseguir a Esteban.
Hech. 6:9-15; 7:57-59; 8:1-3.

Al perseguir a Pablo. Hech. 13:50; 17:5;
18:13; 21:28-31; 22:22; 23:2.

De judíos durante avivamiento religioso con
Asa. 2 Crón. 15:12-13.

De religiones idólatras, enseñanza de
Moisés. Ex. 22:20; Deut. 13; 17:1-7.

Ejemplos de

Caín. Gén. 4:8.

Elías. 1 Rey. 18:40.

Jacobo y Juan. Mar. 9:38-39.

Jehú. 2 Rey. 10:18-31.

Josué. Núm. 11:24-28.

Líderes judíos al perseguir a discípulos.
Hech. 4:1-3.

INVENCIÓN

De instrumentos musicales

David. 1 Crón. 23:5; 2 Crón. 7:6; 29:26.

Jubal. Gén. 4:21.

Maquinaria de guerra. 2 Crón. 26:15.

Uso de metales. Gén. 4:22.

INVERSIONES

Comercio. Gén. 34:10; Ezeq. 27:12-36.

Compra de propiedades

Booz, en Belén. Rut 4:3-4.

David, en Jerusalén. 1 Crón. 21:24-25.

Jeremías, en Anatot. Jer. 32:7-14.

Figurativamente, para eternidad.
1 Cor. 3:12-15.

Ganancia ilícita. Prov. 13:11; 15:27.

Mandamientos en cuanto a
    Diversificarlas. Ecl. 11:2.
    No cobrar interés. Ex. 22:25; Sal. 15:5.
    No obsesionarse con riquezas. Prov. 23:4.
    Planear para obtener ganancia en
        inversiones. Prov. 21:5.
    Mayordomía. Luc. 16:1-13; 19:11-27;
        1 Cor. 4:2.
    Necio despilfarra sus bienes. Prov. 21:20.

Negocios y emprendimientos
    En sociedad. Ecl. 4:9.
    Exitosos, a la larga. Ecl. 11:1.
    Inciertos. Ecl. 11:6; Luc. 12:16-21;
        Sant. 4:13-14.
    Malos. Ecl. 5:14.

Por parte de hijos de Jacob
    En Gosén. Gén. 47:27.
    En Siquem. Gén. 34:10.
    Reino de los cielos comparado con.
        Mat. 13:44-46.

INVESTIGACIÓN
De la vida toda.
    Ecl. 1:13-18; 2:1-12; 12:9-14.

INVIERNO
Barcos quedaban en puertos durante.
    Hech. 27:9,12; 28:11.
Dios hizo el. Sal. 74:17.
Ilustrativo de épocas de adversidad
    espiritual. Cant. 2:11.
Judíos a menudo tenían casas especiales
    para. Jer. 36:22; Amós 3:15.
No apto para viajar. Mat. 24:20;
    2 Tim. 4:21.
Regreso anual del, asegurado por pacto.
    Gén. 8:22.

IRÁN
Ver Persia

IRONÍA
Ejemplos de
    Agripa a Pablo. Hech. 26:28.
    Amós a samaritanos. Amós 4:4.
    Elías a profetas de Baal. 1 Rey. 18:27.
    Ezequiel al príncipe de Tiro. Ezeq. 28:3-5.
    Fariseos y herodianos a Jesús.
        Mat. 22:16.
    Inscripción de Pilato en cruz de Jesús.
        Mat. 27:37; Mar. 15:26; Luc. 23:38;
        Juan 19:19.
    Jesús a fariseos. Mar. 2:17.
    Job a sus acusadores. Job 12:2.
    Micaías. 1 Rey. 22:15.
    Mical a David. 2 Sam. 6:20.
    Pilato, al llamar rey a Jesús. Mar. 15:19;
        Juan 19:15.
    Soldados romanos a Jesús. Mat. 27:29;
        Mar. 15:17-19; Luc. 23:11;
        Juan 19:2-3.

IRRELIGIOSIDAD
Ver Impiedad

IRRIGACIÓN
Figurativamente. Isa. 58:11.
Practicada por hebreos en Egipto.
    Deut. 11:10.
Salomón empleó. Ecl. 2:6.

ISLA
Profecías sobre. Isa. 11:11; Apoc. 16:20.

ISRAEL
Ver también Judea; Judíos; Tierra santa

Nombre dado a descendientes de Jacob.
    Ex. 1:1-5.
Nombre dado a Jacob. Gén. 32:24-82.
Nombre de Cristo en profecía. Isa. 49:3.

I

ISRAEL, EJÉRCITOS DE

A menudo alabanzas a Dios cantadas ante. 2 Crón. 20:21-22.

A menudo liderados por rey.
1 Sam. 8:20; 15:4-5; 2 Sam. 12:29;
1 Rey. 22.

A menudo recibían armas de arsenales públicos. 2 Crón. 11:12; 26:14.

A veces constaba de toda la nación.
Jue. 20:11; 1 Sam. 11:7.

Antes de ir a la guerra

Consultaban a Jehová.
Jue. 1:1; 20:27-28.

Debían guardarse de iniquidad.
Deut. 23:9.

Recibían aliento de capitanes.
2 Crón. 20:20.

Se los contaba y se pasaba revista.
2 Sam. 18:1-2,4; 1 Rey. 10:15,27.

Arca de Dios generalmente acompañaba a.
Jos. 6:6-7; 1 Sam. 4:4-5; 2 Sam. 11:11;
15:24.

Comandados por capitán del ejército.
2 Sam. 2:8; 17:25; 20:23.

Compuesto por infantería. Núm. 11:21;
Jue. 5:15.

Con ayuda de Dios, todopoderosos.
Lev. 26:3,7-8; Deut. 7:24; 32:30;
Jos. 1:5.

Congregados por

Medios extraordinarios. Jue. 19:29, con
20:1; 1 Sam. 11:7.

Mensajeros especiales.
Jue. 6:35; 2 Sam. 20:14.

Sonido de trompetas. Jue. 3:27; 6:34.

Dirigidos por Dios en movimientos.
Jos. 8:1-2; Jue. 1:2; 2 Sam. 5:25;
1 Crón. 14:16.

Divididos en

Compañías de millares, etc.
Núm. 31:14; 2 Rey. 1:9,11;
1 Crón. 13:1; 27:1.

Frente y retaguardia. Jos. 6:9.

Tres escuadrones. Jue. 7:16;
1 Sam. 11:11.

Entendidos en arte de guerra. Isa. 2:4;
Miq. 4:3.

Escoltados por sacerdotes con trompetas.
Núm. 10:9; 31:6; 2 Crón. 13:13-14.

Estricta disciplina.
Jos. 7:16-21; 1 Sam. 14:24-44.

Felicitados al regresar victoriosos.
1 Sam. 18:6-7, con Ex. 15:1-21.

Forma de aprovisionamiento

Alimento enviado por sus familias.
1 Sam. 17:17.

Contribuciones. Jue. 8:5; 1 Sam. 25:4-8.

Llevaban propia comida. Jos. 1:11.

Presentes. 2 Sam. 17:27-29.

Hombres de a caballo y carros incluidos en,
después de reinado de David.
1 Rey. 1:5; 4:26.

Negación a formar parte de, a menudo se
castigaba. Jue. 21:5,8-11; 1 Sam. 11:7.

Negación a formar parte de, estigma.
Jue. 5:15-17.

Oficiales inferiores de, designados por

Capitán del ejército. 2 Sam. 18:11;
2 Rey. 4:13.

Oficiales superiores. Deut. 20:9.

Rey. 2 Sam. 18:1; 2 Crón. 25:5.

Parte del, retenido por rey en tiempos de
paz. 1 Sam. 13:1-2; 1 Crón. 27:1-15.

Personas eximidas de servicio en

Quienes habían construido una casa.
Deut. 20:5.

Quienes habían plantado una viña.
Deut. 20:6.

Recién casados. Deut. 24:5.

Recientemente desposados. Deut. 20:7.

Personas obligadas a prestar servicio en.
Núm. 1:2-3.

Primera mención de. Ex. 7:4.

Purificado al regresar de guerra.
Núm. 31:19-25.

Reclutados por escriba. 2 Rey. 25:19.

Se dispersaban después de guerra.
1 Sam. 13:2; 1 Rey. 22:36.

Selección de hombres de, para
emprendimientos difíciles. Ex. 17:9;
Núm. 31:5-6; Jos. 7:4; 8:3;
Jue. 7:5-6; 2 Sam. 17:1.

Sin Dios, vencidos fácilmente. Lev. 26:17;
Núm. 14:22.45.

Temerosos podían irse. Deut. 20:8; Jue. 7:3.

Valentía y fidelidad en, recompensadas.
Jos. 15:16; 1 Sam. 17:25; 18:17;
2 Sam. 18:11; 1 Crón. 11:6.

ISRAEL, TRIBUS DE

Acampaban en grupos y de acuerdo a
banderas alrededor del tabernáculo.
Núm. 2:2-31.

Cada familia de, tenía un líder.
Núm. 36:1; 1 Crón. 4:38.

Cada una

Dividida en familias. Núm. 1:2; 26:5-50;
Jos. 7:14.

Por lo general aportaba igual cantidad de
hombres para guerra. Núm. 31:4.

Tenía un jefe. Núm. 1:4-16.

Canaán dividida entre, según cantidad de
personas. Núm. 33:54.

Canaán dividida por suertes entre 9 tribus y
media. Jos. 14:1-5.

Descendían de hijos de Jacob.
Gén. 35:22-26.

Divididas en 4 grupos en desierto.
Núm. 10:14-28.

Divididas en montes Ebal y Gerizim para oír
ley. Deut. 27:12-13.

Doce. Gén. 49:28; Hech. 26:12; Sant. 1:1.

Fueron un solo pueblo hasta reinado de
Roboam. 1 Rey. 12:16-20.

Manasés y Efraín contados entre, en vez de
José y Leví. Gén. 48:5; Jos. 14:3-4.

Nombres de, grabados en pectoral de sumo
sacerdote. Ex. 28:21; 39:14.

Predicciones sobre cada. Gén. 49:3-27;
Deut. 33:6-35.

Rubén, Gad, y la mitad de Manasés

Debían ayudar a conquistar Canaán.
Núm. 32:6-32; Deut. 3:18-20.

Se establecieron al este del Jordán.
Deut. 3:12-17; Jos. 13:23-32.

Situación y límites de lo que heredaría cada
una. Jos. 15-17.

Toda la herencia debía permanecer en tribu
y familia a que se había asignado.
Núm. 36:3-9.

Total de, al dejar Egipto. Ex. 12:37;
Núm. 1:44-46; 2:32.

Total de, al entrar en Canaán. Núm. 26:51.

J

JABALINA

Lanza pesada. Ezeq. 39:9.

Usada por Goliat. 1 Sam. 17:6.

Usada por Saúl. 1 Sam. 18:11; 19:9-10.

JABÓN

Compuesto para lavar. Jer. 2:22; Mal. 3:2.

JACTANCIA

Advertencia contra. Deut. 8:17; 32:27;
Prov. 27:1.

De impíos.
Sal. 10:3; 12:3; 17:10; 52:1; 94:4.

Del hombre de pecado. 2 Tes. 2:3-4.

En Señor. Sal. 34:2; 44:8; Jer. 9:23-24;
2 Cor. 10:13; 10:17; Gál. 6:14.

En últimos tiempos. 2 Tim. 3:2.

Por cristianos de Corinto. 2 Cor. 8:24; 9:3.

JAULA

Para aves, impura. Jer. 5:27; Apoc. 18:2.

JERUSALÉN

Agrandada por David. 2 Sam. 5:9.

Antigua Jebús. Jos. 15:8; 18:28; Jue. 19:10.

Antigua Salem. Gén. 14:18; Sal. 76:2.

Asignada a tribu de Benjamín. Jos. 18:28.

Calamidades de, mencionadas

Amenazada por Sanbalat. Neh. 4:7-8.

Sitiada pero no tomada por Rezín y Peka.
Isa. 7:1; 2 Rey. 16:5.

Sitiada pero no tomada por Senaquerib.
2 Rey. 18:17; 19.

Sitiada por Nabucodonosor.
2 Rey. 24:10-11.

Tomada e incendiada por
Nabucodonosor. 2 Rey. 25; Jer. 39:1-8.

Tomada y obligada a pagar tributo al
faraón Necao. 2 Rey. 23:33-35.

Tomada y saqueada por Joás rey de
Israel. 2 Rey. 14:13-14.

Tomada y saqueada por Sisac.
1 Rey. 14:25-26; 2 Crón. 12:1-4.

Convertida en ciudad real. 2 Sam. 5:9; 20:3.

Dato geográfico

JERICÓ

Aparentemente Jericó es la ciudad más antigua del mundo. El primer edificio que resulta reconocible data de aprox. 9250 a.C. Jericó (el nombre significa "luna") era una ciudad amurallada construida sobre una colina a unos 10 km (6 millas) al norte del mar Muerto, en el sitio de la moderna tell es-Sultán. En razón de que estaba ubicada junto al vado más importante del río Jordán, la destrucción de Jericó resultaba un paso necesario para una exitosa invasión de la tierra. Fue la primera ciudad que conquistó Israel bajo el liderazgo de Josué.

Cristo

Entró públicamente como rey en.
Mat. 21:9-10.

Fue muerto en. Luc. 9:31;
Hech. 13:27,29.

Hizo muchos milagros en. Juan 4:45.

Predicó en. Luc. 21:37-38; Juan 18:20.

Se lamentó por. Mat. 23:37; Luc. 19:41.

Descripción

Bien unida. Sal. 122:3.

De perfecta hermosura. Lam. 2:15.

Gozo de toda la tierra. Sal. 48:2;
Lam. 2:15.

Grande. Jer. 22:8.

Hermosa provincia. Sal. 48:2.

Hermosa. Cant. 6:4.

Llena de alboroto y turbulencia. Isa. 22:2.

Populosa. Lam. 1:1.

Riqueza, etc. en tiempos de Salomón.
1 Rey. 10:26-27.

Señora de provincias. Lam. 1:1.

Don milagroso del Espíritu Santo,
inicialmente en. Hech. 1:4; 2:1-5.

Especialmente elegida por Dios.
2 Crón. 6:6; Sal. 135:21.

Ezequías hizo acueducto para. 2 Rey. 20:20.

Fue tumba de profetas. Luc. 13:33-34.

Gobierno romano transferido de, a Cesarea.
Hech. 23:23-24; 25:1-13.

Idolatría de. 2 Crón. 28:24; Ezeq. 8:7-10.

Ilustrativa de

Creyentes bajo protección de Dios.
Sal. 125:2.

Ejemplos de cuidado y protección
divinos. 2 Sam. 24:16;
2 Rey. 19:32-34; 2 Crón. 12:7.

Iglesia. Gál. 4:25-26; Heb. 12:22.

Iglesia glorificada. Apoc. 3:12; 21:2,10.

Jebuseos

Antiguamente vivían en. Jue. 19:10-11.

Finalmente expulsados de, por David.
2 Sam. 5:6-8.

Tenían posesión de, con Judá y Benjamín.
Jos. 15:63; Jue. 1:21.

Biografía bíblica

JERJES

Jerjes, un rey persa que reinó 486-464 a.C., recibe el nombre Asuero en el libro de Ester. Era hijo de Ciro el Grande. Realizó campañas militares contra los griegos como venganza por la derrota en Maratón en el 490 a.C. Sin embargo, su armada sufrió una devastadora derrota en la bahía de Salamina en el 480, y Jerjes pronto perdió interés en tratar de vencer a los griegos.

Judíos

Amaban. Sal. 137:5-6.

Lamentaron aflicción de. Neh. 1:2-4.

Oraban mirando hacia. Dan. 6:10, con
1 Rey. 8:44.

Oraban pidiendo prosperidad para.
Sal. 51:18; 122:6.

Subían a, para fiestas. Luc. 2:42, con
Sal. 122:4.

Maldad de, razón de sus calamidades.
2 Rey. 21:12-15; 2 Crón. 24:18;
Lam. 1:8; Ezeq. 5:5-8.

Maldad de. Isa. 1:1-4; Jer. 5:1-5; Miq. 3:10.

Nombres

Ciudad de Dios. Sal. 46:4; 48:1.

Ciudad de fiestas. Isa. 33:20.

Ciudad de Jehová. Isa. 60:14.

Ciudad de Judá. 2 Crón. 25:28.

Ciudad de justicia. Isa. 1:26.

Ciudad de la verdad. Zac. 8:3.

Ciudad del gran rey. Sal. 48:2; Mat. 5:35.

Ciudad fiel. Isa. 1:21,26.

Ciudad no desamparada. Isa. 62:12.

Santa ciudad. Neh. 11:1; Isa. 48:2;
Mat. 4:5.

Sión. Sal. 48:12; Isa. 33:20.

Sión del Santo de Israel. Isa. 60:14.

Trono de Jehová. Jer. 3:17.

Parcialmente tomada e incendiada por Judá.
Jue. 1:8.

Persecución de iglesia cristiana comenzó en.
Hech. 4:1; 8:1.

Predicación del evangelio comenzando en.
Luc. 24:47; Hech. 2:14.

Primer concilio cristiano, allí. Hech. 15:4,6.

Dato geográfico

JERUSALÉN

Jerusalén fue la ciudad más grande de Palestina. En el primer siglo tenía una población de unas 20.000 personas dentro de los muros de la ciudad, y unas 10.000 fuera de ellos. El Templo —con sus miles de obreros, sacrificios diarios de cientos de animales, subsidio de todos los judíos a través del impuesto del templo, e innumerables visitantes— hizo que Jerusalén prosperara.

Profecías sobre

Captura acompañada por serias
calamidades. Mat. 24:21,29;
Luc. 21:23-24.

Cristo entraría como rey. Zac. 9:9.

Evangelio saldría de. Isa. 2:3; 40:9.

Señales que preceden su destrucción
Mat. 24:6-15; Luc. 21:7-11,25,28.

Sería un desierto. Isa. 64:10.

Sería destruida por romanos.
Luc. 19:42-44.

Sería hecha un montón de ruinas.
Jer. 9:11; 26:18.

Sería morada de quietud. Isa. 33:20.

Sería reconstruida por Ciro.
Isa. 44:26-28.

Sería terror para enemigos. Zac. 12:2-3.

Sería tomada por rey de Babilonia.
Jer. 20:5.

Protegida por Dios. Isa. 31:5.

Protegida por fuertes y fortalezas.
Sal. 48:12-13.

Reconstruida después del cautiverio por
orden de Ciro. Isa. 44:26-28.

Rey de, derrotado y matado por Josué.
Jos. 10:5-23.

Rodeada de montañas. Sal. 125:2.

Rodeada por muro. 1 Rey. 3:1.

Se entraba a ella por puertas. Sal. 122:2;
Jer. 17:19-21.

Sede del gobierno, con romanos.
Mat. 27:2,19.

Templo construido en. 2 Crón. 3:1;
Sal. 68:29.

Trofeos de guerra puestos en.
1 Sam. 17:54; 2 Sam. 8:7.

JESUCRISTO

Ver temas específicos en Cristo

Palabra clave

JESUCRISTO

Jesucristo es la forma judía de Josué y del título que significa "Yavéh es salvación", "el ungido" o "Mesías".

JORDÁN, RÍO

Ver Río Jordán

JOYAS Y PIEDRAS PRECIOSAS

Ágata. Ex. 28:19; Isa. 54:12.

Alabastro, usado en frascos para perfume o mirra. Mar. 16:3; Luc. 7:37.

Amatista, forma de cuarzo violácea. Ex. 39:12; Apoc. 21:20.

Berilo, piedra roja o verde. Ex. 28:20; Apoc. 21:20.

Carbunclo, piedra roja o verde. Ex. 28:17; Isa. 54:12.

Coral, elemento marino rojo o negro. Job 28:18; Ezeq. 27:16.

Cornalina, forma de cuarzo rojo. Ezeq. 28:13; Apoc. 4:3; 21:20.

Crisólito, cuarzo o topacio amarillo. Apoc. 21:20.

Crisopraso, calcedonia verde claro. Apoc. 21:20.

Cristal, forma de cuarzo, vidrio o hielo. Apoc. 4:6; 21:11.

Diamante, probablemente piedra dura y opaca, distinta del diamante moderno. Ex. 28:18; Ezeq. 3:9

Biografía bíblica

JEZABEL

Jezabel es un nombre que significa "¿Dónde está el príncipe?" y tal vez derive de un nombre fenicio que significa "Baal es el príncipe". El personaje bíblico, que era esposa del rey Acab de Israel (874-853 a.C.), llevó a Israel el culto a Baal desde Sidón, donde su padre Etbaal era rey (1 Rey. 16:31). Jezabel trató de destruir a todos los profetas de Dios en Israel (1 Rey. 18:4), mientras por otro lado instauró a profetas de Baal y Asera (1 Rey. 18:19) como parte de la casa real.

Esmeralda, piedra roja o verde. Ex. 28:18; Apoc. 4:3.

Ilustrativas de

Amor y afecto. Gén. 24:22; Mal.3:17.

Ornamentación egoísta. 1 Tim. 2:9; Apoc. 17:4.

Jacinto, piedra azul o verde-azulado. Apoc. 9:17; 21:20.

Jaspe, jade o cuarzo verde o translúcido. Ex. 28:20; Ezeq. 28:13; Apoc. 4:3,21;11,18-19.

Ónice, piedra multicolor. Gén. 2:12; Ex. 25:7; Job 28:16; Apoc. 21:20.

Perla, piedra producida por ostra. Mat. 13:45-46; Apoc. 17:4.

Topacio, piedra amarilla. Ex. 28:17; Job 28:19; Apoc. 21:20.

Usadas como

Adorno. Isa. 3:18ss.

Inversión y elemento comercial. Prov. 3:15; Sant. 2:2; Apoc. 18:12.

Ofrendas. Ex. 32:1; 35:22.

Zafiro, piedra azul oscuro. Ex. 24:10; Isa. 54:11.

JUBILEO

Casas en ciudades amuralladas que no se redimían dentro del año, eximidas del beneficio de. Lev. 25:30.

Comenzaba el día de la expiación. Lev. 25:9.

Era santo. Lev. 25:12.

Ilustrativo del evangelio. Isa. 61:1-2; Luc. 4:18-19.

Leyes sobre

Cesación de labores en campos. Lev. 25:11.

Frutos de la tierra eran propiedad común. Lev. 25:12.

Libertad de siervos hebreos. Lev. 25:40-41,54.

Redención de propiedad vendida. Lev. 25:23-27.

Restauración de todas las herencias. Lev. 25:10,13,28; 27:24.

Llamado

Año agradable. Luc. 4:19.

Año de buena voluntad de Dios. Isa. 61:2.

Año de redimidos. Isa. 63:4.

Año del jubileo. Ezeq. 46:17.

Ocurría cada 50 años. Lev. 25:8,10.

Proclamado con trompetas. Lev. 25:9; Sal. 89:15.

Valor de propiedad consagrada calculado desde. Lev. 27:14-23.

Venta de propiedad se calculaba desde. Lev. 25:15-16.

JUDÁ, TRIBU DE

Acampaba con su bandera al este del tabernáculo. Núm. 2:3.

Ayudó a Saúl en guerras. 1 Sam. 11:8; 15:4.

Biografía bíblica

JOSAFAT

Josafat es tanto un nombre de persona que significa "Yavéh juzgó" o "Yavéh estableció lo justo", como también un nombre de lugar con el significado "valle donde Yavéh juzgó". El reinado de Josafat (872-869 a.C.) se recuerda por la devoción a Jehová por parte del rey. Él envió levitas por todo el territorio de Judá para instruir al pueblo en el libro de la ley (2 Crón. 17:1-9). Josafat también era el sitio al que el Señor convocó a las naciones para juicio.

Censurada por demora en recibir a David después de rebelión de Absalón. 2 Sam. 19:11-15.

Con Benjamín, se adhirió a casa de David. 1 Rey. 12:21.

Cristo, del linaje de. Mat. 1:3-16; Luc. 3:23-33; Heb. 7:14.

David, sólo rey de, 7 años y medio. 2 Sam. 2:11; 5:5.

Descendía del cuarto hijo de Jacob. Gén. 29:35.

Dio a Israel primer juez. Jue. 3:9.

Dio reyes a Israel. 1 Sam. 13:14; 15:28; 16:6,13; 2 Sam. 2:4; 7:16-17.

En Gerizim dijo amén a bendiciones. Deut. 27:12.

Familias de. Núm. 26:19-21.

Jefe designado por David. 1 Crón. 27:18.

Lideró primer escuadrón de Israel en desierto. Núm. 10:14.

Límites de herencia. Jos. 15:1-12.

Ofrenda de, en dedicación. Núm. 7:12-17.

Otras tribus celosas de, por causa de David. 2 Sam. 19:41-43; 20:1-2.

Personas notables de

Absalón. 2 Sam. 15:1.

Acán. Jos. 7:18.

Adonías. 1 Rey. 1:5-6.

Bezaleel. Ex. 31:2.

Booz. Rut 2:1.

Caleb. Núm. 14:24.

David. 1 Sam. 16:1,13.

Elhanán. 2 Sam. 21:19.

Elimelec. Rut 1:1-2.

Eliú. 1 Crón. 27:18.

Isaí. Rut 4:22.

Jonatán. 2 Sam. 21:21.

Naasón. Núm. 7:12.

Obed. Rut 4:21.

Petaías. Neh. 11:24.

Reyes de Judá. 1 y 2 Rey.

J

Salomón. 1 Rey. 1:32-39.

Personas seleccionadas de, para
Contar al pueblo. Núm. 1:7.
Dividir tierra. Núm. 34:19.
Ser espías de la tierra. Núm. 13:6.
Predicciones sobre. Gén. 49:8-12;
Deut. 33:7.
Primera en someterse a David. 2 Sam. 2:10.
Primera que fue contra Gabaa. Jue. 20:18.
Primera y más vigorosa para expulsar
cananeos. Jue. 1:3-20.
Total en, al dejar Egipto.
Núm. 1:26-27; 2:4.
Última tribu en ser llevada al cautiverio.
2 Rey. 17:18,20; 25:21.

J JUDEA

Comprendía todo el antiguo reino de
Judá. 1 Rey. 12:21-24.
Con romanos, una de las divisiones de tierra
santa. Luc. 3:1.

Cristo
A menudo dejó, para escapar de
persecución. Juan 4:1-3.
Nació en. Mat. 2:1,5-6.
Tentado en desierto de. Mat. 4:1.
Visitó, con frecuencia. Juan 11:7.
Distrito montañoso. Luc. 1:39,65.
Jerusalén, capital de. Mat. 4:25.
Juan el Bautista predicó en. Mat. 3:1.
Partes de, desérticas. Mat. 3:1; Hech. 8:26.

Pueblos de
Arimatea. Mat. 27:57; Juan 19:38.
Azoto o Asdod. Hech. 8:40.
Belén. Mat. 2:1,6,16.
Betania. Juan 11:1,18.
Betfagé. Mat. 21:1.
Efraín. Juan 11:54.
Emaús. Luc. 24:13.
Gaza. Hech. 8:26.
Jericó. Luc. 10:30; 19:1.

Jope. Hech. 9:36; 10:5,8.
Lida. Hech. 9:32,35,38.
Varias iglesias cristianas en.
Hech. 9:31; 1 Tes. 2:14.

JUDÍOS

"Desgajados" por incredulidad.
Rom. 11:17,20.
A menudo desagradaban a Dios con sus
pecados. Núm. 25:3; Deut. 32:16;
1 Rey. 16:2; Isa. 1:4; 5:24-25.
A menudo se distinguían en guerra.
Jue. 7:19-23; 1 Sam. 14:6-13; 17:32-33;
Neh. 4:16-22.
A menudo sometidos y obligados a pagar
tributo.
Jue. 2:13-14; 4:2; 6:2,6; 2 Rey. 23:33.
Aceptaban convertidos de otras naciones.
Hech. 2:10, con Ex. 12:44,48.
Amados por causa del Padre.
Deut. 4:37; 10:15, con Rom. 11:28.
Bajo especial protección divina.
Deut. 32:10-11; 33:27-29;
Sal. 105:13-15; 121:3-5.
Bajo teocracia hasta época de Samuel.
Ex. 19:4-6, con 1 Sam. 8-7.

Bienaventuranza por
Bendecir a. Gén. 27:29.
Mostrar favor a. Gén. 12:3; Sal. 122:6.

Carácter nacional de
Amaban su país. Sal. 137:6.
Apegados a costumbres de la ley.
Hech. 6:14; 21:21; 22:3.
Apegados a Moisés. Juan 9:28-29;
Hech. 6:11.
Cobardes. Ex. 14:10; Núm. 14:3;
Isa. 51:12.
Codiciosos. Jer. 6:13; Ezeq. 33:31;
Miq. 2:2.
Compasivos hacia sus hermanos.
Ex. 2:11-12; Rom. 9:1-3.
Farisaicos. Isa. 65:5; Rom. 10:3.

Formales en cuanto a religión. Isa. 29:13;
Ezeq. 33:31; Mat. 15:7-9.

Idólatras. Isa. 2:8; 57:5.

Ignorantes del verdadero sentido de
Escrituras.
Hech. 13:27; 2 Cor. 3:13-15.

Infieles al acuerdo de pactos.
Jer. 3:6-8; 31:32; Ezeq. 16:59.

Ingratos para con Dios. Deut. 32:15;
Isa. 1:2.

No confiaban en Dios. Núm. 14:11;
Sal. 78:22.

Obstinados. Ex. 32:9; Hech. 7:51.

Orgullosos de su ascendencia, etc.
Jer. 13:9; Juan 8:33,41.

Rebeldes. Deut. 9:7,24; Isa. 1:2;
Jer. 2:11-13; 8:5.

Se complacían en costumbres religiosas.
Jer. 44:17; Ezeq. 20:18,30, con 21;
Mar. 7:3-4.

Castigados por

Cambiar leyes y estatutos. Isa. 24:5.

Idolatría. Sal. 78:58-64; Isa. 65:3-7.

Incredulidad. Rom. 11:20.

Matar a profetas. Mat. 23:37-38.

Quebrantar pacto. Isa. 23:5; Jer. 11:10.

Transgresión de ley. Isa. 1:4,7; 24:5-6.

Castigo por rechazar y matar a Cristo,
ilustrado. Mat. 21:37-43.

Circuncidados en señal del pacto con Dios.
Gén. 17:10-11; Hech. 7:8.

Compasión de Cristo por. Mat. 23:37;
Luc. 19:41.

Condenados por asociarse con otras
naciones. Jue. 2:1-3; Jer. 2:18.

Creyentes recuerdan a. Sal. 102:14; 137:5;
Jer. 51:50.

Cristo

Asesinado por. Hech. 7:52; 1 Tes. 2:15.

Considerado restaurador de grandeza
nacional. Mat. 20:21; Luc. 24:21;
Hech. 1:6.

Descendía de. Juan 4:22; Rom. 9:5.

Enviado a. Mat. 15:24; 21:37;
Hech. 3:20,22,26.

Esperado por. Sal. 14:7; Mat. 11:3;
Luc. 2:25,38; Juan 8:56.

Prometido a. Gén. 49:10; Dan. 9:25.

Rechazado por. Isa. 53:3; Mar. 6:3;
Juan 1:11.

Salió de entre. Rom. 9:5; Heb. 7:14.

Denuncias contra quienes

Agravaban aflicciones de. Zac. 1:14-15.

Contendían con. Isa. 41:11; 49:25.

Maldecían a. Gén. 27:29; Núm. 24:9.

Mataban a. Sal. 79:1-7; Ezeq. 35:5-6.

Odiaban a. Sal. 129:5; Ezeq. 35:5-6.

Oprimían a. Isa. 49:26; 51:21-23.

Descendencia espiritual de verdaderos
creyentes, siempre entre. 1 Rey. 19:18;
Isa. 6:13; Rom. 9:6-7; 11:1,5.

Descendían de Abraham. Sal. 105:6;
Isa. 51:2; Juan 8:33,39; Rom. 9:7.

Descripción

Especial tesoro. Ex. 19:5; Sal. 135:4.

Gente santa. Ex. 19:6.

Porción de Jehová. Deut. 32:9.

Pueblo especial. Deut. 7:6.

Pueblo santo. Deut. 7:6; 14:21.

Pueblo único. Deut. 14:2.

Reino de sacerdotes. Ex. 19:6.

Desearon y consiguieron reyes.
1 Sam. 8:5,22.

Despreciaban a extranjeros. 1 Sam. 17:36;
Mat. 16:26-27; Ef. 2:11.

Despreciados por naciones. Ezeq. 36:3.

Dios los

Ama. Deut. 7:8; 23:5; Jer. 31:3.

Elige. Deut. 7:6.

Protege. Sal. 105:15; Zac. 2:8.

Dios se acuerda de. Sal. 98:3; Isa. 49:15-16.

Distinción de castas entre. Isa. 65:5;
Luc. 7:39; 15:2; Hech. 26:5.

J

Divididos en 12 tribus. Gén. 35:22; 49:28.
Divididos en 2 reinos después de Salomón.
1 Rey. 11:31-32; 12:19-20.
Elegidos y amados por Dios. Deut. 7:6-7.
En desierto 40 años. Núm. 14:33; Jos. 5:6.

En tiempos del NT, divididos en
Hebreos o judíos puros. Hech. 6:1;
Fil. 3:5.
Helenistas. Hech. 6:1; 9:29.
Muchas sectas y partidos. Mat. 16:6;
Mar. 8:15.
Enemigos de, obligado a reconocer
protección divina. Jos. 2:9-11; Est. 6:13.
Esparcidos entre naciones. Deut. 28:64;
Ezeq. 6:8; 36:19.
Evangelio predicado primero a. Mat. 10:6;
Luc. 24:47; Hech. 1:8.
Finalmente serán salvos. Rom. 11:26-27.
Fortalecidos por Dios en guerra.
Lev. 26:7-8; Jos. 5:13-14; 8:1-2.
Gentiles hechos uno con, con evangelio.
Hech. 10:15,28; 15:8-9; Gál. 3:28;
Ef. 2:14-16.
Grandeza nacional. Gén. 12:2; Deut. 33:29.
Habitaron en Egipto. Ex. 12:40-41.
Incrédulos, perseguían a cristianos.
Hech. 17:5,13; 1 Tes. 2:14-16.
Invocaban sangre de Cristo sobre ellos y sus
hijos. Mat. 27:25.

Llamados
Descendencia de Abraham. Sal. 105:6;
Isa. 41:8.
Descendencia de Jacob. Jer. 33:26.
Hebreos. Gén. 14:13; 40:15; 2 Cor.
11:22.
Hijos de Israel. Gén. 50:25; Isa. 27:12.
Hijos de Jacob. 1 Crón. 16:13.
Israelitas. Jos. 6:25; Juan 1:47..
Jesurún. Deut. 32:15.
Llevados cautivos a Asiria y Babilonia.
2 Rey. 17:23; 18:11; 24:16; 25:11.
Muchos creyeron al evangelio. Hech. 21:20.

Nadie odiaba u oprimía a, con impunidad.
Sal. 137:8-9; Ezeq. 25:15-16; 35:6;
Abd. 1:10-16.
No se trataban con extranjeros. Juan 4:9;
Hech. 11:2-3.
Obligados a unirse contra enemigos.
Núm. 32:20-22;
Jue. 19:29,20; 1 Sam. 11:7-8.
Orar persistentemente por. Sal. 122:6;
Isa. 62:1,6-7; Jer. 31:7; Rom. 10:1.
Pacto establecido con.
Ex. 6:4; 24:6-8; 34:27.
Privados de privilegios civiles y religiosos.
Os. 3:4.
Privilegios de. Sal. 76:1-2;
Rom. 3:1-2; 9:4-5.
Privilegios nacionales. Rom. 3:2; 9:4-5.

Promesas en cuanto a
Cristo morará entre. Ezeq. 43:7,9;
Zac. 14:4.
Derramamiento del Espíritu Santo sobre
ellos. Ezeq. 39:29; Zac. 12:10.
Eliminación de su ceguera.
Rom. 11:25; 2 Cor. 3:14-16.
Gentiles ayudarían en su restauración.
Isa. 49:22-23; 60:10,14; 61:4-6.
Gloria futura. Isa. 60:19; 62:3-4;
Sof. 3:19-20; Zac. 2:5.
Gozo por conversión de.
Isa. 44:23; 49:13; 52:8-9; 66:10.
Humillación por haber rechazado a
Cristo. Zac. 12:10.
Perdón de pecados. Isa. 44:22;
Rom. 11:27.
Prosperidad futura.
Isa. 60:6-7,9,17; 61:4-6; Os. 14:5-6.
Regresarán y buscarán a Dios. Os. 3:5.
Restauración a su propia tierra.
Isa. 11:15-16; 14:1-3; 27:12-13;
Jer. 16:14-15;
Ezeq. 36:24; 37:21,25; 39:25,28;
Luc. 21:24.

Reunión de. Jer. 3:18;
Ezeq. 37:16-17,20-22; Os. 1:11;
Miq. 2:12.
Salvación. Isa. 59:20, con Rom. 11:26.
Santificación. Jer. 33:8; Ezeq. 36:25;
Zac. 12:1,9.
Sujeción de gentiles a. Isa. 60:11-12,14.

Promesas en cuanto a, hechas a
Abraham.
Gén. 12:1-3; 13:14-17; 15:18; 17:7-8.
Ellos mismos. Ex. 6:7-8; 19:5-6;
Deut. 26:18-19.
Isaac. Gén. 26:2-5,24.
Jacob. Gén. 28:12-15; 35:9-12.
Pueblo agricultor. Gén. 46:32.
Pueblo comercial. Ezeq. 27:17.
Pueblo de Dios. Deut. 32:9; 2 Sam. 7:24;
Isa. 51:16.

Religión de
De acuerdo a ritos prescritos por Dios.
Lev. 18:4; Deut. 12:8-11; Heb. 9:1.
Un tipo. Heb. 9:8-11; 10:1.
Restaurados a su propia tierra por Ciro.
Esd. 1:1-4.
Sacados de Egipto por Dios. Ex. 12:42;
Deut. 5:15; 6:12.
Se degeneraron a medida que aumentaron
grandeza como nación. Amós 6:4.
Se establecieron en Canaán. Núm. 32:32;
Jos. 14:1-5.
Separados de otras naciones. Ex. 33:16;
Lev. 20:24; 1 Rey. 8:53.
Separados para Dios. Ex. 33:16; Núm. 23:9;
Deut. 4:34.
Su casa, asolada. Mat. 24:38.
Su país, pisoteado por gentiles.
Deut. 28:49-52; Luc. 21:24.

Tenían prohibido
Asociarse con otros. Hech. 10:28.
Casarse con otros. Deut. 7:3; Jos. 23:12.

Hacer pactos con otros. Ex. 23:32;
Deut. 7:2.
Seguir prácticas de otros.
Deut. 12:29-31; 18:9-14.
Tenían tribunales de justicia. Deut. 16:18.
Tenían un *establishment* religioso. Ex. 28:1;
Núm. 18:6; Mal. 2:4-7.

Todas las otras naciones
Envidiaban a. Neh. 4:1; Isa. 26:11;
Ezeq. 35:11.
Odiaban a. Sal. 44:10; Ezeq. 35:5.
Oprimían a. Ex. 3:9; Jue. 2:18; 4:3.
Perseguían a. Lam. 1:3; 5:5.
Se gozaban por calamidades de.
Sal. 44:13-14; 80:5-6; Ezeq. 36:4.
Tuvieron serie de profetas para promover
reforma nacional.
Jer. 7:25; 26:4-5; 35:15; 44:4;
Ezeq. 38:17.
Único pueblo que adoraba a Dios. Ex. 5:17,
con Sal. 96:5; Sal. 115:3-4; Juan 4:22.
Único pueblo que conocía a Dios. Sal. 76:1,
con 1 Tes. 4:5; Sal. 48:3, con Rom. 1:28.
Vasta cantidad. Gén. 22:17; Núm. 10:36.

JUDÍOS, RÉGIMEN ALIMENTICIO DE
De pobres, frugal. Rut 2:14; Prov. 15:17.
De ricos, lujoso. Prov. 23:1-3; Lam. 4:5;
Amós 6:4-5; Luc. 16:19.
Elementos de, a menudo enviados como
presentes. 1 Sam. 17:18; 25:18,27;
2 Sam. 16:1-2.
En desierto. Ex. 16:4-12.
En Egipto. Ex. 16:3; Núm. 11:5.
En época de patriarcas. Gén. 18:7-8; 27:4.
Generalmente cocinaban mujeres.
Gén. 27:9; 1 Sam. 8:13; Prov. 31:15.
Hombres y mujeres no comían juntos.
Gén. 18:8-9; Est. 1:3,9.

Ingredientes usados en
Aceite. Deut. 12:17; Ezeq. 16:13.
Agua. Gén. 21:14; Mat. 10:42.

Carne. 2 Sam. 6:19; Prov. 9:2.

Fruta. Amós 8:1.

Frutas secas. 1 Sam. 25:18; 30:12.

Grano tostado. 1 Sam. 17:17.

Leche. Gén. 49:12; Prov. 27:27.

Legumbres. Prov. 15:17; Rom. 14:2.

Manteca. Deut. 32:14; 2 Sam. 17:29.

Miel. Cant. 5:1; Isa. 7:15.

Pan. Gén. 18:5; 1 Sam. 17:17.

Pescado. Mat. 7:10; Luc. 24:42.

Queso. 1 Sam. 17:18; Job 10:10.

Vinagre. Núm. 6:3; Rut 2:14.

Vino. Cant. 8:2; Juan 2:3,10.

Purificación antes de. 2 Rey. 3:11;
Mat. 15:2.

Se cantaba himno después de. Mat. 26:30.

Se comía

A la mañana, frugalmente. Jue. 19:5, con
Ecl. 10:16-17.

A la tarde. Gén. 24:11,33; Luc. 24:29-30.

A mediodía. Gén. 43:16; Juan 4:6,8.

A menudo reclinándose. Amós 6:4;
Juan 13:23.

A menudo sentados. Gén. 27:19; 43:33.

Con mano. Mat. 26:23, con Luc. 22:21.

Se ofrecían gracias antes de. Mar. 8:6;
Hech. 27:35.

Simbolizado por pan y agua.
1 Rey. 13:9,16.

JUECES

Corruptos, ejemplos de

Félix. Hech. 24:26-27.

Hijos de Elí. 1 Sam. 2:12-17,22,25.

Hijos de Samuel. 1 Sam. 8:1-5.

Jueces de Jezreel. 1 Rey. 21:8-13.

Pilato. Mat. 27:24.

Establecidos por persas. Esd. 7:25.

Mujer en cargo. Jue. 4:4.

Reyes y otros gobernantes como.
2 Sam. 8:15; 15:2; 1 Rey. 3:16-28.

Sacerdotes y levitas como.
Deut. 17:9; 2 Crón. 9:8; Ezeq. 44:23-24;
Mat. 26:57-62.

Y tribunales de circuito. 1 Sam. 7:16.

JUECES EXTRAORDINARIOS

Cargo de, no siempre de por vida ni
hereditario. Jue. 8:23,29.

De modo intermitente.
Jue. 17:6; 18:1; 19:1; 21:25.

Durante 450 años. Hech. 13:20.

Elogiados por su fe. Heb. 11:32.

Israel no sacó beneficio espiritual ni
permanente de. Jue. 2:17-19.

Levantados para libertar a Israel. Jue. 2:16.

Nombres de

Abdón. Jue. 12:13.

Abimelec. Jue. 9:6.

Aod. Jue. 3:15.

Débora. Jue. 4:4.

Elí. 1 Sam. 4:18.

Elón. Jue. 12:11.

Gedeón. Jue. 6:11.

Ibzán. Jue. 12:8.

Jair. Jue. 10:3.

Jefté. Jue. 11:1.

Otoniel. Jue. 3:9-10.

Samgar. Jue. 3:31.

Samuel. 1 Sam. 7:6,15-17.

Sansón. Jue. 13:24-25; 16:31.

Tola. Jue. 10:1.

Sostenidos y fortalecidos por Dios.
Jue. 2:18.

JUEGOS DE AZAR, APUESTAS

Daña a pobres y a familias. Prov. 14:3;
1 Tim. 5:8.

Intentos para evitar trabajo ordenado por
Dios. Gén. 3:19.

Mal ejemplo para quienes pueden
convertirse en adictos. 1 Cor. 8:13.

Practicados por quienes crucificaron a Jesús.
Mar. 12:30.
Producto de codicia. Luc. 12:15; Fil. 2:3-4;
1 Tim. 6:10.
Puede producir estilo de vida destructivo.
1 Tim. 6:9.

JUEGOS DEPORTIVOS

Carreras pedestres. 1 Cor. 9:24,26;
Gál. 2:2; Fil. 2:16; Heb. 12:1.
Figurativamente, ministerio exitoso.
Gál. 2:2; Fil. 2:16.
Figurativamente, vida cristiana.
1 Cor. 9:24,26; Gál. 5:7; Fil. 2:16; 3:14;
Heb. 12:1.
Gladiadores. 1 Cor. 4:9; 9:26; 15:32;
2 Tim. 4:7.

JUICIO TERRENAL

Ante tribunal. Lev. 24:10-14.
Derecho al. Juan 7:51;
Hech. 16:37-39; 22:25-30.

JUICIO

Advertir a impíos sobre.
Hech. 24:25; 2 Cor. 5:11.
Castigo final de impíos ocurrirá después del.
Mat. 13:40-42; 25:46.

Certidumbre de, un motivo de
Arrepentimiento. Hech. 17:30-31.
Fe. Isa. 28:16-17.
Oración y espera vigilante. Mar. 13:33.
Santidad. 2 Cor. 5:9-10; 2 Ped. 3:11,14.
Creyentes podrán presentarse en.
Rom. 8:33-34.
Creyentes se sentarán con Cristo en.
1 Cor. 6:2; Apoc. 20:4.
Creyentes serán recompensados en.
2 Tim. 4:8; Apoc. 11:18.
Cristo reconocerá como suyos a creyentes
en. Mat. 25:34-40; Apoc. 3:5.
De cristianos, por evangelio. Sant. 2:12.

De judíos, por ley de Moisés. Rom. 2:12.
De paganos, por ley de conciencia.
Rom. 2:12,14-15.

De toda
Acción. Ecl. 11:9; 12:14; Apoc. 20:13.
Palabra. Mat. 12:36-37; Jud. 15.
Pensamiento. Ecl.12:14; 1 Cor. 4:5.
Demonios serán condenados en. 2 Ped. 2:4;
Jud. 6.
Descuido de ventajas aumentan
condenación en. Mat. 11:20-24;
Luc. 11:31-32.
Día señalado para. Hech. 17:31; Rom. 2:16.
Impíos le temen al. Hech. 24:25;
Heb. 10:27.
Impíos serán condenados en.
Mat. 7:22-23; 25:41.
Libros serán abiertos en el. Dan. 7:10.

Llamado
Día de destrucción. Job 21:30.
Día de ira. Rom. 2:5; Apoc. 6:17.
Día de juicio y perdición de hombres
impíos. 2 Ped. 3:7.
Juicio del gran día. Jud. 6.
Revelación del justo juicio de Dios.
Rom. 2:5.
Ninguno por naturaleza puede justificarse
en. Sal. 130:3; 143:2; Rom. 3:19.
Palabra de Cristo testificará contra impíos
en. Juan 12:48.
Perfecto amor dará valentía en. 1 Juan 4:17.
Principio esencial del evangelio. Heb. 6:2.
Profetizado en Antiguo Testamento.
1 Crón. 16:33; Sal. 9:7; 96:13; Ecl. 3:17.
Será justo. Sal. 98:9; Hech. 17:31.
Será realizado por Cristo. Juan 5:22,27;
Hech. 10:42; Rom. 14:10; 2 Cor. 5:10.

Será sobre
Justos e impíos. Ecl. 3:17.
Pequeños y grandes. Apoc. 20:12.
Todas las naciones. Mat. 25:32.

J

Todos los hombres. Heb. 9:27; 12:23.

Vivos y muertos. 2 Tim. 4:1; 1 Ped. 4:5.

Tendrá lugar en venida de Cristo.
Mat. 25:31; 2 Tim. 4:1.

Tiempo del, no lo sabemos. Mar. 13:32.

JUICIOS

Creyentes

Oran por quienes pasan por.
Ex. 32:11-13; Núm. 11:2; Dan. 9:3.

Preservados durante. Job 5:19-20;
Sal. 91:7; Isa. 26:20; Ezeq. 9:6;
Apoc. 7:3.

Recibirán provisión y cuidado durante.
Gén. 47:12; Sal. 35:19; 37:19.

Reconocen justicia de. 2 Sam. 24:17;
Esd. 9:13; Neh. 9:33; Jer. 14:7.

Tienen compasión por quienes pasan por.
Jer. 9:1; 13:17; Lam. 3:48.

Debe ser advertencia a otros. Luc. 13:3,5.

Deben llevar a

Actuar justamente. Isa. 26:9.

Compunción. Neh. 1:4; Est. 4:3;
Isa. 22:12.

Humillación. Jos. 7:6; 2 Crón. 12:6;
Lam. 3:1-20; Joel 1:13; Jon. 3:5-6.

Oración. 2 Crón. 20:9.

Distintas clases de

Abandono de Dios. Os. 4:17.

Borrar nombre. Deut. 29:20.

Cautiverio. Deut. 28:41; Ezeq. 39:23.

Desolación. Ezeq. 33:29; Joel 3:19.

Destrucción. Job 31:3; Sal. 34:16;
Prov. 2:22.

Enemigos. 2 Sam. 24:13.

Espada. Ex. 22:24; Jer. 19:7.

Hambre de oír palabra de Dios.
Amós 8:11.

Hambre. Deut. 28:38-40; Amós 4:7-9.

Maldición de bendiciones. Mal. 2:2.

Penas continuadas. Sal. 32:10; 78:32-33;
Ezeq. 24:23.

Plagas. Deut. 28:21-22; Amós 4:10.

Enviado como corrección. Job 37:13;
Jer. 30:11.

Enviado para liberar a creyentes. Ex. 6:6.

Enviados como castigo por

Desobediencia a Dios.
Lev. 26:14-16; 2 Cor. 7:19-20.

Despreciar advertencias de Dios.
2 Crón. 36:16; Prov. 1:24-31;
Jer. 44:4-6.

Idolatría. 2 Rey. 22:17; Jer. 16:18.

Iniquidad. Isa. 26:21; Ezeq. 24:13-14.

Murmuración contra Dios. Núm. 14:29.

Pecados de gobernantes. 1 Crón. 21:2,12.

Persecución a creyentes. Deut. 32:43.

Frecuentemente atemperados con
misericordia. Jer. 4:27; 5:10,15-18;
Amós 9:8.

Infligidos sobre

Enemigos de creyentes. Jer. 30:16.

Falsos dioses. Ex. 12:12; Núm. 33:4.

Individuos. Deut. 29:20; Jer. 23:34.

Naciones. Gén. 15:14; Jer. 51:20-21.

Posteridad de pecadores. Ex. 20:5;
Sal. 37:28; Lam. 5:7.

Manifiestan carácter justo de Dios.
Ex. 9:14-16; Ezeq. 39:21; Dan. 9:14.

Pueden evitarse

Acudiendo a Dios. Deut. 30:1-3.

Dejando iniquidad. Jer. 18:7-8.

Humillándose
Ex. 33:3-4,14; 2 Crón. 7:14.

Orando. Jue. 3:9-11; 2 Crón. 7:13-14.

Son de Dios. Deut. 32:39; Job 12:23;
Amós 3:6; Miq. 6:9.

Son en toda la tierra. 1 Crón. 16:14.

JUNCO

Barcos hechos de. Isa. 18:2.

Moisés, arquilla de. Ex. 2:3.
Sentido simbólico. Isa. 58:5.

JURADO
De 10 hombres. Rut 4:2.
De 70 hombres. Núm,11:16; 17,24-25.

JURAMENTO EN FALSO
Ver también Perjurio

Bendición por abstenerse de. Sal. 24:4-5.
Creyentes se guardan de. Jos. 9:20;
Sal. 15:4.
Dios detesta. Zac. 8:17.
Falsos testigos, culpables de.
Deut. 19:16,18.
Fraude a menudo conduce a. Lev. 6:2-3.

Impíos
Acostumbrados a. Jer. 5:2; Os. 10:4.
Habrá maldición en sus casas por.
Zac. 5:4.
Ofrecen excusas por. Jer. 7:9-10.
Serán destruidos por. Zac. 5:3.
Serán juzgados por. Mal. 3:5.
No debemos amar. Zac. 8:17.
Prohibición. Lev. 19:12; Núm. 30:2;
Mat. 5:33.

JURAMENTOS
A menudo incluía alzar la mano.
Gén. 14:22; Dan. 12:7; Apoc. 10:5-6.
A menudo incluía colocar mano bajo muslo
de persona a quien se hacía.
Gén. 24:2,9; 47:29.
Antigüedad de. Gén. 14:22; 24:3,8.
Costumbre de jurar por vida del rey.
Gén. 42:15-16.
Dios usó, para mostrar inmutabilidad de su
consejo. Gén. 22:16; Núm. 14:28;
Heb. 6:17.

Ejemplos de, apurados, etc.
Herodes. Mat. 14:7-9.

Jefté. Jue. 11:30-36.
Josué. Jos. 9:15-16.
Judíos que procuraban matar a Pablo.
Hech. 23:21.
Saúl. 1 Sam. 14:27,44.
En temor y reverencia. Ecl. 9:2.

Expresiones usadas
"Así me haga Dios y aun me añada".
Rut 1:17.
"Así te haga Dios y aun te añada".
1 Sam. 3:17.
"Delante de Dios que no miento".
Gál. 1:20.
"Dios es testigo". 1 Tes. 2:5.
"Invoco a Dios por testigo". 2 Cor. 1:23.
"Os conjuro por el Señor". 1 Tes. 5:27.
"Por aquel a quien temía Isaac".
Gén. 31:53.
"Por Jehová". 2 Sam. 19:7; 1 Rey. 2:42.
"Vive Jehová". Jue. 8:19; Rut 3:13.
"Vive tu alma". 1 Sam. 1:26; 25:26.
Forma judicial de tomar. 1 Rey. 22:16;
Mat. 26:63.

Judíos
A menudo culpables de falso. Lev. 6:3;
Jer. 5:2; 7:9.
A menudo culpables de, apurado.
Jue. 21:7; Mat. 14:7; 26:72.
Condenados por falso. Zac. 5:4;
Mal. 3:5.
Condenados por, profano. Jer. 23:10;
Os. 4:2.
Debían hacerlo en verdad, juicio, etc.
Jer. 4:2.
Debían usar sólo nombre de Dios en.
Deut. 6:13; 10:20; Isa. 65:16.
Erraban mucho con respecto a.
Mat. 23:16-22.
Generalmente respetaban obligación del.
Jos. 9:19-20; 2 Sam. 21:7; Sal. 15:4;
Mat. 14:9.

J

No podían hacer, apurado o profano. Lev. 5:4.

No podían hacer, en nombre de ídolos. Jos. 23:7.

No podían hacer, falso. Lev. 6:3; Zac. 8:17.

No podían hacer, por ninguna cosa viviente. Mat. 5:34-36; Sant. 5:12.

Propósito legal del, explicado. Heb. 6:16.

Usado para

Confirmar pactos. Gén. 26:28; 31:44,53; 1 Sam. 20:16-17.

Obligatoriedad de realizar acción particular. Gén. 24:3-4; 50:25; Jos. 2:12.

Obligatoriedad de realizar deberes sagrados. Núm. 30:2; 2 Crón. 15:14-15; Neh. 10:29; Sal. 132:2.

JUSTICIA

Bendición de Dios, no es por nuestras obras de. Deut. 9:5.

Bienaventuranza

Enseñar, a otros. Dan. 12:3.

Hacer. Sal. 106:3.

Ser perseguidos por causa de. Mat. 5:10.

Sufrir por. 1 Ped. 3:14.

Tener hambre y sed de. Mat. 5:6.

Castigos dan fruto de. Heb. 12:11.

Conduce a vida. Prov. 11:19; 12:28.

Corona de honra para viejos. Prov. 16:31.

Creyentes

Aguardan con ansias esperanza de. Gál. 5:5.

Caminan ante Dios en. 1 Rey. 3:6.

Caracterizados por. Gén. 18:25; Sal. 1:5-6.

Conocen. Isa. 51:7.

Consideran propia, trapos sucios. Isa. 64:6.

Cubiertos con vestidos de. Isa. 61:10.

Deben actuar siempre con. Sal. 119:121; Ezeq. 18:8-9.

Deben buscar. Sof. 2:3.

Deben complacerse haciendo. Prov. 21:15.

Deben enseñar a otros a actuar con. Gén. 18:19.

Deben estudiar principios de. Fil. 4:8.

Deben hacer que sus cuerpos sean siervos de. Rom. 6:19.

Deben orar pidiendo sabiduría para ejecutar. 1 Rey. 3:9.

Deben presentar cuerpos como instrumentos de. Rom. 6:13.

Deben recibir instrucción en. Prov. 1:3.

Deben servir a Dios en. Luc. 1:75.

Deben tener puesta coraza de. Ef. 6:14.

Deben vivir en. Tito 2:12; 1 Ped. 2:24.

Guiados por sendas de. Sal. 23:3.

Hacen, por fe. Heb. 11:33.

No confían en propia. Fil. 3:6-8.

Ofrecen sacrificios de. Sal. 4:5; 51:19.

Oran pidiendo espíritu de. Sal. 51:10.

Reciben, de Dios. Sal. 24:5.

Recibirán corona de. 2 Tim. 4:8.

Se visten de. Job 29:14.

Siguen la. Isa. 51:1.

Son siervos de. Rom. 6:16,18.

Tienen hambre y sed de. Mat. 5:6.

Tienen, en Cristo. Isa. 45:24; 54:17; 2 Cor. 5:21.

Tienen, imputada. Rom. 4:11,22.

Verán rostro de Dios en. Sal. 17:15.

Cristo

Ama. Sal. 45:7, con Heb. 1:9.

Cumplió toda. Mat. 3:15.

Ejemplo de. Sal. 98:9; Isa. 11:4; Jer. 23:5.

Es el fin de la ley para. Rom. 10:4.

Es el Sol de. Mal. 4:2.

Fue afirmado por. Isa. 59:16.

Ha traído, eterna. Dan. 9:24.

Hará. Sal. 99:4; Jer. 23:6.

Juzgará con. Sal. 72:2; Isa. 11:4;
Hech. 17:31; Apoc. 19:11.

Predicó. Sal. 40:9.

Reinará en. Sal. 45:6; Isa. 32:1; Heb. 1:8.

Rodeado de, como cinturón. Isa. 11:5.

Se vistió de, como coraza. Isa. 59:17.

De creyentes permanece para siempre.
Sal. 112:3,9, con 2 Cor. 9:9.

Debe llevarse a cabo

Al comprar y vender. Lev. 19:36;
Deut. 25:15.

Al ejecutar juicios. Deut. 16:18;
Jer. 21:12.

Con huérfanos y viudas. Isa. 1:17.

Con pobres. Prov. 29:14; 31:9.

Con siervos. Col. 4:1.

Dios

Ama la. Sal. 11:7.

Busca. Isa. 5:7.

Da sabiduría para actuar con.
1 Rey. 3:11-12; Prov. 2:6,9.

Desagrado por falta de. Ecl. 5:8.

Requiere. Miq. 6:8.

Se deleita en. Prov. 11:1.

Tiene en gran estima. Prov. 21:3.

Escrituras instruyen en. 2 Tim. 3:16.

Evidencia de nuevo nacimiento.
1 Juan 2:29.

Fruto del Espíritu consiste en toda. Ef. 5:9.

Guarda a creyentes en camino correcto.
Prov. 11:5; 13:6.

Impíos

Aborrecen. Miq. 3:9.

Afligen a quienes actúan con. Job 12:4;
Amós 5:12.

Aman mentira y no. Sal. 52:3.

Aunque recibieron piedad, no
aprenderán. Isa. 26:10, con Sal. 106:43.

Deben redimir sus pecados con.
Dan. 4:27.

Dejan. Amós 5:7, con Sal. 36:3.

Están lejos de. Sal. 119:150; Isa. 46:12.

Hablan con desprecio de quienes siguen.
Sal. 31:18; Mat. 27:39-44.

Hacen memoria de Dios pero no en.
Isa. 48:1.

Matan a quienes siguen. Sal. 37:32;
1 Juan 3:12, con Mat. 23:35.

No claman pidiendo. Isa. 59:4.

No obedecen. Rom. 2:8, con 2 Tes. 2:12.

No practican. 1 Juan 3:10.

No siguen. Rom. 9:30.

Pasan por alto. Luc. 11:42.

Se burlan de. Prov. 19:28.

Son enemigos de. Hech. 13:10.

Son libres de. Rom. 6:20.

Vanamente desean morir como quienes
siguen. Núm. 23:10.

Juicio debe caracterizarse por. Lev. 19:15.

Juicios tienen propósito de conducir a.
Isa. 26:9.

Mandamiento. Deut. 16:20; Isa. 56:1.

Ministros del evangelio deben

Estar armados de. 2 Cor. 6:7.

Estar vestidos con. Sal. 132:9.

Orar pidiendo fruto de, en
congregación. 2 Cor. 9:10; Fil. 1:11.

Seguir la. 1 Tim. 6:11; 2 Tim. 2:22.

Ser predicadores de. Hech. 24:25;
2 Ped. 2:5.

Naciones exaltadas por. Prov. 14:34.

No hay justificación por obras de.
Rom. 3:20; 9:31-32; Gál. 2:16.

No puede venir por la ley. Gál. 2:21; 3:21.

No tiene comunión con injusticia.
2 Cor. 6:14.

Obediencia a ley de Dios. Deut. 6:25, con
Rom. 10:5; Luc. 1:6, con Sal. 1:2.

Obsequios impiden que haya. Ex. 23:8.

Personas no regeneradas procuran
justificación por obras de. Luc. 18:9;
Rom. 10:3.

J

Por naturaleza nadie tiene. Job 15:14; Sal. 14:3, con Rom. 3:10.

Promesa a creyentes. Isa. 60:21; 61:3.

Promesa a iglesia.
Isa. 32:16; 45:8; 61:11; 62:1.

Promesas para obrar con. Isa. 33:15-16; Jer. 7:5,7.

Quienes caminan en y siguen la
Conocen secretos de Dios. Sal. 25:14; Prov. 3:32.

Están confiados como león. Prov. 28:1.

Florecerán como rama. Prov. 11:28.

Hallan vida y honra. Prov. 21:21.

Nunca serán removidos.
Sal. 15:2,5; 55:22; Prov. 10:30; 12:3.

Nunca son olvidados por Dios.
Sal. 37:25.

Piensan el bien y desean el bien.
Prov. 11:23; 12:5.

Proseguirán en su camino. Job 17:9.

Reciben contestación a oración.
Sal. 34:17; Prov. 15:29; 1 Ped. 3:12.

Reciben lo que pidieron. Prov. 10:24.

Siempre serán recordados. Sal. 112:6.

Son aceptados por Dios. Hech. 10:35.

Son amados por Dios. Sal. 146:8; Prov. 15:9.

Son bendecidos por Dios. Sal. 5:12.

Son enriquecidos. Sal. 112:3; Prov. 15:6.

Son exaltados por Dios. Job 36:7.

Son íntegros. Sal. 16:3, con Prov. 12:26.

Son justos. 1 Juan 3:7.

Son liberados de dificultades. Sal. 34:19; Prov. 11:8.

Son objeto del cuidado de Dios. Job 36:7; Sal. 34:15; Prov. 10:3; 1 Ped. 3:12.

Son oídos por Dios. Luc. 18:7; Sant. 5:16.

Son puestos a prueba por Dios. Sal. 11:5.

Tienen provisión abundante. Prov. 13:25; Mat. 6:25-33.

Viven seguros. Isa. 33:15-16.

Reino de Dios es. Rom. 14:17.

Requerida especialmente de gobernantes. 2 Sam. 23:3; Ezeq. 45:9.

Resultado de, tranquilidad y seguridad eternas. Isa. 32:17.

Tiene su propia recompensa. Prov. 11:18; Isa. 3:10; Jer. 22:15.

Trono de reyes establecido por.
Prov. 16:12; 25:5.

JUSTICIA DE DIOS
Ver Dios, Justicia de

JUSTICIA, IMPUTACIÓN DE
Bienaventuranza de quienes tienen.
Rom. 4:6.

Creyentes
Desean ser hallados en justicia. Fil. 3:9.

Se glorían en. Isa. 45:24-25.

Serán enaltecidos en justicia. Sal. 89:16.

Tienen, al creer. Rom. 4:5,11,24.

Visten ropas de justicia. Isa. 61:10.

Cristo trae justicia perdurable. Dan. 9:24.

Cristo, fin de la ley para. Rom. 10:4.

Cristo, llamado Jehová, nuestra. Jer. 23:6.

Descripción
Cristo se hizo justicia por nosotros.
1 Cor. 1:30.

Justicia de Dios por fe en Cristo.
Rom. 3:22.

Justicia de Dios, sin ley. Rom. 3:21.

Justicia de fe. Rom. 4:13; 9:30; 10:6.

Nosotros, hechos justicia de Dios en Cristo. 2 Cor. 5:21.

Don gratuito. Rom. 5:17.

Exhortación a buscar justicia. Mat. 6:33.

Gentiles han alcanzado. Rom. 9:30.

Israel
Ignorante de. Rom. 10:3.

No se sujeta a. Rom. 10:3.

Tropiezan por justicia que es por fe.
Rom. 9:32.

Justicia de Dios nunca será abolida.
Isa. 51:6.
Profetizada. Isa. 56:1; Ezeq. 16:14.
Promesas por. Rom. 4:13.
Revelada en evangelio. Rom. 1:17.

JUSTIFICACIÓN ANTE DIOS
Ver Dios, Justificación ante

JUVENTUD
Con visiones. Hech. 2:17.

Debe ser prudente. Tito 2:6.
Gloria de. Prov. 20:29.
Gozarse durante. Ecl. 11:9.
Nadie debe despreciar. 1 Tim. 4:12.
Poder de. 1 Juan 2:13.
Pureza de. Sal. 119:9.
Rejuvenecimiento. Sal. 103:5.
Tiempo para acordarse del Creador.
Ecl. 12:1.

J

L

LABIOS

Bendiciones y los. 1 Sam. 1:13;
Sal. 45:2; 66:13-14; Job 33:3;
Heb. 13:15.
Fuente de bien o de mal. Prov. 18:21;
Sant. 3:9-10.
Maldad y los. Sal. 22:7; 140:9;
Prov. 24:2,28; Isa. 59:3.
Necesitan control de la persona.
Sal. 19:14; 141:3; Mat. 5:37; Col. 4:6.
Pueden glorificar a Dios. Sal. 51:15;
Rom. 10:9.
Revelan el corazón. Mat. 12:34.

LABORIOSIDAD

Característica de mujeres piadosas.
Prov. 31:13, etc.
Debía suspenderse día de reposo. Ex. 20:10.

Ejemplos de
Jeroboam. 1 Rey. 11:28.
Pablo. Hech. 18:3; 20:33,34; 2 Tes. 3:8
Ilustrada. Prov. 6:6-8.

Lleva a
Aumento de bienes. Prov. 13:11.
Elogio de familia. Prov. 31:28.
Elogio general. Prov. 31:31.
Madrugar, necesario para. Prov. 31:15.
Mandamiento. Ef. 4:28; 1 Tes. 4:11.
Pablo ordena. Rom. 12:11; Ef. 4:28;
1 Tes. 4:11; 2 Tes. 3:10-12; 1 Tim. 5:8.
Para necesidades de otros. Hech. 20:35;
Ef. 4:28.

Para necesidades propias.
Hech. 20:34; 1 Tes. 2:9.
Perezoso carece de. Prov. 24:30-31.
Propósito divino para seres humanos.
Gén. 2:15; Ex. 23:12.
Requerida del hombre antes de caída.
Gén. 2:15.
Requerida del hombre luego de caída.
Gén. 3:23.

LABRADOR

Agricultor. Mat. 21:33-46; Mar. 12:1-9;
Juan 15:1; 1 Cor. 3:9.

LADRILLO

Israelitas fabricaban. Ex. 5:7-19;
2 Sam. 12:31; Jer. 43:9; Nah. 3:14.

Usado para edificar
Altares. Isa. 65:3.
Casas. Isa. 9:10.
Ciudades en Egipto. Ex. 1:11,14.
Torre de Babel. Gén. 11:3.

LADRONES

Actividades. Prov. 1:11-16.
Bandas de. Os. 6:9; 7:1.
Cuevas de. Jer. 7:11.

LAGO DE FUEGO

Ver también Infierno

Descripción del infierno.
Apoc. 19:20; 20:10,14,15; 21:8.

LÁGRIMAS

Dios las ve. Sal. 56:8.
Figurativamente. Sal. 80:5.
No hay en el cielo. Apoc. 21:4.
Se enjugarán. Apoc. 7:17.

LAMA SABACTANI

Clamor de Jesús en agonía. Mat. 27:46 con
Sal. 22:1.

LAMENTO

De David, por Abner. 2 Sam. 3:33-34.
De David, por Saúl y Jonatán.
2 Sam. 1:17-27.

LÁMPARAS

A menudo encendidas toda la noche.
Prov. 31:18.
Aceite para, llevado en recipientes.
Mat. 25:4.
Colocada en candelero para iluminar casa.
Mat. 5:15.
Encendidas con aceite. Mat. 25:3,8.
Iluminación de tiendas, alusión a.
Job 29:3-4.

Ilustrativo de
Completa destrucción de quienes
maldicen a padres (al ser apagadas).
Prov. 20:20.
Destrucción de impíos (cuando se
apagan). Job 18:5-6; 21:17; Prov. 13:9.
Espíritu humano. Prov. 20:27.
Gloria de querubines. Ezeq. 1:13.
Gobernantes sabios. 2 Sam. 21:17.
Guía de Dios. 2 Sam. 22:29; Sal. 18:28.
Juicios severos. Apoc. 8:10.
Mercedes del Espíritu Santo. Apoc. 4:5.
Ministros del evangelio. Juan 5:35.
Omnisciencia de Cristo. Dan. 10:6;
Apoc. 1:14.
Palabra de Dios. Sal. 119:105; Prov. 6:23.
Salvación de Dios. Gén. 15:17; Isa. 62:1.

Sucesión de herederos.
1 Rey. 11:36; 15:4.
Propósito de. 2 Ped. 1:19.

Usadas para iluminar
Aposentos privados. Hech. 20:8.
Carros de guerra en noche. Nah. 2:3-4.
Personas que salían de noche. Juan 18:3.
Procesiones de bodas. Mat. 25:1.
Tabernáculo. Ex. 25:37.

LANA

Primer vellón de, pertenecía al sacerdote.
Deut. 18:4.
Prohibida en vestidura del sacerdote.
Ezeq. 44:17.
Prohibido mezclar, con otras telas.
Lev. 19:19; Deut. 22:11.
Usada para hacer ropa. Lev. 13:47-52,59;
Prov. 31:13; Ezeq. 34:3; 44:17.
Vellón de. Jue. 6:37.

LANGOSTA

Descripción
Como caballos preparados para batalla.
Joel 2:4, con Apoc. 9:7.
Sabia. Prov. 30:24,27.
Veloz en sus movimientos. Isa. 33:4.
Voraz. Ex. 10:15.

Ilustrativa de
Destrucción de enemigos de Dios.
Nah. 3:15.
Enemigos destructores. Joel 1:6-7; 2:2-9.
Falsos maestros de apostasía. Apoc. 9:3.
Gobernantes impíos. Neh. 3:17.
Insecto pequeño. Prov. 30:24,27.
Israelitas se sentían como, comparados con
cananeos. Núm. 13:33.

Judíos
A menudo plagados de. Joel 1:4; 2:25.
Amenazados con, como castigo por
pecado. Deut. 28:38,42.

Oraron como respuesta a plaga de.
1 Rey. 8:37-38.
Promesa de liberación de plaga de, si se
humillaban, etc. 2 Crón. 7:13-14.
Una de las plagas de Egipto. Ex. 10:4-15.
Usaban, como comida. Mat. 3:4.
Limpia y apta como alimento.
Lev. 11:21-22.
Llevada a todas partes por viento.
Ex. 10:13,19.
Muy numerosas. Sal. 105:34; Nah. 3:15.
Vuela en cuadrillas y ordenadamente.
Prov. 30:27.

LANZA

Arma ofensiva. 2 Sam. 23:8,18.
Clavada en tierra junto a cabeza para
dormir. 1 Sam. 26:7-11.
Dardos, tipo de. 2 Sam. 18:14;
Job 41:26,29.
Frecuentemente la usaban hombres de a
caballo. Nah. 3:3.
Frecuentemente se lanzaban con la mano.
1 Sam. 18:11; 19:10.
Hoces convertidas en, antes de guerra.
Joel 3:10.
Ilustrativa de maldad de impíos. Sal. 57:4.

Israelitas
Familiarizados con fabricación de.
1 Sam. 13:19.
Poca provisión de, en época de Débora y
Saúl. Jue. 5:8; 1 Sam. 13:22.
Usaban con frecuencia. Neh. 4:13,16.
Primera mención de, en Escritura. Jos. 8:18.
Probablemente punta en ambos extremos.
2 Sam. 2:23.
Proporcionadas en abundancia por reyes de
Israel. 2 Crón. 11:12; 32:5.
Quienes usaban, llamados lanceros.
Hech. 23:23.
Se convertían en hoces en tiempos de paz.
Isa. 2:4; Miq. 4:3.

Se limpiaban antes de guerra. Jer. 46:4.

LAPIDACIÓN

Como castigo. Ex. 19:13; Heb. 11:37.

Ejemplos de
Acán. Jos. 7:25.
Esteban. Hech. 7:59.
Nabot. 1 Rey. 21:13.
Pablo. Hech. 14:19; 2 Cor. 11:25.
Quien quebrantaba sábado. Núm. 15:36.

LASCIVIA

Advertencias contra. Prov. 5:3-27.

Ejemplos de
Amnón. 2 Sam. 13:1-14.
David. 2 Sam. 5:13; 11:2-27.
Gabaonitas. Jue. 19:22-25.
Hijas de Lot. Gén. 19:30-38.
Hijos de Elí. 1 Sam. 2:22.
Judá. Gén. 38:15-16.
Reyes persas. Est. 2:3,13,14,19.
Roboam. 2 Crón. 11:21-23.
Salomón. 1 Rey. 11:1-3.
Sodomitas. Gén. 19:5.
Figurativamente. Ezeq. 16:15-59.
Quienes practican, no heredarán reino de
Dios. Gál. 5:19.

LÁTIGO

Para caballos. Prov. 26:3.

LEALTAD

Debe ser de todo corazón. Mat. 6:24;
Sant. 1: 8.
Exaltación de. Sal. 31:23.
Para con amigos. Rut 1:14;
Prov. 27:6; 17:17.
Para con Dios. Mat. 6:24;
Luc. 9:62; 1 Cor. 10:21.

L

LECHE

Animales no debían cocerse en la, de la madre. Ex. 23:19.

Canaán tenía abundante. Ex. 3:8,17; Jos. 5:6.

Con ella se hacía
Manteca. Prov. 30:33.
Queso. Job 10:10.

Cuidado de ovejas y rebaño para que produzcan. Prov. 27:23,27; Isa. 7:21-22; 1 Cor. 9:7.

Diferentes clases mencionadas
De cabras. Prov. 27:27.
De camellos. Gén. 32:15.
De chacales. Lam. 4:3.
De ovejas. Deut. 32:14.
De vacas. Deut. 32:14; 1 Sam. 6:7.

Ilustrativa de
Bendiciones del evangelio. Isa. 55:1; Joel 3:18.
Bendiciones temporales. Gén. 49:12.
Doctrinas del evangelio. Cant. 5:1.
Hablar piadoso y edificante. Cant. 4:11.
Principios esenciales de Palabra de Dios. 1 Cor. 3:2; Heb. 5:12; 1 Ped. 2:2.
Riquezas de gentiles. Isa. 60:16.

Judíos la guardaban en odres. Jue. 4:19.

Judíos la usaban como alimento. Gén. 18:8; Jue. 5:25.

LEGIÓN

De ángeles. Mat. 26:53.
De demonios. Mar. 5:9,15.

LENTEJAS

Ingrediente para hacer pan. Ezeq. 4:9.

LEÑA

Para templo, modo de provisión. Neh. 10:34; 13:30-31.

LEÓN

A menudo lleva a su presa a su guarida. Nah. 2:12.

A menudo muere por falta de comida. Job 4:11.

Acecha a su presa. Sal. 10:9.

Ataca rebaños. 1 Sam. 17:34; Amós 3:12; Miq. 5:8.

Ataca y destruye a seres humanos. 1 Rey. 13:24; 20:36.

Canaán llena de. 2 Rey. 17:25-26.

Caza del, alusión a. Job 10:16.

Criminales a menudo arrojados a. Dan. 6:7,16,24.

Descripción
Activo. Deut. 33:22.
Feroz. Job 10:16; 28:8.
Fuerza superior. Jue. 14:18; Prov. 30:30.
Majestuoso en su movimiento. Prov. 30:29-30.
No teme al hombre. Isa. 31:4; Nah. 2:11.
Valiente. 2 Sam. 17:10.
Voraz. Sal. 17:12.

Dios provee para. Job 38:39; Sal. 104:21,28.

Grandeza de sus dientes, alusión a. Sal. 58:6; Joel 1:6.

Habita en
Desiertos. Isa. 30:6.
Matorrales. Jer. 4:7.
Montaña. Cant. 4:8.
Selvas. Jer. 5:6.

Hace pedazos su presa. Deut. 33:20; Sal. 7:2.

Ilustrativo de
Confianza de creyentes. Prov. 28:1.
Cristo. Apoc. 5:5.
Diablo. 1 Ped. 5:8.
Dios al ejecutar sus juicios. Isa. 38:13; Lam. 3:10; Os. 5:14; 13:8.
Dios al proteger a iglesia. Isa. 31:4.

Enemigos crueles y poderosos. Isa. 5:29;
Jer. 49:19; 51:38.

Hombre natural sometido por gracia
(león domado). Isa. 11:7; 65:25.

Hombres valientes. 2 Sam. 1:23; 23:20.

Ira del rey (cuando ruge).
Prov. 19:12; 20:2.

Israel. Núm. 24:9.

Perseguidores. Sal. 22:13; 2 Tim. 4:17.

Temores imaginarios del perezoso.
Prov. 22:13; 26:13.

Tribu de Gad. Deut. 33:20.

Tribu de Judá Gén. 49:9.

Matado por

Benaía. 2 Sam. 23:20.

David. 1 Sam. 17:35-36.

Sansón. Jue. 14:5-6.

Poder de Dios demostrado al contener al.
1 Rey. 13:28; Dan. 6:22,27.

Profeta desobediente matado por.
1 Rey. 13:24,26.

Ruge cuando busca a su presa. Sal. 104:21;
Isa. 31:4.

Sansón halló enjambre de abejas en cuerpo
muerto de. Jue. 14:8.

Se oculta durante el día. Sal. 104:22.

LEOPARDO

Animal carnívoro. Cant. 4:8.

Ferocidad del. Jer. 5:6.

Figurativamente, domar al, triunfo del
evangelio. Isa. 11:6.

LEPRA

A menudo comenzaba con mancha rojiza.
Lev. 13:2,24.

A menudo enviada como castigo por
pecado. Núm. 12:9-10; 2 Crón. 26:19.

A menudo hereditaria. 2 Sam. 3:29;
2 Rey. 5:27.

Afligidos con

Ceremonialmente impuros.
Lev. 13:8,11,22,44.

Debían pregonar que eran inmundos.
Lev. 13:45.

Debían tener cabeza descubierta, vestidos
rasgados y labios cubiertos. Lev. 13:45.

Eliminados de la casa de Dios.
2 Crón. 26:21.

Excluidos de oficio sacerdotal.
Lev. 22:2-4.

No tenían contacto con otros.
Núm. 5:2; 12:14-15.

Tenían trato con otros leprosos.
2 Rey. 7:3; Luc. 17:12.

Vivían en casa separada. 2 Rey. 15:5.

Casas

Ceremonias de purificación de.
Lev. 14:49-53.

Con aparente infección no comprobada,
se declaraba limpia. Lev. 14:48.

Con aparente infección, se desocupaba.
Lev. 14:36.

Con aparente infección, cerrada por 7
días. Lev. 14:38.

Con aparente infección, inspeccionada
por sacerdote. Lev. 14:37.

Con aparente infección, se informaba al
sacerdote. Lev. 14:35.

Infectadas con, transmitían impureza a
todos quienes entraban. Lev. 14:46-47.

Partes infectadas, se sacaban piedras y se
raspaba resto, etc. Lev. 14:39,42.

Recurrencia de plaga, se derribaba la, y se
sacaban piedras fuera de ciudad.
Lev. 14:43-45.

Ceremonias de purificación de.
Lev. 14:3-32.

Cristo dio poder para sanar. Mat. 10:8.

Cuando cubría todo el cuerpo, persona
declarada limpia. Lev. 13:13.

Enfermedad común entre judíos. Luc. 4:27.

L

Enfermedad incurable. 2 Rey. 5:7.

Infectaba
Casas. Lev. 14:34.
Hombres. Luc. 17:12.
Mujeres. Núm. 12:10.
Ropa. Lev. 13:47.

Partes afectadas por
Barba. Lev. 13:20.
Cabeza. Lev. 13:44.
Frente. 2 Crón. 26:19.
Mano. Ex. 4:6.
Todo el cuerpo. Luc. 5:12.
Poder de Cristo manifestado al sanar.
Mat. 8:3; Luc. 5:13; 17:13-14.
Poder de Dios manifestado al sanar.
Núm. 12:13-14; 2 Rey. 5:8-14.

Ropa
Con aparente infección, se encerraba 7
días. Lev. 13:50.
Con aparente infección, se mostraba al
sacerdote. Lev. 13:49.
Con infección no comprobada, lavada y
declarada limpia. Lev. 13:53-54,58-59.
Infectada con, se cortaba el pedazo.
Lev. 13:56.
Infectada incurablemente con, quemada.
Lev. 13:51-52.

Sacerdotes
Encerraban por 7 días a personas con
aparente. Lev. 13:4.
Examinaban a personas con probable.
Lev. 13:2,9.
Examinaban a todos los sanados de.
Lev. 14:2; Mat. 8:4; Luc. 17:14.
Legislaban en casos de. Deut. 24:8.
Tenían reglas para distinguir.
Lev. 13:5-44.
Volvía el pelo blanco o amarillento.
Lev. 13:3,10,30.
Volvía la piel blanca. Ex. 4:6; 2 Rey. 5:27.

LESNA
Ver Punzón

LEVADURA

Ilustrativo de
Doctrinas de fariseos, etc. Mat. 16:6,12.
Falsos maestros. Gál. 5:8-9.
Malicia e impiedad. 1 Cor. 5:8.
Profesantes no piadosos. 1 Cor. 5:6-7.
Rápida extensión del evangelio.
Mat. 13:33; Luc. 13:21.
Primicias del trigo ofrecidas con. Lev. 23:17.

Prohibida
Durante fiesta de Pascua. Ex. 12:15-20.
No debía ofrecerse con sangre. Ex. 34:25.
No debía ofrecerse, etc., con ofrendas que
se quemaran. Lev. 2:11; 10:12.
Propiedades de expansión de. 1 Cor. 5:6.
Usada con ofrendas de acción de gracias.
Lev. 7:13; Amós 4:5.
Usada para hacer pan. Os. 7:4.

LEVIATÁN
Figurativamente. Sal. 74:14.
Posiblemente un cocodrilo. Job 41:1;
Sal. 104:26.

LEVITAS
Acampaban alrededor del tabernáculo.
Núm. 1:50,52-53; 3:23,29,35.
Actuaron en distintos turnos luego del
cautiverio. Esd. 6:18.
Castigados con muerte por su intrusión en
oficio sacerdotal. Núm. 18:3.
Castigos de Coré y otros por ofrecer
incienso. Núm. 16:1-35.
Celo contra idolatría, razón para su
designación. Ex. 32:26-28, con
Deut. 33:9-10.

Ceremonias en consagración de
Ancianos de Israel imponiéndoles manos.
Núm. 8:9-10.
Hacer ofrenda por pecado por.
Núm. 8:8,12.
Limpieza y purificación. Núm. 8:7.
Presentarlos a Dios como ofrenda por
pueblo. Núm. 8:11,15.
Presentarlos ante sacerdotes y ofrecerlos
como ofrenda a Dios. Núm. 8:13.
Comenzaban servicio a los 25 años.
Núm. 8:24.
Consagrados. Núm. 8:6,14.
Contaban con jefes.
Núm. 3:24,30,35; 1 Crón. 15:4-10;
2 Crón. 35:9; Esd. 8:29.
Contados como ministros a los 30 años.
Núm. 4:3,23, etc.

Vida diaria

LEVADURA

La levadura es una pequeña
porción de masa fermentada
que se usaba para fermentar
otra masa, y a menudo era símbolo
de influencia corruptora. El pan más
común del Antiguo Testamento se
hacía con levadura. Sin embargo,
el pan con levadura o miel —ambas
asociadas con el proceso de
fermentación y por lo tanto fuente
de corrupción— nunca se usaba
como ofrenda para quemar en el
altar (Lev. 2:11-12). El pan sin
levadura también se preparaba en
tiempos de apuro (1 Sam. 28:24), y
era necesario para la fiesta de los
panes sin levadura, que recordaba
a los israelitas su presurosa partida
de Egipto y era una advertencia
contra influencias corruptas
(Ex. 12:14-20).

Contados separadamente: varones mayores
de un mes. Núm. 3:14-16,39.
Cuando estaban de turno, moraban
alrededor del templo. 1 Crón. 9:27.
Cuarenta y ocho ciudades destinadas para
levitas. Núm. 35:2-8.
Dados a Aarón y sus hijos. Núm. 3:9; 8:19.

David
Hizo que sirvieran desde los 20 años pues
eran tareas ligeras.
1 Crón. 23:26,28-32.
Hizo que tuvieran turnos.
2 Crón. 8:14; 31:17.
Los dividió en 24 grupos 1 Crón. 23:6,
con 25:8-31.
Los dividió en 4 clases. 1 Crón. 23:4-6.
Primero censó a mayores de 30 años.
1 Crón. 23:2-3.
Según últimas disposiciones, censar a
mayores de 20 años. 1 Crón. 23:24,27.
Descendientes del tercer hijo de Jacob.
Gén. 29:34; Heb. 7:9-10.
Diezmos a, para su sostén.
Núm. 18:21,24; 2 Crón. 31:4-5;
Neh. 12:44-45. (Ver también Heb. 7:5.)
Escogidos por Dios para servir en
santuario. 1 Crón. 15:2, con Núm. 3:6.

Familias, según su número
De Coat. Núm. 3:19,27-28.
De Gersón. Núm. 3:18,21-22.
De Merari. Núm. 3:20,33-34.
Judíos debían ser bondadosos con.
Deut. 12:12,18-19; 14:29; 16:11,14.
Luego de su retiro debían realizar tareas
menos arduas. Núm. 8:26.
Marchaban en medio de Israel. Núm. 2:17.
No se los contaba con Israel. Núm. 1:47-49.
No tenían herencia en Israel. Deut. 10:9;
Jos. 13:33; 14:3.
Ocupaban lugar de primogénitos de Israel.
Núm. 3:12-13,40-45; 8:16-18.

L

Originalmente fueron 3 familias o grupos.
Núm. 3:17; 1 Crón. 6:16-48.

Profecías sobre. Gén. 49:5,7; Deut. 33:8-11.

Recibían parte de ofrendas. Deut. 18:1-2.

Sacerdotes debían recibir décima parte de
sus diezmos. Núm. 18:26-32.

Se retiraban a los 50 años. Núm. 8:25.

Servicios realizados por

Alabar a Dios ante ejército.
2 Crón. 20:21-22.

Bendecir al pueblo. Deut. 10:8.

Desmontar, erigir y transportar
tabernáculo, etc.
Núm. 1:50-51; 4:5-33.

Dirigir música sagrada.
1 Crón. 23:5-30; 2 Crón. 5:12-13;
Neh. 12:24,27-43.

Enseñar al pueblo.
2 Crón. 17:8-9; 30:22; 35:3; Neh. 8:7.

Estar a cargo de diezmos, ofrendas, etc.
2 Crón. 31:11-19; Neh. 12:44.

Estar a cargo del santuario.
Núm. 18:3; 1 Crón. 23:32.

Guardar aceite sagrado, harina, etc.
1 Crón. 9:29-30.

Guardar al rey y su casa en tiempo de
peligro. 2 Rey. 11:5-9; 2 Crón. 23:5,7.

Guardar instrumentos y elementos
sagrados. Núm. 3:8; 1 Crón. 9:28-29.

Guardar puertas del templo.
1 Crón. 9:17-26.

Guardar tesoros sagrados. 1 Crón. 26:20.

Juzgar y decidir en controversias.
Deut. 17:9; 1 Crón. 23:4; 2 Crón. 19:8.

Ministrar a Jehová. Deut. 10:8.

Ministrar a sacerdotes. Núm. 3:6-7; 18:2.

Ministrar al pueblo. 2 Crón. 35:3.

Preparar pan de proposición.
1 Crón. 9:31-32; 23:29.

Preparar sacrificios para sacerdotes.
1 Crón. 23:31; 2 Crón. 35:11.

Purificar cosas sagradas. 1 Crón. 23:28.

Realizar servicio del tabernáculo.
Núm. 8:19,22.

Regular pesos y medidas. 1 Crón. 23:29.

Todos bajo control del ayudante del sumo
sacerdote. Núm. 3:32; 1 Crón. 9:20.

LEY DE DIOS

Ver Dios, Ley de

LEY DE MOISÉS

Ver Moisés, Ley de

LEY SECA

Para uso de bebidas alcohólicas

A nazareos. Núm. 6:3-4.

A sacerdotes cuando realizaban servicios.
Lev. 10:9.

LEYENDAS

"Santidad a Jehová" grabado en mitra del
sacerdote. Ex. 28:36; 39:30.

"Este es Jesús, el rey de los judíos".
Mat. 27:37.

En campanillas de caballos, ollas y tazones.
Zac. 14:20.

Leyes escritas en dinteles y puertas, y
colocadas en manos y frente.
Deut. 6:6-9; 11:18-20; Isa. 57:8.

Extraño pero cierto

LEVIRATO

El matrimonio por levirato era una costumbre israelita en que un cuñado (latín *levrin*) u otro pariente cercano se casaba con la viuda de su hermano fallecido (Deut. 25:5-10). Esta práctica perpetuaba la posesión de la tierra en una familia y protegía a la viuda.

LIBACIÓN

Antigüedad de. Gén. 35:14.

Cantidad que debía usarse para cada clase de sacrificio. Núm. 15:3-10.

Idólatras a menudo usaban sangre para. Sal. 16:4.

Ilustrativa de

Cristo como ofrenda. Isa. 53:12.

Derramamiento del Espíritu. Joel 2:28.

Devoción de ministros del evangelio. Fil. 2:17.

Judíos idólatras

Ofrecían, a reina del cielo. Jer. 7:18; 44:17-19.

Reprendidos por ofrecer, a ídolos. Isa. 57:5-6; 65:11; Jer. 19:13; Ezeq. 20:28.

No se derramaba en altar del incienso. Ex. 30:9.

Omisión de, causada por mala vendimia. Joel 1:9,13.

Para sacrificios públicos, proporcionada por estado. Esd. 7:17; Ezeq. 45:17.

Sacrificios acompañados por. Ex. 29:40; Lev. 23:13.

Vanidad de ofrecer, a ídolos. Deut. 32:37-38.

LIBERALIDAD

Ver Generosidad

LIBERALISMO

Libertad personal

Dada a creyentes. Rom. 14:22; 1 Cor. 6:12; 10:23; 2 Cor. 3:17; Gál. 2:4; 5:1; Sant. 1:25.

No está determinada por opinión de otros. Rom. 14:14; 1 Cor. 10:29.

No usarla como licencia para conducta irresponsable. Rom. 14:15; 1 Cor. 6:12; 8:9-13; Gál. 5:13; Sant. 2:12; 1 Ped. 2:16.

Voluntariamente dejada a un lado. 1 Cor. 9:12,15.

Tolerancia. 2 Rey. 5:18-19; Mat. 7:1; Juan 7:24; 8:15; Rom. 14:3-12; 1 Cor. 9:19-22; Sant. 2:8-9.

LIBERTAD

Caracteriza buenas nuevas del evangelio. Isa. 61:1; Luc. 4:18.

Cristianos obtienen. Sal. 119:45; Rom. 8:21.

Ley cristiana. Sant. 1:25; 2:12.

Nuestra gloriosa herencia. Juan 8:36; Gál. 5:1.

Proclamada por Dios. Lev. 25:10.

Responsabilidad de. 1 Ped. 2:16.

LIBERTAD CONDICIONAL

Ver Probatio

LIBERTAD CRISTIANA

Conferida

Por Cristo. Gál. 4:3-5; 5:1.

Por Dios. Col. 1:13.

Por Espíritu Santo. Rom. 8:15; 2 Cor. 3:17.

Por medio del evangelio. Juan 8:32.

Confirmada por Cristo. Juan 8:36.

Creyentes deben

Alabar a Dios por. Sal. 116:16-17.

Estar firmes en. Gál. 2:5; 5:1.

Hacer valer. 1 Cor. 10:29.

No abusar de. Gál. 5:13; 1 Ped. 2:16.

No ofender a otros con. 1 Cor. 8:9; 10:29,32.

Vivir en. Sal. 119:45.

Creyentes llamados a. Gál. 5:13.

Es libertad de

Corrupción. Rom. 8:21.

L

Ley. Rom. 7:6; 8:2.
Leyes judías. Gál. 4:3; Col. 2:20.
Maldición de ley. Gál. 3:13.
Pecado. Rom. 6:7,18.
Servidumbre humana. 1 Cor. 9:19.
Temor de muerte. Heb. 2:15.
Evangelio es ley de. Sant. 1:25; 2:12.

Falsos maestros
Abusan de. Jud. 4.
Prometen a otros. 2 Ped. 2:19.
Tratan de destruir. Gál. 2:4.
Impíos carecen de. Juan 8:34, con
Rom. 6:20.
Llamada libertad gloriosa de hijos de Dios.
Rom. 8:21.
Proclamada por Cristo. Isa. 61:1; Luc. 4:18.
Profetizada. Isa. 42:7; 61:1.
Servicio de Cristo es. 1 Cor. 7:22.
Tipos. Lev. 25:10-17; Gál. 4:22-26,31.

LIBERTADES CIUDADANAS

Deberes en cuanto a
Dar a otros con liberalidad.
1 Juan 3:17-18.
Hacer todo en nombre de Jesús.
Col. 3:17.
Hacer todo para gloria de
Dios. 1 Cor. 10:31.
Libertad donde está Espíritu del Señor.
2 Cor. 3:17.
Libertad en Cristo. Gál. 5:1.
No ser esclavo de otros. 1 Cor. 7:23.
Obedecer a Dios antes que a hombres.
Ex. 1:17; Dan 3; Hech. 4:19-20; 5:29.
Orar pidiendo que líderes de gobierno
permitan. 1 Tim. 2:2.
Pagar impuestos al estado.
Mat. 17:24-27; 22:17-21; Rom. 13:6-7.
Subordinación voluntaria de libertad
personal. Luc. 22:26; 1 Cor. 8:9-13;
9:12,15; Ef. 5:21; Fil. 2:4.

Sujetarse a autoridades de gobierno.
Ecl. 8:2-5; Rom. 13:1-5; Tito 3:1;
1 Ped. 2:13-14.
Vivir en paz. 1 Tes. 4:11; 2 Tes. 3:12.
Vivir responsablemente. Gál. 5:13-15;
1 Ped 2:16.

LIBERTINAJE
Peligros del. Job 1:5.

LIBROS
A menudo dedicados a personas
distinguidas. Luc. 1:3; Hech. 1:1.
A menudo escritos de ambos lados.
Ezeq. 2:10.
A menudo sellados. Isa. 29:11; Dan. 12:4;
Apoc. 5:1.
Borraduras en, alusión a. Ex. 32:33;
Núm. 5:23.
En rollo. Isa. 34:4; Jer. 36:2; Ezeq. 2:9.
Escritos con pluma y tinta.
Jer. 36:18; 3 Juan 13.
Eventos importantes registrados en.
Esd. 4:15; 6:1-2; Est. 2:23.
Gente de antigüedad, afecta a hacer.
Ecl. 12:12.

Hechos de
Papiro. Isa. 19:7.
Pergaminos. 2 Tim. 4:13.

Ilustrativos de
Memorias de conversaciones y conducta
de hombres. Dan. 7:10; Mal. 3:16;
Apoc. 20:12.
Recordatorios de providencia de Dios.
Sal. 56:8; 139:16.
Registro de iglesia de Cristo. Dan. 12:1;
Heb. 12:23; Apoc. 20:12,15; 22:19.
Mensajes divinos registrados en. Ex. 17:14;
Isa. 30:8; Jer. 36:2; Apoc. 1:19.
Numerosos y costosos. Hech. 19:19.
Probable origen de. Job 19:23-24.

Ya no existentes, pero mencionados en Escritura
Ahías silonita. 2 Crón. 9:29.
Batallas de Jehová. Núm. 21:14.
Crónicas del rey David. 1 Crón. 27:24.
Gad el vidente. 1 Crón. 29:29.
Hechos de Salomón. 1 Rey. 11:41.
Historia de reyes. 1 Crón. 9:1.
Jaser. Jos. 10:13; 2 Sam. 1:18.
Jehú hijo de Hanani. 2 Crón. 20:34.
Natán. 1 Crón. 29:29; 2 Crón. 9:29.
Palabras de videntes. 2 Crón. 33:19.
Salomón, sobre naturaleza.
  1 Rey. 4:32-33.
Samuel vidente. 1 Crón. 29:29.
Samuel, sobre reyes del reino.
  1 Sam. 10:25.
Semaías. 2 Crón. 12:15.
Vidente Iddo. 2 Crón. 9:29; 12:15.

LIMPIEZA ÉTNICA
Castigada por Dios. Amós 1:6,9.

Ejemplos de
Asiria, contra Israel. 2 Rey. 17:6,24.
Fallida, Asuero contra judíos.
  Est. 3:8-15; 8:3-17.
Gaza, contra pueblo que no se nombra.
  Amós 1:6.
Josué, contra cananeos.
  Jos. 6:21; 8:24-25; 10:40; 11:21-22.
Saúl, contra gabaonitas. 2 Sam. 21:1-2.
Tiro, contra pueblo que no se nombra.
  Amós 1:9.

LINDEROS
Protección para que no se eliminen.
  Deut. 19:14; Job 24:2; Prov. 22:28;
  Os. 5:10.

LINO
Cortinas del tabernáculo hechas de.
  Ex. 26:1; 27:9.

Cuerpo de Cristo envuelto en. Mar. 15:46;
  Juan 20:5.
En Egipto. Ex. 9:31.
En Palestina. Jos. 2:6.
Figurativamente, justicia (puro y blanco).
  Apoc. 15:6; 19:8,14.
Importado de Egipto. 1 Rey. 10:28;
  Ezeq. 27:7.
Importado de Siria. Ezeq. 27:16.
Ley mosaica prohibía mezclarlo con lana.
  Lev. 19:19; Deut. 22:11.
Ropas de cama hechas de. Prov. 7:16.
Ropas de familia real hechas de. Gén. 41:42;
  Est. 8:15.
Vestiduras de sacerdotes hechas de.
  Ex. 28:5-8,15,39-42.
Vestimenta de hombres hechas de.
  Gén. 41:42; Ezeq. 9:2; Luc. 16:19.
Vestimenta de mujeres hechas de. Isa. 3:23;
  Ezeq. 16:10-13.

Vida cotidiana

LINO

El lino (*Linum usitatissimum*) era la planta que se usaba para hacer fibra de lino. Las fibras de su caña son el material textil más antiguo. Fue cultivado por los egipcios antes del éxodo (Ex. 9:31) y por los cananeos antes de la conquista (Jos. 2:6). Hilar lino era una tarea doméstica común en los tiempos bíblicos.

LIRIO
Capiteles del templo, adornados con
  tallados de. 1 Rey. 7:19,22,26.
Figurativamente, labios del amado.
  Cant. 5:13.
Labrado en borde del mar de fundición en
  templo. 1 Rey. 7:26; 2 Crón. 4:5.

Lecciones de confianza derivadas del.
Mat. 6:28-30.

LISONJA

Ver Adulación

LITIGIO

Debe evitarse. Mat. 5:25;
Luc. 12:58; 1 Cor. 6:1-8.
Evitar. Prov. 25:8-10;
Mat. 5:25-26; 1 Cor. 6:1-8.

Es así

LITERATURA

Los tipos de literatura en la Biblia incluyen, entre otros, historias, parábolas, cánticos, proverbios, genealogías, leyes, evangelios, cartas, apocalipsis, enseñanza ética, narraciones, himnos, doctrinas, notas de agradecimiento, profecías, confesiones de fe y sermones.

LITURGIA

En antigua Israel
En servicio levítico. 2 Crón. 8:14.
Música en.
1 Crón. 6:31-32; 15:16-22; 25:6-8;
Neh. 12:46.
Para Pascua. 2 Crón. 35:1-6.
Para sacrificio. Lev. 1-7.

En iglesia
Actuación ordenada. 1 Cor. 14:26-33.
Lectura pública de Escritura. 1 Tim. 4:13.
Oración con manos alzadas. 1 Tim. 2:8.
Partimiento del pan.
Hech. 20:7; 1 Cor. 10:16; 11:23-26.

En judaísmo del primer siglo.
Hech. 13:13-15.

LLAMADO DE DIOS

Ver Dios, Llamado de

LLAVE

Figurativamente. Luc. 11:52.
Símbolo de autoridad. Isa. 22:22;
Mat. 16:19; Apoc. 1:18; 3:7; 9:1; 20:1.

LLORAR

Ver también Lágrimas

Ejemplos
Abraham por Sara. Gén. 23:2.
Ana. 1 Sam. 1:7.
David. 2 Sam. 1:17; 3:32; 13:36;
15:23,30; 18:33.
Esaú. Gén. 27:38.
Ezequías. 2 Rey. 20:3; Isa. 38:3.
Israelitas. Jue. 2:4-5.
Jacob y Esaú. Gén. 33:4.
Jacob. Gén. 37:35.
Jesús en tumba de Lázaro. Juan 11:35.
Jesús por Jerusalén. Luc. 19:41.
Jonatán y David. 1 Sam. 20:41.
José. Gén. 42:24; 43:30; 45:2,14; 46:29;
50:1,17.
María Magdalena. Juan 20:11.
María, cuando lavó pies de Jesús.
Luc. 7:38; Juan 11:2,33.
Pablo. Hech. 20:19; Fil. 3:18.
Pedro. Mat. 26:75.
En infierno. Mat. 8:12.
Mientras se hace el bien. Sal. 126:5-6.
Por arrepentimiento. Jer. 50:4; Joel 2:12.
Por otros. Jer. 9:1.
Por tribulación. Jer. 22:10; Amós 5:16-17.

LLUVIA

A menudo con tormentas. Mat. 7:25,27.

A menudo con truenos y relámpagos.
Sal. 135:7.

A menudo destruía casas, etc.
Ezeq. 13:13-15; Mat. 7:27.

A menudo impedía viajes en el este.
1 Rey. 18:44; con Isa. 4:6.

A menudo retenida en razón de iniquidad.
Deut. 11:17; Jer. 3:3; 5:25; Amós 4:7.

A menudo seguida por calor y sol.
2 Sam. 23:4; Isa. 18:4.

A menudo arco iris aparece luego de.
Gén. 9:14, con Ezeq. 1:28.

Canaán recibía mucha. Deut. 11:11.

Causada por condensación en nubes.
Job 36:27-28; Sal. 77:17; Ecl. 11:3.

Clases

Abundante. Sal. 68:9.

Impetuosa. Ezeq. 38:22.

Intensa. Esd. 10:9.

Llovizna. Job 37:6.

Torrencial. Prov. 28:3.

Contenida por 3 años y 6 meses en días de
Elías. 1 Rey. 17:1; Sant. 5:17.

Creada para

Hacer que tierra sea productiva. Heb. 6:7.

Refrescar tierra. Sal. 68:9; 72:6.

Debemos temer a Dios al ver. Jer. 5:24.

Dios

Alabar a Dios por. Sal. 147:7-8.

Da. Job 5:10; Joel 2:23.

Dio leyes a la. Job 28:26.

La envía sobre malos y buenos.
Mat. 5:45.

Muestra bondad al dar. Hech. 14:17.

Muestra grandeza al dar. Job 36:26-27.

Prepara. Sal. 147:8.

Dios no la envió a la tierra inmediatamente
después de creación. Gén. 2:5.

Ejemplos de, extraordinaria

Después de larga sequía en reinado de
Acab. 1 Rey. 18:45.

Después del cautiverio. Esd. 10:9,13.

Durante siega de trigo en tiempos de
Samuel. 1 Sam. 12:17-18.

Plaga de, en Egipto. Ex. 9:18, con 23.

Tiempo del diluvio. Gén. 7:4,12.

Falta de

Eliminada con oración. 1 Rey. 8:35-36;
Sant. 5:18.

Hace que tierra se agriete. Job 29:23;
Jer. 14:4.

Lleva a hambruna 1 Rey. 18:1-2.

Seca arroyos. 1 Rey. 17:7.

Ilustrativa de

Bendiciones espirituales. Sal. 68:9; 84:6;
Ezeq. 34:26.

Cristo, en modo de transmitir su favor.
Sal. 72:6; Os. 6:3.

Doctrina de ministros fieles. Deut. 32:2.

Inutilidad de ídolos pues no pueden dar.
Jer. 14:22.

Juicios de Dios (cuando destruye).
Job 20:23; Sal. 11:6; Ezeq. 38:22.

Justicia. Os. 10:12.

Palabra de Dios. Isa. 55:10-11.

Pobre que oprime a pobre (cuando
destruye). Prov. 28:3.

Inusual en tiempo de siega. Prov. 26:1.

Muy rara en Egipto. Deut. 11:10;
Zac. 14:18.

Nube que aparecía en el oeste indicaba.
1 Rey. 18:44; Luc. 12:54.

Prometida a obedientes en tiempo adecuado.
Lev. 26:4; Deut. 11:14; Ezeq. 34:26-27.

Tardía, antes de siega. Joel 2:23; Zac. 10:1.

Temprana, preparaba para siembra después
de siega. Deut. 11:14; Jer. 5:24.

Viento norte aleja la. Prov. 25:23.

LOBO

Destructor de rebaños. Juan 10:12.

Feroces cuando buscan presa. Jer. 5:6;
Hab. 1:8.

Ilustrativo de

Cambio efectuado por conversión (doma del). Isa. 11:6,65:25.

Enemigos crueles. Jer. 5:6; Hab. 1:8.

Falsos maestros. Mat. 7:15; Hech. 20:29.

Gobernantes impíos. Ezeq. 22:27; Sof. 3:3.

Impíos. Mat. 10:16; Luc. 10:3.

Satanás. Juan 10:12.

Tribu de Benjamín. Gén. 49:27.

Naturaleza voraz de. Gén. 49:27.

LOCACIÓN, CONTRATO DE

De bien inmueble. Mat. 21:33-41.

LOCURA

Ver Insania

LOGRO

Costo de. Luc. 14:28.

De sabiduría por medio del entendimiento. Prov. 1:5.

Del mundo, a costa de perder el alma. Mat. 16:26.

LONGEVIDAD

Ejemplos de

Aarón, 123 años. Núm. 33:39.

Abraham, 175 años. Gén. 25:7.

Adán, 930 años. Gén. 5:5.

Amram, 137 años. Ex. 6:20.

Ana. Luc. 2:36,37.

Arfaxad. Gén. 11:13.

Barzilai, 80 años. 2 Sam. 19:32.

Cainán, 910 años. Gén. 5:14.

Elí, 98 años. 1 Sam. 4:15.

Enoc, 365 años. Gén. 5:23.

Enós, 905 años. Gén. 5:11.

Heber. Gén. 11:17.

Isaac, 180 años. Gén. 35:28.

Jacob, 147 años. Gén. 47:28.

Jared, 962 años. Gén. 5:20.

Job. Job 42:16.

Joiada, 130 años. 2 Crón. 24:15.

José, 110 años. Gén. 50:26.

Josué, 110 años. Jos. 24:29.

Lamec, 777 años. Gén. 5:31.

Mahalalel, 895 años. Gén. 5:17.

Matusalén, 969 años. Gén. 5:27.

Moisés, 120 años. Deut. 31:2; 34:7.

Nacor. Gén. 11:25.

Noé, 950 años. Gén. 9:29.

Pablo. Filem. 9.

Peleg. Gén. 11:19.

Reu. Gén. 11:21.

Sala. Gén. 11:15.

Sara, 127 años. Gén. 23:1.

Sem. Gén. 11:11.

Serug. Gén. 11:23.

Set, 912 años. Gén. 5:8.

Taré, 205 años. Gén. 11:32.

Promesa de. Ex. 20:12.

En otras palabras...

LOMOS

La palabra castellana lomos es una traducción de los términos hebreo y griego para hablar de las caderas y la región lumbar. Lomos se usa en sentido literal en cuanto a la sección media del cuerpo (Ex. 28:42; 2 Rey. 1:8; Isa. 11:5; Jer. 13:1; Mat. 3:4). Atar o ceñir las vestiduras en la cintura o los lomos indicaba estar preparado para un viaje (Ex. 12:11; 1 Rey. 18:46; 2 Rey. 9:1). En el Nuevo Testamento, ceñir los lomos se usa en sentido figurado para hablar de estar listo (Luc. 12:35; Ef. 6:14; 1 Ped. 1:13). El Antiguo Testamento a veces utiliza lomos para hablar del asiento de la fuerza física.

LOTO

El loto que sirve como hábitat para el behemot (Job 40:21-22, BLA) es un arbusto espinoso (*Zizyfus lotus*) que prospera en regiones tropicales y húmedas del norte de África y Siria. La planta abunda especialmente alrededor del mar de Galilea.

LUCHA

En sentido espiritual. Ef. 6:12.
Jacob con Dios. Gén. 32:24,25.

LUCHA DE LOS CREYENTES

Ver Creyentes, Lucha de los

LUGAR SANTÍSIMO

Contenía
Arca del testimonio. Ex. 26:33; 40:3,21.
Copia escrita de ley divina. Deut. 31:26;
2 Rey. 22:8.
Propiciatorio. Ex. 26:34.
Querubines. Ex. 25:18-22;
1 Rey. 6:23-28.
Urna de oro. Heb. 9:4.
Vara de Aarón. Núm. 17:10; Heb. 9:4.
Vasija con maná. Ex. 16:33.
Creyentes tienen confianza para entrar al
verdadero. Heb. 10:19.
Dios aparecía en. Ex. 25:22; Lev. 16:2.
Dividido del exterior del tabernáculo con
velo. Ex. 26:31-33.

Llamado
Santuario santo. Lev. 16:33.
Santuario. Ex. 28:29; Lev. 16:2-3.

Quedó a la vista en muerte de Cristo.
Mat. 27:51.

Sumo sacerdote
Entraba al, con ropas comunes de
sacerdote. Lev. 16:4.
Hacía expiación. Lev. 16:15-16,20,33.
No entraba al, sin sangre de expiación.
Lev. 16:14-15; Heb. 9:7.
No entraba continuamente. Lev. 16:2.
Ofrecía incienso en. Lev. 16:12.
Podía entrar una vez al año. Heb. 9:7.
Un tipo del cielo. Sal. 102:19;
Heb. 9:12-13,24.

LUGARES ALTOS

Asa destruye. 2 Crón. 14:3.
Deben destruirse. Lev. 26:30.
Eran lugares de culto idólatra. Núm. 22:41;
2 Rey. 17:9,29; Jer. 7:31.
Ezequías destruye. 2 Rey. 18:4.
Inmoralidad sexual en. Ezeq. 16:24-43.
Josafat destruye. 2 Crón. 17:6.
Josías destruye. 2 Rey. 23:8.

L

LUCIFER

Lucifer es la traducción latina del hebreo para "estrella de la mañana" en Isaías 14:12. Allí la palabra se usa como título para el rey de Babilonia, que se había exaltado a sí mismo como Dios. Puede ser la alusión a una antigua historia pagana sobre cierta rebelión entre los dioses, aunque durante largo tiempo se consideró que se refiere —al menos tipológicamente— a la caída de Satanás.

Término usado para describir lugares de culto. 1 Sam. 9:12; 2 Sam. 24:25; 1 Rey. 3:2,4; 18:30,38; 1 Crón. 6:39.

LUJURIA

Ver Lascivia

LUNA

Adoración de la
Condenada como ateísmo. Job 31:26,28.
Debía castigarse con muerte.
Deut. 17:3-6.
Judíos a menudo culpables de.
2 Rey. 23:5; Jer. 8:2.
Judíos castigados por. Jer. 8:1-3.
Prohibida a judíos. Deut. 4:19.
Adorada como reina del cielo.
Jer. 7:18; 41:17-19,25.

Creada
Como señal para estaciones. Gén. 1:14;
Sal. 104:19.
Para beneficio de todos. Deut. 4:19.
Para dividir día de noche. Gén. 1:14.
Para iluminar la tierra de noche.
Jer. 31:35.
Para señorear en noche. Gén. 1:16;
Sal. 136:9.
Para ser lumbrera en cielo. Gén. 1:15.
Creada para glorificar a Dios. Sal. 148:3.
Creada por Dios. Gén. 1:14; Sal. 8:3.
Hermosa. Job 31:26; Cant. 6:10.

Ilustrativa de
Gloria de Cristo en su iglesia. Isa. 60:20.
Grandes desastres (cuando retiene su luz).
Isa. 13:10; Joel 2:10; 3:15; Mat. 24:29.
Hermosura de iglesia. Cant. 6:10.
Juicios (al convertirse en sangre).
Apoc. 6:12.
Lo variable que es el mundo. Apoc. 12:1.
Influye en vegetación. Deut. 33:14.

Insania atribuida a influencia de. Sal. 121:6,
con Mat. 4:24.
Luna nueva, tiempo de celebración.
1 Sam. 20:5-6; Sal. 81:3.
Llamada lumbrera menor. Gén. 1:16.

Milagros asociados con
Se detuvo en Ajalón. Jos. 10:12-13.
Señales en, antes de destrucción de
Jerusalén. Luc. 21:25.
Tiene gloria propia. 1 Cor. 15:41.

LUNA NUEVA, FIESTA DE

Celebrada con sonar de trompetas.
Núm. 10:10; Sal. 8:3-4.
Celebrada primer día del mes. Núm. 10:10.
Impíos, desagrado por. Amós 8:5.
Judíos privados de, por el pecado. Os. 2:11.
Mera observancia externa de, Dios detesta.
Isa. 1:13-14.
Observada con gran seriedad.
1 Crón. 23:31; 2 Crón. 2:4; 8:13; 31:3.
Observancia de, por cristianos, condenada.
Col. 2:16, con Gál. 4:10.
Restaurada luego de cautiverio. Esd. 3:5;
Neh. 10:33.
Sacrificios en. Núm. 28:11-15.

Tiempo de
Adoración en casa de Dios. Isa. 66:23;
Ezeq. 46:1.
Agasajos. 1 Sam. 20:5,18.
Visita a mensajeros de Dios. 2 Rey. 4:23.

LUTO, DUELO

Abram, por Sara. Gén. 23:2.
David, por Absalón. 2 Sam. 18:33; 19:4.
David, por su hijo con Betsabé.
2 Sam. 12:15-23.
De Dios. Ex. 12:29; Os. 9:12.
Egipcios, por sus primogénitos.
Ex. 12:29-33.
Jacob, por José. Gén. 37:34-35.
Noemí, por su esposo. Rut 1:3,5,20,21.

Prohibido a Aarón por maldad de su hijo.
Lev. 10:6.
Prohibido a Ezequiel para con su esposa.
Ezeq. 24:16-18.

Resignación en
David. 2 Sam. 12:22-23.
Job. Job 1:18-21.
Resignación en el. Ecl. 7:2-4;
1 Tes. 4:13-18.

LUZ

Clases de
Artificial. Jer. 25:10; Hech. 16:29.
Extraordinaria o milagrosa. Ex. 14:20;
Sal. 78:14; Hech. 9:3; 12:7.
Natural. Job 24:14; Isa. 5:30.
Creada por Dios. Gén. 1:3; Isa. 45:7.

Descripción
Agradable. Ecl. 11:7.
Brillante. Job 37:21.
Extendida. Job 25:3, con 36:30.
Luminosa. 2 Sam. 23:4; Job 41:18.
Objetos se manifiestan por. Juan 3:20-21;
Ef. 5:13.
Dios, única fuente de. Sant. 1:17.

Ilustrativa de
Alma de personas. Job 18:5-6.

Creyentes. Luc. 16:8; Ef. 5:8; Fil. 2:15.
Cristo como fuente de sabiduría.
Luc. 2:32; Juan 1:4,9; 8:12; 12:46.
Dirección de Dios. Sal. 27:1; 36:9.
Evangelio. 2 Cor. 4:4; 1 Ped. 2:9.
Favor de Dios. Sal. 4:6; Isa. 2:5.
Gloria de Cristo. Hech. 9:3,5; 26:13.
Gloria de Dios. Sal. 104:2, con
1 Tim. 6:16.
Gloria de iglesia. Isa. 60:1-3.
Gloria futura de creyentes. Sal. 97:11;
Col. 1:12.
Gobernantes sabios. 2 Sam. 21:17; 23:4.
Ministros del evangelio. Mat. 5:14;
Juan 5:35.
Palabra de Dios.
Sal. 119:105,130; 2 Ped. 1:19.
Pureza de Cristo. Mat. 17:2.
Pureza de Dios. 1 Juan 1:5.
Sabiduría de Dios. Dan. 2:22.
Senda de justos. Prov. 4:18.
Separada de tinieblas. Gén. 1:4.
Sol, luna y estrellas, tarea de transmitir, a la
tierra. Gén. 1:14-17; Jer. 31:35.
Teoría de, sobrepasa comprensión humana.
Job 38:19-20,24.
Transmitida al cuerpo por ojos. Prov. 15:30;
Mat. 6:22.

L

M

MACHO CABRÍO

Enviado al desierto por mano de persona preparada. Lev. 16:21-22.

Escogido por suertes. Lev. 16:8.

Parte de ofrenda por el pecado en día de Pentecostés. Lev. 16:5,7.

Sumo sacerdote transmitía pecados de Israel a, confesándolos con ambas manos sobre cabeza del animal. Lev. 16:21.

Tipo de Cristo. Isa. 53:6,11-12.

Transmitía impureza a

Quien lo llevaba. Lev. 16:26.

Sumo sacerdote. Lev. 16:24.

MADRE

Alabada por su familia. Prov. 31:28.

Bendiciones de. Sal. 113:9; Isa. 40:11.

Consuelo de. Isa. 66:12-13.

Debemos honrarla y cuidarla. Gén. 32:11; Prov. 23:22; Juan 19:27; Ef. 6:2.

Deberes de. Tito 2:4; Prov. 31:26-27,30.

Don de Dios. Sal. 113:9.

Tributo a. Prov. 31:1-31.

MADRUGAR

Ejemplos de

Abimelec. Gén. 20:8.

Abraham. Gén. 19:27; 21:14; 22:3.

Apóstoles. Hech. 5:21.

David. 1 Sam. 17:20.

Elcana. 1 Sam. 1:19.

Gedeón. Jue. 6:38.

Isaac. Gén. 26:31.

Jacob. Gén. 28:18; 32:31.

Josué. Jos. 3:1; 6:12,15; 7:16.

Labán. Gén. 31:55.

Lot. Gén. 19:23.

María. Mar. 16:2.

Moisés. Ex. 8:20; 9:13.

Samuel. 1 Sam. 15:12.

Ilustra diligencia espiritual. Rom. 13:11-12.

Para momento devocional.

Sal. 5:3; 59:16; 61:1; 88:13; Cant. 7:12; Isa. 26:9.

Por parte de borrachos. Isa. 5:11.

Por parte de impíos. Prov. 27:14; Miq. 2:1; Sof. 3:7.

MAGIA

De Esceva y sus hijos. Hech. 19:11-20.

De hechiceros egipcios. Ex. 7:1-12.

De Simón de Samaria. Hech. 8:9-24.

Prohibición. Deut. 13:1-18; 18:9-14.

MAGISTRADOS

Deben

Aborrecer avaricia. Ex. 18:21.

Actuar con temor de Dios. 2 Sam. 23:3; 2 Crón. 19:7.

Conocer ley de Dios. Esd. 7:25.

Defender a pobres, etc. Job 29:12,16.

Hacer cumplir leyes. Esd. 7:26.

Juzgar en lugar de Dios, no de hombres. 2 Crón. 19:6.

Juzgar justamente.

Deut. 1:16; 16:18; 25:1.

Juzgar sabiamente. 1 Rey. 3:16-28.
No aceptar soborno. Ex. 23:8;
 Deut. 16:19.
Procurar sabiduría de Dios. 1 Rey. 3:9.
Ser diligentes en sus funciones.
 Rom. 12:8.
Ser fieles a líderes de gobierno. Dan. 6:4.
Ser imparciales. Ex. 23:6; Deut. 1:17.
Designados por Dios. Rom. 13:1.
Elegidos y designados sabiamente.
 Ex. 18:21; Esd. 7:25.
Impíos, ilustración. Prov. 28:15.
Ministros de Dios. Rom. 13:4,6.
Orar por. 1 Tim. 2:1-2.
Para infundir temor a quienes hacen mal.
 Rom. 13:3.
Propósito de su designación. Rom. 13:4;
 1 Ped. 2:14.
Respeto por la función. Hech. 23:5.
Sumisión a su autoridad, mandamiento.
 Mat. 23:2-3; Rom. 13:1; 1 Ped. 2:13-14.

M

MAGOS

Los magos eran hombres sabios de oriente, sacerdotes y astrólogos especializados en la interpretación de los sueños y otras "artes mágicas". La traducción griega más antigua de Daniel 2:2,10 usa "magos" para traducir el término hebreo que significa "astrólogo" (comparar 4:7; 5:7). Los magos que recibieron con beneplácito el nacimiento de Jesús tal vez hayan sido de Babilonia, Persia o el desierto Arábigo.

MAGNICIDIO

De Amasías. 2 Rey. 14:19-20.
De Aod. Jue. 3:16-23.

De Ela. 1 Rey. 16:9-11.
De Is-boset. 2 Sam. 4:5-8.
De Joás. 2 Rey. 12:20-21.
De Joram. 2 Rey. 9:24.
De Nadab. 1 Rey. 15:27-29.
De Ocozías. 2 Rey. 9:27.
De Pekaía. 2 Rey. 15:25.
De Salum. 2 Rey. 15:14.
De Saúl. 2 Sam. 1:16.
De Senaquerib. 2 Rey. 19:36-37;
 Isa. 37:37-38.
De Zacarías. 2 Rey. 15:10.

MAL POR BIEN

David, a Joab. 1 Rey. 2:4-6.
David, a Urías. 2 Sam. 11.

Ejemplos de
 Israelitas, a Moisés.
  Ex. 5:2; 14:11; 15:24; 16:2-3; 17:3-4.
 José acusó a sus hermanos de devolverle.
  Gén. 44:4.
Nabal le devuelve, a David. 1 Sam. 25:21.
Saúl le devuelve, a David.
 1 Sam. 19:1,4-5,10.

MALAS COMPAÑÍAS

Consecuencias de asociarse con.
 1 Cor. 5:6; 15:33.
Mandamiento de evitar. Jer. 51:6;
 2 Cor. 6:14.

MALDAD

Castigo de. Amós 1:11-12; Abd. 1:10-15.
Conlleva propio castigo. Sal. 7:15-16.
Creyentes evitan. Job 31:29-30;
 Sal. 35:12-14.
Dios da merecido por. Sal. 10:14;
 Ezeq. 36:5.

Impíos
 Conciben. Sal. 7:14.
 Están llenos de. Rom. 1:29.
 Hablan con. 2 Juan 1:10.

Tratan a creyentes con. Sal. 83:3;
Mat. 22:6.

Viven en. Tito 3:3.

Incompatible con adoración a Dios.
1 Cor. 5:7-8.

Libertad cristiana no es pretexto para.
1 Ped. 2:16.

Obstáculo para crecer en fe. 1 Ped. 2:1-2.

Orar por quienes nos tratan con. Mat. 5:44.

Prohibición. 1 Cor. 14:20; Col. 3:8;
Ef. 4:26-27.

MALDECIR

A padres. Ex. 21:17; Mat. 15:4; Mar. 7:10.

Leyes de Jesús en cuanto a. Mat. 5:44;
Luc. 6:28.

Simei, a David. 2 Sam. 16:5-8.

MALDICIÓN

Barac encomienda a Balaam una, sobre
Israel. Núm. 22:6; 23:11.

Contra Adán y Eva. Gén. 3:15-19.

Contra Caín. Gén. 4:11-16.

Contra Canaán. Gén. 9:24-27.

Contra Giezi. 2 Rey. 5:27.

Contra la tierra. Gén. 3:17-18.

Contra Meroz. Jue. 5:23.

De ley mosaica. Deut. 27:1-26; Jos. 8:30-34.

Denunciada contra serpiente. Gén. 3:14-15.

MALVERSACIÓN DE FONDOS

Ver Desfalco

Es así

MALAQUÍAS

Malaquías significa "mi mensajero".

MANÁ

Caía después del rocío de la noche.
Núm. 11:9.

Cesó cuando Israel entró en Canaán.
Ex. 16:35; Jos. 5:12.

Dado

Como prueba de obediencia. Ex. 16:4.

Como señal de misión divina de Moisés.
Juan 6:30-31.

Cuando Israel se quejó pidiendo pan.
Ex. 16:2-3.

Durante 40 años. Neh. 9:21.

En contestación a oración. Sal. 105:40.

Para enseñar que hombre no vive sólo de
pan. Deut. 8:3, con Mat. 4:4.

Para humillar y probar a Israel.
Deut. 8:16.

Para mostrar gloria de Dios. Ex. 16:7.

Por medio de Moisés. Juan 6:31-32.

Descripción

Blanco. Ex. 16:31.

Como color de bedelio. Núm. 11:7.

Como escarcha. Ex. 16:14.

Como semilla de culantro. Ex. 16:31;
Núm. 11:7.

Sabor como de aceite. Núm. 11:8.

Sabor como hojuelas de miel. Ex. 16:31.

Dos porciones de, se guardaban sexto día
para el sábado. Ex. 16:5,22-26.

Ilustrativo de

Bendiciones dadas a creyentes.
Apoc. 2:17.

Cristo. Juan 6:32-35.

Israelitas

Al principio codiciaron. Ex. 16:17.

Castigados por despreciar.
Núm. 11:10-20.

Castigados por quejarse del. Núm. 21:6.

Consideraban que era inferior a comida
de Egipto. Núm. 11:4-6.

Lo molían y hacían tortas. Núm. 11:8.

M

Se quejaban por. Núm. 21:5.

Llamado

Alimento espiritual. 1 Cor. 10:3.

Comida de ángeles. Sal. 78:25.

Maná de Dios. Neh. 9:20.

Pan del cielo. Ex. 16:4; Sal. 105:40; Juan 6:31.

Trigo de los cielos. Sal. 78:24.

Milagrosamente dado a Israel como comida en desierto. Ex. 16:4,15; Neh. 9:15.

No caía el sábado. Ex. 16:26-27.

Previamente no se conocía. Deut. 8:3,16.

Se juntaba cada mañana. Ex. 16:21.

Se juntara mucho o poco, alcanzaba y nunca sobraba. Ex. 16:18.

Se recogía un gomer (2 litros) por persona por día. Ex. 16:16.

Si se guardaba más de un día (excepto sábado), se echaba a perder. Ex. 16:19-20.

Sol lo derretía. Ex. 16:21.

Vasija de oro de, reservada como memorial. Ex. 16:32-34; Heb. 9:4.

En otras palabras...

MAMÓN

Mamón es la forma griega de una palabra siria o aramea para "dinero", "riquezas", "bienes mundanos" o "ganancia". Por lo general es indicativa de una personificación de las riquezas como un espíritu o deidad malvada. La palabra no se usa en el Antiguo Testamento. En el Nuevo Testamento sólo la usa Jesús (Mat. 6:24; Luc. 16:9,11,13, BLA).

MANCHA, DEFECTO

Animales con, prohibición de usarlos en sacrificios. Lev. 22:19-25.

Impidió sacerdocio de hijos de Aarón. Lev. 21:17-23.

Usos figurados. Ef. 5:27; 1 Ped. 1:19.

MANIFESTACIÓN

De Cristo y su gloria. Mat. 17; Juan 1:14; 2:11; 1 Juan 3:5; 1 Tim. 3:16.

De hijos de Dios. Rom. 8:19; 1 Juan 3:10.

De iniquidad y maldad. Juan 3:21; 2 Tim. 3:9.

De juicios de Dios. Apoc. 15:4.

De justicia de Dios. Rom. 3:21.

De persona y amor de Dios. Rom. 1:19; 1 Juan 4:9; Tito 3:4.

Del Espíritu Santo. 1 Cor. 12:7.

Del trabajo de cada uno. 1 Cor. 3:13.

MANOS

A menudo extendidas al orar. Sal. 68:31; Isa. 1:15.

Besadas en adoración idólatra. Job 31:27.

Colocadas bajo muslo de aquel a quien se hacía juramento. Gén. 24:2-3; 47:29-31.

Creyentes, bendecidos en obra de sus. Deut. 2:7; 30:9; Job 1:10; Sal. 90:17.

De impíos

Como lazo. Sal. 9:16.

Maliciosas. Sal. 26:10; Miq. 7:3.

Perezosas. Prov. 6:10; 21:25.

Sangrientas. Isa. 1:15; 59:3.

Violentas. Sal. 58:2; Isa. 59:6.

Debía usarse en

Actos de bondad. Prov. 3:27; 31:20.

Servicio de Dios. Neh. 2:18; Zac. 8:9,13.

Trabajo. Ef. 2:28; 1 Tes. 4:11.

Delincuentes a menudo

Colgados de. Lam. 5:12.

Privados de. Deut. 25:12; 2 Sam. 4:12.

Sufrían mutilación de. Jue. 1:6-7.
Tenían atadas. Mat. 22:13.

Derecha

Acusador se paraba a la, del acusado.
Sal. 109:6; Zac. 3:1.

Anillo usado en. Jer. 22:24.

De sacerdotes, tocada con sangre del
carnero consagrado. Ex. 29:20;
Lev. 8:23-24.

Del leproso sanado, tocada con aceite.
Lev. 14:28.

Del leproso sanado, tocada con sangre de
su sacrificio. Lev. 14:14,17,25.

Extendida como señal de amistad.
Gál. 2:9.

Lugar de honor. 1 Rey. 2:19; Sal. 45:9.

Lugar de poder. Sal. 110:1; Mar. 14:62.

Se juraba por. Isa. 62:8.

Usada para abrazar. 2 Sam. 20:9;
Cant. 2:6; 8:3.

Derecha, ilustrativa de

Apoyo, cuando alguien sostiene.
Sal. 73:23; Isa. 41:13.

Apoyo quitado, cuando se retrae.
Sal. 74:11.

Corrupción, cuando está llena de
soborno. Sal. 26:10.

Engaño, cuando está llena de falsedad.
Sal. 144:8,11; Isa. 44:20.

Fuerza y poder. Ex. 15:6; Sal. 17:7.

Protección, cuando alguien se paraba a.
Sal. 16:8; 109:31; 110:5.

Renunciamiento extremo, cuando se
cortaba. Mat. 5:30.

Dios fortalece. Gén. 49:24.

Dirigir a siervos con movimientos de.
Sal. 123:2.

Distinción entre

Derecha. Hech. 3:7.

Izquierda. Gén. 14:15; Hech. 21:3.

Elevadas en

Alabanza. Sal. 134:2.

Bendición. Lev. 9:22.

Juramento. Gén. 14:22; Apoc. 10:5.

Oración. Sal. 141:2; Lam. 3:41.

Extendidas, para ridiculizar. Os. 7:5;
Sof. 2:15.

Ilustrativo de

Generosidad, cuando están abiertas.
Deut. 15:8; Sal. 104:28.

Mezquindad, cuando están cerradas.
Deut. 15:7.

Poder. 1 Rey. 18:46; 2 Rey. 13:5.

Rebelión, al levantarse contra otro.
2 Sam. 20:21.

Impíos reciben merecido por obra de sus.
Sal. 28:4; Prov. 12:14; Isa. 3:11.

Imponer, a fin de

Apartar levitas. Núm. 8:10.

Bendecir. Gén. 48:14; Mar. 10:16.

Conferir poder civil. Núm. 27:18;
Deut. 34:9.

Impartir dones del Espíritu Santo.
Hech. 8:17; 19:6.

Ordenar ministros. Hech. 6:6;
1 Tim. 4:14.

Transferir culpa en sacrificios.
Lev. 1:4; 3:2; 16:21-22.

Imposición de, principio fundamental de
doctrina de Cristo. Heb. 6:1-2.

Judíos comían con. Mat. 26:23.

Judíos llevaban vara en. Ex. 12:11;
2 Rey. 4:29.

Lavadas

Antes de comer. Mat. 15:2; Mar. 7:3.

Como demostración de inocencia.
Deut. 21:6-7; Mat. 27:24.

Después de tocar a persona inmunda.
Lev. 15:11.

Miembros necesarios del cuerpo.
1 Cor. 12:21.

M

Muchos con más destreza en izquierda.
Jue. 3:15,21; 20:16.
Muchos eran ambidiestros. 1 Crón. 12:2.
Palmear como señal de gozo. 2 Rey. 11:12;
Sal. 47:1.

Partes de la, mencionadas
Dedos. 2 Sam. 21:20; Dan. 5:5.
Palma. Isa. 49:16; Mat. 26:67.
Pulgar. Ex. 29:20; Lev. 14:14,17.
Se batían por enojo extremo. Núm. 24:10;
Ezeq. 21:14,17.
Tratados efectivizados al unir. 2 Rey. 10:15.

Usos mencionados
Escribir. Isa. 44:5; Gál. 6:11.
Golpear. Mar. 14:65; Juan. 19:3.
Hacer señales. Isa. 13:2; Hech. 12:17.
Palpar. Sal. 115:7; 1 Juan. 1:1.
Sostener. Jue. 7:20; Apoc. 10:2.
Tomar. Gén. 3:22; Ex. 4:4.
Trabajar. Prov. 31:19; 1 Tes. 4:11.

MANSEDUMBRE
Bienaventuranza de. Mat. 5:5.
Característica de la sabiduría. Sant. 3:17.

Creyentes deben
Buscar. Sof. 2:3.
Dar razón de su esperanza con.
1 Ped. 3:15.
Mostrar. Sant. 3:13.
Mostrar, a todos los hombres. Tito 3:2.
Recibir Palabra de Dios con. Sant. 1:21.
Restaurar con, a persona que peca.
Gál. 6:1.
Vestirse con. Col. 3:12-13.

Cristo
Dejó ejemplo de. Sal. 45:4; Isa. 53:7;
Mat. 11:29; 21:5; 2 Cor. 10:1;
1 Ped. 2:21-23.
Enseñó. Mat. 5:38-45.
Fruto del Espíritu. Gál. 5:22-23.

Ministros del evangelio deben
Instar a su pueblo a la. Tito 3:1-2.
Instruir a opositores con. 2 Tim. 2:24-25.
Seguir la. 1 Tim. 6:11.
Necesaria para vida cristiana. Ef. 4:1-2;
1 Cor. 6:7.
Preciosa a ojos de Dios. 1 Ped. 3:4.

MANTEQUILLA
Hecha batiendo leche. Prov. 30:33.

MAÑANA
Alba, llamada párpados de la.
Job 3:9; 41:18.
Anunciada por estrella de la. Job 38:7.
Cielo rojo de, señal de mal tiempo.
Mat. 16:3.
Comenzaba al alba. Jos. 6:15; Sal. 119:147.
Continuaba hasta mediodía. 1 Rey. 18:26;
Neh. 8:3.
Dios alegra salidas de la. Sal. 65:8.

Ilustrativa de
Brevedad de profesión de fe de hipócritas
(nube de la). Os. 6:4.
Día de resurrección. Sal. 49:14.
Gloria de Cristo (estrella de).
Apoc. 22:16.
Gloria de iglesia (cuando está
amaneciendo). Cant. 6:10; Isa. 58:8.
Grandes desastres (cuando se extiende
sobre montes). Joel 2:2.
Movimientos rápidos (alas de).
Sal. 139:9.
Recompensa de creyentes (estrella de).
Apoc. 2:28.

Judíos
Comían poco durante. Ecl. 10:16.
Dedicaban parte de, a oración y alabanza.
Sal. 5:3; 59:16; 88:13.
Generalmente se levantaban temprano.
Gén. 28:18; Jue. 6:28.

Hacían juicios en la. Jer. 21:12;
Mat. 27:1.
Iban al templo de. Luc. 21:38; Juan 8:2.
Iniciaban viajes de. Gén. 22:3.
Juntaban el maná por la. Ex. 16:21.
Ofrecían parte del sacrificio diario de.
Ex. 29:38-39; Núm. 28:4-7.
Realizaban negocios de. Ecl. 11:6;
Mat. 20:1.
Realizaban pactos de. Gén. 26:31.
Por lo general no tenía nubes. 2 Sam. 23:4.
Primera parte del día. Mar. 16:2.
Segunda parte del día en creación.
Gén. 1:5,8,13,19,23,31.

MÁQUINAS

De guerra. 2 Crón. 26:15; Ezeq. 26:9.

Dato geográfico

MAR MUERTO

El mar Muerto es un lago interno al final del valle del Jordán sobre el límite sudeste de Canaán. De 80 km (50 millas) de largo y 17,5 km (11 millas) en su punto más ancho. En el norte llega a los 430 metros (1300 pies) de profundidad, mientras que la mitad del sur alcanza apenas unos 11 metros (33 pies). En la actualidad hay una planicie de 13 metros (8 millas) que separa el mar en dos partes. No tiene salida natural, pero el agua se evapora con rapidez, lo cual hace que el mar Muerto tenga una salinidad cinco veces mayor que la del océano.

MAR

Abismos de aguas. Sal. 69:2.
Arena es límite del. Jer. 5:22.

Barcos navegan en. Sal. 104:26; 107:23.
Costa del, cubierta de arena. Gén. 22:17;
1 Rey. 4:29; Job 6:3; Sal. 78:27.
Creados para glorificar a Dios.
Sal. 69:34; 148:7.

Dios
Aquieta el, con su poder.
Sal. 65:7; 89:9; 107:29.
Creó aves y peces del. Gén. 1:20-22.
Creó. Ex. 20:11; Sal. 95:5; Hech. 14:15.
Fundó la tierra sobre. Sal. 24:2.
Hace lo que le place en. Sal. 135:6.
Hace temblar, con su palabra. Hag. 2:6.
Mide aguas del. Isa. 40:12.
Pone límites al, por decreto perpetuo.
Job 26:10; 38:8,10-11; Prov. 8:27,29.
Seca el, con reprimenda. Isa. 50:2;
Nah. 1:4.
Entregará a sus muertos para juicio final.
Apoc. 20:13.
Grande y ancho. Job 11:9; Sal. 104:25.
Grandes ríos a menudo llamados. Isa. 11:15;
Jer. 51:36.
Habitado por numerosas criaturas grandes y
pequeñas. Sal. 104:25-26.

Ilustrativo de
Difusión de conocimiento espiritual sobre
la tierra en últimos días (cubierto con
agua). Isa. 11:9; Hab. 2:14.
Ejércitos devastadores (sus olas).
Ezeq. 26:3-4.
Ejércitos hostiles (cuando brama con
estruendo). Isa. 5:30; Jer. 6:23.
Grandes aflicciones. Isa. 43:2; Lam. 2:13.
Impíos (cuando hay tempestad).
Isa. 57:20.
Inconstantes (sus olas). Sant. 1:6.
Justicia (sus olas). Isa. 48:18.
Paz del cielo (cuando está sereno y llano
como cristal). Apoc. 4:6; 15:2.
Lagos a menudo llamados. Deut. 3:17;
Mat. 8:24,27,32.

M

Leviatán lo hace agitar. Job 41:31-32.

Llamado
Grande y ancho. Sal. 104:25.
Muchas aguas. Sal. 77:19.
Profundo. Job 41:31; Sal. 107:24.
Maravillas de Dios vistas en. Sal. 107:24.

Naciones comerciales
Construían ciudades a orillas del.
Gén. 49:13; Ezeq. 27:3; Nah. 3:8.
Obtenían mucha riqueza del.
Deut. 33:19.
Navegación en, peligrosa. Hech. 27:9,20;
2 Cor. 11:26.

Extraño pero cierto

MAR ROJO

Mar Rojo es una traducción común pero inexacta de las palabras hebreas *yam suf*. *Yam* significa "mar", pero por regla general *suf* no significa "rojo". A menudo *suf* significa "cañas" (Ex. 2:3,5; Isa. 9:16) o "fin" (Ecl. 3:11; Joel 2:20). De manera que *yam suf* podría traducirse por "mar de Cañas" o "mar en el extremo del mundo".

Nombres mencionados
Mar Adriático. Hech. 27:27.
Mar de Galilea. Mat. 4:18; Juan 6:1.
Mar de Jazer. Jer. 48:32.
Mar de Jope o de los filisteos. Esd. 3:7,
con Ex. 23:31.
Mar Grande. Núm. 34:6;
Deut. 11:24; 34:2; Zac. 14:8.
Mar Occidental. Deut. 11:24; 34:2;
Zac. 14:8.
Mar Rojo. Ex. 10:19; 13:18; 23:31.

Mar Salado o Mar Muerto. Gén. 14:3;
Núm. 34:12.
Nubes son vestidura del. Job 38:9.
Nueva tierra no tendrá. Apoc. 21:1.
Numerosas islas en. Ezeq. 26:18.

Olas del
Braman. Luc. 21:25; Jud. 13.
Poderosas. Sal. 93:4; Hech. 27:41.
Se agitan. Jer. 5:22.
Se elevan alto. Sal. 93:3; 107:25.
Se elevan sobre la tierra. Jer. 51:42.
Oscuridad es vestidura del. Job 38:9.
Reunión de aguas, originalmente llamada.
Gén. 1:10.
Ríos desembocan en. Ecl. 1:7; Ezeq. 47:8.
Viento encrespa olas. Sal. 107:25-26;
Jon. 1:4.

MARFIL
Artículos de. Apoc. 18:12.
Bancos de. Ezeq. 27:6.
Camas de. Amós 6:4.
Importado de Quitim. Ezeq. 27:6.
Importado de Tarsis. 1 Rey. 10:22;
2 Crón. 9:21.
Instrumentos de cuerda hechos de. Sal. 45:8.
Otras casas hechas de. Sal. 45:8; Amós 4:15.
Palacio de Acab era de. 1 Rey. 22:39.
Tronos de. 1 Rey. 10:18; 2 Crón. 9:17.

MARIDOS
Deben tener una sola esposa. Gén. 2:24;
Mar. 10:6-8; 1 Cor. 7:2-4.

Deber de, hacia esposas
Amarlas. Ef. 5:25, etc.; Col. 3:19.
Consolarlas. 1 Sam. 1:8.
Consultar con ellas. Gén. 31:4-7.
No dejarlas aunque sean incrédulas.
1 Cor. 7:11-12,14,16.
Permanecer casados toda la vida.
Gén. 2:24; Mat. 19:3-9.
Respetarlas. 1 Ped. 3:7.

Serles fieles. Prov. 5:19; Mal. 2:14-15.

No deben interferir con deberes cristianos de ellas. Luc. 14:26, con Mat. 19:29.

Tienen autoridad sobre esposas. Gén. 3:16; 1 Cor. 11:3; Ef. 5:23.

MARTIRIO

A causa de la palabra de Dios y el testimonio de Cristo. Apoc. 6:9; 20:4.

Apostasía, culpable de infligir.
Apoc. 17:6; 18:24.

Creyentes

Deben estar preparados para.
Mat. 16:24-25; Hech. 21:13.

Deben resistir el pecado aun si lleva a.
Heb. 12:4.

No deben temer al. Mat. 10:28;
Apoc. 2:10.

Reciben advertencia de.
Mat. 10:21; 24:9; Juan 16:2.

De creyentes, será vengado. Luc. 11:50-51;
Apoc. 18:20-24.

Infligido a instigación del diablo.
Apoc. 2:10,13.

Recompensa por. Apoc. 2:10; 6:11.

MASA

Amasada. Jer. 7:18; Os. 7:4.

Parte de, para sacerdote. Ezeq. 44:30.

Primicias de, ofrecidas a Dios.
Núm. 15:19-21; Neh. 10:37.

MASACRE

Intento frustrado contra

Individuos inocentes y llenos de fe.
Hech. 9:1; Apoc. 12:11; 20:4.

Jesús. Mat. 2:16.

Judíos. Ex. 1:16-18.

Rivales de Abimelec. Jue. 9:1-6.

Rivales de Atalía. 2 Rey. 11:2.

Obra del diablo y sus siervos. Gén. 9:6;
Ex. 20:13; Mat. 15:19; 19:18; 26:52;
Juan 8:44; 1 Ped. 4:15.

MASCOTAS

Cordero como. 2 Sam 12:3.

En otras palabras...

MÁRTIR

Mártir es la transliteración de una palabra griega que significa "testigo", en especial alguien que da su vida por una causa.

MATRIMONIO

Ver también Matrimonio cristiano;
Matrimonio interracial

A menudo convenido entre padres de las partes. Gén. 24:49-51; 34:6,8.

Celebraciones

Con gran alegría. Jer. 33:11; Juan 3:29.

Con gran banquete. Gén. 29:22;
Jue. 14:10; Mat. 22:2-3; Juan 2:1-10.

Por 7 días. Jue. 14:12.

Celebrado a las puertas y ante testigos.
Rut 4:1,10-11.

Celebrado con parientes cercanos en época patriarcal. Gén. 20:12; 24:24; 28:2.

Consentimiento de partes necesario para.
Gén. 24:57-58; 1 Sam. 18:20; 25:41.

Debe tener consentimiento de padres.
Gén. 28:8; Jue. 14:2-3.

Hijas mayores generalmente dadas en, antes que las menores. Gén. 29:26.

Honroso en todos. Heb. 13:4.

Ilustrativo de

Unión de Cristo con iglesia.
Ef. 5:23-24,32.

M

Unión de Dios con nación judía. Isa. 54:5;
Jer. 3:14; Os. 2:19-20.

Infidelidad de desposados, castigada como si
fueran casados. Deut. 22:23-24;
Mat. 1:19.

Inicio de poligamia. Gén. 4:19.

Instituido divinamente. Gén. 2:24.

Judíos

A menudo castigo era evitar que
contrajeran. Jer. 7:34; 16:9; 25:10.

A menudo se casaban con integrantes de
misma tribu. Ex. 2:1; Núm. 36:6-13;
Luc. 1:5,27.

A menudo se desposaban con
extranjeros. 1 Rey. 11:1; Neh. 13:23.

A veces culpables de poligamia.
1 Rey. 11:1,3.

Consideraban que evitar, era oprobio.
Isa. 4:1.

Cuidadosos al elegir cónyuge para hijos.
Gén. 24:2-3; 28:1-2.

Eximidos de ir a guerra inmediatamente
después del. Deut. 20:7.

No debían desposarse con idólatras.
Deut. 7:3-4; Jos. 23:12; Esd. 9:11-12.

No podían desposarse con parientes
cercanos. Lev. 18:6.

Obligados a casarse con esposa del
hermano muerto sin hijos. Deut. 25:5;
Mat. 22:24.

Podían divorciarse por dureza de corazón.
Deut. 24:1, con Mat. 19:7-8.

Se desposaban muy jóvenes. Prov. 2:17;
Joel 1:8.

Se desposaban tiempo antes del.
Deut. 20:7; Jue. 14:5,7-8; Mat. 1:18.

Legítimo para todos. 1 Cor. 7:2,28;
1 Tim. 5:14.

Modos de pedir mujer en.
Gén. 24:3-4; 34:6,8; 1 Sam. 25:39-40.

Novia

Adornada con joyas para.
Isa. 49:18; 61:10.

Llamada a olvidar casa paterna.
Sal. 45:10.

Recibía presentes antes del. Gén. 24:53.

Recibía una sierva para.
Gén. 24:59; 29:24,29.

Se colocaba a la derecha del novio.
Sal. 45:9.

Vestida hermosamente. Sal. 45:13-14.

Novio

Ayudado por muchos amigos. Jue. 14:11;
Juan 3:29.

Coronado con guirnaldas. Cant. 3:11.

Engalanado. Isa. 61:10.

Recibía presentes. Sal. 45:12.

Regresaba a su casa con esposa a la noche.
Mat. 25:1-6.

Se gozaba por su novia. Isa. 62:5.

Objetivos

Criar hijos en santidad. Mal. 2:15.

Evitar fornicación. 1 Cor. 7:2.

Felicidad del hombre. Gén. 2:18.

Multiplicación de especie. Gén. 1:28; 9:1.

Pacto. Mal. 2:4.

Padres podían negarse a dar hijos en.
Ex. 22:17; Deut. 7:3.

Permanente durante vida de ambas partes.
Mat. 19:6; Rom. 7:2-3; 1 Cor. 7:39.

Sacerdote no debía casarse con viuda,
divorciada o persona impropia o profana.
Lev. 21:7, 14.

Se entregaba dote a padres de la mujer antes
del. Gén. 29:18; 34:12; 1 Sam. 18:27-28;
Os. 3:2.

Seguido por bendición. Gén. 24:60;
Rut 4:11-12.

Sólo debe ser en el Señor. 1 Cor. 7:39.

Vestidos provistos para huéspedes en.
Mat. 22:12.

MATRIMONIO CRISTIANO

Cristianos no están bajo leyes ceremoniales judías. Hech. 15:1-29; Rom. 7:4-6; Gál. 3:1-5:6.

Propósitos del

Compañerismo y bienestar. Gén. 2:18.

Descendencia piadosa. Mal. 2:14-15; 1 Cor. 7:14.

Evitar pecado. 1 Cor. 7:2,9.

Gloria de Dios. 1 Cor. 6:15,20.

Restricciones para el

En el Señor. 1 Cor. 6:16-20; 7:39; 2 Cor. 6:4.

Permanente. Mat. 19:6; Rom. 7:2-3; 1 Cor. 7:39.

Biografía bíblica

MATUSALÉN

Matusalén era hijo de Enoc (el hombre que "caminó" con Dios) y abuelo de Noé (Gén. 5:21,26-29). De acuerdo a la Biblia, Matusalén fue el ser humano que más vivió: 969 años (Gén. 5:27). El nombre significa "hombre de la jabalina" o bien "adorador de Selah".

MATRIMONIO INTERRACIAL

Castigo a Aarón y María por hablar contra esposa etíope de Moisés. Núm. 12:1-10.

David y Jesús, descendientes de matrimonio interracial. Rut 4:22; Mat. 1:1,5-6.

Interés de Dios en el, no es racial sino espiritual. Mal. 2:14-15; Mat. 19:4-6.

Judíos a menudo se casaban con otras razas. 1 Rey. 11:1.

Restricciones para matrimonio judío, no racial sino espiritual

Hijas de Zelofehad no debían casarse fuera de su tribu. Núm. 27:1-11.

Judíos no debían casarse con paganos. Ex. 34:12-16.

Sumo sacerdote no debía casarse con viuda. Lev. 21:14.

Trasfondo

Todas las naciones, una sangre. Hech. 17:26.

Todas las razas descienden de Adán. Gén. 1:27; 2:20; 5; Rom. 5:12-21.

Todas las razas descienden de Noé. Gén. 7:23; 9:18-19.

MAYORDOMO

Debe ser fiel. 1 Cor. 4:1-2; Tito 1:7; 1 Ped. 4:10.

Descripción de uno fiel. Luc. 12:35-38,42.

Descripción de uno infiel. Luc. 16:1-8.

En parábola de minas. Luc. 19:12-27.

En parábola de talentos. Mat. 25:14-30.

M

MÉDICO

Asa buscó, para enfermedad de sus pies. 2 Crón. 16:12.

Jeremías preguntó si había, en Galaad. Jer. 8:22.

Job llama a sus amigos, sin valor. Job 13:4.

Lucas. Col. 4:14.

Proverbio sobre. Mar. 2:17.

MEDIO AMBIENTE

Afectado por caída. Gén. 3:17-19; Rom. 8:19-22.

Creado para ser bueno. Gén. 1-2; Job 38; Sal. 104:1-30.

Responde a Dios

Con gozo. Sal. 65:13; 98:7-8; 148:3-10.

En devastación. Sal. 29:3-9; Isa. 33:9; Joel 1:15-20; Amós 1:3.

Responde a Jesús. Luc. 8:22-25.
Será restaurado. Isa. 35:1-7; 55:10-13;
  Amós 9:13-15.

MEDIOS MASIVOS

Mandamientos en cuanto a
  Examinarlo todo. 1 Tes. 5:21-22.
  Tener pensamientos puros. Fil. 4:8.
  Usar tiempo con sabiduría. Ef. 5:16.

Principio relevante para
  Cosas usadas para placer propio.
    Sant. 4:3.

Vida cotidiana

MEDIOS
DE TRANSPORTE

M

L a Biblia menciona que el
transporte se realizaba con
burros, mulas, camellos y
bueyes. De entre todos estos, los
burros parecen haber sido el medio
de transporte más popular en el
Cercano Oriente. A través de la
historia de Israel el burro fue el
principal medio de transporte
privado y comercial.

MEDITACIÓN

Caracteriza a persona piadosa. Sal. 1:1-2.

Debe centrarse en
  Lo bueno y verdadero. Fil. 4:8.
  Mensaje de Dios. Sal. 119:67.
  Obras de Dios. Sal. 143:5.
  Promesas de Dios. Sal. 119:148.
  Señor. Sal. 63:6.
Deber cristiano. 1 Tim. 4:15.
Proporciona visión y ayuda. Sal. 63:1-8.

MELLIZOS
Ver Gemelos

MEMORIA
Cena del Señor es para. 1 Cor. 11:24.

Cosas para recordar
  Día del Señor. Ex. 20:8.
  Dirección divina. Deut. 8:2.
  Herencia del pasado. Deut. 32:7.
  Liberación divina. Deut. 16:3.
  Palabras de Jesús. Hech. 20:35.
  Resurrección del Señor. 2 Tim. 2:8.
  Testimonio apostólico. Jud. 17.
De generosidad de una mujer. Mat. 26:13.
De justos, bendita. Prov. 10:7.

Divina
  Cena del Señor. Luc. 22:19.
  Nombre y revelación de Dios. Ex. 3:15;
    Sal. 135:13.
  Pascua. Ex. 12:14.
Justos estarán en, eterna. Sal. 112:6.
Necesitamos recordatorio. 2 Ped. 1:12.
Oración debe incluir. 2 Tim. 1:3.
Pueblo de Dios está en divina. Isa. 49:16;
  Mal. 3:16.
Valor de. Esd. 9:5-15; 2 Ped. 1:15-21.

MENDIGOS
Bartimeo. Mar. 10:46.
Ciego. Juan 9:8.
Hijos de impíos. Sal. 109:10; Prov. 20:4;
  Luc. 16:3.
Hijos de justos no serán. Sal. 37:25.
Hombre cojo en templo. Hech. 3:2-5.
Lázaro. Luc. 16:20-22.
Ubicados entre príncipes. 1 Sam. 2:8.

MENORES
Condición legal de. Gál. 4:1,2.

MENSAJEROS DE DIOS
Ver Dios, Mensajeros de

MENSTRUACIÓN
Ver Flujo de Sangre

MENTE
Abierta. Luc. 24:31; Ef. 1:18.
Cegada. Luc. 24:16; 2 Cor. 3:14.
Desalentada. Heb. 12:3.
Endurecida. Isa. 5:13; Dan. 5:20.
Poder de. Prov. 23:7; 4:23; Rom. 8:6;
   1 Ped. 1:13.
Protección de. Fil. 4:7.
Renovada. Rom. 12:1-2; Ef. 4:23.

MENTIRA
A menudo acompañada de grandes delitos.
   Os. 4:1-2.
Abominable a Dios. Prov. 6:16-19.
Abominación para Dios. Prov. 12:22.
Característica de apostasía. 2 Tes. 2:9;
   1 Tim. 4:2.
Castigo por. Sal. 5:6; 120:3-4; Prov. 19:5;
   Jer. 50:36.

Creyentes
   Culpables de, serán arrojados al infierno.
      Apoc. 21:8.
   Evitan. Isa. 63:8; Sof. 3:13.
   No recurren a quienes practican.
      Sal. 40:4.
   Odian. Sal. 119:163; Prov. 13:5.
   Oran pidiendo ser guardados de.
      Sal. 119:29; Prov. 30:8.
   Rechazan a quienes practican. Sal. 101:7.
Diablo incita a hombres a. 1 Rey. 22:22;
   Hech. 5:3.
Diablo, padre de. Juan 8:44.
Excluye del cielo. Apoc. 21:27; 22:15.
Falsos profetas, adictos a. Jer. 23:14;
   Ezeq. 22:28.
Hipócritas, adictos a. Os. 11:12.

Impíos
   Aman. Sal. 52:3.
   Buscan. Sal. 4:2.

Dan a luz. Sal. 7:14.
Preparan sus lenguas para. Jer. 9:3,5.
Prestan atención a. Prov. 17:4.
Se deleitan en. Sal. 62:4.
Son adictos a, desde su niñez. Sal. 58:3.
Impropio para gobernantes. Prov. 17:7.

Lleva a
   Amar conversaciones impuras.
      Prov. 17:4.
   Odio. Prov. 26:28.
Mal que causa gobernante dado a.
   Prov. 29:12.
Obstáculo para oración. Isa. 59:2-3.
Personas sin ley, culpables de. 1 Juan 2:4.
Pobreza es preferible a. Prov. 19:22.
Prohibición. Lev. 19:11; Col. 3:9.
Testigos falsos, adictos a. Prov. 14:5,25.
Vanidad de obtener riquezas por medio de.
   Prov. 21:6.

MENTIROSOS
No pueden entrar al reino de los cielos.
   Apoc. 21:8.
Satanás. Juan 8:44,55.
Todos los seres humanos son. Sal. 116:11.

MESA
De fiestas idólatras. 1 Cor. 10:21.
De la Cena del Señor. 1 Cor. 10:21.
De plata. 1 Crón. 28:16.
Figurativamente, el altar. Mal. 1:7,12.
Para la caridad. Hech. 6:2.
Parte del mobiliario. Jue. 1:7; Juan 2:15.

MESES
Año tiene doce. 1 Crón. 27:2-15; Est. 2:12;
   Apoc. 22:2.
Comenzaban cuando aparecía luna nueva.
   Núm. 10:10, con Sal. 81:3.
Idólatras realizaban predicciones por los.
   Isa. 47:13.

M

Judíos computaban paso del tiempo con.
Jue. 11:37; 1 Sam. 6:1; 1 Rey. 4:7.

Nombres de los doce
Primero, Abib o Nisán. Ex. 13:4;
Neh. 2:1.
Segundo, Zif. 1 Rey. 6:1,37.
Tercero, Siván. Est. 8:9.
Cuarto, Tamuz. Zac. 8:19.
Quinto, Ab. Zac. 7:3.
Sexto, Elul. Neh. 6:15.
Séptimo, Etanim. 1 Rey. 8:2.
Octavo, Bul. 1 Rey. 6:38.
Noveno, Quisleu. Zac. 7:1.
Décimo, Tebet. Est. 2:16.
Undécimo, Sebat. Zac. 1:7.
Duodécimo, Adar. Esd. 6:15; Est. 3:7.
Originalmente no tenían nombres.
Gén. 7:11; 8:4.
Patriarcas computaban tiempo por.
Gén. 29:14.
Sol y luna, creados para señalar. Gén. 1:14.

Palabra clave

MESÍAS

Mesías es un término hebreo que significa "ungido". La palabra "Cristo" del Nuevo Testamento es la traducción al griego de esta palabra hebrea.

MESÍAS

Prometido
A Abraham. Gén. 12:1-3.
A Belén. Miq. 5:2,5.
A través de Balaam. Núm. 22-24:17.
A través del linaje de David. Isa. 11:1-10.
Luego de la caída. Gén. 3:15.

Revelado
A seguidores. Juan 1:41; 6:41,69.
A través de apóstoles. Hech. 17:3; 18:28.
En su nacimiento. Mat. 1:16,23.

Trae consigo
Fin a divisiones y hostilidades. Ef. 2:1-22.
Justicia eterna. Dan. 9:24; 2 Cor. 5:21.
Nuevo pacto. Jer. 31:31-34;
Mat. 26:26-30.
Redención de pecado. 1 Ped. 1:18-20.

MESÓN

Lugar donde hermanos de José se quedaron en Egipto. Gén. 42:27.
María y José no encontraron lugar en, para nacimiento de Jesús. Luc. 2:7.

MEZQUINDAD

Castigo a. Hag. 1:9-11.
De discípulos, cuando se derramó perfume sobre Jesús. Mat. 26:8-9.
De judíos hacia templo. Hag. 1:2,4,6,9.
Del pueblo de Dios hacia Dios. Mal. 3:8-9.

MIEDO

Ver Temor

MIEL

A menudo enviada como obsequio.
Gén. 43:11; 1 Rey. 14:3.

Abundaba en
Asiria. 2 Rey. 18:32.
Canaán. Ex. 3:8; Lev. 20:24; Deut. 8:8.
Egipto. Núm. 16:13.
Considerada alimento nutritivo.
Prov. 24:13.
Dios, dador de. Sal. 81:16; Ezeq. 16:19.
Dulzura de. Jue. 14:18.
En panal, dulcísima y valiosa.
Prov. 16:24; 24:13.
Exportada de Canaán. Ezeq. 27:17.

Ilustrativa de
Labios de mujer extraña. Prov. 5:3.
Palabra de Dios. Sal. 19:10; 119:103.
Palabras agradables. Prov. 16:24.
Sabiduría. Prov. 24:13-14.
Santo hablar de creyentes. Cant. 4:11.
Moderación es necesaria en uso de.
Prov. 25:16,27.
No ofrecerse con ningún sacrificio.
Lev. 2:11.
Preparada por abejas. Jue. 14:8.
Primicias de, ofrecidas a Dios. 2 Crón. 31:5.
Quienes están llenos la desprecian.
Prov. 27:7.

Se comía
Con langostas. Mat. 3:4; Mar. 1:6.
Con leche. Cant. 4:11.
Con manteca. Isa. 7:15,22.
Con panal. Cant. 5:1; Luc. 24:42.
Mezclada con harina. Ex. 16:31;
Ezeq. 16:13.
Sola. 1 Sam. 14:25-26,29.

Se podía encontrar en
Bosques. 1 Sam. 14:25-26; Jer. 41:8.
Huesos de animales muertos. Jue. 14:8.
Rocas. Deut. 32:13; Sal. 81:16.

MILAGROS

Ver también Cristo, Milagros de; Dones
milagrosos del Espíritu Santo; Milagros
realizados por agentes del mal; Milagros
realizados por siervos de Dios

Crucial para propagación inicial del
evangelio. Hech. 8:6; Rom. 15:18-19.
Culpabilidad por no aceptar evidencia de.
Mat. 11:20-24; Juan 15:24.
Deben anunciarse a generaciones futuras.
Ex. 10:2; Jue. 6:13.
Deben producir fe. Juan 2:23; 20:30-31.
Deben producir obediencia.
Deut. 11:1-3; 29:2-3,9.

Deben recordarse. 1 Crón. 16:12;
Sal. 105:5.

Descripción
Cosas maravillosas. Sal. 78:12.
Obras maravillosas. Isa. 29:14;
Sal. 105:5.
Señales y maravillas. Jer. 32:21;
Juan 4:48; 2 Cor. 12:12.
Don del Espíritu Santo. 1 Cor. 12:10.
Evidencias de comisión divina. Ex. 4:1-5;
Mar. 16:20.

Fe, requisito para
De aquellos en quienes se realizaban.
Mat. 9:28; 13:58; Mar. 9:22-24;
Hech. 14:9.
De aquellos que realizaban.
Mat. 17:20; 21:21; Juan 14:12;
Hech. 3:16; 6:8.

Impíos
A menudo reconocen. Juan 11:47;
Hech. 4:16.
Desean ver. Mat. 27:42;
Luc. 11:29; 23:8.
No comprenden. Sal. 106:7.
No entienden. Mar. 6:52.
Olvidan. Neh. 9:17; Sal. 78:1,11.
Insuficientes para producir conversión.
Luc. 16:31.
Jesús demostró ser Mesías por. Mat. 11:4-6;
Luc. 7:20-22; Juan 5:36; Hech. 2:22.
Jesús tenía seguidores en razón de.
Mat. 4:23-25; 14:35-36;
Juan 6:2,26; 12:18.

Manifiestan
Gloria de Cristo. Juan 2:11; 11:4.
Gloria de Dios. Juan 11:4.
Obras de Dios. Juan 9:3.
Mesías iba a realizar. Mat. 11:2-3;
Juan 7:31.
Poder de Dios necesario para. Juan 3:2.

M

Primera predicación del evangelio
confirmada por. Mar. 16:20; Heb. 2:4.
Quienes realizan, niegan que el poder es de
ellos. Hech. 3:12.

Se realizaban
En nombre de Cristo. Mar. 16:17;
Hech. 3:16; 4:30.
Por poder de Cristo. Mat. 10:1.
Por poder de Dios. Ex. 8:19;
Hech. 14:3; 15:12; 19:11.
Por poder del Espíritu Santo. Mat. 12:28;
Rom. 15:19.

MILAGROS DE AGENTES DEL MAL

Engañar a impíos. 2 Tes. 2:10-12;
Apoc. 13:14; 19:20.
No hacer caso de. Deut. 13:3.

Realizados
Para apoyar religiones falsas.
Deut. 13:1-2.
Por falsos cristos. Mat. 24:24.
Por falsos profetas. Mat. 24:24;
Apoc. 19:20.
Realizados por poder del diablo. 2 Tes. 2:9;
Apoc. 16:14.
Señal de apostasía. 2 Tes. 2:3,9;
Apoc. 13:13.

MILAGROS DE CRISTO

Ver Cristo, Milagros de

MILAGROS DE SIERVOS DE DIOS

Apóstoles
Señales y maravillas. Hech. 2:43; 5:12.

Elías
División de aguas del Jordán. 2 Rey. 2:8.
Fuego que destruye a hombres.
2 Rey. 1:10-12.
Llevado al cielo. 2 Rey. 2:11.
Lluvia. 1 Rey. 18:41-45; Sant. 5:18.

Multiplicación de harina y aceite.
1 Rey. 17:14-16.
Niño vuelto a la vida. 1 Rey. 17:22-23.
Sacrificio consumido por fuego.
1 Rey. 18:36,38.
Sequía. 1 Rey. 17:1; Sant. 5:17.

Eliseo
Ceguera de sirios. 2 Rey. 6:18.
División de aguas del Jordán.
2 Rey. 2:14.
Hacha que flotó. 2 Rey. 6:6.
Hombre que volvió a la vida.
2 Rey. 13:21.
Lepra de Giezi. 2 Rey. 5:27.
Muchachos despedazados por osos.
2 Rey. 2:24.
Multiplicación del aceite. 2 Rey. 4:1-7.
Niño vuelto a la vida. 2 Rey. 4:32-35.
Sanidad de Naamán. 2 Rey. 5:10,14.
Sanidad del agua. 2 Rey. 2:21-22.
Sirios recobran vista. 2 Rey. 6:20.

Esteban
Prodigios y señales. Hech. 6:8.

Felipe
Exorcismos de espíritus inmundos,
sanidad de paralíticos y cojos.
Hech. 8:6-7.
Milagros y señales. Hech. 8:13.

Isaías
Sanidad de Ezequías. 2 Rey. 20:7.
Sombra retrocedió en reloj. 2 Rey. 20:11.

Josué
Destrucción de madianitas. Jue. 7:16-22.
División de aguas del Jordán.
Jos. 3:10-17.
Jordán vuelve a su curso. Jos. 4:18.
Sol y luna se detuvieron. Jos. 10:12-14.
Toma de Jericó. Jos. 6:6-20.

Moisés y Aarón
Agua de roca en Cades. Núm. 20:11.

Agua de roca en Horeb. Ex. 17:6.
Agua endulzada. Ex. 15:25.
Agua que se vuelve sangre. Ex. 4:9,30.
Aguas del río se vuelven sangre. Ex. 7:20.
Aparición de úlceras. Ex. 9:10-11.
Derrota de amalecitas. Ex. 17:11-13.
Destrucción de Coré. Núm. 16:28-32.
División del mar Rojo. Ex. 14:21-22.
Egipcios aplastados. Ex. 14:26-28.
Eliminación de granizo. Ex. 9:33.
Eliminación de langostas. Ex. 10:19.
Eliminación de moscas. Ex. 8:31.
Eliminación de ranas. Ex. 8:13.
Granizo en todo Egipto. Ex. 9:23.
Langostas. Ex. 10:13.
Mano leprosa. Ex. 4:6.
Moscas por todo Egipto. Ex. 8:21-24.
Muerte del primogénito. Ex. 12:29.
Oscuridad . Ex. 10:22.
Pestilencia en animales. Ex. 9:3-6.
Piojos. Ex. 8:17.
Ranas por todo Egipto. Ex. 8:6.
Sanidad con serpiente de bronce.
 Núm. 21:8-9.
Sanidad de mano. Ex. 4:7.
Vara se convierte en serpiente.
 Ex. 4:3; 7:10.
Vara vuelve a ser vara. Ex. 4:4.

Pablo
Cojo sanado. Hech. 14:10.
Elimas queda ciego. Hech. 13:11.
Eutico vuelto a la vida. Hech. 20:10-12.
Exorcismo de espíritu inmundo.
 Hech. 16:18.
Milagros especiales. Hech. 19:11-12.
Mordedura de serpiente, inocua.
 Hech. 28:5.
Sanidad del padre de Publio. Hech. 28:8.

Pablo y Bernabé
Tienen poder para hacer señales y
 maravillas. Hech. 14:3.

Pedro
Muerte de Ananías. Hech. 5:5.
Muerte de Safira. Hech. 5:10.
Resurrección de Dorcas. Hech. 9:40.
Sanidad de Eneas. Hech. 9:34.
Sanidad de enfermos. Hech. 5:15-16.
Sanidad del cojo. Hech. 3:7.

Profetas de Judá
Altar se rompió. 1 Rey. 13:5.
Mano de Jeroboam se paralizó.
 1 Rey. 13:4.
Sanidad de mano paralizada. 1 Rey. 13:6.

Samuel
Truenos y lluvias en cosecha.
 1 Sam. 12:18.

Sansón
Derrumbe de casa de Dagón. Jue. 16:30.
Muerte de filisteos. Jue. 14:19; 15:15.
Muerte de león. Jue. 14:6.
Se llevó puertas de Gaza. Jue. 16:3.

Setenta discípulos
Enviados a sanar enfermos. Luc. 10:9.
Tenían poder para sujetar demonios.
 Luc. 10:17.

MILENIO
Descripción de. Apoc. 20:1-6.

MINISTROS (RELIGIOSOS)
Autoridad de, es para edificación.
 2 Cor. 10:8; 13:10.
Calamidad para los llamados a predicar
 evangelio y no lo hacen. 1 Cor. 9:16.
Capacitados por Dios. Isa. 6:5-7;
 2 Cor. 3:5-6.
Comisionados por Cristo. Mat. 28:19.

Cuando son fieles
Agradecen a Dios por dones divinos a su
 pueblo. 1 Cor. 1:4; Fil. 1:3; 1 Tes. 3:9.

M

Reciben recompensa. Mat. 24:47;
1 Cor. 3:14; 9:17,18; 1 Ped. 5:4.
Se glorían en su pueblo. 2 Cor. 7:4.
Se gozan en fe y santidad del pueblo.
1 Tes. 2:19-20; 3:6-9.
Se recomiendan a conciencia humana.
2 Cor. 4:2.
Se recomiendan a sí mismos como
ministros de Dios. 2 Cor. 6:4.

Cuando son infieles
Descripción. Isa. 56:10-12; Tito 1:10-11.
Llevan al pueblo por senda equivocada.
Jer. 6:14; Mat. 15:14.
Procuran ganancia. Miq. 3:11; 2 Ped. 2:3.
Serán castigados. Ezeq. 33:6-8;
Mat. 24:48-51.
Traicionan al rebaño. Juan 10:12.
Deben cumplir su ministerio. 2 Tim. 4:5.
Deben esforzarse en gracia. 2 Tim. 2:1.
Deben evitar ocasiones de tropiezo.
1 Cor. 10:32-33; 2 Cor. 6:3.

Deben predicar
A Cristo crucificado. Hech. 8:5,35;
1 Cor. 2:2.
Arrepentimiento y fe. Hech. 20:21.
Con amor y buena voluntad. Fil. 1:15-17.
Con celo. 1 Tes. 2:8.
Con congruencia. 2 Cor. 1:18-19.
Con constancia. Hech. 6:4; 2 Tim. 4:2.
Con denuedo. Isa. 58:1; Ezeq. 2:6;
Mat. 10:27-28.
Con fidelidad. Ezeq. 3:17-18.
Con sencillez. 2 Cor. 3:12.
De acuerdo a profecía de Dios.
1 Ped. 4:11.
En forma completa.
Hech. 5:20; 20:20,27; Rom. 15:19.
En todo lugar. Mar. 16:20; Hech. 8:4.
No con palabras persuasivas de sabiduría
humana. 1 Cor. 1:17; 2:1,4.
Si es posible, sin ser gravosos.
1 Cor. 9:18; 1 Tes. 2:9.

Sin engaño. 2 Cor. 2:17; 4:2;
1 Tes. 2:3,5.
Deben procurar salvación del rebaño.
1 Cor. 10:33.

Deben ser
Afectuosos con pueblo. Fil. 1:7;
1 Tes. 2:8,11.
Aptos para enseñar. 1 Tim. 3:2;
2 Tim. 2:24.
Consagrados. Hech. 20:24; Fil. 1:20-21.
Dados a la oración. Ef. 3:14; Fil. 1:4.
Desinteresados. 2 Cor. 12:14; 1 Tes. 2:6.
Dispuestos. Isa. 6:8; 1 Ped. 5:2.
Ejemplos para el rebaño. Fil. 3:17;
2 Tes. 3:9; 1 Tim. 4:12; 1 Ped. 5:3.
Estrictos para gobernar a su familia.
1 Tim. 3:4,12.
Estudiosos y dados a meditación.
1 Tim. 4:13,15.
Hospitalarios. 1 Tim. 3:2; Tito 1:8.
Humildes. Hech. 20:19.
Imparciales. 1 Tim. 5:21.
Intachables. 1 Tim. 3:2; Tito 1:7.
Mansos. 1 Tes. 2:7; 2 Tim. 2:24.
Pacientes. 2 Cor. 6:4; 2 Tim. 2:24.
Puros. Isa. 52:11; 1 Tim. 3:9.
Sacrificados. 1 Cor. 9:27.
Santos. Ex. 28:36; Lev. 21:6; Tito 1:8.
Sobrios y justos. Lev. 10:9; Tito 1:8.
Vigilantes. 2 Tim. 4:5.

Deberes
Alimentar a iglesia. Jer. 3:15;
Juan 21:15-17; Hech. 20:28;
1 Ped. 5:2.
Amonestar con lágrimas. Hech. 20:31.
Consolar. 2 Cor. 1:4-6.
Convencer a quienes contradicen.
Tito 1:9.
Edificar iglesia. 2 Cor. 12:19; Ef. 4:12.
Enseñar. 2 Tim. 2:2.
Exhortar. Tito 1:9; 2:15.

M

Fortalecer fe del pueblo. Luc. 22:32;
Hech. 14:22.
Orar por pueblo. Joel 2:17; Col. 1:9.
Pelear buena batalla. 1 Tim. 1:18;
2 Tim. 4:7.
Predicar evangelio. Mar. 16:15;
1 Cor. 1:17.
Reprender. Tito 1:13; 2:15.
Sufrir penalidades. 2 Tim. 2:3.
Velar por almas. Heb. 13:17.

Descripción
Administradores de misterios de Dios.
1 Cor. 4:1.
Defensores de fe. Fil. 1:7.
Embajadores de Cristo. 2 Cor. 5:20.
Ministros de Cristo. 1 Cor. 4:1.
Siervos del pueblo de Cristo. 2 Cor. 4:5.
Dios les da autoridad. 2 Cor. 10:8; 13:10.
Enviados por Espíritu Santo. Hech. 13:2,4.
Excelencia de. Rom. 10:15.
Les fue confiado evangelio. 1 Tes. 2:4.
Llamados por Dios. Ex. 28:1, con Heb. 5:4.
Necesidad de. Mat. 9:37-38; Rom. 10:14.

No deben
Actuar con astucia. 2 Cor. 4:2
Agradar a hombres. Gál. 1:10; 1 Tes. 2:4
Desanimarse con facilidad.
2 Cor. 4:8-9; 6:10.
Enredarse en cosas de esta vida.
Luc. 9:60; 2 Tim. 2:4.

No deben ser
Codiciosos. Hech. 20:33; 1 Tim. 3:3,8;
1 Ped. 5:2.
Contenciosos. 1 Tim. 3:3; Tito 1:7.
Dados al vino. 1 Tim. 3:3; Tito 1:7.
Orar para que aumenten. Mat. 9:38.
Protegidos por Dios. 2 Cor. 1:10.
Se comparan con vasos de barro. 2 Cor. 4:7.
Señorío sobre pueblo de Dios. 1 Ped. 5:3

Sus fieles deben
Amarlos. 2 Cor. 8:7; 1 Tes. 3:6.

Apoyarlos. 2 Crón. 31:4; 1 Cor. 9:7-11;
Gál. 6:6.
Ayudarlos. Rom. 16:9; Fil. 4:3.
Considerarlos mensajeros de Dios.
1 Cor. 4:1; Gál. 4:14.
Darles gozo. 2 Cor. 1:14; 2:3.
Honrarlos. Fil. 2:29; 1 Tes. 5:13;
1 Tim. 5:17.
Imitar su fe. Heb. 13:7.
No despreciarlos. Luc. 10:16;
1 Tim. 4:12.
Obedecerlos. 1 Cor. 16:16; Heb. 13:17.
Orar por ellos. Rom. 15:30; 2 Cor. 1:11;
Ef. 6:19; Heb. 13:18.
Prestar atención a enseñanzas. Mal. 2:7;
Mat. 23:3.
Seguir ejemplo. 1 Cor. 11:1; Fil. 3:17.
Trabajo de, vano sin bendición de Dios.
1 Cor. 3:7; 15:10.

MINISTROS (TÍTULOS Y NOMBRES PARA) M

Administradores de Dios. Tito 1:7.
Administradores de gracia de Dios.
1 Ped. 4:10.
Administradores de misterios de Dios.
1 Cor. 4:1.
Ancianos. 1 Tim. 5:17; 1 Ped. 5:1.
Ángeles de iglesia. Apoc. 1:20; 2:1.
Apóstoles. Luc. 6:13; Ef. 4:11; Apoc. 18:20.
Apóstoles de Jesucristo. Tito 1:1.
Atalayas. Isa. 62:6; Ezeq. 33:7.
Colaboradores de Dios. 2 Cor. 6:1.
Diáconos. Hech. 6:1; 1 Tim. 3:8; Fil. 1:1.
Embajadores de Cristo. 2 Cor. 5:20.
Estrellas. Apoc. 1:20; 2:1.
Evangelistas. Ef. 4:11; 2 Tim. 4:5.
Maestros. Isa. 30:20; Ef. 4:11.
Mensajeros de Jehová de los ejércitos.
Mal. 2:7.
Mensajeros de la iglesia. 2 Cor. 8:23.
Ministros de Cristo. Rom. 15:16;
1 Cor. 4:1.
Ministros de Dios. 2 Cor. 6:4.

Ministros de Jehová. Joel 2:17.
Ministros de justicia. 2 Cor. 11:15.
Ministros de la iglesia. Col. 1:24-25.
Ministros de la palabra. Luc. 1:2.
Ministros del evangelio. Ef. 3:7; Col. 1:23.
Ministros del nuevo pacto. 2 Cor. 3:6.
Ministros del santuario. Ezeq. 45:4.
Obispos. Fil. 1:1; 1 Tim. 3:1; Tito 1:7.
Obreros. Mat. 9:38.
Pastores. Jer. 3:15; 23:4; Ef. 4:11.
Pescadores de hombres. Mat. 4:19;
  Mar. 1:17.
Predicadores. Rom. 10:14; 1 Tim. 2:7.
Siervos de Dios. Tito 1:1; Sant. 1:1.
Siervos de Jesucristo. Fil. 1:1; Jud. 1.
Siervos de la iglesia. 2 Cor. 4:5.
Siervos del Señor. 2 Tim. 2:24.
Soldados de Cristo. Fil. 2:25; 2 Tim. 2:3.
Testigos. Hech. 1:8; 5:32; 26:16.

M

Ahora lo sabe

MIQUEAS

El libro de Miqueas presenta en forma abreviada el mensaje de los doce libros de los profetas menores. Sirve de puente entre los profetas del siglo VII a.C. antes de este libro con los profetas de los siglos VII-V a.C. que lo siguieron.

MIRRA

En muerte de Cristo. Mar. 15:23.
En nacimiento de Cristo. Mat. 2:11.
En tumba de Cristo. Juan 19:39-40.

MISERICORDIA

Aliento a. 2 Rey. 6:21-23; Os. 12:6;
  Rom. 12:20-21; Col. 3:12.
Bendición de mostrar. Prov. 14:21;
  Mat. 5:7.

Beneficiosa para quienes la practican.
  Prov. 11:17.
Característica de creyentes. Sal. 37:26;
  Isa. 57:1.
Condenación de quienes no tienen.
  Os. 4:1,3; Mat. 18:23-35; Sant. 2:13.
Debe grabarse en corazón. Prov. 3:3.

Debe practicarse
  Con alegría. Rom. 12:8.
  Hacia animales. Prov. 12:10.
  Hacia nuestros hermanos. Zac. 7:9.
  Hacia pobres. Prov. 14:31; Dan. 4:27.
  Hacia quienes caen. Luc. 15:18-20;
    2 Cor. 2:6-8.
  Hacia quienes tienen problemas.
    Luc. 10:37.
Hipócritas no tienen. Mat. 23:23.
Según ejemplo de Dios. Luc. 6:36.
Sustenta trono del rey. Prov. 20:28.

MISERICORDIA DE DIOS

Ver Dios, Misericordia de

MISIONEROS

Ánimo a. Prov. 11:25,30; 1 Cor. 1:27;
  Sant. 5:19-20.
Aunque sean débiles. 1 Cor. 1:27.
Bienaventuranza de. Dan. 12:3.
Celo de idólatras debe producir. Jer. 7:18.

Cristianos deben ser como
  Al abandonarlo todo por Cristo.
    Luc. 5:11.
  Al aborrecer su vida por amor a Cristo.
    Luc. 14:26.
  Al alentar a débiles. Isa. 35:3-4;
    Rom. 14:1; 15:1; 1 Tes. 5:14.
  Al ayudar a ministros en tarea.
    Rom. 16:3,9; 2 Cor. 11:9;
    Fil. 4:14-16; 3 Juan 1:6.
  Al buscar edificación de otros.
    Rom. 14:19; 15:2; 1 Tes. 5:11.
  Al confesar a Cristo. Mat. 10:32.

Al consagrar a Dios todos los bienes. 1 Crón. 29:2-3,14,16; Ecl. 11:1; Mat. 6:19-20; Mar. 12:44; Luc. 12:33; 18:22,28; Hech. 2:45; 4:32-34.

Al consagrarse al Señor. 2 Cor. 8:5.

Al dar razón de su fe. Ex. 12:26-27.

Al declarar lo que Dios ha hecho por ellos. Sal. 66:16; 116:16-19.

Al dedicarse al servicio de Dios. Jos. 24:15; Sal. 27:4.

Al enseñar y exhortar. Sal. 34:11; 51:13; Col. 3:16; Heb. 3:13; 10:25.

Al exhortar a otros. 1 Tes. 5:14; 2 Tes. 3:15.

Al hablar de Dios y obras. Sal. 71:24; 77:12; 119:27; 145:11-12.

Al interceder por otros. Col. 4:3; Heb. 13:18; Sant. 5:16.

Al invitar a otros a aceptar evangelio. Sal. 34:8; Isa. 2:3; Juan 1:46; 4:29.

Al preferir a Cristo por sobre la familia. Luc. 14:26; 1 Cor. 2:2.

Al proclamar alabanzas de Dios. Isa. 43:21.

Al reprender a otros. Lev. 19:17; Ef. 5:11.

Al seguir a Cristo. Luc. 14:27; 18:22.

Al sufrir por Cristo con gozo. Heb. 10:34.

Al visitar y ayudar a pobres y enfermos. Lev. 25:35; Sal. 112:9, con 2 Cor. 9:9; Mat. 25:36; Hech. 20:35; Sant. 1:27.

Con corazón dispuesto. Ex. 35:29; 1 Crón. 29:9,14.

Con generosidad superabundante. Ex. 36:5-7; 2 Cor. 8:3.

En la ancianidad. Deut. 32:7; Sal. 71:18.

En conducta santa. 1 Ped. 2:12.

En ejemplo santo. Mat. 5:16; Fil. 2:15; 1 Tes. 1:7.

En la familia. Deut. 6:7; Sal. 78:5-8; Isa. 38:19; 1 Cor. 7:16.

En juventud. Sal. 71:17; 148:12-13.

En relación con mundo. Mat. 5:16; Fil. 2:15-16; 1 Ped. 2:12.

En santas conversaciones. Sal. 37:30, con Prov. 10:31; Prov. 15:7; Ef. 4:29; Col. 4:6.

Deber crucial. Juan 5:23; Luc. 19:40.

Hombres, mujeres y niños. Sal. 8:2; Prov. 31:26; Mat. 21:15-16; Fil. 4:3; 1 Tim. 5:10; Tito 2:3-5; 1 Ped. 3:1.

Ilustrado. Mat. 25:14; Luc. 19:13, etc.

Mayordomos fieles. 1 Ped. 4:10-11.

Principio para obra de. 2 Cor. 5:14-15.

Siguen ejemplo de Cristo. Hech. 10:38.

Su llamado como creyentes. Ex. 19:6; 1 Ped. 2:9.

MISTERIO

De Dios. Deut. 21:29; Rom. 11:33.

De la fe. 1 Tim. 3:9.

De la iniquidad. 2 Tes. 2:7.

De la piedad. 1 Tim. 3:16.

De nuestra transformación futura. 1 Cor. 15:51.

Del cielo. 1 Cor. 2:9.

MODELO

Del tabernáculo. Heb. 8:5; 9:23.

MODESTIA

De mujeres. 1 Tim. 2:9.

Ejemplos de
Eliú. Job 32:4-7.
Saúl. 1 Sam. 9:21.
Vasti. Est. 1:11-12.

MOFA

Ver Burlas

MOISÉS, LEY DE

Adiciones a, en campos de Moab junto al Jordán. Núm. 36:13.

Buenos reyes hacían cumplir.
2 Rey. 23:24-25; 2 Crón. 31:21.

Cristo

Abrogó, como pacto de obras. Rom. 7:4.

Asistió a todas las fiestas de.
Juan 2:23; 7:2,10,37.

Circuncidado según. Luc. 2:21;
Rom. 15:8.

Cumplió todas las leyes de. Sal. 40:7-8.

Biografía bíblica

MOISÉS

Muchos eruditos consideran a Moisés la persona más importante del Antiguo Testamento. Después que su vida hubiera sido salvada providencialmente cuando niño, Moisés pasó sus primeros 40 años en la corte de la hija del faraón, donde se capacitó en el área administrativa, literaria y legal, algo que luego le sería de gran utilidad como líder de Israel y legislador. Moisés vivió a 100 años del rey Tutankamón (aprox. 1347-1338 a.C.), cuyos magníficos tesoros de sepultura son típicos del arte, la riqueza y la mano de obra en que vivió el joven Moisés, y que luego quedaron representados en gran parte del arte del tabernáculo. En su adultez Moisés huyó al desierto de Sinaí, donde conoció a su esposa y pasó sus siguientes 40 años. Su ejercicio como líder duró otros 40 años, incluyendo el año que pasó en Sinaí. A Moisés no se le permitió entrar en la tierra prometida en razón de su pecado en Meriba, pero pudo ver la tierra antes de morir.

Cumplió todos los tipos y sombras de.
Heb. 9:8,11-14; 10:1,11-14.

Llevó maldición de. Deut. 21:23, con
Gál. 3:13.

Magnificó y engrandeció. Isa. 42:41.

Nacido bajo. Gál. 4:4.

No vino para destruirla, sino para
cumplirla. Mat. 5:17-18.

Dividida en

Ceremonial, en cuanto a forma de adorar
a Dios. Lev. 7:37-38; Heb. 9:1-7.

Civil, en cuanto a administración de
justicia. Deut. 17:9-11;
Hech. 23:3; 24:6.

Moral, encarnada en Diez
Mandamientos. Deut. 5:22; 10:4.

En contraste con gracia de Dios. Juan 1:17;
(*ver también* Rom. 8:3-4).

Enseñaba a judíos

A amar al prójimo. Lev. 19:18;
Mat. 22:39.

A amar y temer a Dios.
Deut. 6:5; 10:12-13; Mat. 22:36,38.

Justicia e imparcialidad. Lev. 19:35-36.

Todos los castigos eran según.
Juan 8:5; 19:7; Heb. 10:28.

Escribas eran entendidos en, y la explicaban.
Esd. 7:6; Mat. 23:2.

Fue dada

A judíos. Lev. 26:46; Sal. 78:5.

Desde monte Sinaí. Ex. 19:11,20.

Después del éxodo. Deut. 4:45;
Sal. 81:4-5.

En desierto. Ezeq. 20:10-11.

En Horeb. Deut. 4:10,15; 5:2.

Por medio de Moisés como mediador.
Deut. 5:5,27-28; Juan 1:17; Gál. 3:19.

Por ministerio de ángeles. Hech. 7:53.

Sólo a Israel. Deut. 4:8; Sal. 147:20.

Instrucción pública en la, a la juventud.
Luc. 2:46; Hech. 22:3.

Judíos

Acusaban a cristianos de hablar contra.
Hech. 6:11-14; 21:28.
Acusaron a Cristo de quebrantar.
Juan 19:7.
Celosos de. Juan 9:28-29; Hech. 21:20.
Deshonraban a Dios al quebrantar.
Rom. 2:23.
Maldecían a quienes ignoraban.
Juan 7:49.
Quebrantaban. Juan 7:19.
Serán juzgados por. Juan 5:45;
Rom. 2:12.

Leída públicamente

En fiesta de tabernáculos en año sabático.
Deut. 31:10-13.
En sinagogas en días de reposo.
Hech. 13:15; 15:21.
Por Esdras. Neh. 8:2-3.
Por Josué. Jos. 8:34-35.
Ley de Dios. Lev. 26:46.
Libro de, colocado en santuario.
Deut. 31:26.

Llamada

Ley de fuego. Deut. 33:2.
Ley real. Sant. 2:8.
Libro de la ley. Deut. 30:10; Jos. 1:8.
Libro de Moisés. 2 Crón. 25:4; 35:12.
Ministerio de condenación. 2 Cor. 3:9.
Ministerio de muerte. 2 Cor. 3:7.
Palabra dicha por ángeles. Heb. 2:2.
Palabras de vida. Hech. 7:38.
Medio de reforma nacional.
2 Crón. 34:19-21; Neh. 8:13-18.
Nadie debía acercarse al Monte mientras
Dios daba. Ex. 19:13,21-24; Heb. 12:20.
No pudo anular pacto de gracia en Cristo.
Gál. 3:17.
No pudo dar justicia ni vida. Gál. 3:21, con
Rom. 8:3-4; Heb. 10:1.
Notables fenómenos cuando se dio la.
Ex. 19:16-19.

Oscuridad, etc., cuando se dio, ilustrativo de
tinieblas de ley mosaica. Heb. 12:18-24.
Pacto de obras para judíos como nación.
Deut. 28:1,15, con Jer. 31:32.
Pánico de Israel al recibir.
Ex. 19:16; 20:18-20; Deut. 5:5,23-25.
Primeros convertidos judíos deseaban que
cristianos observaran. Hech. 15:1.
Repetida por Moisés. Deut. 1:1-3.
Reyes debían escribir y estudiar.
Deut. 17:18-19.
Sacerdotes y levitas debían enseñar.
Deut. 33:8-10; Neh. 8:7; Mal. 2:7.
Sombra de bienes venideros. Heb. 10:1.
Tablas de la, colocadas en arca. Deut. 10:5.
Toda la, escrita en un libro. Deut. 31:9.

Todos los israelitas debían

Conocer. Ex. 18:16.
Enseñar a sus hijos. Deut. 6:7; 11:19.
Observar. Deut. 4:6; 6:2.
Recordar. Mal. 4:4.
Tener, en corazón. Deut. 6:6; 11:18.
Tutor que llevaba a Cristo. Gál. 3:24.
Yugo pesado. Hech. 15:10.

MOLINO

Antigüedad del. Ex. 11:5.
Cautivos varones a menudo trabajaban en.
Jue. 16:21; Lam. 5:13.

Ilustrativo de

Degradación, etc., al moler. Isa. 47:1-2.
Desolación, cuando cesaba. Jer. 25:10;
Apoc. 18:22.

Piedras de

Abimelec muerto por, que le arrojaron.
Jue. 9:53.
A menudo se arrojaban a enemigos
durante sitios. Jue. 9:53; 2 Sam. 11:21.
Duras. Job 41:24.
Figurativamente, corazón endurecido.
Job 41:24.

M

Grandes. Apoc. 18:21.

Pesadas. Mat. 18:6.

Probablemente se usaba para ahogar a personas (ejecución). Mat. 18:6; Mar. 9:42; Luc. 17:2.

Por lo general se contrataban mujeres en. Ex. 11:5; Mat. 24:41.

Usado para moler

Harina. Isa. 47:2.

Maná en desierto. Núm. 11:8.

MOMENTO

Aflicciones duran sólo un. 2 Cor. 4:17.

Dios nos guarda cada. Isa. 27:3.

Ira divina dura sólo un. Sal. 30:5.

Seremos transformados en un. 1 Cor. 15:52.

MONOPOLIO

De comida. Prov. 11:26.

De tierras. Isa. 5:8; Miq. 2:2.

Por parte de Faraón. Gén. 47:19-26.

MONOTEÍSMO

Cristo y su Padre son uno. Juan 10:30.

Espíritu Santo es enviado por Padre e Hijo. Juan 14:16; 15:26.

Espíritu Santo es Espíritu de Dios y Espíritu de Cristo. Rom. 8:9,14; 1 Cor. 3:16.

Hay un solo Dios. Deut. 4:39; 6:4; 1 Cor. 8:4,6; Ef. 4:5-6.

MONTAÑAS

A menudo habitadas. Gén. 36:8; Jos. 11:21.

A menudo, lugares de culto idólatra. Deut. 12:2; 2 Crón. 21:11.

A veces elegidas como lugares para adorar a Dios. Gén. 22:2,5; Ex. 3:12; Isa. 2:2.

Abundancia de

Animales salvajes. Cant. 4:8; Hab. 2:17.

Bosques. 2 Rey. 19:23; 2 Crón. 2:2,8-10.

Caza. 1 Sam. 26:20.

Ciervos. 1 Crón. 12:8; Cant. 2:8.

Especias. Cant. 4:6; 8:14.

Hierbas. Prov. 27:25.

Minerales. Deut. 8:9.

Piedras para edificación. 1 Rey. 5:14,17; Dan. 2:45.

Viñas. 2 Crón. 26:10; Jer. 31:5.

Canaán tenía abundancia de. Deut. 11:11.

Como defensa. Sal. 125:2.

Creadas para glorificar a Dios. Sal. 148:9.

Dios

Afirma. Sal. 65:6.

Arranca. Job 9:5.

Convierte en soledad. Isa. 42:15.

Creó. Amós 4:13.

Desmenuza. Hab. 3:6.

Hace que humeen. Sal. 104:32; 144:5.

Hace que salten. Sal. 114:4,6.

Hace que se derritan. Jue. 5:5; Sal. 97:5; Isa. 64:1,3.

Hace que tiemblen. Nah. 1:5; Hab. 3:10.

Incendia fundamentos de. Deut. 32:22.

Pesa, en balanza. Isa. 40:12.

Produce sequía en. Hag. 1:11.

Riega, desde sus aposentos. Sal. 104:13.

Fuego volcánico de, alusión a. Isa. 64:1-2; Jer. 51:25; Nah. 1:5-6.

Fuentes de manantiales y ríos. Deut. 8:7; Sal. 104:8-10.

Ilustrativas de

Abundancia (cuando chorrean vino). Amós 9:13.

Autoridades. Sal. 72:3; Isa. 44:23.

Desolación (cuando se convierten en soledad). Isa. 42:15; Mal. 1:3.

Dificultades. Isa. 40:4; Zac. 4:7; Mat. 17:20.

Enemigos destructores (cuando arden). Jer. 51:25; Apoc. 8:8.

Gran gozo (cuando prorrumpen en alabanza). Isa. 44:23; 55:12.

Iglesia de Dios. Isa. 2:2; Dan. 2:35,44-45.

Juicios severos (trilla de). Isa. 41:15.

Justicia de Dios. Sal. 36:6.
Personas orgullosas y arrogantes.
Isa. 2:14.

Llamadas
Columnas del cielo. Job 26:11.
Collados antiguos. Hab. 3:6.
Collados eternos. Gén. 49:26.
Montes antiguos. Deut. 33:15.
Montes de Dios. Isa. 49:11.
Mástiles o banderas, se elevaban sobre.
Isa. 13:2; 30:17.

Mencionadas en la Biblia
Abarim. Núm. 33:47-48.
Amalec. Jue. 12:15.
Ararat. Gén. 8:4.
Basán. Sal. 68:15.
Bet-el. 1 Sam. 13:2.
Carmelo. Jos. 15:55; 19:26;
2 Rey. 19:23.
Ebal. Deut. 11:29; 27:13.
Efraín. Jos. 17:15; Jue. 2:9.
Galaad. Gén. 31:21,25; Cant. 4:1.
Gerizim. Deut. 11:29; Jue. 9:7.
Gilboa. 1 Sam. 31:1; 2 Sam. 1:6,21.
Haquila. 1 Sam. 23:19.
Hermón. Jos. 13:11.
Hor. Núm. 20:22; 34:7-8.
Horeb. Ex. 3:1.
Líbano. Deut. 3:25.
Mizar. Sal. 42:6.
More. Jue. 7:1.
Moriah. Gén. 22:2; 2 Crón. 3:1.
Nebo (parte de Abarim). Núm. 32:3;
Deut. 34:1.
Olivos, o monte de corrupción.
1 Rey. 11:7, con 2 Rey. 23:13;
Luc. 21:37.
Pisga (parte de Abarim). Núm. 21:20;
Deut. 34:1.
Seir. Gén. 14:6; 36:8.
Sinaí. Ex. 19:2,18,20,23; 31:18.
Sion. 2 Sam. 5:7.

Tabor. Jue. 4:6,12,14.
Muchas, muy altas. Sal. 104:18; Isa. 2:14.
Partes elevadas de la tierra. Gén. 7:19-20.
Proclamas, a menudo desde. Isa. 40:9.

Proporcionaban
Pasturas. Ex. 3:1; 1 Sam. 25:7;
1 Rey. 22:17; Sal. 147:8; Amós 4:1.
Refugio en tiempos de peligro.
Gén. 14:10; Jue. 6:2; Mat. 24:16;
Heb. 11:38.

MORALIDAD

Aspecto central en religión. Miq. 6:6-8.
Característica del reino de Dios y de cielos
nuevos y tierra nueva. Rom. 14:17;
2 Ped. 3:13.

Conciencia
Acusa o excusa. Rom. 2:14-15.
Buena. Hech. 23:1; 1 Tim. 1:19.
Cauterizada. 1 Tim. 4:2.
Corrompida. Tito 1:15.
Débil. 1 Cor. 8:7-13.
Renovada. Rom. 12:2.
Transparente. Hech. 24:16;
1 Ped. 3:16,21.

Descripción
Algo en que debemos pensar. Fil. 4:8.

M

Dato geográfico

MONTE DE
LOS OLIVOS

El monte de los Olivos es una cadena montañosa de 4 km (2,5 millas) de largo que se eleva sobre el lado oriental de Jerusalén; también y es específicamente es el pico del medio de los tres que forman la pequeña cadena.

Fruto del Espíritu. Gál. 5:22-23.
Parte de cosas que pertenecen a la
vida. 2 Ped. 1:3,5-7.
Requisito para líderes cristianos.
1 Tim. 3:1-13; 2 Tim. 2:24-25;
Tito 1:5-9.
Dios la prescribe. Prov. 3:1,2; Tito 2:7;
Heb. 13:20-21.

Ejemplos de
Diez Mandamientos. Ex. 20:1-17;
Deut. 5:6-21.
Sermón del Monte. Mat. 5-7.
Exalta a nación. Prov. 14:34; Isa. 26:2.
Ilumina en oscuridad. Isa. 58:10.
Indispensable para cristianos. Mat. 5:47;
1 Juan 2:29.
Palabra de Dios para instrucción.
Sal. 119:9-16,105.
Provecho de Escritura. 2 Tim. 3:16-17.
Religión es inútil si no tiene. Amós 5:21,24.

Valor de
Hallar gracia y buena opinión ante Dios y
hombres. Prov. 3:1-4.
Tener influencia en otros. Fil. 2:15.
Vivir tranquilo. Prov. 1:32-33.

MOSCAS
Figurativamente. Isa. 7:18.
Plaga de. Ex. 8:21-31.

MUDO
Enmudecidos por Dios. Ex. 4:11;
Luc. 1:20,64.
Sanidad milagrosa del, por parte de Jesús.
Mat. 9:32-33.

MUERTE
Ver temas específicos: Creyentes, Muerte de;
Cristo, Muerte de; Impíos, Muerte de;
Muerte espiritual; Muerte eterna; Muerte
natural

MUERTE DE CREYENTES
Ver Creyentes, Muerte de

MUERTE DE CRISTO
Ver Cristo, Muerte de

MUERTE DE IMPÍOS
Ver Impíos, Muerte de

MUERTE ESPIRITUAL
Amor a hermanos, prueba de haber sido
resucitado de. 1 Juan 3:14.
Caminar en delitos y pecados. Ef. 2:1;
Col. 2:13.
Condición de todas las personas por
naturaleza. Rom. 6:13; 8:6.
Consecuencia de caída. Rom. 5:15.
Creyentes son resucitados de. Rom. 6:13.
Entregarse a placeres. 1 Tim. 5:6.
Frutos de, obras muertas. Heb. 6:1; 9:14.
Hipocresía. Apoc. 3:1-2.
Ignorancia espiritual. Isa. 9:2; Mat. 4:16;
Luc. 1:79; Ef. 4:18.
Ilustrada. Ezeq. 37:2-3; Luc. 15:24.
Incredulidad. Juan 3:36; 1 Juan 5:12.
Liberación de, por medio de Cristo.
Juan 5:24-25; Ef. 2:5; 1 Juan 5:12.
Llamado para resucitar de. Ef. 5:14.
Mente carnal. Rom. 8:6.
Separación de Dios. Ef. 4:18.

MUERTE ETERNA
Camino a, descripción de. Sal. 9:17;
Mat. 7:13.
Consecuencia necesaria del pecado.
Rom. 6:16,21; 8:13; Sant. 1:15.
Creyentes habrán de escapar.
Apoc. 2:11; 20:6.
Cristo, único camino para escapar de.
Juan 3:16; 8:51; Hech. 4:12.

Descrita como

Densa oscuridad para siempre.
2 Ped. 2:17.

Exclusión de presencia de Dios.
2 Tes. 1:9.

Gusano que nunca muere. Mar. 9:44.

Ira y enojo, etc. Rom. 2:8-9.

Lago de fuego. Apoc. 19:20; 21:8.

Tinieblas de afuera. Mat. 25:30.

Esforzarse para preservar a otros de.
Sant. 5:20.

Justicia propia lleva a. Prov. 14:12.

Llamada

Castigo eterno. Mat. 25:46.

Condenación del infierno. Mat. 23:33.

Destrucción. Rom. 9:22.

Ira venidera. 1 Tes. 1:10.

Muerte segunda. Apoc. 2:11.

Perdición. 2 Ped. 2:12.

Resurrección de condenación. Juan 5:29.

Resurrección para vergüenza, etc.
Dan. 12:2.

Paga del pecado. Rom. 6:23.

Porción de impíos. Mat. 25:41,46;
Rom. 1:32.

Será infligida por Cristo. Mat. 25:31,41;
2 Tes. 1:7-8.

Sólo Dios puede infligir. Mat. 10:28;
Sant. 4:12.

MUERTE NATURAL

Abolida por Cristo. 2 Tim. 1:10.

Conquistada por Cristo. Rom. 6:9;
Apoc. 1:18.

Consecuencia del pecado. Gén. 2:17;
Rom. 5:12.

Cristo libra del temor de. Heb. 2:15.

Cuando se evita por un tiempo, motivo para
ser más devoto. Sal. 56:12-13; 118:17;
Isa. 38:18,20.

Descripción

Abandonar cuerpo. 2 Ped. 1:14.

Descender al silencio. Sal. 115:17.

Dios pidiendo alma. Luc. 12:20.

Disolución del tabernáculo terrenal.
2 Cor. 5:1.

Dormir. Deut. 31:16; Juan 11:11.

Expirar. Hech. 5:10.

Huir como sombras. Job 14:2.

Ir por camino sin retorno. Job 16:22.

Partir. Fil. 1:23.

Regresar al polvo. Gén. 3:19; Sal. 104:29.

Reunirse con padres. Gén. 49:33.

Ser cortado. Job 14:2.

Destino de todos. Ecl. 8:8; Heb. 9:27.

Enoc y Elías eximidos de. Gén. 5:24, con
Heb. 11:5; 2 Rey. 2:11.

Está a la puerta. Job 14:1-2;
Sal. 39:4-5; 90:9; 1 Ped. 1:24.

Ilustra cambio en la conversión. Rom. 6:2;
Col. 2:20.

Nadie sujeto a, en cielo. Luc. 20:36;
Apoc. 21:4.

Nivela todos los rangos. Job 3:17-19.

Orar para estar preparado para.
Sal. 39:4,13; 90:12.

Ordenada por Dios. Deut. 32:39; Job 14:5.

Pone fin a planes terrenales. Ecl. 9:10.

Por parte de Adán. Gén. 3:19;
1 Cor. 15:21-22.

Prepararse para. 2 Rey. 20:1.

Quita posesiones terrenales. Job 1:21;
1 Tim. 6:7.

Reflexión sobre, motivo de diligencia.
Ecl. 9:10; Juan 9:4.

Será destruida por Cristo. Os. 13:14;
1 Cor. 15:26.

Todos serán resucitados de. Hech. 24:15.

MUERTE SEGUNDA

Castigo final de impíos. Apoc. 20:14.

MUERTOS, LOS

A menudo se mostraba estima por memoria
de. Rut 1:8.

M

Aun huesos de, causaban impureza.
Núm. 19:16; *ver también* 2 Crón. 34:5.

Caracterizados por
Ausencia de pasiones humanas. Ecl. 9:6.
Ignorancia de cuestiones humanas.
Ecl. 9:5.
Incapacidad de glorificar a Dios.
Sal. 115:17.
Incapacidad de moverse. Mat. 28:4;
Apoc. 1:17.
No tener espíritu. Sant. 2:26.
Contaminados por, sacados del
campamento. Núm. 5:2.
Ejemplos de, restaurados a la vida antes de
Cristo. 1 Rey. 17:22;
2 Rey. 4:34-36; 13:21.
Ejemplos de, restaurados por Cristo, etc.
Mat. 9:25; Luc. 7:15; Juan 11:44;
Hech. 9:40; 20:12.
En una casa, la hacían inmunda.
Núm. 19:14-15.
Envueltos en lino con especias. Juan 19:40.
Expresiones paganas de dolor por,
prohibidas. Lev. 19:28; Deut. 14:1-2.

Hacer duelo por, a menudo
Atestiguado al cubrirse rostro.
2 Sam. 19:4.
Atestiguado al rasgarse vestidos.
Gén. 37:34; 2 Sam. 3:31.
Atestiguado por ropa distintiva.
2 Sam. 14:2.
Atestiguado por tirarse del cabello.
Jer. 16:7.
Con música lastimera. Jer. 48:36;
Mat. 9:23.
Duraba muchos días.
Gén. 37:34; 50:3,10.
En alta voz. Jer. 16:6; Mar. 5:38.
Muy marcado. Gén. 37:35; Jer. 31:15;
Mat. 2:18; Juan 11:33.
Por parte de plañideras profesionales.
Jer. 9:17-18; Amós 5:16.

Idólatras
Consagraban parte de cosecha a.
Deut. 26:14.
Invocaban y consultaban a.
1 Sam. 28:7-8.
Ofrecían sacrificios a. Sal. 106:28.
Partían pan por. Jer. 16:7.

Ilustrativo de
Adivinos, etc. Isa. 8:19.
Condición humana por naturaleza.
2 Cor. 5:4; Ef. 2:1,5.
Fe sin obras es algo. 1 Tim. 5:6;
Sant. 2:17,26.
Gran aflicción, etc. Sal. 88:5-6; 143:3;
Isa. 59:10.
Impotencia. Gén. 20:3; Rom. 4:19.
Libertad de ley. Rom. 7:4.
Libertad del poder del pecado.
Rom. 6:2,8,11; Col. 3:3.
Impureza por tocar, quitada por agua de
purificación. Núm. 19:12,18.
Judíos esperaban resurrección de. Isa. 26:19;
Hech. 24:15.
Lavados y puestos en sala. Hech. 9:37.
Nazareos no tocaban ni hacían duelo por.
Núm. 6:6-7.
No regresaban a esta vida.
Job 7:9-10; 14:10,14.
Ofrendas a, prohibidas. Deut. 26:14.
Ojos de, cerrados por pariente más cercano.
Gén. 46:4.
Olvidados rápidamente. Sal. 31:12; Ecl. 9:5.
Quienes han dejado esta vida.
Gén. 23:2; 25:8; Job 1:19.
Quienes ya no existen. Mat. 2:18.
Sacerdote nunca debía hacer duelo por.
Lev. 21:10-11.
Sacerdotes no debían hacer duelo por,
excepto cuando eran parientes cercanos.
Lev. 21:1-3; Ezeq. 44:25.

Términos usados para hablar de
Cadáver. Nah. 3:3.

M

Cuerpo. Núm. 14:29,32-33;
1 Rey. 13:24.
Fallecido. Isa. 26:14.
Tocar a, convertía en inmundo.
Núm. 9:6-7; 19:11,13,16.

Vida cotidiana

MUJERES

En Israel a las mujeres se las consideraba social, legal y religiosamente inferiores a los hombres. Aunque el marido no podía vender a la mujer, tenía autoridad absoluta sobre ella, y se lo llamaba el baal (amo) de ella (baal se usaba como verbo que significaba "regir sobre" o "casarse"). Al marido también se lo llamaba el "señor" de su mujer, de la misma manera que era señor de sus hijos, sus esclavos y otras cosas que poseyera. En tiempos del Nuevo Testamento una esposa se podía divorciar de su marido sólo si éste le exigía votos que no fueran dignos de ella, si era leproso, sufría de pólipos, o si su oficio era recolectar basura, ser fundidor de cobre o curtidor. Por otra parte, los maridos del primer siglo por lo general podían divorciarse de su esposa por cualquier motivo.

MUJER

A menudo tomaba parte en
Agricultura. Rut 2:8; Cant. 1:6.
Bordados. Prov. 31:22.
Celebración de victorias nacionales.
Ex. 15:20-21; Jue. 11:34;
1 Sam. 18:6-7.
Cuidar ovejas. Gén. 29:9; Ex. 2:16.

Empleos domésticos. Gén. 18:6;
Prov. 31:15.
Funerales, como plañidera. Jer. 9:17,20.
Hilar. Prov. 31:13-14.
Moler trigo. Mat. 24:41; Luc. 17:35.
Sacar y llevar agua. Gén. 24:11,13,15-16;
1 Sam. 9:11; Juan 4:7.

A veces
Activa en instigación a iniquidad.
Núm. 31:15-16; 1 Rey. 21:25;
Neh. 13:26.
Dada al desenfreno. Isa. 32:9-11.
Mujercillas fáciles de llevar al error.
2 Tim. 3:6.
Promueve celosamente superstición e
idolatría. Jer. 7:18; Ezeq. 13:17,23.
Sutil y engañosa. Prov. 7:10; Ecl. 7:26.
Vivía en lugar o tienda separada.
Gén. 18:9; 24:67; Est. 2:9,11.
Buena y virtuosa, descripción.
Prov. 31:10-28.

Caracterizada por ser
Amante y afectuosa. 2 Sam. 1:26.
Más frágil que hombre. 1 Ped. 3:7.
Temerosa. Isa. 19:16; Jer. 50:37; 51:30;
Nah. 3:13.
Tierna y constante con sus hijos.
Isa. 49:15; Lam. 4:10.
Castigo por lesiones a, cuando estaba
embarazada. Ex. 21:22-25.
Considerada valiosa adquisición en guerras.
Deut. 20:14; 1 Sam. 30:2.
De clases más bajas, bronceada por estar al
sol. Cant. 1:5-6.
Debía oír y obedecer ley. Jos. 8:35.

Elegante
Aficionada a ropa y adornos.
Isa. 3:17-23.
Arrogante en su comportamiento.
Isa. 3:16.

M

Hermosa y llena de gracia.
Gén. 12:11; 24:16; Cant. 1:8;
Amós 8:13.

Llevaba peinado ostentoso, adornado con
oro y perlas. Isa. 3:24, con 1 Tim. 2:9.

Engañada por Satanás. Gén. 3:1-6;
2 Cor. 11:3; 1 Tim. 2:14.

Generalmente usaba velo en presencia del
sexo opuesto. Gén. 24:65.

Ilustrativa de

Apostasía (cuando es lujuriosa).
Apoc. 17:4,18.

Creyentes (cuando es pura y santa).
Cant. 1:3; 2 Cor. 11:2; Apoc. 14:4.

Creyentes (cuando es sabia).
Mat. 25:1-2,4.

Iglesia de Cristo (cuando está
gloriosamente vestida). Sal. 45:13;
Gál. 4:26, con Apoc. 12:1.

Israel en cautiverio (cuando es
abandonada). Isa. 54:6.

Israel que se descarría (aun siendo
delicada). Jer. 6:2.

Meros profesantes (cuando es necia).
Mat. 25:1-3.

Seguridad mundana (cuando es indolente
y confiada). Isa. 32:9,11.

Infidelidad de, cuando era casada, se
descubría por aguas amargas.
Núm. 5:14-28.

Jóvenes

A menudo se las llevaba cautivas.
Lam. 1:18; Ezeq. 30:17-18.

A menudo tratadas cruelmente durante
guerra. Deut. 32:25; Lam. 2:21; 5:11.

Adeptas a adornos. Jer. 2:32.

Alegres y festivas. Jue. 11:34; 21:21;
Jer. 31:13; Zac. 9:17.

Bondadosas y cordiales con extranjeros.
Gén. 24:17.

Castigo por seducir a, cuando estaba
desposada. Ex. 22:16-17;
Deut. 22:23-27.

Debía aprender de las mayores e imitarlas.
Tito 2:4.

Distinguidas, vestidas con ropas de
colores variados. 2 Sam. 13:18;
Sal. 45:14.

Heredaban propiedad de padres cuando
no había heredero varón. Núm. 27:8.

Llamadas doncellas. Gén. 24:55; Ex. 2:8.

Llamadas niñas. Mar. 5:39; Luc. 8:51-52.

Llamadas vírgenes. Gén. 24:16; Lam. 1:4.

No se podían casar sin consentimiento de
padres. Gén. 24:3-4; 34:6; Ex. 22:17.

No ser dada en matrimonio, era
calamidad. Jue. 11:37; Sal. 78:63;
Isa. 4:1.

Llevar cabello largo, como un velo.
1 Cor. 11:15.

Llevó al hombre a desobedecer a Dios.
Gén. 3:6,11-12.

Maldición sobre. Gén. 3:16.

Origen del nombre. Gén. 2:23.

Originalmente creada

De una costilla de Adán. Gén. 2:21-22.

Para el hombre. 1 Cor. 11:9.

Para ser ayuda para hombre.
Gén. 2:18,20.

Para ser gloria del hombre. 1 Cor. 11:7.

Por Dios a su imagen. Gén. 1:27.

Subordinada al hombre. 1 Cor. 11:3.

Podía participar de música en templo desde
época de David. 1 Crón. 25:5-6;
Esd. 2:65; Neh. 7:67.

Seguridad en parto, promesa a, fiel y
santa. 1 Tim. 2:15.

Ser gobernado por, era calamidad para
judíos. Isa. 3:12.

Ser matado por, considerado gran desgracia.
Jue. 9:54.

Sujeta a su marido y respetuosa. 1 Ped. 3:6,
con Gén. 18:12.
Tenía atrio especial en tabernáculo.
Ex. 38:8; 1 Sam. 2:22.
Virtuosa, tenida en alta estima. Rut 3:11.

MULA

La usaron
Cautivos al regresar de Babilonia.
Esd. 2:66; Neh. 7:68.
Como bestia de carga. 2 Rey. 5:17;
1 Crón. 12:40.
Creyentes, en visión profética de Isaías del
reino de Cristo. Isa. 66:20.
Rey e hijos del rey. 2 Sam. 13:29; 18:9;
1 Rey. 1:33,38.
Pago de tributo con. 1 Rey. 10:25.
Usada en la guerra. Zac. 14:15.
Usada en trueques. Ezeq. 27:14.

MULTA
Como sanción. Ex. 22:1-9.

MUNDANALIDAD
Advertencia de Jesús sobre.
Mat. 6:25-34; 10:39; 16:26; 18:1-4;
24:38; Luc. 18:14; 16:1-25.
Advertencia de Pablo sobre. Rom. 12:2;
1 Cor. 7:29-31; 2 Tim. 3:2-7;
2 Ped. 2:12-18; 1 Juan 2:15-17;
Jud. 11-19.

Ejemplos de
Balaam. 2 Ped. 2:15; Jud. 11.
Cretenses. Tito 1:12.
Esaú. Gén. 25:30-34.
Giezi. 2 Rey. 5:21-27.
Herodes. Mat. 14:6-7.
Hijos de Elí. 1 Sam. 2:12-17.
Israelitas. Núm. 11:33-34;
Sal. 78:18,29-31.
Jacob. Gén. 25:31-34.
Judá. Gén. 37:26-27.

MURMURACIÓN
Ver también Queja

Característica de impíos. Jud. 10.
Castigo por.
Núm. 11:1; 14:27-29; 16:45-46;
Sal. 106:25-26.

Contra
Cristo. Luc. 5:30; 15:2; 19:7;
Juan 6:41-43,52.
Dios. Prov. 19:3.
Discípulos de Cristo. Mar. 7:2;
Luc. 5:30; 6:2.
Ministros de Dios. Ex. 17:3; Núm. 16:41.
Servicio de Dios. Mal. 3:14.
Soberanía de Dios. Rom. 9:19-20.
Falta de lógica de. Lam. 3:39.
Ilustrado. Mat. 20:11; Luc. 15:29-30.
Pecado de alentar a otros a. Núm. 13:31-33,
con 14:36-37.
Prohibición. 1 Cor. 10:10; Fil. 2:14.
Provoca a Dios. Núm. 14:2,11; Deut. 9:8,22.
Tienta a Dios. Ex. 17:2.

MUROS
A menudo de piedra y madera. Esd. 5:8;
Hab. 2:11.
Como separación. Ezeq. 43:8; Ef. 2:14.

De casas
A menudo llenos de serpientes.
Amós 5:19.
Al edificarlos se clavaban clavos.
Ecl. 12:11; Isa. 22:23.
Asiento junto al, lugar de distinción.
1 Sam. 20:25.
Por lo general se cubrían con cal.
Ezeq. 13:10, con Dan. 5:5.
Probablemente fortificados con planchas
de hierro o bronce. Jer. 15:20;
Ezeq. 4:3.
Se cavaba fácilmente a través de.
Ezeq. 8:7-8.

M

Susceptibles al moho. Lev. 14:37.

De ciudades
A menudo casas edificadas en. Jos. 2:15.
A menudo muy altos. Deut. 1:28; 3:5.
A menudo quedaban en ruinas.
2 Crón. 25:23; 36:19; Jer. 50:15.
A veces se quemaban. Jer. 49:27;
Amós 1:7.
Anchos, lugares de paso público.
2 Rey. 6:26,30; Sal. 55:10.
Cadáveres de enemigos colgados en, como
humillación. 1 Sam. 31:10.
Caída de, a veces gran destrucción.
1 Rey. 20:30.
Casas a veces se tiraban abajo para
reparar y fortificar. Isa. 22:10.
Costumbre de dedicar. Neh. 12:27.
Destrucción de, castigo y causa de dolor.
Deut. 28:52; Neh. 1:3; 2:12-17.
Ejemplos de personas bajadas por.
Jos. 2:15; Hech. 9:24-25; 2 Cor. 11:33.
Ejércitos los derribaban durante
sitio. 2 Sam. 20:15; Ezeq. 4:2-3.
Fortificados. Isa. 2:15; 25:12.
Guardados por atalayas día y noche.
Cant. 5:7; Isa. 62:6.
Guardados por muchos hombres en la
guerra. 2 Rey. 18:26.
Habilidad de soldados para escalar,
alusión a. Joel 2:7-9.
Peligro de acercarse demasiado a, en
guerra. 2 Sam. 11:20-21.
Ritos idólatras realizados en. 2 Rey. 3:27.
Tenían torres. 2 Crón. 26:9; 32:5;
Sal. 48:12; Cant. 8:10.
Frecuentemente crecía hisopo en.
1 Rey. 4:33.

Ilustrativos de
Enseñanza de falsos profetas, como muros
endebles y blanqueados.
Ezeq. 13:10-15.
Hipócritas (blanqueados). Hech. 23:3.

Iglesia, como protección de la nación.
Cant. 8:9-10.
Impíos bajo juicios (derrumbándose).
Sal. 62:3; Isa. 30:12.
Ordenanzas como protección para iglesia.
Cant. 2:9; Isa. 5:5.
Protección de Dios. Zac. 2:5.
Quienes proporcionan protección.
1 Sam. 25:16; Isa. 2:15.
Riqueza de ricos en su imaginación.
Prov. 18:11.
Salvación. Isa. 26:1; 60:18.
Separación de judíos y gentiles. Ef. 2:14.

Mencionados en Escritura
De casas. 1 Sam. 18:11.
De ciudades. Núm. 13:28.
De templos. 1 Crón. 29:4; Isa. 56:5.
De viñas. Núm. 22:24; Prov. 24:31.

Milagros asociados con
Caída de, de Jericó. Jos. 6:20.
Escritura en palacio de Belsasar.
Dan. 5:5,25-28.
Para defensa. 1 Sam. 25:16.
Pequeños pueblos y aldeas no estaban
rodeados por. Lev. 25:31; Deut. 3:5.

MÚSICA
Costumbre de despedir amigos con.
Gén. 3:27.
Debía usarse en templo.
1 Crón. 16:4-6; 23:5-6; 25:1;
2 Crón. 29:25.

Divisiones
Instrumental. Dan. 6:18.
Vocal. 2 Sam. 19:35; Hech. 16:25.
Efectos de la, en profetas de antaño.
1 Sam. 10:5-6.
Era aconsejable para tratar enfermedades
mentales. 1 Sam. 16:14-17,23.
Generalmente se dejaba de lado en aflicción.
Sal. 137:2-4; Dan. 6:18.

Ilustrativa de
Desastres (cuando cesaba). Isa. 24:8-9;
Apoc. 18:22.
Felicidad celestial. Apoc. 5:8-9.
Gozo y alegría. Sof. 3:17; Ef. 5:19.

Instrumentos
A menudo con costosos adornos.
Ezeq. 28:13.
De bronce. 1 Cor. 13:1.
De cuernos de animales. Jos. 6:8.
De madera de haya. 2 Sam. 6:5.
De manera de enebro. 1 Rey. 10:12.
De plata. Núm. 10:2.
Gran diversidad de. Ecl. 2:8.
Inventados por David. 1 Crón. 23:5;
2 Crón. 7:6.
Judíos, famosos por inventar. Amós 6:5.
Muchos, con cuerdas. Sal. 33:2; 150:4.

Instrumentos, nombres de
Arpa. Sal. 137:2; Isa. 14:11; Ezeq. 26:13
Amós 5:23.
Bocina. Sal. 98:6; Os. 5:8.
Címbalo. 1 Crón. 16:5; Sal. 150:5.
Cítara. Job 21:12
Flauta. Dan. 3:5.
Pandero. 1 Sam. 10:5; Isa. 24:8.
Salterio. Sal. 33:2; 71:22.
Trompeta. 2 Rey. 11:14; 2 Crón. 29:27.
Zampoña. Dan. 3:5.
Pensada para producir gozo. Ecl. 2:8,10.
Regulaba movimiento y actuación de
ejércitos. Jos. 6:8; 1 Cor. 14:8.
Se inventó en antigüedad. Gén. 4:21.

Usada por judíos
Al conmemorar a grandes hombres.
1 Crón. 35:25.
Al echar cimientos del templo.
Esd. 3:9-10.
En adoración idólatra. Dan. 3:5.
En ceremonias fúnebres. Mat. 9:23.

En coronación de reyes.
2 Crón. 23:11,13.
En danzas. Mat. 11:17; Luc. 15:25.
En dedicación de muros de la ciudad.
Neh. 12:27-28.
En dedicación del templo.
2 Crón. 5:11-13.
En fiestas privadas. Isa. 5:12; Amós 6:5.
En fiestas religiosas. 2 Crón. 30:21.
En procesiones sagradas.
2 Sam. 6:4-5,15;
1 Crón. 13:6-8; 15:27-28.
Para celebrar triunfos. Ex. 15:20;
1 Sam. 18:6-7.
Vanidad de toda, no santificada. Ecl. 2:8,11.

MÚSICA RAP

Principios relevantes para
Examinar todo. 1 Tes. 5:21-22.
Tener pensamientos puros. Fil. 4:8.

M

MUTILACIÓN

Brazo, para indicar fuerza. 1 Sam 2:31.
Castración. Mat. 19:12.
Mano, como castigo por hacer mal.
Deut. 25:11-12.

Manos y pies
Al morir, como castigo por hacer mal.
2 Sam. 4:12.
Figurativamente, para prevenir pecado.
Mat. 5:30; 18:8; Mar. 9:43-45.
Ojo, figurativamente, para prevenir pecado.
Mat. 5:29; Mar. 9:47.
Oreja. Juan 18:10.
Órgano reproductor del hombre.
Deut. 23:1.
Pulgares de manos y pies. Jue. 1:6-7.

NACIMIENTO

Acción de Dios. Hech. 17:25.

De Cristo

Gozo por. Luc. 1:14.

Narración. Mat. 1:18-2:23; Luc. 1:26-2:20.

Primogénito de muchos hermanos. Rom. 8:29.

Profecía del. Isa. 9:6.

Propósito. Juan 18:37.

De lo alto. Juan 1:13; 3:5; 1 Ped. 1:23.

Dolores de parto. Sal. 48:6; Isa. 13:8; 21:3; Jer. 4:31; 6:24; 30:6; 31:8.

Habría dolor para mujer. Gén. 3:16.

Para aflicción. Job 5:7.

Tiempo de. Ecl. 3:2.

NACIONES

Divididas después de construir torre de Babel. Gén. 11:8.

Insignificantes comparadas con Dios. Isa. 40:15.

Israel separada de otras. Lev. 20:24.

Redimidos son de todas. Apoc. 5:9.

Todas servirán a Dios. Sal. 72:11.

Todas una sangre. Hech. 17:26.

NARDO

Aceite de, fragante, usado para ungir. Mar. 14:3.

Perfume preparado con. Cant. 1:12.

Planta aromática. Cant. 4:13-14.

NARIZ

Joyas para. Prov. 11:22; Isa. 3:21; Ezeq. 16:12.

Mutilada. Ezeq. 23:25.

NATURALEZA DE LOS CRISTIANOS

Ver Cristianos, Naturaleza de

NATURALEZA HUMANA

Coronada con honra. Sal. 8:5; 21:5.

Creada por Dios. Gén. 1:26.

Cristo tomó. Juan 1:14; Fil. 2:7.

Menor que ángeles. Sal. 8:5.

Dato geográfico

NAZARET

Nazaret es una ciudad en la Baja Galilea casi a mitad de camino entre el mar de Galilea y el Mediterráneo. Su nombre significa "rama". Nazaret no aparece en el Antiguo Testamento, y no ocupó un lugar de prominencia hasta la conexión que tuvo con Jesús. En tiempos de Jesús era una pequeña aldea y tenía una sola fuente de agua. En la actualidad a esa fuente se la llama "el pozo de María". La ciudad actual tiene unos 20.000 habitantes, especialmente musulmanes y cristianos.

Nace para angustias. Job 5:7.

NATURALIZACIÓN
En sentido espiritual. Ef. 2:12,19.

NAVAJA
Nazareos no debían usar. Núm. 6:5.

NAVEGACIÓN
Sonda, uso de. Hech. 27:28.

NAZAREOS

Al completar el voto debían
Afeitarse la cabeza. Núm. 6:18;
Hech. 18:18; 21:24.
Hacer que sacerdote meciera espaldilla
izquierda del carnero del sacrificio de
paz. Núm. 6:19-20, con Lev. 7:32.
Ofrecer sacrificios. Núm. 6:14-17.
Ser llevados a puerta del tabernáculo.
Núm. 6:13.
Debían ser santos. Núm. 6:8.

Diferentes clases de
Desde antes de nacer. Jue. 13:5;
Luc. 1:15.
Por un voto específico. Núm. 6:2.

Ilustrativo de
Creyentes. 2 Cor. 6:17; Sant. 1:27.
Cristo. Heb. 7:26.
Judíos impíos trataron de corromper.
Amós 2:12.
Levantados por bien de la nación.
Amós 2:11.
Personas separadas para servicio de Dios.
Núm. 6:2.
Se los consideraba puros. Lam. 4:7.

Si se contaminaban durante voto, debían
Afeitarse cabeza el séptimo día. Núm. 6:9.
Ofrecer 2 tórtolas como holocausto.
Núm. 6:10-11.

Reconsagrar voto con ofrenda por la
culpa. Núm. 6:12.

Tenían prohibido
Contaminarse con muertos. Núm. 6:6-7.
Cortarse cabello o afeitarse cabeza.
Núm. 6:5; Jue. 13:5; 16:17.
Uvas o lo que se hiciera con vino.
Núm. 6:3-4; Jue. 13:14.
Vino o bebidas fuertes. Núm. 6:3;
Luc. 1:15.

NECESITADOS
Debemos ayudar a. Deut. 15:11; 24:14;
Mat. 25:34-40.
Dios se acuerda de. Sal. 40:17; 102:17.
Iglesia primitiva cuidaba de. Hech. 4:35;
Rom. 12:13.
Impíos oprimían a. Amós 8:6; Isa. 10:2;
Job 24:4.
Jesús ayudaba a. Mat. 9:12.

NECIOS
Adoran ídolos. Jer. 10:8; Rom. 1:22-23.
Blasfeman a Dios. Sal. 74:18.
Caminan en oscuridad. Ecl. 2:14.
Castigo de. Sal. 107:17; Prov. 19:29; 26:10.
Compañía de, lleva a ruina. Prov. 13:20.
Confían en propio corazón. Prov. 28:26.
De sus bocas sale necedad. Prov. 15:2.
Deben evitarse. Prov. 9:6; 14:7.
Dependen de riqueza. Luc. 12:20.
Desprecian conocimiento. Prov. 1:22.
Desprecian corrección. Prov. 1:7; 15:5.
Dios no quiere su adoración. Ecl. 5:1.
Dios no se complace en. Ecl. 5:4.
Exhortados a buscar sabiduría. Prov. 8:5.
Honra, inconveniente para. Prov. 26:1,8.
Injurian a Dios. Sal. 74:22.
Labios de, son trampa para alma.
Prov. 18:7.
Niegan a Dios. Sal. 14:1; 53:1.
No estarán en presencia de Dios. Sal. 5:5.

N

No quieren apartarse de la maldad.
Prov. 13:19.

No se deleitan en entendimiento. Prov. 18:2.

Oyen evangelio y no obedecen. Mat. 7:26.

Se adhieren a su necedad.
Prov. 26:11; 27:22.

Se burlan del pecado. Prov. 14:9.

Se deleitan en hacer mal. Prov. 10:23.

Se destruyen con propia lengua.
Prov. 10:8,14; Ecl. 10:12.

Son

Autoengañadores. Prov. 14:8.

Biografía bíblica

NERÓN

Nerón, cuyo nombre significa "valiente", fue emperador de Roma entre el 54 y el 68 d.C. Su vida se caracterizó por libertinaje y excesos, pero al mismo tiempo fue poeta, actor, músico y atleta. Nerón tomó medidas para ayudar a los afectados por el gran incendio de Roma (durante el cual se dice que él tocó su lira). Aun así no pudo desterrar el rumor de que él había dado la orden de incendiar la ciudad. La gente sabía que él planeaba construir un palacio mucho más grande, y llegó a la conclusión de que utilizó el incendio para allanar el terreno. Nerón necesitó desviar las sospechas hacia otro grupo, y eligió a los cristianos como chivos expiatorios. Mientras tanto su propio ejército, a quien había descuidado, se volvió contra él. Cuando cayó en la cuenta de que su fin era inevitable y se acercaba, se suicidó a puñaladas en el 68 d.C.

Autosuficientes. Prov. 12:15; Rom. 1:22.

Calumniadores. Prov. 10:18.

Confiados en sí mismos. Prov. 14:16.

Contenciosos. Prov. 18:6.

Corruptos y abominables. Sal. 14:1.

Dados a entrometerse. Prov. 20:3.

Dolor para padres. Prov. 17:25; 19:13.

Haraganes. Ecl. 4:5.

Irascibles. Ecl. 7:9.

Mentirosos. Prov. 10:18.

Meros profesantes de religión.
Mat. 25:2-12.

Palabreros. Ecl. 10:14.

Todas las personas son, sin conocimiento de Dios. Tito 3:3.

NECROMANCIA

Adivina de Endor. 1 Sam. 28:7-19.

Advertencias contra. Deut. 18:11; 26:14;
Isa. 8:19; 29:4.

NEGACIÓN DE CRISTO

Ver Cristo, Negación de

N

NIDO

Águila despierta a polluelos del.
Deut. 32:11.

De aves en roca. Núm. 24:21.

NIEVE

En Palestina. 2 Sam. 23:20.

En Uz. Job 6:16.

Figurativamente, pureza. Sal. 51:7;
Isa. 1:18; Lam. 4:7.

Sobre monte del Líbano. Jer. 18:14.

NILO, RÍO

Ver Río Nilo

NÍNIVE

Antigua capital de Asiria. 2 Rey. 19:36;
Isa. 37:37.

Descripción

Comercial. Nah. 3:16.

De gran extensión. Jon. 3:3.

Fuerte. Nah. 3:12.

Grandiosa. Jon. 1:2; 3:2.

Idólatra. Nah. 1:14.

Impía. Jon. 1:2.

Llena de alegría y corazón confiado.
Sof. 2:15.

Llena de brujería y adivinación. Nah. 3:4.

Llena de mentira y hurtos. Nah. 3:1.

Populosa. Jon. 4:11.

Rica. Nah. 2:9.

Vil. Nah. 1:14.

Destrucción de, evitada. Jon. 3:10; 4:11.

Habitantes de, arrepentidos por predicación
de Jonás. Jon. 3:5-9; Mat. 12:41;
Luc. 11:32.

Jonás enviado a proclamar destrucción de.
Jon. 1:2; 3:1-2,4.

Llamada ciudad sanguinaria. Nah. 3:1.

Origen y antigüedad de. Gén. 10:11.

Predicciones sobre

Cautiverio de su pueblo. Nah. 3:10.

Debilidad del pueblo. Nah. 3:13.

Degradación y desprecio a. Nah. 3:5-7;
Sof. 2:15.

Desolación completa. Sof. 2:13-15.

Destrucción de ídolos. Nah. 1:14; 2:7.

Destrucción de pueblo. Nah. 1:12; 3:3.

Destrucción total. Nah. 1:8-9.

Llegada de ejércitos babilónicos contra.
Nah. 2:1-4; 3:2.

Saqueo de tesoros. Nah. 2:9.

Sería tomada mientras pueblo estuviera
borracho. Nah. 1:10; 3:11.

Situada sobre río Tigris. Nah. 2:6,8.

NIÑERA

Descuidada. 2 Sam. 4:4.

Para Moisés. Ex. 2:7.

NIÑOS

Ver Hijos

Dato geográfico

NÍNIVE

Nínive fue la más grandiosa capital del antiguo imperio asirio, que floreció entre el 800 y el 612 a.C. Estaba ubicada en la margen izquierda del río Tigris en el nordeste de Mesopotamia (actualmente Irak).

NOCHE

Animales salvajes buscan presa durante.
2 Sam. 21:10; Sal. 104:21-22.

Astros celestiales creados para separar día
de. Gén. 1:14.

Comenzaba a la puesta del sol. Gén. 28:11.

Continuaba hasta amanecer. Sal. 104:22;
Mat. 28:1, con Mar. 16:2.

Dios frecuentemente

Ejecutaba sus juicios durante. Ex. 12:12;
2 Rey. 19:35; Job 27:20; Dan. 5:30.

Revelaba su voluntad durante.
Gén. 31:24; 46:2; Núm. 22:20;
Dan. 7:2.

Visitaba a su pueblo durante. 1 Rey. 3:5;
Sal. 17:3.

Dividida en 4 vigilias por romanos.
Luc. 12:38, con Mat. 14:25; Mar. 13:35.

Favorable para propósitos de impíos.
Gén. 31:39; Job 24:14-15; Abd. 1:5;
1 Tes. 5:2.

Frecuentemente

Acompañada por mucho rocío.
Núm. 11:9; Jue. 6:38,40; Job 29:19;
Cant. 5:2.

Fría. Gén. 31:40; Jer. 36:30.

Muy oscura. Prov. 7:9.

Ideada para descansar. Sal. 104:23.

Ilustrativa de

Épocas de soledad espiritual. Cant. 3:1.

Muerte. Juan 9:4.

Oscuridad espiritual. Rom. 13:12.

Tiempos de severas calamidades.
Isa. 21:12; Amós 5:8.

Judíos

A menudo mantenían lámparas
encendidas durante. Prov. 31:18.

Afligidos pasaban, en oración. Sal. 22:2.

Afligidos pasaban, en pena y humillación.
Sal. 6:6; 30:5; Joel 1:13.

No podían dejar que criminales quedaran
en la cruz durante. Deut. 21:23.

No podían retener salario de siervos
durante. Lev. 19:13.

La causa Dios. Sal. 104:20.

Luna y estrellas creadas para regir e
iluminar. Gén. 1:16-18; Jer. 31:35.

Originalmente dividida en 3 vigilias.
Lam. 2:19, con Jue. 7:19; Ex. 14:24.

Oscuridad se llamó. Gén. 1:5.

Pastores del oriente cuidaban rebaños
durante. Gén. 31:40; Luc. 2:8.

Pertenece a Dios. Sal. 74:16.

Pescadores del oriente continuaban
trabajando durante. Luc. 5:5; Juan 21:3.

Sucesión regular de

Cansadora para enfermos. Job 7:3-4.

Establecida por pacto. Gén. 8:22;
Jer. 33:20.

Inadecuada para trabajar. Juan 9:4.

Inadecuada para viajar. Juan 11:10.

Ordenada para gloria de Dios. Sal. 19:2.

NOMBRE

De creyentes

En libro de la vida. Fil. 4:3.

Escrito en el cielo. Luc. 10:20.

Perpetuo. Isa. 56:5.

De Dios

Bendito. Sal. 72:19.

Eterno. Sal. 135:13.

Excelente. Sal. 148:13.

Glorioso. Isa. 63:14; Deut. 28:58.

Grande. Mal. 1:11.

No tomarlo en vano. Ex. 20:7.

Santo. Sal. 99:3.

De Jesucristo

Debemos reunirnos en. 18:20.

Maravilloso. Isa. 9:6.

Podemos orar en. Juan 14:13.

Ahora lo sabe

NOMBRES DE DIOS

Los nombres para Dios que hallamos en el Antiguo Testamento hablan de su gobierno ("Dios", "Señor"), su perfección ("el Santo de Israel"), y su participación en los asuntos humanos ("Yo soy" o "Yo hago que suceda"). *Elohim*, el nombre usual para Dios, significa "el Creador", "el Dios de todos los dioses", "el trascendente" (Gén. 1:1-2:3). *Adonai* ("Señor") es una forma especial de la palabra *adon*, que significa "Señor". *Yavéh*, que significa "Yo soy", es la forma abreviada de la respuesta divina al pedido de Moisés en cuanto al nombre del Dios de los patriarcas (Ex. 3:13-14). El nombre completo identifica a Dios como el Dios viviente ("Yo soy el que soy") o como el Dios que actúa en la creación y en la historia de la redención.

Sobre todo nombre. Fil. 2:9-10; Heb. 1:4;
Ef. 3:15.

Somos bautizados en. Hech. 2:38; 8:16.

Somos salvos por. Hech. 4:12.

Tenemos vida en. Juan 20:31.

Importancia de buen. Prov. 22:1; Ecl. 7:1.

NOTICIAS

Ejemplos de

Buenas noticias. Prov. 25:25; Isa. 52:7;
Jer. 50:2; Mar. 7:36; Luc. 8:1,39.

Malas noticias. Núm. 13:32;
2 Sam. 1:19-20; Jer. 4:15-16.

Heraldos

Angélicos. Luc. 2:10-14.

Humanos. 1 Sam 31:9; 2 Crón. 30:6,10;
Est. 3:15; 8:14; Jer. 51:31; Hab 2:2.

Llevaban bandera. Jer. 50:2.

Influencia de

Para animar a acción. Núm. 13:26;
Jue. 19:29-30;
2 Crón. 30:6-9; 36:22-23;
Est. 1:20,22; 3:14-15; 8:13; Jer. 4:5;
Luc. 2:1.

Para diseminar información. Neh 8:15;
Jer. 51:31.

Para incitar. 2 Sam. 1:20.

Para levantar ánimo. Prov. 15:30; 25:25.

Mandamientos

Hablar verdad. Prov. 8:7; 12:17; Ef. 4:25.

NOVIA

Adornos de. Isa. 49:18; 61:10; Jer. 2:32;
Apoc. 21:2.

Presentes para. Gén. 24:53.

Sentido figurado. Sal. 45:10-17;
Apoc. 19:7-8; 21:2,9; 22:17.

Siervas para. Gén. 24:59,61; 29:24,29.

NOVIO

Adornos del. Isa. 61:10.

Alegrarse con. Mat. 9:15; Mar. 2:19-20;
Luc. 5:34-35.

Amigos del. Jue. 14:7-11.

Cántico del. Cant. 4:7-16.

Eximido de servicio militar. Deut. 24:5.

Parábola del. Mat. 25:1-13.

Sentido figurado. Ezeq. 16:8-14.

NUBE DE GLORIA

Ver Gloria, Nube de

NUBES

A menudo cubren cielos. Sal. 147:8.

A menudo dispersadas por viento. Os. 13:3.

A menudo instrumentos de juicio divino.
Gén. 7:11-12; Job 37:13; Sal. 77:17.

A menudo oscurecen el sol, etc. Job 36:32;
Ezeq. 32:7.

Arco iris aparece en. Gén. 9:13-14.

Aunque pequeñas, a menudo producen
mucha lluvia. 1 Rey. 18:44-45.

Del oeste, traen lluvia. Luc. 12:54.

Diferentes clases de, mencionadas

Blancas. Apoc. 14:14.

Densas. Job 22:14; 37:11.

Grandes. Ezeq. 1:4.

Oscuras. 1 Rey. 18:45.

Pequeñas. 1 Rey. 18:44.

Rápidas. Isa. 19:1.

Dios

Las afirmó. Prov. 8:28.

Las ata. Job 26:8.

Las controla. Job 37:15.

Las esparce. Job 37:11.

Las extiende. Job 26:9.

Las hace venir sobre la tierra. Gén. 9:14.

Las suspende en el aire. Job 37:16.

Formadas del mar. 1 Rey. 18:44; Amós 9:6.

Hechas para gloria de Dios. Sal. 148:4.

N

Ilustrativas de

Ejércitos hostiles. Jer. 4:13;
Ezeq. 38:9,16.

Falsos maestros. 2 Ped. 2:17; Jud. 12.

Favor de buenos gobernantes.
Prov. 16:15.

Fraudulentos. Prov. 25:14.

Gobernantes sabios. 2 Sam. 23:3-4.

Inescrutabilidad de Dios. 2 Sam. 22:12;
Sal. 97:2; Ezeq. 1:4.

Juicios de Dios. Lam. 2:1;
Ezeq. 30:3; 34:12; Joel 2:2.

Multitudes de personas. Isa. 60:8;
Heb. 12:1.

Pecado humano. Isa. 44:22.

Poder y grandeza de Dios. Sal. 104:3;
Isa. 19:1.

Llamadas

Aguas por encima de cielos. Gén. 1:7.

Aposentos de Dios Sal. 104:3,13.

Cataratas de los cielos. Gén. 7:11.

Nubes del cielo. Dan. 7:13; Mat. 24:30.

Odres del cielo. Job 38:37.

Polvo de pies de Dios Nah. 1:3.

Ventanas de los cielos. Isa. 24:18.

Poder y sabiduría divinos evidentes al
formar. Sal. 135:6-7; 147:5,8;
Jer. 10:13; 51:16.

Poder y sabiduría divinos evidentes en
condensación de.
Job 36:27-28; 37:10-11; Prov. 3:20.

Ser humano

Ignora cómo están establecidas.
Job 37:15.

Ignora extensión de. Job 36:29.

Ignora posición de. Job 37:16.

No puede contar. Job 38:37.

No puede hacer que llueva. Job 38:34.

Truenos y relámpagos vienen de.
Sal. 77:17-18.

Usos de

Para dar lluvia. Jue. 5:4; Sal. 104:13-14.

Para moderar calor. Isa. 25:5.

Para proporcionar rocío. Prov. 3:20;
Isa. 18:4.

Vestidura del mar. Job 38:9.

NUERA

Filial, Rut. Rut 1:11-18; 4:15.

No filial, profecía de. Miq. 7:6; Mat. 10:35.

NUEVO NACIMIENTO

Conectado con adopción. Isa. 43:6-7;
Juan 1:12-13.

Corrupción de naturaleza humana requiere.
Juan 3:6; Rom. 8:7-8.

Creyentes participan de. Rom. 8:16-17;
1 Ped. 2:2; 1 Juan 5:1.

Descripción

Circuncisión del corazón. Deut. 30:6, con
Rom. 2:29; Col. 2:11.

Hombre interior. Rom. 7:22; 2 Cor. 4:16.

Lavado de regeneración. Tito 3:5.

Novedad de vida. Rom. 6:4.

Nueva creación. 2 Cor. 5:17; Gál. 6:15;
Ef. 2:10.

Nuevo corazón. Ezeq. 36:26.

Nuevo espíritu. Ezeq. 11:19; Rom. 6:6.

Participar de naturaleza divina.
2 Ped. 1:4.

Resurrección espiritual. Rom. 6:4-6;
Ef. 2:1,5; Col. 2:12; 3:1.

Vestirse del nuevo hombre. Ef. 4:24.

Efectuado por

Cristo. 1 Juan 2:29.

Dios. Juan 1:13; 1 Ped. 1:3.

Espíritu Santo. Juan 3:6; Tito 3:5.

Evidenciado por

Amor fraternal. 1 Juan 4:7.

Fe en Cristo. 1 Juan 5:1.

Justicia. 1 Juan 2:29.

N

Manera de producir, ilustrada. Juan 3:8.
Nadie puede entrar al cielo sin. Juan 3:3.
Para gloria de Dios. Isa. 43:7.

Por medio de
  Ministerio del evangelio.1 Cor. 4:15.
  Palabra de Dios. Sant. 1:18; 1 Ped. 1:23.
  Resurrección de Cristo. 1 Ped. 1:3.
Por misericordia de Dios. Tito 3:5.
Pregunta ignorante. Juan 3:4.
Preserva de artimañas de Satanás.
  1 Juan 5:18.

Produce
  Conocimiento de Dios. Jer. 24:7;
    Col. 3:10.
  Delicia en ley de Dios. Rom. 7:22.
  Odio al pecado. 1 Juan 3:9; 5:18.
  Semejanza a Cristo. Rom. 8:29;
    2 Cor. 3:18; 1 Juan 3:2.
  Semejanza a Dios. Ef. 4:24; Col. 3:10.
  Victoria sobre el mundo. 1 Juan 5:4.
Viene de voluntad divina. Sant. 1:18.

NUEZ
Producto que Jacob envió con sus hijos a
  Egipto. Gén. 43:11.

N

OBEDIENCIA A DIOS
Ver Dios, Obediencia a

OBESIDAD
Comer excesivamente.
  Prov. 23:20-21; 25:16; Fil. 3:19.

Ejemplos de
  Eglón. Jue. 3:17,22.
  Elí. 1 Sam 2:29; 4:18.
  Moderación al comer. Prov. 23:2; 25:16.

OBISPO
Designado por Espíritu Santo. Hech. 20:28.
Entre destinatarios de carta a filipenses.
  Fil. 1:1.
Requisitos para ser. 1 Tim. 3:2-11.
Título de Jesús. 1 Ped. 2:25.

OBLIGACIÓN
Motivo de obediencia.
  Deut. 4:32-40; 6-11; 26:16; 32:6;
  1 Sam. 12:24; 1 Crón. 16:12; Rom. 2:4;
  2 Cor. 5:15.
Reconocimiento de. Sal. 116:12-14,17.

OBRA MISIONERA
Armonía, característica de quienes hacen.
  Gál. 2:9.
Ayudar a quienes están en. Rom. 16:1-2;
  2 Cor. 11:9; 3 Juan 1:5-8.
Cristo envió a discípulos a trabajar en.
  Mar. 3:14; 6:7; Luc. 10:1-11.

Cristo tenía parte en. Mat. 4:17,23; 11:1;
  Mar. 1:38-39; Luc. 8:1.
Cuestiones mundanas no deben demorar.
  Luc. 9:59-62.
De acuerdo al propósito de Dios.
  Luc. 24:46-47; Gál. 1:15-16;
  Col. 1:25-27.
Deber de tomar parte en. Hech. 4:19-20;
  Rom. 1:13-15; 1 Cor. 9:16.
Dios capacita para.
  Ex. 3:11,18; 4:11-12,15; Isa. 6:5-9.
Dios da fuerzas para. Jer. 1:7-9.
Espíritu Santo llama a. Hech. 13:2.
Estar listos a ser parte de. Isa. 6:8.
Excelencia de. Isa. 52:7, con Rom. 10:15.

Éxito de
  Causa de alabanza.
    Hech. 11:18; 21:19-20.
  Causa de gozo. Hech. 15:3.

En otras palabras...

OBLACIÓN

Una oblación es una ofrenda presentada ante un altar, especialmente una ofrenda voluntaria sin derramamiento de sangre. Las traducciones castellanas por lo general utilizan simplemente la palabra "ofrenda" (Lev. 7:38; 2 Crón. 31:14; Isa. 1:13; Ezeq. 20:40; 44:30).

Orar para que haya. Ef. 6:18-19; Col. 4:3.
Guía del Espíritu Santo. Hech. 13:2.
Ilimitada. Isa. 11:9; Mar. 16:15;
Apoc. 14:6.
Mandamiento. Mat. 28:19; Mar. 16:15.
No descuidar oportunidades para.
1 Cor. 16:9.
Pecado y peligro de evadir. Jon. 1:3-4.
Requiere sabiduría y mansedumbre.
Mat. 10:16.
Requisito. Luc. 10:2; Rom. 10:14-15.

OBRAS, BUENAS
Bienaventuranza. Sant. 1:25.

Creyentes
Creados en Cristo para. Ef. 2:10.
Deben abundar en. 2 Cor. 9:8.
Deben animarse mutuamente a.
Heb. 10:24.
Deben estar dispuestos para toda.
2 Tim. 2:21; Tito 3:1.
Deben estar preparados para.
2 Tim. 3:17.
Deben evitar hacer ostentación de.
Mat. 6:1-18.
Deben llevar fruto en. Col. 1:10.
Deben procurar ocuparse en. Tito 3:8,14.
Deben realizar, en mansedumbre.
Sant. 3:13.
Deben ser fortalecidos y confirmados
en. 2 Tes. 2:17.
Deben ser perfectos en. Heb. 13:21.
Deben ser ricos en. 1 Tim. 6:18.
Exhortados a vestirse con. Col. 3:12-14.
Llevan a luz. Juan 3:21.
Se esmeran en hacer. Hech. 9:36.
Son celosos de. Tito 2:14.
Sus, los acompañan en el reposo.
Apoc. 14:13.
Cristo como ejemplo de. Juan 10:32;
Hech. 10:38.

Dios recuerda. Neh. 13:14, con
Heb. 6:9-10.
Dios se glorifica en. Juan 15:8.
En juicio, serán evidencia de la fe.
Mat. 25:34-40; Sant. 2:14-20.
Escrituras nos guiarán a. 2 Tim. 3:16-17;
Sant. 1:25.
Ilustradas. Juan 15:5.
Impíos, reprobados para. Tito 1:16.
Justificación no se puede obtener por.
Rom. 3:20; Gál. 2:16.

Llamadas
Frutos buenos. Sant. 3:17.
Frutos de arrepentimiento. Mat. 3:8.
Frutos de justicia. Fil. 1:11.
Obras y trabajos de amor. Heb. 6:10.

Ministros del evangelio deben
Exhortar a. 1 Tim. 6:17-18;
Tito 3:1,8,14.
Ser ejemplo de. Tito 2:7.
Mujeres santas deben manifestar.
1 Tim. 2:10; 5:10.
Para que otros glorifiquen a Dios.
Mat. 5:16.1 Ped. 2:12.
Por Jesucristo para gloria y alabanza de
Dios. Fil. 1:11.
Realizadas por Dios en nosotros. Isa. 26:12;
Fil. 2:13.
Realizarlas en nombre de Cristo. Col. 3:17.
Sabiduría de lo alto, llena de. Sant. 3:17.
Salvación no se alcanza por. Ef. 2:8-9;
2 Tim. 1:9; Tito 3:5.
Serán llevadas a juicio. Ecl. 12:14, con
2 Cor. 5:10.
Sólo quienes permanecen en Cristo pueden
hacer. Juan 15:4-5.

OBSTÁCULOS
Cristo puede vencer. Rom. 8:35-37.
Debemos evitar el causar. Rom. 14:13;
1 Cor. 8:9.
Dios elimina. Isa. 40:4; 45:2; Mar. 16:4.

Dios puede colocar. Jer. 6:21; Os. 2:6.
Fe puede eliminar. Mat. 21:21.
Líderes religiosos a veces son. Isa. 57:14.
Riquezas pueden ser. Mar. 10:24.

OBSTETRICIA
Proceso descrito. Ezeq. 16:4.

OBSTINACIÓN
Característica de impíos. Prov. 7:11;
2 Ped. 2:10.
Castigo por. Deut. 21:21; Prov. 29:1.

Demostrada al
Caminar en consejos de un corazón
impío. Jer. 7:24, con 23:17.
Endurecer corazón. 2 Crón. 36:13.
Endurecer cuello. Neh. 9:16.
Negarse a caminar en caminos de Dios.
Neh. 9:17; Sal. 78:10; Isa. 42:24;
Jer. 6:16.
Negarse a escuchar a Dios. Prov. 1:24.
Negarse a escuchar a mensajeros de
Dios. 1 Sam. 8:19; Jer. 44:16;
Zac. 7:11.
Negarse a escuchar a padres.
Deut. 21:18-19.
Negarse a escuchar corrección.
Deut. 21:18; Jer. 5:3; 7:28.
Rebelarse contra Dios. Deut. 31:27;
Sal. 78:8.
Resistir al Espíritu Santo. Hech. 7:51.
Retroceder en vez de avanzar. Jer. 7:24.
Dios conoce. Isa. 48:4.
Ilustrada. Sal. 32:9; Jer. 31:18.
Impíos continúan en. Jue. 2:19.
Lo malo de. 1 Sam. 15:23.

Ministros del evangelio deben
Advertir al pueblo de. Heb. 3:7-12.
Carecer de. Tito 1:7.
Orar pidiendo que el pueblo reciba
perdón por. Ex. 34:9; Deut. 9:27.

Procede de
Corazón lleno de mal. Jer. 7:24.
Incredulidad. 2 Rey. 17:14.
Orgullo. Neh. 9:16,29.
Prohibición. 2 Crón. 30:8; Sal. 75:5; 95:8.

OCULTISMO
Adivinación por el hígado. Ezeq. 21:21.
Adivinación por espíritus de familiares.
Lev. 20:27; 1 Crón. 10:13; 2 Crón. 33:6;
Isa. 8:19; 19:3; 29:4.
Adivinación por imágenes. 2 Rey. 23:24;
Ezeq. 21:21.
Adivinación por leños. Os. 4:12.

*Adivinación por supuesta ayuda de espíritus
malos*
Denunciada. Isa. 8:19; Mal. 3:5.
Prohibida. Lev. 19:26-28,31; 20:6;
Deut. 18:9-14.
Adivinos serían avergonzados. Miq. 3:7.
Castigo por. Ex. 22:18; Lev. 20:27;
Deut. 13:5.
Es obra de la carne. Gál. 5:20.
Es pecado. 1 Sam. 15:23.
Futilidad de. Isa. 44:25.
Libros de ciencias ocultas destruidos.
Hech. 19:19.
Mensajes de, falsos. Ezeq. 21:29; Zac. 10:2;
2 Tes. 2:9.

Practicado por
Astrólogos. Jer. 10:2; Miq. 3:6-7.
Babilonios. Isa. 47:9-13.
Balaam. Núm. 22:6; 23:23.
Belsasar. Dan. 5:7,15.
Egipcios. Isa. 19:3,11,12.
Elimas. Hech. 13:8.
Falsos profetas. Jer. 14:14; 27:9; 29:8–9;
Ezeq. 13:6-9; 22:28; Mat. 24:24.
Hijos de Esceva. Hech. 19:14-15.
Jezabel. 2 Rey. 9:22.
Judíos ambulantes. Hech. 19:13.
Magos. Ex. 7:11,22; 8:7,18.

O

Muchacha esclava en Filipos.
Hech. 16:16.
Ninivitas. Nah. 3:4-5.
Simón el mago. Hech. 8:9,11.
Saúl consultó a adivina de Endor.
1 Sam. 28:7-25.

Para considerar

OFRENDA

La ofrenda más común en Israel era el holocausto (Lev. 1), que los sacerdotes presentaban todas las mañanas y todas las tardes, y en los días santos aun con más frecuencia. Su principal distinción era que el animal en su totalidad era consumido por el fuego en el altar. Como respuesta a la fiel ofrenda, la ira de Dios se alejaría; y el adorador sería aceptado, liberado del castigo por el pago de un rescate.

OFRENDA (DE CEREAL)

Aceite e incienso usados con. Lev. 2:1,4,15.
Ayudante del sumo sacerdote, a cargo de.
Núm. 4:16.
Colocadas en cámara del templo.
Neh. 10:39; 13:5; Ezeq. 42:13.
Comida únicamente por descendientes
varones de Aarón. Lev. 6:18.

Constaba de
Espigas verdes tostadas. Lev. 2:14.
Flor de harina cocida en cazuela. Lev. 2:7.
Flor de harina cocida en sartén. Lev. 2:5.
Flor de harina. Lev. 2:1.
Harina de cebada. Núm. 5:15.
Tortas de harina sin levadura cocidas al
horno. Lev. 2:4.
Cuando la ofrecía sacerdote, totalmente
consumida por fuego. Lev. 6:23.

De celos, sin aceite ni incienso. Núm. 5:15.
Elementos para ofrendas públicas, a menudo
proporcionados por príncipes.
Núm. 7:13,19,25; Ezeq. 5:17.
Era santísima. Lev. 6:17.

Judíos
A menudo no podían hacer ofrendas, por
juicios. Joel 11:9,13.
A menudo sus ofrendas no eran
aceptadas. Amós 5:22.
Condenados por ofrendar a ídolos.
Isa. 57:6.
No se ofrecía en altar del incienso. Ex. 30:9.
No se usaba levadura con. Lev. 2:11; 6:17.

Ofrecida
Con sacrificios diarios. Ex. 29:40-42.
Con todos los holocaustos.
Núm. 15:3-12.
Diariamente por sumo sacerdote, mitad
de mañana y mitad de tarde.
Lev. 6:20-22.
En altar del holocausto. Ex. 40:29.
Por pobres como expiación. Lev. 5:11.
Pequeña parte consumida sobre altar como
memorial. Lev. 2:2,9,16; 6:15.
Porción del sacerdote. Lev. 2:3; 6:17.
Se comía en lugar santo. Lev. 6:16.
Siempre sazonada con sal. Lev. 2:13.

OFRENDA MECIDA

Colocada en mano de sacerdote, y mecida
ante Jehová. Ex. 29:24; Lev. 8:27.

Consistía en
Grosura, espaldilla derecha, etc., de
carnero de consagración del sacerdote.
Ex. 29:22-23; Lev. 8:25-26.
Hombro derecho de ofrenda de paz del
nazareo. Núm. 6:17,19.
Ofrenda por celos. Núm. 5:25.
Ofrenda por la culpa del leproso.
Lev. 14:12,24.

Pecho de todas las ofrendas de paz.
Lev. 7:30; 9:18,21; Núm. 6:17,20.

Pecho del cordero de consagración del
sacerdote. Ex. 29:26; Lev. 8:29.

Primicias de cosecha de cebada.
Lev. 23:10-11.

Primicias de pan. Lev. 23:20.

Entregada al sacerdote como algo que le
pertenecía. Ex. 29:26-28;
Lev. 7:31,34; 8:29; 10:15; 23:20;
Núm. 18:11.

Familia del sacerdote debía comerla en lugar
santo. Lev. 10:14.

Grosura, etc. del carnero de consagración
quemado sobre altar. Ex. 29:25;
Lev. 8:28.

OFRENDA POR EL PECADO

Aarón, etc., reprendidos por no haber
quemado ni comido la, de congregación y
no haber llevado sangre al tabernáculo.
Lev. 10:16-18, con 9:9,15.

Comida por sacerdotes en lugar santo,
cuando sangre no había sido llevada al
tabernáculo. Lev. 6:26,29-30.

Consistía en

Cabra o hembra de cordero, para una
persona. Lev. 4:28,32.

Macho cabrío para gobernante.
Lev. 4:23.

Toro o macho cabrío para congregación.
Lev. 4:14; 16:9; 2 Crón. 29:23.

Toro para sacerdote.
Lev. 4:3; 9:2,8; 16:3,6.

Grosura interior, riñones, etc. quemados
sobre altar del holocausto.
Lev. 4:8-10,19,26,31; 9:10.

Leyes para utensilios usados para hervir la
carne de. Lev. 6:28.

Matada en el mismo lugar que el holocausto.
Lev. 4:24; 6:25.

Ofrecida

Cuando concluía voto de nazareo.
Núm. 6:14.

Día de expiación. Lev. 16:3,9.

En consagración de levitas. Núm. 8:8.

En consagración de sacerdotes.
Ex. 29:10,14; Lev. 8:14.

Por pecados de ignorancia.
Lev. 4:2,13,22,27.

Pecados del oferente transferidos a, por
imposición de manos. Lev. 4:4,15,24,29;
2 Crón. 29:23.

Probable origen de. Gén. 4:4,7.

Sangre de

En todos los casos, derramada al pie del
altar del holocausto.
Lev. 4:7,18,25,30; 9:9.

Para gobernante u otra persona, sacerdote
la colocaba con su dedo sobre cuernos
del altar del holocausto. Lev. 4:25,30.

Para sacerdote o congregación, llevada
por sacerdote al tabernáculo.
Lev. 4:5,16.

Para sacerdote o congregación, piel,
cuerpo muerto, etc. quemados fuera del
campamento.
Lev. 4:11-12,21; 6:30; 9:11.

Para sacerdote o congregación, puesta
sobre cuernos del altar del incienso.
Lev. 4:7,18.

Para sacerdote o congregación, sacerdote
rociaba 7 veces ante el Señor, fuera del
velo. Lev. 4:6,17.

Tipo del sacrificio de Cristo. 2 Cor. 5:21;
Heb. 13:11-13.

Todo lo que tocaba la carne de, era santo.
Lev. 6:27.

OFRENDA POR LA CULPA

A veces se mecía viva ante Jehová.
Lev. 14:12-13.

Consistía en

Carnero sin mancha. Lev. 5:15; 6:6.

Cordero o cabra. Lev. 5:6.

Dos tórtolas, de quienes no podían ofrecer un cordero. Lev. 5:7-10.

Ofrenda de flor de harina, por parte de los muy pobres. Lev. 5:11-13.

Debía matarse donde se mataba ofrenda por el pecado y holocausto. Lev. 14:13; Ezeq. 40:39.

Expiación realizada por. Lev. 5:6,10,13,16,18; 6:7; 19:22.

Generalmente se acompañaba con restitución. Lev. 5:16; 6:5.

Ilustrativa de Cristo. Isa. 53:10; Ezeq. 46:20.

Mismo valor de ofrenda por el pecado, y a menudo recibía ese nombre. Lev. 5:6,9.

Ocasiones especiales para

En conexión con pecado sexual de esclava desposada con otro hombre. Lev. 19:20-22.

Limpieza de leproso. Lev. 14:2,12-14,21-22.

Purificación de mujeres. Lev. 12:6-8.

Purificación de nazareos que habían quebrantado voto. Núm. 6:12.

Purificación de quienes tenían hemorragia. Lev. 15:14-15.

Ofrenda muy santa. Lev. 14:13.

Pertenece al sacerdote. Lev. 14:13; Ezeq. 44:29.

Por ofensas menores, reducida para pobres. Lev. 5, con 4.

Se acompañaba con confesión. Lev. 5:5.

Se ofrecía

Por incumplimiento de contrato o fraude. Lev. 6:2-5.

Por jurar apresuradamente. Lev. 5:4.

Por ocultar conocimiento de delito. Lev. 5:1.

Por pecados de ignorancia en cosas santas. Lev. 5:15.

Por tocar involuntariamente cosas inmundas. Lev. 5:2-3.

Por todo pecado por ignorancia. Lev. 5:17.

OFRENDA VOLUNTARIA

Consistía en

Espaldilla del carnero de consagración del sacerdote. Ex. 29:27.

Espaldilla derecha de sacrificio de paz. Lev. 7:32.

Parte de ofrenda de harina de sacrificios de paz. Lev. 7:14.

Parte de todas las ofrendas. Núm. 18:29.

Parte del botín tomado en guerra. Núm. 31:26-47.

Primicias de pan. Núm. 15:19-21.

Dada a sacerdotes. Ex. 29:28; Lev. 7:34.

Debía ser

Apartada por sacerdote. Ex. 29:27.

Comida en lugar limpio. Lev. 10:12-15.

Lo mejor de su especie. Núm. 18:29.

Llevada a la casa de Dios. Deut. 12:6.

Santificaba toda la ofrenda. Núm. 18:27,30.

OFRENDAR

Cómo. 2 Cor. 8:11; 9:6.

Cuándo. 1 Cor. 16:2.

Reglas para. Mat. 6:1.

OFRENDAS

Ver también Holocausto; Libación

Antigüedad de. Gén. 4:3-4.

Colocadas en templo. 2 Crón. 31:12; Neh. 10:37.

Cosas prohibidas como

Precio de fornicación. Deut. 23:18.

Precio de un perro. Deut. 23:18.

Todo lo defectuoso. Lev. 22:20.

Todo lo imperfecto. Lev. 22:24.
Todo lo inmundo. Lev. 27:11,27.

Debían ser
Colocadas ante altar. Mat. 5:23-24.
Lo mejor de su especie. Mal. 1:14.
Llevadas al lugar indicado por Dios.
Deut. 12:6; Sal. 27:6; Heb. 9:9.
Perfectas. Lev. 22:21.
Presentadas con amor. Mat. 5:23-24.
Presentadas con rectitud. Mal. 3:3.
Presentadas en vasos limpios. Isa. 66:20.
Presentadas por sacerdote. Heb. 5:1.
Presentadas sin demora. Ex. 22:29-30.
Presentadas voluntariamente. Lev. 22:19.

Distintos tipos de
Acción de gracias.. Lev. 7:12,22:29;
Sal. 50:14.
Apartada. Ex. 29:27-28; Lev. 7:14;
Núm. 15:19.
Celos. Núm. 5:15.
Diezmo. Lev. 27:30; Núm. 18:21;
Deut. 14:22.
Donaciones. Ex. 35:22; Núm. 7:2-88.
Flor de harina. Lev. 3; Núm. 15:4.
Holocausto. Lev. 13-17; Sal. 66:15.
Incienso. Ex. 30:8; Mal. 1:11; Luc. 1:9.
Libación. Gén. 35:14; Ex. 29:40;
Núm. 15:5.
Mecidas. Ex. 29:26; Lev. 7:30.
Paz. Lev. 3:1-17; 7:11.
Personal, para redención. Ex. 30:13,15.
Por el pecado. Lev. 4:3-35; 6:25; 10:17.
Por la culpa. Lev. 5:6-19; 6:6; 7:1.
Primicias. Ex. 22:29; Deut. 18:4.
Voluntarias. Lev. 23:38;
Deut. 16:10; 23:23.
Eran sagradas. Núm. 18:9.
Ezequías preparó cámaras para.
2 Crón. 31:11.

Ilustrativo de
Conversión de gentiles. Rom. 15:16.

Conversión de judíos. Isa. 66:20.
Cristo ofreciéndose a sí mismo. Ef. 5:2.
Inaceptables si no había gratitud.
Sal. 50:8,14.

Judíos a menudo
Aborrecían, por los pecados de
sacerdotes. 1 Sam. 2:17.
Daban lo peor que tenían como.
Mal. 1:8,13.
Le robaban a Dios las. Mal. 3:8.
Lentos para presentar. Neh. 13:10-12.
Ofrendaban a ídolos. Ezeq. 20:28.
Rechazados en ofrendas en razón del
pecado. Isa. 1:13; Mal. 1:10.
Muchas transgresiones bajo la ley, sin
eficacia de. 1 Sam. 3:14; Sal. 51:16.
No convertían en perfecto al ofrendante.
Heb. 9:9.
Por extranjeros, considerarlas igual que las
de judíos. Núm. 15:14-16.
Sólo se debían hacer a Dios. Ex. 22:20;
Jue. 13:16.

OÍDO, **OREJA**

A menudo adornada con argollas.
Ezeq. 16:12; Os. 2:13.
Capaz de distinguir palabras. Job 12:11.
Cristo abre. Isa. 35:5; 43:8,10.

De impíos
Alejados de ley de Dios. Prov. 28:9.
Cerrados a palabra de Dios. Sal. 58:4;
Zac. 7:11.
Incircuncisos. Jer. 6:10; Hech. 7:51.
Pican. 2 Tim. 4:3.
Sin tendencia a escuchar a Dios.
Jer. 7:24; 35:15.
De siervos que no quieren dejar a sus amos,
perforadas. Ex. 21:6; Deut. 15:17.

Debieran
Escuchar instrucciones. Prov. 5:1.

Escuchar y obedecer corrección.
Prov. 15:31; 25:12.
Inclinarse a sabiduría. Prov. 2:2.
Oír ley de Dios. Isa. 1:10.
Procurar conocimiento. Prov. 18:15.
Recibir palabra de Dios. Jer. 9:20.

Dios
Abre. Job 33:16; 36:10.
Cierra judicialmente. Isa. 6:10, con
Mat. 13:15.
Creó. Prov. 20:12.
Insatisfecho con cosas terrenales. Ecl. 1:8.
Instrucción recibida por medio de.
Isa. 30:21.
No debe cerrarse ante clamor de pobres.
Prov. 21:13.
Órgano de audición. Job 13:1; 29:11.
Que oye y obedece palabra de Dios,
bienaventurado. Ex. 15:26; Mat. 13:16.

Sangre en oreja derecha de
Leproso sanado, en purificación.
Lev. 14:14.
Sacerdotes en consagración. Ex. 29:20;
Lev. 8:23.

OIDORES

Contrastados con hacedores. Rom. 2:13;
Sant. 1:19-25.

OJO

A menudo se sacaba como castigo.
Jue. 16:21; 1 Sam. 11:2; 2 Rey. 25:7.
A veces defectuosos. Lev. 21:20.
A veces delicados. Gén. 29:17.

Acciones de, mencionadas en Escritura
Dirigir. Núm. 10:31; Sal. 32:8.
Guiñar. Prov. 10:10.
Llorar. Job 16:20; Sal. 88:9; Lam. 1:16.
Ver. Job 7:8; 28:10.
Castigo por heridas al. Ex. 21:24,26;
Lev. 24:20; Mat. 5:38.

Consumido por dolor. Sal. 6:7; 31:9.
Consumido por enfermedad. Lev. 26:16.
Deben controlarse. Job 31:1; Prov. 23:31.

Dios
Creó. Prov. 20:12.
Formó. Sal. 94:9.
Ilumina. Esd. 9:8; Sal. 13:3.

Figurativamente
Ofensor. Mat. 5:29.
Frecuentemente hermosos. 1 Sam. 16:12.

Ilustrativo de
Iluminación espiritual (cuando están
abiertos). Sal. 119:18,37.
Mente. Mat. 6:22-23.
Sanidad del Espíritu (cuando se unge con
colirio). Apoc. 3:18.

Judíos
Levantaban, en oración. Sal. 122:1.
No afeitarse entre. Deut. 14:1.
Usaban sus filacterias entre. Ex. 13:16,
con Mat. 23:5.
Luz de, regocija corazón. Prov. 15:30.
Luz del cuerpo. Mat. 6:22; Luc. 11:34.
Mujeres judías a menudo se pintaban.
2 Rey. 9:30; Jer. 4:30; Ezeq. 23:40.
Ninguna cosa mala debe estar ante.
Sal. 101:3.
No se satisface con riquezas. Ecl. 4:8.
No se satisface con ver. Prov. 27:20;
Ecl. 1:8; 1 Juan 2:16.

Ojo del Señor
Promesa a Isaías. Isa. 1:15.
Sobre justos. Sal. 34:15.
Sobre quienes le temen. Sal. 33:18.

Partes de, mencionadas en Escritura
Ceja. Lev. 14:9.
Niña. Deut. 32:10.
Párpado. Job 16:16.
Se abren. 2 Rey. 6:17; Sal. 146:8.

Se enrojecen con vino. Gén. 49:12;
Prov. 23:29.
Se oscurecen con paso de años. Gén. 27:1;
1 Sam. 3:2.
Se oscurecen por dolor. Job 17:7.

OLIVO

A menudo flor se cae. Job 15:33.
A menudo fruto se cae. Deut. 28:40.
A menudo oruga lo atacaba. Amós 4:9.
A menudo silvestre. Rom. 11:17.
Abundancia en Asiria. 2 Rey. 18:32.
Abundancia en Canaán. Deut. 6:11; 8:8.
Cuando estaba maduro, se sacudía.
Isa. 17:6.

Descripción
Aceitoso. Jue. 9:9; Rom. 11:17.
Da buen fruto. Jer. 11:16, con Sant. 3:12.
Hermoso. Jer. 11:16, con Os. 14:6.
Verde. Jer. 11:16.
Fruto de, dejado para pobres, etc. en año
sabático. Ex. 23:11.
Fruto de, se pisaba en lagar para extraer
aceite. Miq. 6:15, con Hag. 2:16.

Ilustrativo de
Cristo. Rom. 11:17,24; Zac. 4:3,12.
Dos testigos. Apoc. 11:3-4.
Gentiles (cuando es silvestre).
Rom. 11:17,24.
Hijos de padres piadosos. Sal. 128:3.
Iglesia judía. Jer. 11:16.
Justos. Sal. 52:8; Os. 14:6.
Remanente (rebusco de). Isa. 17:6; 24:13.
Injerto de, alusión a. Rom. 11:24.
Para servicio de Dios y del hombre. Jue. 9:9.
Podar, alusión a. Rom. 11:18-19.
Probable origen de ser emblema de paz.
Gén. 8:11.
Ramas que quedaban, se dejaban a pobres.
Deut. 24:20.
Reyes de Israel cultivaban mucho.
1 Crón. 27:28.

Se cultivaba
En laderas de montañas. Mat. 21:1.
En olivares. 1 Sam. 8:14; Neh. 5:11.
Entre rocas. Deut. 32:13.
Se sacaba aceite de. Ex. 27:20; Deut. 8:8.
Se sacudían para sacar. Deut. 24:20.

Se usaba para hacer
Cabañas para fiesta de tabernáculos.
Neh. 8:15.
Puertas y postes del templo.
1 Rey. 6:31-33.
Querubines en el templo. 1 Rey. 6:23.
Sin fruto, gran desastre. Hab. 3:17-18.

OLLA, CAZUELA

Oblación se hacía en. Lev. 2:7.

OMBLIGO

Tratamiento del, al nacer. Ezeq. 16:4.

OPINIÓN PÚBLICA

Concesión corrupta a, por parte de Herodes,
en el caso
De Juan el Bautista. Mar. 6:26.
De Pedro. Hech. 12:3.
Por Félix y Festo, con respecto a Pablo.
Hech. 24:27; 25:9.
Por Pedro, con respecto a Jesús.
Mat. 26:69-75.
Por Pilato. Mat. 27:23-27.
Concesión de Pablo a la, al circuncidar a
Timoteo. Hech. 16:3.
Discípulos que instaban a circuncidarse.
Gál. 6:12.
Jacobo y ancianos cristianos, que requerían
que Pablo observara ciertos ritos.
Hech. 21:18,26.
Jesús pregunta sobre. Mat. 16:13.
Pedro y Bernabé con otros. Gál. 2:11-14.
Temor de gobernantes, que creían en Jesús
pero temían a fariseos. Juan 12:42-43.
Temor de José de Arimatea. Juan 19:38.

O

Temor de Nicodemo. Juan 3:2.

Temor de padres del hombre ciego de nacimiento. Juan 9:21-22.

Temor de principales sacerdotes, que continuaron persiguiendo a discípulos. Hech. 4:21; 5:26.

Temor de principales sacerdotes, que tuvieron miedo de contestar preguntas de Jesús. Mat. 21:26.

OPORTUNIDAD

De salvación. 2 Cor. 6:2.

Para buenas obras. Gál. 6:10.

Para satisfacer sed espiritual. Apoc. 22:17.

Presente e inmediata. Est. 4:14; Juan 4:35; Rom. 13:11.

Se pierde fácilmente. 1 Rey. 20:40; Juan 9:4; Jer. 8:20.

OPOSICIÓN

A Cristo. Mat. 26:3-4; Heb. 12:3.

A Dios. 2 Tes. 2:3-4; 2 Tim. 6:20.

A quien habla verdad. Isa. 30:10; Jer. 11:21.

A quien hace justicia. Juan 15:20.

Al Espíritu Santo. Hech. 7:51.

Intensidad de, espiritual. Ef. 6:12.

Poder sobre. Luc. 10:19.

Técnica para actuar con la. Ef. 6:11-19.

OPRESIÓN

Advertencias contra. Ex. 22:21-24; Sant. 2:6.

Alivio de, nacional. Ex. 3:9; Deut. 26:7; Jue. 2:4; 6; 7; 8; 10; 2 Rey. 13; Sal. 9:9; Isa. 52:4.

Ayuda de Dios prometida para. Sal. 12:5; 72:4,14; Jer. 50:34.

Dios es refugio de. Sal. 9:9.

Dios juzga la, nacional Hech. 7:7.

Dios juzgará. Sal. 103:6; Ecl. 5:8; Isa. 10; Jer. 22:17; Ezeq. 22:7; Mal. 3:5; Sant. 5:4.

Ejemplos de

Agar, por parte de Sara. Gén. 16:6.

Israelitas, por parte de egipcios. Ex. 1:10-22; 5.

Jeroboam resuelve oprimir a israelitas. 1 Rey. 12:4.

Oraciones contra. Sal. 17:9; 44:24; 119:121,134; Isa. 38:14.

Piadosos deben oponerse a. Isa. 1:17; Hech. 7:24; Sant. 2:5-8; Gál. 6:2.

Prohibida por Dios. Lev. 25:14; Sant. 5:4.

ORACIÓN

Ver también Oración constante; Oración, Falta de; Oración intercesora; Oración privada; Oración pública; Oración, Respuestas a; Oración social y familiar

Aceptable a través de Cristo. Juan 14:13-14; 15:16; 16:23-24.

Acompañada de

Alabanza. Sal. 66:17.

Arrepentimiento. 1 Rey. 8:33; Jer. 36:7.

Ayuno. Neh. 1:4; Dan. 9:3; Hech. 13:3.

Confesión. Neh. 1:4,7; Dan. 9:4-11.

Gratitud. Fil. 4:6; Col. 4:2.

Humildad. Gén. 18:27.

Lloro. Jer. 31:9; Os. 12:4.

Vigilancia. Luc. 21:36; 1 Ped. 4:7.

Brevedad del tiempo, motivo para. 1 Ped. 4:7.

De justos, es poderosa. Sant. 5:16.

De rectos, complace a Dios. Prov. 15:8.

Debe ofrecerse

Con alma. Sal. 42:4.

Con confianza. Heb. 4:16.

Con confianza en Dios. Sal. 56:9; 86:7; 1 Juan 5:14.

Con corazón ferviente. 1 Tes. 3:10; Sant. 5:17.

Con corazón preparado. Job 11:13.

Con corazón verdadero. Heb. 10:22.
Con deseo de recibir respuesta.
Sal. 27:7; 102:2; 108:6; 143:1.
Con deseo de ser oído. Neh. 1:6;
Sal. 17:1; 55:1-2; 61:1.
Con espíritu perdonador. Mat. 6:12.
Con espíritu y entendimiento.
Juan 4:22-24; 1 Cor. 14:15.
Con fe. Mat. 21:22; Sant. 1:6.
Con humildad. 2 Crón. 7:14; 33:12.
Con labios sinceros. Sal. 17:1.
Con persistencia. Gén. 32:26;
Luc. 11:8-9; 18:1-7.
Con plena certidumbre de fe. Heb. 10:22.
Con reflexión previa. Ecl. 5:2.
Con santidad. 1 Tim. 2:8.
Con sumisión a Dios. Luc. 22:42.
Con todo el corazón. Sal. 119:58,145.
Con verdad. Sal. 145:18; Juan 4:24.
De corazón. Jer. 29:13; Lam. 3:41.
En el Espíritu Santo. Ef. 6:18; Jud. 20.
En todas las cosas. Fil. 4:6.
En todo lugar 1 Tim. 2:8.
Noche y día. 1 Tim. 5:5.
Sin cesar. 1 Tes. 5:17.

Debemos orar
A Cristo. Luc. 23:42; Hech. 7:59.
A Dios. Sal. 5:2; Mat. 4:10.
Al Espíritu Santo. 2 Tes. 3:5.
Por medio de Cristo. Ef. 2:18;
Heb. 10:19.

Descripción
Acercarse a Dios. Sal. 73:28; Heb. 10:22.
Buscar favor de Jehová. Ex. 32:11.
Buscar rostro de Jehová. Sal. 27:8.
Clamar a Dios. Sal. 27:7; 34:6.
Clamar al cielo. 2 Crón. 32:20.
Derramar alma. 1 Sam. 1:15.
Derramar corazón. Sal. 62:8.
Doblar rodillas. Ef. 3:14.
Elevar alma. Sal. 25:1.
Elevar corazón. Lam. 3:41.

Invocar nombre del Señor. Gén. 12:8;
Sal. 116:4; Hech. 22:16.
Mirar a Dios. Job 8:5.
Mirar hacia arriba. Sal. 5:3.
Ruego. Job 8:5; Jer. 36:7.
Dios contesta. Sal. 99:6; Isa. 58:9.
Dios oye. Sal. 10:17; 65:2.

Espíritu Santo
Ayuda nuestra debilidad en la.
Rom. 8:26.
Como espíritu de adopción, conduce a.
Rom. 8:15; Gál. 4:6.
Prometido como espíritu de. Zac. 12:10.
Evidencia de conversión. Hech. 9:11.
Evitar obstáculos en. 1 Ped. 3:7.
Experiencia de misericordias pasadas,
incentivo para. Sal. 4:1; 116:2.
Gracia vivificante necesaria para. Sal. 80:18.
Llega hasta el cielo. 2 Crón. 30:27;
Apoc. 5:8.
Madrugar para la. Sal. 5:3; 119:147.
Mandamiento. Isa. 55:6; Mat. 7:7; Fil. 4:6.
Modelo para la. Mat. 6:9-13.
Ostentación en la, prohibida. Mat. 6:5.
Persistir en. Luc. 18:1.
Pidiendo bendiciones espirituales.
Mat. 6:33.
Pidiendo bendiciones temporales.
Gén. 28:20; Prov. 30:8; Mat. 6:11.
Pidiendo misericordia y gracia en tiempos de
necesidad. Heb. 4:16.

Posturas para la
Arrodillado. 2 Crón. 6:13; Sal. 95:6;
Luc. 22:41; Hech. 20:36.
Extendiendo manos. Isa. 1:15.
Inclinado. Sal. 95:6.
Levantando manos. Sal. 28:2; Lam. 2:19;
1 Tim. 2:8.
Parado. 1 Rey. 8:22; Mar. 11:25.
Postrado sobre rostro. Núm. 16:22;
Jos. 5:14; 1 Crón. 21:16; Mat. 26:39.
Procurar enseñanza divina sobre. Luc. 11:1.

Prohibido repetir frases sin sentido.
Mat. 6:5.
Promesas de Cristo animan a. Luc. 11:9-10;
Juan 14:13-14.
Promesas de Dios alientan a. Isa. 65:24;
Amós 5:4; Zac. 13:9.

Súplica en
Fidelidad de Dios. Sal. 143:1.
Justicia de Dios. Dan. 9:16.
Misericordia de Dios. Sal. 51:1;
Dan. 9:18.
Pacto de Dios. Jer. 14:21.
Promesas de Dios. Gén. 32:9-12;
Ex. 32:13; 1 Rey. 8:26; Sal. 119:49.

ORACIÓN CONSTANTE
Aliento a. 1 Tes. 5:17.

ORACIÓN EN PRIVADO
Cristo fue constante en.
Mat. 14:23; 26:36,39; Mar. 1:35;
Luc. 9:18,29.

Debe realizarse
Día y noche. Sal. 88:1.
Sin cesar. 1 Tes. 5:17.
Tarde, mañana y mediodía. Sal. 55:17.
Evidencia de conversión. Hech. 9:11.
Mandamiento. Mat. 6:6.
Nada debe obstaculizar. Dan. 6:10.
Recompensa evidente por. Mat. 6:6.
Será oída. Job 22:27.

ORACIÓN EN PÚBLICO
Aceptable a Dios. Isa. 56:7.
Creyentes se deleitan en. Sal. 42:4; 122:1.

Cristo
Concurría a. Mat. 12:9; Luc. 4:16.
Instituyó forma de. Luc. 11:2.
Promete respuestas a. Mat. 18:19.
Santifica la, por su presencia. Mat. 18:20.
Dios promete bendecir en. Ex. 20:24.

Dios promete oír. 2 Crón. 7:14,16.
Exhortación a. Heb. 10:25.
Instar a otros a participar en. Sal. 95:6;
Zac. 8:21.
No debe realizarse en idioma
desconocido. 1 Cor. 14:14-16.

ORACIÓN, FALTA DE
Pastores en época de Jeremías, culpables de.
Jer. 10:21.
Salmista insta al juicio de culpables por.
Sal. 79:6.

ORACIÓN INTERCESORA
Aliento a. Sant. 5:16; 1 Juan 5:16.
Beneficiosa al que ora. Job 42:10.
Cristo dejó ejemplo de. Luc. 22:32; 23:34;
Juan 17:9-24.

Debe realizarse en favor de
Amigos. Job 42:8.
Amos. Gén. 24:12-14.
Autoridades. 1 Tim. 2:2.
Conciudadanos. Rom. 10:1.
Creyentes. Ef. 6:18.
Enemigos a nuestro alrededor. Jer. 29:7.
Enfermos. Sant. 5:14.
Hijos. Gén. 17:18; Mat. 15:22.
Iglesia. Sal. 122:6; Isa. 62:6-7.
Ministros del evangelio. 2 Cor. 1:11;
Fil. 1:19.
Perseguidores. Mat. 5:44.
Personas. 1 Tim. 2:1.
Quienes murmuran contra Dios.
Núm. 11:1-2; 14:13,19.
Quienes nos abandonan. 2 Tim. 4:16.
Quienes nos envidian. Núm. 12:13.
Reyes. 1 Tim. 2:2.
Siervos. Luc. 7:2-3.
Inútil para quien no quiere arrepentirse.
Jer. 7:13-16; 14:10-11.
Mandamiento. 1 Tim. 2:1; Sant. 5:14,16.
Pecado de descuidar. 1 Sam. 12:23.

O

Por parte de pastores en favor del pueblo.
Ef. 1:16; 3:14-19; Fil. 1:4.
Procurar. 1 Sam. 12:19; Heb. 13:18.

ORACIÓN, RESPUESTA A LA

Concedida
A veces después de demora. Luc. 18:7.
A veces inmediatamente. Isa. 65:24;
Dan. 9:21,23; 10:12.
A veces no según nuestros deseos.
2 Cor. 12:8-9.
Más allá de expectativas. Jer. 33:3;
Ef. 3:20.
Por gracia de Dios. Isa. 30:19.

Creyentes
Alaban a Dios por. Sal. 116:17; 118:21.
Aman a Dios por. Sal. 116:1.
Bendicen a Dios por. Sal. 66:20.
Reciben seguridad de. 1 Juan 5:15.
Cristo da. Juan 4:10,14; 14:14.
Cristo recibió. Juan 11:42; Heb. 5:7.
Dios da. Sal. 99:6; 118:5; 138:3.
Motivo para seguir orando. Sal. 116:2.

No se concede a quienes
Albergan pecado en corazón. Sal. 66:18.
Derraman sangre. Isa. 1:15; 59:3.
Dudan. Sant. 1:6-7.
No oyen ley. Prov. 28:9; Zac. 7:11-13.
Ofrecen a Dios servicio despreciable.
Mal. 1:7-9.
Olvidan a Dios. Jer. 14:10,12.
Oprimen cruelmente a creyentes.
Miq. 3:2-4.
Piden por motivos erróneos. Sant. 4:3.
Rechazan llamado de Dios.
Prov. 1:24-25,28.
Son enemigos de creyentes. Sal. 18:40-41.
Son farisaicos. Luc. 18:11-12,14.
Son hipócritas. Job 27:8-9.
Son idólatras. Jer. 11:11-14;
Ezeq. 8:15-18.

Son orgullosos. Job 35:12-13.
Son sordos a clamor de pobres.
Prov. 21:13.
Viven en pecado. Isa. 59:2; Juan 9:31.
Promesa de. Isa. 58:9; Jer. 29:12; Mat. 7:7.
Prometida especialmente en tiempos
difíciles. Sal. 50:15; 91:15.

Recibida por quienes
Aman a Dios. Sal. 91:14-15.
Buscan a Dios. Sal. 34:4.
Buscan a Dios de todo corazón.
Jer. 29:12-13.
Esperan en Dios. Sal. 40:1.
Guardan mandamientos de Dios.
1 Juan 3:22.
Invocan a Dios en aflicción.
Sal. 18:6; 106:44; Isa. 30:19-20.
Invocan a Dios en opresión. Isa. 19:20.
Invocan a Dios en verdad. Sal. 145:18.
Permanecen en Cristo. Juan 15:7.
Piden con fe. Mat. 21:22; Sant. 5:15.
Piden de acuerdo a voluntad de Dios.
1 Juan 5:14.
Piden en nombre de Cristo. Juan 14:13.
Se humillan. 2 Crón. 7:14; Sal. 9:12.
Son justos. Sal. 34:15; Sant. 5:16.
Son pobres y necesitados. Isa. 41:17.
Temen a Dios. Sal. 145:19.
Vuelven a Dios. 2 Crón. 7:14;
Job 22:23-27.

ORACIÓN SOCIAL Y FAMILIAR
Castigo por descuidar. Jer. 10:25.
Cristo promete estar presente en.
Mat. 18:20.
Promesa de respuesta a. Mat. 18:19.

ORADOR

Ejemplos
Apolos. Hech. 18:24-28.
Apóstoles. Hech. 2:1-41.
Jonás. Jon. 3:4-10.

Tértulo. Hech. 24:1.

ORGULLO

A menudo es resultado de
Conocimiento no santificado. 1 Cor. 8:1.
Creerse justo. Luc. 18:11-12.
Inexperiencia. 1 Tim. 3:6.
Privilegios religiosos. Sof. 3:11.
Tener poder. Lev. 26:19; Ezeq. 30:6.
Tener riquezas. 2 Rey. 20:13.
Abundará en últimos tiempos. 2 Tim. 3:2.

Característica de
Falsos maestros. 1 Tim. 6:3-4.
Impíos. Hab. 2:4-5; Rom. 1:30.
Mundo. 1 Juan 2:16.
Satanás. 1 Tim. 3:6.

Conduce a
Desprecio y rechazo hacia palabra de Dios
y pastores. Jer. 43:2.
Disputas. Prov. 13:10; 28:25.
Engaño de uno mismo. Jer. 49:16;
Abd. 1:3.
Enojo. Prov. 21:24.
Espíritu de persecución. Sal. 10:2.
Contamina a la persona. Mar. 7:20,22.

Creyentes
No dan lugar al. Sal. 131:1.
Odian el, en otros. Sal. 101:5.
Se lamentan por, en otros. Jer. 13:17.
Cristo lo aborrece. Prov. 8:12-13.
Dios lo aborrece. Prov. 6:16-17; 15:5.
Endurece la mente. Dan. 5:20.
Es pecado. Prov. 21:4.
Exhortación contra. Jer. 13:15.
Impíos, vestidos de. Sal. 73:6.
Obstáculo para buscar a Dios. Sal. 104;
Os. 7:10.
Procede del corazón. Mar. 7:21-23.
Prohibición. 1 Sam. 2:3; Rom. 12:3,16.

Quienes son culpables de, serán
Abatidos. Isa. 2:12; 23:9.
Castigados. Sof. 2:10-11; Mal. 4:1.
Esparcidos. Luc. 1:51.
Humillados. Sal. 18:27; Dan. 4:37, con
Mat. 23:12.
Llevados a la ruina. Jer. 13:9.
Resistidos. Sant. 4:6.
Sometidos. Ex. 18:11; Isa. 13:11.

Seguido por
Degradación. Prov. 29:23; Isa. 28:3.
Destrucción. Prov. 16:18; 18:12.
Vergüenza. Prov. 11:2.

ORIGEN DE LA VIDA
Ver Vida, Origen de

ORO

Abundaba en
Havila. Gén. 2:11.
Ofir. 1 Rey. 9:28; 10:11; 1 Crón. 29:4;
2 Crón. 4:8-18; Job 22:24; Sal. 45:9.
Parvaim. 2 Crón. 3:6.
Sabá. 1 Rey. 10:10; Sal. 72:15; Isa. 60:6.
Abundancia de, en reinado de Salomón.
2 Crón. 1:15.
Artículo que se comerciaba. Ezeq. 27:22.
De Parvaim. 2 Crón. 3:6.
De Tarsis. 1 Rey. 22:48.
De Ufaz. Jer. 10:9.

Descripción
Amarillo. Sal. 68:13.
Derretido. Ex. 32:3-4; Prov. 17:3.
Maleable. Ex. 39:3; 1 Rey. 10:16-17.
Precioso. Esd. 8:27; Isa. 13:12.
Valioso. Job 28:15-16.
Entregado como obsequios. 1 Rey. 15:19;
Mat. 2:11.
Figurativamente. Ecl. 12:6, Jer. 51:7;
Lam. 4:1; 1 Cor. 3:12.

O

Ilustrativo de
  Creyentes después de aflicción. Job 23:10.
  Doctrinas de gracia. Apoc. 3:18.
  Fe probada. 1 Ped. 1:7.
  Imperio babilónico. Dan. 2:38.
  Verdaderos convertidos. 1 Cor. 3:12.
  Judíos condenados por mucho. Isa. 2:7.
  Más valioso cuando era puro y fino.
    Job 28:19; Sal. 19:10; 21:3; Prov. 3:14.
  Ofrendas de, para tabernáculo. Ex. 35:22.
  Ofrendas de, para templo.
    1 Crón. 22:14; 29:4,7.
  Pagado como tributo. 1 Rey. 20:3,5;
    2 Rey. 23:33,35.
  Patriarcas tenían mucho. Gén. 13:2.
  Pertenece a Dios. Ezeq. 16:17; Joel 3:5;
    Hag. 2:8.
  Probable que perdiera brillo. Lam. 4:1.
  Refinado y probado por fuego.
    Job 28:19; 31:24;
    Prov. 8:19; 17:3; 27:21; Zac. 13:9;
    Mal. 3:3; 1 Ped. 1:7.
  Reyes de Israel no debían amontonar.
    Deut. 17:17.
  Salomón lo importaba.
    1 Rey. 9:11,28; 10:11.
  Salomón poseía mucho. 1 Rey. 10:2,14,21.
  Se hallaba en la tierra. Job 28:1,6.
  Se oxidaba. Sant. 5:3.
  Sentido simbólico. Dan. 2:32-45;
    Apoc. 21:18,21.
  Tasación por peso. 1 Crón. 28:14.
  Tomado en guerra, dedicado a Dios.
    Jos. 6:19; 2 Sam. 8:11; 1 Rey. 15:15.
  Trabajar en, ocupación. Neh. 3:8;
    Isa. 40:19.
  Usado como dinero. Mat. 10:9; Hech. 3:6.

Usado para
  Adornos. Gén. 24:22;
    Ex. 3:22; 11:2; 28:11; Núm. 31:50,51;
    Cant. 1:10; 5:14; Jer. 4:30;
    Ezeq. 16:17.

Adornos con forma de fruta. Prov. 25:11.
Adornos para vestidos de sacerdote.
  Ex. 39.
Altar, candeleros y otros artículos hechos
  de. 1 Rey. 7:48,49-51; 2 Rey. 25:15;
  Jer. 52:19; Esd. 8:27; Dan. 5:3.
Anillos. Cant. 5:14; Sant. 2:2.
Aros. Jue. 8:24,26.
Cadenas. Gén. 41:42; Dan. 5:29.
Candeleros para tabernáculo.
  Ex. 25:31-38; 37:17-24.
Candeleros sagrados. Ex. 25:31;
  2 Crón. 4:7,20.
Cetros. Est. 4:11.
Corona. Ex. 37:2-11; 39:30;
  2 Sam. 12:30; Est. 8:15; Sal. 21:3;
  Zac. 6:11.
Dinero. Gén. 44:8.
Escudos. 2 Sam. 8:7; 1 Rey. 10:16-17.
Estrados. 2 Crón. 9:18.
Hebras para entretejer en bordados.
  Ex. 39:3.
Ídolos. Ex. 20:23; Sal. 115:4; Dan. 5:4.
Lingote. Jos. 7:21.
Obras de metal batido. 2 Crón. 9:15.
Propiciatorio y querubines. Ex. 25:17-18.
Recubrir arca, etc. Ex. 25:11-13.
Recubrir piso del templo. 1 Rey. 6:30.
Recubrir querubín en templo.
  2 Crón. 3:10.
Recubrir tabernáculo. Ex. 36:34,38.
Recubrir templo. 1 Rey. 6:21-22.
Recubrir trono de Salomón.
  1 Rey. 10:18.
Sofás. Est. 1:6.
Utensilios sagrados. Ex. 25:29,38;
  2 Crón. 4:19-22.
Vajilla. 1 Rey. 10:21; Est. 1:7.
Vestimentas. Sal. 45:9,13.
Vanidad de amontonar mucho. Ecl. 2:8,11.
Vestidos de sacerdotes y reyes adornados
  con. Ex. 28:4-6; Sal. 45:9,13.

O

ORO, REGLA DE

Declarada por Cristo. Luc. 6:31.
Es la ley y los profetas. Mat. 7:12.

OSCURIDAD

Ver Tinieblas

OSO

Destruiría a muchachos de Bet-el que se
burlaron de Eliseo. 2 Rey. 2:24.
Ferocidad de. 2 Sam. 17:8;
Prov. 17:12; 28:15; Isa. 11:7; 59:11;
Lam. 3:10; Os. 13:8; Amós 5:19.
Matado por David. 1 Sam. 17:34-37.
Uso simbólico. Dan. 7:5; Apoc. 13:2.

OVEJA

Al cuidado del hombre desde tiempos
antiguos. Gén. 4:4.
Balido de, alusión a. Jue. 5:16;
1 Sam. 15:14.
Constituía gran parte de riqueza de
patriarcas. Gén. 13:5; 25:35; 26:14.
Crías de, llamados corderos. Ex. 12:3;
Isa. 11:6.

Descripción
Ágil. Sal. 114:4,6.
Cubierta de vellón. Job 31:20.
Inocente. 2 Sam. 24:17.
Perspicaz. Juan 10:4-5.
Prolífica. Sal. 107:41; 144:13; Cant. 4:2;
Ezeq. 36:37.
Diezmo de, dado a levitas. 2 Crón. 31:4-6.
Falsos profetas asumen apariencia simple de.
Mat. 7:15.

Frecuentemente
Destruida por animales salvajes.
Jer. 50:17; Miq. 5:8; Juan 10:12.
Entregada como tributo. 2 Rey. 3:4;
2 Crón. 17:11.

Llevadas a la guerra en gran cantidad.
Jue. 6:4; 1 Sam. 14:32; 1 Crón. 5:21;
2 Crón. 14:15.
Obsequiada como presente.
2 Sam. 17:29; 1 Crón. 12:40.
Sucumbía a plagas. Ex. 9:3.

Ilustrativa de
Impíos (en muerte). Sal. 49:14.
Judíos. Sal. 74:1; 78:52; 79:13.
Los no regenerados (cuando están
perdidas). Mat. 10:6.
Paciencia, etc., de Cristo (en su paciencia
y simplicidad). Isa. 53:7.
Pecadores restaurados (cuando se las
encuentra). Luc. 15:5,7.
Pueblo de Cristo. Juan 10:7-26; 21:16-17;
Heb. 13:20; 1 Ped. 5:2.
Quienes están bajo juicio de Dios.
Sal. 44:11.
Quienes se han alejado de Dios (en su
tendencia a descarriarse). Sal. 119:176;
Isa. 53:6; Ezeq. 34:16.
Separación de creyentes de entre impíos
(cuando son separadas de entre
cabritos). Mat. 25:32-33.
Lana de, para hacer ropa. Job 31:20;
Prov. 31:13; Ezeq. 34:3.
Leche de, usada como alimento.
Deut. 32:14; Isa. 7:21-22; 1 Cor. 9:7.
Limpia y apta para comida. Deut. 14:4.

Lugares famosos por sus
Basán. Deut. 32:14.
Bosra. Miq. 2:12.
Cedar. Ezeq. 27:21.
Nebaiot. Isa. 60:7.
Machos de, llamados carneros.
1 Sam. 15:23; Jer. 51:40.
Ofrecida en sacrificio desde tiempos
antiguos. Gén. 4:4; 8:20; 15:9-10.
Ofrecida en sacrificio según ley. Ex. 20:24;
Lev. 1:10; 1 Rey. 8:5,63.

Pieles de, convertidas en cubiertas para
tabernáculo. Ex. 25:5; 36:19; 39:34.
Pieles de, vestidos para pobres. Heb. 11:37.

Primogénito de

Carne de, muy usada como comida.
1 Sam. 25:18; 1 Rey. 1:19; 4:23;
Neh. 5:18; Isa. 22:13.
No dedicarlo como ofrenda voluntaria.
Lev. 27:26.
No esquilarlo. Deut. 15:19.
No redimirlo. Núm. 18:17.
Primera lana de, dada a sacerdotes.
Deut. 18:4.

Rebaños de

A menudo cubrían pasturas. Sal. 65:13.
Bebían agua diariamente. Gén. 29:8-10;
Ex. 2:16-17.
Conducidos a pastos mejores. Sal. 23:2.
Cuidados por miembros de familia.
Gén. 29:6; Ex. 2:16; 1 Sam. 16:11.

Cuidados por siervos. 1 Sam. 17:20;
Isa. 61:5.
Descansaban a mediodía. Sal. 23:2, con
Cant. 1:7.
Guardados en rediles. 1 Sam. 24:3;
2 Sam. 7:8; Juan 10:1.
Guardados por perros. Job 30:1.
Huían de extraños. Juan 10:5.
Se alimentaban en montañas. Ex. 3:1;
Ezeq. 34:6,13.
Se alimentaban en valles. Isa. 65:10.
Seguían al pastor. Juan 10:4,27.
Se llevaban y esquilaban todos los años.
Cant. 4:2.
Tiempo de esquila, tiempo de gozo.
1 Sam. 25:2,11,36; 2 Sam. 13:23.

OVEJAS, PUERTA DE LAS

Antigua puerta en Jerusalén.
Neh. 3:1,32; 12:39; Juan 5:2.

O

P

PACIENCIA
Creyentes la reciben de Dios. Col. 1:11.
Cristo, ejemplo de. Isa. 53:7, con
Hech. 8:32; Mat. 27:14.

Debe ir acompañada de
Dominio propio. 2 Ped. 1:6.
Fe. 2 Tes. 1:4; Heb. 6:12; Apoc. 13:10.
Gozo. Col. 1:11.
Longanimidad. Col. 1:11.
Piedad. 2 Ped. 1:6.

Debe practicarse al
Aguardar esperanza del evangelio.
Rom. 8:25; Gál. 5:5.
Correr la carrera. Heb. 12:1.
Esperar a Cristo. 1 Cor. 1:7; 2 Tes. 3:5.
Esperar en Dios. Sal. 37:7; 40:1.
Esperar salvación de Dios. Lam. 3:26.
Hacer bien. Rom. 2:7; Gál. 6:9.
Llevar yugo. Lam. 3:27.
Pasar por problemas. Luc. 21:19;
Rom. 12:12.
Presentar frutos. Luc. 8:15.
Dios es Dios de. Rom. 15:5.
Elogio a la. Ecl. 7:8; Apoc. 2:2-3.
Ilustrada. Sant. 5:7.
Mandamiento. Tito 2:2; 2 Ped. 1:6.
Ministros del evangelio deben
seguirla. 1 Tim. 6:11.
Necesaria para heredar promesas.
Heb. 6:12; 10:36.

Produce
Esperanza. Rom. 15:4.

Experiencia. Rom. 5:4.
Pruebas de creyentes llevan a. Rom. 5:3;
Sant. 1:3.
Quienes están en autoridad deben tener.
Mat. 18:26; Hech. 26:3.
Sufrir con, por hacer bien, aceptable ante
Dios. 1 Ped. 2:20.
Tener, para con todos. 1 Tes. 5:14.

PACIENCIA DE DIOS
Ver Dios, Paciencia de

PACTO
A menudo, Dios invocado como testigo en.
Gén. 31:50,53.
Acuerdo entre 2 partes. Gén. 26:28;
Dan. 11:6.

Condiciones
Confirmadas con juramento.
Gén. 21:23,31; 26:31.
Escrito y sellado. Neh. 9:38; 10:1.
Especificadas claramente. 1 Sam. 11:1-2.
Presenciado. Gén. 23:17-18; Rut 4:9-11.

Ilustrativo de
Buenas resoluciones. Job 31:1.
Contrato matrimonial. Mal. 2:14.
Determinación del pueblo de servir a
Dios. 2 Rey. 11:17; 2 Crón. 15:12;
Neh. 10:29.
Paz y prosperidad (con piedras y animales
del campo). Job 5:23; Os. 2:18.
Promesas de Dios a seres humanos.
Gén. 9:9-11; Ef. 2:12.

Seguridad terrenal (con muerte e infierno). Isa. 28:15,18.

Judíos

Condenados por hacer, con naciones idólatras. Isa. 30:2-5; Os. 12:1.

Frecuentemente hacían, con otras naciones. 1 Rey. 5:12; 2 Rey. 17:4.

Prohibido hacer, con naciones de Canaán. Ex. 23:32; Deut. 7:2.

Se consideraban sagrados. Jos. 9:16-19; Sal. 15:4.

Motivos

Establecer amistad. 1 Sam. 18:8.

Establecer paz. Jos. 9:15-16.

Procurar ayuda durante guerra. 1 Rey. 15:18-19.

Promover comercio. 1 Rey. 5:6-11.

Protección mutua.
Gén. 26:28-29; 31:50-52.

Vender tierras. Gén. 23:14-16.

Nombres de lugares donde se hicieron. Gén. 21:31; 31:47-49.

Ratificado tomándose manos. Ezeq. 17:18.

Sal, señal de permanencia en. Núm. 18:19; 2 Crón. 13:5.

Se daban obsequios en señal de.
Gén. 21:27-30; 1 Sam. 18:3-4.

Se hacían al caminar entre animales de sacrificio divididos. Gén. 15:9-17; Jer. 34:18-19.

Se levantaban pilares en señal de.
Gén. 31:45-46.

Seguido con fiesta. Gén. 26:30; 31:54.

Una vez confirmado, inalterable. Gál. 3:15.

Violados por impíos. Rom. 1:31; 2 Tim. 3:3.

PACTO DIVINO

Acordarse de. 1 Crón. 16:15.

Advertencia contra olvido del. Deut. 4:23.

Bendiciones relacionadas con. Isa. 56:4-7; Heb. 8:10-12.

Castigo por despreciar. Heb. 10:29-30.

Confirmado en Cristo. Gál. 3:17.

Cristo, mediador del. Heb. 8:6; 9:15; 12:24.

Cristo, mensajero del. Mal. 3:1.

Cristo, sustancia del. Isa. 42:6; 49:8.

Cumplido en Cristo. Luc. 1:68-79.

De paz. Isa. 54:9-10; Ezeq. 34:25; 37:26.

Dios siempre recuerda. Sal. 105:8; 111:5; Luc. 1:72.

Dios, fiel al. Deut. 7:9; 1 Rey. 8:23; Neh. 1:5; Dan. 9:4.

Hecho con

Abraham. Gén. 15:7-18; 17:2-14; Luc. 1:72-75; Hech. 3:25; Gál. 3:16.

David. 2 Sam. 23:5; Sal. 89:3-4.

Isaac. Gén. 17:19,21; 26:3-4.

Israel. Ex. 6:4; Hech. 3:25.

Jacob. Gén. 28:13-14, con 1 Crón. 16:16-17.

Impíos no tienen interés en. Ef. 2:12.

Implorar, en oración. Sal. 74:20; Jer. 14:21.

Inalterable. Sal. 89:34; Isa. 54:10; 59:21; Gál. 3:17.

Para siempre. Sal. 111:9; Isa. 55:3; 61:8; Ezeq. 16:60-63; Heb. 13:20.

Ratificado por sangre de Cristo.
Heb. 9:11-14,16-23.

Renovado con evangelio. Jer. 31:31-33; Rom. 11:27; Heb. 8:8-10,13.

Todos los creyentes interesados en.
Sal. 25:14; 89:29-37; Heb. 8:10.

PADRE

Dios como

Amor de. 1 Juan 3:1.

Celestial. Mat. 6:9; 23:9.

De Jesús. Luc. 2:49; Juan 8:49; 15:1.

Eligió hijo. 1 Crón. 28:6.

Eterno. Isa. 9:6.

Espiritual

De Onésimo. Filem. 1:10.

De pobres. Job 29:16.
De todos quienes creen. Rom. 4:11.
Sólo uno. 1 Cor. 4:15.

Natural
Debe honrarse. Ex. 20:12; Ef. 6:2.
Deberes. Ef. 6:4.
Felicidad del. Prov. 10:1.
Mesías haría más benévolo al. Mal. 4:6.
No debe deshonrarse. Prov. 20:20.

PADRES

Cuando son fieles
Dejan bendición a sus hijos. Sal. 112:2;
Isa. 65:23.
Sus hijos los bendicen. Prov. 31:28.

Cuando son malvados
Dejan mal ejemplo a hijos. Ezeq. 20:18;
Amós 2:4.
Instruyen a hijos en maldad. Jer. 9:14;
1 Ped. 1:18.

Deberes para con hijos
Amarlos. Juan 13:35; 15:12; Tito 2:4.
Aprovechar tiempo. Prov. 4:3-4;
Ef. 5:15-16.
Bendecirlos. Gén. 48:15; Heb. 11:20.
Corregirlos.
Prov. 13:24; 19:18; 23:13; 29:17;
1 Tim. 3:4; Heb. 12:7.
Darles provisión. Job 42:15;
2 Cor. 12:14; 1 Tim. 5:8.
Enseñarles palabra de Dios.
Deut. 4:9; 11:19; Isa. 38:19.
Hablarles de juicios de Dios. Joel 1:3.
Hablarles de maravillas de Dios. Ex. 10:2;
Sal. 78:4.
Instruirlos. Gén. 18:19;
Deut. 4:9; 6:7; 11:19; Sal. 78:1-8;
Prov. 4:3-4; 22:6; Isa. 38:19; Ef. 6:4; 2
Tim 3:14-15.
Instruirlos en cosas de Dios. Prov. 22:6;
Ef. 6:4.

Llevarlos a Cristo. Mat. 19:13-14.
Mandarles que obedezcan a Dios.
Deut. 32:46; 1 Crón. 28:9.
No alentar relaciones inconvenientes.
Gén. 24:1-4; 28:1-2.
No provocarlos. Ef. 6:4; Col. 3:21.
Orar por ellos. 1 Tes. 5:17.
Tener compasión de ellos. Sal. 103:13.
Tratarlos justamente. Deut. 21:15-17.
Hijos malos, causa de dolor para sus.
Prov. 10:1; 17:25.
Negligencia de, castigada severamente.
1 Sam. 3:13.
Pecados de, castigados en hijos. Ex. 20:5;
Isa. 14:20; Lam. 5:7.

PAGO

A hombres
Debe realizarse a tiempo. Prov. 12:14.
No con misma moneda sino con espíritu
de gracia. Luc. 6:35; 1 Ped. 3:9.

Por lo que hacemos
Abundante siembra produce abundante
cosecha. 2 Cor. 9:6.
Obrero es digno de salario. 1 Tim. 5:18.
Paga del pecado es muerte. Rom. 6:23.
Será con la medida que medimos.
Luc. 6:38.

PAJA

Como comida para animales. Gén. 24:32.
Para ladrillos. Ex. 5:7.
Sentido literal. Jer. 23:28.
Sentido simbólico. Job 21:18; Sal. 1:4; 35:5;
Isa. 5:24; 17:13; Dan. 2:35; Os. 13:3;
Mat. 3:12; Luc. 3:17.

PALABRA DE DIOS
Ver también Biblia; Escrituras

Ánimo a escudriñar. Juan 5:39; 7:52.

P

Comparada con espada de 2 filos.
Heb. 4:12.

Comparada con semilla.
Mat. 13:3-8,18-23,37-38.

Convicción de pecado al leer.
2 Rey. 22:9-13; 2 Crón. 17:7-10; 34.

Cumplida por Jesús. Mat. 5:17.

Enseñada por apóstoles.
Hech. 2; 3; 8:32,35.

Escudriñada. Hech. 17:11.

Estándar de juicio. Juan 12:48; Rom. 2:16.

Explicada. Neh. 8:8.

Explicada por Jesús.
Luc. 4:16-27; 24:27,45.

Leerse públicamente. Deut. 31:11-13;
Jos. 8:33-35; 2 Rey. 23:2;
2 Crón. 17:7-9; Neh. 8:1-8,13,18;
Jer. 36:6; Hech. 13:15,27; Col. 4:16;
1 Tes. 5:27.

Llamada
Buena palabra de Dios. Heb. 6:5.
Escrituras. 1 Cor. 15:3.
Espada del espíritu. Ef. 6:17.
Ley de Jehová. Sal. 1:2; Isa. 30:9.
Libro. Sal. 40:7, Apoc. 22:19.
Libro de Jehová. Isa. 34:16.
Libro de la ley. Neh. 8:3; Gál. 3:10.
Libro de la verdad. Dan. 10:21.
Palabra. Sant. 1:21-23.
Palabra de Cristo. Col. 3:16.
Palabra de verdad. 2 Tim. 2:15;
Sant. 1:18.
Palabra de vida. Fil. 2:16.
Sagradas Escrituras. Rom. 1:2;
2 Tim. 3:15.

No adulterarla. 2 Cor. 4:2.

No agregar ni sacar de. Deut. 4:2; 12:32;
Apoc. 22:18-19.

Pueblo atiende, y responde diciendo
"amén". Neh. 8:5-6; Ex. 24:7;
Deut. 27:12-26.

Testifica de Cristo. Juan 5:39.

Texto de, debía escribirse en dintel.
Deut. 6:9; 11:20.

PALABRAS

Como una tormenta. Job 8:2.

De chismosos, heridas para alma.
Prov. 18:8.

De Jesús
Espíritu y vida. Juan 6:63.
Juzgarán. Juan 12:47,48.
Llenas de gracia. Luc. 4:22.
Vida eterna. Juan 6:68.

De los sabios
Apropiadas, como manzanas de oro en
figuras de plata. Prov. 25:11.
Como aguijones y clavos bien puestos.
Ecl. 12:11.
Dichas a tiempo. Prov. 15:23; Ecl. 10:12.
Llenas de gracia. Ecl. 10:12.

De un maestro, deben ser comprensibles.
1 Cor. 14:9,19.

Deben ser aceptables para Dios. Sal. 19:14.

Del hombre perfecto
No ofenden. Sant. 3:2.

Del necio, causan su ruina. Ecl. 10:12-14.

En multitud de, hay pecado. Prov. 10:19.

Engañosas. Prov. 6:2.

Inefables, Pablo oyó en el paraíso.
2 Cor. 12:4.

Necio, conocido por multitud de. Ecl. 5:3.

No provechosas, deben evitarse.
2 Tim. 2:14.

Ociosas, dar cuenta de ellas en día del juicio.
Mat. 12:36-37.

Presurosas, necedad de. Prov. 29:20.

Sin sabiduría, oscurecen consejo. Job 38:2.

Suaves, engañan al simple. Rom. 16:18.

Vanas, no prestarles atención. Ex. 5:9;
Ef. 5:6.

P

PALACIOS

A menudo objeto de castigos
  A menudo depósito de saqueos.
    Amós 3:10.
  Abandonados. Isa. 32:14.
  Araña llega a estar en. Prov. 30:28.
  Escenas de derramamiento de sangre.
    Jer. 9:21.
  Llenos de espinos, etc. Isa. 34:13.
  Morada de hienas, etc. Isa. 13:22.
  Quemados. 2 Crón. 36:19; Jer. 17:27.
  Saqueados. Amós 3:11.
De David. 2 Sam. 7:2.

De reyes
  A menudo tenían sirvientes eunucos.
    2 Rey. 20:18; Dan. 1:3-4.
  Amoblados con esplendidez. Est. 1:6.
  Con guardia severa. 2 Rey. 11:5-6.
  Contenía tesoros del rey. 1 Rey. 15:18;
    2 Crón. 12:9.
  Decretos reales promulgados desde.
    Est. 3:15; 8:14.
  Decretos reales se guardaban en. Esd. 6:2.
  Llamados casa del rey. 2 Rey. 25:9;
    2 Crón. 7:11.
  Llamados casa para el reino.
    2 Crón. 2:1,12.
  Llamados casa real. Est. 1:9.
  Llamados palacio real. Est. 1:5.
  Mantenían a todos los siervos del rey.
    Esd. 4:14; Dan. 1:5.
  Rodeados de jardines. Est. 1:5.
  Vestidos espléndidos, apropiados para.
    Luc. 7:25.
De Salomón. 1 Rey. 7:1-12.
En Babilonia. Dan. 4:29; 5:5; 6:18.
En Susa. Neh. 1:1; Est. 1:2; 7:7; Dan. 8:2.
Figurativamente, gobierno. Amós 1:12; 2:2;
  Nah. 2:6.

Ilustrativos de
  Esplendor de iglesia. Cant. 8:9.

Hijos piadosos de creyentes. Sal. 144:12.
Lugar del dominio de Satanás.
  Luc. 11:21.
Jerusalén famosa por. Sal. 48:3,13.
Para reyes. 1 Rey. 21:1.
Proclamas anunciadas desde. Amós 3:9.
Se entraba a ellos por puertas. Neh. 2:8.

Término aplicado a
  Casas de hombres importantes.
    Amós 3:9; Miq. 5:5.
  Residencias de reyes. Dan. 4:4; 6:18.

Dato geográfico

PALESTINA

La tierra de Palestina recibió su nombre de los pueblos del mar Egeo conocidos como filisteos, y de donde deriva Palestina. La región tiene cuatro zonas topográficas principales. De oeste a este son: la franja costera, el territorio montañoso central, la fisura del Jordán y las colinas de Transjordania (la actual Jordania). Estas regiones, con variaciones, son características de toda Siria-Palestina (Siria, Líbano, Israel, la franja de Gaza y Jordania de la actualidad).

P

PALMERA

A veces se armaban tiendas bajo sombra de.
  Jue. 4:5.
Débora juzgó a Israel sentada bajo. Jue. 4:5.

Descripción
  Alta. Cant. 7:7.
  Derecha. Jer. 10:5.
  Fructífera aun cuando es vieja. Sal. 92:14.
En templo de visión de Ezequiel.
  Ezeq. 40:16; 41:18.

Figurativamente, prosperidad de los justos.
Sal. 92:12.
Formas de, esculpidas en paredes y puertas
del templo de Salomón.
1 Rey. 6:29,32,35; 2 Crón. 3:5.

Ilustrativa de
Ídolos que parecen derechos. Jer. 10:5.
La iglesia. Cant. 7:7-8.
Los justos. Sal. 92:12.
Jericó conocida como "ciudad de las".
Deut. 34:3.
Jericó, famosa por. Deut. 34:3; Jue. 1:16.
Necesita tierra húmeda y fértil. Ex. 15:27.
Primera mención de, en Escritura.
Ex. 15:27.

Ramas, usos de
Emblema de victoria. Apoc. 7:9.
Para fiesta de tabernáculos. Lev. 23:40.
Se construían cabañas. Neh. 8:15.
Se extendieron ante Cristo. Juan 12:13.
Se secó como castigo. Joel 1:12.
Símbolo de victoria. Apoc. 7:9.

PALMO MENOR

Medida de unos 10 cm (4 pulgadas).
Ex. 25:25.

PALOMA

Caracterizada por
Abundante plumaje. Sal. 68:13.
Anuncia primavera. Cant. 2:12.
Atractivo. Cant. 2:14.
Belleza de ojos. Cant. 1:15.
Dulzura de voz. Cant. 2:14.
Frecuenta arroyos y ríos. Cant. 5:12.
Limpia, usada como comida.
Deut. 14:11.
Sencillez. Mat. 10:16.
Vive en rocas. Cant. 2:14; Jer. 48:28.
Enviada por Noé desde arca.
Gén. 8:8,10,12.

Gemidos de, alusión a. Nah. 2:7.

Ilustrativo de
Convertidos a la iglesia. Isa. 60:8.
Espíritu Santo. Mat. 3:16; Juan 1:32.
Iglesia. Cant. 2:14; 5:2.
Mansedumbre de Cristo. Cant. 5:12.
Quienes hacen duelo. Isa. 38:14; 59:11.
Regreso de Israel de cautividad.
Os. 11:11.
Ofrecida en sacrificio. Gén. 15:9; Lev. 1:14.
Por qué se considera símbolo de paz.
Gén. 8:11.
Vendida impíamente en atrio del templo.
Mat. 21:12; Juan 2:16.

Vida cotidiana

PAN

L as siete palabras hebreas para referirse al pan aparecen 384 veces en el Antiguo Testamento, y 3 palabras hebreas aparecen 108 veces en el Nuevo. Dicha frecuencia es indicación de que el pan era el alimento básico de la mayoría, con excepción de los nómadas y los ricos.

PAN

A menudo entregado como presente.
1 Sam. 25:18; 2 Sam. 16:2;
1 Crón. 12:40.
A menudo para aludir a alimento del
hombre. Gén. 3:19; 39:6; Mat. 6:11.
A veces sin levadura. Ex. 12:18; 1 Cor. 5:8.
Abundancia de, prometido a obedientes.
Lev. 26:5.
Alimento principal en antigüedad.
Gén. 18:5; 21:14; 27:17; Jue. 19:5.

Cocido
Debajo del rescoldo. Gén. 18:6.
En hornos. Lev. 26:26; Os. 7:4-7.
Sobre fuego. Isa. 44:19; Juan 21:9.
Dado por Dios. Rut 1:6; Mat. 6:11.
En tiempos de escasez, vendido al peso.
Lev. 26:26; Ezeq. 4:16.
Escasez de, enviada como castigo.
Sal. 105:16; Isa. 3:1; Ezeq. 4:16.
Generalmente con levadura. Lev. 23:17;
Mat. 13:33.
Grano molido para hacer. Isa. 28:28.
Guardado en canastos. Gén. 40:16;
Ex. 29:32.
Hacer, oficio. Gén. 40:2; Jer. 37:21.

Hecho de
Cebada. Jue. 7:13; Juan 6:9.
Maná (en desierto). Núm. 11:8.
Millo, avena, etc. Ezeq. 4:9.
Trigo. Ex. 29:2; Sal. 81:16.

Ilustrativo de
Abundancia cuando hay mucho.
Deut. 8:9; Ezeq. 16:49.
Aflicción (de angustia). Isa. 30:20.
Comunión de creyentes, al participar de.
Hech. 2:46; 1 Cor. 10:17.
Cristo. Juan 6:33-35.
Ganancia ilegítima (de mentira).
Prov. 20:17.
Muerte de Cristo, cuando se parte.
Mat. 26:26, con 1 Cor. 11:23-24.
Opresión (de maldad). Prov. 4:17.
Pereza (de balde). Prov. 31:27.
Pobreza, cuando no hay. 1 Sam. 2:36;
Sal. 37:25; Prov. 12:9; Isa. 3:7;
Lam. 1:11.
Tristeza (de lágrimas). Sal. 80:5.
Migas de, usada para limpiarse dedos,
arrojadas bajo mesa. Mat. 15:27;
Luc. 16:21.
Multitudes alimentadas milagrosamente por
Cristo con. Mat. 14:19-21; 15:34-37.

Normal, llamado común. 1 Sam. 21:4.
Nutre y sustenta. Sal. 104:15.
Ofrecido con sacrificios. Ex. 29:2,23;
Núm. 28:2.
Partido para comerlo. Lam. 4:4;
Mat. 14:19.
Primicias de, ofrecidas a Dios.
Núm. 15:19-20.
Producido por la tierra. Job 28:5; Isa. 55:10.
Puesto en mesa del, de la proposición.
Ex. 25:30.
Sagrado. 1 Sam. 21:4,6.
Se amasaba. Gén. 18:6; Jer. 7:18; Os. 7:4.

Se daba forma de
Hogaza común. Mat. 14:17.
Hojuelas. Ex. 16:31; 29:23.
Torta. 1 Sam. 10:3-4; 1 Rey. 17:13.
Servido después de funerales.
Ezeq. 24:17-22.
Vendido públicamente. Mat. 14:15; 15:33.
Y agua, comida en cárceles. 1 Rey. 22:27.

Es así

PAN DE LA PROPOSICIÓN

E l pan de la proposición era un pan sagrado, probablemente de cebada o de trigo, que se presentaba ante Dios como un sacrificio continuo (Ex. 25:30). Los sacerdotes, entonces, comían el pan viejo a medida que se reemplazaba por el nuevo (Lev. 24:5-9).

PAN DE LA PROPOSICIÓN
Colocados en 2 hileras sobre mesa.
Ex. 25:30,40:23; Lev. 24:6.

Colocados en lado norte del tabernáculo.
Ex. 40:22; Heb. 9:2.

Ilustrativo de
Cristo como pan de vida. Juan 6:48.
Iglesia. 1 Cor. 5:7; 10:17.
Incienso se colocaba sobre. Lev. 24:7.
Llamado pan sagrado. 1 Sam. 21:4.
Materiales para, proporcionados por
pueblo. Lev. 24:8; Neh. 10:32-33.

Mesa de
Cubierta de oro. Ex. 25:24.
Dimensiones, etc., de. Ex. 25:23.
Instrucciones para sacar. Núm. 4:7.
Tenía anillos de oro en esquinas para
varas. Ex. 25:26-27.
Tenía borde ornamental. Ex. 25:25.
Tenía platos, cucharas, cubiertos y
tazones de oro. Ex. 25:29.
Tenía varas de madera de acacia cubiertas
con oro. Ex. 25:28.
Preparados por levitas. 1 Crón. 9:32; 23:29.
Se cambiaban cada día de reposo. Lev. 24:8.
Sólo sacerdotes podían comerlo, excepto en
casos extremos. 1 Sam. 21:4-6, con
Mat. 12:4.
Tortas de flor de harina (doce). Lev. 24:5.
Una vez sacados de la mesa, se daban a
sacerdotes. Lev. 24:9.

PÁNICO

En ejércitos. Lev. 26;17; Deut. 32:30;
Jos. 23:10; Sal. 35:5.
Enviado por Dios. Gén. 35:5; Ex. 15:14-16;
Jue. 7:22; 1 Sam. 14:15-20; 2 Rey. 7:6,7;
2 Crón. 20:22,23.

PANTOMIMA

Por parte de Agabo. Hech. 21:11.
Por parte de Ezequiel. Ezeq. 4:1-8; 12:18.
Por parte de Isaías. Isa. 20:2-3.

Ahora lo sabe

PARÁBOLA

Una parábola es una comparación basada en la naturaleza o la vida cotidiana a fin de enseñar una verdad espiritual. La palabra significa "poner lado a lado con propósitos de comparación y nuevo entendimiento". En los Evangelios sinópticos (Mateo, Marcos y Lucas) hay entre 50 y 60 parábolas, y en Juan encontramos 10 más. Jesús relató parábolas para proporcionar una visión de la vida, especialmente de la vida en el reino de Dios.

PAPIRO
Cañas crecían en Egipto. Ex. 2:3.

PARÁBOLAS

De Cristo
Acreedores y deudores. Luc. 7:41-47.
Amigo persistente. Luc. 11:5-9.
Árbol y su fruto. Luc. 6:43-45.
Buen pastor. Juan 10:1-6.
Buen samaritano. Luc. 10:30-37.
Casa dividida contra sí misma. Mar. 3:25.
Ciegos que guían a ciegos. Luc. 6:39.
Cizaña. Mat. 13:24-30,36-43.
Constructor de torre. Luc. 14:28-30,33.
Constructor sabio y constructor necio.
Mat. 7:24-27.
Diez vírgenes. Mat. 25:1-13.
Dos hijos. Mat. 21:28-32.
Espíritu inmundo. Mat. 12:43.
Fariseo y cobrador de impuestos.
Luc. 18:9-14.
Fiesta de bodas. Mat. 22:2-14.
Higuera estéril. Luc. 13:6-9.

Hijo pródigo. Luc. 15:11-32.

Hojas de higuera. Mat. 24:32-34.

Hombre fuerte armado. Mar. 3:27;
Luc. 11:21.

Hombre invitado a fiesta. Luc. 14:7-11.

Hombre que sale de viaje. Mar. 13:34-37.

Labradores malvados. Mat. 21:33-45.

Levadura. Mat. 13:33.

Mayordomo astuto. Luc. 16:1-8.

Minas. Luc. 19:12-27.

Moneda perdida. Luc. 15:8-10.

Nubes y viento. Luc. 12:54-57.

Obreros contratados. Mat. 20:1-16.

Oveja perdida. Luc. 15:3-7.

Padre de familia vigilante. Mat. 24:43.

Paja y viga. Luc. 6:41-42.

Paño nuevo en vestido viejo. Mat. 9:16.

Perla de gran precio. Mat. 13:45-46.

Quienes están de bodas. Mat. 9:15.

Red arrojada al mar. Mat. 13:47-50.

Reino dividido contra sí mismo.
Mar. 3:24.

Rey que va a guerra. Luc. 14:31-33.

Rico necio. Luc. 12:16-21.

Rico y Lázaro. Luc. 16:19-31.

Sal insípida. Luc. 14:34-35.

Sembrador. Mat. 13:3,18; Luc. 8:5,11.

Semilla de mostaza. Mat. 13:31-32;
Luc. 13:19.

Semilla que crece secretamente.
Mar. 4:26-29.

Siervo sin misericordia. Mat. 18:23-35.

Siervos fieles y malvados. Mat. 24:45-51.

Talentos. Mat. 25:14-30.

Tesoro escondido en campo. Mat. 13:44.

Vela encendida. Mar. 4:21;
Luc. 11:33-36.

Vid y pámpanos. Juan 15:1-5.

Vino en odres nuevos y viejos. Mat. 9:17.

Viuda persistente. Luc. 18:1-8.

En Antiguo Testamento. Jue. 9:8-15;
2 Sam. 12:1-4; 14:5-7.

PARADOJA

Era el apóstol, pero era nada.
2 Cor. 12:4-11.

Hacerse el sabio y ser ignorante.
1 Cor. 3:18.

Sobre riquezas y pobreza. Prov. 13:7.

Tenerlo todo y no poseer nada.
2 Cor. 6:4-10.

PARAÍSO

Lugar de espíritus glorificados. Luc. 23:43;
2 Cor. 12:4; Apoc. 2:7.

PARÁLISIS

Sanada por Felipe. Hech. 8:7.

Sanada por Jesús. Mat. 4:24.

Sanada por Pedro. Hech. 9:33,34.

PAREDES

Ver Muros

En otras palabras...

PARAÍSO

Paraíso es una antigua palabra persa que significa literalmente "cercado" o "parque arbolado", y se usa en el Antiguo Testamento para hablar del bosque del rey Artajerjes (Neh. 2:8) y de jardines y huertos (Ecl. 2:5: Cant. 4:13). Las tres veces que aparece en el Nuevo Testamento se refiere al cielo, el lugar en que habitan los justos que han muerto. El Antiguo Testamento griego (Septuaginta) usó la palabra "paraíso" para traducir las palabras hebreas que hacen alusión al huerto del Edén en Gén. 2-3.

P

PASAPORTE

Otorgado a Nehemías. Neh. 2:7-9.

PASAS

Abigail da uvas, a David. 1 Sam. 25:18.

Dadas el egipcio famélico para
  reanimarlo. 1 Sam. 30:12.

Ofrecidas a David en Siclag. 1 Crón. 12:40.

Siba da, a David. 2 Sam. 16:1.

Es así

PASCUA

P ascua (Lev. 23:4-5) indica
  liberación de la décima
  plaga en Egipto, la muerte
del primogénito (Ex. 11:4-7;
12:29-30). La observancia de este
evento tiene lugar en la primavera,
al comienzo de la cosecha de la
cebada.

PASCUA, FIESTA DE LA

Castigo por no guardar adecuadamente.
  2 Crón. 30:18,20.

Cena del Señor instituida durante.
  Mat. 26:26-28.

Comenzaba día 14 del primer mes a la tarde.
  Ex. 12:2,6,18; Lev. 23:5; Núm. 9:3.

Conmemoración de
  Liberación de Israel de esclavitud en
    Egipto. Ex. 12:17,42; 13:9; Deut. 16:3.
  Salvación de primogénitos. Ex. 12:12-13.

Cordero pascual se comía primer día de.
  Ex. 12:6,8.

Costumbre de liberar prisionero para.
  Mat. 27:15; Luc. 23:10-17.

Cristo siempre observó. Mat. 26:17-20;
  Luc. 22:15; Juan 2:13,23.

Debió observarse perpetuamente durante
  período mosaico. Ex. 12:14; 13:10.

Descuido de, castigado con muerte.
  Núm. 9:13.

Día anterior al sábado de, llamado
  preparación. Juan 19:14,31.

Duraba 7 días. Ex. 12:15; Lev. 23:6.

Extranjeros y siervos circuncidados podían
  celebrar. Ex. 12:44,48.

Gente en Jerusalén ofrecía aposentos para.
  Luc. 22:11-12.

Grandes celebraciones de
  Al dejar Egipto. Ex. 12:28,50.
  Al entrar en tierra prometida.
    Jos. 5:10-11.
  Antes de muerte de Cristo. Luc. 22:15.
  Durante reinado de Ezequías.
    2 Crón. 30:1.
  Durante reinado de Josías.
    2 Rey. 23:22-23; 2 Crón. 35:1,18.
  En desierto de Sinaí. Núm. 9:3-5.
  Luego del cautiverio. Esd. 6:19-20.

Hijos debían conocer naturaleza y propósito
  de. Ex. 12:26-27; 13:8.

Ilustra redención en Cristo. 1 Cor. 5:7-8.

Levadura
  Castigo por comer. Ex. 12:15,19.
  No comer nada con. Ex. 12:20.
  No debía haber nada de. Ex. 13:7;
    Deut. 16:4.
  No tener, en casas. Ex. 12:19.

Los no circuncidados no debían guardar.
  Ex. 12:43,45.

Llamada también
  Días de panes sin levadura.
    Hech. 12:3; 20:6.
  Fiesta de panes sin levadura. Mar. 14:1;
    Luc. 22:1.
  Pascua de Jehová. Ex. 12:11,27.
  Pascua de los judíos. Juan 2:13; 11:55.

Moisés la celebró por fe. Heb. 11:28.

Ordenada por Dios. Ex. 12:1-2.

P

Podía observarse segundo mes si uno no estaba limpio en tiempo señalado. Núm. 9:6-11; 2 Crón. 30:2-3,15.

Primer y último día de, santa convocación. Ex. 12:16; Núm. 28:18,25.

Primera gavilla de siega de cebada, ofrecida día siguiente al sábado en. Lev. 23:10-14.

Purificación, necesaria para correcta observancia de. 2 Crón. 30:15-19; Juan 11:55.

Sábado de, día de gran solemnidad. Juan 19:31.

Sacrificios durante. Lev. 23:8; Núm. 28:19-24.

Se comía pan sin levadura durante. Ex. 12:15; Deut. 16:3.

Todos los varones debían presentarse para. Ex. 23:17; Deut. 16:16.

PASTO

Ver Hierba

Vida cotidiana

PASTOREO

La ocupación principal de los israelitas durante los primeros tiempos patriarcales fue el pastoreo. A medida que aumentó el cultivo y la labranza, el pastoreo empezó a tenerse en menos estima y quedó relegado a hijos jóvenes, jornaleros y esclavos (comp. David en 1 Sam. 16:11-13). Algunos agricultores, por ejemplo los egipcios, llegaban a odiar a los pastores (Gén. 46:34). La Biblia menciona pastores y pastoreo más de 200 veces. Sin embargo, a la palabra hebrea para hablar de pastoreo a menudo se la traduce con la idea de "alimentar".

PASTORES

Ver también Ministros (religiosos)

Abominación para egipcios. Gén. 46:34.

Buenos pastores
Alimentan corderos. Jer. 23:4; 1 Ped. 5:2.
Hacen obra de evangelista. 2 Tim. 4:5.
Muestran pureza, conocimiento, paciencia, bondad, amor sincero, y el Espíritu Santo. 2 Cor. 6:6.
No se pelean. 2 Tim. 2:24.
No tratan de tener señorío sobre rebaño. 1 Ped. 5:3.
Se dedican a oración y ministerio de la Palabra. Hech. 6:4.
Sirven a Dios. Apoc. 22:3.
Son ejemplos para rebaño. 1 Ped. 5:3.
Son fieles. 1 Sam. 2:35.
Son ministros para bien. Rom. 13:4.

Contrataban guardias. 1 Sam. 17:20.

Cuidado de, hacia ovejas evidente al
Buscarlas cuando se han perdido. Ezeq. 34:12; Luc. 15:4-5.
Buscarles buen pasto. 1 Crón. 4:39-41; Sal. 23:2.
Conocerlas. Juan 10:14.
Contarlas cuando regresan de pastar. Jer. 33:13.
Cuidarlas cuando están enfermas. Ezeq. 34:16.
Cuidarlas de noche. Luc. 2:8.
Defenderlas de animales. 1 Sam. 17:34-36; Amós 3:12.
Ir delante de ellas y guiarlas. Sal. 77:20; 78:52; 80:1.
Tratarlas con ternura. Gén. 33:13-14; Sal. 78:71.

Generalmente llevaban bolsa. 1 Sam. 17:40.

Ilustrativos de
Cristo como buen pastor. Ezeq. 34:23; Zac. 13:7; Juan 10:14; Heb. 13:20.

P

Cristo en busca de perdidos (cuando buscan ovejas descarriadas). Ezeq. 34:12; Luc. 15:2-7.

Dios como líder de Israel. Sal. 77:20; 80:1.

Malos ministros del evangelio (cuando son ignorantes y necios). Isa. 56:11; Jer. 50:6; Ezeq. 34:2,10; Zac. 11:7-8,15-17.

Ministros del evangelio. Jer. 23:4.

Reyes como líderes del pueblo. Isa. 44:28; Jer. 6:3; 49:19.

Ternura de Cristo (por cuidado y ternura de ellos). Isa. 40:11; Ezeq. 34:13-16.

Infidelidad de ayuda contratada, alusión a. Juan 10:12.

Integrantes de familia, varones y mujeres, actuaban como. Gén. 29:6; 1 Sam. 16:11; 17:15.

Llevaban vara o cayado. Lev. 27:32; Sal. 23:4.

Pastores deficientes

Dispersan a ovejas. Jer. 23:1.

Hacen descarriar a ovejas. Jer. 50:6.

No se preocupan por ovejas. Juan 10:13.

No tienen entendimiento. Isa. 56:11.

No tienen sentido. Jer. 10:21.

Temprana alusión a. Gén. 4:2.

Vivían en tiendas mientras cuidaban ovejas. Cant. 1:8; Isa. 38:12.

PATRIA, AMOR A

Expresado durante cautiverio. Sal. 137:1-6.

PATRIARCA

Cabeza de familia. Hech. 7:9.

PATRICIDIO

De Senaquerib. 2 Rey. 19:37; Isa. 37:38.

PATRIARCA

Patriarca proviene de una palabra griega que significa "cabeza de una tribu o familia". El término por lo general se refiere a los primeros padres israelitas, Abraham (Heb. 7:4), Isaac y Jacob. Se usa de manera más amplia en cuanto a los doce hijos de Jacob (Hech. 7:7-9) y a David (Hech. 2:29).

PATRIOTISMO

Ejemplos de

Débora. Jue. 4:5.

Elí. 1 Sam. 4:17-18.

Esposa de Finees. 1 Sam. 4:19-22.

Hadad. 1 Rey. 11:21-22.

Joab. 2 Sam. 10:12.

Leprosos de Samaria. 2 Rey. 7:9.

Moisés. Heb. 11:24-26.

Nehemías. Neh. 1:2,4-11; 2:3.

Tribus de Zabulón y Neftalí. Jue. 5:18-20.

Urías. 2 Sam. 11:11.

Ejemplos de falta de

Habitantes de Meroz. Jue. 5:23.

Pueblos de Sucot y Peniel. Jue. 8:4-17.

Tribus de Rubén, Aser y Dan. Jue. 5:15-17.

PATRONES

Ver Amós

PAZ

Abundará en últimos días. Isa. 2:4; 11:13; 32:18.

Bendición de quien promueve. Mat. 5:9.

Bendición de. Sal. 133:1.

Creyentes deben
Amar. Zac. 8:19.
Buscar. Sal. 34:14, con 1 Ped. 3:11.
Cultivar. Sal. 120:7.
Hablar. Est. 10:3.
Seguir. 2 Tim. 2:22.
Seguir lo que contribuye a. Rom. 14:19.
Tener, unos con otros. Mar. 9:50;
1 Tes. 5:13.
Tratar de tener, con todos. Rom. 12:18;
Heb. 12:14.
Vivir en. 2 Cor. 13:11.

Dios concede paz a quien
Agrada al Señor. Prov. 16:7.
Lo obedece. Lev. 26:6.
Soporta su disciplina. Job 5:17,23-24.
Dios, autor de. Sal. 147:14; Isa. 45:7;
1 Cor. 14:33.

Es resultado de
Buscar, de aquellos con quienes vivimos.
Jer. 29:7.
Gobierno con Cristo. Isa. 2:4.
Orar por gobernantes. 1 Tim. 2:2.
Sabiduría celestial. Sant. 3:17.
Exhortar a otros a. Gén. 45:24.
Fruto de justicia se siembra en. Sant. 3:18.
Iglesia habrá de disfrutar. Sal. 125:5; 128:6;
Isa. 2:4; Os. 2:18.

Malos
Hablan, de manera hipócrita. Sal. 28:3.
No disfrutan. Isa. 48:22; Ezeq. 7:25.
No hablan. Sal. 35:20.
Odian. Sal. 120:6.
Se oponen a. Sal. 120:7.
Ministros del evangelio deben instar a.
2 Tes. 3:12.
Necesaria para disfrutar la vida.
Sal. 34:12,14, con 1 Ped. 3:10-11.
Orar por, de iglesia. Sal. 122:6-8.
Ventajas de. Prov. 17:1; Ecl. 4:6.
Vínculo de unión. Ef. 4:3.

PAZ ESPIRITUAL

Anunciada por ángeles. Luc. 2:14.
Bendición de ministros del evangelio debe
incluir. Núm. 6:26; Luc. 10:5.

Creyentes
Bendecidos con. Sal. 29:11.
Descansan en. Sal. 4:8.
Disfrutan. Sal. 119:165.
Gobernados por. Col. 3:15.
Guardados en perfecta. Isa. 26:3.
Guardados por. Fil. 4:7.
Mueren en. Sal. 37:37; Luc. 2:29.
Se desean, unos a otros. Gál. 6:16;
Fil. 1:2; Col. 1:2; 1 Tes. 1:1.
Tienen, con Dios. Isa. 27:5; Rom. 5:1.
Tienen, en Cristo. Juan 16:33.
Cristo da. Juan 14:27; 2 Tes. 3:16.
Cristo es nuestra. Ef. 2:14.
Cristo es Príncipe de. Isa. 9:6.
Cristo es Señor de. 2 Tes. 3:16.
Cristo guía a senda de. Luc. 1:79.

De creyentes
Abundante. Sal. 72:7; Jer. 33:6.
Consumada después de muerte. Isa. 57:2.
Grande. Sal. 119:165; Isa. 54:13.
Segura. Job 34:29.
Sobrepasa todo entendimiento. Fil. 4:7.
Debemos amar la. Zac. 8:19.
Dios da. Isa. 26:12.
Dios es Dios de. Rom. 15:33; 2 Cor. 13:11;
1 Tes. 5:23; Heb. 13:20.
Dios habla, a creyentes. Sal. 85:8.
Establecida por pacto. Isa. 54:10;
Ezeq. 34:25; Mal. 2:5.
Fruto del Espíritu. Rom. 14:17; Gál. 5:22.

Impíos
No conocen camino de. Isa. 59:8;
Rom. 3:17.
No conocen lo que lleva a. Luc. 19:42.
No hay, para. Isa. 48:22; 57:21.

P

Reciben promesas de, de falsos maestros.
Jer. 6:14.
Se prometen, a sí mismos. Deut. 29:19.
Por medio de expiación de Cristo. Isa. 53:5;
Ef. 2:14-15; Col. 1:20.

Predicada
A través de Cristo. Hech. 10:36.
Por Cristo. Ef. 2:17.
Por ministros del evangelio. Isa. 52:7, con
Rom. 10:15.

Prometida a
Creyentes. Sal. 72:3,7; Isa. 55:12.
Gentiles. Zac. 9:10.
Iglesia. Isa. 66:12.
Mansos. Sal. 37:11.
Pecadores descarriados que regresan.
Isa. 57:18-19.
Quienes confían en Dios. Isa. 26:3.
Sigue a la justificación. Rom. 5:1.
Sostiene durante pruebas.
Juan 14:27; 16:33.

Va de la mano de
Amar ley de Dios. Sal. 119:165.
Conocer a Dios. Job 22:21.
Fe. Rom. 15:13.
Justicia. Isa. 32:17.
Ocuparse del Espíritu. Rom. 8:6.

PECADO

Ver también Pecado, Confesión de; Pecado,
Convicción de; Pecado imperdonable;
Pecados nacionales; Pecados, Perdón de;
Pecado, Remisión de

Al consumarse produce muerte. Sant. 1:15.
Alcanzará a impíos. Núm. 32:23.
Bendiciones retenidas en razón del.
Jer. 5:25.

Conduce a
Inquietud. Sal. 38:3.
Vergüenza. Rom. 6:21.

Creyentes
Deciden no participar en. Job 34:32.
Están muertos al. Rom. 6:2,11;
1 Ped. 2:24.
No pueden vivir en. 1 Juan 3:9; 5:18.
Profesan haber terminado con.
1 Ped. 4:1.
Se aborrecen a sí mismos por. Job 42:6;
Ezeq. 20:43.
Se avergüenzan de haber cometido.
Rom. 6:21.
Son liberados del. Rom. 6:18.
Todavía conservan residuos de.
Rom. 7:17,23, con Gál. 5:17.
Cristo vino para quitar. Juan 1:29;
1 Juan 3:5.

Debemos
Apartarnos de. Sal. 34:14; 2 Tim. 2:19.
Confesarlo. Job 33:27; Prov. 28:13.
Despojarnos de. Heb. 12:1.
Despreciarlo. Rom. 12:9.
Destruirlo totalmente. Rom. 6:6.
Echarlo. Job 11:14.
Evitarlo hasta en apariencia. 1 Tes. 5:22.
Guardarnos del. Sal. 4:4; 39:1.
Hacer aflicción por. Sal. 38:18; Jer. 3:21.
Hacerlo morir. Rom. 8:13; Col. 3:5.
Luchar con. Heb. 12:4.
Odiar. Sal. 97:10; Prov. 8:13; Amós 5:15.

Debemos orar a Dios pidiendo que
Examine si hay, en nuestro corazón.
Sal. 139:23-24.
Nos guarde de. Sal. 19:13.
Nos haga conscientes de. Job 13:23.
Nos libre de. Mat. 6:13.
Nos limpie de. Sal. 51:2.
Nos perdone de. Ex. 34:9; Luc. 11:4.
Del diablo. 1 Juan 3:8, con Juan 8:44.

Descripción
A menudo cuantiosos. Amós 5:12.
A menudo insolentes. Sal. 19:13.

A menudo muy grandes. Ex. 32:30;
1 Sam. 2:17.

A veces evidentes. 1 Tim. 5:24.

A veces secretos. Sal. 90:8; 1 Tim. 5:24.

Abominación para Dios. Prov. 15:9;
Jer. 44:4,11.

Aguijón de muerte. 1 Cor. 15:56.

Como grana y carmesí. Isa. 1:18.

Contaminación. Prov. 30:12; Isa. 59:3.

Deshonroso. Prov. 14:34.

Engañoso. Heb. 3:13.

Fruto de codicia. Sant. 1:15.

Llegan al cielo. Apoc. 18:5.

Obras de tinieblas. Ef. 5:11.

Obras muertas. Heb. 6:1; 9:14.

Obstáculo. Heb. 12:1.

Rebelión contra Dios. Deut. 9:7;
Jos. 1:18.

Ultraje a Dios. Núm. 15:30.

Viene del corazón. Mat. 15:19.

Designios del corazón no regenerado son.
Gén. 6:5; 8:21.

Dios

Aborrece. Deut. 25:16; Prov. 6:16-19.

Abrió manantial para. Zac. 13:1.

Castiga. Isa. 13:11; Amós 3:2.

Enojo por. 1 Rey. 14:22; 16:2.

Hará pagar por. Jer. 16:18; Apoc. 18:6.

Observa. Job 10:14.

Recuerda. Apoc. 18:5.

Sólo él puede perdonar. Ex. 34:7;
Dan. 9:9; Miq. 7:18; Mar. 2:7.

Entró en mundo a través de Adán.
Gén. 3:6-7, con Rom. 5:12.

Escritura encerró todo bajo. Gál. 3:22.

Espíritu Santo convence de. Juan 16:8-9.

Excluye del cielo. 1 Cor. 6:9-10;
Gál. 5:19-21; Ef. 5:5; Apoc. 21:27.

Hacer mal conscientemente es. Luc. 12:47;
Juan 15:22.

Impíos

Amontonan. Sal. 78:17; Isa. 30:1.

Animados en, por prosperidad.
Job 21:7-15; Prov. 10:16.

Culpables de, en todo lo que hacen.
Prov. 21:4; Ezeq. 21:24.

Culpan a Dios por. Gén. 3:12; Jer. 7:10.

Culpan a otros por. Gén. 3:12-13;
Ex. 32:22-24.

Desafían a Dios cometiendo. Isa. 5:18-19.

Desesperación los hace continuar en.
Jer. 2:25; 18:12.

Esperan impunidad por.
Sal. 10:11; 50:21; 94:7.

Están muertos en. Ef. 2:1.

Inventan excusas para. 1 Sam. 13:11-12.

Justifican. Gén. 3:12-13;
1 Sam. 15:13-15.

Llevarán vergüenza del. Ezeq. 16:52.

No pueden dejar de hacer. 2 Ped. 2:14.

Se burlan del. Prov. 14:9.

Se deleitan en quienes practican. Sal. 10:3;
Os. 7:3; Rom. 1:32.

Se jactan de. Isa. 3:9.

Son obstinados en. Sal. 64:5.

Son siervos del. Juan 8:34; Rom. 6:16.

Tientan a otros al. Gén. 3:6;
1 Rey. 16:2; 21:25; Prov. 1:10-14.

Tratan de esconder de Dios. Gén. 3:8,10,
con Job 31:33.

Ley

Da conocimiento de. Rom. 3:20; 7:7.

Es poder del. 1 Cor. 15:56.

Maldice a culpables de. Gál. 3:10.

Muestra excesiva pecaminosidad del.
Rom. 7:13.

Por ser estricta incita al. Rom. 7:5,8,11.

Propósito es refrenar. 1 Tim. 1:9-10.

Se transgrede con cada. Sant. 2:10-11,
con 1 Juan 3:4.

Muerte, castigo por. Gén. 2:17; Ezeq. 18:4.

Muerte, paga del. Rom. 6:23.

Nadie está sin. 1 Rey. 8:46; Ecl. 7:20.

Nadie puede hacer expiación por. Miq. 6:7.

P

No ocultar. Job 31:33; Prov. 28:13.

Omisión de lo que sabemos es bueno.
Sant. 4:17.

Oración es obstaculizada por. Sal. 66:18;
Isa. 59:2.

Palabra de Dios nos guarda de.
Sal. 17:4; 119:11.

Pastores deben advertir a impíos que
abandonen. Ezeq. 33:9; Dan. 4:27.

Pensar necedad es. Prov. 24:9.

Personas no pueden limpiarse a sí mismas
de. Job 9:30-31; Prov. 20:9; Jer. 2:22.

Sangre de Cristo limpia de. 1 Juan 1:7.

Sangre de Cristo redime de. Ef. 1:7.

Si decimos que no tenemos, hacemos a Dios
mentiroso. 1 Juan 1:10.

Si decimos que no tenemos, nos engañamos
y la verdad no está en nosotros.
1 Juan 1:8.

Sólo Cristo no tuvo. 2 Cor. 5:21;
Heb. 4:15; 7:26; 1 Juan 3:5.

Temor de Dios refrena. Ex. 20:20; Sal. 4:4;
Prov. 16:6.

Tierra maldita en razón del. Gén. 3:17-18.

Toda injusticia es. 1 Juan 5:17.

Todas las personas son concebidas en, y
nacen en. Gén. 5:3; Job 15:14; 25:4;
Sal. 51:5.

Todo lo que no es de fe es. Rom. 14:23.

Trabajo y pesares se originaron con.
Gén. 3:16-17,19, con Job 14:1.

Transgresión de ley. 1 Juan 3:4.

PECADO, CONFESIÓN DE

Debe ir acompañada de
Abandono de pecado. Prov. 28:13.
Espíritu humilde. Isa. 64:5-6; Jer. 3:25.
Oración pidiendo perdón. 2 Sam. 24:10;
Sal. 25:11; 51:1; Jer. 14:7-9,20.
Restitución. Núm. 5:6-7.
Santa tristeza. Sal. 38:18; Lam. 1:20.

Sujeción al castigo. Lev. 26:41;
Neh. 9:33; Esd. 9:13.

Debe ser plena y sin reservas.
Sal. 32:5; 51:3; 106:6.

Dios requiere. Lev. 5:5; Os. 5:15.

Dios tiene en cuenta. Job 33:27,28;
Dan. 9:20, etc.

Exhortación a. Jos. 7:19; Jer. 3:13;
Sant. 5:16.

Ilustrada. Luc. 15:21; 18:13.

Promesas para. Lev. 26:40-42; Prov. 28:13.

Seguida por perdón. Sal. 32:5; 1 Juan 1:9.

PECADO, CONVICCIÓN DE

Adán y Eva, después de desobediencia.
Gén. 3:8-10.

Belsasar, cuando vio mano que escribía en
pared. Dan. 5:6.

Carcelero de Filipos, después del terremoto.
Hech. 16:30.

Darío, cuando Daniel estaba en foso de
leones. Dan. 6:18.

David, después de plagas como castigo por
censar al pueblo. 1 Crón. 21:30.

Faraón, después de muerte de su
primogénito. Ex. 12:31.

Faraón, después de plaga de granizo.
Ex. 9:27-28.

Faraón, después de plaga de langostas.
Ex. 10:16-17.

Félix, con predicación de Pablo.
Hech. 24:25.

Hermanos de José, por crueldad con que lo
habían tratado.
Gén. 42:21-22; 44:16; 45:3; 50:15-21.

Herodes, oyó sobre fama de Jesús.
Mat. 14:2; Mar. 6:14; Luc. 9:7.

Israelitas, después de adorar becerro de oro.
Ex. 33:4.

Israelitas, después de ser mordidos por
serpientes ardientes. Núm. 21:7.

Jonás, en vientre del pez. Jon. 2.

Judas, después de traicionar a Jesús.
Mat. 27:3-5.

Judíos, cuando Jesús ordenó a quienes no
tuvieran pecado tirar primera piedra a
mujer adúltera. Juan 8:9.

Marineros, después de tirar al mar a Jonás.
Jon. 1:16.

Muerte de10 espías y sentencia a Israel a
vagar 40 años. Núm. 14:39-40.

Ninivitas, con predicación de Jonás. Jon. 3;
Mat. 12:41; Luc. 11:32.

Saúl, después de perdonar a Agag y lo mejor
del botín. 1 Sam. 15:24.

Saulo de Tarso, cuando vio a Jesús en
camino a Damasco. Hech. 9:1-6.

Viuda de Sarepta, cuando murió su
hijo. 1 Rey. 17:18.

PECADO IMPERDONABLE

Advertencias sobre. Heb. 6:4-6.

Casa de Elí. 1 Sam. 3:14.

De Manasés. 2 Rey. 24:4.

Enseñanza de Jesús sobre. Mat. 12:31-32;
Luc. 12:10.

Israel. Núm. 14:26-45.

PECADO, OFRENDA POR EL

Ver Ofrenda por el pecado

PECADO, PERDÓN DE

Basado en gracia de Dios. Luc. 7:42.

Condicionado por nuestra actitud hacia
otros. Mat. 6:12; Mar. 11:25.

Conectado con arrepentimiento.
Hech. 2:38.

En Dios. Sal. 130:4; Dan. 9:9.

Logrado por la cruz. Col. 1:14; Heb. 9:22.

Otorgado por Cristo. Luc. 7:47; Mat. 2:5.

Se recibe por medio de Cristo. 1 Juan 2:12.

PECADOS CONTRA EL ESPÍRITU SANTO

Ver Espíritu Santo, Pecados contra el

PECADOS NACIONALES

A menudo causado por prosperidad.
Deut. 32:15; Neh. 9:28; Jer. 48:11;
Ezeq. 16:49; 28:5.

A menudo gobernantes lo causan y
alientan. 1 Rey. 12:26-33; 14:16;
2 Crón. 21:11-13; Prov. 29:12.

Adoración nacional rechazada en vista del.
Isa. 1:10-14; Jer. 6:19-20; 7:9-14.

Agravados por privilegios. Isa. 5:4-7;
Ezeq. 20:11-13; Amós 2:4; 3:1-2;
Mat. 11:21-24.

Castigo por, se evita con arrepentimiento.
Jue. 10:15-16; 2 Crón. 12:6-7;
Sal. 106:43-46; Jon. 3:10.

Castigo por. Isa. 3:8; Jer. 12:17; 25:12;
Ezeq. 28:7-10.

Causan juicios nacionales.
Mat. 23:35-36; 27:25.

Causan remoción de privilegios. Lam. 2:9;
Amós 8:11; Mat. 23:37-39.

Contaminan

Adoración nacional. Isa. 1:10-15;
Amós 5:21-22; Hag. 2:14.

Pueblo. Lev. 18:21; Ezeq. 14:11.

Tierra. Lev. 18:25; Núm. 35:33-34;
Sal. 106:38; Isa. 24:5; Miq. 2:10.

Creyentes y su gran lamento por.
Sal. 119:136; Ezeq. 9:4.

Deberes

Confesarlo. Lev. 26:40; Deut. 30:2;
Jue. 10:10; 1 Rey. 8:47-48.

Lamentar. Jer. 18:8; Jon. 3:5.

Llorar por. Joel 2:12.

Volverse del. Isa. 1:16; Os. 14:1-2;
Jon. 3:10.

Denuncias contra. Isa. 1:24; 30:1;
Jer. 5:9; 6:27-30.

Es afrenta a una nación. Prov. 14:34.

Hace que paganos blasfemen.
Ezeq. 36:20,23; Rom. 2:24.

P

Ministros del evangelio deben
Lamentarse por. Esd. 10:6; Jer. 13:17;
Ezeq. 6:11; Joel 2:17.
Orar pidiendo perdón de. Ex. 32:31-32;
Joel 2:17.
Testificar contra. Isa. 30:8-9; 58:1;
Ezeq. 2:3-5; 22:2; Jon. 1:2.
Tratar de que la gente se vuelva de.
Jer. 23:22.
Oración nacional rechazada en vista del.
Isa. 1:15; 59:2.
Penetra todos los niveles. Isa. 1:5;
Jer. 5:1-5; 6:13.

PECADOS, REMISIÓN DE

Arrepentimiento es necesario para.
Mar. 1:4. Hech. 2:38.
Asegurada por sangre de Cristo. Mat. 26:28;
1 Cor. 15:3.
Bautismo debe acompañar. Hech. 2:38.
Confesión es necesaria para. 1 Juan 1:9.
Falta de espíritu perdonador niega.
Mat. 6:15.
Fe recibe. Hech. 10:43.
Hay bendiciones con. Sal. 32:1.

P PECES

Cantidad y variedad de. Sal. 104:25.

Cazados con
Anzuelos. Amós 4:2; Mat. 17:27.
Arpón. Job 41:7.
Redes. Luc. 5:4-6; Juan 21:6-8.
Creados por Dios. Gén. 1:20-21; Ex. 20:11.
Distinción entre limpios e inmundos.
Lev. 11:9-12; Deut. 14:9-10.
Habitantes de Tiro comerciaban.
Neh. 13:16.
Hechos para gloria de Dios. Job 12:8-9;
Sal. 69:34.
Hombre puede comer. Gén. 9:2-3.
Hombre tiene dominio sobre. Gén. 1:26,28;
Sal. 8:8.

Ilustrativos de
Creyentes (peces buenos). Mat. 13:48-49.
Hombre ignorante de eventos futuros.
Ecl. 9:12.
Iglesia visible. Mat. 13:48.
Quienes son atrapados por impíos.
Hab. 1:14.
Simples profesantes (peces malos).
Mat. 13:48-49.
Toda la población de Egipto. Ezeq. 29:5.

Mencionados en Escritura
Leviatán. Job 41:1; Sal. 74:14.

Milagros conectados con
Gran cantidad de. Luc. 5:6,9;
Juan 21:6,11.
Lugar donde apareció dinero para
impuesto. Mat. 17:27.
Multiplicación de. Mat. 14:17-21; 15:34.
Preparados en playa. Juan 21:9.
Modo de cocción de, alusión. Luc. 24:42;
Juan 21:9.
Ninguna semejanza de, debía adorarse.
Ex. 20:4; Deut. 4:18.
No pueden vivir sin agua. Isa. 50:2.
Pescar, profesión. Mat. 4:18; Luc. 5:2.
Salomón escribió historia de. 1 Rey. 4:33.
Su carne, diferente de la de animales, etc.
1 Cor. 15:39.
Sufrieron por pecados del hombre. Ex. 7:21;
Ezeq. 38:20.

Usado como comida
Por egipcios. Núm. 11:5.
Por judíos. Mat. 7:10.
Vendidos cerca de puerta del pescado en
Jerusalén. 2 Crón. 33:14; Sof. 1:10.

Viven en
Estanques. Cant. 7:4; Isa. 19:10.
Mares. Núm. 11:22; Ezeq. 47:10.
Ríos. Ex. 7:18; Ezeq. 29:5.

PECTORAL

Directivas para hacer. Ex. 28:15-30.

Hecha por Bezaleel. Ex. 39:8,21.

Ofrenda voluntaria de materiales para.
Ex. 35:5-9,27.

Para sumo sacerdote. Ex. 25:7.

Usado por Aarón. Ex. 29:5; Lev. 8:8.

PEDERNAL

Roca de la que Dios sacó agua para
israelitas. Deut. 8:15; 32:13; Sal. 114:8.

PELEAS

Bendiciones temporales se amargan con.
Prov. 17:1.

Castigo por. Sal. 55:9.

Conduce a

Blasfemia. Lev. 24:10-11.

Confusión y toda obra mala. Sant. 3:16.

Destrucción mutua. Gál. 5:15.

Injusticia. Hab. 1:3-4.

Violencia. Ex. 21:18,22.

Creyentes deben

Buscar a Dios para protección de.
Sal. 35:1; Jer. 18:19.

Evitar todo lo que conduce a.
2 Tim. 2:14.

Evitar. Gén. 13:8; Ef. 4:3.

Hacer todo sin. Fil. 2:14.

Someterse a agravio y no estar en.
Prov. 20:22; Mat. 5:39-40; 1 Cor. 6:7.

Creyentes no deben actuar por. Fil. 2:3.

Dificultad para detener, es razón para
evitarla. Prov. 17:14.

Es honroso dejarlas. Prov. 20:3.

Evidencia de amor al pecado. Prov. 17:19.

Evidencia de carnalidad. 1 Cor. 3:3.

Excluye del cielo. Gál. 5:20-21.

Existía en iglesia primitiva. 1 Cor. 1:11.

Ministros del evangelio deben

Advertir contra. 1 Cor. 1:10;
2 Tim. 2:14.

Evitar cuestionamientos que llevan a.
2 Tim. 2:23; Tito 3:9.

Evitar. 1 Tim. 3:3; 2 Tim. 2:24.

No predicar con. Fil. 1:15-16.

Reprobar. 1 Cor. 1:11-12; 3:3; 11:17-18.

Necios se mezclan en. Prov. 18:6.

Obra de naturaleza pecadora. Gál. 5:20.

Paciencia apacigua. Prov. 15:18.

Para hipócritas, religión es pretexto para.
Isa. 58:4.

Peligro de unirse a. Prov. 26:17.

Prohibición. Prov. 3:30; 25:8.

Promotores de, deben ser expulsados.
Prov. 22:10.

Provocadas por

Antagonistas. Prov. 16:28.

Borrachera. Prov. 23:29-30.

Burla. Prov. 22:10.

Chismes. Prov. 26:20.

Disposición beligerante. Prov. 26:21.

Ira. Prov. 15:18; 30:33.

Lujuria. Sant. 4:1.

Odio. Prov. 10:12.

Orgullo. Prov. 13:10; 28:25.

Preguntas incisivas. 1 Tim. 6:4;
2 Tim. 2:23.

Vergonzoso en creyentes. 2 Cor. 12:20;
Sant. 3:14.

PELO

A veces hombres lo usaban largo.
2 Sam. 14:26.

A veces ungido costosamente. Ecl. 9:8.

Arrancado durante dolor extremo. Esd. 9:3.

Arrancar, censurado. Neh. 13:25; Isa. 50:6.

Canas

Con justicia, corona de gloria.
Prov. 16:31.

Respetarlas. Lev. 19:32.

Señal de debilidad y deterioro. Os. 7:9.
Señal de edad avanzada. 1 Sam. 12:2;
Sal. 71:18.
Señal de sabiduría. Dan. 7:9, con
Job 12:12.
Color de, cambiaba con lepra.
Lev. 13:3,10,20.
Cortado en aflicción. Jer. 7:29.
Crecimiento de. Jue. 16:22.
Cubierta natural de cabeza. Sal. 68:21.

De mujeres
Bien cuidado y adornado. Isa. 3:24.
Largo, usado como cubierta.
1 Cor. 11:15.
Peinado ostentoso. 1 Tim. 2:9;
1 Ped. 3:3.

De nazareos
Afeitado luego de concluir voto.
Núm. 6:18.
No cortarse ni afeitarse durante su voto.
Núm. 6:5; Jue. 16:7,19-20.
Del leproso sanado, debía afeitarse.
Lev. 14:9.

Dios
Cuida del. Dan. 3:27; Luc. 21:18.
Sabe cantidad. Mat. 10:30.
Hombre no puede siquiera cambiar color
del. Mat. 5:36.
Hombres condenados por llevarlo
largo. 1 Cor. 11:14.
Innumerable. Sal. 40:12; 69:4.

Juicios expresados
Enviando calvicie. Isa. 3:24; Jer. 47:5.
Afeitando. Isa. 7:20.
Negro, estimado en extremo. Cant. 5:11.

PENA CAPITAL

Advertencia contra matar al inocente.
Ex. 23:7.
Necesaria para expiar asesinato.
Núm. 35:33.

Por adulterio. Juan 8:3-11.
Por asesinato. Gén. 9:5-6; Ex. 21:12.
Por quebrantar ley del sábado. Ex. 31:14.

PENSIÓN
De levitas. 2 Crón. 31:16-18.

Ahora lo sabe

PENTATEUCO

El Pentateuco consta de los primeros cinco libros del Antiguo Testamento. La palabra proviene de los términos griegos *penta,* "cinco" y *techos,* que significa "caja", "pote" o "rollo". Originalmente la palabra se usaba como adjetivo que quería decir "(libro) de cinco rollos".

PENTECOSTÉS, FIESTA DE
Debía observarse perpetuamente.
Lev. 23:21.
En día 50, luego de ofrecer primera gavilla
de siega de cebada. Lev. 23:15-16;
Deut. 16:9.
Espíritu Santo dado a apóstoles en.
Hech. 2:1-3.
Ley entregada en Sinaí en. Ex. 19:1,11, con
12:6,12.
Observada por iglesia primitiva.
Hech. 20:16; 1 Cor. 16:8.
Primicias de pan presentadas en. Lev. 23:17;
Deut. 16:10.
Sacrificios en. Lev. 23:18-19;
Núm. 28:27-31.
Santa asamblea. Lev. 23:21; Núm. 28:26.

También llamada
Día de las primicias. Núm. 28:26.
Día de pentecostés. Hech. 2:1.
Fiesta de la siega. Ex. 23:16.

Fiesta de las semanas. Ex. 34:22;
Deut. 16:10.
Tiempo de gozo santo. Deut. 16:11-12.
Todos los varones debían concurrir.
Ex. 23:16-17; Deut. 16:16.

PEPINO
Hebreos comían en Egipto. Núm. 11:5.

PÉRDIDA

De cónyuge, por parte de
Abraham. Gén. 23:2.
Ezequiel. Ezeq. 24:16-18.
Jacob. Gén. 48:7.
Judá. Gén. 38:12
Noemí. Rut 1:3,20-21.
Personas altaneras. Isa. 47:9.

De esperanza, por parte de
Gente impía. Job 8:13; Prov. 11:7.
Job. Job 7:6; 17:15; 19:10.
Leona, figurativamente, líderes de Israel.
Ezeq. 19:5.
Noemí. Rut 1:1-13.
Pueblo en exilio. Lam 3:18; Ezeq. 37:11.

De hermano
Lázaro. Juan 11:2,13,21,32.
Por causa de Jesús. Mat. 19:29.

De hijo, por parte de
Adán y Eva. Gén. 4:25.
David. 2 Sam. 12:19; 18:33.
Jacob. Gén. 37:33-35.
Jairo. Luc. 8:49.
Jeroboam. 1 Rey. 14:17.
Job. Job 1:18-19.
Noemí. Rut 1:5,20-21.
Padre del hijo pródigo. Luc. 15:24,32.
Personas altaneras. Isa. 47:9.
Prostituta que acudió a Salomón.
1 Rey. 3:19.
Sunamita. 2 Rey. 4:20.
Viuda de Naín. Luc. 7:12.

Viuda de Sarepta. 1 Rey. 17:17

De padres
Por causa de Jesús. Mat. 19:29.
Por parte del pueblo en el exilio.
Lam. 5:3.

De propia vida, figurativamente
Es ganancia. Fil. 1:21.
Por amor a Cristo. 2 Cor. 4:11.
Por Cristo. Gál. 2:20.
Por Israel. Rom. 9:3.

De riquezas
Mandamiento de Jesús. Mat. 19:21.
Por causa de Jesús. Mat. 19:29; Fil. 3:7-8.

De riquezas, por parte de.
Hijo pródigo. Luc. 15:13.
Job. Job 1:13-17.
Marineros. Hech. 27:21-22.
Nabot. 1 Rey. 21:1,16.
Padres. Ecl. 5:14.

De salud, debido a
Dolor. Sal. 31:9-10.
Figurativamente, pecados de gente.
Jer. 8:22; Os. 5:13.
Pecado. 2 Crón. 21:15,19; Sal. 38:3-8.
Voluntad de Dios. Job 2:7-8.

De salud, por parte de
Asa. 1 Rey. 15:23
Eliseo. 2 Rey. 13:14.
Epafrodito. Fil 2:27.
Ezequías. 2 Rey. 20:1.
Hombre en estanque de Betesda. Juan 5:5.
Job. Job 2:7-8.
Joram. 2 Crón. 21:15,19.
Lázaro. Luc. 16:20.
Mujer con hemorragia. Luc. 8:43.
Salmista. Sal. 41:3.
Siervo del centurión. Luc. 7:2.
Uzías. 2 Crón. 26:21.

P

De tiempo productivo
Debe ser compensada. Ex. 21:19.

De un hijo, debido a
Accidente. 1 Rey. 3:19.
Asesinato. Gén. 4:25.
Causa de Cristo. Mat. 19:29.
Enfermedad. 2 Sam 12:19;
1 Rey. 14:1,17; 17:17;
2 Rey. 4:19-20; Luc. 8:42.
Rebeldía del hijo. 2 Sam. 13:37; 18:33;
Luc. 15:11-32.
Rivalidad entre hermanos.
Gén. 37:33-35.
Voluntad de Dios. Job 1:12,19.

Del hogar, debido a
Causa de Cristo. Mat. 19:29.
Guerra. 2 Rey. 25:9.
Hambre. Neh 5:3.

Del hogar, por parte de
Absalón. 2 Sam 14:13.
Hijo pródigo. Luc. 15:13-19.
Propietario de vivienda. Jer. 6:12;
Miq. 2:2,9.
Pueblo en exilio. 2 Rey. 25:9; Lam. 5:2.

P

PERDÓN
Bendición del. Sal. 32:1, con Rom. 4:7.

Debe llevar a
Alabar a Dios. Sal. 103:2-3.
Amar a Dios. Luc. 7:47.
Regresar a Dios. Isa. 44:22.
Temer a Dios. Sal. 130:4.
Debe predicarse en nombre de Cristo.
Luc. 24:47.
Exhortación a orar pidiendo. 2 Crón. 7:14.

Expresado al
Arrojar pecados al mar. Miq. 7:19.
Borrar pecado. Hech. 3:19.
Cubrir el pecado. Sal. 32:1.
Deshacer pecado. Isa. 44:22.

No mencionar transgresiones.
Ezeq. 18:22.
No recordar pecados. Heb. 10:17.
No tomar en cuenta el pecado. Rom. 4:8.
Ministros del evangelio deben proclamar.
Isa. 40:1-2; 2 Cor. 5:19.

Muestra virtudes divinas
Bondad. 2 Crón. 30:18; Sal. 86:5.
Compasión. Miq. 7:18-19.
Fidelidad. 1 Juan 1:9.
Gracia. Rom. 5:15-16.
Justicia. 1 Juan 1:9.
Misericordia. Ex. 34:7; Sal. 51:1.
Paciencia. Rom. 3:25.
No lo hay sin derramamiento de sangre.
Lev. 17:11, con Heb. 9:22.

No otorgado a
Apóstatas. Heb. 10:26-27; 1 Juan 5:16.
Blasfemos contra Espíritu Santo.
Mat. 12:32; Mar. 3:28-29.
Quienes no creen. Juan 8:21,24.
Quienes no perdonan. Mar. 11:26;
Luc. 6:37.
Quienes no se arrepienten. Luc. 13:2-5.

Orar pidiéndolo para
Nosotros mismos. Sal. 25:11,18; 51:1;
Mat. 6:12; Luc. 11:4.
Otros. Sant. 5:15; 1 Juan 5:16.

Otorgado
A quienes confiesan sus pecados.
2 Sam. 12:13; Sal. 32:5; 1 Juan 1:9.
A quienes creen. Hech. 10:43.
A quienes se arrepienten. Hech. 2:38.
A través de Cristo. Luc. 1:69,77;
Hech. 5:31; 13:38.
Abundantemente. Isa. 55:7; Rom. 5:20.
De acuerdo a riquezas de su gracia.
Ef. 1:7.
En nombre de Cristo. 1 Juan 2:12.
Gratuitamente. Isa. 43:25.
Por Cristo. Mar. 2:5; Luc. 7:48.

Por exaltación de Cristo. Hech. 5:31.
Por sangre de Cristo. Mat. 26:28;
Rom. 3:25; Col. 1:14.
Sólo por Dios. Dan. 9:9; Mar. 2:7.
Prometido. Isa. 1:18; Jer. 31:34, con
Heb. 8:12; Jer. 50:20.
Purificación exterior, ineficaz para obtener.
Job 9:30-31; Jer. 2:22.
Sacrificios de la ley, ineficaces para obtener.
Heb. 10:4.
Sangre de Cristo, lo único eficaz para que
haya. Zac. 13:1, con 1 Juan 1:7.
Todos los creyentes disfrutan. Col. 2:13;
1 Juan 2:12.

PERDÓN DE PECADO
Ver Pecado, Perdón de

PERDONAR A OTROS
Característica de creyentes. Sal. 7:4.
Cristo dejó ejemplo de. Luc. 23:34.

Debe estar acompañado de
Bendición y oración. Mat. 5:44.
Bondad. Gén. 45:5-11; Rom. 12:20.
Clemencia. Col. 3:13.
Debe ser ilimitado. Mat. 18:22; Luc. 17:4.
Gloria para creyentes. Prov. 19:11.
Ilustrado. Mat. 18:23-35.
Mandamiento. Mar. 11:25; Rom. 12:19.

Motivos para
Cristo nos perdona. Col. 3:13.
Dios nos perdona. Ef. 4:32.
Misericordia de Dios. Luc. 6:36.
Nuestra necesidad de perdón.
Mar. 11:25.
No hay perdón sin. Mat. 6:15; Sant. 2:13.
Promesas sobre. Mat. 6:14; Luc. 6:37.

PEREGRINOS
Buscan patria celestial. Heb. 11:16.

Como creyentes
Abandonan todo por Cristo. Mat. 19:27.
Aborrecen comunión con mundo.
Sal. 120:5-6.
Anhelan que peregrinaje acabe. Sal. 55:6;
2 Cor. 5:1-8.
Brillan como luces en mundo. Fil. 2:15.
Colocan sus rostros mirando a Sion.
Jer. 50:5.
Deben abstenerse de deseos carnales.
1 Ped. 2:11.
Deben hacer tesoro en cielo. Mat. 6:19;
Luc. 12:33; Col. 3:1-2.
Esperan ciudad celestial. Heb. 11:10.
Expuestos a persecución. Sal. 120:5-7;
Juan 17:14.
Fortalecidos por Dios. Deut. 33:25;
Sal. 81:6-7.
Invitan a otros a ir con ellos. Núm. 10:29.
Mueren con fe. Heb. 11:13.
Mundo no es su hogar. Heb. 11:9.
No deben angustiarse por cosas del
mundo. Mat. 6:25.
No piensan en este mundo. Heb. 11:15.
Recuerdan promesas. Heb. 11:13.
Tienen ciudadanía celestial. Fil. 3:20.
Tienen ejemplo de Cristo. Luc. 9:58.
Viven por fe. Heb. 11:9.
Creyentes admiten ser. 1 Crón. 29:15;
Sal. 39:12; 119:19; Heb. 11:13.
Creyentes son. Sal. 39:12; 1 Ped. 1:1.
Creyentes son llamados a ser. Gén. 12:1, con
Luc. 14:26-27,33; Hech. 7:3.
Descripción. Juan 17:16.
Dios no se avergüenza de ser llamado Dios
de ellos. Heb. 11:16.
Mundo no es digno de. Heb. 11:38.
Oran pidiendo dirección. Sal. 43:3;
Jer. 50:5.
Se gozan en ley de Jehová. Sal. 119:54.
Tienen temor durante peregrinación.
1 Ped. 1:17.

P

PEREZA

Conduce a
Desilusión. Prov. 13:4; 21:25.
Esclavitud. Prov. 12:24.
Hambre. Prov. 19:15; 24:34.
Pobreza. Prov. 10:4; 20:13.
Ruina. Prov. 24:30-31; Ecl. 10:18.
Ser chismoso y entremetido. 1 Tim. 5:13.
Emparentada con derroche. Prov. 18:9.
Excusas para. Prov. 20:4; 22:13.
Ilustrada. Prov. 26:14; Mat. 25:18,26.
Lamentos por. Prov. 6:6,9.
Produce apatía. Prov. 12:27; 26:15.
Prohibición de. Rom. 12:11; Heb. 6:12.
Resultados de, enseñanza. Prov. 24:30-32.
Va de la mano de creerse sabio. Prov. 26:16.

PERFECCIÓN

Amor, vínculo de. Col. 3:14.
Bendición de. Sal. 37:37; Prov. 2:21.
Creyentes deben procurar. Gén. 17:1;
Deut. 18:13.
Creyentes no alegan tener. Job 9:20;
Fil. 3:12.
Creyentes siguen. Prov. 4:18; Fil. 3:12.
De Dios. Sal. 18:32; 138:8.
Es pureza y santidad en el hablar. Sant. 3:2.
Exhortación a. 2 Cor. 7:1; 13:11.
Iglesia alcanzará. Juan 17:23; Ef. 4:13.
Implica disposición a dejar posesiones más
queridas. Mat. 19:21.
Imposibilidad de lograr. 2 Crón. 6:36;
Sal. 119:96.
Ministros designados para llevar a creyentes
a. Ef. 4:12; Col. 1:28.
Orar pidiendo. Heb. 13:20-21; 1 Ped. 5:10.
Paciencia lleva a. Sant. 1:4.

Palabra de Dios
Nos lleva a. 2 Tim. 3:16-17.
Regla de. Sant. 1:25.
Perfección de Dios es estándar de.
Mat. 5:48.

Todos los creyentes tienen, en Cristo.
Fil. 3:15.

PERFUME

Camas perfumadas con mirra. Prov. 7:17.
Usado en tabernáculo. Ex. 30:7.

PERGAMINO

Pablo pide que le lleven los. 2 Tim. 4:13.

PERJURIO

Castigo por. Mal. 3:5; 1 Tim. 1:9.

Ejemplos de
David. Sal. 35:11.
Esteban y falsos testigos.
Hech. 6:11,13-14.
Juicio de Jesús. Mat. 26:59.
Pedro, cuando negó a Jesús con
juramento. Mar. 14:71.
Sedequías. 2 Crón. 36:13.
Testigos contra Nabot. 1 Rey. 21:18-13.
Mandamiento contra. Lev. 6:2-7;
Mat. 5:33.

PERLAS

No tirarlas a cerdos. Mat. 7:6.
Puertas de la ciudad celestial. Apoc. 21:21.
Reino de Dios es como mercader que busca.
Mat. 13:45.
Sabiduría vale más que. Job 28:18.
Y adornos excesivos, inapropiados para
hijos de Dios. 1 Tim. 2:9; Apoc. 17:4.

PERRO

Cosas destrozadas por bestias, dadas a.
Ex. 22:31.

Descripción
Afecto a la sangre. 1 Rey. 21:19; 22:38.
Carnívoro. 1 Rey. 14:11; 2 Rey. 9:35-36.
Despreciado por judíos. 2 Sam. 3:8.
Inmundo. Luc. 16:21; 2 Ped. 2:22.
Intolerante con agravios. Prov. 26:17.

Peligroso y destructor. Sal. 22:16.

Domésticos

Alimentados con migas, etc. Mat. 15:27.
Utilizados para cuidar ganados. Job 30:1.

Epíteto para mostrar desprecio.
1 Sam. 17:43; 24:14;
2 Sam. 3:8; 9:8; 16:9; 2 Rey. 8:13;
Isa. 56:10-11; Mat. 15:26.

Ilustrativo de

Apóstatas. 2 Ped. 2:22.
Falsos maestros. Fil. 3:2.
Gentiles. Mat. 15:22,26.
Líderes codiciosos. Isa. 56:11.
Líderes infieles (cuando están mudos).
Isa. 56:10.
Miserables (cuando están muertos).
1 Sam. 24:14; 2 Sam. 9:8.
Necios. Prov. 26:11.
Pecadores obstinados. Mat. 7:6;
Apoc. 22:15.
Perseguidores. Sal. 22:16,20.

Manera de beber, alusión. Jue. 7:5.

Ninguna cosa santa debía darse a.
Mat. 7:6; 15:26.

Plagaban ciudades de noche. Sal. 59:14-15.

Sacrificio de, abominación. Isa. 66:3.

PERSECUCIÓN

A veces lleva a muerte. Hech. 22:4;
Jer. 15:15.

Bendición de sufrir, por causa de Cristo.
Mat. 5:10; Luc. 6:22.

Castigo por. Sal. 7:13; 2 Tes. 1:6.

Creyentes pueden esperar. Mar. 10:30;
Luc. 21:12; Juan 15:20.

Creyentes que sufren, deben

Alegrarse. Mat. 5:12; 1 Ped. 4:13.
Devolver bendición por. Rom. 12:14.
Encomendarse a Dios. 1 Ped. 4:19.
Glorificar a Dios. 1 Ped. 4:16.
Mostrar paciencia. 1 Cor. 4:12.

Orar pidiendo liberación.
Sal. 7:1; 119:86.

Orar por quienes infligen. Mat. 5:44.

Creyentes sufren, por causa de Dios.
Juan 15:15.

Cristo se sometió voluntariamente a.
Isa. 50:6.

Cristo sufrió. Sal. 69:26; Juan 5:16.

Cristo, paciente en la. Isa. 53:7.

De creyentes, persecución de Cristo.
Zac. 2:8, con Hech. 9:4-5.

Dios libra de. Dan. 3:25,28; 2 Cor. 1:10;
2 Tim. 3:11.

Dios no abandona a creyentes que
sufren. 2 Cor. 4:9.

Esperanza de bendición futura sostiene
durante. 1 Cor. 15:19,32;
Heb. 10:34-35.

Falsos maestros rehuyen de. Gál. 6:12.

Hipócritas no pueden tolerar. Mar. 4:17.

Ilustrada. Mat. 21:33-39.

Malos

Activos en. Sal. 143:3; Lam. 4:19.
Adictos a. Sal. 10:2; 69:26.
Se alegran cuando triunfa. Sal. 13:4;
Apoc. 11:10.

No condice con espíritu del evangelio.
Mat. 26:52.

No puede separar de Cristo. Rom. 8:35.

Orar por quienes sufren. 2 Tes. 3:2.

Origen

Celo equivocado. Hech. 13:50; 26:9-11.
Ignorancia sobre Dios y Cristo. Juan 16:3.
Odio hacia Dios y Cristo. Juan 15:20,24.
Odio hacia evangelio. Mat. 13:21.
Orgullo. Sal. 10:2.

Personas que nacieron según la carne, dadas
a. Gál. 4:29.

Predicadores del evangelio sujetos a.
Gál. 5:11.

P

Quienes viven piadosamente en Cristo
sufrirán. 2 Tim. 3:12.
Se puede recurrir a meDios legales para
escapar de. Mat. 2:13; 10:23; 12:14-15.

PERSEVERANCIA
Ánimo a la. Heb. 12:2-3.
Bendición de. Sant. 1:25.
Característica de creyentes. Prov. 4:18.

Debe manifestarse al
Buscar a Dios. 1 Crón. 16:11.
Continuar en la fe. Hech. 14:22;
Col. 1:23; 2 Tim. 4:7.
Esperar en Dios. Os. 12:6.
Hacer el bien. Rom. 2:7; 2 Tes. 3:13.
Orar. Rom. 12:12; Ef. 6:18.
Retener firme la esperanza. Heb. 3:6.
Evidencia de reconciliación con Dios.
Col. 1:21-23.
Evidencia de ser de Cristo. Juan 8:31;
Heb. 3:6,14.

Falta de
Castigada. Juan 15:6; Rom. 11:22.
Excluye de beneficios del evangelio.
Heb. 6:4-6.
Ilustrada. Mar. 4:5,17.

Hacer el bien
Lleva a seguridad de esperanza.
Heb. 6:10-11.
No es en vano. 1 Cor. 15:58; Gál. 6:9.
Lleva a más conocimiento. Juan 8:31-32.

Mantenida por medio de
Fe. 1 Ped. 1:5.
Intercesión de Cristo. Luc. 22:31-32;
Juan 17:11.
Poder de Cristo. Juan 10:28.
Poder de Dios. Sal. 37:24; Fil. 1:6.
Temor de Dios. Jer. 32:40.
Ministros del evangelio deben exhortar a
tener. Hech. 13:43; 14:22.
Promesa a creyentes. Job 17:9.

Promesas para. Mat. 10:22; 24:13;
Apoc. 2:26-28.

PERSIA (IRÁN ACTUAL)
Cautiverio, Profecía de. Os. 13:16.
Dan. 2:31-45; 5:28; 7; 8; 11:1-4.

Gobernantes de
Artajerejes I. Esd. 4:7-24.
Artajerjes II. Esd. 7; Neh. 2; 5:14.
Asuero. Est. 1:3.
Ciro. 2 Crón. 36:22-23;
Isa. 41:2; 3; 4:28; 45:1-4,13.
Darío. Dan. 5:31; 6; 9:1.
Príncipes de. Est. 1:14.
Gobierno de, restringido por limitaciones
constitucionales. Est. 8:8; Dan. 6:8-12.
Gobiernos municipales en, tenían
gobernadores. Neh. 3:9,12,16-18.
Hombres de, en ejército de Tiro.
Ezeq. 27:10.
Imperio que se extendía de India a Etiopía
(127 provincias). Est. 1:1; Dan. 6:1.
Israel cautivo en. 2 Crón. 26:20.
Príncipes, consultores en cuestiones
administrativas. Dan. 6:1-7.
Profecías sobre. Isa. 3:17; 21:1-10;
Jer. 49:34-39; 51:11-64;
Ezeq. 32:24-25; 38:5;
Sistema de justicia. Esd. 7:25.
Status de mujeres en, reina se sentaba en
trono con rey. Neh. 2:6.
Vasti y divorcio por negarse a presentarse
ante corte del rey. Est. 1:10-22; 2:4.

PERSISTENCIA
De Dios
Cristo persistió con Pedro.
Mat. 26:32-33; Luc. 22:61;
Juan 21:1-17.
Dios ama y llama con amor eterno.
Jer. 31:3.

P

Donde abunda el pecado, sobreabunda la gracia. Rom. 5:20.

Jehová llamó a Samuel 3 veces. 1 Sam. 3:8.

Jehová se reveló repetidamente a pesar de indiferencia humana. Luc. 20:9-15; Heb. 1:1; 2 Ped. 3:9.

De justos

En cosas buenas. Gál. 6:9; 1 Tes. 5:21; 2 Tes. 3:13.

Pedro continuó llamando a la puerta. Hech. 12:16.

Tenacidad del justo. Prov. 24:16.

En oración

Ejemplo de cristianos primitivos. Hech. 2:42.

Ejemplo de Pablo. 2 Cor. 12:7-8; Hech. 20:18-35.

Ejemplo del salmista. Sal. 55:17.

PERSONIFICACIÓN

De la sabiduría. Prov. 1; 2:1-9; 8; 9.

PERSUASIÓN

Es nuestro deber. Hech. 26:28; 2 Cor. 5:11; 1 Ped. 3:15.

Estamos seguros de nuestra fe. Rom. 8:38-39; 2 Tim. 1:12; Heb. 11:13.

PESAS

Deben ser justas. Lev. 19:35; Prov. 11:1.

No tener distintas. Deut. 25:13-14.

No usar, injustas. Lev. 19:35-36.

PESCADOR

Algunos apóstoles. Juan 21:2-3.

Figurativamente. Jer. 16:16; Mat. 4:19.

PESO

En balanzas. Job 31:6; Isa. 40:12.

Generalmente sujeto al siclo del santuario. Ex. 30:24.

Ilustrativo de

Gloria reservada para creyentes (cuando es pesada). 2 Cor. 4:17.

Limitaciones de los elementos. Job 28:25.

Pecados. Heb. 12:1.

Judíos a menudo usaban, injustos. Miq. 6:11.

Mencionados en Escritura

Dracma. Neh. 7:70-71.

Gera. Ex. 30:13; Ezeq. 45:12.

Mina o libra. Neh. 7:71; Ezeq. 45:12.

Vida cotidiana

PESOS Y MEDIDAS

P esos y medidas de la época de la Biblia

Medidas para áridos

Cab	1,2 litros (1,16 cuartos de galón)
Gomer, issaron, ¹⁄₁₀ efa	2,2 litros (2,09 cuartos de galón)
Seah, ⅓ efa	7,3 litros (7 cuartos de galón)
Efa	22 litros (21 cuartos de galón)
Letek, ½ homer	110 litros (2,58 *bushels*)
Homer, coro	220 litros (5,16 *bushels*)

Medidas para líquidos

Log	0,3 litros (0,67 pinta)
Hin	3,66 litros (1 galón)
Bato	22 litros (5,5 galones)
Coro, homer	220 litros (55 galones)

P

Siclo. Ex. 30:13; Ezeq. 45:12.

Siclo o medio siclo. Gén. 24:22.

Talento. 2 Sam. 12:30; Apoc. 16:21.

Provisiones vendidas por, en tiempos de escasez. Lev. 26:26; Ezeq. 4:10,16.

Todos los metales se daban por. Ex. 37:24; 1 Crón. 28:14.

Valor del dinero estimado según. Gén. 23:16; 43:21; Jer. 32:9.

Para considerar

PESTE

P este es la designación de una epidemia devastadora. Los escritores del Antiguo Testamento entendían que las pestes eran enviadas por Dios (Ex. 9:5; Jer. 15:2; Hab. 3:5; Amós 4:10), a veces por medio de un ángel destructor (2 Sam. 24:16; 1 Crón. 21:15). Dios envió pestes como castigo por incredulidad persistente (Núm. 14:12) y por no cumplir las obligaciones del pacto (Lev. 26:25; Deut. 28:21), como así también para animar a la gente al arrepentimiento (Amós 4:10).

PETICIÓN

Derecho de, reconocido

Por David. 1 Rey. 1:15-21.

Por Faraón. Ex. 5:15-18.

Por Israel. Núm. 27:1-5; 32:1-5; 36:1-5; Jos. 17:4,14,16; 21:1-2.

Por Jeroboam. 1 Rey. 12:1-17; 2 Crón. 10.

Por Joram. 2 Rey. 8:3,6.

PETRÓLEO

Rocas derraman ríos de aceite. Job 29:6.

PEZUÑAS

Hendidas o no, marca física para distinguir animales limpios de inmundos. Lev. 11:3-8; Deut. 14:3-8.

PICAZÓN

Uno de los juicios de Dios. Deut. 28:27.

PIEDAD

Honrada por Dios. Sal. 4:3; 97:11; 1 Tim. 4:7-8.

Misterio de. 1 Tim. 3:16.

Puede distorsionarse. 1 Tim. 6:5.

Recompensada. Mat. 5:6; 1 Tim. 6:6.

Se espera de cristianos. 1 Tim. 6:11; Tito 2:12; 2 Ped. 1:5.

Valor de. 1 Tim. 4:8; 2 Ped. 2:9.

PIEDRAS PRECIOSAS

A menudo dadas como presentes. 1 Rey. 10:2,10.

Arte de engastar, conocido entre judíos. Ex. 28:20.

Arte de grabar en, conocido entre judíos desde antigüedad. Ex. 28:9,11,21.

Brillantes. 1 Crón. 29:2; Apoc. 21:11.

Dadas por judíos para tabernáculo. Ex. 25:7.

David preparó, para templo. 1 Crón. 29:2.

De distintos colores y variedad. 1 Crón. 29:2.

De Ofir. 1 Rey. 10:11; 2 Crón. 9:10.

De Sabá. 1 Rey. 10:1-2; Ezeq. 27:22.

Gran comercio de. Ezeq. 27:22; Apoc. 18:12.

Ilustrativas de

Belleza y estabilidad de iglesia. Isa. 54:11-12.

Creyentes. Mal. 3:17; 1 Cor. 3:12.

Esplendor seductor y falsa gloria de apostasía. Apoc. 17:4; 18:16.

Estabilidad de Jerusalén celestial.
Apoc. 21:19.
Gloria de Jerusalén celestial. Apoc. 21:11.
Gloria mundana de naciones.
Ezeq. 28:13-16.
Hermosura de Cristo. Isa. 28:16;
1 Ped. 2:6.
Líderes entregaron, para templo.
1 Crón. 29:8.

Llamadas
Alhajas preciosas. 2 Crón. 20:25.
Joyas. Isa. 61:10; Ezeq. 16:12.
Joyas preciosas. Prov. 20:15.
Piedras de fuego. Ezeq. 28:14,16.

Mencionadas en Escrituras
Ágata. Ex. 28:19; Apoc. 21:19.
Amatista. Ex. 28:19; Apoc. 21:20.
Berilo. Dan. 10:6; Apoc. 21:20.
Carbunclo. Ex. 28:17; Isa. 54:12.
Coral. Job 28:18.
Cornalina. Apoc. 4:3.
Crisólito. Apoc. 21:20.
Crisopraso. Apoc. 21:20.
Diamante. Ex. 28:18; Jer. 17:1; Ezeq. 3:9.
Esmeralda. Ezeq. 28:13; Apoc. 4:3.
Jacinto. Ex. 28:19; Apoc. 21:20.
Jaspe. Apoc. 4:3; 21:11,19.
Ónice. Ex. 28:20; Job 28:16.
Perla. Job 28:18; Mat. 13:45-46;
Apoc. 21:21.
Pierda sárdica. Ex. 28:17.
Topacio. Job 28:19; Apoc. 21:20.
Zafiro. Ex. 24:10; Ezeq. 1:26.
Muy valiosas entre el pueblo desde
antigüedad. Prov. 17:8.
Parte de tesoros del rey. 2 Crón. 32:27.
Sacadas de la tierra. Job 28:5-6.

Usadas para
Adornar efod del sumo sacerdote.
Ex. 28:12.

Adornar pectoral del juicio.
Ex. 28:17-20; 39:10-14.
Adornar persona. Ezeq. 28:13.
Adornar templo. 2 Crón. 3:6.
Engastar en anillos. Cant. 5:14.
Honrar a ídolos. Dan. 11:38.
Ornamentar coronas reales.
2 Sam. 12:30.

PIEL

Enfermedades de. Lev. 13:38-39; Job 7:5.
Para cubierta del tabernáculo. Ex. 25:5.
Vestimentas de. Gén. 3:21.

PIERNAS

De crucificados, quebradas. Juan 19:31-32.

PIES

A menudo ligeros. 2 Sam. 2:18; 22:34.
Condenación expresada al sacudir polvo de.
Mat. 10:14; Mar. 6:11.

De creyentes
Afirmados por Dios. Sal. 66:9; 121:3.
Dirigidos por Cristo. Isa. 48:17;
Luc. 1:79.
Guardados por Dios. 1 Sam. 2:9;
Sal. 116:8.

De criminales
Atados con cadenas. Sal. 105:18.
Colocados en cepo. Job 13:27;
Hech. 16:24.
De enemigos, a menudo mutilados y
cortados. Jue. 1:6-7; 2 Sam. 4:14.
De extranjeros y viajeros, lavados.
Gén. 18:4; 19:2; 24:32; 1 Tim. 5:10.

De impíos
Atrapados. Job 18:8; Sal. 9:15.
Ligeros para hacer mal. Prov. 6:18.
Prontos a derramar sangre. Prov. 1:16;
Rom. 3:15.

P

De judíos

Descuidados durante aflicción.
2 Sam. 19:24; Ezeq. 24:17.

Desnudos durante aflicción.
2 Sam. 15:30.

Lavados frecuentemente. 2 Sam. 11:8;
Cant. 5:3.

De mujeres, a menudo adornados.
Isa. 3:16,18.

Deben abstenerse del mal. Prov. 1:15;
Heb. 12:13.

Deben ser guiados por palabra de Dios.
Sal. 119:105.

Deben ser guiados por sabiduría y consejo.
Prov. 3:21,23,26.

Discípulos lavan. 1 Tim. 5:10.

Examinar senda de. Prov. 4:26.

Golpear en piso, por sumo gozo o dolor.
Ezeq. 6:11; 25:6.

Ilustrativos de

Abundancia, cuando se lavaban o se
ungían con aceite. Deut. 33:24;
Job 29:6.

Ceder a tentación, cuando resbalaban.
Job 12:5; Sal. 17:5; 38:16; 94:18.

Estabilidad, cuando se afirmaban sobre
roca. Sal. 40:2.

Libertad, cuando se colocaban en lugar
amplio. Sal. 31:8.

Victoria, cuando se mojaban con sangre.
Sal. 68:23.

Jesús lava, de discípulos. Juan 13:4-16.

Lavar, de otros, tarea humilde.
1 Sam. 25:41; Juan 13:5-14.

Miembros necesarios del cuerpo.
1 Cor. 15:15,21.

No lavarlos, descortés para con invitados.
Luc. 7:44.

Origen de descalzarse en lugares
consagrados. Ex. 3:5; Jos. 5:15.

Partes de, mención

Dedos. Ex. 29:20; 2 Sam. 21:20;
Dan. 2:41.

Planta. Deut. 11:24; 1 Rey. 5:3.

Talón. Sal. 41:9; Os. 12:3.

Pasibles de

Enfermedades. 1 Rey. 15:23.

Hinchazón por caminar. Deut. 8:4.

Lesiones con piedras, etc.. Sal. 91:12.

Respeto mostrado al caer a los.
1 Sam. 25:24; 2 Rey. 12:9; Est. 8:3;
Mar. 5:22; Hech. 10:25.

Reverencia mostrada al besar. Luc. 7:38,45.

Subyugación de enemigos mostrada al
poner, sobre cuello. Jos. 10:24;
Sal. 110:1.

Sueño expresado al cubrir. 1 Sam. 24:3.

Sujeción mostrada al lamer polvo de.
Isa. 49:23.

Uso temprano de calzado. Ex. 12:11.

PILOTO

Figurativamente. Ezeq. 27:8,27-29.

PINÁCULO

Del templo. Mat. 4:5.

PINTAR

Ojos para que parezcan más grandes.
2 Rey. 9:30; Jer. 4:30; Ezeq. 23:40.

Retratos. Ezeq. 23:14.

Salas. Jer. 22:14.

PIOJOS

Plaga de. Ex. 8:16-19; Sal. 105:31.

PLACER

Influencia del. Luc. 8:14; 2 Ped. 2:13.

Peligros del. Tito 3:3; Heb. 11:25.

Vanidad del, mundano. Ecl. 2.

P

PLAGAS

A menudo aparecían repentinamente.
Sal. 106:29.

A menudo luego de guerra y hambre.
Jer. 27:13; 28:8; 29:17-18.

Anunciadas antes de destrucción de
Jerusalén. Mat. 24:7; Luc. 21:11.

Atribuidas a ángel de destrucción.
Ex. 12:23, con 2 Sam. 24:16.

Efectos desoladores de. Sal. 91:7;
Jer. 16:6-7; Amós 6:9-10.

Egipto a menudo afligido con. Jer. 42:17,
con Amós 4:10.

Enviadas a

Egipcios. Ex. 12:29-30.

Israel, por adorar a Baal-peor.
Núm. 25:18.

Israel, por despreciar maná. Núm. 11:33.

Israel, por hacer becerro de oro.
Ex. 32:35.

Israel, por murmurar luego de destrucción
de Coré. Núm. 16:46-50.

Súbditos de David por censo de éste.
2 Sam. 24:15.

Enviadas como justo castigo. Lev. 26:16,25.

Fatales día y noche. Sal. 91:5-6.

Ilustrativas de

Condición enferma del corazón
humano. 1 Rey. 8:38.

Juicios de Dios por apostasía.
Apoc. 18:4,8.

Infligidas por Dios. Sal. 78:50; Jer. 21:6;
Ezeq. 14:19; Hab. 3:5.

Israel y amenaza de, castigo por
desobediencia. Lev. 26:24-25;
Deut. 28:21.

Judíos oraron pidiendo liberación de.
1 Rey. 8:37-38; 2 Crón. 20:9.

Mortales. Sal. 91:3.

Particularmente fatal en ciudades.
Lev. 26:25; Jer. 21:6,9.

Uno de los terribles juicios de Dios.
Ezeq. 14:21.

PLANES

Importancia de. Luc. 14:28,31.

Necedad de olvidar a Dios al hacer.
Sal. 52:7.

Urgencia de incluir a Dios en. Prov. 3:6.

Extraño pero cierto

PLATA

La plata era muy rara en el antiguo Medio Oriente, y hasta alrededor del 500 a.C. se la consideró más valiosa que el oro. Las referencias bíblicas a menudo hacen alusión al proceso de refinación de plata (1 Crón. 29:4; Sal. 12:6; Ezeq. 22:20-22).

PLATA

A menudo entregada como obsequio.
1 Rey. 10:25; 2 Rey. 5:5,23.

Abundante durante reinado de Salomón.
1 Rey. 10:21-22,27; 2 Crón. 9:20-21,27.

Descripción

Blanca y brillante. Sal. 68:13-14.

Fundible. Ezeq. 22:20,22.

Maleable. Jer. 10:9.

Generalmente se hallaba en estado no
refinado. Prov. 25:4.

Ilustrativa de

Buenos gobernantes. Isa. 1:22-23.

Creyentes purificados por aflicción.
Sal. 66:10; Zac. 13:9.

Diligencia necesaria para obtener
conocimiento (labor de buscarla).
Prov. 2:4.

Impíos (cuando eran depravados).
Jer. 6:30.

P

Impíos (por las impurezas). Isa. 1:22; Ezeq. 22:18.

Lengua de justos. Prov. 10:20.

Palabras de Jehová. Sal. 12:6.

Reino medo-persa. Dan. 2:32,39.

Ofrenda de David y súbditos para hacer templo. 1 Crón. 28:14; 29:2,6-9.

Ofrenda de israelitas para hacer tabernáculo. Ex. 25:3; 35:24.

Patriarcas tenían abundancia de. Gén. 13:2; 24:35.

Purificada con fuego. Prov. 17:3; Zac. 13:9.

Purificada se llamaba

Plata escogida. Prov. 8:19.

Plata refinada. 1 Crón. 29:4.

Sabiduría se valoraba más que. Job 28:15; Prov. 3:14; 8:10,19; 16:16.

Se hacían

Adornos para la persona. Ex. 3:22.

Basas para tablas del tabernáculo. Ex. 26:19,25,32; 36:24,26,30,36.

Cadenas. Isa. 40:19.

Camas o reclinatorios. Est. 1:6.

Candeleros. 1 Crón. 28:15.

Copas. Gén. 44:2.

Hilos (alusión a). Ecl. 12:6.

Ídolos. Sal. 115:4; Isa. 2:20; 30:22.

Instrumentos. 2 Sam. 8:10; Esd. 6:5.

Jarros. Núm. 7:13,84.

Mesas. 1 Crón. 28:16.

Ornamentos y argollas para columnas del tabernáculo. Ex. 27:17; 38:19.

Vajilla. Núm. 7:13,84,85.

Se sacaba de minas en la tierra. Job 28:1.

Tarsis, gran comercio de. Jer. 10:9; Ezeq. 27:12.

Tomada como botín de guerra, generalmente consagrada a Dios. Jos. 6:19; 2 Sam. 8:11; 1 Rey. 15:15.

Tomada como botín de guerra, purificada con fuego. Núm. 31:22-23.

Trbajar en, como oficio. Hech. 19:24.

Tributo a menudo se pagaba en. 2 Crón. 17:11; Neh. 5:15.

Usada como dinero desde tiempos inmemoriales. Gén. 23:15-16; 37:28; 1 Rey. 16:24.

Valor comparativo de. Isa. 60:17.

Extraño pero cierto

POLIGAMIA

Hay seis ejemplos bíblicos de poligamia en la historia anterior a Moisés. En el Nuevo Testamento los ricos también practicaban la poligamia, que estaba sancionada por la Misná y el Talmud. Sin embargo, después de mencionar a Elcana (1 Sam. 1:1-2), los libros de Samuel y Reyes no incluyen referencias a poligamia entre plebeyos. La monogamia fue aprobada por Dios (ver Gén. 2:18-25; Prov. 5:15-21; Luc. 16:18; 1 Cor. 7:1-2), y fue la forma más común de matrimonio en Israel, aunque a veces cuando la esposa era estéril se adquiría una segunda esposa o concubina (una esposa-esclava que no tenía derechos de propiedad y gozaba de menos derechos que una esposa normal).

PLOMADA

Figurativamente. Amós 7:7-8.

PLOMO

Comercio de. Ezeq. 27:12.

Fundidor de. Jer. 6:29; Ezeq. 22:18,20.

Mineral. Ex. 15:10.

Purificado por fuego. Núm. 31:22; Jer. 6:29; Ezeq. 22:18,20.

P

Usado para hacer inscripciones en piedras.
Job 19:24.

Usado para pesar. Zac. 5:7-8.

POBRES

Aquellos que tienen fe
Son bendecidos. Deut. 15:10; Sal. 41:1;
Prov. 22:9; Hech. 20:35.
Son felices. Prov. 14:21.
Tienen favor de Dios. Heb. 13:16.
Tienen promesas. Prov. 28:27;
Luc. 14:13-14.

Castigo por
Actuar injustamente con.
Job 20:19,29; 22:6,10; Isa. 10:1-3;
Amós 5:11-12.
Causar ruina a. Isa. 3:13-15; Ezeq. 18:13.
Negarse a ayudar. Job 22:7,10;
Prov. 21:13.
Oprimir. Prov. 22:16; Ezeq. 22:29,31.

Condición de, a menudo resultado de
Borrachera y glotonería. Prov. 23:21.
Malas compañías. Prov. 28:19.
Pereza. Prov. 20:18.
Creados por Dios. Job 34:19; Prov. 22:2.
Cristo libera a. Sal. 72:12.
Cristo predicado a. Luc. 4:18.
Cristo vivió como. Mat. 8:20.

Cuidado de
Característica de creyentes. Sal. 112:9,
con 2 Cor. 9:9; Prov. 29:7.
Debe instarse al. 2 Cor. 8:7-8; Gál. 2:10.
Fruto de arrepentimiento. Luc. 3:11.
Ilustrado. Luc. 10:33-35.
Culpa cuando se defrauda a. Sant. 5:4.

Dar a los pobres
Con alegría. 2 Cor. 8:12; 9:7.
Con buena disposición. Deut. 15:10;
2 Cor. 9:7.

Especialmente si son creyentes.
Rom. 12:13; Gál. 6:10.
Generosamente. Deut. 14:29; 15:8,11.
Sin hacerlo público. Mat. 6:1.

Deben
Cuando se convierten, gozarse en su
exaltación. Sant. 1:9.
Encomendarse a Dios. Sal. 10:14.
Esperar en Dios. Job 5:16.
Gozarse en Dios. Isa. 29:19.
Defender a. Sal. 82:3-4.

Descuidar a, es
Descuidar a Dios. Mat. 25:42-45.
Incongruente con amor de Dios.
1 Juan 3:17.
Prueba de incredulidad. Sant. 2:15-17.

Dios
Considera a, igual que a ricos. Job 34:19.
Da provisión a. Sal. 68:10; 146:7.
Es refugio de. Sal. 14:6.
Exalta a. 1 Sam. 2:8; Sal. 107:41.
Libera a. Job 36:15; Sal. 35:10.
No desprecia oración de. Sal. 102:17.
No olvida a. Sal. 9:18.
Oye a. Sal. 69:33; Isa. 41:17.
Preserva el derecho de. Sal. 140:12.
Protege a. Sal. 12:5; 109:31.
Recibe afrenta cuando hay mofa a.
Prov. 17:5.
Recibe afrenta cuando hay opresión a.
Prov. 14:31.
Hacer justicia a. Sal. 82:3; Jer. 22:3,16.

Malvados
Agobian a. Amós 4:1.
Defraudan a. Amós 8:5-6.
Desprecian consejo de. Sal. 14:6.
Devoran a. Hab. 3:14.
No se interesan por. Juan 12:6.
No toman en cuenta causa de. Prov. 29:7.
Oprimen a. Job 24:4-10; Ezeq. 18:12.
Persiguen a. Sal. 10:2.

P

Pisotean a. Amós 5:11.

Venden. Amós 2:6.

No cobrar interés a. Lev. 25:36.

No despreciar a. Prov. 14:21; Sant. 2:2-4.

No endurecer corazón contra. Deut. 15:7.

No negar justicia a. Ex. 23:6.

No oprimir a. Deut. 24:14; Zac. 7:10.

No robar a. Prov. 22:22.

No ser gobernante despiadado con.
Lev. 25:39,43.

Ofrendas de, aceptables a Dios.
Mar. 12:42-44; 2 Cor. 8:2,12.

Opresión de, ilustrada. 2 Sam. 12:1-6.

Orar por. Sal. 74:19,21.

Pueden ser

Generosos. Mar. 12:42; 2 Cor. 8:2.

Rectos. Prov. 19:1.

Ricos en la fe. Sant. 2:5.

Sabios. Prov. 28:11.

Recibían provisión bajo ley. Ex. 23:11;
Lev. 19:9-10.

Ser generoso para con. Deut. 15:7.

Siempre estarán entre nosotros. Deut. 15:11;
Sof. 3:12; Mat. 26:11.

Socorrer a. Lev. 25:35; Mat. 19:21.

Son tales por designio de Dios. 1 Sam. 2:7;
Job 1:21.

POBRES, RESPONSABILIDAD HACIA

Ver Bienestar social, Programas de

POBREZA

Ver Pobres

PODER

A los de Tiatira, que vencieran, sobre
naciones. Apoc. 2:26.

A través de debilidad. 2 Cor. 12:9.

A través de unción, dado a

Absalón, para ser rey. 2 Sam. 19:10.

Azarías, para profetizar. 2 Crón. 15:1-7.

Ciro, para dominar naciones, Isa. 45:1.

David, para ser rey. 1 Sam 16:13;
1 Crón. 11:3.

Eliseo, para ser profeta. 1 Rey. 19:16;
2 Rey. 2:9,15.

Hazael, para ser rey. 1 Rey. 19:15.

Jehú, para ser rey. 1 Rey. 19:16;
2 Rey. 9:3,6,12.

Jesús, para ministrar y sanar.
Hech. 10:38.

Joacaz, para ser rey. 2 Rey. 23:30.

Joás, para ser rey. 2 Rey. 11:12;
2 Crón. 23:11.

Sadoc, para ser sacerdote. 1 Crón. 29:22.

Salomón, para ser rey. 1 Rey. 1:39;
1 Crón. 29:22.

Saúl, para gobernar. 1 Sam 10:1.

Siervo de Jehová, para ministrar.
Isa. 61:1-3.

Bestia

Para blasfemar. Apoc. 13:5.

Para causar vida o muerte.
Apoc. 13:13-15.

Para controlar economía.
Apoc. 13:16-17.

Para hacer guerra. Apoc. 13:7.

Bezaleel y Aholiab

Para enseñar artesanías. Ex. 35:34.

Para hacer tabernáculo y todos sus
elementos. Ex. 31:1-11; 35:30-35.

Creyentes

Para abundar en esperanza. Rom. 15:13.

Para ser hechos hijos de Dios. Juan 1:12.

Para vida. Ef. 1:19.

Dado al dragón por bestia, para engañar.
Apoc. 13:2,4.

Diáconos, para servir. Hech. 6:3-6.

Dos testigos, para profetizar. Apoc. 11:3.

Esteban, para hacer prodigios y maravillas.
Hech. 6:8.

Faraón, para engrandecer nombre de Dios.
Rom. 9:17.

Gedeón, para liberar a Israel. Jue. 6:34.

Jahaziel, para animar a tropas.
2 Crón. 20:14-17.

Jefté, para liberar a Israel. Jue. 11:29.

Jesús
Para dar poder a discípulos.
Mat. 28:18-20.

Para dar vida eterna. Juan 17:2.

Para ministrar. Luc. 4:18-21.

Para perdonar pecados. Mat. 9:6;
Mar. 2:10; Luc. 5:24.

Para poner su propia vida. Juan 10:18.

Para sanar. Luc. 5:17.

Para volver a tomar su vida. Juan 10:18.

Langostas (figurativamente), para dañar a
quienes no estuvieran sellados por Dios.
Apoc. 9:3-5.

Miqueas, para profetizar. Miq. 3:8.

Moisés, para libertar a Israel. Ex. 3:1-4:17.

Muerte, para matar. Apoc. 6:8.

Nabucodonosor, para gobernar. Dan. 2:37.

Otoniel, para libertar a Israel. Jue. 3:10.

Pablo
Para ganar a gentiles. Hech. 15:12;
Rom. 15:18-20; 2 Cor. 12:12.

Para soportar su propia debilidad.
2 Cor. 12:9.

Personas con capacidad e inteligencia
Para hacer tabernáculo y sus elementos.
Ex. 31:6-11; 36:1.

Para hacer vestiduras sagradas. Ex. 28:3.

Pilato, para crucificar o liberar a Jesús.
Juan 19:10-11.

Por autoridad divina, dado a apóstoles
Para echar fuera demonios, sanar y
predicar. Mat. 10:1; Mar. 3:14-15; 6:7;
Luc. 9:1-2; 10:19; Hech. 4:7-10.

Para ser testigos. Mat. 28:18-20;
Luc. 24:49; Hech. 1:8; 2:1-4.

Por autoridad humana, dado a
Bestia, para luchar contra Cordero.
Apoc. 17:12-14.

Pueblo de Dios. Sal. 68:35.

Quienes desmayan, para ser renovados.
Isa. 40:29-31.

Sansón, para liberar a Israel.
Jue. 13:25; 14:6,19; 15:14.

Satanás afirmó que lo otorgaría a Jesús.
Luc. 4:6.

Siervo de Jehová, para ministrar.
Isa. 41:8-16; 42:1-7; 49:5-6; 50:4-9;
52:13-53:12.

Zacarías, para profetizar. 2 Crón. 24:20.

PODER DE CRISTO
Ver Cristo, Poder de

PODER DE DIOS
Ver Dios, Poder de

PODER DEL ESPÍRITU SANTO
Ver Espíritu Santo, Poder de

POESÍA
Acróstico.
Sal. 25; 34; 37; 111; 112; 119; 145;
Prov. 31:10-31; Lam. 1-5.

Didáctica
Cantar de los Cantares.
Cántico de Moisés. Deut. 32.
Libro de Job.
Libro de Proverbios.

Épica
Cántico de Débora. Jue. 5.
Cántico de María. Ex. 15:21.
Cántico de Moisés. Ex. 15:1-19.

Lamento
Por muerte de Abner. 2 Sam. 3:33-34.
Por muerte de Saúl. 2 Sam. 1:19-27.

P

Lírica sagrada
Cántico de Ana. 1 Sam. 2:1-10.
Cántico de Elisabet. Luc. 1:42-45.
Cántico de María. Luc. 1:46-55.
Cántico de Moisés y María. Ex. 15.
Cántico de Zacarías. Luc. 1:68-79.

POETA
Griego. Hech. 17:28; Tito 1:12.

POLICÍA
Ayudantes reales. 1 Rey. 9:22.
Guardaespaldas personales.
    1 Sam. 14:13; 17:7; 2 Sam. 15:1; 18:15.
Instrumentos del estado para mantener
    orden. Rom. 13:4.

POLIGAMIA
Autorizada. 2 Sam. 12:8.
De Salomón. 1 Rey. 11:4-8.

Efectos negativos de
Favoritismo de Elcana. 1 Sam. 1:5.
Favoritismo de Jacob. Gén. 29:30; 30:15.
Favoritismo de Roboam. 2 Crón. 11:21.
Favoritismo del esposo. Deut. 21:15-17.
Infelicidad en familia de Jacob.
    Gén. 29:30-34; 30:1-23.
Infelicidad en matrimonios de Elcana.
    1 Sam. 1:4-7.
Infelicidad familiar en caso de Abraham.
    Gén. 16; 21:9-16.
Ley mosaica en cuanto al primogénito de.
    Deut. 21:15-17.

Practicada por
Abías. 2 Crón. 13:21.
Abraham. Gén. 16.
Acab. 2 Rey. 10:1.
Asur. 1 Crón. 4:5.
Belsasar. Dan. 5:2.
David. 1 Sam. 25:39-44.
Elcana. 1 Sam. 1:2.
Esaú. Gén. 26:34.

Gedeón. Jue. 8:30.
Jacob. Gén. 29:30.
Joaquín. 2 Rey. 24:15.
Joás. 2 Crón. 24:2-3.
Joram. 2 Crón. 21:14.
Lamec. Gén. 4:19.
Oseas. Os. 3:1-2.
Roboam. 2 Crón. 11:18-23.
Salomón. 1 Rey. 11:1-8.
Procurada por mujeres. Isa. 4:1.
Prohibida. Deut. 17:17; Lev. 18:18;
    Mal. 2:14-15; Mat. 19:4-5;
    1 Tim. 3:2,12; Tito 1:6.
Tolerada. Ex. 21:10; 1 Sam. 1:2;
    2 Crón. 24:3.

POLILLA
Destruía ropa. Job 13:28; Isa. 50:9; 51:8;
    Os. 5:12.
Figurativamente. Mat. 6:19-20; Sant. 5:2.
Insecto. Job 4:19; 27:18; Sal. 39:11.

POLITEÍSMO
Carne ofrecida a ídolos. 1 Cor. 8.
Ídolos de casa de Labán. Gén. 31:19.
Jacob deja de lado dioses domésticos.
    Gén. 35:2,4.

POLÍTICA
Corrupción en. Sal. 12:8.
Corrupción en corte de Asuero. Est. 3.
Corrupción en corte de Darío. Dan. 6:4-15.

Ejemplos de
Absalón, haciendo campaña para acceder
    a trono. 2 Sam. 15:2-6.
Pilato, que condenó a Jesús para gratificar
    demanda del pueblo. Mat. 27:23-27.

Hábiles en
Jeroboam. 1 Rey. 12:26-33.
José. Gén. 47:15-26.
Natán. 1 Rey. 1:11-14.
Samuel. 1 Sam. 11:12-15.

Instrucción en. Dan. 1:3-5.

Ministros de

Natán, el profeta, influye en selección de sucesor de David. 1 Rey. 1:11-40.

Sadoc, el sacerdote, partisano de David. 2 Sam. 15:24-29.

Mujeres en

Betsabé, al asegurar corona para Salomón. 1 Rey. 1:15-21.

Herodías, al influenciar la administración de Herodes. Mar. 6:17-28.

Madre de hijos de Zebedeo, al procurar favor para sus hijos. Mat. 20:20-23.

Sabia mujer en Abel, que salvó la ciudad con diplomacia. 2 Sam. 20:16-22.

Sabiduría en. Prov. 28:2.

POLÍTICOS

Ejemplos de quienes procuraron cargos

Absalón. 2 Sam. 15:1-6.

Gaal. Jue. 9:28-29.

Principios relevantes a líderes

Como pastores sin valor. Ezeq. 34:2-10; Zac. 11:15-17.

Ser diligentes. Rom. 12:8.

POLVO

Hombre hecho del. Gén. 2:7; 3:19; Ecl. 3:20.

Sacudir, al enojarse. 2 Sam. 16:13.

Se ponía sobre cabeza en señal de duelo. Jos. 7:6; Job 2:12; 42:6.

Se sacudía de pies. Mat. 10:14; Hech. 13:51.

POPULACHO

En Éfeso. Hech. 19:29-40.

En Jerusalén. Hech. 21:28,30.

En Tesalónica. Hech. 17:5.

POPULARIDAD

Ejemplos de

Absalón. 2 Sam. 15:2-6,13.

David. 2 Sam. 3:36.

Job. Job 29.

PORTEROS

Actuaban en 24 grupos. 1 Crón. 26:13-19.

Cargos se determinaban por suertes. 1 Crón. 24:31; 26:13-19.

Guardias en puertas de la ciudad, puertas del palacio real, y puertas del templo. 1 Crón. 9:17-32; 2 Crón. 34:13; 35:15.

Se ubicaban alrededor del templo a fin de estar presentes para abrir puertas. 1 Crón. 9:27.

También actuaban como porteros de puertas del muro. Neh. 12:25.

Un tercio eran porteros de casa del rey. 2 Crón. 23:5.

Biografía bíblica

PONCIO PILATO

Poncio Pilato fue procurador romano en Judea entre el 26 y el 36 d.C. Era directamente responsable ante Tiberio César por las operaciones militares, financieras y judiciales en Judea. El procurador tenía autoridad —llamada *imperium*— por delegación del emperador, que le daba el poder de vida o muerte sobre sus súbditos. Pilato parece no haber tenido deseos personales de hacer matar a Jesús, y los escritores del Nuevo Testamento parecen deseosos de demostrarlo, aunque finalmente decidió acceder a las exigencias del populacho (Luc. 23:4,14,22,24).

Un tercio eran porteros de puerta del Cimiento. 2 Crón. 23:5.

Un tercio eran porteros del templo. 2 Crón. 23:4.

POSADA

Ver Mesón

POZO

Benaía mata león en. 2 Sam. 23:20.

Del abismo.
Apoc. 9:1-2,11; 11:7; 17:8; 20:1,3.

Figurativamente. Sal. 7:15-16; Prov. 23:27.

POZOS DE AGUA

A menudo enemigos los cegaban.
Gén. 26:15,18; 2 Rey. 3:19,25.

A menudo profundos; difícil sacar agua.
Juan 4:11.

A menudo se cubrían para evitar arena.
Gén. 29:2-3.

A menudo se les daban nombres.
Gén. 16:14; 21:31.

A menudo sin agua. Jer. 14:3; Zac. 9:11.

Agua de, a menudo se vendía. Núm. 20:19.

Canaán, abundancia de. Deut. 6:11.

Con agua de lluvia. Sal. 84:6.

Con agua de manantiales. Prov. 16:22.

Extranjeros no sacaban agua de, sin permiso. Núm. 20:17.

Figurativamente, salvación. Isa. 12:3; Juan 4:14.

Frecuentados por
Mujeres que iban a recoger agua.
Gén. 24:13-14; Juan 4:7.
Viajeros. Gén. 24:11,13,42; Juan 4:6.
Frecuente causa de peleas.
Gén. 21:25; 26:21-22; Ex. 2:16-17.

Frecuentemente se cavaban
Cerca de campamentos.
Gén. 21:30; 26:18.
En desierto. 2 Crón. 26:10.

En las afueras de ciudades. Gén. 24:11; Juan 4:6,8.
En patios de casas. 2 Sam. 17:18.

Ilustrativos de
Boca de justos. Prov. 10:11.
Disfrute de felicidad del hogar (cuando uno bebía del propio). Prov. 5:15.
Entendimiento y sabiduría humanos.
Prov. 16:22; 18:4.
Espíritu Santo en creyentes. Cant. 4:15, con Juan 4:14.
Hipócritas (cuando no tienen agua). 2 Ped. 2:17.
Ordenanzas de iglesia. Isa. 12:3.

Mencionados en Escritura
Agar. Gén. 21:19.
Beer (este del Jordán). Núm. 21:16-18.
Beerseba. Gén. 21:30-31.
Belén. 2 Sam. 23:15; 1 Crón. 11:17-18.
Elim. Ex. 15:27.
Esek. Gén. 26:20.
Harán. Gén. 29:3-4.
Jacob. Juan 4:6.
Rehobot. Gén. 26:22.
Sitna. Gén. 26:21.
Viviente-que-me-ve. Gén. 16:14.
Muchos, con aguas del Líbano. Cant. 4:15.

Ocasión de desacuerdos
De Jacob. Juan 4:6.
De Salomón. Ecl. 2:6.
De Uzías. 2 Crón. 26:10.
En Harán. Gén. 24:16.
Entre Abraham y Abimelec.
Gén. 21:25-30.
Entre Isaac y Abimelec.
Gén. 26:15-22,32-33.
Primera mención de. Gén. 16:14.
Rodeados de árboles. Gén. 49:22; Ex. 15:27.
Sin agua. Jer. 15:18; 2 Ped. 2:17.

P

Tenían abrevaderos cerca para dar agua a animales. Gén. 24:19-20; Ex. 2:16.

PREDESTINACIÓN

De Abraham y descendientes.
Gén. 21:12-13.

Ejemplos de
Amasías y judíos idólatras.
2 Crón. 25:20.
Apóstoles. Juan 13:18; 15:19.
Destrucción de hijos de Elí. 1 Sam. 2:25.
Filisteos. Jue. 14:4.
Heveos. Jos. 11:20.
Ocozías. 2 Crón. 22:7.
Pablo. Gál. 1:15.
Pacto con Abraham prometiendo
heredero. Gén. 21:12; Neh. 9:7-8.
Rufo. Rom. 16:13.
Zorobabel. Hag. 2:23.
Enseñanzas de Pablo sobre.
Rom. 8:28-33; 9:11-29; 11:5-8.
Evidente en juicio divino a Egipto.
Ex. 33:19.

Razones para la, por parte de Dios
De escogidos de Dios. Luc. 18:7.
De hijos. Mat. 11:25.
De Israel. Deut. 7:7.
De Jacob. Mal. 1:2.
De Jeremías. Jer. 1:4.
De Judas. Luc. 22:22.

PREDICACIÓN

Propósito de
Animar, consolar, hacer bien a
gente. 1 Cor. 14:3.
Convencer, reprender, exhortar,
enseñar. 2 Tim. 4:2.

Resultados de
Algunos hallan vida por medio de.
Luc. 11:32; 8:15; 1 Cor. 3:6-23.

Algunos la consideran locura.
1 Cor. 1:18-21.
Algunos la rechazan de plano.
2 Ped. 2:4-5.
Algunos posponen la decisión.
Hech. 17:32; 26:28.
Creyentes son edificados por.
1 Cor. 14:3; Ef. 4:12.

Tema de
Arrepentimiento. Mar. 1:15.
Buenas noticias o evangelio. Luc. 4:18,43;
Rom. 1:15; 1 Cor. 1:17; Ef. 1:3.
Cruz de Cristo. 1 Cor. 1:18,23.
Inescrutables riquezas de Cristo. Ef. 3:8.
Jesucristo. 1 Cor. 1:23; 2 Cor. 4:5.
Palabra de Dios. 2 Tim. 4:2; Heb. 4:2.
Palabra de fe. Rom. 10:8.
Paz. Hech. 10:36.
Perdón. Hech. 13:38.
Reino de Dios. Luc. 9:2,60.
Resurrección de Cristo. Hech. 17:18.

PREFERENCIAS

Dios no tiene. Hech. 10:34; Rom. 10:12;
Mat. 5:45.
Efecto en otros hijos. Gén. 37:4.
No debe existir en administración de
justicia. Lev. 19:15; Col. 4:1.
No debe haber entre nosotros. Deut. 1:17;
Job 13:10; 1 Tim. 5:21; Sant. 2:4.

PREMATRIMONIALES, RELACIONES SEXUALES

Ver también Amorosas, Aventuras; Sexo
fuera del matrimonio

Embarazo prematrimonial sin que hubiera.
Mat. 1:18-20,25.

Exhortaciones sobre
Controlar deseos sexuales. 1 Cor. 7:9,37.
Huir de pasiones juveniles. 2 Tim. 2:22.

Mejor casarse que estarse quemando.
1 Cor. 7:2,8-9,36-37.

Principios relevantes a
Con prostituta. 1 Cor. 6:15-20.
Hablar impuro. Ef. 5:3-4.
Tentación. 1 Cor. 10:12-13.
Prohibición. Ex. 22:16-17;
Cant. 2:7; 3:5; 4:12; 8:4; 1 Cor. 6:15-20.

PREMIO
Figurativamente. Fil. 3:14.
Recompensa al mérito. 1 Cor. 9:24.

PRENDA, GARANTÍA
Acreedor no debe entrar en casa de deudor
para tomar. Deut. 24:10-13.

PREPARACIÓN

En plan de Dios
Para liberación israelita de los egipcios.
Gén. 2:1-4:31.
Para ministerio de Cristo. Luc. 4:1-15.
Para nuestro futuro. Juan 14:2;
1 Cor. 2:9-10.
Para obra de Cristo. Mal. 3:1;
Luc. 1:76; 3:1-17.

En nuestras vidas
Para buscar al Señor. Os. 10:12.
Para hacer buenas obras. Tito 3:1.
Para venida del Señor. Luc. 12:35-36.

PRESENCIA

De Cristo
Con discípulos. Mat. 28:20.
Cuando 2 ó 3 adoran a Dios. Mat. 18:20.
En nuestro sufrimiento. 2 Cor. 1:5;
Fil. 3:10.
En nuestros corazones. Ef. 3:17.
En todas las cosas. Rom. 8:35-38.

De Dios
Con su pueblo. Ex. 33:14; Jos. 3:10.
En Edén. Gén. 3:8.
En nuestras pruebas. Isa. 43:2.
Fuente de ayuda. Sal. 46:5.
Fuente de gozo. Sal. 16:11.
Para siempre. Heb. 13:5.
Requiere gratitud. Sal. 95:2.

PRESENTES
A menudo llevados por sirvientes. Jue. 3:18.
A menudo llevados sobre camellos, etc.
1 Sam. 25:18; 2 Rey. 8:9; 2 Crón. 9:1.
A veces enviados antes que el dador.
Gén. 32:21.
Antigüedad de. Gén. 32:13; 43:15.

Cosas dadas como
Adornos. Gén. 24:22,47; Job 42:11.
Alimento. Gén. 43:11; 1 Sam. 25:18;
1 Rey. 14:3.
Armas de guerra. 1 Sam. 18:4.
Caballos y mulas. 1 Rey. 10:25.
Dinero. Gén. 45:22; 1 Sam. 9:8;
Job 42:11.
Ganado. Gén. 32:14-15,18.
Piedras preciosas. 1 Rey. 10:2.
Rechazadas si son pequeñas y
defectuosas. Mal. 1:8.
Siervos. Gén. 20:14; 29:24,29.
Vasos de oro y plata. 1 Rey. 10:25.
Vestidos. Gén. 45:22; 1 Sam. 18:4.

Dados
A jueces, para asegurar audiencia
favorable. Prov. 17:23; Amós 2:6.
A reyes, para reclutar ayuda.
1 Rey. 15:18.
Al realizar visitas. 2 Rey. 8:8.
Al recuperarse de enfermedades.
2 Rey. 20:12.
Como confirmación de pactos.
Gén. 21:28-30.
Como demostración de respeto. Jue. 6:18.

P

Como señal de amistad. 1 Sam. 18:3-4.
Como tributo. Jue. 3:15; 2 Sam. 8:2;
2 Crón. 17:5.
Cuando partían amigos. Gén. 45:22;
Jer. 40:5.
Cuando se restauraba la prosperidad.
Job 42:10-11.
En bodas. Gén. 24:53; Sal. 45:12.
En todas las ocasiones de gozo público.
Neh. 8:12; Est. 9:19.
Para pacificar enojo de otros. Gén. 32:20;
1 Sam. 25:27-28,35.
Para recompensar servicio. 2 Sam. 18:12;
Dan. 2:6,48.
Por reyes, unos a otros, como muestra de
inferioridad. 1 Rey. 10:25;
2 Crón. 9:23-24; Sal. 72:10.
De personas de alto rango, de gran valor y
variedad. 2 Rey. 5:5; 2 Crón. 9:1.
Exhibidos y presentados con gran
ceremonia. Gén. 43:25; Jue. 3:18;
Mat. 2:11.
Generalmente produce aceptación.
Prov. 18:16; 19:6.
Generalmente se daban en persona.
Gén. 43:15,26; Jue. 3:17; 1 Sam. 25:27.
No llevar, considerado falta de respeto y
disgusto. 1 Sam. 10:27; 2 Rey. 17:4.
Recibir, muestra de buena voluntad
Gén. 33:10-11.
Se consideraban esenciales en todas las
visitas por negocios. 1 Sam. 9:7.

PRESIÓN DE TERCEROS

Aceptada por Roboam. 1 Rey. 12:8;
2 Crón. 13:7.

Amonestaciones sobre
Exhortarse mutuamente a lo bueno.
Heb. 3:13.
No conformarse a. Rom 12:2.
Seguir consejo de mayores. Lev. 19:32;
Prov. 23:22.

PRESOS

Alimentados con pan de angustia y agua de
aflicción. 1 Rey. 22:27.
Apóstoles. Hech. 5:17-42.
Azotados. Mat. 27:26; Hech. 16:23,33;
2 Cor. 6:5; 11:23-24.

Bondad para con
Carcelero de Filipos. Hech. 16:33.
Félix. Hech. 24:23.
Guardia de prisión. Jer. 38:7-28.
Julio, el centurión.
Hech. 27:1,3; 28:16,30-31.
Confinados al patio del palacio. Jer. 32:2.
Confinados en casa de escriba. Jer. 37:15.
Confinados en casa del capitán de guardia.
Gén. 40:3.
Cristianos debían visitarlos y ministrarles.
Mat. 25:35-46.
Crueldad para con. Jer. 38:6.

De guerra
Dejados ciegos. 2 Rey. 25:7.
Les cortaban pulgares y dedos de pies.
Jue. 1:6-7.
Muertos. Jos. 10:16-27.
Debían trabajar. Jue. 16:21.
Encadenados a soldados. Hech. 12:6-7.
Figurativamente. Isa. 61:1; Luc. 4:18.
Guardias eran responsables por.
Hech. 12:18-19.
Jeremías. Jer. 38:6-28; 39:14.
José. Gén. 39:20-23; 40; 41:1-44.
Juan el Bautista. Mat. 11:2; 14:3-12.
Liberados en fiestas. Juan 18:39.
Pablo. Hech. 16:19-40; 21; 27-40.
Pedro. Hech. 12:3-19.
Podían presentar su defensa. Hech. 24:10;
2 Tim. 4:16.
Puestos en cepo. Prov. 7:22; Jer. 29:26;
Hech. 16:24.
Severas dificultades de, mitigadas.
Jer. 37:20-21.
Silas. Hech. 16:19-40.

P

Torturados para lograr testimonio
autoincriminatorio. Hech. 22:24.

Visitados por amigos. Mat. 11:2;
Hech. 24:23.

PRESTAR

Enseñanza de Jesús sobre. Mat. 5:42;
Luc. 6:34-35.

Enseñanza de Moisés sobre. Ex. 22:25-27;
Lev. 25:35-37; Deut. 15:1-11.

PRESUNCIÓN

Característica de impíos. 2 Ped. 2:10.

Característica del anticristo. 2 Tes. 2:4.

Castigo por. Núm. 15:30; Apoc. 18:7-8.

Creyentes evitan. Sal. 131:1.

Demostrada al

Cometer pecados deliberados. Rom. 1:32.

Creer que propios caminos son correctos.
Prov. 12:15.

Creerse justo. Os. 12:8; Apoc. 3:17.

Oponerse a Dios. Job 15:25-26.

Planear para el futuro. Luc. 12:18;
Sant. 4:13.

Procurar prioridad. Luc. 14:7-11.

Simular profecía. Deut. 18:22.

En otras palabras...

PRETORIO

El pretorio o guarda pretoriana eran guardaespaldas o tropas imperiales romanas asignadas a un gobernador provincial romano (Fil. 1:13). El griego *praetorian* también puede hacer alusión a una alta corte imperial. En los Evangelios y en Hechos el término se refiere al palacio de un gobernador provincial.

Tener orgullo espiritual. Isa. 65:5;
Luc. 18:11.

Orar pidiendo ser guardado de pecado de.
Sal. 19:13.

PRIMAVERA

Descripción. Prov. 27:25; Cant. 2:11-13.

Época de, promesa de regreso anual de.
Gén. 8:22.

Figurativamente, para connotar corrupción.
Prov. 25:26; Sant. 3:11.

Ahora lo sabe

PRIMICIAS

Las primicias (Lev. 23:9-14) incluían la ofrenda de la primera gavilla de grano que se cosechara. Esto simbolizaba que toda la siega pertenecía al Señor y que todo era un regalo de su mano.

PRIMICIAS

Debían ofrecerse

Con acción de gracias. Deut. 26:3-10.

En canasta. Deut. 26:2.

Sin demora. Ex. 22:29.

Diferentes clases de

Cosecha de cebada. Lev. 23:10-14.

Cosecha del trigo. Ex. 23:16;
Lev. 23:16-17.

Fruto de árboles nuevos al cuarto año.
Lev. 19:23-24.

Madera. Deut. 18:4.

Miel. 2 Crón. 31:5.

Todos los productos agrícolas.
Deut. 26:2.

Vino y aceite. Deut. 18:4.

Dios honrado por ofrenda de. Prov. 3:9.

P

Distribuidas a sacerdotes. Núm. 18:12-13; Lev. 23:20; Deut. 18:3-5.

Ilustrativas de
Iglesia de Cristo. Sant. 1:18; Apoc. 14:4.
Iglesia primitiva judía. Jer. 2:3.
Primeros convertidos de todo lugar. Rom. 16:5.
Resurrección de Cristo. 1 Cor. 15:20,23.
Ley de, restaurada después del cautiverio. Neh. 10:35,37; 13:31.
Lo mejor de su especie. Núm. 18:12.
Llevadas a casa de Dios. Ex. 34:26.
Santas para Jehová. Ezeq. 48:14.

PRIMOGÉNITO

De animales inmundos
Debían ser redimidos. Núm. 18:15.
Ley de redención de. Núm. 18:16.

De animales limpios
Antigüedad de ofrendas de. Gén. 4:4.
Carne de, porción para sacerdotes. Núm. 18:18.
No debían trabajar. Deut. 15:19.
No debían trasquilarse. Deut. 15:19.
No podían ser ofrenda voluntaria. Lev. 27:26.
No sacarlos a madre durante 7 días. Ex. 22:30; Lev. 22:27.
Ofrecidos en sacrificio. Núm. 18:17.
De asno, redimirlo con cordero o quebrarle cuello. Ex. 13:13; 34:20.
De egipcios, murieron. Ex. 11:5; 12:12,29.
De hombres y animales, dedicados a Dios. Ex. 13:2,12; 22:29-30.
De idólatras, sacrificado. Ezeq. 20:26.

De Israel
Debía redimirse. Ex. 34:20; Núm. 18:15.
Precio de redención de. Núm. 3:46-47.
Precio de, dado a sacerdotes. Núm. 3:48-51.

Tribu de Leví tomada como. Núm. 3:12,40-43; 8:18.
Dedicados para conmemorar que primogénitos de Israel no murieron. Ex. 13:15; Núm. 8:17.

Ejemplos de sustitución
Aarón. Ex. 7:1-2, con Núm. 12:2,8.
Adonías. 1 Rey. 2:15,22.
Caín. Gén. 4:4-5.
Esaú. Gén. 25:23; Rom. 9:12-13.
Hermanos de David. 1 Sam. 16:6-12.
Hijo de Hosa. 1 Crón. 26:10.
Ismael. Gén. 17:19-21.
Jafet. Gén. 10:21.
Manasés. Gén. 48:15-20.
Rubén, etc. 1 Crón. 5:1-2.

Ilustrativo de
Dignidad, etc. de Cristo. Sal. 89:27; Rom. 8:29; Col. 1:18.
Dignidad, etc. de iglesia. Heb. 12:23.

Leyes sobre
Observadas en nacimiento de Cristo. Luc. 2:22-23.
Restauradas después del cautiverio. Neh. 10:36.
Objetos de amor especial. Gén. 25:28; Jer. 31:9,20.
Precioso y valioso. Miq. 6:7; Zac. 12:10.
Principio del vigor, principal en poder. Gén. 49:3; Deut. 21:17.

Privilegios del
Autoridad sobre hijos menores. Gén. 4:7; 27:29; 1 Sam. 20:29.
Doble porción de herencia. Deut. 21:17.
En caso de muerte, hermano que siguiera debía procrear hijos para fallecido. Deut. 25:5-6; Mat. 22:24-28.
Especial bendición del padre. Gén. 27:4,39.
Honrosa distinción de. Sal. 89:27; Rom. 8:29; Apoc. 1:5.

P

No debía dejarse de lado por capricho.
Deut. 21:15-16.

Podían perderse por mala conducta.
Gén. 49:3-4,8; 1 Crón. 5:1.

Podían venderse. Gén. 25:31,33;
Heb. 12:16-17.

Precedencia en la familia. Gén. 48:13-14.

Título y poder que daba el padre.
2 Crón. 21:3.

PRIMOGENITURA

Adonías. 1 Rey. 2:15.

Codiciada. Gén. 25:31.

De Manasés, dejada de lado. Gén. 48:15-20.

Definida. Deut. 21:17.

Derecho de, para hijo mayor.
Deut. 21:15-16.

Despreciada. Gén. 25:32,34; Heb. 12:16.

Hijo de Oseas. 1 Crón. 26:10.

Otorgaba derecho a doble porción de
herencia. Deut. 21:15-17.

Pérdida de, lamentada. Gén. 27:36.

Rubén perdió derecho a. 1 Crón. 5:1-2.

Sucesión real. 2 Crón. 21:3.

Título honroso. Ex. 4:22; Sal. 89:27;
Jer. 31:9; Rom. 8:29; Col. 1:15;
Heb. 1:6; 12:23; Apoc. 1:5.

Vendida por Esaú.
Gén. 25:29-34; 27:36; 25:33;
Heb. 12:16; Rom. 9:12-13.

PRISIÓN

A cargo de carcelero. Gén. 39:21.

Antigüedad de. Gén. 39:20.

Cisternas junto a. Jer. 38:6; Zac. 9:11.

Clases de, mencionadas
Del rey. Jer. 37:21, con Gén. 39:20.
Pública. Hech. 5:18.
Confinamiento en, a menudo como castigo.
Esd. 7:26.
Confinamiento en, considerado castigo
severo. Luc. 22:33.

Guardias de
A menudo actuaban con severidad.
Jer. 37:16,20; Hech. 16:24.
A veces actuaban con bondad.
Gén. 39:21; Hech. 16:33-34.
A veces encomendaban cuidado de, a
prisioneros de buena conducta.
Gén. 39:22-23.
Hacían guardia estricta en puertas.
Hech. 12:6.
Responsables de prisioneros.
Hech. 16:23,27.
Sufrían muerte si prisioneros escapaban.
Hech. 12:19.

Ilustrativas de
Esclavitud al pecado y a Satanás.
Isa. 42:7; 49:9; 61:1.
Infierno. Apoc. 20:7.
Profundas aflicciones. Sal. 142:7.

Lugares usados como
Casa del capitán de la guardia. Gén. 40:3.
Casa del escriba del rey. Jer. 37:15.
Patio de casa del rey. Jer. 32:2.
Propia casa del prisionero, donde se lo
encadenaba a soldado. Hech. 28:16,30,
con 2 Tim. 1:16-18.
Magistrados tenían poder para enviar a.
Mat. 5:25.
Magistrados tenían poder para liberar de.
Hech. 16:35-36.

Personas confinadas a
A menudo colocadas en cisternas.
Jer. 38:6.
A menudo colocadas en peor calabozo.
Hech. 16:24.
A menudo ejecutadas en. Gén. 40:22;
Mat. 14:10.
A menudo encadenadas. Gén. 42:19;
Ezeq. 19:9; Mar. 6:17.
A menudo encadenadas a 2 soldados.
Hech. 12:6.

A menudo puestas en cepos. Jer. 29:26;
Hech. 16:24.

A menudo reservadas para trabajos
forzados. Jue. 16:21.

A menudo sometidas a sufrimiento
extremo. Sal. 79:11; 102:20; 105:18.

A veces amigos podían visitarlos.
Mat. 11:2; 25:36; Hech. 24:23.

Rey podía mejorar condiciones.
Jer. 37:20-21.

Se alimentaban con pan y agua.
1 Rey. 22:27.

Vestían vestimenta especial.
2 Rey. 25:29.

Rey tenía poder para enviar a. 1 Rey. 22:27.

Rey tenía poder para liberar de. Gén. 40:21.

Utilizadas para confinar a

Criminales condenados hasta su
ejecución. Lev. 24:12; Hech. 12:4-5.

Deudores hasta que pagaran.
Mat. 5:26; 18:30.

Enemigos tomados cautivos. Jue. 16:21;
2 Rey. 17:4; Jer. 52:11.

Personas acusadas de delitos. Luc. 23:19.

Personas acusadas de herejía.
Hech. 4:3; 5:18; 8:3.

Personas que habían desagradado al
rey. 1 Rey. 22:27; 2 Crón. 16:10;
Mar. 6:17.

Personas sospechosas. Gén. 42:19.

PRIVILEGIOS DE LOS CREYENTES

Ver Creyentes, Privilegios de los

PROBATIO

Adán Gén. 2:15-17; 3:3.

Amorreos. Gén. 15:16.

Enseñanza de parábola de higuera.
Luc. 13:6-9.

Enseñanza de parábola del mayordomo
infiel. Luc. 16:1-12.

Enseñanza de parábolas de talentos y minas.
Mat. 25:14-30.

No existe luego de muerte.
Mat. 12:32; 25:10-13; 26:24.

Salomón. 1 Rey. 3:14; 9:4-9.

PROCLAMA

Emancipación. 2 Crón. 36:23; Esd. 1:1-4.

Imperial. 2 Crón. 30:1-10;
Est. 1:22; 6:9; 8:10-14; Isa. 40:3,9;
Dan. 3:4-7; 4:1; 5:29.

PROFECÍA

Ver también Cristo, Profecías sobre

Bienaventuranza por leer, oír y guardar.
Apoc. 1:3; 22:7.

Castigo por

Agregar o quitar. Apoc. 22:18-19.

Alegar tener don de. Deut. 18:20;
Jer. 14:15; 23:15.

No hacer caso a. Neh. 9:30.

Cómo probar si es verdadera.
Deut. 13:1-3; 18:22.

Cristo, gran tema de. Hech. 3:22-24; 10:43;
1 Ped. 1:10-11.

Culpabilidad por alegar tener don de.
Jer. 14:14; 23:13-14; Ezeq. 13:2-3.

Cumplida con respecto a Cristo. Luc. 24:44.

Dada desde el comienzo. Luc. 1:70.

Dios cumple. Isa. 44:26; Hech. 3:18.

Dios da, por medio de Cristo. Apoc. 1:1.

Dios, autor de. Isa. 44:7; 45:21.

Don de Cristo. Ef. 4:11; Apoc. 11:3.

Don de, a veces por parte de hombres no
convertidos. Núm. 24:2-9;
1 Sam. 19:20,23; Mat. 7:22;
Juan 11:49-51; 1 Cor. 13:2.

Don de, promesa. Joel 2:28, con
Hech. 2:16-17.

Don del Espíritu Santo. 1 Cor. 12:10.

Luz en lugar oscuro. 2 Ped. 1:19.

No despreciar. 1 Tes. 5:20.

P

No es de interpretación privada.
2 Ped. 1:20.
No fue traída por voluntad humana.
2 Ped. 1:21.
Palabra segura. 2 Ped. 1:19.
Para beneficio de generaciones
posteriores. 1 Ped. 1:12.
Predice eventos futuros. Gén. 49:1;
Núm. 24:14.
Prestar oídos a. 2 Ped. 1:19.

Quienes pronunciaron
Confirmados por Dios. 1 Sam. 3:20;
Jer. 1:5.
Enviados por Cristo. Mat. 23:34.
Enviados por Dios. 2 Crón. 36:15;
Jer. 7:25.
Hablaron con autoridad. 1 Rey. 17:1.
Hablaron en nombre del Señor.
2 Crón. 33:18; Sant. 5:10.
Hablaron por el Espíritu Santo.
Hech. 1:16; 11:28; 28:25.
Inspirados por Espíritu Santo.
2 Ped. 1:21.
Levantados por Dios. Amós 2:11.
Llenos del Espíritu Santo. Luc. 1:67.
Recibirla por fe. 2 Crón. 20:20; Luc. 24:25.

PROFESIÓN

Asignada por Dios. 1 Cor. 7:17;
Ex. 31:1-11.
Dedicación a. Sal. 119:32.
Diversidad de. Ef. 4:11; Rom. 12:68.
Fidelidad en. 1 Cor. 7:24.
Recompensa de. 2 Tim. 2:6.

PROFESIÓN, DECISIONES SOBRE LA

Amonestaciones sobre
Estar listo para toda buena obra. Tito 3:1.
Función de obispo es buena obra.
1 Tim. 3:1.
Profesiones que contradicen evangelio deben
evitarse. Hech. 16:16,19; 19:23-27.

Prosecuciones inútiles llevan a pobreza.
Prov. 28:19.

Todo lo que uno hace
Que sea con poder. Ecl. 9:10.
Que sea de todo corazón como sirviendo
al Señor. Col. 3:23.
Que sea en nombre de Jesús. Col. 3:17.
Que sea para gloria de Dios.
1 Cor. 10:31.

PROFETAS
Ver también Profetas, Falsos

A menudo eran casados. 2 Rey. 4:1;
Ezeq. 24:18.
A menudo escribían profecías.
2 Crón. 21:12; Jer. 36:2.
A menudo había uno vinculado con casa
real. 2 Sam. 24:11; 2 Crón. 29:25; 35:15.
A menudo hablaban con parábolas y
enigmas. 2 Sam. 12:1-6; Isa. 5:1-7;
Ezeq. 17:2-10.
A menudo llevaban vida errante.
1 Rey. 18:10-12; 19:3,8,15; 2 Rey. 4:10.
A menudo no recibían comunicación divina
por pecados del pueblo. 1 Sam. 28:6;
Lam. 2:9; Ezeq. 7:26.
A menudo su profecía era acompañada por
música. 1 Sam. 10:5; 2 Rey. 3:15.
A menudo sus acciones, señales para el
pueblo. Isa. 20:2-4; Jer. 19:1,10-11;
27:2-3; 43:9; 51:63; Ezeq. 4:1-13; 5:1-4;
7:23; 12:3-7; 21:6-7; 24:1-24; Os. 1:2-9.
A veces anunciaban predicciones en forma
de cántico. Deut. 32:44; Isa. 5:1.
A veces creían que debían rechazar
presentes. 2 Rey. 5:15-16.
A veces recibían comunicaciones divinas y
profetizaban con intensas emociones
físicas y mentales. Jer. 23:9;
Ezeq. 3:14-15; Dan. 7:28; 10:8;
Hab. 3:2,16.
Atalayas de Israel. Ezeq. 3:17.

Ayudaron a judíos en grandes emprendimientos nacionales. Esd. 5:2.

Bajo influencia del Espíritu Santo cuando profetizaban. Luc. 1:67; 2 Ped. 1:21.

Comunes

Entrenados e instruidos en escuelas. 2 Rey. 2:3,5, con 1 Sam. 19-20.

Numerosos en Israel. 1 Sam. 10:5; 1 Rey. 18:4.

Consultados en todas las dificultades. 1 Sam. 9:6; 28:15; 1 Rey. 14:2-4; 22:7.

Cristo ejerció oficio de. Mat. 24; Mar. 10:32-34.

Cristo predijo ejercicio del oficio de. Deut. 18:15, con Hech. 3:22.

Deberes

Declarar todo lo que el Señor les mandaba. Jer. 26:2.

Hablar sólo lo que recibían de Dios. Deut. 18:20.

No tener miedo y ser intrépido. Ezeq. 2:6; 3:8-9.

Recibir con atención comunicaciones de Dios. Ezeq. 3:10.

Ser vigilantes y fieles. Ezeq. 3:17-21.

Dios habló a

Cosas secretas divinas. Amós 3:7.

Muchas veces y de muchas maneras. Heb. 1:1.

Por medio de ángeles. Dan. 8:15-26; Apoc. 22:8-9.

Por medio de sueños y visiones. Núm. 12:6; Joel 2:28.

Por medio de voz audible. Núm. 12:8; 1 Sam. 3:4-14.

Dios habló por, desde tiempos antiguos. Os. 12:10; Heb. 1:1.

Dios los enviaba a

Denunciar maldad de reyes. 1 Sam. 15:10,16-19; 2 Sam. 12:7-12; 1 Rey. 18:18; 21:17-22.

Exhortar a fidelidad y constancia en servicio de Dios. 2 Crón. 15:1-2,7.

Profetizar caída de naciones. Isa. 15:1; 17:1, etc.; Jer. 47-51.

Profetizar venida, etc., de Cristo. Luc. 24:44; Juan 1:45; Hech. 3:24; 10:43.

Reprobar a impíos y exhortar al arrepentimiento. 2 Rey. 17:13; 2 Crón. 24:19; Jer. 25:4-5.

Dios vengó todos los daños contra. 2 Rey. 9:7; 1 Crón. 16:21-22; Mat. 23:35-38; Luc. 11:50.

Eran poderosos en razón de su fe. Heb. 11:32-40.

Escritos de, leídos en sinagogas día de reposo. Luc. 4:17; Hech. 13:15.

Extraordinarios

A menudo dotados con poder milagroso. Ex. 4:1-4; 1 Rey. 17:23; 2 Rey. 5:3-8.

Surgieron en épocas de emergencia. 1 Sam. 3:19-21; Isa. 6:8-9; Jer. 1:5.

Gran paciencia de, durante sufrimiento. Sant. 5:10.

Hablaban en nombre del Señor. 2 Crón. 33:18; Ezeq. 3:11; Sant. 5:10.

Historiadores de nación judía. 1 Crón. 29:29; 2 Crón. 9:29.

Intérpretes de sueños, etc. Dan. 1:17.

Judíos

A menudo los encarcelaron. 1 Rey. 22:27; Jer. 32:2; 37:15-16.

A menudo los mataron. 1 Rey. 18:13; 19:10; Mat. 23:34-37.

A menudo quedaron sin, en razón del pecado. 1 Sam. 3:1; Sal. 74:9; Amós 8:11-12.

A menudo trataron de que hablaran favorablemente. 1 Rey. 22:13; Isa. 30:10; Amós 2:12.

Debían oír y obedecer a. Deut. 18:15, con 2 Crón. 20:20.

P

Los persiguieron. 2 Crón. 36:16;
Mat. 5:12.

Mencionados en Escritura
Aarón. Ex. 7:1.
Abdías. Abd. 1:1.
Agabo. Hech. 11:28; 21:10.
Ahías. 1 Rey. 11:29; 12:15;
2 Crón. 9:29.
Amós. Amós 1:1; 7:14-15.
Ana. Luc. 2:36.
Azarías, hijo de Obed. 2 Crón. 15:2,8.
Daniel. Dan. 12:11, con Mat. 24:15.
David. Sal. 16:8-11, con Hech. 2:25,30.
Débora. Jue. 4:4.
Elías. 1 Rey. 17:1.
Eliseo. 1 Rey. 19:16.
Enoc. Gén. 5:21-24, con Jud. 14.
Ezequiel. Ezeq. 1:3.
Gad. 2 Sam. 24:11; 1 Crón. 29:29.
Habacuc. Hab. 1:1.
Hageo. Esd. 5:1; 6:14; Hag. 1:1.
Hanani. 2 Crón. 16:7.
Hijas de Felipe. Hech. 21:9.
Hulda. 2 Rey. 22:14.
Iddo. 2 Crón. 9:29; 12:15.
Isaías. 2 Rey. 19:2; 2 Crón. 26:22;
Isa. 1:1.
Jacob. Gén. 49:1.
Jedutún. 2 Crón. 35:15.
Jehú, hijo de Hanani. 1 Rey. 16:1,7,12.
Jeremías. 2 Crón. 36:12,21; Jer. 1:1-2.
Joel. Joel 1:1; Hech. 2:16.
Jonás. 2 Rey. 14:25; Jon. 1:1;
Mat. 12:39.
Juan. Apoc. 1:1.
Malaquías. Mal. 1:1.
María. Ex. 15:20.
Micaías, hijo de Imla. 1 Rey. 22:7-8.
Miqueas. Miq. 1:1.
Moisés. Deut. 18:18.
Nahum. Nah. 1:1.
Natán. 2 Sam. 7:2; 12:1; 1 Rey. 1:10.

Noé. Gén. 9:25-27.
Oded. 2 Crón. 28:9.
Oseas. Os. 1:1.
Pablo. 1 Tim. 4:1.
Pedro. 2 Ped. 2:1-2.
Profeta de Judá. 1 Rey. 13:1.
Profeta enviado a Elí. 1 Sam. 2:27.
Profeta enviado a Israel. Jue. 6:8.
Sadoc. 2 Sam. 15:27.
Samuel. 1 Sam. 3:20.
Semaías. 1 Rey. 12:22; 2 Crón. 12:7,15.
Sofonías. Sof. 1:1.
Zacarías, hijo de Iddo. Esd. 5:1; Zac. 1:1.
Zacarías, padre de Juan el Bautista.
Luc. 1:67.
Mensajeros de Dios. 2 Crón. 36:15;
Isa. 44:26.
Mujeres a veces dotadas como. Joel 2:28.

Predicciones de los
Frecuentemente se proclamaban en puerta
de la casa de Dios. Jer. 7:2.
Proclamadas en calles y ciudades.
Jer. 11:6.
Se cumplían. 2 Rey. 10:10; Isa. 44:26;
Hech. 3:18, Apoc. 10:7.
Se escribían en rollos y se leían al pueblo.
Isa. 8:1; Jer. 36:2.
Se escribían en tablas y se exhibían en
lugar público. Hab. 2:2.
Quienes los consultaban les dejaban
obsequios. 1 Sam. 9:7-8; 1 Rey. 14:3.

Se los llamaba
Profetas de Dios. Esd. 5:2.
Santos hombres de Dios. 2 Ped. 1:21.
Santos profetas. Luc. 1:70;
Apoc. 18:20; 22:6.
Varones de Dios. 1 Sam. 9:6.
Videntes. 1 Sam. 9:9.
Se los respetaba por ser hombres
santos. 2 Rey. 4:9.
Sencillos en manera de vivir. Mat. 3:4.
Siervos de Dios. Jer. 35:15.

P

Sintieron profundamente desastres que anunciaron. Isa. 16:9-11; Jer. 9:1-7.

Vestían ropas de pelo de animal. 2 Rey. 1:8; Zac. 13:4; Mat. 3:4; Apoc. 11:3.

PROFETAS, FALSOS

A menudo Dios los engañaba como escarmiento. Ezeq. 14:9.

A menudo practicaban adivinación y brujería. Jer. 14:14; Ezeq. 22:28; Hech. 13:6.

A menudo tenían sueños, etc. Jer. 23:28,32.

Alegaban ser enviados por Dios. Jer. 23:17-18,31.

Comparados con viento. Jer. 5:13.

Comparados con zorros en desierto. Ezeq. 13:4.

Descripción

Astutos. Mat. 7:15.

Borrachos. Isa. 28:7.

Codiciosos. Miq. 3:11.

Impertinentes y traicioneros. Sof. 3:4.

Inmorales y profanos. Jer. 23:11,14.

Dios los usó para poner a prueba a Israel. Deut. 13:3.

Dios no los enviaba ni comisionaba. Jer. 14:14; 23:21; 29:31.

Influencia de espíritus malos. 1 Rey. 22:21-22.

Involucraban al pueblo en propia ruina. Isa. 9:15-16; Jer. 20:6; Ezeq. 14:10.

Juicios contra. Jer. 8:1-2; 14:15; 28:16-17; 29:32.

Llamados insensatos. Ezeq. 13:3.

Manera de poner a prueba y detectar a. Deut. 13:1-2; 18:21-22; 1 Juan 4:1-3.

Mujeres a veces actuaban como. Neh. 6:14; Apoc. 2:20.

Profetizaban

En nombre de falsos dioses. Jer. 2:8.

Falsamente. Jer. 5:31.

Mentiras en nombre de Dios. Jer. 14:14.

Paz cuando no había paz. Jer. 6:14; 23:17; Ezeq. 13:10; Miq. 3:5.

Según propio corazón. Jer. 23:16,26; Ezeq. 13:2.

Pueblo

Advertencia de no prestar oídos a. Deut. 13:3; Jer. 23:16; 27:9,15-16.

Alentaba y elogiaba a. Jer. 5:31; Luc. 6:26.

Instruido en maldad y pecado por. Jer. 23:14-15.

Llevado al error por culpa de. Jer. 23:13; Miq. 3:5.

Olvidaba nombre de Dios por causa de. Jer. 23:27.

Oprimido y defraudado por. Ezeq. 22:25.

Privado de palabra de Dios por culpa de. Jer. 23:30.

Surgirían

Antes de destrucción de Jerusalén. Mat. 24:11,24.

En últimos tiempos. 2 Ped. 2:1.

PRÓJIMO

Ayudar al. Prov. 3:28-29; Mat. 25:34-46; Luc. 10:25-37.

PROMESAS DE DIOS

Ver Dios, Promesas de

PROMOCIÓN

Ver Ascenso

PROPICIACIÓN

Cristo, nuestra. 1 Juan 2:2; 4:10.

PROPICIATORIO

Bezaleel, capacitado para hacer. Ex. 31:2-3,7.

Colocado sobre arca del testimonio. Ex. 25:21; 26:34; 40:20.

P

Cubierto con nube de incienso el día de expiación. Lev. 16:13.

Dios
Apareció sobre, en nube. Lev. 16:2.
Habló por sobre el. Ex. 25:22;
Núm. 7:89.
Vivía sobre el. Sal. 80:1.
Hecho de oro puro. Ex. 25:17; 37:6.

Ilustrativo de
Cristo. Rom. 3:25, con Heb. 9:3.
Trono de gracia. Heb. 4:16.
Moisés y orden de hacer el. Ex. 25:17.
Querubines sobre, y a cada lado.
Ex. 25:18-20; Heb. 9:5.
Sangre de sacrificios en día de expiación, rociada sobre y ante el. Lev. 16:14-15.

PROPIEDAD

En bienes raíces
Consagrada. Lev. 27:16-25.
Derechos de redención de. Jer. 32:7.
Derechos en, consagrados. Ex. 20:17;
Deut. 5:21.
Derechos en, infringidos.
Gén. 21:25-30; 26:18-22.
Extraviados, devolverlos al propietario.
Lev. 6:3,4; Deut. 22:1-3.
Venta para saldar deudas.
Prov. 22:26-27.

Personal
Alquilada. Ex. 22:14-15.
Consagrada a Dios, redención de.
Lev. 27:9-13,26,33.
Leyes sobre transgresión de límites y acciones violentas a.
Ex. 21:28-36; 22:9; Deut. 23:25.
Préstamo de. Ex. 22:10-15.

Vivienda
Confiscación de. 1 Rey. 21:15-16.
Consagrada. Lev. 27:14-15.

En aldeas, inalienables. Lev. 25:31-33.
Enajenada por deudas. Lev. 25:29-30.
Heredada. Ecl. 2:21.
Limitación de herencia de.
Núm. 27:1-11; 36:1-9.
Límites de, no debían quitarse.
Deut. 19:14; 27:17.
Luego de ausencia. 2 Rey. 8:1-6.
Sacerdotes, exentos de impuestos.
Gén. 47:22.

PROPÓSITO

De cristianos
Buscar cosas de arriba. Col. 3:1-2.
Lograr meta celestial. Fil. 3:13-14.
Permanecer fieles al Señor.
Hech. 11:22-23.
Tener dones mejores. 1 Cor. 9:25.

De Cristo
Dar testimonio de la verdad. Juan 18:37.
Traer buenas noticias y liberación.
Luc. 4:18.
Traer vida. Juan 10:10.

De Dios
Nuestra pureza. 1 Tes. 3:13.
Nuestra salvación. Ef. 3:11; 2 Tim. 1:9.

PROSÉLITOS

Amonitas y moabitas, restricción perpetua a cargos en congregación. Deut. 23:3.
Derecho a todos los privilegios. Ex. 12:48;
Isa. 56:3-7.
Descripción. Est. 8:17; Isa. 56:3.
Egipcios y edomitas, restricción hasta tercera generación para cargos en congregación. Deut. 23:7-8.
Fariseos, etc., activos en proselitismo.
Mat. 23:15.
Infidelidad de, castigada. Ezeq. 14:7.
Luego llamados griegos piadosos.
Juan 12:20, con Hech. 17:4.

Muchos aceptaron evangelio.
Hech. 6:5; 13:43.

Requisito de
Abandonar conexiones paganas.
Rut 1:16; 2:11; Sal. 45:10; Luc. 14:26.
Abandonar prácticas paganas. Esd. 6:21.
Circuncidarse. Gén. 17:13, con
Ex. 12:48.
Hacer pacto para servir a Jehová.
Deut. 29:10-13, con Neh. 10:28-29.
Observar ley de Moisés como judíos.
Ex. 12:49.
Subían para fiestas. Hech. 2:10; 8:27.

PROSPERIDAD

Espiritual
De almas generosas. Prov. 11:25.
De quienes aman a Dios. Sal. 122:6.
De quienes confían en Dios. Sal. 23:1.
Del cristiano. 3 Juan 1:2.

Material
Limitaciones de. Sal. 49:10; 1 Tim. 6:7;
Sant. 1:11.
Peligros de. Sal. 73:12; Prov. 28:20;
Mar. 10:24; Luc. 18:25.
Proviene de Jehová. 1 Sam. 2:7;
2 Rey. 18:7.

PROSTITUCIÓN

Castigo para. Lev. 21:9.
Prohibición. Lev. 19:29; Deut. 23:17.

PROSTITUTA

Descaro de. Prov. 2:16; 7:11-27; 9:13-18.
Evitarla. Prov. 5:3-20; 7:25-27.
Pago de, no recibirlo en templo Deut. 23:18.
Rahab. Jos. 2:3-6; 6:17,23,25; Heb. 11:31.
Sagacidad de. Prov. 7:10; 9:14-17;
Isa. 23:15-16; Os. 2:13.

PROTECCIÓN

Creyentes
Alaban a Dios por. Sal. 5:11.
Oran pidiendo. Sal. 17:5,8; Isa. 51:9.
Reconocen que Dios es su.
Sal. 18:2; 62:2; 89:18.

De Dios es
Alentadora. Isa. 41:10; 50:7.
Indefectible. Deut. 31:6; Jos. 1:5.
Indispensable. Sal. 127:1.
Ininterrumpida. Sal. 121:3.
Oportuna. Sal. 46:1.
Perpetua. Sal. 121:8.
Suficiente. Juan 10:28-30; 2 Cor. 12:9.
Dios puede proporcionar. 1 Ped. 1:5;
Jud. 24.
Dios, fiel para proporcionar.
1 Tes. 5:23-24; 2 Tes. 3:3.
Ilustrada. Deut. 32:11; Sal. 125:1-2;
Prov. 18:10; Isa. 25:4; 31:5; Luc. 13:34.

No debía buscarse en
Caballos. Sal. 33:17; Prov. 21:31.
Ejércitos. Jos. 11:4-8, con Sal. 33:16.
Ídolos. Deut. 32:37-39; Isa. 46:7.
Personas. Sal. 146:3; Isa. 30:7.
Riquezas. Prov. 11:4,28; Sof. 1:18.

Otorgada a creyentes
Al defenderlos de enemigos.
Deut. 20:1-4; 33:27; Isa. 59:19.
Al fortalecerlos. 2 Tim. 4:17.
Al guardar sus pies. 1 Sam. 2:9;
Prov. 3:26.
Al guardarlos de caer. Jud. 24.
Al guardarlos de tentación. Apoc. 3:10.
Al guardarlos del mal. 2 Tes. 3:3.
Al preparar el camino. Ex. 23:20.
Al proporcionarles refugio. Prov. 14:26;
Isa. 4:6; 32:2.
Al sostenerlos. Sal. 37:17,24; 63:8.
Al vencer planes de enemigos. Isa. 8:10.
En calamidades. Sal. 57:1; 59:16.

P

En muerte. Sal. 23:4.
En persecución. Luc. 21:18.
En sueño. Sal. 3:5; 4:8; Prov. 3:24.
En tentación. 1 Cor. 10:13; 2 Ped. 2:9.
En todo lugar. Gén. 28:15; 2 Crón. 16:9.
En todos los peligros. Sal. 91:3-7.
Preservándolos. Sal. 145:20.

Proporcionada a
Iglesia. Sal. 48:3; Zac. 2:4-5.
Oprimidos. Sal. 9:9.
Pecadores que regresan. Job 22:23,25.
Perfectos de corazón. 2 Crón. 16:9.
Pobres. Sal. 14:6; 72:12-14.
Quienes oyen a Dios. Prov. 1:33.

Quitada a
Desobedientes. Lev. 26:14-17.
Presuntuosos. Núm. 14:40-45.
Quienes no creían. Isa. 7:9.
Quienes rehusaban arrepentirse.
Mat. 23:38.
Quienes se alejan. Jos. 23:12-13;
Jue. 10:13.

PROVECHOSAS, COSAS

Disciplina de Dios. Heb. 12:10.
Escrituras. 2 Tim. 3:16.
Hacer voluntad de Dios. Tito 3:8.
Labor. Prov. 14:23.
Piedad. 1 Tim. 4:8; 6:6.
Sabiduría. Job 22:2.

PROVERBIOS

Citados por Jesús. Mat. 12:33;
Luc. 4:23; 14:34.
Citados por Natanael. Juan 1:46.
Citados por Pablo. 1 Cor. 15:33; Gál. 6:7.
Escritos por Salomón. Prov. 1:1; 25:1.
Propósitos de. Prov. 1:1-4.

PROVIDENCIA DE DIOS

Ver Dios, Providencia de

PRUDENCIA

Conectada íntimamente con sabiduría.
Prov. 8:12.
Creyentes actúan con prudencia. Sal. 112:5.
Creyentes deben tener gran, al tratar con
incrédulos. Mat. 10:16; Ef. 5:15;
Col. 4:5.
Ejemplo de Cristo. Isa. 52:13;
Mat. 21:24-27; 22:15-21.
Esposas virtuosas actúan con.
Prov. 31:16,26.
Evidente en expresiones de gracia divina.
Ef. 1:8.
Jóvenes deben cultivar. Prov. 3:21.
Necesidad de, ilustrada. Mat. 25:3,9;
Luc. 14:28-32.

Quienes tienen
Aprenden de corrección. Prov. 15:5.
Coronados con conocimiento.
Prov. 14:18.
Entienden caminos de Dios. Os. 14:9.
Entienden sus propios caminos.
Prov. 14:8.
Guardan silencio en tiempo malo.
Amós 5:12.
No son pretenciosos en cuanto a
conocimiento. Prov. 12:23.
Obtienen conocimiento. Prov. 18:15.
Proceden con sabiduría. Prov. 13:16.
Son preservados por ella. Prov. 2:11.
Suprimen sentimientos de enojo, etc.
Prov. 12:16; 19:11.
Ven y evitan maldad. Prov. 22:3.
Vigilan sus pasos. Prov. 14:15.
Sabios elogiados por. Prov. 16:21.

PRUEBAS

De la fe. Heb. 11:17; 1 Ped. 4:12.
De los justos. Job 23:10.
Del corazón. Sal. 66:10; 1 Tes. 2:4.
Promesa de, con victoria. Juan 16:33.

Recompensa luego de. Sant. 1:12;
1 Ped. 1:7.

PSIQUIATRÍA

Mente
Amar a Dios con. Luc. 10:27.
Ansiosa. Deut. 28:65-67; Prov. 3:25;
Luc. 10:41.
Corrupta. Tito 1:15.
Renovación de. Rom 12:2; Ef. 4:23;
Col. 3:9-10; 1 Juan 1:9.
Nueva persona en Cristo. 2 Cor. 5:17.
Paz interior. Sal. 4:8; Isa. 26:3; Fil. 4:7.

Perturbación mental
Ejemplos de. 1 Sam. 16:14-23; 18:10-11;
Dan. 4:33-34; Mar. 5:2-25.
Fingida. 1 Sam. 21:13-15.

PUBLICANOS

Cobradores de impuestos públicos.
Luc. 5:27.

Judíos
Despreciaban a. Luc. 18:11.
Despreciaron a Cristo por asociarse con.
Mat. 9:11; 11:19.
Mateo el apóstol era un. Mat. 10:3.

Muchos
A menudo bondadosos con amigos.
Mat. 5:46-47.
A menudo culpables de extorsión.
Luc. 19:8.
A menudo hospitalarios. Luc. 5:29; 19:6.
Aceptaban evangelio. Mat. 21:31.
Creyeron en predicación de Juan.
Mat. 21:32.
Iban a oír predicación de Cristo.
Mar. 2:15; Luc. 15:1.
Recibieron bautismo de Juan.
Luc. 3:12; 7:29.
Sospechosos de extorsión. Luc. 3:13.
Principales, muy ricos. Luc. 19:2.

Ahora lo sabe

PUBLICANO

El cargo de publicano era una función pública creada por los romanos a fin de ayudar a cobrar impuestos en las provincias. En realidad, para referirse al rango más bajo en toda la estructura, el título "cobrador de impuestos" es más correcto que el término "publicano", que es más antiguo. A los publicanos se los tenía en muy poca estima debido a sus excesivas ganancias, y ocupaban el mismo nivel que las prostitutas (Mat. 21:32).

PUBLICIDAD, PRINCIPIOS RELEVANTES PARA LA

Todo debe ser
Con integridad. Prov. 10:9; 11:3.
Con la verdad. Prov. 8:7; 12:17; Ef. 4:25.
Para bien de otros. 1 Cor. 10:24,33.
Para gloria de Dios. 1 Cor. 10:31.
Sin engaños ni mentiras. Prov. 30:8.

PUERTAS

Animal muerto como ofrenda por pecado,
quemado fuera de. Lev. 4:12;
Heb. 13:11-13.
Bisagras para. Prov. 26:14.
Cadáveres de criminales exhibidos en.
2 Rey. 10:8.
Castigo de criminales fuera de. Deut. 17:5;
Hech. 7:58; Heb. 13:12.
Cerradas de noche. Jos. 2:5,7.
Cerradas en día de reposo. Neh. 13:19.
Cultos religiosos realizados en. Hech. 14:3.

P

De ciudades

A menudo demolidas y quemadas.
Neh. 1:3; Lam. 2:9.

Arietes usados contra. Ezeq. 21:22.

Censura pública llevada a cabo en.
Job 5:4; Isa. 29:21.

Cerradas al anochecer. Jos. 2:5;
Neh. 13:19.

Conferencias tenían lugar en. Gén. 34:20;
2 Sam. 3:27.

Consejos de estado tenían lugar en.
2 Crón. 18:9; Jer. 39:3.

Cortes de justicia tenían lugar en.
2 Sam. 15:2; Prov. 22:22-23.

Costumbre de sentarse a las, a la tarde,
alusión. Gén. 19:1.

Criminales castigados en. Deut. 17:5;
Jer. 20:2.

Elogio público en. Prov. 31:23,31.

Funcionarios con experiencia colocados
en. 2 Rey. 7:17.

Lugares en que se daban discursos.
Prov. 1:21.

Mercados tenían lugar en. 2 Rey. 7:1,18.

Pasar revista a tropas en. 2 Sam. 18:4.

Principales puntos de ataque durante
guerra. Jue. 5:8; Isa. 22:7; Ezeq. 21:15.

Proclamaciones en. Prov. 1:21;
Jer. 17:19.

Ritos idólatras realizados en.
Hech. 14:13.

Tierra redimida en. Rut 4:1.

Tierra vendida en. Gén. 23:10,16.

De Jerusalén

Puerta de Benjamín. Jer. 20:2; 37:13.

Puerta de Efraín. Neh. 12:39.

Puerta de la fuente. Neh. 2:14; 3:15.

Puerta de las aguas. Neh. 3:26; 8:3.

Puerta de las ovejas. Neh. 3:1; Juan 5:2.

Puerta de los caballos. 2 Crón. 23:15;
Neh. 3:28.

Puerta del ángulo. 2 Crón. 26:9.

Puerta del juicio. Neh. 3:31.

Puerta del muladar. Neh. 3:14; 12:31.

Puerta del pescado. 2 Crón. 33:14;
Neh. 3:3.

Puerta del valle. 2 Crón. 26:29;
Neh. 2:13.

Puerta vieja. Neh. 3:6; 12:39.

De justicia. Sal. 118:19.

De muerte. Job 38:17; Sal. 9:13.

De poderes del infierno. Mat. 16:18.

De salvación. Gén. 28:17;
Sal. 24:7; 18:19,20; Isa. 26:2; Mat. 7:13.

De tumba. Isa. 38:10.

Del evangelio. Isa. 60:11.

Del templo

Arca de ofrenda colocada en.
2 Crón. 24:8; Mar. 12:41.

Cuidado de, según suertes.
1 Crón. 26:13-19.

Frecuentadas por mendigos. Hech. 3:2.

Israelitas piadosos se deleitaban al entrar
por. Sal. 118:1-20; 100:4.

Levitas eran porteros de.
2 Crón. 8:14; 23:4.

Llamadas puertas de Jehová. Sal. 118:20.

Llamadas puertas de justicia. Sal. 118:19.

Llamadas puertas de Sión. Lam. 1:4.

Recubiertas de oro. 2 Rey. 18:16.

Una, sumamente hermosa. Hech. 3:2.

Delincuentes a menudo castigados en.
Lev. 24:23; Juan 19:17, con Heb. 13:12.

Diseño de. Isa. 62:10.

Figurativamente, pueblo de una ciudad.
Isa. 3:26.

Guardias apostados en. 2 Rey. 7:17.

Hecha de

Bronce. Sal. 107:16; Isa. 45:2.

Hierro. Hech. 12:10.

Madera. Neh. 1:3.

Oro. 1 Rey. 7:50.

P

Hecha para
Campamentos. Ex. 32:26.
Casas. Luc. 16:20; Hech. 12:14.
Ciudades. 1 Rey. 17:10.
Palacios. Est. 5:13.
Prisiones. Hech. 12:10.
Ríos. Nah. 2:6.
Templos. Hech. 3:2.

Ilustrativo de
Acceso a Dios (cielo). Gén. 28:12-17.
Cristo. Juan 10:9.
Entrada a destrucción (cuando es ancha).
Mat. 7:13.
Entrada a vida (cuando es angosta).
Mat. 7:14.
Muerte (tumba). Isa. 38:10.
Poder de Satanás (infierno)). Mat. 16:18.
Ley debía estar escrita en. Deut. 11:20.
Ley se leía a. Neh. 8.
Lugar para conferencias sobre cuestiones
públicas. Gén. 34:20.
Lugar para discursos públicos. Gén. 23:10;
Prov. 1:21.
Lugar para negocios y anuncios públicos y
transacciones legales. Gén. 23:10,16.
Lugar para pasar tiempo. Gén. 19:1.
Lugar para tribunales de justicia.
Deut. 16:18.
Poste de, rociado con sangre del cordero
pascual. Ex. 12:22.
Prisiones en torres de. Jer. 20:2.
Puertas del templo, dobles, con querubines y
flores talladas, cubiertas con oro.
1 Rey. 6:31-35.
Puertas dobles. Isa. 45:1; Ezeq. 41:24.
Sentido simbólico. Apoc. 21:12,13,21,25.
Sujetadas con barras de hierro. Sal. 107:16;
Isa. 45:2.
Tronos de reyes en. 1 Rey. 22:10.

Usada figurativamente
Cerrada. Mat. 25:10; Luc. 13:25;
Apoc. 3:7.

De esperanza. Os. 2:15.
De oportunidad. 1 Cor. 16:9; Apoc. 3:8.

PÚLPITO
Esdras usó un, al dirigirse al pueblo de
Jerusalén. Neh. 8:4.
Salomón usaba, para dirigirse al
pueblo. 2 Crón. 6:13.

PUNZÓN
Herramienta. Ex. 21:6; Deut. 15:17.

PUREZA
Borrachera es destructiva para.
Prov. 23:31-33.
Consecuencias de asociarse con quienes no
tienen. Prov. 5:3-11; 7:25-27; 22:14.
Creyentes, guardados en. Ecl. 7:26.

De corazón
Bendición de. Mat. 5:8.
Clamor de David pidiendo. Sal. 51:7.
Condición para ver a Dios. Mat. 5:8.
Mandamiento a la. Sant. 4:8.
Regalo divino de, a través de Cristo.
Heb. 9:13-14; 10:2.
Requisito para ir al monte del Señor.
Sal. 24:3-5.
De espíritu, testimonio de. Fil. 2:15.
De mente, valor de. Tito 1:15.
De pensamiento, excelencia de. Fil. 4:8.
De religión, esencia de. Sant. 1:27.
De vida, necesidad de. Isa. 52:11;
1 Ped. 1:22.
Evitar a quienes carecen de. 1 Cor. 5:11;
1 Ped. 4:3.
Falta de, excluye de cielo. Col. 5:19-21.
Guardar cuerpo en. 1 Cor. 6:13,15-18.
Impíos carecen de. Rom. 1:29; Ef. 4:19;
2 Ped. 2:14; Jud. 8.
Mandamiento. Ex. 20:14; Prov. 31:3;
Hech. 15:20; Rom. 13:13; Col. 3:5;
1 Tes. 4:3.

Motivos para. 1 Cor. 6:19; 1 Tes. 4:7.

Quebrantamiento de, castigado.

1 Cor. 3:16-17; Ef. 5:5-6; Heb. 13:4;
Apoc. 22:15.

Requisito en el hablar. Ef. 5:3.

Requisito para corazón. Prov. 6:25.

Requisito para ojos. Job 31:1; Mat. 5:28.

Tentación a desviarse de, peligro.
2 Sam. 11:2-4.

Ventajas de. 1 Ped. 3:1-2.

PURIFICACIÓN

Aumentadas por tradiciones. Mat. 15:2;
Mar. 7:3-4.

Consecuencia de descuidar la prescripta por
ley. Lev. 17:16; Núm. 19:13,20.

De cosas para holocausto. 2 Crón. 4:6.

De individuos ceremonialmente impuros.
Lev. 15:2-13; 17:15; 22:4-7;
Núm. 19:7-12,21.

De Israel antes de recibir ley. Ex. 19:10.

De Israel en éxodo. Ex. 14:32; 1 Cor. 10:2.

De levitas antes de consagración.
Núm. 8:6-7.

De nazareos luego que terminaban voto.
Hech. 21:24,26.

De sacerdotes antes de consagración.
Ex. 29:4.

De sacerdotes, en fuente de bronce.
Ex. 30:18; 2 Crón. 4:6.

Del leproso sanado. Lev. 14:8-9.

Del sumo sacerdote en día de expiación.
Lev. 16:4,24.

Ilustrativa de
Purificación por sangre de Cristo.
Heb. 9:9-12.

Regeneración. Ef. 5:26; 1 Juan 1:7.

Insuficiente para purificación espiritual.
Job 9:30-31; Jer. 2:22.

Judíos daban gran importancia a. Juan 3:25.

Medios usados para la
Agua de purificación. Núm. 19:9.

Agua mezclada con sangre. Ex. 24:5-8,
con Heb. 9:19.

Aguas corrientes. Lev. 15:13.

Por parte de persona devota antes de entrar
en casa de Dios. Sal. 26:6; Heb. 10:22.

Santificaba la carne. Heb. 9:13.

Se realizaba
Lavando parte del cuerpo. Ex. 30:19.

Lavando todo el cuerpo. Lev. 8:6; 14:9.

Rociando. Núm. 19:13,18; Heb. 9:19.

Vasijas para, en casa de judíos. Juan 2:6.

PURIM, FIESTA DE

Comenzaba día 14 del mes 12. Est. 9:17.

Confirmada por autoridad real.
Est. 9:29-32.

Duraba 2 días. Est. 9:21.

Instituida por Mardoqueo. Est. 9:20.

Judíos se comprometieron a celebrar.
Est. 9:27-28.

Manera de celebrar. Est. 9:17-19,22.

Para conmemorar derrota del plan malvado
de Amán. Est. 3:7-15, con 9:24-26.

P

Q

QUEJA

Contra Dios. Ex. 5:22-23;
Job 15:11-13; 33:12-13; 34:37;
Sal. 44:9-26.

Ejemplos de
Asaf. Sal. 73:3.
Caín. Gén. 4:13-14.
Coré. Núm. 16:8-11.
David. 2 Sam. 6:8; Sal. 116:10-11.
Elías. 1 Rey. 19:4,10.
Ezequías. Isa. 38:9-20.
Israelitas.
Ex. 5:21; 14:11-12; 15:23-24; 16:2-3;
17:2-3; Núm. 11:1-10,33; 14; 16:41;
20:2-5; 21:5-6; Deut. 1:27-28;
Sal. 106:24-26.
Jeremías. Jer. 20:14-18.
Job. Job 3; 6; 7; 9; 10; 13; 19; 23; 30.
Jonás. Jon. 4.
Judíos, contra Jesús. Juan 6:41-43,52.
Moisés. Ex. 5:22-23; Núm. 11:11-15.
Salomón. Ecl. 2:17-18.
Israelitas contra Moisés.
Ex. 5:21; 15:24; 16:2,3;
Núm. 16:2-3,13-14,41; 20:2-4.

QUERUBÍN

Cabalgar sobre, ilustrativo de majestad y
poder de Dios. 2 Sam. 22:11; Sal. 18:10.

De oro
Colocado a la entrada del Edén.
Gén. 3:24.
Colocados a cada extremo del
propiciatorio. Ex. 25:18-20.
Colocados sobre arca del pacto.
1 Sam. 4:4; 1 Rey. 8:6-7; 2 Crón. 5:7-8.
Palabras de Dios entregadas de entre.
Ex. 25:22; Núm. 7:89.
Presencia divina manifestada entre.
2 Sam. 6:2; 2 Rey. 19:15;
Sal. 80:1; 99:1.
Forma y apariencia de. Ezeq. 1:5-11,13-14.
Gloria de Dios mostrada en.
Ezeq. 1:22,26-28; 10:4,18,20.
Llamado querubín de gloria. Heb. 9:5.
Lleva a cabo propósitos de Dios.
Ezeq. 1:15,21; 10:9-11,16-17.
Movido por Espíritu de Dios. Ezeq. 1:12,20.

Representaciones de un, en
Bases de fuente de bronce.
1 Rey. 7:28,36.
Cortinas del tabernáculo. Ex. 26:1,31.
Muros del templo. 2 Crón. 3:7.
Puertas del templo. 1 Rey. 6:32,35.
Velo del tabernáculo. Ex. 26:31.
Velo del templo. 2 Crón. 3:14.
Sonido de sus alas, como voz de Dios.
Ezeq. 1:24; 10:5.

QUESO

Comida. 1 Sam. 17:18; 2 Sam. 17:29;
Job 10:10.

QUIEBRA

Ver Bancarrota

QUIETUD

Logro de. Isa. 32:17.

Poder de la. Isa. 30:15.

Valor de la. Ecl. 4:6.

Q

RABÍ

Jesús lo prohibió como título para discípulos. Mat. 23:8.

Jesús llamado Raboni. Mar. 10:51.

Título de un maestro. Mat. 23:7-8; Juan 3:2.

Usado para dirigirse a Jesús.
Juan 1:38,49; 3:2; 6:25.

Usado para dirigirse a Juan. Juan 3:26.

Usado por fariseos de manera ostentosa.
Mat. 23:7.

RAMA

Poda de. Isa. 18:5; Dan. 4:14; Juan 15:6; Rom. 11:17,21.

Figurativamente. Prov. 11:28; Os. 14:6; Juan 15:2-5.

Sin fruto, cortada. Juan 15:2,6.

RANAS

Plaga de. Ex. 8:2-14; Sal. 78:45; 105:30.

Sentido simbólico. Apoc. 16:13.

RASGAR VESTIDURAS

Figurativamente, símbolo de división de un reino. 1 Sam. 15:27-28.

Señal de aflicción. Gén. 37:29,34; Mat. 26:65; Hech. 14:14.

RAZAS

Dios y las
Ama a todo el mundo. Juan 3:16.
Reunirá a naciones. Isa. 66:18.
Sanará a todas las naciones. Apoc. 22:2.

Elección de judíos
Con responsabilidad especial. Amós 3:2.
Para bendecir a todas las. Gén. 12:1-3.

Iglesia y las
Convertido etíope de Felipe.
Hech. 8:26-40.
Pablo proclama igualdad racial en Cristo.
Gál. 3:23-29; Ef. 2:11-22; Col. 3:1-17.
Pedro vence prejuicio racial.
Hech. 10:1-48; 11:1-18.
Reconciliación de antiguas divisiones raciales. Hech. 6:1-7.

Jesús y las
Acusado de ser samaritano. Juan 8:48.
Elogió a samaritanos, que sufrían desprecio. Luc. 10:25-37; 17:16.

Fue más allá de diferencias raciales.
Juan 4:19-24; Col. 3:11.
Habló con mujer samaritana. Juan 4.
Sanó a gentil. Mat. 8:5-13.
Sanó a muchacha sirofenicia.
Mar. 7:24-30.
Unió razas. Ef. 2:11-22.
Unidad mundial de.
Gén. 1:27; 7:23; 9:18-19; Hech. 17:26.

RAZAS, ENTRECRUZAMIENTO DE
Ver también Matrimonio interracial

Ejemplos de
Esaú. Gén. 26:34,35.
Israel. Núm. 25:1,6-8; Jue. 3:5-8.
Moisés. Núm. 12:1.
Prohibido por Abraham. Gén. 24:3.
Prohibido por Jacob. Gén. 28:1.
Prohibido por Josué. Jos. 23:12.
Prohibido por Moisés. Ex. 34:12-16;
Deut. 7:3-4.
Razones de prohibición. Ex. 34:16.
Resultados de. Jue. 3:6,7.

RAZONAMIENTO
Con Dios. Job 13:3,17-28.
De fariseos. Luc. 5:21-22; 20:5.
De Pablo, según Escrituras.
Hech. 17:2; 18:4; 19; 24:25.
Debe aplicarse a religión. 1 Cor. 10:15;
1 Ped. 3:15.
Dios razona con personas.
Ex. 4:11; 20:5,11;
Isa. 1:18; 5:3-4; 43:26; Os. 4:1; Miq. 6:2.
Evangelio no se puede explicar con.
1 Cor. 1:18-28; 2:1-14.
No es suficiente guía en cuestiones humanas.
Deut. 12:8; Prov. 3:5.

REBELIÓN

Ejemplos de
Absalón. 2 Sam. 15; 18.

Levantamiento de 10 tribus.
1 Rey. 12:16-20; 2 Crón. 10; 13:5-12.
Seba. 2 Sam. 20.
Era traición. Prov. 17:11.

REBELIÓN CONTRA DIOS
Ver Dios, Rebelión contra

RECICLAJE
Del botín, por ejemplo ropa para
pobres. 2 Crón. 28:15.

Ejemplos de joyas recicladas
Para becerro de oro. Ex. 32:2-4.
Para ídolos. Ezeq. 7:20.
Para mobiliario del tabernáculo.
Ex. 35:22.

Principios relevantes al
Cuidado del Edén. Gén. 2:15.
Dominio sobre tierra y sus recursos.
Gén. 1:26-28.
Medio ambiente fue creado en buenas
condiciones. Gén. 1-2; Sal. 104:1-30.
Responsabilidad para con lo que se nos ha
confiado. Luc. 12:41-48.
Tierra dada por Dios a gente.
Deut. 8:7-10.
Tierra pertenece a Dios. Lev. 25:23;
Sal. 24:1.

RECIPROCIDAD
Entre creyentes. Rom. 15:27.

RECOMPENSA A LOS CREYENTES
Ver Creyentes, Recompensa a los

RECONCILIACIÓN CON DIOS
Ver Dios, Reconciliación con

RECONOCIMIENTO, EXPLORACIÓN
De Bet-el. Jue. 1:23.
De Jericó. Jos. 2:1-24.
De Lais. Jue. 18:2-10.

RECORDATORIO
Ver Memoria

RECREACIÓN
Ver Descanso

RED
Escondida en hoyo. Sal. 35:7– 8.
Para animales salvajes. Isa. 51:20.
Para aves. Prov. 1:17.
Peces pescados con. Mat. 4:18-21; 13:47;
Luc. 5:4; Juan 21:6-11.

REDENCIÓN
Cosas corruptibles no pueden
comprar. 1 Ped. 1:18.
Creyentes del Antiguo Testamento.
Heb. 9:15.
Cristo enviado para efectuar. Col. 4:4-5.
Cristo es nuestra. 1 Cor. 1:30.
Debe alejar temor. Isa. 43:1.
Debemos glorificar a Dios por. 1 Cor. 6:20.
Definición. 1 Cor. 6:20; 7:23.

Descripción
Eterna. Heb. 9:12.
Plena. Sal. 130:7.
Preciosa. Sal. 49:8.
Es por Cristo. Mat. 20:28; Gál. 3:13.
Es por sangre de Cristo. Hech. 20:28;
Heb. 9:12; 1 Ped. 1:19; Apoc. 5:9.

Es redención de
Destrucción. Sal. 103:4.
Enemigos. Sal. 106:110-11; Jer. 15:21.
Esclavitud de ley. Gál. 4:5.
Maldición de ley. Gál. 3:13.
Muerte. Os. 13:14.
Poder de la tumba. Sal. 49:15.
Poder del pecado. Rom. 6:18,22.
Presente mundo de maldad. Gál. 1:14.
Todas las dificultades. Sal. 25:22.
Todo lo malo. Gén. 48:16.
Todo pecado. Sal. 130:8; Tito 2:14.

Vanas conversaciones. 1 Ped. 1:18.

Manifiesta
Amor y compasión de Dios. Isa. 63:9;
Juan 3:16; Rom. 6:8; 1 Juan 4:10.
Gracia de Dios. Isa. 52:3.
Poder de Dios. Isa. 50:2.

Nos concede
Adopción. Gál. 4:4-5.
Justificación. Rom. 3:24.
Perdón de pecados. Ef. 1:7; Col. 1:14.
Purificación. Tito 2:14.

Objetos de redención
Alma. Sal. 49:15.
Cuerpo. Rom. 8:23.
Herencia. Ef. 1:14.
Vida. Sal. 103:4; Lam. 3:58.
Orar pidiendo que se complete.
Sal. 26:11; 44:26.
Proviene de Dios. Isa. 43:1, con Luc. 1:68;
Isa. 44:21-23.

Quienes tienen experiencia de
Alaban a Dios por. Sal. 71:23,103:4;
Apoc. 5:9.
Esperan que se complete. Rom. 8:23;
Fil. 3:20-21; Tito 2:11-13.
Están sellados hasta día de. Ef. 4:30.
Pertenecen a Dios. Isa. 43:1; 1 Cor. 6:20.
Reciben seguridad de. Job 19:25;
Sal. 31:5.
Regresarán a Sion con gozo. Isa. 35:10.
Se encomiendan a Dios. Sal. 31:5.
Son celosos de buenas obras. Ef. 2:10;
Tito 2:14; 1 Ped. 2:9.
Son primicias para Dios. Apoc. 14:4.
Son pueblo especial. 2 Sam. 7:23;
Tito 2:14, con 1 Ped. 2:9.
Tienen garantía de que se completará.
Ef. 1:14, con 2 Cor. 1:22.
Únicos que pueden aprender cánticos del
cielo. Apoc. 14:3-4.
Viven en santidad. Isa. 35:8-9.

R

Seres humanos no pueden efectuar.
Sal. 49:7.

Tema de alabanza. Isa. 44:22-23; 51:11.

Vida presente, única época para.
Job 36:18-19.

REFINACIÓN

De pureza de la Palabra de Dios.
Sal. 18:30; 119:140.

De vino. Isa. 25:6.

Figurativamente, juicios divinos para
corrección. Isa. 1:25; 48:10; Jer. 9:7;
Zac. 13:9; Mat. 3:2-3.

*Proceso de eliminar por fuego impurezas de
metales*
De oro. 1 Crón. 28:18.
De plata. 1 Crón. 29:4.

REFUGIO, CIUDADES DE

Admitidos a
Debían presentarse a juicio.
Núm. 35:12,24.
No estaban protegidos fuera de.
Núm. 35:26-27.
Obligados a permanecer en, hasta muerte
del sumo sacerdote. Núm. 35:25,28.

Caminos a. Deut. 19:3.

Extranjeros podían acogerse a. Núm. 35:15.

Figurativamente, Cristo. Heb. 6:18.

Ilustrativas de
Camino a Cristo. Isa. 35:8; Juan 14:16.
Cristo. Sal. 91:2; Isa. 25:4.
Esperanza del evangelio. Heb. 6:18.

Lista de. Jos. 20:7-9.

No prestaban asilo a asesinos. Ex. 21:14;
Núm. 35:16-21.

Nombres, etc., de. Deut. 4:41-43;
Jos. 20:7-8.

Propósito de. Ex. 21:13; Núm. 35:11;
Jos. 20:3.

Requisitos
Abiertas a todos los homicidas
accidentales. Jos. 20:4.
Fácil acceso. Deut. 19:3; Isa. 62:10.

REGENERACIÓN

Ver también Nuevo nacimiento; Pecados,
Remisión de; Redención; Salvación

De iglesia por parte del Padre. Sal. 71:20;
Rom. 4:17; Ef. 2:1.

Ejemplos de
Jacob. Gén. 32:29.
Saúl. 1 Sam. 10:9.
Saulo de Tarso. Hech. 9:3-18.

Figuras de la
Abrir ojos de ciegos. Isa. 35:5.
Cambiar corazón de piedra por corazón
de carne. Ezeq. 11:19.
Cautivar cautividad. Sal. 68:18.
Circuncisión del corazón. Deut. 30:6.
Dar agua a quien tiene sed. Isa. 44:3.
Liberación de prisioneros. Isa. 49:9.
Limpieza. Sal. 51:2.
Nacer otra vez. Juan 3:3-16.
Perdón. Sal. 65:3.
Ser resucitado a nueva vida. Rom. 6:3-23.
Por el Hijo. Juan 5:21; 1 Cor. 15:45.
Por Espíritu Santo. Juan 6:63; Rom. 8:11;
2 Cor. 3:6; 1 Ped. 3:18.

REHÉN

Joás tomó, y regresó a Samaria.
2 Rey. 14:14.

REINA

Aconseja al rey. Dan. 5:10-12.
Candace de Etiopía. Hech. 8:27.
Coronación de. Est. 1:11; 2:17.
De Sabá visita a Salomón. 1 Rey. 10:1-13.
Divorcio de. Est. 1:10-22.
Esposa del rey. 1 Rey. 11:19.

R

Luna, reina del cielo. Jer. 7:18; 44:7-19,25.

Organiza banquete para mujeres de la corte. Est. 1:9.

Se sienta en trono con rey. Neh. 2:6.

REINO DE DIOS

Ver Dios, Reino de

RELACIÓN ENTRE AMBOS SEXOS

Ver Sexos, Relación entre ambos

RELACIONES PÚBLICAS

Ejemplos de
Buenas. 1 Sam. 25:23-35; 2 Sam. 15:2-6.
Deficientes. 1 Rey. 12:1-15.

Principios relevantes para
Buena reputación. Prov. 22:1; 31:23,31; Ecl. 7:1.
Conducta edificante. 1 Cor. 4:10-13.

RELÁMPAGO

Dios controla. Job 38:35.

Jesús vio a Satanás caer como. Luc. 10:18.

RELIGIÓN

Aspecto negativo. Os. 6:6; Isa. 1:10-14; Miq. 6:6-7; Sant. 1:26.

Aspecto positivo. Sant. 1:27; Miq. 6:8; Mar. 12:33; Rom. 13:10.

De atenienses. Hech. 17:22.

De cristianos. Heb. 10:23.

De escribas y fariseos. Mat. 23.

De Pablo antes de conversión. Hech. 26:5.

Del corazón. 1 Cor. 13.

RELIGIÓN COERCITIVA

En Babilonia. Dan. 3:2-6,29; 6:26-27.

RELIGIONES NO CRISTIANAS

De las naciones
Amón. Lev 18:21; 20:1-5; Jue. 11:24; 1 Rey. 11:5,7,33.
Asiria. 2 Rey. 19:37.
Babilonia. 2 Rey. 17:30; Isa. 46:1-2; Jer. 50:2; Ezeq. 8:14; Dan. 1:20; 3:1-13;4:7.
Egipto. Gén. 41:8; Ex. 7:11.
Filistea. Jue. 16:23-27; 1 Sam. 5:2-7; 1 Crón. 10:10.
Grecia.
Hech. 14:12-13; 17:16-23; 19:24-35.
Ídolos, en general. Isa. 40:18-20; 44:9-17.
Moab. 1 Rey. 11:7,33; Jer. 48:7,13.
Sidón. 1 Rey. 11:5.
Siria. 2 Rey. 5:18-19.

Judaísmo, Escritura
Escrita. Ex. 20:1-17; Jos. 1:8; Luc. 24:44.
Oral. Neh 8:8; Mat. 23:4; Mar. 7:3-4; Hech. 15:10.

Judaísmo, feriados y fiestas
Año de jubileo (Shanat haYovel). Lev. 25:8-55.
Año nuevo civil (Rosh haShannah). Lev. 23:23-25.
Año sabático. Ex. 23:10-11; Lev. 25:1-7.
Dedicación (Hanukkah). Juan 10:22.
Día de la expiación (Yom Kippur). Lev. 23:26-32.
Luna nueva (Hodesh). Núm. 28:11-15.
Pascua (Pesach). Lev. 23:4-8.
Primicias (Yom haBikkurim). Lev. 23:9-14.
Purim. Est. 9:18-32.
Sábado (Shabbat). Lev. 23:3.
Semanas (Shavuot). Lev. 23:15-22.
Tabernáculos (Sukkot). Lev. 23:33-36.

Judaísmo, personal religioso
Escribas. Mat. 2:4; 23:2-36; Mar. 1:22.

R

Fariseos. Mat. 3:7-10; 23:2-36;
Mar. 7:3-4; Juan 3:1; Hech. 23:6-8;
Fil. 3:5-6.

Principales sacerdotes. Mat. 2:4; 16:21.

Sacerdotes. Luc. 1:8-9; 17:14; Hech. 6:7.

Saduceos. Mat. 3:7-10;
Hech. 5:17; 23:6-8.

Sumo sacerdote. Luc. 3:2.

Judaísmo, sistema de sacrificios
Holocausto.
Lev. 1:3-17; 6:8-13; 7:16; 22:17-21.

Libación. Núm. 15:5-10.

Oblación. Lev. 2:1-16; 6:14-23.

Ofrenda de paz. Lev. 3:1-17; 7:11-21.

Ofrenda mecida. Ex. 29:22-28;
Lev. 23:9-21.

Ofrenda por el pecado.
Lev. 4:1-35; 6:24-30.

Ofrenda por la culpa. Lev. 5:14-6:7.

Ofrenda voluntaria. Lev. 7:17; 22:18-23.

Religión israelita
Con influencias cananeas. Jue. 2:11-19;
1 Sam. 7:3; 1 Rey. 12:28-33; 14:23-24;
18:20-29; 2 Rey. 18:4; Jer. 32:35;
44:17-18; Sof. 1:4-5.

Sumamente sentida.
Deut. 6:4-9; 10:12; 30:6; Sal. 51:16-17;
Miq. 6:8.

RELOJ DE SOL

Dispositivo para indicar hora según rayos
del sol. 2 Rey. 20:11; Isa. 38:8.

REMISIÓN DE PECADO

Ver Pecado, Remisión de

REMO

Usado con barcos. Isa. 33:21.

REMORDIMIENTO

Ejemplos de
David. Sal. 51.

Embajadores de David, enviados a
Hanum. 2 Sam. 10:1-5.

Judas. Mat. 27:3-5.

Pedro. Mat. 26:75.

RENOVACIÓN

De días. Lam. 5:21.

De fuerzas. Sal. 103:5; Isa. 40:31-41:1.

De fuerzas, al esperar en Dios. Isa. 40:31.

De la tierra. Sal. 104:30.

De mente. Rom. 12:2.

De mente, medio de transformar la vida.
Rom. 12:1-2.

De mente, nuestro deber. Ef. 4:23.

De naturaleza interior, diaria. 2 Cor. 4:16.

De naturaleza interior. Sal. 51:10;
2 Cor. 4:16; Ef. 4:23; Col. 3:10; Tito 3:5.

De obra de Jehová, pedida en oración.
Hab. 3:2.

De obras de Dios. Hab. 3:2.

De personas en general. Sal. 85:6.

De quienes han caído, imposible. Heb. 6:6.

Del espíritu, por parte de Dios.
Sal. 23:3; 51:10; Isa. 57:15.

RENTAS PÚBLICAS

De Salomón. 2 Crón. 9:13-14.

RENUNCIAMIENTO

Cristo dejó ejemplo de. Mat. 4:8-10; 8:20;
Juan 6:38; Rom. 15:3; Fil. 2:6-8.

Es bueno para extranjeros y peregrinos.
Heb. 11:13-15; 1 Ped. 2:11.

Ministros llamados especialmente al.
2 Cor. 6:4-5.

Necesario
Para seguir a Cristo. Luc. 14:27-33.

Para triunfo de creyentes. 1 Cor. 9:25-27.

R

Peligro de descuidar. Mat. 16:25-26;
1 Cor. 9:27.
Prueba de devoción a Cristo. Mat. 10:37-38;
Luc. 9:23-24.
Recompensa al. Mat. 19:28-29; Rom. 8:13.
Resultado feliz del. 2 Ped. 1:4.

Se debe poner en práctica
Abandonando todo. Luc. 14:33.
Al abstenerse de deseos carnales.
1 Ped. 2:11.
Al ayudar a otros. Luc. 3:11.
Al controlar apetito. Prov. 23:2.
Al crucificar naturaleza pecadora.
Gál. 5:24.
Al dejar de agradarnos a nosotros
mismos. Rom. 15:1-3.
Al dejar de vivir según pasiones
humanas. 1 Ped. 4:2.
Al estar crucificado al mundo. Gál. 6:14.
Al estar crucificado con Cristo. Rom. 6:6.
Al hacer morir deseos pecaminosos.
Mar. 9:43; Col. 3:5.
Al hacer morir obras de la carne.
Rom. 8:13.
Al no buscar ventaja propia.
1 Cor. 10:24,33; 13:5; Fil. 2:4.
Al preferir a Cristo antes que a familia.
Mat. 8:21-22; Luc. 14:26.
Al preferir ventaja de otros.
Rom. 14:20-21; 1 Cor. 10:24,33.
Al rechazar impiedad y codicia mundana.
Rom. 6:12; Tito 2:12.
Al sacarnos vieja naturaleza, que está
corrompida. Ef. 4:22; Col. 3:9.
Al tomar cruz y seguir a Cristo.
Mat. 10:38; 16:24.
Hasta en cosas lícitas. 1 Cor. 10:23.

REPRENSIÓN

A quienes pecan, advertencia a otros.
Lev. 19:17; Hech. 5:3-4,9; 1 Tim. 5:20;
Tito 1:10-13.

Al final, mejores resultados que lisonja.
Prov. 28:23.

Conduce a
Conocimiento Prov. 19:25.
Entendimiento. Prov. 15:32.
Felicidad. Prov. 6:23.
Honra. Prov. 13:18.
Sabiduría. Prov. 15:31; 29:15.

Creyentes deben
Amar a quienes ofrecen. Prov. 9:8.
Deleitarse en quienes ofrecen.
Prov. 24:25.
Hacer. Lev. 19:17; Ef. 5:11.
No dar ocasión a. Fil. 2:15.
Recibir, con humildad. Sal. 141:5.
Cristo enviado para. Isa. 2:4; 11:3.
Cristo y su, en amor. Apoc. 3:19.

Cuando proviene de Dios
Es para corrección. Sal. 39:11.
Impíos la desprecian. Prov. 1:30.
No debe desanimar a creyentes.
Heb. 12:5.
Pedir que no sea en enojo. Sal. 6:1.
Debe ir acompañada de exhortación a
arrepentirse. 1 Sam. 12:20-25.
Dios hace, a impíos. Sal. 50:21; Isa. 51:20.
Dios hace, a propios hijos. 2 Sam. 7:14;
Job 5:17; Sal. 94:12; 119:67,71,75;
Heb. 12:6-7.

En razón de
Conducta indócil. 1 Tes. 5:14.
Dureza de corazón. Mar. 8:17; 16:14.
Falta de arrepentimiento. Mat. 11:20-24.
Falta de entendimiento. Mat. 16:9,11;
Mar. 7:18; Luc. 24:25;
Juan 8:43; 13:7-8.
Hipocresía. Mat. 15:7; 23:13, etc.
Incredulidad. Mat. 17:17,20; Mar. 16:14.
Insultos a Cristo. Luc. 23:40.
Jactancia presumida. Luc. 22:34.
Opresión a otros creyentes. Neh. 5:7.

R

Prácticas pecaminosas. Mat. 21:13;
Luc. 3:19; Juan 2:16.

Temor. Mar. 4:40; Luc. 24:37-38.

Escrituras son útiles para. Sal. 19:7-11;
2 Tim. 3:16.

Espíritu Santo hace. Juan 16:7-8.

Hipócritas no son idóneos para hacer.
Mat. 7:5.

Menospreciar, lleva a remordimiento.
Prov. 5:12.

Ministros del evangelio deben hacer
Con amor cristiano. 2 Tes. 3:15.
Con autoridad. Tito 2:15.
En público. 1 Tim. 5:20.
Pacientemente, etc. 2 Tim. 4:2.
Severamente, si fuera necesario.
Tito 1:13.
Sin reservas. Isa. 58:1.
Sin temor. Ezeq. 2:3-7.

Ministros del evangelio, enviados para.
Jer. 44:4; Ezeq. 3:17.

Ministros del evangelio pueden hacer.
Miq. 3:8.

Odiar la, conduce a destrucción.
Prov. 15:10; 29:1.

Odiar la, prueba de estupidez. Prov. 12:1.

Prestar atención a, prueba de sabiduría.
Prov. 15:5.

Prueba de amistad fiel. Prov. 27:6.

Quienes hacen, mal vistos por quienes se
burlan de sabiduría. Prov. 9:8; 15:12.

Rechazo de, lleva al error. Prov. 10:17.

Se dice que es
Bálsamo excelente. Sal. 141:5.
Más provechosa a creyentes que azotes a
necio. Prov. 17:10.
Mejor que amor en secreto. Prov. 27:5.
Mejor que elogio de necios. Ecl. 7:5.

REPRESENTANTE

En servicio sacerdotal. 2 Crón. 30:17.

REPROBACIÓN

Ejemplos de
Casa de Elí. 1 Sam. 3:14.
Israel. Núm. 14:26-45; Deut. 1:42-43.
Saúl. 1 Sam. 15:23; 16:14; 18:12; 28:15.

REPROCHE

Ver Represión

REPRODUCCIÓN

De especies, un mandamiento.
Gén. 1:11,12,21-25,28; 9:1,7.

REPTILES

Adorados por gentiles. Rom. 1:23.

Bajo dominio del hombre. Gén. 1:26.

Creados por Dios. Gén. 1:24-25.

Hechos para alabanza y gloria de Dios.
Sal. 148:10.

Inmundos, no se comían. Lev. 11:31,40-43;
Hech. 10:11-14.

Judíos condenados por adorar. Ezeq. 8:10.

Mencionados en Escrituras
Áspid. Sal. 58:4; 91:13; Prov. 23:32.
Camaleón. Lev. 11:30.
Caracol. Sal. 58:8.
Escorpión. Deut. 8:15.
Lagartija. Lev. 11:30.
Rana. Ex. 8:2; Apoc. 16:13.
Sanguijuela. Prov. 30:15.
Serpiente. Job 26:13; Mat. 7:10.
Serpiente ardiente. Deut. 8:15.
Serpiente voladora. Isa. 30:6
Víbora. Hech. 28:3.

No hacer ídolos ni imagen de, para
adoración. Deut. 4:16,18.

Salomón disertó sobre. 1 Rey. 4:33.

REPUTACIÓN, BUENA

Sumamente deseable. Prov. 22:1.

REQUISITOS

De adoración: sinceridad y devoción del espíritu. Juan 4:24.

De entrada al reino: conversión. Mat. 18:3.

De Jehová: justicia, misericordia y humilde comunión con Dios. Miq. 6:8.

De ley: el amor. Rom. 13:10.

De salvación: creer en Cristo. Juan 8:24.

RESCATE

De la vida de un hombre. Ex. 21:30; Sal. 49:7-8; Prov. 6:35.

Figurativamente. Job 33:24; Isa. 35:10; 51:10; Mat. 20:28; 1 Tim. 2:6.

RESIGNACIÓN

Ver Dios, Sumisión a

RESPETO

A ancianos. Lev. 19:32.

A anfitrión. Luc. 14:10.

A gobernantes. Prov. 25:6.

Unos a otros. Rom. 12:10; Fil. 2:3; 1 Ped. 2:17.

RESPONSABILIDAD

Colectiva. Jos. 22:16; 1 Cor. 5:1-2.

De lo que hacemos. 1 Cor. 10:31.

De lo que oímos. Mar. 4:24.

De lo que vemos. Mar. 9:47.

Individual. Deut. 24:16; Jer. 31:30; Rom. 14:12.

Matrimonial. 1 Cor. 7:3-5.

Nacional. Prov. 14:34; Amós 1:3-3:2.

Para con cónyuge. 1 Cor. 6:12-20.

Para con la tierra. Gén. 1:28; Sal. 115:16.

Paterna y materna. 1 Sam. 3:13; Ef. 6:4.

Unos con otros. Rom. 14:13; 15:1; 1 Cor. 8:11; 1 Juan 4:11.

RESTAURACIÓN

De todas las cosas. Hech. 3:21; Apoc. 21:1-5.

RESTITUCIÓN

Ejemplo aprobado por Cristo. Luc. 19:8-9.

Provisiones divinas para, en caso de

Destruir propiedad accidentalmente. Ex. 22:5-6.

Ganancias mal habidas. Núm. 5:6-10.

Hurtar animal. Ex. 22:1,4.

Propiedad que desaparece, sufre daños o queda destruida. Ex. 22:7-15.

Seducción a virgen. Ex. 22:16-17.

RESURRECCIÓN

Bienaventuranza de quienes tienen parte en primera. Apoc. 20:6.

Certeza de, demostrada en resurrección de Cristo. 1 Cor. 15:12-20.

Credibilidad de, demostrada por resurrección de individuos. Mat. 9:25; 27:53; Luc. 7:14; Juan 11:44; Heb. 11:35.

Creíble. Mar. 12:24; Hech. 26:8.

Creyentes deben esperar con gozo. Dan. 12:13; Fil. 3:11; 2 Cor. 5:1.

Cristo la dio por sentado y la probó. Mat. 22:29-32; Luc. 14:14; Juan 5:28-29.

Cuestionada por algunos en iglesia primitiva. 1 Cor. 15:12.

De creyentes, y luego cambio en quienes están vivos. 1 Cor. 15:51, con 1 Tes. 4:17.

De impíos será para

Juicio. Juan 5:29.

Vergüenza y confusión eterna. Dan. 12:2.

Doctrina del Antiguo Testamento. Job 19:26; Sal. 16:10; 49:15; Isa. 26:19; Dan. 12:2; Os. 13:14.

R

Efectuada por poder de

Cristo. Juan 5:28-29; 6:39-40,44.

Dios. Mat. 22:29.

Espíritu Santo. Rom. 8:11.

En la, creyentes han de

Recibir recompensa. Luc. 14:14.

Resucitar a vida eterna. Deut. 12:2;
Juan 5:29.

Resucitar por medio de Cristo.
Juan 11:25; Hech. 4:2;
1 Cor. 15:21-22.

Resucitar primero. 1 Cor. 15:23;
1 Tes. 4:16.

Ser como ángeles. Mat. 22:30.

Ser glorificados con Cristo. Col. 3:4.

Tener cuerpo como el de Cristo. Fil. 3:21;
1 Juan 3:2.

Tener cuerpos espirituales. 1 Cor. 15:44.

Tener cuerpos gloriosos. 1 Cor. 15:43.

Tener cuerpos incorruptibles.
1 Cor. 15:42.

Tener cuerpos poderosos. 1 Cor. 15:43.

Falsos maestros la negaban. 2 Tim. 2:18.

Fundamento del evangelio.
1 Cor. 15:13-14; Heb. 6:1-2.

Ilustrada. Ezeq. 37:1-10; 1 Cor. 15:36-37.

Ilustrativa del nuevo nacimiento. Juan 5:25.

Judíos la esperaban. Juan 11:24;
Heb. 11:35.

Negada por saduceos. Mat. 22:23;
Luc. 20:27; Hech. 23:8.

No es contraria a la razón. Juan 12:24;
1 Cor. 15:35-49.

Predicación de, causó

Burla. Hech. 17:32.

Persecución. Hech. 23:6; 24:11-15.

Predicada por apóstoles.
Hech. 4:2; 17:18; 24:15.

Será de todos los muertos. Juan 5:28;
Hech. 24:15; Apoc. 20:13.

RESURRECCIÓN DE CRISTO

Ver Cristo, Resurrección de

REVELACIÓN

Dios revela a Jesús como su Hijo.
Mat. 3:17; 17:5.

Dios revela ley. Ex. 20-35; Lev. 1-7.

Dios revela modelo del templo.
1 Crón. 28:11-19.

Dios se revela a Moisés. Ex. 3:1-6,14; 6:1-3.

Para considerar

REVELACIÓN

Hay dos grandes tipos de revelación, la general y la especial. La revelación general es para todas las personas de todos los tiempos, y es menos específica en cuanto a contenido. Consiste en la automanifestación de Dios por medio de la naturaleza, la historia y la personalidad humana. La entrada del pecado alteró el conocimiento natural de las cosas de Dios a través de la revelación general, y también rompió la relación con Él. Es por eso que se hizo necesario un conocimiento más completo llamado revelación especial.

REVERENCIA

Para con casa de Dios. Lev. 19:30;
Juan 2:16.

Para con día del Señor. Est. 20:8;
Apoc. 1:10.

Para con Cristo. Mat. 8:2; 14:33; 28:16-17;
Fil. 2:10; Heb. 1:6.

Para con Dios. 1 Crón. 16:25; Hab. 2:20.

Para con líderes espirituales. Heb. 13:7,17.

Para con nombre de Dios. Ex. 20:7.

Para con padres. Ex. 20:12; Ef. 6:1-3.

REVISIONISMO

De mandamientos de Dios
Fariseos. Mar. 7:2,8,13.

De palabra profética
Incrédulos 2 Ped. 3:3-5.
Micaías. 1 Rey. 22:5-23.
Pueblo rebelde. Isa. 30:8-11.
Sedequías. Jer. 32:3-5.

De sana doctrina
Personas que enseñan doctrina distinta.
1 Tim. 1:3-4.
Personas que enseñan lo que la gente
quiere oír. 2 Tim. 4:3-4.
Personas que suprimen la verdad.
Rom. 1:18.
Quienes llaman bueno a lo malo y malo a
lo bueno. Isa. 5:20.

En vez de, afianzarse en
Enseñanzas de ancianos. Prov. 1:8; 4:1-4.
Enseñanzas de Pablo. 1 Cor. 11:2;
2 Tes. 2:15; 2 Tim. 1:13.
Fe. 1 Cor. 16:13.
Lo aprendido. 2 Tim. 3:14.
Nuestra confesión. Heb. 4:14; 10:23.
Palabra fiel tal como fue enseñada.
Tito 1:9.

REY

Actúa como juez. 2 Sam. 8:15.
Borrachera del, prohibición. Prov. 31:4-5.

Cómo eran elegidos
David y dinastía davídica.
1 Sam. 16:1-13.
Por designación divina, Saúl.
1 Sam. 10:1.
Por suertes. 1 Sam. 10:20,21.
Sucesión hereditaria. 2 Sam. 7:12-16;
1 Rey. 1:28-30; 2 Crón. 21:3-4;
Sal. 89:35-37.
Sucesión no hereditaria. 1 Crón. 1:43-51.

Crónicas del rey, se registraban por
escrito. 1 Rey. 11:41.
Deberes religiosos del. Ezeq. 45:9-25.
Deberes y derechos del.
Prov. 25:2,5,6,15; 29:4,12,14; Jer. 21:12.
Decretos del, irrevocables. Est. 8:8;
Dan. 6:8-9,12-15.
Deificación del. Ezeq. 28:2,9.

Influencia de la reina sobre
Betsabé. 1 Rey. 1:28-34.
Ester. Est. 5:1-8.
Jezabel. 1 Rey. 18:4-13.

Influenciados por opinión pública
David. 2 Crón. 20:21.
Ezequías. 2 Crón. 30:2.
Herodes. Mat. 14:5; Hech. 12:2-3.
Saúl. 1 Sam. 14:45.
Sedequías. Jer. 38:19,24-27.
Lealtad al, mandamiento. Prov. 16:14-15.
Leyes en cuanto a. Deut. 17:14-19.

Maneras de asunción al cargo
Por juramento. 2 Rey. 11:4.
Por proclama. 2 Sam. 15:10.
Por unción. Jue. 9:8; 1 Sam. 9:16;
1 Rey. 1:34.
Obediencia al, mandamiento. Ecl. 8:2-5.
Oración por, mandamiento. 1 Tim. 2:1-2.
Oración por. Esd. 6:10.
Ostentaba autoridad divina.
Deut. 17:15; 1 Sam. 9:16-17;
Dan. 2:21,37; 4:17.
Practicaban clemencia ejecutiva.
1 Sam. 11:13.

Reconocimiento ceremonial para con
Arrodillarse. Mat. 27:29.
Inclinarse. 1 Rey. 1:16.
Postrarse. 1 Sam. 25:41.
Salutación especial. Dan. 2:4; 6:6,21.
Respeto al. Job 34:18; Mat. 22:21.
Restricciones constitucionales del.
Deut. 17:18-20.

R

RICAS, PERSONAS

Abraham. Gén. 13:2; 24:35.
Ezequías. 2 Rey. 20:12-18.
Job. Job 1:3.
José de Arimatea. Mat. 27:57.
Salomón. 1 Rey. 10:23.
Zaqueo. Luc. 19:2.

RIDÍCULO

Impíos y el, por parte de Dios. Sal. 2:4;
    Prov. 1:26.
Malvados muchachos de Bet-el se burlan de
    Eliseo. 2 Rey. 2:23.
Pueblo de Israel se burla de Ezequías.
    2 Crón. 30:1-10.
Sara, cuando ángeles le prometen hijo.
    Gén. 18:12.

RIÑÓN

Parte del holocausto. Ex. 29:13,22.

RÍO ÉUFRATES

A menudo se desbordaba. Isa. 8:7-8.
Aguas de, saludables. Jer. 2:18.
Asiria, frontera de. 2 Rey. 23:29; Isa. 7:20.
Babilonia, situada sobre. Jer. 51:13,36.

Dato geográfico

RÍO JORDÁN

Para llegar al mar Muerto, el río Jordán (que en hebreo significa "el que desciende") demora más de tres veces de la distancia en línea recta. En realidad, el río fluye hacia el norte en diez lugares. En la actualidad la mayoría del agua del Jordán se usa para irrigación. En la antigüedad nunca fue navegable, sino que servía para delimitar las fronteras de Transjordania y Cisjordania.

Brazo del río del Edén. Gén. 2:14.
Cautiverio de Judá representado por cinto
    de Jeremías que se pudrió en. Jer. 13:3-9.
Ejército egipcio destruido en. Jer. 46:2,6,10.
Frecuentado por cautivos de Judá.
    Sal. 137:1.
Límite oriental de Tierra Prometida.
    Gén. 15:18; Deut. 1:7; 11:24.

Llamado
    El gran río. Gén. 15:18; Deut. 1:7.
    El río. Neh. 2:7; Sal. 72:8.
Profecías sobre Babilonia arrojada al, como
    señal. Jer. 51:63.
Será escena de juicios futuros. Apoc. 16:12.

RÍO JORDÁN

A menudo se desbordaba. Jos. 3:15;
    1 Crón. 12:15.
Desborde de, llamado espesura del Jordán.
    Jer. 12:5; 49:19.
Desemboca en Mar Muerto. Núm. 34:12.

Eventos notables conectados con
    Aguas vuelven a su lugar. Jos. 4:18.
    Bautismo de Cristo. Mat. 3:13,15;
        Mar. 1:9.
    Bautismo de multitudes, Juan el Bautista.
        Mat. 3:6; Mar. 1:5; Juan 1:28.
    Curación de Naamán el leproso.
        2 Rey. 5:10,14.
    División de sus aguas, Elías. 2 Rey. 2:8.
    División de sus aguas, Eliseo. 2 Rey. 2:14.
    División de sus aguas para que pase Israel.
        Jos. 3:12-16; 5:1.
    Matanza de efrainitas. Jue. 12:4-6.
    Matanza de moabitas. Jue. 3:28-29.
Extranjeros lo despreciaban. 2 Rey. 5:12.
Judíos se enorgullecían de. Zac. 11:3.
Límite oriental de Canaán. Núm. 34:12.

Llanuras del
    Lot las eligió para vivir. Gén. 13:11.
    Llenas de leones. Jer. 49:19; 50:44.

Muy arboladas. 2 Rey. 6:2.
Proporcionaban tierra arcillosa para
  fundir bronce, etc. 1 Rey. 7:46;
  2 Crón. 4:17.
Sumamente fértiles. Gén. 13:10.
Moisés no pudo cruzar. Deut. 3:27; 31:2.

Paso de Israel por el
Alusión a. Sal. 74:15; 114:3,5.
Conmemorado por monumento de
  piedras en Gilgal. Jos. 4:2-8,20-24.
Conmemorado por monumentos de
  piedras en el lugar. Jos. 4:9.
En orden preestablecido. Jos. 3:1-8.
Fue promesa de que Dios echaría a
  cananeos, etc. de su tierra. Jos. 3:10.
Logro. Jos. 3:17; 4:1,10-11.
Precedido por sacerdotes con arca.
  Jos. 3:6,11,14.
Promesa de. Deut. 4:22; 9:1; 11:31.
Se podía vadear en algunos lugares. Jos. 2:7;
  Jue. 12:5-6.

RÍO NILO

Abundancia de
Cañas y juncos. Isa. 19:6-7.
Cocodrilos. Ezeq. 29:3.
Peces. Ex. 7:21; Ezeq. 29:4.
Desborde anual, alusión a. Jer. 46:8;
  Amós 8:8; 9:5.
Desemboca en Mar Mediterráneo por 7
  brazos. Isa. 11:15.

Egipcios
Bebían del. Ex. 7:21,24.
Castigados con deficiencias de aguas del.
  Isa. 19:5-6.
Castigados con destrucción de peces.
  Isa. 19:8.
Practicaban mucho comercio por.
  Isa. 23:3.
Se bañaban en. Ex. 2:5.
Se enorgullecían de. Ezeq. 29:9.

Eventos notables conectados con
Aguas se convierten en sangre.
  Ex. 7:15,20.
Moisés, en arquilla flotante en márgenes
  del. Ex. 2:3.
Multiplicación milagrosa de ranas.
  Ex. 8:3.
Niños varones ahogados en. Ex. 1:22.

Llamado
El río. Gén. 41:1,3.
Mar de Egipto. Isa. 11:15.
Sihor. Jos. 13:3; Jer. 2:18.
Torrente de Egipto. Isa. 27:12.

RÍOS

A menudo, fronteras de reinos, etc.
  Jos. 22:25; 1 Rey. 4:24.

Algunos
Anchos. Isa. 33:21.
Divididos en muchos brazos. Gén. 2:10;
  Sal. 11:15.
Grandes y poderosos. Gén. 15:18;
  Sal. 74:15.
Profundos. Ezeq. 47:5; Zac. 10:11.
Rápidos. Jue. 5:21.
Bautismo a menudo se realizaba en.
  Mat. 3:6.
Ciudades a menudo se construían en margen
  de. Sal. 46:6; 137:1.
De Canaán, abundancia de peces.
  Lev. 11:9-10.
Desembocan en mar. Ecl. 1:7; Ezeq. 47:8.
Fluían por valles. Sal. 104:8,10.
Fuente de. Job 28:10; Sal. 104:8,10.
Huertas a menudo se plantaban junto a.
  Núm. 24:6.

Ilustrativos de
Abundancia. Job 20:17; 29:6.
Abundancia de gracia en Cristo. Isa. 32:2,
  con Juan 1:16.

R

Dones y gracias del Espíritu Santo.
Sal. 46:4; Isa. 41:18; 43:19-20;
Juan 7:38-39.
Gran aflicción. Sal. 69:2; Isa. 43:2.
Juicios de Dios (cuando se desbordan).
Isa. 8:7-8; 28:3,18; Jer. 47:2.
Juicios de Dios (cuando se van secando).
Isa. 19:1-8; Jer. 51:36; Nah. 1:4;
Zac. 10:11.
Paz de creyentes (por seguir en su curso).
Isa. 66:12.
Prosperidad permanente de creyentes
(frutos de árboles plantados junto a).
Sal. 1:3; Jer. 17:8.

Mencionados en Escritura
Abana. 2 Rey. 5:12.
Arnón. Deut. 2:36; Jos. 12:1.
Caná. Jos. 16:8.
Cisón. Jue. 5:21.
De Ahava. Esd. 8:15.
De Babilonia. Sal. 137:1.
De Damasco. 2 Rey. 5:12.
De Egipto. Gén. 15:18.
De Etiopía. Isa. 18:1.
De Filipos. Hech. 16:13.
De Judá. Joel 3:18.
Del Edén. Gén. 2:10.
Éufrates. Gén. 2:14.
Farfar. 2 Rey. 5:12.
Gihón. Gén. 2:13.
Gozán. 2 Rey. 17:6; 1 Crón. 5:26.
Hidekel. Gén. 2:14.
Jaboc. Deut. 2:37; Jos. 12:2.
Jordán. Jos. 3:8; 2 Rey. 5:10.
Jotbata. Deut. 10:7.
Pisón. Gén. 2:11.
Quebar. Ezeq. 1:1,3; 10:15,20.
Ulai. Dan. 8:16.
Muchos, vadeables en algunos lugares.
Gén. 32:22; Jos. 2:7; Isa. 16:2.
Poder de Dios sobre, ilimitado. Isa. 50:2;
Nah. 1:4.

Riberas de
Cubiertas de juncos. Ex. 2:3,5.
Frecuentadas por animales del campo.
Jer. 49:19.
Frecuentadas por palomas. Cant. 5:12.
Gran cantidad de árboles. Ezeq. 47:7.
Lugares frecuentes de reunión. Sal. 137:1.
Muy fértiles. Sal. 1:3; Isa. 32:20.
Se desbordaban con frecuencia. Jos. 3:15;
1 Crón. 12:15.

Útiles para
Bañarse. Ex. 2:5.
Comercio. Isa. 23:3.
Favorecer vegetación. Gén. 2:10.
Proporcionar agua para beber. Jer. 2:18.

RIQUEZAS

A menudo conducen a
Ansiedad. Ecl. 5:12.
Autosuficiencia. Prov. 28:11.
Dejar a Dios. Deut. 32:15.
Espíritu arrogante. Prov. 18:23.
Fraude. Sant. 5:4.
Indulgencia sensual. Luc. 16:19;
Sant. 5:5.
Negar a Dios. Prov. 30:8-9.
Olvidar a Dios. Deut. 8:13-14.
Opresión. Sant. 2:6.
Orgullo. Ezeq. 28:5; Os. 12:8.
Rebelión contra Dios. Neh. 9:25-26.
Rechazar a Cristo. Mat. 19:22;
Mar. 10:22.
Violencia. Miq. 6:12.
A menudo, obstrucción para aceptar
evangelio. Mar. 10:23-25.
Amor a, raíz de todos los males.
1 Tim. 6:10.
Bendición del Señor trae. Prov. 10:22.
De este mundo, pertenecen a Dios. Hag. 2:8.
De pecadores, guardadas para justos.
Prov. 13:22.

R

Denuncias contra aquellos que
  Abusan. Sant. 5:1,5.
  Acumulan y atesoran. Ecl. 5:13-14;
    Sant. 5:3.
  Aumentan, por medio de opresión.
    Prov. 22:16; Hab. 2:6-8; Miq. 2:2-3.
  Confían en. Prov. 11:28.
  Gastan todo en apetitos egoístas.
    Job 20:15-17.
  Obtienen ilegalmente. Jer. 17:11.
  Obtienen por vanidad. Prov. 13:11; 21:6.
  Reciben su recompensa de. Luc. 6:24.

Descripción
  Corruptibles. Sant. 5:2; 1 Ped. 1:18.
  Engañosas. Mat. 13:22.
  Inciertas. 1 Tim. 6:17.
  No satisfacen. Ecl. 4:8; 5:10.
  Pasajeras. Prov. 23:5; Apoc. 18:16-27.
  Pasibles de hurto. Mat. 6:19.
  Perecederas. Jer. 48:36.
  Temporarias. Prov. 27:24.
Dios concede posibilidad de obtener.
  Deut. 8:18.
Dios da. 1 Sam. 2:7; Ecl. 5:19.
Engaño de, ahoga la Palabra. Mat. 13:22.

Impíos
  A menudo aumentan sus. Sal. 73:12.
  A menudo pasan sus días en. Job 21:13.
  Acumulan. Job 27:16; Sal. 39:6;
    Ecl. 2:26.
  Confían en abundancia de. Sal. 52:7.
  Deben dejar, a otros. Sal. 49:10.
  Devoran. Job 20:15.
  Guardan, para mal. Ecl. 5:13.
  No aprovechan de las. Prov. 11:4; 13:7;
    Ecl. 5:11.
  Se jactan en. Sal. 49:6; 52:7.
  Tienen problemas con. Prov. 15:6;
    1 Tim. 6:9-10.
Lo malo de confiar en. Job 31:24,28;
  Ezeq. 28:4-5,8.
Lo malo de gozarse en. Job 31:25,28.

Necedad y peligro de confiar en, ilustrados.
  Luc. 12:16-21.
No aprovechan en día de ira. Prov. 11:4.
No estar ansiosos por tener. Prov. 30:8.

No pueden
  Asegurar prosperidad. Sant. 1:11.
  Liberar en día de ira de Dios. Sof. 1:18;
    Apoc. 6:15-17.
  Redimir alma. Sal. 49:6-9.
No trabajar para. Prov. 23:4.
Otorgan poder terrenal. Prov. 22:7.
Peligro de usar mal, ilustrado.
  Luc. 16:19-25.

Quienes codician
  Caen en deseos dañinos. 1 Tim. 6:9.
  Causan dificultades a su familia.
    Prov. 15:27.
  Ceden a tentación. 1 Tim. 6:9.
  Se alejan de la fe. 1 Tim. 6:10.
  Se causan problemas ellos mismos.
    1 Tim. 6:10.
  Usan meDios ilegales para adquirir.
    Prov. 28:20.

Quienes tienen, no deben
  Atesorarlas. Mat. 6:19.
  Confiar en ellas. Job 31:24; 1 Tim. 6:17.
  Gloriarse en ellas. Jer. 9:23.
  Jactarse de tenerlas. Deut. 8:17.
  Poner en ellas el corazón Sal. 62:10.
  Ser arrogantes. 1 Tim. 6:17.

Quienes tienen, deben
  Considerar un privilegio poder dar.
    1 Crón. 29:14.
  Cuando son creyentes, regocijarse al ser
    humillados. Sant. 1:9-10.
  Darlas a pobres. Mat. 19:21; 1 Juan 3:17.
  Dedicarlas al servicio de Dios.
    1 Crón. 29:3; Mar. 12:42-44.
  Reconocer que pertenecen a Dios.
    1 Crón. 29:12.
  Ser generosos en todo. 1 Tim. 6:18.

R

Usarlas para promover salvación de otros.
Luc. 16:9.

Tesoro celestial, superior a. Mat. 6:19-20.

Vanidad de acumular. Sal. 39:6;
Ecl. 5:10-11.

Verdaderas, descripción. Ef. 3:8;
1 Cor. 1:30; Col. 2:3; 1 Ped. 2:7.

Vida no consiste en abundancia de.
Luc. 12:15.

RISA

Se atribuye a Dios. Sal. 37:13; 59:8;
Prov. 1:26.

Tiempo para. Ecl. 3:4.

ROBO

A los pobres, especial prohibición.
Prov. 22:22.

Abominación. Jer. 7:9-10.

Castigado con muerte. Ezeq. 18:10-13.

Castigo anunciado por. Isa. 10:2; Nah. 3:1.

Conectado al asesinato. Jer. 7:9; Os. 4:2.

Contamina a la persona. Mat. 15:20.

Creyentes y advertencia contra. Ef. 4:28;
1 Ped. 4:15.

Después del, sigue la vergüenza. Jer. 2:26.

Ejemplos de. Jue. 9:25; Luc. 10:30.

Excluye del cielo. 1 Cor. 6:10.

Ilustra culpabilidad de falsos maestros.
Jer. 23:30; Juan 10:1,8,10.

Impíos

Adictos a. Sal. 119:61.

Asociados con los que cometen. Isa. 1:23.

Atesoran frutos de los. Amós 3:10.

Cometen, ocultándose en la noche.
Job 24:14; Abd. 1:5.

Consienten con los que cometen.
Sal. 50:18.

Esperan para cometer. Os. 6:9.

No se arrepienten de. Apoc. 9:21.

Se destruyen a sí mismos con. Prov. 21:7.

Tal vez prosperen en el. Job 12:6.

Tratan de justificar el. Jer. 7:9-10.

Incluye fraude en general. Lev. 19:13.

Incluye fraude en salario. Lev. 19:13;
Mal. 3:5; Sant. 5:4.

Ley mosaica sobre el. Ex. 22:1-8.

Perdón para. Ezeq. 33:15.

Procede del corazón. Mat. 15:19.

Produce ira de Dios en quien lo comete.
Ezeq. 22:29,31.

Produce maldición en quien lo comete.
Os. 4:2-3; Zac. 5:3-4; Mal. 3:5.

Prohibición. Ex. 20:15, con Mar. 10:19;
Rom. 13:9.

Quienes consienten el

Odian propia alma. Prov. 29:24.

Recibirán represión de Dios.
Sal. 50:18,21.

Tesoros celestiales no expuestos a.
Mat. 6:20; Luc. 12:33.

Tesoros terrenales expuestos al. Mat. 6:19.

ROCAS

A menudo de pedernal. Deut. 8:15; 32:13.

A menudo filosas y escarpadas. 1 Sam. 14:4.

A menudo, rajaduras y hendiduras.
Ex. 33:22.

A menudo se cavaban tumbas en. Isa. 22:16;
Mat. 27:60.

Abejas a menudo hacían miel entre.
Deut. 32:13; Sal. 1:16.

Arrojar desde cumbre de, un castigo.
2 Crón. 25:12.

Casas a menudo se construían sobre.
Mat. 7:24-25.

Descripción

Duraderas. Job 19:24.

Duras. Jer. 5:3.

Estériles. Ezeq. 26:4,14; Amós 6:12;
Luc. 8:6.

Eventos importantes a menudo se esculpían
en. Job 19:24.

R

Ilustrativo de

Ancestro de una nación. Isa. 51:1.

Cristo como fuente de dones
espirituales. 1 Cor. 10:4.

Cristo como fundamento de iglesia.
Mat. 16:18, con 1 Ped. 2:6.

Cristo como piedra de tropiezo para
impíos. Isa. 8:14; Rom. 9:33;
1 Ped. 2:8.

Cristo como refugio de su pueblo.
Isa. 32:2.

Dios como creador de su pueblo.
Deut. 32:18.

Dios como defensa de su pueblo.
Sal. 31:2-3.

Dios como fortaleza de su pueblo.
Sal. 18:1-2; 62:7; Isa. 17:10.

Dios como refugio para su pueblo.
Sal. 94:22.

Dios como salvación de su pueblo.
Deut. 32:15; Sal. 89:26; 95:1.

Lugar de seguridad. Sal. 27:5; 40:2.

Todo aquello en que confiamos.
Deut. 32:31,37.

Industria del hombre al cortar. Job 28:9-10.

Marineros les temían. Hech. 27:29.

Medio de defensa para nación. Isa. 33:16.

Mencionadas en Biblia

Adulam. 1 Crón. 11:15.

Boses. 1 Sam. 14:4.

En-gadi. 1 Sam. 24:1-2.

Etam. Jue. 15:8.

Horeb en Refidim. Ex. 17:1.

Meriba en Cades. Núm. 20:11.

Oreb. Jue. 7:25; Isa. 10:26.

Rimón. Jue. 20:45.

Sela en valle de la sal. 2 Rey. 14:7;
2 Crón. 25:11-12.

Sela-hama-lecot en desierto de
Maón. 1 Sam. 23:25,28.

Sene. 1 Sam. 14:4.

Milagros conectados con

Agua que manó de. Ex. 17:6;
Núm. 20:11.

Fuego de entres. Jue. 6:21.

Hechas pedazos por viento. 1 Rey. 19:11.

Rotas cuando Cristo murió. Mat. 27:51.

Morada de

Águilas. Job 39:28; Jer. 49:16.

Cabras monteses. Job 39:1.

Conejos. Sal. 104:18.

Palomas. Cant. 2:14; Jer. 48:28.

Olivo prosperaba entre. Deut. 32:13;
Job 29:6.

Poder de Dios demostrado al quitar rocas,
etc. Job 14:18; Nah. 1:6.

Sombra de, apreciada por caminantes en el
calor del día. Isa. 32:2.

Usadas como

Altares. Jue. 6:20-21,26; 13:19.

Lugares de adoración idólatra. Isa. 57:5.

Lugares de observación. Ex. 33:21;
Núm. 23:9.

Lugares de refugio para pobres en
necesidad. Job 24:8; 30:3,6.

Lugares de seguridad durante
peligro. 1 Sam. 13:6; Isa. 2:19;
Jer. 16:16; Apoc. 6:15.

Uso de martillos para quebrar. Jer. 23:29.

ROCÍO

Ausencia de. 1 Rey. 17:1.

Llamado rocío del cielo. Dan. 4:15.

Profusión y ausencia milagrosa de.
Jue. 6:36-40.

Providencia misericorDiosa. Deut. 33:13.

Se forma durante noche. Job 29:19.

Se forma imperceptiblemente. 2 Sam. 17:12.

Usado figurativamente. Sal. 110:3;
Isa. 26:19; Os. 6:4; 13:3; 14:5.

R

ROPA

A menudo ribeteada con flecos u orlas.
Núm. 15:38; Deut. 22:12.
A menudo se cambiaba. Gén. 35:2; 41:14.
A menudo se rasgaba por aflicción.
2 Sam. 15:32; Esd. 9:3,5.

Colores de, mencionados
Blanco. Ecl. 9:8.
Escarlata. 2 Sam. 1:24.
Multicolor. Gén. 37:3; 2 Sam. 13:18.
Púrpura. Ezeq. 23:6; Luc. 16:19.
De ambos sexos, no debían intercambiarse.
Deut. 22:5.
De hojas de higuera. Gén. 3:7.

Vida cotidiana

ROPA

En el Israel de la antigüedad, la mayoría de la ropa se hacía de lana o lino. La vestimenta básica de un soldado o un trabajador era algo parecido a una falda que llegaba a la mitad del muslo y se sostenía con un cinturón de lana, y que además podía sostener armas y objetos de valor. Otra posibilidad era que los hombres usaran una túnica hasta la rodilla o los tobillos (el hebreo *kutonet* y el griego *quiton* se traducen por túnica en RVR 1960), que colgaba de un hombro o tenía mangas cortas. La vestimenta de las mujeres era similar a la de los hombres, pero ellas no usaban la pollera corta y es probable que tuvieran bordados especiales, cintos y tocados (Deut. 22:5). Pareciera que en el Antiguo Testamento las mujeres no necesitaban cubrir sus rostros en público.

De Israel preservada 40 años.
Deut. 8:4; 29:5; Neh. 9:21.
De pieles. Gén. 3:21.

De pobres
Andrajosa. Sant. 2:2.
En especial proporcionada por Dios.
Deut. 10:18.
No debía retenerse como garantía.
Deut. 24:12-13.
Usada para cubrirse en noche.
Deut. 24:13.
De quienes morían por espada, no se usaba.
Isa. 14:19.

De ricos
A menudo comida por polillas. Job 13:28;
Sant. 5:2.
Bordada. Sal. 45:14; Ezeq. 16:18.
De materiales finos. Mat. 11:8.
En gran cantidad. Job 27:16; Isa. 3:22.
Fina. Sant. 2:2-3.
Hermosa. Luc. 7:25; Hech. 12:21.
Perfumada. Sal. 45:8; Cant. 4:11.
Entregada como obsequio. Gén. 45:22;
2 Rey. 5:22.
Entregada en señal de pacto. 1 Sam. 18:4.
Envejecía y se raía. Jos. 9:5; Sal. 102:26.
Escribas y fariseos condenados por hacer
grandes flecos. Mat. 23:5.

Hecha de
Cilicio. 2 Sam. 3:31; 2 Rey. 19:1.
Lana. Prov. 27:26; Ezeq. 34:3.
Lino. Lev. 6:10; Est. 8:15.
Pelo de camello. Mat. 3:4.
Pieles. Heb. 11:37.
Hombres no podían usar de mujer, ni
mujeres de hombre. Deut. 22:5.

Ilustrativa de
Abundancia (al lavarse en vino).
Gén. 49:11.
Justicia (blanco). Mat. 28:3; Apoc. 3:18.
Victoria (al revolcarse en sangre). Isa. 9:5.

Larga y suelta. Luc. 20:46; Apoc. 1:13.
Limpiadas de impureza ceremonial con
agua. Lev. 11:32; Núm. 31:20.

Llamada
Ropa. Job 22:6; Ezeq. 16:39.
Vestido. Gén. 28:20; Deut. 8:4;
Prov. 6:27.
Vestidura. Apoc. 19:16.
Materiales mezclados en, prohibidos.
Deut. 22:11.

Mencionada en Escritura
Bolsa. Isa. 3:22.
Calzas. Dan. 3:21.
Capa. Luc. 6:29; 2 Tim. 4:13.
Cinto. 1 Sam. 18:4; Hech. 21:11.
Falda. Ezeq. 5:3.
Manto. Esd. 9:3; 1 Rey. 19:13;
1 Crón. 15:27; Job 1:20; Mat. 21:8.
Manto de púrpura. Juan 19:2,5.
Tiara. Lev. 8:13.
Túnica. Ex. 28:4,40; 1 Sam. 2:19;
Juan 19:23.
Turbante. Dan. 3:21.
Velo. Gén. 24:65.
Vestido multicolor. 2 Sam. 13:18.
Zapato o sandalia. Ex. 3:5; Mar. 6:9.
Necedad de excesiva. Job 27:16.
No debía hacerse con mezcla de materiales.
Deut. 22:11.
No debía retenerse más allá de la noche
como prenda por deudas. Ex. 22:26.
Obsequios de. Gén. 45:22; 1 Sam. 18:4;
2 Rey. 5:5; Dan. 5:7.
Origen de. Gén. 3:7,21.
Para fiestas de bodas. Mat. 22:11.

Para la cabeza
Cofias, usadas por mujeres. Isa. 3:20;.
Tiaras prescritas por Moisés para
sacerdotes. Ex. 28:40; 29:9; 39:28.
Tocados. Isa. 3:23.
Turbantes. Ezeq. 24:17,23; Dan. 3:21.

Velos. Ezeq. 13:18,21.
Pasibles de plaga y lepra. Lev. 13:47-59.
Purificación ceremonial de.
Lev. 11:32; 13:47-59; Núm. 31:20.
Reglas con respecto a, de mujeres.
1 Tim. 2:9-10; 1 Ped. 3:3.
Sentido simbólico, sucias, de injusticia.
Isa. 64:6.
Vestiduras especiales para adoradores de
Baal. 2 Rey. 10:22-23; Sof. 1:8.

ROPA INTERIOR
Para sacerdotes. Ex. 28:42; 39:28;
Lev. 6:10; 16:4; Ezeq. 44:18.

ROSA
De Sarón. Cant. 2:1.

ROSTRO
Alegre. Job 29:24; Sal. 4:6; 21:6; 44:3;
Prov. 15:13; 27:17.
Carácter revelado en. Isa. 3:9.
Cubierto. Isa. 6:2.
Culpable. Gén. 4:5; Isa. 3:9.
Desfigurado por ayunar. Mat. 6:16.
Despiadado. Deut. 28:50; Dan. 8:23.
Enojado. Prov. 25:23.
Leer el. Gén. 31:2,5.
Orgullo en el. 2 Rey. 5:1; Sal. 10:4.
Salud se nota en. Sal. 42:11; 43:5.
Transfigurado. Ex. 34:29-35; Luc. 9:29;
2 Cor. 3:7,13.
Transfigurado, de Jesús. Mat. 17:2;
Luc. 9:29.
Transfigurado, de Moisés. Ex. 34:29-35.
Triste. 1 Sam. 1:18; Neh. 2:2-3; Ecl. 7:3;
Ezeq. 27:35; Dan. 1:15; 5:6.

RUEDA
Del alfarero. Jer. 18:3.
Figurativamente. Prov. 20:26; Ecl. 12:6.
Simbólicamente.
Ezeq. 1:15-21; 3:13; 10:9-19; 11:22.

R

RUMIAR
Distinguía a animales limpios de inmundos.
Lev. 11:3-8; Deut. 14:3-8.

R

S

SÁBADO
Ver Día de reposo

SÁBANA
De visión de Pedro. Hech. 10:11.

SABÁTICO, AÑO
Advertencia a judíos por descuidar.
Lev. 26:34-35,43; Jer. 34:13-18.
Excedente del sexto año abastecería.
Lev. 25:20-22.
Los 70 años de cautiverio, castigo por
descuidar. 2 Crón. 36:20-21.

Normas sobre
Cesación de toda tarea en campo.
Lev. 25:4-5.
Frutos de tierra eran propiedad comunal.
Ex. 23:11; Lev. 25:6-7.
Lectura pública de ley en fiesta de
tabernáculos. Deut. 31:10-13.
Liberación de todos los siervos hebreos.
Ex. 21:2; Deut. 15:12.

No perdonar deuda a extranjero durante.
Deut. 15:3.
Remisión de deudas. Deut. 15:1-3;
Neh. 10:31.
Observado cada 7 años. Ex. 23:11;
Lev. 25:4.
Remisión de, no debía obstaculizar
benevolencia. Deut. 15:9-11.
Reposo para la tierra. Lev. 25:2.
Restaurado luego del cautiverio.
Neh. 10:31.

Palabra clave

SABAT

El sabat o sábado es el día de
reposo, de descanso. Se
considera que es santo para
Dios en razón de que Él reposó al
séptimo día de la creación, y es una
señal del pacto entre Dios y su
pueblo, y del reposo eterno que Él
ha prometido.

SABIDURÍA

De Cristo
Asombró a hombres durante su juventud.
Luc. 2:47.
Aumentó con su edad. Luc. 2:52.
Debe guiar a cristianos. 1 Cor. 2:16;
Fil. 2:5.

Palabra clave

SABACTANI

Sabactani es una transliteración del arameo que significa
"él me ha desamparado". Es
la palabra que usó Jesús al citar el
Sal. 22, donde la palabra hebrea es
azabtani.

Maravilló a hombres durante su ministerio. Luc. 4:36.

Espiritual
Comienza con temor del Señor. Sal. 111:10.
Dada a quienes la piden. Sant. 1:5.
Desconocida para líderes del mundo. 1 Cor. 2:7-8.
Sin precio. Prov. 8:11.

Natural
No confiar en. 1 Cor. 2:5.
Para Dios es necedad. 1 Cor. 3:19.

SABIDURÍA DE DIOS
Ver Dios, Sabiduría de

SABIOS
De Babilonia. Dan. 4:18; 5:8.
De Egipto. Gén. 41:8,24; Ex. 7:11.
Del oriente. Mat. 2:1-12.
Salomón. 1 Rey. 4:29-34.

SACERDOTES

A veces eran
Borrachos. Isa. 28:7.
Codiciosos. 1 Sam. 2:13-17.
Corruptores de ley. Isa. 28:7, con Mal. 2:8.
Injustos. Jer. 6:13.
Lentos para santificarse para servicio a Dios. 2 Crón. 29:34.
Profanos y malvados 1 Sam. 2:22-24.
Cada grupo o división de, tenía jefe. 1 Crón. 24:6,31; 2 Crón. 36:14.
Castigo por inmiscuirse en sacerdocio. Núm. 16:1-35; 18:7; 2 Crón. 36:14.

Ceremonias en consagración de
Colocar en manos de ellos ofrenda mecida. Ex. 29:22-24; Lev. 8:25-26.
Divididos por David en 24 grupos. 1 Crón. 24:1-19; 2 Crón. 8:14; 35:4-5.

Duraban 7 días. Ex. 29:35-37; Lev. 8:33.
Lavado con agua. Ex. 29:4; Lev. 8:6.
Ofrenda de sacrificios. Ex. 29:10-19; Lev. 8:14-23.
Participación de sacrificios de consagración. Ex. 29:31-33; Lev. 8:31-32.
Purificación por sangre del carnero de consagración. Ex. 29:20-21; Lev. 8:23-24.
Unción con aceite. Ex. 30:30; 40:13.
Vestirse con vestiduras sagradas. Ex. 29:8-9; 40:14; Lev. 8:13.
Consagrados públicamente. Ex. 28:3; Núm. 3:3.

Debían
Demostrar su genealogía antes de ejercer oficio. Esd. 2:62; Neh. 7:64.
Lavarse en fuente de bronce antes de realizar tareas. Ex. 30:18-21.
Permanecer en tabernáculo 7 días después de consagración. Lev. 8:33-36.
Debían vivir junto al altar porque no tenían herencia. Deut. 18:1-2; 1 Cor. 9:13.
Después del éxodo, jóvenes (primogénitos) designados para actuar como. Ex. 24:5, con 19:22.
Durante tiempo de patriarcas, cabeza de familia actuaba como. Gén. 8:20; 12:8; 35:7.
En ocasiones especiales, podían actuar como, personas fuera de familia de Aarón. Jue. 6:24-27; 1 Sam. 7:9; 1 Rey. 18:33.

Fuente de ingresos de sacerdotes
Décimo de diezmos pagados a levitas. Núm. 18:26,28; Neh. 10:37-38; Heb. 7:5.
Dinero de redención del primogénito. Núm. 3:48,51; 18:15-16.
Pan de la proposición cuando se quitaba. Lev. 24:9; 1 Sam. 21:4-6; Mat. 12:4.

S

Parte de todos los sacrificios.
Lev. 6:6-10,31-34;
Núm. 6:19-20; 18:8-11; Deut. 18:3.

Porción fija del botín de guerra.
Núm. 31:29,41.

Primicias Núm. 18:8,12-13; Deut. 18:4.

Primicias de lana de ovejas. Deut. 18:4.

Primogénitos de animales o sustitutos.
Núm. 18:17-18, con Ex. 13:12-13.

Todas las cosas consagradas.
Núm. 18:14.

Todas las restituciones cuando no se
podía hallar al dueño. Núm. 5:8.

Generalmente participaban del castigo del
pueblo. Jer. 14:18; Lam. 2:20.

Hijos de Aarón nombrados, por estatuto
perpetuo. Ex. 29:9; 40:15.

Ilustrativos de

Creyentes. Ex. 19:6; 1 Ped. 2:9.

Cristo. Heb. 10:11-12.

Jeroboam y otros los eligieron de entre lo
bajo del pueblo. 1 Rey. 12:31;
2 Rey. 17:32.

Leyes especiales sobre

Hijos de, casados con extraños, no
comían de porción de. Lev. 22:12.

Mientras eran inmundos no podían comer
de cosas santas. Lev. 22:3-7.

Mientras eran inmundos no podían
realizar ningún servicio. Lev. 22:1,2,
con Núm. 19:6-7.

Ni extranjero ni jornalero comía de
porción de. Lev. 22:10.

No debían beber vino, etc. mientras
sirvieran en tabernáculo. Lev. 10:9;
Ezeq. 44:21.

No debían casarse con mujer divorciada o
prostituta. Lev. 21:7.

No debían contaminarse comiendo lo
muerto o despedazado. Lev. 22:8.

No debían contaminarse con muertos,
excepto por pariente cercano.
Lev. 21:1-6.

Restitución a, por parte de quienes
comían de cosas santas por ignorancia.
Lev. 22:14-16.

Siervos comprados o nacidos en su casa,
comían de sus porciones. Lev. 22:11.

Nadie con mancha o defecto podría ser.
Lev. 21:17-23.

Podían comprar y tener en posesión otras
tierras. 1 Rey. 2:26; Jer. 32:8-9.

Primera mención de personas que actuaron
como. Gén. 4:3-4.

Santificados por Dios para ese oficio.
Ex. 29:44.

Tareas de

Animar al pueblo cuando iba a la guerra.
Deut. 20:1-4.

Bendecir al pueblo. Núm. 6:23-27.

Colocar y sacar pan de la proposición.
Lev. 24:5-9.

Cubrir cosas sagradas del santuario antes
de sacarlas. Núm. 4:5-15.

Decidir en casos de celos. Núm. 5:14-15.

Decidir en casos de lepra.
Lev. 13:2-59; 14:34-45.

Divididos por suertes. Luc. 1:9.

Enseñar ley. Deut. 33:8,10; Mal. 2:7.

Estar a cargo del tabernáculo, etc.
Núm. 18:1,5,7.

Fijar valor de cosas consagradas.
Lev. 27:8.

Hacer que siempre hubiera fuego sagrado
en altar. Lev. 6:12-13.

Ineficaces para eliminar pecado.
Heb. 7:11; 10:11.

Juzgar en casos de controversia.
Deut. 17:8-13; 21:5.

Llevar arca. Jos. 3:6,17; 6:12.

Ofrecer primicias. Lev. 23:10-11;
Deut. 26:3-4.

S

Ofrecer sacrificios. Lev. 1-6;
2 Crón. 29:34; 35:11.

Prender lámparas de santuario y
mantenerlas ardiendo. Ex. 27:20-21;
Lev. 24:3-4.

Purificar lo inmundo. Lev. 15:30-31.

Quemar incienso. Ex. 30:7-8; Luc. 1:9.

Tocar trompeta en ciertas ocasiones.
Núm. 10:1-10; Jos. 6:3-4.

Todos excepto descendencia de Aarón
excluidos de ser. Núm. 3:10; 16:40; 18:7.

Trece ciudades levíticas dadas a, como
residencia. 1 Crón. 6:57-60, con
Núm. 35:1-8.

Vestiduras de

A menudo proporcionadas por el pueblo.
Esd. 2:68-69; Neh. 7:70-72.

Cinto. Ex. 28:40.

Purificadas al ser rociadas con sangre.
Ex. 29:21.

Ropa interior de lino. Ex. 28:42; 39:28.

Se dejaban en cámaras del santuario.
Ezeq. 44:19.

Siempre necesarias durante servicio en
tabernáculo. Ex. 28:43; 39:41.

Tiara. Ex. 28:40; 39:28.

Túnica. Ex. 28:40; 39:27.

Usadas en consagración. Ex. 29:9; 40:15.

Usadas por sumo sacerdote en día de
expiación. Lev. 16:4.

Palabra clave

SACRAMENTO

U n sacramento es una señal
exterior y visible de una
gracia interior y espiritual.

SACRIFICIOS

A menudo consumidos con fuego del cielo.
Lev. 9:24; 1 Rey. 18:38; 2 Crón. 7:1.

Aceptables cuando se ofrecían con
sinceridad y fe. Gén. 4:4, con Heb. 11:4;
Gén. 8:21.

Consistían en

Animales limpios o sacrificios de sangre.
Gén. 8:20.

Frutos de tierra o sacrificios sin sangre.
Gén. 4:4; Lev. 2:1.

Cuando eran con sangre, se acompañaban
con ofrenda de harina y libación.
Núm. 15:3-12.

Cuando se ofrecían a Dios, era
reconocimiento de que Él era
supremo. 2 Rey. 5:17; Jon. 1:16.

Debían llevarse al lugar ordenado por Dios.
Deut. 12:6; 2 Crón. 7:12.

Debían ofrecerse sólo a Dios. Ex. 22:20;
Jue. 13:16; 2 Rey. 17:36.

Debían ser perfectos y sin mancha.
Lev. 22:19; Deut. 15:21; 17:1;
Mal. 1:8,14.

Diferentes clases de

Holocausto, totalmente consumido por
fuego. Lev. 1; 1 Rey. 18:38.

Ofrenda de paz. Lev. 3.

Ofrenda por el pecado por pecados de
ignorancia. Lev. 4.

Ofrendas por la culpa por pecados
intencionales. Lev. 6:1-7; 7:1-7.

En ocasiones especiales, muy numerosos.
2 Crón. 5:6; 7:5.

Eran tipos del sacrificio de Cristo.
1 Cor. 5:7; Ef. 5:2; Heb. 10:1,11-12.

Generalmente lo mejor de su clase. Gén. 4:4;
1 Sam. 15:22; Sal. 66:15; Isa. 1:11.

Grosura de, no debía quedar hasta la
mañana. Ex. 23:8.

Ilustrativo de
Acción de gracias.
Sal. 27:6; 107:22; 116:17; Heb. 13:15.
Benevolencia. Fil. 4:18; Heb. 13:16.
Devoción. Rom. 12:1; Fil. 2:17.
Espíritu quebrantado. Sal. 51:17.
Justicia. Sal. 4:5; 51:19.
Martirio. Fil. 2:7; 2 Tim. 4:6.
Oración. Sal. 141:2.
Impartía purificación legal. Heb. 9:13,22.
Institución divina de. Gén. 3:21, con 1:29 y
9:3; 4:4-5, con Heb. 11:4.

Judíos
Condenados por no ofrecer.
Isa. 43:23-24.
Condenados por no tratar con
respeto. 1 Sam. 2:29; Mal. 1:12.
Condenados por ofrecer, a ídolos.
2 Crón. 34:25; Isa. 65:3,7;
Ezeq. 20:28,31.
Condenados por ofrecer, defectuoso y con
mancha. Mal. 1:13-14.
Rechazados en sus, por sus pecados.
Isa. 1:11,15; 66:3; Os. 8:13.
No podían quitar pecado. Sal. 40:6;
Heb. 9:9; 10:1-11.
No se ofrecía levadura con, excepto para
agradecimiento. Ex. 23:18, con Lev. 7:13.

Ofrecidos
Anualmente. Lev. 16:3;
1 Sam. 1:3,21; 20:6.
Bajo pacto mosaico. Lev. 1-7;
Heb. 10:1-3.
Con fe en Salvador que vendría.
Heb. 11:4,17,28.
Desde los mismos comienzos. Gén. 4:3-4.
Después de partida de Israel de Egipto.
Ex. 5:3,17; 18:12; 24:5.
Diariamente. Ex. 29:38-39; Núm. 28:3-4.
En todas las fiestas. Núm. 10:10.
Mensualmente. Núm. 28:11.
Para individuos. Lev. 1:2; 17:8.

Por patriarcas.
Gén. 22:2,13; 31:54; 46:1; Job 1:5.
Por toda la nación. Lev. 16:15-30;
1 Crón. 29:21.
Semanalmente. Núm. 28:9-10.
Ofrecidos a dioses falsos, son ofrecidos al
diablo. Lev. 17:7; Deut. 32:17;
Sal. 106:37; 1 Cor. 10:20.
Ofrenda de, reconocimiento de pecado.
Heb. 10:3.
Pactos de Dios confirmados por.
Gén. 15:9-17; Ex. 24:5-8, con
Heb. 9:19-20; Sal. 50:5.
Para uso público, a menudo proporcionaba
el estado. 2 Crón. 31:3.

Sacerdotes
Designados para ofrecer. 1 Sam. 2:28;
Ezeq. 44:11,15; Heb. 5:1; 8:3.
Tenían porción de, y vivían de.
Ex. 29:27-28; Deut. 18:3; Jos. 13:11;
1 Cor. 9:13.
Se ataban a cuernos del altar. Sal. 118:27.
Se sazonaban con sal. Lev. 2:13; Mar. 9:49.
Siempre ofrecidos sobre altar. Ex. 20:24.
Sin obediencia, no tenían valor.
1 Sam. 15:22; Prov. 21:3; Mar. 12:33.

SACRIFICIOS DIARIOS

Abolición de, profetizada.
Dan. 9:26-27; 11:31.
Aseguraban presencia y favor divinos.
Ex. 29:43-44.
Cordero como holocausto mañana y tarde.
Ex. 29:38-39; Núm. 28:3-4.
Dobles en día de reposo. Núm. 28:9-10.
Gratamente aceptables. Núm. 28:8;
Sal. 141:2.

Ilustrativos de
Cristo. Juan 1:29,36; 1 Ped. 1:19.
Oración aceptable. Sal. 141:2.
Ordenados en Monte Sinaí. Núm. 28:6.

Requisitos
Con ofrenda de harina y libación.
Ex. 29:40-41; Núm. 28:5-8.
Consumirse lentamente y por entero.
Lev. 6:9-12.
Perpetuidad. Ex. 29:42; Núm. 28:3,6.
Restaurados luego del cautiverio. Esd. 3:3.
Tiempos en que se ofrecían eran tiempos de
oración. Esd. 9:5; Dan. 9:20-21, con
Hech. 3:1.

SACRILEGIO

Ejemplos
Acaz. 2 Crón. 28:24.
Cambistas en templo. Mat. 21:12-13.

Es así

SADUCEOS

Los saduceos eran un grupo religioso que se formó en el período intertestamentario cuando los Macabeos gobernaban Judá. Tomaron su nombre de uno de los sacerdotes de la época de David, Sadoc, y afirmaban ser sus descendientes. Saduceos significa "los rectos". Por lo general pertenecían a la aristocracia. Habían aceptado cierta influencia helenística, y guardaban celosamente la prosperidad que disfrutaban como resultado de comerciar con el mundo gentil. En el aspecto religioso eran conservadores, y estaban a favor del templo, el sacerdocio y el Pentateuco. Consideraban que las leyes y reglas de los fariseos tenían un mal fundamento y eran contrarias a los intereses del pueblo y de la nación. Además no creían en los ángeles ni en la resurrección.

Coré. Núm. 16:40.
Esaú vende su primogenitura. Gén. 25:33.
Nadab y Abiú ofrecen fuego extraño.
Lev. 10:1-7; Núm. 3:4.
Pueblo de Bet-semes. 1 Sam. 6:19.
Quienes profanaban Cena del Señor.
1 Cor. 11:29.
Uza. 2 Sam. 6:6-7.
Uzías. 2 Crón. 26:16-21.
Profanar cosas sagradas, prohibición de.
Lev. 19:8; 1 Cor. 3:17; Tito 1:11;
1 Ped. 5:2.

SADUCEOS

Cristo
Advirtió a discípulos contra principios de.
Mat. 16:6,11-12.
Fue tentado por. Mat. 16:1.
Hizo callar a. Mat. 22:34.
Vindicó resurrección en respuesta a.
Mat. 22:24-32; Mar. 12:19-27.
Negaban resurrección y vida futura.
Mat. 22:23; Luc. 20:27.
Persiguieron a primeros cristianos.
Hech. 4:1; 5:17-18,40.
Rechazaron bautismo de Juan. Mat. 3:7.
Resurrección, causa de disputa entre ellos y
fariseos. Hech. 23:6-9.
Secta de judíos. Hech. 5:17.

SAL

A menudo se hallaba
Cerca del Mar Muerto. Núm. 34:12;
Deut. 3:17.
En fuentes. Sant. 3:12.
En minas. Sof. 2:9.
Características: buena y útil. Mar. 9:50.
Dada a judíos generosamente después del
cautiverio. Esd. 6:9; 7:22.

Ilustrativa de
Creyentes. Mat. 5:13.

S

Desolación (minas de). Sof. 2:9.

Gracia en corazón. Mar. 9:50.

Preparación de impíos para destrucción (salados con fuego). Mar. 9:49.

Religiosos insípidos (sin sabor). Mat. 5:13; Mar. 9:50.

Sabiduría en el hablar. Col. 4:6.

Lugares donde abundaba, estériles y sin fruto. Jer. 17:6; Ezeq. 47:11.

Milagros asociados con

Eliseo purificó agua mala con. 2 Rey. 2:21.

Esposa de Lot convertida en columna de. Gén. 19:26.

Participar de la, de otro era vínculo de amistad. Esd. 4:14.

Perdía sabor al exponerse al aire. Mat. 5:13; Mar. 9:50.

Se esparcía para denotar ciudades destruidas. Jue. 9:45.

Usada para

Fortalecer a recién nacidos. Ezeq. 16:4.

Ratificar pactos. Núm. 18:19; 2 Crón. 13:5.

Sazonar comida. Job 6:6.

Sazonar sacrificios. Lev. 2:13; Ezeq. 43:24.

Valle de la, famoso por triunfos. 2 Sam. 8:13; 2 Rey. 14:7; 1 Crón. 18:12.

SALARIO

De Jacob. Gén. 29:15-30.

Mandamiento de Dios sobre. Lev. 19:13; Deut. 24:14-15; Luc. 3:14; Col. 4:1; Sant. 5:4.

Parábola sobre. Mat. 20:1-15.

SALTERIO

Arpa usada en cultos religiosos. 2 Sam. 6:5; Sal. 33:2; Apoc. 5:8.

Usado en cultos idólatras. Dan. 3:5,7,10,15.

Usado en dedicación del nuevo muro cuando regresaron los cautivos. Neh. 12:27.

SALUD

A través de Cristo. Mar. 3:15; Luc. 7:21-22; Hech. 9:34.

Es así

SALMOS

L os salmos en la Biblia incluyen:

Himnos que alaban a Dios por sus obras o atributos (Sal. 105).

Quejas de la comunidad en cuanto a problemas como derrota en batallas, hambre o sequía (Sal. 74).

Quejas individuales por parte de una persona que podía estar enferma, perseguida por enemigos, o se viera en la necesidad de confesar un pecado propio (Sal. 13).

Cánticos individuales de acción de gracias, alabanzas individuales por una acción salvífica (Sal. 18).

Salmos reales que versan sobre el rey y la casa real (Sal. 2).

Salmos Torá, que contienen instrucción moral o religiosa (Sal. 1; 127).

Salmos proféticos, que registran un decreto de Dios (Sal. 82).

Salmos de bendición, una bendición para los oyentes pronunciada por un sacerdote (Sal. 128).

Cánticos de reprensión, un reproche a los impíos por su vil comportamiento y la promesa de que su fin se acerca (Sal. 52).

Cánticos de confianza, proclamando fe y confianza en tiempos de dificultad (Sal. 11).

S

Conectada con salud espiritual.
1 Cor. 11:30; 3 Juan. 1:2.
Promesa de. Ex. 15:26; Deut. 7:15;
Jer. 30:17.
Restauración de. Sal. 147:3.
Restaurada por fe. Sant. 5:15.
Transmitida a través de dones. 1 Cor. 12:9.

SALUTACIONES

A Cristo como burla. Mat. 27:39, con
Mar. 15:18.

A menudo iba acompañada de
Abrazar y besar pies. Mat. 28:9;
Luc. 7:38,45.
Asir barba con mano derecha.
2 Sam. 20:9.
Besar polvo. Sal. 72:9; Isa. 49:23.
Echar sobre cuello y besar.
Gén. 33:4; 45:14-15; Luc. 15:20.
Echarse a los pies. Est. 8:3; Mat. 2:11;
Luc. 8:41.
Inclinarse con frecuencia. Gén. 33:3.
A menudo no era sincera. 2 Sam. 20:9;
Mat. 26:49.
A menudo se transmitía en cartas.
Rom. 16:21-23; 1 Cor. 16:21; Col. 4:18;
2 Tes. 3:17.
A menudo se transmitía por mensajeros.
1 Sam. 25:5,14; 2 Sam. 8:10.
Al entrar a una casa. Jue. 18:15; Mat. 10:12;
Luc. 1:40-41,44.
Antigüedad de. Gén. 18:2; 19:1.

Expresiones usadas como
"¿Te va bien?" 2 Sam. 20:9.
"Bendición de Jehová sea sobre vosotros;
os bendecimos en el nombre de Jehová".
Sal. 129:8.
"Dios tenga misericordia de ti".
Gén. 43:29.
"Jehová sea con vosotros". Rut 2:4.
"Jehová te bendiga". 1 Sam. 15:13;
Rut 2:4.

"Paz sea a esta casa". Luc. 10:5.
"Paz sea contigo". Jue. 19:20.
"Salve". Mat. 26:49; 28:9; Luc. 1:28.
"Sea paz a ti, y paz a tu familia, y paz a
todo cuanto tienes". 1 Sam. 25:6.
Fariseos, condenados por buscar, en
público. Mat. 23:7; Mar. 12:38.
Judíos condenados por, sólo a otros judíos.
Mat. 5:47.
Negadas a personas de mal carácter.
2 Juan 1:10.
Personas apuradas, excusadas de tener que
dar o recibir. 2 Rey. 4:29; Luc. 10:24.

Por parte de
Hermanos, unos a otros. 1 Sam. 17:22.
Inferiores a superiores. Gén. 47:7.
Superiores a inferiores. 1 Sam. 30:21.
Todos los que pasaban. 1 Sam. 10:3-4;
Sal. 129:8.

SALVACIÓN

Anuncio luego de la caída. Gén. 3:15.

Buscada en vano en
Ídolos. Isa. 45:20; Jer. 2:28.
Poder terrenal. Jer. 3:23.
Confesar a Cristo, requisito para.
Rom. 10:10.

Creyentes
Alaban a Dios por. 1 Crón. 16:23;
Sal. 96:2.
Aman la. Sal. 40:16.
Anhelan. Sal. 119:81,174.
Atribuyen a Dios la. Sal. 25:5; Isa. 12:2.
Buscan, con ansias. Sal. 119:123.
Cada día se acercan más a. Rom. 13:11.
Conmemorar, con gratitud. Sal. 116:13.
Declaran. Sal. 40:10; 71:15.
Destinados a obtener. 1 Tes. 5:9.
Elegidos para. 2 Tes. 2:13; 2 Tim. 1:9.
Esperan. Gén. 49:18; Lam. 3:26.
Evidencian, en obras. Heb. 6:9-10.

S

Guardados por poder de Dios
para. 1 Ped. 1:5.

Hallan satisfacción en. Luc. 2:30.

Hermoseados con. Sal. 149:4.

Indicio de, en paciente sufrimiento por
Cristo. Fil. 1:28-29.

Oran para tener alegría de. Sal. 51:12.

Oran pidiendo recibir.
Sal. 85:7; 106:4; 119:41.

Oran pidiendo seguridad de. Sal. 35:3.

Reciben con alegría nuevas de. Isa. 52:7,
con Rom. 10:15.

Reciben, como fin de su fe. 1 Ped. 1:9.

Se alegran en. Sal. 9:14; 21:1; Isa. 25:9.

Se glorían en. 1 Cor. 1:31; Gál. 6:14.

Son herederos de. Heb. 1:14.

Tienen esperanza de. Lam. 3:26;
Rom. 8:24.

Tienen, por gracia. Hech. 15:11.

Vestidos con. Isa. 61:10.

Cristo

Autor de. Heb. 2:10; 5:9.

En Él hay. Zac. 9:9.

Exaltado para dar. Hech. 5:31.

Levantado para. Luc. 1:69.

Murió para efectuar. Juan 3:14-15;
Gál. 1:4.

Señalado para que dé. Isa. 49:6.

Trae, consigo. Isa. 62:11; Luc. 19:9.

Vino para realizar. Mat. 18:11;
1 Tim. 1:15.

De gentiles, profetizada.
Isa. 45:22; 49:6; 52:10.

De Israel, profetizada. Isa. 35:4; 45:17;
Zac. 9:16; Rom. 11:26.

Descripción

Completa. Heb. 7:25.

Común. Jud. 3.

De generación a generación. Isa. 51:8.

Eterna. Isa. 45:17; 51:6; Heb. 5:9.

Gloriosa. 2 Tim. 2:10.

Grande. Heb. 2:3.

Dios, dispuesto a dar. Tim. 2:4.

Ejército celestial atribuye a Dios.
Apoc. 7:10; 19:1.

Es

De acuerdo al plan de Dios. 1 Tes. 5:9.

De amor. Rom. 5:8; 1 Juan 4:9-10.

De Dios. Sal. 3:8; 37:39; Jer. 3:23.

De gracia. Ef. 2:5,8; 2 Tim. 1:9;
Tito 2:11.

De misericordia. Sal. 6:4; Tito 3:5.

Por Cristo. Isa. 63:9; Ef. 5:23.

Por Cristo y sólo por Él.
Isa. 45:21-22; 59:16; Hech. 4:12.

Por fe en Cristo. Mar. 16:16;
Hech. 16:31; Rom. 10:9; Ef. 2:8;
1 Ped. 1:5.

Por paciencia de Dios. 2 Ped. 3:15.

Por propósito de Dios. 2 Tim. 1:9.

Escrituras pueden hacer sabio para.
2 Tim. 3:15; Sant. 1:21.

Está lejos de impíos. Sal. 119:155;
Isa. 59:11.

Evangelio es poder de Dios para. Rom. 1:16;
Col. 1:18.

Hoy es día de. Isa. 49:8; 2 Cor. 6:2.

Ilustrada por

Carros. Hab. 3:8.

Casco. Isa. 59:17.

Copa. Sal. 116:13.

Cuerno. Sal. 18:2; Luc. 1:69.

Lámpara. Isa. 62:1.

Muros y defensa. Isa. 26:1; 60:18.

Pozos de agua. Isa. 12:3.

Refugio. 2 Sam. 22:36.

Roca. Deut. 32:15; 2 Sam. 22:47;
Sal. 95:1.

Torre. 2 Sam. 22:51.

Vestiduras. 2 Crón. 6:41;
Sal. 132:16; 149:4; Isa. 61:10.

Victoria. 1 Cor. 15:57.

S

Liberación de

Diablo. Col. 2:15; Heb. 2:14-15.

Enemigos. Luc. 1:71,74.

Impureza. Ezeq. 36:29.

Ira. Rom. 5:9; 1 Tes. 1:10.

Muerte eterna. Juan 3:16-17.

Pecado. Mat. 1:21, con 1 Juan 3:5.

Presente siglo malo. Gál. 1:4.

Llegó a gentiles por caída de judíos. Rom. 11:11.

Ministros del evangelio

Anuncian camino de. Hech. 16:17.

Comparten con otros conocimiento de. Luc. 1:77.

Deben estar vestidos de. 2 Crón. 6:41; Sal. 132:16.

Deben exhortar a. Ezeq. 3:18-19; Hech. 2:40.

Deben negarse a sí mismos para llevar a otros a Cristo. 1 Cor. 9:22.

Deben soportar sufrimientos para que escogidos obtengan. 2 Tim. 2:10.

Deben trabajar para llevar a otros a. Rom. 11:14.

Son aroma de Cristo entre quienes se salvan. 2 Cor. 2:15.

No es por obras. Rom. 11:6; Ef. 2:9; 2 Tim. 1:9; Tito 3:5.

No hay escape para quienes descuidan. Heb. 2:3.

Ocuparse de ella con temor y temblor. Fil. 2:12.

Perseverancia final es necesaria para. Mat. 10:22.

Predicación, medio elegido para. 1 Cor. 1:21.

Profetas inquirieron e indagaron sobre. 1 Ped. 1:10.

Reconciliación con Dios, garantía de. Rom. 5:10.

Regeneración es necesaria para. Juan 3:3.

Revelada en evangelio. Ef. 1:13; 2 Tim. 1:10.

Tipos. Núm. 21:4-9, con Juan 3:14-15.

Toda la tierra verá. Isa. 52:10; Luc. 3:6.

Tristeza según Dios produce arrepentimiento para. 2 Cor. 7:10.

SALVADOR

Ver Cristo, el Salvador; Redención; Salvación

SAMARIA EN EL SIGLO I

Ciudades de, mencionadas

Antípatris. Hech. 23:31.

Samaria. Hech. 8:5.

Sicar. Juan 4:5.

Cristianos judíos huyeron a. Hech. 8:1.

Cristo al principio prohibió a discípulos visitar. Mat. 10:5.

Cristo después de resurrección mandó predicar evangelio en. Hech. 1:8.

Cristo predicó en. Juan 4:39-42.

Felipe y primera predicación del evangelio en. Hech. 8:5.

Habitantes

Adoraban en Monte Gerizim. Juan 4:20.

Despreciados por judíos. Juan 8:48.

Eran más benévolos y agradecidos que judíos. Luc. 10:33-36; 17:16-18.

Eran supersticiosos. Hech. 8:9-11.

Esperaban al Mesías. Juan 4:25,29.

Listos para oír y aceptar evangelio. Juan 4:39-42; Hech. 8:6-8.

No se trataban con judíos. Luc. 9:52-53; Juan 4:9.

Profesaban adorar a Dios. Esd. 4:2.

Se jactaban de descender de Jacob. Juan 4:12.

Se oponían a judíos después del regreso del cautiverio. Neh. 4:1-18.

Su religión, mezclada con idolatría. 2 Rey. 17:41, con Juan 4:22.

S

Verdadera ascendencia. 2 Rey. 17:24;
Esd. 4:9-10.

Muchas iglesias cristianas en. Hech. 9:31.

Situada entre Judea y Galilea. Luc. 17:11;
Juan 4:3-4.

Tenía muchas ciudades, etc. Mat. 10:5;
Luc. 9:52.

SAMARIA EN LA ANTIGÜEDAD

Habitantes de, llevados cautivos a
Asiria. 2 Rey. 17:6,23; 18:11.

Predicciones sobre destrucción.
Isa. 8:4; 9:11-12; Os. 13:16;
Amós 3:11-12; Miq. 1:6.

Pueblo de, características

Corrupto y malvado. Ezeq. 16:46-47;
Os. 7:1; Amós 3:9-10.

Idólatras. Ezeq. 23:5; Amós 8:14;
Miq. 1:7.

Orgulloso y arrogante. Isa. 9:9.

Reasentamiento con gente de Asiria.
2 Rey. 17:24-25.

Samaria, capital de

Ciudad cercada, con buena provisión de
armas. 2 Rey. 10:2.

Edificada por Omri, rey de Israel.
1 Rey. 16:23-24.

Eliseo predijo abundancia en.
2 Rey. 7:1-2.

Estanque de Samaria, cerca de.
1 Rey. 22:38.

Liberación de, efectuada.
1 Rey. 20:15-21.

Liberación de, profetizada.
1 Rey. 20:13-14.

Liberada milagrosamente. 2 Rey. 7:6-7.

Lugar de sepultura de reyes de
Israel. 1 Rey. 16:28; 22:37;
2 Rey. 13:13.

Llamada cabeza de Efraín. Isa. 7:9.

Llamada monte de. Amós 4:1; 6:1.

Notable abundancia en, como fue
profetizado por Eliseo. 2 Rey. 7:16-20.

Profeta Eliseo vivía en.
2 Rey. 2:25; 5:3; 6:32.

Recibió nombre de Semer, dueño del
monte donde fue construida.
1 Rey. 16:24.

Residencia de reyes de Israel.
1 Rey. 16:29; 2 Rey. 1:2; 3:1,6.

Reyes de Israel a veces tomaban sus títulos
de. 1 Rey. 21:1; 2 Rey. 1:3.

Sitiada por Ben-adad. 1 Rey. 20:1-12.

Sitiada por Ben-adad otra vez.
2 Rey. 6:24.

Sitiada y tomada por Salmanasar.
2 Rey. 17:5-6; 18:9-10.

Sufrió hambre muy severa.
2 Rey. 6:25-29.

Tenía muchas ciudades. 1 Rey. 13:32.

Territorio de Efraín y Manasés, llamado.
Jos. 17:17-18; Isa. 28:1.

Todo el reino de Israel a veces se llamaba.
Ezeq. 16:46,51; Os. 8:5-6.

Zona montañosa. Jer. 31:5; Amós 3:9.

SANGRE

Agua convertida en, como señal. Ex. 4:9,30.

Aguas de Egipto convertidas en, como
juicio. Ex. 7:17-21.

Animales de rapiña se deleitan en.
Núm. 23:24; Sal. 68:23.

Aves de rapiña se deleitan en. Job 39:30.

S

Ahora lo sabe

SANEDRÍN

El *Sanedrín* era el más alto
concilio judío del primer siglo.
El concilio tenía 71 miembros
y estaba presidido por el sumo
sacerdote.

Comer sangre, prohibido a
Cristianos primitivos. Hech. 15:20,29.
Israelitas durante la ley.
Lev. 3:17; 17:10,12.
Seres humanos después del diluvio.
Gén. 9:4.
De animales matados para comer, vertirla en
tierra y cubrirla. Lev. 17:13;
Deut. 12:16,24.

De sacrificios según la ley
Cómo deshacerse de. Ex. 29:12; Lev. 4:7.
Ineficaz para quitar pecado. Heb. 10:4.
No ofrecida con levadura.
Ex. 23:18; 34:25.
Para expiación. Ex. 30:10; Lev. 17:11.
Para purificación. Heb. 9:13,19-22.
Precio de, no debía consagrarse.
Mat. 27:6.
Roja. 2 Rey. 3:22; Joel 2:31.

Derramar, humana
Aborrecible a Dios. Prov. 6:16-17.
Contaminaba a la persona. Isa. 59:3.
Contaminaba la tierra. Sal. 106:38.
Judíos a menudo culpables de. Jer. 22:17;
Ezeq. 22:4.
Manera de exonerar a acusados de.
Deut. 21:1-9.
Prohibición. Gén. 9:5.
Siempre castigado. Gén. 9:6.
Idólatras ofrecen, como ofrenda. Sal. 16:4.

Ilustrativa de
Culpa, cuando está sobre cabeza de
alguien. Lev. 20:9; 2 Sam. 1:16;
Ezeq. 18:13.
Opresión y crueldad, cuando se edifica
con. Hab. 2:12.
Serios castigos, cuando se da para beber.
Ezeq. 16:38; Apoc. 16:6.
Victorias, cuando se lavan pies en.
Sal. 58:10; 68:23.

Judíos a menudo culpables de comer.
1 Sam. 14:32-33; Ezeq. 33:25.
Líquida. Deut. 12:16.
Todos los hombres, la misma. Hech. 17:26.
Vida de animales. Gén. 9:4; Lev. 17:11,14.

SANITARIAS, MEDIDAS
Cuarentena. Lev. 13:2-46.
Cuerpos muertos. Lev. 11:24-40.
Desinfección. Lev. 2:13.
Enfermedades venéreas.
Lev. 15:2-33; 22:4-6.
Mujeres en parto. Lev. 12:2-5.
Parto. Ezeq. 16:4.

SANTIDAD
Carácter de Cristo, estándar de. Rom. 8:29;
1 Juan. 2:6; Fil. 2:5.
Carácter de Dios, estándar de. Lev. 19:2,
con 1 Ped. 1:15-16; Ef. 5:1.
Conviene a iglesia. Sal. 93:5.

Creyentes
Continuarán en, eternamente.
Apoc. 22:11.
Deben buscar perfección de. 2 Cor. 7:1.
Deben continuar en. Luc. 1:75.
Deben presentar a Dios cuerpos en.
Rom. 12:1.
Deben presentar sus miembros como
instrumentos de. Rom. 6:13,19.
Deben seguir. Heb. 12:14.
Deben servir a Dios en. Luc. 1:74-75.
Deben vivir en. 1 Ped. 1:15; 2 Ped. 3:11.
Escogidos para. Rom. 8:29; Ef. 1:4.
Llamados a. 1 Tes. 4:7; 2 Tim. 1:9.
Nuevo hombre creado en. Ef. 4:24.
Poseen. 1 Cor. 3:17; Heb. 3:1.
Serán presentados a Dios en. Col. 1:22;
1 Tes. 3:13.

Cristo
Deseos para su pueblo. Juan. 17:17.
Efectos en su pueblo. Ef. 5:25-27.

Ejemplo de. Heb. 7:26; 1 Ped. 2:21-22.

Debe llevar a separación de impíos.
Núm. 16:21,26; 2 Cor. 6:17-18.

Evangelio es camino de. Isa. 35:8.

Iglesia es hermosura de. 1 Crón. 16:29;
Sal. 29:2.

Impíos no tienen. 1 Tim. 1:9; 2 Tim. 3:2.

Mandamiento. Lev. 11:45; 20:7; Ef. 5:8;
Col. 3:12; Rom. 12:1.

Ministros del evangelio deben

Evitar lo incongruente con. Lev. 21:6;
Isa. 52:11.

Exhortar a. Heb. 12:14; 1 Ped. 1:14-16.

Poseer. Tito 1:8.

Ser ejemplos de. 1 Tim. 4:12.

Motivos para

Amor de Cristo. 2 Cor. 5:14-15.

Destrucción de todas las cosas.
2 Ped. 3:11.

Gloria de Dios. Juan. 15:8; Fil. 1:11.

Misericordias de Dios. Rom. 12:1-2.

Nadie verá a Dios sin. Ef. 5:5; 12:14.

Necesaria para adoración a Dios.
Sal. 24:3-4.

Palabra de Dios, medio para producir.
Juan. 17:17; 2 Tim. 3:16-17.

Promesa a mujeres que permanecen
en. 1 Tim. 2:15.

Prometida a iglesia. Isa. 35:8; Abd. 1:17;
Zac. 14:20-21.

Propósito de disciplina es producir, en
creyentes. Heb. 12:10; Sant. 1:2-3.

Requisito de oración. 1 Tim. 2:8.

Resultado de

Manifestación de gracia divina.
Tito 2:3,11-12.

Ser guardados por Dios. Juan. 17:15.

Sujeción a Dios. Rom. 6:22.

Unión con Cristo. Juan. 15:4-5; 17:9.

SANTIFICACIÓN

A través de palabra de Dios. Juan 17:17,19;
Ef. 5:26.

Creyentes escogidos para salvación por
medio de. 2 Tes. 2:13; 1 Ped. 1:2.

Creyentes son ofrenda agradable por.
Rom. 15:16.

Creyentes, aptos para servir a Dios por
medio de. 2 Tim. 2:21.

Cristo se convirtió en, de Dios por
nosotros. 1 Cor. 1:30.

Debe conducir a

Muerte del pecado. 1 Tes. 4:3-4.

Santidad. Rom. 6:22; Ef. 5:7-9.

Descrita como separación para servicio de
Dios. Sal. 4:3; 2 Cor. 6:17.

Dios desea, en todos los creyentes.
1 Tes. 4:3.

Efectuada por

Cristo. Heb. 2:11; 13:12.

Dios. Ezeq. 37:28; 1 Tes. 5:23; Jud. 1:1.

Espíritu Santo. Rom. 15:16; 1 Cor. 6:11.

En Cristo. 1 Cor. 1:2.

Iglesia, hecha gloriosa por. Ef. 5:26-27.

Ministros del evangelio

Apartados para servicio de Dios por.
Jer. 1:5.

Deben exhortar a su pueblo a vivir en.
1 Tes. 4:1,3.

Deben orar pidiendo que su pueblo
disfrute de, completa. 1 Tes. 5:23.

Nadie puede heredar reino de Dios sin.
1 Cor. 6:9-11.

Por expiación de Cristo. Heb. 10:10; 13:12.

Tipos. Gén. 2:3; Ex. 13:2; 19:14; 40:9-15;
Lev. 27:14-16.

Todos los creyentes están en estado de.
Hech. 20:32; 26:18; 1 Cor. 6:11.

SANTOS (QUIENES PERTENECEN A DIOS)

Ver Creyentes

S

SANTUARIO
Casa de oración para todas las naciones.
Isa. 56:7; Mat. 21:13.
Debe ser reverenciado. Lev. 19:30.
Hay gloria y poder en. Sal. 96:6.
Isaías vio al Señor en. Isa. 6.
Jehová está en. Sal. 11:4.
Justos aman. Sal. 26:8.
No debe profanarse. Juan 2:16.

SANTURRONERÍA
Aborrecible para Dios. Luc. 16:15.
Advertencia contra. Deut. 9:4.
Creyentes renuncian a. Fil. 3:7-10.
Denuncia contra. Mat. 23:27-28.

Es vana porque nuestra justicia
Es solo exterior. Mat. 23:25-28;
Luc. 11:39-40.
Es solo parcial. Mat. 23:25; Luc. 11:42.
No aprovecha. Isa. 57:12.
No es mejor que trapos inmundos.
Isa. 64:6.
No puede producir salvación.
Job 9:30-31; Mat. 5:20, con Rom. 3:20.
Está llena de jactancia. Mat. 23:30.
Ilustrada. Luc. 18:10-12.
Necedad de. Job 9:20.

Quienes son dados a la
Condenan a otros. Mat. 9:11-13;
Luc. 7:39.
Consideran que propio camino es justo.
Prov. 21:2.
Desprecian a otros. Isa. 65:5; Luc. 18:9.
Proclaman su propia bondad. Prov. 20:6.
Rechazan justicia de Dios. Rom. 10:3.
Se acercan a Dios con atropello.
Luc. 18:11.
Son abominables ante Dios. Isa. 65:5.
Son puros en propia opinión. Prov. 30:12.
Tratan de autojustificarse. Luc. 10:29.
Tratan de justificarse ante otros.
Luc. 16:15.

Seres humanos tienen tendencia a.
Prov. 20:6; 30:12.

SARCASMO

Ejemplos de
Acab y respuesta a Ben-adad.
1 Rey. 20:11.
Agripa a Pablo. Hech.. 26:28.
Balac echando culpa a Balaam.
Núm. 24:11.
Caín y autojustificación cuando Dios le
preguntó dónde estaba Abel. Gén. 4:9.
David y respuesta a ironía de Mical.
2 Sam. 6:21.
Dios al culpar a Israel. Núm. 11:20;
Jue. 10:14.
Eliab a David. 1 Sam. 17:28.
Elías a sacerdotes de Baal. 1 Rey. 18:27.
Hombre de Jabes a Naas. 1 Sam. 11:10.
Israelitas al culpar a Moisés. Ex. 14:11.
Joás a Amasías. 2 Rey. 14:9,10;
2 Crón. 25:18-19.
Job a Zofar. Job 12:2-3.
Josué a descendientes de José. Jos. 17:15.
Jotam. Jue. 9:7-19.
Pablo. 1 Tim. 4:7.
Perseguidores de Jesús. Mat. 27:28-29.
Rabsaces a Ezequías. 2 Rey. 18:23-24.
Salomón. Prov. 26:16.
Sanbalat y discurso a ejército de Samaria.
Neh. 4:2-3.
Sansón. Jue. 14:18.
Zofar a Job. Job 11:12.

SARNA
Enfermedad de piel. Lev. 13:2,6-8; Isa. 3:17.

SATANÁS
Ver Diablo

SÁTIRA

Cántico de Ana con respecto a
   Penina. 1 Sam. 2:1-10.
Jesús contra hipócritas. Mat. 23:2-33.

SECRETARIO

Cronista. 2 Sam. 20:24.
Militar. 2 Rey. 25:19; 2 Crón. 26:11.

SECRETO

De otros no debe divulgarse. Prov. 25:9;
   Mat. 18:15.
Limosnas deben darse en. Mat. 6:4.
Oración debe hacerse en. Mat. 6:6.

SECRETOS, DIVULGAR

Ver también Chismes

Destruye amistades. Prov. 16:28.

Ejemplos de
   En el dormitorio. Ecl. 10:20.
   Para salvar vidas. 1 Sam. 19:11;
      Est. 2:21-23.
Prohibición. Prov. 25:7-10.

SECUESTRO

Ejemplo de. Jue. 21:20-23.
Prohibición. Ex. 21:16; Deut. 24:7.

SEDICIÓN

Acusación contra Pablo. Hech. 24:5.
Cómo se castigaba. Hech. 5:36-37.

SEDUCCIÓN

Ejemplos
   A Dina. Gén. 34:2.
   A Tamar. 2 Sam. 13:1-14.
Leyes sobre. Ex. 22:16-17; Deut. 22:23-29.

SEGREGACIÓN

Ver también Tensión racial

Ejemplos de
   Creyentes, de incrédulos. Luc. 6:22.

Israelitas
   De extranjeros. 1 Rey. 8:53; Neh. 9:2.
   De habitantes de la tierra. Esd. 10:11.
   Levitas, de otros israelitas. Núm. 8:14.

Principios relevantes a la
   Extranjeros debían tener iguales derechos.
      Deut. 24:17.
   Familia de Abraham sería canal de
      bendición divina a otros. Gén. 12:1-3;
      Gál. 3:6-9.
   No hay distinción racial en Cristo.
      Gál. 3:28-29.
   Pared divisoria de hostilidad, derribada.
      Ef. 2:11-14.

SEGUNDA VENIDA DE CRISTO

Ver Cristo, Segunda venida de

SEGURIDAD

Abundante según el evangelio. Col. 2:2;
   1 Tes. 1:5.
Completa por la esperanza. Heb. 6:11,19.
Confirmada por el amor.
   1 Juan 3:14,19; 4:18.

Creyentes son privilegiados al tener, de
   Adopción. Rom. 8:16; 1 Juan 3:2.
   Amor de Dios, inalienable. Rom. 8:38-39.
   Consuelo en aflicción. Sal. 73:26;
      Luc. 4:18-19; 2 Cor. 4:8-10,16-18.
   Continuidad en la gracia. Fil. 1:6.
   Corona. 2 Tim. 4:7-8.
   De ser guardados.
      Sal. 3:6,8; 27:3-5; 46:1-3.
   Elección. Sal. 4:3; 1 Tes. 1:4.
   Gloriosa resurrección. Job 19:26;
      Sal. 17:15; Fil. 3:21; 1 Juan 3:2.
   Paz con Dios. Rom. 5:1.
   Redención. Job 19:25.
   Reino. Heb. 12:28; Apoc. 5:10.

S

Respuesta a oración.
1 Juan 3:22; 5:14-15.
Salvación. Isa. 12:2.
Sostén en la muerte. Sal. 23:4.
Unión con Dios y Cristo. 1 Cor. 6:15;
2 Cor. 13:5; Ef. 5:30; 1 Juan 2:5; 4:13.
Vida eterna. 1 Juan 5:13.

De creyentes
Escogidos antes de creación del mundo.
Ef. 1:4.
Nadie puede sacarlos de mano de Cristo o
de Dios. Juan 10:28-29.
Nunca perecerán. Juan 10:28.
Predestinados, llamados, justificados,
glorificados. Rom. 8:30.

En Dios
Nuestra ayuda. Sal. 94:17.
Nuestra defensa. Sal. 62:2.
Nuestra fortaleza en problemas.
Nah. 1:7.
Nuestra morada. Sal. 90:1.
Nuestra roca. Deut. 32:31.
Nuestra seguridad. Prov. 21:31.
Nuestro cuidador. 1 Ped. 5:7.
Nuestro guardador. Sal. 121:5.
Nuestro guardián. Sal. 125:2;
Isa. 31:5; 52:12.
Nuestro paladín. 2 Sam. 5:24;
2 Crón. 32:8.
Nuestro sustentador. Sal. 55:22.
Esperanza en Dios restaura. Sal. 42:11.
Necesidad de mantener. Heb. 3:14,18.
Producida por fe. Ef. 3:12; 2 Tim. 1:12;
Heb. 10:22.
Resultado de justicia. Isa. 32:17.
Ser diligentes para obtener. 1 Ped. 1:10-11.

SEGURIDAD LABORAL

Ver también Despidos; Empleos

Para levitas, hasta que se retiraran.
Núm. 8:24-25.

Principios relevantes a
Diligencia. Prov. 12:24.
Fidelidad lleva a. Luc. 12:42-44.
Siervo contratado año por año. Lev. 25:53.

SELLO DEL ESPÍRITU SANTO

Ver Espíritu Santo, Sello del

SELLOS

Estampas de
Agregadas a contratos de arrendamiento
o transferencia de propiedades.
Jer. 32:9-12,44.
Colocados sobre tesoros. Deut. 32:34.
Con decretos reales. 1 Rey. 21:8;
Est. 3:12; 8:8.
Con pactos. Neh. 9:38; 10:1.
Frecuentemente sobre barro. Job 38:14.
Reyes los entregaban como señal de
autoridad. Gén. 41:41-42.
Usadas para seguridad. Dan. 6:17;
Mat. 27:66.
Generalmente usados como anillos o
brazaletes. Jer. 22:24.

Ilustrativos de
Aprobación plena. Juan 3:33.
Circuncisión. Rom. 4:11.
Convertidos. 1 Cor. 9:2.
Creyentes como propiedad de Dios por el
Espíritu. 2 Cor. 1:22; Ef. 1:13; 4:30.
Limitación y restricción. Job 9:7; 37:7;
Apoc. 20:3.
Secreto. Dan. 12:4; Apoc. 5:1; 10:4.
Seguridad. Cant. 4:12; 2 Tim. 2:19;
Apoc. 7:2-8; 20:3.
Todo lo valioso o estimado. Cant. 8:6;
Jer. 22:24; Hag. 2:23.
Inscripciones en, alusión a. 2 Tim. 2:19.
Piedras preciosas engastadas en oro, usadas
como. Ex. 28:11.
Se los llama prendas. Gén. 38:18,25.

SEMANAS

Fiesta de Pentecostés, llamada fiesta de las.
Ex. 34:22, con Hech. 2:1.
Origen de computación de tiempo por.
Gén. 2:2.
Período de 7 años a veces se llama.
Gén. 29:27-28; Dan. 9:24-25,27.
Período de 7 días. Lev. 23:15-16;
Luc. 18:12.

SEMBRADOR

Figurativamente. Sal. 126:5; Prov. 11:18;
Isa. 32:20; Os. 8:7; 10:12; Gál. 6:7-8.
Parábola del. Mar. 4:3-20.
Sembrar. Ecl. 11:4; Isa. 28:25.

SEMILLA

A menudo pisoteada por bueyes y asnos, etc.
Isa. 32:20.
A menudo se sembraba junto a ríos.
Ecl. 11:1; Isa. 32:20.
Cada clase de, tiene propio cuerpo.
1 Cor. 15:38.

Castigo a judíos
Ahogada con espinos. Jer. 12:13, con
Mat. 13:7.
Poca producción. Isa. 5:10; Hag. 1:6.
Producción, consumida por enemigos.
Lev. 26:16; Deut. 28:33,51.
Producción, consumida por langostas,
etc. Deut. 28:38; Joel 1:4.
Se pudrió en tierra. Joel 1:17; Mal. 2:3.
En Egipto debían regarse artificialmente.
Deut. 11:19.

Ilustrativa de
Palabra de Dios. Luc. 8:11; 1 Ped. 1:23.
Vida espiritual. 1 Juan 3:9.

Leyes mosaicas sobre
Antes de siembra, eximida de impureza
aunque la toque algo inmundo.
Lev. 11:37.

Diezmo de, para Dios. Lev. 27:30.
Diferentes clases de, no sembrarse en
mismo campo. Lev. 19:19; Deut. 22:9.
No debía sembrarse en año de jubileo.
Lev. 25:11.
No debía sembrarse en año sabático.
Lev. 25:4,20.
Si está con agua, inmunda al contacto con
algo inmundo. Lev. 11:38.
Necesitaba lluvia. Isa. 55:10.
Producía abundantemente en Canaán.
Gén. 26:12. (Ver también Mat. 13:23.)

Siembra
A menudo había desperdicio.
Mat. 13:4-5,7.
Necesaria para que haya productividad.
Juan 12:24; 1 Cor. 15:36.
Requería constante diligencia.
Ecl. 11:4,6.
Tiempo para, llamado sementera.
Gén. 8:22.

Siembra, ilustrativa de
Dispersión de un pueblo. Zac. 10:9.
Generosidad cristiana. Ecl. 11:6;
2 Cor. 9:6.
Muerte de Cristo y sus efectos.
Juan 12:24.
Obras humanas que producen
recompensa correspondiente. Job 4:8;
Os. 10:12; Gál. 6:7-8.
Predicación del evangelio. Mat. 13:3,32;
1 Cor. 9:11.
Sepultura del cuerpo. 1 Cor. 15:26-38.
Tiempo de siega cada año, garantizado por
pacto. Gén. 8:21-22.
Tierra cuidadosamente arada y preparada
para. Isa. 28:24-25.
Toda hierba y árbol produce propia.
Gén. 1:11-12,29.

SENADO

Sanedrín. Hech. 5:21.

S

SEÑAL

A Abraham, que pidió y recibió.
Gén. 15:8-17.
A Ezequías. 2 Rey. 20:8.
A Gedeón. Jue. 6:17,36-40.
A Jeroboam. 1 Rey. 13:3-5.
A Moisés. Ex. 4:1-9.
A Zacarías. Luc. 1:18.
Milagro para confirmar fe.
Juan 2:11; 3:2; 4:48.
Señal de eventos futuros. Mat. 16:3-4; 24:3.

Es así

SEPTUAGINTA

La *Septuaginta* es la primera traducción griega de las Escrituras hebreas. De acuerdo a la Carta de Aristeas, fue traducida en Alejandría por 72 traductores durante el gobierno del faraón Tolomeo (285-247 a.C.).

SEPULTURA

A veces, discursos durante. 2 Sam. 3:33-34.
A veces, inmediatamente después de morir.
Juan 11:17,39, con Hech. 5:6,10.
Antigüedad de ataúdes para. Gén. 50:26.
Antigüedad de compra de lugares para.
Gén. 23:7-16.

Cadáver era
A veces quemado antes de. 1 Sam. 31:12.
Envuelto en lino para. Juan 11:44; 19:40.
Lavado antes de. Hech. 9:37.
Llevado en féretro hasta. 2 Sam. 3:31;
Luc. 7:14.
Preservado con especias. Juan 19:39-40.
Ungido para. Mat. 26:12.
De abandonados, acto bondadoso.
2 Sam. 2:5.

De enemigos, a veces realizada por
conquistadores. 1 Rey. 11:15;
Ezeq. 39:11-14.
De personas ahorcadas, siempre el día de
ejecución. Deut. 21:23; Juan 19:31.
De personas embalsamadas, luego de 70
días. Gén. 50:3-4.
Deshonrosa, comparada a sepultura de
asno. Jer. 22:10.
Gran lamentación en. Gén. 50:10-11;
2 Sam. 3:31-32.
Ilustrativa de regeneración. Rom. 6:4;
Col. 2:12.
Intención en cuanto a. Gén. 23:3-4.
Judíos querían ser enterrados en lugares que
familia tenía para.
Gén. 47:29-31; 49:29-30; 50:25;
2 Sam. 19:37.

Lugares de
A menudo preparados y especificados en
vida. Gén. 50:5; 2 Crón. 16:14;
Mat. 27:60.
A menudo profanados por idolatría.
Isa. 65:3-4.
A veces no eran evidentes. Luc. 11:44.
A veces tenían inscripciones.
2 Rey. 23:17.
Ceremonialmente inmundos.
Núm. 19:16,18.
Miembros de familia, enterrados en
mismo. Gén. 25:10; 49:31;
2 Sam. 2:32.
Para criminales, marcadas con piedras.
Jos. 7:26.
Pilares erigidos sobre. Gén. 35:20.
Proporcionados para extranjeros.
Mat. 27:7.
Proporcionados para vulgo. Jer. 26:23.
Se veneraban celosamente. Neh. 2:3,5.
Tumbas erigidas sobre. Mat. 23:27-29.
Visitados por amigos. Juan 11:31.

S

Lugares usados para
Casas de muertos. 1 Sam. 25:1;
1 Rey. 2:34.
Cimas de montes. Jos. 24:33;
2 Rey. 23:16.
Ciudad de David para reyes de
Judá. 1 Rey. 2:10;
2 Crón. 21:20; 24:16.
Cuevas cavadas en roca. Isa. 22:16;
Mat. 27:60.
Cuevas naturales. Gén. 23:19;
Juan 11:38.
Debajo de árboles. Gén. 35:8;
1 Sam. 31:13.
Huertos. 2 Rey. 21:18,26; Juan 19:41.
Perfumes quemados en. 2 Crón. 16:14;
Jer. 34:5.

Privación de
Como amenaza de castigo. 2 Rey. 9:10;
Jer. 8:2; 16:4.
Considerada calamidad. Ecl. 6:3.
Derecho de todas naciones. Jue. 16:31;
Juan 19:38.
Probable origen de. Gén. 4:9-10.

Quiénes concurrían
Amigas mujeres. Mar. 15:47; Luc. 7:13.
Amigos, etc. Gén. 50:7,9; 2 Sam. 3:31;
Luc. 7:13.
Familia del muerto. Gén. 50:5-6,8;
Mat. 8:21.
Plañideras contratadas. Jer. 9:17-18.
Seguida por banquete. 2 Sam. 3:35;
Jer. 16:7-8; Os. 9:4.

SEQUÍA
Enviada por Dios como juicio.
Deut. 28:23-24.
Sentido figurado. Sal. 32:4; Isa. 44:3.

SERMÓN
De Jesús en monte. Mat. 5; 6; 7.
De Jesús junto al mar. Mat. 13:1-52.

SERPIENTE DE BRONCE
Adorada por israelitas. 2 Rey. 18:4.
Hecha por Moisés para sanar a israelitas.
Núm. 21:9.
Símbolo de Cristo. Juan 3:14-15.

SERPIENTES
A menudo enviadas como castigo.
Núm. 21:6; Deut. 32:24; 1 Cor. 10:9.
A menudo eran encantadas. Ecl. 10:11.
Aversión humana y odio a. Gén. 3:15.
Caracterizada como sutil. Gén. 3:1;
Mat. 10:16.
Condenada a arrastrarse sobre vientre.
Gén. 3:14.
Condenada a comer comida con polvo.
Gén. 3:14; Isa. 65:25; Miq. 7:17.
Creada por Dios. Job 26:13.

Ilustrativa de
Diablo. Gén. 3:1, con 2 Cor. 11:3;
Apoc. 12:9; 20:2.
Efectos dañinos del vino (por mordida
venenosa). Prov. 23:31-32.
Enemigos que acosan y destruyen.
Isa. 14:29; Jer. 8:17.
Hipócritas. Mat. 23:33.
Malicia de impíos (por lengua incisiva).
Sal. 140:3.
Tribu de Dan. Gén. 49:17.
Inmundas y no aptas para comer Mat. 7:10.
Maldita por sobre todas las otras criaturas.
Gén. 3:14.

Milagros conectados con
Israelitas curados al mirar a una de
bronce. Núm. 21:8-9; Juan 3:14-15.
Poder sobre, para discípulos. Mar. 16:18;
Luc. 10:19.
Vara de Moisés se convirtió en.
Ex. 4:3; 7:9,15.
Muchas clases de, venenosas. Deut. 32:24;
Sal. 58:4.
Nacen de huevos. Isa. 59:5.

S

Peligrosas para viajeros. Gén. 49:17.

Plagaba
Agujeros en paredes. Amós 5:19.
Cercos. Ecl. 10:8.
Desiertos. Deut. 8:15.
Se la llama tortuosa. Job 26:13; Isa. 27:1.
Se puede domar toda clase de. Sant. 3:7.

SERVICIO
A Dios. Luc. 1:74; Rom. 12:11.
A Señor. Ef. 6:7.
Alimentar a hambrientos. Sant. 2:15-16.
Ayudar a débiles. Rom. 15:1; Hech. 20:35.
Ayudar a seguidores de Cristo. Mat. 25:40.
Cuidarse unos a otros. Gál. 5:13.
Dedicación al. Isa. 6:8; Rom. 12:1-2.
Hacer el bien. Isa. 6:8.
Por medio de oración. Heb. 12:12.

SERVICIO CIVIL
Corrupción en. Neh. 5:15; Dan. 6:4-17.

Designaciones, por méritos
Daniel, Ananías, Misael, Azarías.
Dan. 1:17-21.
Jeroboam. 1 Rey. 11:28.
José. Gén. 39-41.
Mardoqueo. Est. 6:1-11.
Discípulos comparados a. Mat. 25:14-30.
Ejemplo de corrupción, Pilato. Mar. 15:15.
Escuela de. Dan. 1:3-21.
Influencia en. 1 Rey. 1:11-31; 2 Rey. 4:13.
Reforma en. Neh. 5:14.

SERVICIO COMUNITARIO
Cuidado de otros
Enfermos. Mat. 25:36.
Extranjeros. Lev. 19:10; Heb. 13:2.
Hambrientos. Isa. 58:7; Mat. 25:25;
Hech. 6:1; Sant. 2:15-16.
Huérfanos. Deut. 14:29.
Levitas. Deut. 14:27,29.

Pobres. Deut. 15:7-8.
Presos. Mat. 25:36.
Sin techo. Job 31:32; Isa. 58:7.
Procurar bien de otros. Luc. 10:29-37;
Rom. 14:7-8; 1 Cor. 10:24; Fil. 2:4.

Reparaciones de infraestructura
De caminos. Isa. 40:3; 62:10.
De provisión de agua. 2 Rey. 20:20;
2 Crón. 26:10; Isa. 22:9.
Del muro de la ciudad. Neh. 2:11-18;
Isa. 22:9.

SETENTA
Concilio de israelitas constaba de, ancianos.
Ex. 24:1,9; Núm. 11:16,24-25.
Discípulos enviados por Jesús. Luc. 10:1-17.
Judíos cautivos en Babilonia, años.
Jer. 25:11-12; 29:10; Dan. 9:2;
Zac. 1:12; 7:5.
Semanas en visión de Daniel. Dan. 9:24.

SEVERIDAD
Advertencia de Jesús contra. Mat. 7:1-5.

Ejemplos de
Bildad hacia Job. Job. Job 8.
Elí hacia Ana. 1 Sam. 1:14-17.
Eliab hacia David. 1 Sam. 17:28.
Elifaz hacia Job. Job 4:1-6; 20.
Israelitas hacia Moisés.
Ex. 5:21; 14:11-12.
Líderes judíos hacia Pablo. Hech. 21:28.
Natanael hacia Jesús. Juan 1:46.
Príncipes de Amón hacia David.
2 Sam. 10:3.
Tribus al oeste del Jordán hacia 2 tribus y
media. Núm. 32:1-33; Jos. 22:11-31.
Enseñanza de Pablo sobre. Rom. 14:1-15;
1 Cor. 4:3-7; 13:1-6; Sant. 4:11-12.

SEXO
Ver Codicia sexual; Matrimonio

S

SEXO FUERA DEL MATRIMONIO

Ver también Prematrimoniales, Relaciones
sexuales; Violación

Causa problemas. Prov. 6:24-32; 9:13-18.

Codicia sexual equiparada con. Mat. 5:28.

Cónyuges son una carne. Gén. 2:24;
1 Cor. 6:16-17.

Ejemplos de
Amnón y Tamar. 2 Sam. 13:1-14.
Con prostituta. Prov. 7:6-23;
1 Cor. 6:13-20.
David y Betsabé. 2 Sam. 11:2-5.
Judá y Tamar. Gén. 38:12-26.
José lo rechazó. Gén. 39:7-18.
Prohibición. Ex. 20:14; Prov. 5:15-20;
Mat. 5:27.

SEXOS, RELACIONES ENTRE AMBOS

Creación de varón y mujer a imagen de Dios.
Gén. 1:26-27; 5:1-2.

Estar sujetos unos a otros. Ef. 5:21.

Hombres y mujeres iguales en cuanto a
salvación. Gál. 3:28.

Mujer, colaboradora del hombre.
Gén. 2:18.

Mujeres con gran responsabilidad
Débora. Jue. 4-5.
Febe. Rom. 16:1.
Hulda. 2 Rey. 22:12-20.
María (AT). Ex. 15:20; Miq. 6:4.
María (NT). Mat. 28:1-10.
Priscila. Rom. 16:3-4.

Mujer virtuosa. Prov. 31:10-31.

No hay parcialidad de Dios en salvación.
Hech. 10:34; Rom 2:9-11.

Participación en crianza de hijos. Prov. 1:8;
Ef. 6:1-4; Col. 3:20.

Una carne al casarse. Gén. 2:24.

SHEKINÁ

Señal visible de presencia de Dios en arca del
testimonio en lugar santísimo. Ex. 25:22;
Sal. 80:1; Isa. 37:16; Heb. 9:5.

SHIBBOLET

Término usado como prueba en tiempo de
guerra. Jue. 12:6.

SICLO

Del santuario. Ex. 30:13.

Fracciones de, usadas como monedas.
Neh. 10:32.

Fuente de ingresos del santuario, en.
Ex. 30:13.

Multas, pagadas en. Deut. 22:19-29.

Para pesar cabello. 2 Sam. 14:26.

Para pesar canela. Ex. 30:23.

Para pesar hierro. 1 Sam. 17:7.

Para pesar mirra. Ex. 30:23.

Para pesar oro. Gén. 24:22.

Para pesar plata. Jos. 7:21.

Para pesar raciones. Ezeq. 4:10.

Peso equivalía a 20 geras. Ex. 30:13.

Remuneraciones, en. 1 Sam. 9:8.

SIDA

Compasión de Jesús por leprosos y
enfermos. Mat. 9:36; 14:14; 20:34;
Mar. 1:41.

Consecuencia de caída del hombre.
Rom. 1:27.

Mandatos sobre
Condolerse con quienes sufren de.
Rom. 12:15.
Estilo de vida puro. Fil. 4:8; Col. 3:1-7.

Principios relevantes al
Dios consuela a todos los que sufren.
2 Cor. 1:4.
Nada puede separar al cristiano de Dios.
Rom. 8:31-39.

S

Personas, responsables por propias
acciones. Os. 8:7; Gál. 6:7-8.

SIEGA

A menudo mala en razón de pecado.
Jer. 12:13.

Campos se ponían blancos antes de.
Juan. 4:35.

De cebada, en pascua. Lev. 23:6,10;
Rut 1:22.

De trigo, en pentecostés. Ex. 34:22;
1 Sam. 12:17.

Debía continuar sin interrupciones.
Gén. 8:22.

Figurativamente. Sal. 126:6; Os. 10:12-13.

Filisteos devolvieron arca de Jehová en
tiempo de. 1 Sam. 6:13.

Hombres y mujeres trabajaban en.
Rut 2:8-9.

Hoz se usaba para. Deut. 16:9; Mar. 4:29.

Ilustrativo de

Almas cosechadas para Dios. Juan 4:38.

Épocas de gracia. Jer. 8:20.

Honra para necios (lluvia en). Prov. 26:1.

Juicio final. Mat. 13:30,39-43.

Juicios de Dios en mundo anticristiano.
Apoc. 14:14-16.

Mensaje refrescante (frío en).
Prov. 25:13.

Ministros del evangelio y provisión
temporal por tareas espirituales.
1 Cor. 9:11.

Protección de Dios, etc. (rocío en).
Isa. 18:4.

Recibir recompensa de justicia.
Os. 10:12; Gál. 6:8-9.

Recibir recompensa de maldad. Job 4:8;
Prov. 22:8; Os. 8:7; Gál. 6:8.

Tiempo cuando muchos están listos para
recibir evangelio. Mat. 9:37-38;
Juan. 4:35.

Tiempo de ira. Joel 3:13; Apoc. 14:15.

Tiempo de juicio. Jer. 51:33; Os. 6:11.

Judíos a menudo con obstáculos en, en
razón de su pecado. Miq. 6:15.

Judíos no debían segar

Campos de otros. Deut. 23:25.

Durante año de jubileo. Lev. 25:11.

Durante año sabático. Lev. 25:5.

Esquinas de sus campos. Lev. 19:9, con
23:22.

Llamada

Tiempo de siega. 2 Sam. 23:13;
Jer. 50:16.

Tiempos establecidos de siega. Jer. 5:24.

Lluvia temprana y tardía, necesarias para
abundancia en. Jer. 5:24; Amós 4:7.

Mala

A veces duraba años. Gén. 45:6.

Castigo por pecado. Isa. 17:10-11.

Causa de gran dolor. Isa. 16:9; Joel 1:11.

Causada por langostas. Joel 1:4.

Causada por sequía. Amós 4:7.

Manera de juntar mies para, alusión a.
Sal. 129:7; Isa. 17:5.

No comenzarla hasta ofrecer primicias a
Dios. Lev. 23:10,14.

Observar día de reposo durante. Ex. 34:21.

Paciencia necesaria para esperar. Sant. 5:7.

Pereza durante, llevaba a ruina. Prov. 10:5.

Personas ocupadas en

A menudo defraudados en salario.
Sant. 5:4.

Obreros. Mat. 9:37.

Quienes ataban manojos. Gén. 37:7;
Sal. 129:7.

Recibían alimento del agricultor durante.
Rut 2:14.

Recibían pago. Juan. 4:36; Sant. 5:4.

Segadores. Rut 2:4; Isa. 17:5.

Provisión legal para pobres en.
Lev. 19:9-10; 23:22; Deut. 24:19.

Tiempo de gran gozo. Sal. 126:6; Isa. 9:3.

Trigo después de, atado en gavillas.
Gén. 37:7; Sal. 129:7.
Trueno milagroso, etc., en.
1 Sam. 12:17-18.

SIERRA

Figurativamente. Isa. 10:15.
Usada como instrumento de tortura.
2 Sam. 12:31; Heb. 11:37.
Usada para cortar rocas. 1 Rey. 7:9.

SIERVOS

Características de, buenos
A menudo amos los promovían de
categoría. Gén. 39:4-5.
A menudo exaltados. Gén. 41:40;
Prov. 17:2.
Adornan doctrina de Dios en todas las
cosas. Tito 2:10.
Bendecidos por Dios. Mat. 24:46.
Dios está con ellos. Gén. 31:42; 39:21;
Hech. 7:9-10.
Guiados por Dios. Gén. 24:7,27.
Libertos del Señor. 1 Cor. 7:22.
Merecen confianza de sus amos.
Gén. 24:2,4,10; 39:4.
Participantes de privilegios del
evangelio. 1 Cor. 12:13; Gál. 3:28;
Ef. 6:8; Col. 3:11.
Prosperados por Dios. Gén. 39:3.
Protegidos por Dios. Gén. 31:7.
Recibirán recompensa. Ef. 6:8; Col. 3:24.
Siervos de Cristo. Col. 3:24.
Traerán bendición de Dios sobre sus
amos. Gén. 30:27,30; 39:3.

Características de, impíos
Carácter pendenciero. Gén. 13:7; 26:20.
Codicia. 2 Rey. 5:20.
Engaño. 2 Sam. 19:26; Sal. 101:6-7.
Glotonería. Mat. 24:49.
Hurto. Tito 2:10.

Inmisericordes hacia otros siervos.
Mat. 18:30.
Mentira. 2 Rey. 5:22,25.
No se sujetan a corrección. Prov. 29:19.
Serán castigados. Mat. 24:50.
Servicio para ser vistos. Ef. 6:6; Col. 3:22.

Clases
Contratados. Mar. 1:20; Luc. 15:17.
Esclavos. Gén. 43:18; Lev. 25:46.
Mujeres. Gén. 16:6; 32:5.
Varones. Gén. 24:34; 32:5.
Contentarse en su situación. 1 Cor. 7:20-21.

Contratados
A menudo eran oprimidos y se les retenía
el pago. Mal. 3:5; Sant. 5:4.
A menudo iban al mercado esperando que
los contraten. Mat. 20:1-3.
A menudo se los alimentaba y cuidaba
bien. Luc. 15:17.
Ansiedad de, para que termine su día de
trabajo, alusión a. Job 7:2.
Considerarlos dignos de salario.
Luc. 10:7.
Contratados por año. Lev. 25:53;
Isa. 16:14.
Contratados por día. Mat. 20:2.
Debían participar del fruto de la tierra en
año sabático. Lev. 25:6.
Debían recibir pago sin demora cuando
terminara su servicio. Lev. 19:13;
Deut. 24:15.
Esclavos hebreos que servían a
extranjeros, debían recibir trato de.
Lev. 25:39-40.
Esclavos hebreos que servían a hermanos,
debían recibir trato de. Lev. 25:39-40.
Llamados asalariados. Juan 10:12-13.
Llamados jornaleros. Job 7:1.
No oprimirlos. Deut. 24:14.
Si eran extranjeros, no participar de
Pascua ni de cosas sagradas. Ex. 12:45;
Lev. 22:10.

S

Cristo se humilló al oficio de. Mat. 20:28;
Luc. 22:27; Juan 13:5; Fil. 2:7.
Deben ser honrados. Gén. 24:31;
Prov. 27:18.

Deben servir
A causa de conciencia ante Dios.
1 Ped. 2:19.
Como haciendo la voluntad de Dios de
corazón. Ef. 6:6.
Como siervos de Cristo. Ef. 6:5-6.
Con buena voluntad. Ef. 6:7.
Con sencillez de corazón. Ef. 6:5;
Col. 3:22.
De todo corazón, como para Dios, no
para hombres. Ef. 6:7; Col. 3:23.
En temor de Dios. Ef. 6:5; Col. 3:22.

Deberes de los, para con amos
Agradarles en todas las cosas. Tito 2:9.
Anhelar su bienestar. 1 Sam. 25:14-17;
2 Rey. 5:2-3.
Bendecir a Dios por misericordias
demostradas. Gén. 24:27,48.
Empeñarse en completar tareas.
Gén. 24:54-56.
Estar atentos a su llamado. Sal. 123:2.
Estar sujetos a ellos. 1 Ped. 2:18.
Honrarlos. Mal. 1:6; 1 Tim. 6:1.
No defraudarlos. Tito 2:10.
No responderles con rudeza. Tito 2:9.
No servirlos sólo para ganar favor cuando
ellos están mirando. Ef. 6:6; Col. 1:22.
Obedecerlos. Ef. 6:5; Tito 2:9.
Orar por ellos. Gén. 24:12.
Preferir misión encomendada antes que
propia comida. Gén. 24:33.
Respetarlos aún más cuando son
creyentes. 1 Tim. 6:2.
Ser aplicados al trabajar para ellos.
Neh. 4:16,23.
Ser bondadosos y atentos con huéspedes.
Gén. 43:23-24.
Ser compasivos con ellos. 2 Sam. 12:18.

Ser fieles. Luc. 16:10-12; 1 Cor. 4:2;
Tito 2:10.
Ser prudentes al realizar negocios.
Gén. 24:31-49.
Ser sumisos. Gén. 16:6,9; 1 Ped. 2:18.
Serles útiles. Luc. 19:15-16,18;
Filem. 1:11.
Eran súbditos del monarca. Ex. 9:20; 11:8.

Esclavos
A cargo de tareas humildes.
1 Sam. 25:41; Juan 13:4-5.
A veces llegaban a alto rango. Ecl. 10:7.
A veces se casaban con familia de amo.
1 Crón. 2:34-35.
Amos debían recibir pago por daño a.
Ex. 21:32.
Cautivos tomados en guerra, a menudo se
convertían en. Deut. 20:14; 2 Rey. 5:2.
Costumbre de marcar cuerpo, alusión a.
Gál. 6:17.
Cuando eran extranjeros, debían ser
circuncidados. Gén. 17:13,27;
Ex. 12:44.
Cuando eran israelitas, debían recibir
libertad luego de 6 años de servicio.
Ex. 21:2; Deut. 15:12.
Cuando eran israelitas, no debían recibir
trato rudo. Lev. 25:39-40,46.
Cuando eran liberados, no podían exigir
esposas o hijos obtenidos durante
servidumbre. Ex. 21:3-4.
Cuando su esclavitud terminaba,
abastecerlos generosamente.
Deut. 15:13-14.
De nacimiento. Gén. 14:14; Sal. 116:16;
Jer. 2:14.
De otros, no debían codiciarse ni ser
tentados a dejar al amo. Ex. 20:17;
Deut. 5:21.
Debían participar en todas las
celebraciones nacionales.
Deut. 12:18; 16:11,14.

S

Dejarlos descansar el sábado. Ex. 20:10.

Israelitas que rechazaban libertad, debían perforarse oreja. Ex. 21:5-6; Deut. 15:16-17.

Israelitas vendidos a extranjeros como, podían ser redimidos por pariente cercano. Lev. 25:47-55.

Ladrones que no podían efectuar restitución, vendidos como. Ex. 22:3.

Lastimados por amos, debían ser liberados. Ex. 21:26-27.

Leyes por muerte de. Ex. 21:20-21.

Leyes sobre matrimonio con, mujer. Ex. 21:7-11.

Leyes sobre, a menudo se violaban. Jer. 34:8-16.

Más valiosos que siervos contratados. Deut. 15:18.

Personas de otras naciones podían ser compradas como. Lev. 25:44.

Personas distinguidas tenían muchos. Gén. 14:14; Ecl. 2:7.

Personas que no podían pagar deudas podían ser vendidas como. 2 Rey. 4:1; Neh. 5:4-5; Mat. 18:25.

Por compra. Gén. 17:27; 37:36.

Que buscaban protección, no debían ser entregados a amos. Deut. 23:15.

Residentes temporarios en Israel podían ser comprados como. Lev. 25:45.

Secuestrar o robar hombres para hacerlos, condenado y castigado por ley. Ex. 21:16; Deut. 24:7; 1 Tim. 1:10.

Todos los israelitas vendidos como, debían ser liberados en jubileo. Lev. 25:10,40-41,54.

Ilustraciones de esclavos

Creyentes.1 Cor. 6:20; 7:23.

Cristo. Sal. 40:6, con Heb. 10:5; Fil. 2:7-8.

Impíos. 2 Ped. 2:19, con Rom. 6:16,19.

Inferiores a sus amos. Luc. 22:27.

Mención temprana de. Gén. 9:25-26.

Personas de baja condición, llamadas. Ecl. 10:7.

Personas dedicadas a Dios, llamadas. Sal. 119:49; Isa. 56:6; Rom. 1:1.

Personas dedicadas al servicio de otras, llamadas. Ex. 24:13; 1 Rey. 19:21.

Propiedad de los amos aumentaba en razón de, fieles. Gén. 30:29-30.

Seguir ejemplo de Cristo. 1 Ped. 2:21.

Ser compasivos hacia otros. Mat. 18:33.

Término se usaba a menudo para denotar humildad. Gén. 18:3; 33:5; 1 Sam. 20:7; 1 Rey. 20:32.

SIETE

Años

De abundancia. Gén. 41:1-32,53.

Hambre duró en Canaán. 2 Sam. 24:13.

Hambre duró en Egipto. Gén. 41:1-32,54-56.

Jacob sirve, por cada esposa. Gén. 29:15-30.

Locura de Nabucodonosor. Dan. 4:32.

Siete veces, período entre jubileos. Lev. 25:8.

Cuestiones interesantes sobre, días

Ancianos de Jabes de Galaad pidieron tregua de. 1 Sam. 11:3.

Ayunos de. 1 Sam. 31:13.

Banquete de Asuero continuó. Est. 1:5.

Consagración de sacerdotes y altares duraba. Ex. 29:30-35.

Contaminación duraba. Lev. 12:2.

Dedicación de templo duraba el doble. 1 Rey. 8:65.

Duelo de Job. Job 2:13.

Duelo por Jacob duró. Gén. 50:10.

Ezequiel se sienta asombrado a orillas del río Quebar durante. Ezeq. 3:15.

Fiesta de tabernáculos duraba. Lev. 23:34,42.

S

Israelitas rodearon Jericó. Jos. 6:4.

Noé permanece en arca, despúes de enviar paloma. Gén. 8:10,12.

Noé y arca antes de diluvio. Gén. 7:4,10.

Pablo se demora en Puteoli. Hech. 28:14.

Pablo se demora en Tiro. Hech. 21:4.

Pascua duraba. Ex. 12:15.

Plaga de sangre en ríos de Egipto duró. Ex. 7:25.

Primogénito de bueyes y ovejas debía permanecer con madre, antes de ser ofrecido. Ex. 22:30.

Samuel ordena a Saúl quedarse en Gilgal. 1 Sam. 10:8; 13:8.

Semana consta de. Gén. 2:3; Ex. 20:11; Deut. 5:13-14.

Meses

Santa convocación en séptimo mes. Lev. 23:24-44; Núm. 29; Ezeq. 45:25.

Otros casos de sietes

Abraham le da a Abimelec 7 corderos. Gén. 21:28.

Adoración 7 veces por día. Sal. 119:164.

Bestia color escarlata con 7 cabezas. Apoc. 17:3,7.

Calor del horno de Nabucodonosor se intensificó 7 veces. Dan. 3:19.

Castigo de Israel sería 7 veces más. Lev. 26:18-21.

Israelitas rodearon Jericó 7 veces el séptimo día tocando 7 trompetas. Jos. 6:4.

Luz del sol se intensificó 7 veces. Isa. 30:26.

Naamán tuvo que lavarse en el Jordán 7 veces. 2 Rey. 5:10.

Plata purificada 7 veces. Sal. 12:6.

Sangre se rociaba 7 veces. Lev. 4:6.

Siervo de Elías mira 7 veces a ver si llegaba lluvia. 1 Rey. 18:43.

Siete ángeles con 7 plagas. Apoc. 15:6.

Siete ángeles con 7 trompetas. Apoc. 8:2.

Siete cabezas y 7 coronas. Apoc. 12:3; 13:1; 17:9.

Siete candeleros de oro. Apoc. 1:12.

Siete consejeros en corte de Artajerjes. Esd. 7:14.

Siete copas de oro. Apoc. 15:7.

Siete criadas para Ester. Est. 2:9.

Siete cuernos y 7 ojos. Apoc. 5:6.

Siete diáconos en iglesia primitiva. Hech. 6:3.

Siete escalones en templo de visión de Ezequiel. Ezeq. 40:22,26.

Siete espíritus. Apoc. 1:4; 3:1; 4:5; 5:6.

Siete estrellas. Apoc. 1:16,20.

Siete eunucos en corte de Asuero. Est. 1:10.

Siete iglesias en Asia Menor. Apoc. 1:4,20.

Siete lámparas y 7 tubos. Zac. 4:2.

Siete magos. Prov. 26:16.

Siete mujeres procurarán matrimonio polígamo. Isa. 4:1.

Siete ojos de Jehová. Zac. 3:9; 4:10; Apoc. 5:6.

Siete parejas de cada animal limpio en arca. Gén. 7:2.

Siete pastores serían enviados contra Asiria. Miq. 5:5-6.

Siete plagas. Apoc. 15:1.

Siete príncipes. Est. 1:14.

Siete reyes. Apoc. 17:9-10.

Siete sellos. Apoc. 5:1.

Siete truenos. Apoc. 10:3.

Siete vacas y 7 espigas de trigo en visión de Faraón. Gén. 41:2-7.

Simbólico de liberalidad. Ecl. 11:1-2.

Simbólico de muchos hijos. Rut 4:15.

Semanas

Diez veces. Dan. 9:24.

En visión de Daniel sobre venida del Mesías. Dan. 9:25.

S

Período entre Pascua y Pentecostés.
Lev. 23:15.

SÍMBOLOS

Aceite, alegría. Isa. 61:3.
Aceite, consagración. Isa. 61:1.
Aceite, iluminación. Zac. 4:2-3,11-13.
Aceite, sanidad. Isa. 1:6.
Agua. Juan 3:5; 7:38-39.
Agua que produce vida. Sal. 1:3.
Altar que se rompió. 1 Rey. 13:3,5.
Animales para sacrificio. Gén. 15:8-11;
    Juan 1:29,36.
Arbol de vida y de la ciencia.
    Gén. 2:9,17; 3:3,24; Apoc. 22:2.
Arco iris. Gén. 9:12-13.
Barba de Ezequiel. Ezeq. 5:1-4.
Beber agua con lengua. Jue. 7:4-8.
Canaán, descanso espiritual.
    Heb. 3:11-12; 4:5.
Carta de venta de Jeremías. Jer. 32:1-16.
Casarse con prostituta. Os. 1:2-9; 3:1-4.
Cesta. Zac. 5:6-11.
Cesta de fruta. Amós 8:1-2.
Circuncisión, Pacto Abrahámico.
    Gén. 17:11; Rom. 4:11.
Cocinar. Jer. 1:13.
Columna de nube, presencia divina.
    Ex. 13:21-22.
Comer pan con cuidado. Ezeq. 12:17-20.
Comer y beber con temor. Ezeq. 12:18.
Comida. Isa. 37:30.
Comida impura. Ezeq. 4:9-17.
Cosecha. 2 Rey. 19:29.
Desnudez. Isa. 20:2-4.
Dos palos. Ezeq. 37:15-28.
Escritura en pared. Dan. 5:5-6,16-28.
Estrella en oriente. Mat. 2:2.
Flechas de Joás con su arco.
    2 Rey. 13:15-19.
Flechas de Jonatán con su arco.
    1 Sam. 20:21-37.
Fuego, purificación por. Mal. 3:2-3.

Fuego, que ilumina. Ex. 13:21.
Heridas. 1 Rey. 20:35-40.
Higos buenos y malos. Jer. 24.
Hijos de Isaías. Isa. 8:18.
Hombres que se encontraron con
    Saúl. 1 Sam. 10:2-7.
Jonás. Mat. 16:4.
Lenguas de fuego. Hech. 2:3,6,11.
Libro arrojado al Éufrates. Jer. 51:63.
Limpieza por agua. Ezeq. 16:9; 36:25.
Lluvia y rocío, abundantes. Sal. 133:3.
Lluvia y rocío, fertilizantes. Os. 6:3.
Lluvia y rocío, imperceptibles.
    2 Sam. 17:12.
Lluvia y rocío, refrescantes. Sal. 68:9.
Lluvia y truenos. 1 Sam. 12:16-18.
Maná. Juan 6:31-58.
Mecer ofrenda. Ex. 29:24-28;
    Lev. 8:27-29; 9:21.
Mudez. Luc. 1:20-22,62-64.
Niñez. Mar. 10:14-15.
Ofrecer agua para beber.
    Gén. 24:13-15,42-44.
Orar mirando hacia templo. 1 Rey. 8:29;
    Dan. 6:10.
Oscuridad, lo misterioso de Dios. Ex. 20:21;
    1 Rey. 8:12; Sal. 18:11; 97:2;
    Heb. 12:18-19.
Paloma. Mat. 3:16.
Palos. Ezeq. 37:16-17.
Pan. Mat. 26:26.
Pascua, perdón de primogénitos y redención
    realizada por Cristo. Ex. 12:3-28;
    1 Cor. 5:7.
Peña de Horeb. Ex. 17:6; 1 Cor. 10:4.
Plomada. Amós 7:7-8.
Postura. Ezeq. 4:4-8.
Prohibición de duelo. Ezeq. 24:15-18.
Rollo. Zac. 5:2-4.
Rotura de vasija del alfarero. Jer. 19.
Sal. Núm. 18:19; Col. 4:6.
Sangre rociada, pacto. Ex. 24:8.
Santuario. Sal. 20:2.

S

Sello, garantía. Ef. 1:13-14.
Sello que marca. Job 38:14.
Serpiente de bronce, Cristo. Núm. 21:8-9;
Juan 3:14.
Sitio. Ezeq. 4:1-3.
Sombra en reloj de Acab. Isa. 38:7-8.
Tabernáculo. Sal. 15:1; Ex. 27:20;
Heb. 8:2,5; 9:1-12,23-24.
Tinajas. Jer. 13:12.
Todo el sistema de derechos mosaicos.
Heb. 9:9-10,18-23.
Trasladar residencia. Ezeq. 12:3-11.
Truenos en Monte Sinaí. Ex. 19:9,16.
Vara de almendro. Jer. 1:11.
Velo que se rasga. Mar. 15:38.
Vid. Ezeq. 15:2.
Viento, incomprensible. Juan 3:8.
Viento, poderoso. 1 Rey. 19:11.
Viento, reaviva. Ezeq. 37:9-10,14.
Viento, se sienten efectos. Juan 3:8.
Vino. Luc. 22:17.
Vino, sangre expiatoria. Mat. 26:27-29;
Luc. 22:17-18,20.
Voz que dirige. Isa. 30:21.
Voz que habla. Mat. 10:20.
Voz que hace advertencia. Heb. 3:7-11.
Yugos. Jer. 27:2-3; 28:10.

SIMONÍA

Corrupción eclesiástica. Hech. 8:18-19.

Extraño pero cierto

SINAGOGA

S e desconoce el origen de la sinagoga. La evidencia arqueológica más antigua proviene de Egipto en el siglo III a.C. Se descubrió una sinagoga palestina del siglo I d.C., pero no ha sobrevivido ninguna estructura de sinagoga galilea de esa época.

SINAGOGAS

A menudo, tribunales de justicia. Hech. 9:2.
A veces varias, en una ciudad.
Hech. 6:9; 9:2.
Apóstoles enseñaban y predicaban en.
Hech. 9:20; 13:5; 17:1,17.
Avivamiento de, luego del cautiverio.
Neh. 8:1-8.
Cada secta tenía la suya. Hech. 6:9.
Construcción de, considerada obra noble y
meritoria. Luc. 7:5.

Cristo a menudo
Asistió a. Luc. 4:16.
Predicó y enseñó en. Mat. 4:23;
Mar. 1:39; Luc. 13:10.
Realizó milagros en. Mat. 12:9-10;
Mar. 1:23; Luc. 13:11.
Extranjeros, animados a hablar en.
Hech. 13:15.
Lugares en que judíos se reunían para
adoración. Hech. 13:5,14.
Mención temprana de existencia de.
Sal. 74:8.

Ofensores a menudo eran
Castigados en. Mat. 10:17; 23:34;
Hech. 22:19.
Entregados a, para juicio.
Luc. 12:11; 21:12.
Expulsados de.
Juan 9:22,34; 12:42; 16:2.
Porción de Escritura para el día, a veces
alguien en congregación la leía. Luc. 4:16.
Principales asientos en, reservados para
ancianos. Mat. 23:6.
Probablemente se originó en escuela de
profetas. 1 Sam. 19:18-24; 2 Rey. 4:23.

Servicio de, constaba de
Alabanza y acción de gracias. Neh. 9:5.
Exposición de Palabra de Dios. Neh. 8:8;
Luc. 4:21.

Lectura de Escrituras.
  Neh. 8:18; 9:3; 13:1; Hech. 15:21.
Oración. Mat. 6:5.
Servicio de, en día de reposo. Luc. 4:16;
  Hech. 13:14.
Tenía asientos para congregación.
  Hech. 13:14.
Tenían ministro a cargo de libros sagrados.
  Luc. 4:17,20.

En otras palabras...

SINÓPTICO

Sinóptico significa "ver conjuntamente" o "ver desde una perspectiva en común". A los primeros tres Evangelios se los designa de esta manera porque presentan la vida y el ministerio de Jesús desde un punto de vista diferente del que ofrece el Evangelio de Juan.

SINCERIDAD
Bendición de la. Sal. 32:2.
Característica de doctrinas del evangelio.
  1 Ped. 2:2.
Contraria a sabiduría humana. 2 Cor. 1:12.
Cristo, ejemplo de. 1 Ped. 2:22.

Debe ser característica de
  Nuestra fe. Tim. 1:5.
  Nuestro amor a Cristo. Ef. 6:24.
  Nuestro amor a Dios. 2 Cor. 8:8,24.
  Nuestro amor unos por otros. Rom. 12:9;
    1 Ped. 1:22; 1 Juan 3:18.
  Nuestro servicio a Dios. Jos. 24:14;
    Juan 4:23-24.
  Predicación del evangelio. 2 Cor. 2:17;
    1 Tes. 2:3-5.
  Toda nuestra conducta. 2 Cor. 1:12.
Evangelio a veces se predica sin. Fil. 1:16.

Exhortaciones a. Sal. 34:13; 1 Cor. 5:8;
  1 Ped. 2:1.
Impíos carecen de. Sal. 5:9; 55:21.
Ministros del evangelio deben ejemplificar.
  Tito 2:7.
Orar pidiendo. Fil. 1:10.

SIRIA
Abana y Farfar, ríos de. 2 Rey. 5:12.
Asa procuró ayuda de, contra Israel.
  1 Rey. 15:18-20.
Ben-adad sitió Samaria nuevamente.
  2 Rey. 6:24-29.
Ben-adad, rey de, sitió Samaria.
  1 Rey. 20:1-12.
Damasco, capital de. Isa. 7:8.

David
  Dedicó botín de. 2 Sam. 8:11-12.
  Destruyó ejército de, que ayudó a
    Hadad-ezer. 2 Sam. 8:5.
  Destruyó segundo ejército
    de. 2 Sam. 10:15-19.
  Envió a Joab contra ejércitos de,
    contratados por amonitas.
    2 Sam. 10:6-14.
  Obtuvo fama por victoria sobre.
    2 Sam. 8:13.
  Puso guarnición en, y la sujetó a
    tributo. 2 Sam. 8:6.
Dios cegó a enviados a Eliseo por rey
  de. 2 Rey. 6:14,18-20.
Ejército de, esparcido milagrosamente.
  2 Rey. 7:5-6.
Elías ungió a Hazael rey de, según dirección
  divina. 1 Rey. 19:15.
Eliseo predijo a Joás sus 3 victorias
  sobre. 2 Rey. 13:14-19.
Evangelio predicado en iglesias fundadas en.
  Hech. 15:23,41.
Gobernada por reyes. 1 Rey. 22:31;
  2 Rey. 5:1.

S

Habitantes

Eran comerciantes. Ezeq. 27:18.

Eran guerreros. 1 Rey. 20:23,25.

Hablaban lengua siriaca. 2 Rey. 18:26;
Esd. 4:7; Dan. 2:4.

Llamados sirios. 2 Sam. 10:11;
2 Rey. 5:20.

Llamados sirios de Damasco. 2 Sam. 8:5.

Pueblo idólatra. Jue. 10:6; 2 Rey. 5:18.

Habría salvador para Israel contra.
2 Rey. 13:5,23-25.

Israel entregada en manos de, por pecados
de Joacaz. 2 Rey. 13:3,7,22.

Israel imitó idolatría de. Jue. 10:6.

Israelitas

Acosados por frecuentes incursiones
de. 2 Rey. 5:2; 6:23.

Animados y ayudados por Dios,
triunfaron por segunda vez.
1 Rey. 20:28-30.

Astutamente llevados a aliarse con.
1 Rey. 20:31-43.

Con Acab, animados y ayudados por Dios
vencieron a. 1 Rey. 20:13-20.

Con Acab, procuraron recuperar Ramot
de Galaad de. 1 Rey. 22:3-29.

Derrotados por, y Acab muerto.
1 Rey. 22:30-36.

En paz con, por 3 años. 1 Rey. 22:1.

Insignificantes ante. 1 Rey. 20:26-27.

Recibieron advertencia de invasión de,
luego de un año. 1 Rey. 20:22-25.

Se enteraron de secretos de, por medio de
Eliseo. 2 Rey. 6:8-12.

Joram, rey de Israel, gravemente herido al
tratar de recuperar Ramot de Galaad
de. 2 Rey. 8:28-29; 9:15.

Más propiamente, país que rodeaba a
Damasco. 2 Sam. 8:6.

Muerte del rey de, y crueldad de su sucesor,
profetizados por Eliseo. 2 Rey. 8:7,15.

Originalmente incluía Mesopotamia.
Gén. 25:20; 28:5; Deut. 26:5, con
Hech. 7:2.

Profecías sobre

Calamidades eran castigo por pecados.
Amós 1:3.

Dejar de ser reino. Isa. 17:1-3.

Destrucción de habitantes. Jer. 49:26.

Destrucción de Rezín, rey de. Isa. 7:8,16.

Habitantes serían cautivos. Amós 1:5.

Incendio de Damasco. Jer. 49:27;
Amós 1:4.

Invasión de Damasco. Isa. 8:4.

Su historia en conexión con imperio
macedonio. Dan. 11:6, etc.

Terror y desesperación en, por su
invasión. Jer. 49:23-24.

Se unió con Israel contra Acaz y sitió
Jerusalén. 2 Rey. 16:5; Isa. 7:12.

Subyugada y regida por romanos. Luc. 2:2.

Subyugada, y habitantes llevados cautivos
por Asiria. 2 Rey. 16:9.

Volvió a tomar Elat y expulsó a judíos.
2 Rey. 16:6.

SITIOS

Canibalismo durante. 2 Rey. 6:28-29.

Ejemplos de

Abel. 2 Sam. 20:15.

Gibetón. 1 Rey. 15:27.

Jericó. Jos. 6.

Jerusalén, por parte de David.
2 Sam. 5:6,9.

Jerusalén, por parte de hijos de Judá.
Jue. 1:8.

Jerusalén, por parte de Nabucodonosor.
2 Rey. 24:10-11; Dan. 1:1;
2 Rey. 25:1-3; Jer. 52.

Jerusalén, por parte de Rezín, rey de Siria,
y Peka, hijo de Remalías, rey de
Israel. 2 Rey. 16:5.

S

Jerusalén, por parte de
Senaquerib. 2 Crón. 32:1-23.
Rabá. 2 Sam. 11:1.
Samaria. 1 Rey. 20:1;
2 Rey. 6:24; 17:5; 18:9-11.
Tirsa. 1 Rey. 16:17.
Estrés de habitantes durante.
2 Rey. 6:24-29; 25:3; Isa. 9:20; 36:12;
Jer. 9:19.
Hacer oferta de paz a ciudad antes de
comenzar. Deut. 20:10-12.
Se erigían terraplenes paralelos a muros de
ciudad sitiada. Deut. 20:19-20;
Isa. 29:3; 37:33.
Se usaban arietes. 2 Sam. 20:15;
Ezeq. 4:2; 21:22.

SOBERANÍA DE DIOS
Ver Dios, Soberanía de

SOBORNO
Caracteriza a impíos. Sal. 26:10;
Amós 5:12.
Castigo por. Job 15:34.
Crea injusticia. Deut. 16:19.
Prohibido por Dios. Ex. 23:8; Lev. 19:13.

SOBRIEDAD
Con oración. 1 Ped. 4:7.
Debe ser característica de nuestra vida.
Tito 2:12.
Debemos estimar nuestro carácter y talentos
con. Rom. 12:3.
Evangelio debe enseñar. Tito 2:11-12.
Mandamiento. 1 Ped. 1:13; 5:8.
Motivos para. 1 Ped. 4:7; 5:8.
Mujer debe mostrar, al vestirse. 1 Tim. 2:9.

Requisito para
Esposas de pastores. 1 Tim. 3:11.
Hombres jóvenes. Tito 2:6.
Hombres mayores. Tito 2:2.
Mujeres jóvenes. Tito 2:4.

Pastores y ministros. 1 Tim. 3:2-3;
Tito 1:8.
Todos los creyentes. 1 Tes. 5:6,8.
Ser sobrio y velar. 1 Tes. 5:6.

SOCIALISMO
Principios relevantes al
Distribución de acuerdo a necesidad.
Hech. 2:45; 4:35.
División de tierra según necesidad.
Núm. 26:52-56.
Posesiones en común. Hech. 4:32.
Regreso de tierra al dueño original.
Lev. 25.

SOL
Adoradores del, volvían rostros al este.
Ezeq. 8:16.
Claridad de su luz, alusión a. Cant. 6:10.

Comparado con
Hombre gozoso de correr una carrera.
Sal. 19:5.
Novio/esposo que sale de su recámara.
Sal. 19:5.
Creado para alabar y glorificar a Dios.
Sal. 148:3.

Dios
Dispuso que señalara estaciones, etc.
Gén. 1:14.
Hace que brille sobre justos e injustos.
Mat. 5:45.
Hace que sepa tiempo del ocaso.
Sal. 104:19.
Lo colocó en cielo. Gén. 1:17.
Lo creó. Gén. 1:14,16; Sal. 74:16.
Lo creó para que gobernara el día.
Gén. 1:16; Sal. 136:8; Jer. 31:35.
Tiene poder soberano sobre. Job 9:7.

Ilustrativo de
Bendición perpetua (ya no se pondrá).
Isa. 60:20.

Calamidades severas (oscurecido).
Ezeq. 32:7; Joel 2:10,31, con
Mat. 24:29; Apoc. 9:2.

Desgracia pública (al estar ante o a la vista
del). 2 Sam. 12:11-12; Jer. 8:3.

Destrucción prematura (ponerse a
mediodía). Jer. 15:9; Amós 8:9.

Favor de Dios. Sal. 84:11.

Gloria de Cristo. Mat. 17:2;
Apoc. 1:16; 10:1.

Gloria futura de creyentes (por su
brillantez). Dan. 12:3, con Mat. 13:43.

Gobernantes supremos. Gén. 37:9;
Isa. 13:10.

Pureza de iglesia (en su pureza).
Cant. 6:10.

Triunfo de creyentes (en su poder).
Jue. 5:31.

Venida de Cristo. Mal. 4:2.

Indica horas del día por sombra en
cuadrante. 2 Rey. 20:9.

Judíos
Adoraban al. 2 Rey. 23:5; Jer. 8:2.

Comenzaban el día cuando salía el sol.
Gén. 19:23-24, con 27-28; Jue. 9:33.

Comenzaban la tarde cuando se ponía el
sol. Gén. 28:11; Deut. 24:13;
Mar. 1:32.

Consagraban carros y caballos como
símbolos del. 2 Rey. 23:11.

Referencia a toda la tierra: del nacimiento
del, hasta donde se pone.
Sal. 50:1; 113:3; Isa. 45:6.

Referencia al este: por donde salía.
Núm. 21:11; Deut. 4:41,47; Jos. 12:1.

Referencia al oeste: por donde se ponía.
Sant. 1:4.

Tenían prohibido adorar al.
Deut. 4:19; 17:3.

Llamado lumbrera mayor. Gén. 1:16.

Milagros asociados con el
Se detuvo todo un día en valle de Ajalón.
Jos. 10:12-13.

Se oscureció en crucifixión.
Luc. 23:44-45.

Sombra retrocedió en reloj. 2 Rey. 20:11.

Poder y brillantez de su salida, alusión a.
Jue. 5:31; 2 Sam. 23:4.

Rayos del
Ablanda y derrite algunas sustancias.
Ex. 16:21.

Agradable para personas. Job 30:28, con
Ecl. 11:7.

Cambian color de tez. Cant. 1:6.

Frecuentemente destructores para vida
humana. 2 Rey. 4:18-20; Sal. 121:6;
Isa. 49:10.

Marchita y reseca hierba del campo.
Mar. 4:6; Sant. 1:11.

Produce fruta y la madura. Deut. 33:14.

SOLDADOS

Cobardes, exonerados de servir como.
Deut. 20:8; Jue. 7:3.

Conscripción militar de Israel en desierto de
Sinaí. Núm. 1; 2.

Crucificaron a Jesús. Mar. 15:16-24.

En campos de Moab. Núm. 26.

Eran escoltas.
Hech. 21:31-33,35; 22:24-28;
23:23,31-33; 27:1,31,42,43; 28:16.

Figura del cristiano. Ef. 6:11-17; 2 Tim. 2:3.

Figurativamente, protección divina.
Isa. 59:16-17.

Fueron a Juan el Bautista. Luc. 3:14.

Guardaban a prisioneros.
Hech. 12:4-6; 28:16.

Guardaron la tumba. Mat. 27:65; 28:11-15.

Llevaban comida a todo el ejército.
Jue. 20:10.

Mantenían paz. Hech. 21:31-35.

Otros, eximidos de servicio.
Deut. 20:5-9; 24:5.
Se burlaron de Jesús. Mat. 27:27-31.
Su deberes como guardianes. Hech. 12:19.
Tomaron parte en traición a Jesús.
Luc. 22:4.
Vestidos de color rojo. Nah. 2:3.

SOLEDAD

A veces, necesaria. Sal. 38:11; 2 Tim. 4:16.
No es buena para hombre. Gén. 2:18;
Sal. 68:6.

Puede ser ocasión para
Agradecimiento. Dan. 6:10.
Comunión. Ex. 24:2.
Meditación. Juan 6:15.
Oración. Luc. 9:18.

SORDERA

Enviada por Dios. Ex. 4:11.
Ley sobre. Lev. 19:14.
Sanidad milagrosa de. Mat. 11:5;
Mar. 7:32; 9:25.
Sentido figurado, insensibilidad moral.
Isa. 6:10; 29:18; 35:5; Ezeq. 12:2;
Mat. 13:15; Juan 12:40; Hech. 28:26-27.

SUBORDINACIÓN

Ejemplos de
Abigail. 1 Sam. 25:23-31,41.
Mefi-boset. 2 Sam. 9:8.
Mujer de Tecoa. 2 Sam. 14:4-20.

SUBURBIOS

Descripción. Núm. 35:3-5; Jos. 14:4.

SUDOR

De sangre. Luc. 22:44.
En santuario, era ofensa. Ezeq. 44:18.

SUEGRA

Jesús sana a, de Pedro. Mar. 1:30-31.

No había que deshonrarla. Lev. 18:17.
Rut amaba a su. Rut 1:14-17.

SUEÑO

De Jesús. Mat. 8:24.
Del perezoso. Prov. 6:9-10.
Proviene de Dios. Sal. 127:2.
Símbolo de muerte. Job 14:12; Mar. 5:39;
1 Tes. 4:14.

SUEÑOS

Dios, único intérprete de. Gén. 40:8; 41:16;
Dan. 2:27-30; 7:16.
Exceso de trabajo frecuentemente conduce
a. Ecl. 5:3.

Falsos profetas
Condenados por decir que tienen.
Jer. 23:32.
No prestarles atención en cuanto a.
Deut. 13:1-3; Jer. 27:9.
Frecuentemente sólo imaginarios. Job 20:8;
Isa. 29:8.

Gente de antigüedad
A menudo perpleja por. Gén. 40:6; 41:8;
Job 7:14; Dan. 2:1; 4:5.
Ansiosa por saber significado de.
Gén. 40:8; Dan. 2:3.
Consultaba con adivinos sobre.
Gén. 41:8; Dan. 2:2-4.
Depositaban mucha fe en. Jue. 7:15.

Ilustrativos de
Enemigos de iglesia. Isa. 29:7-8.
Imaginación impura. Jud. 8.
Prosperidad de pecadores. Job 20:5-8;
Sal. 73:19-20.

Mencionados en Escritura, con referencia a
Abimelec. Gén. 20:3-7.
Copero y panadero de Faraón.
Gén. 40:5-19.
Daniel. Dan. 7.
Esposa de Pilato. Mat. 27:19.

S

Faraón. Gén. 41:1-7.
Jacob. Gén. 28:12; 31:10.
José. Gén. 37:5-9;
    Mat. 1:20-21; 2:13,19-20.
Labán. Gén. 31:24.
Madianita. Jue. 7:13-15.
Magos de oriente. Mat. 2:11-12.
Nabucodonosor. Dan. 2:1,31; 4:5,8.
Salomón. 1 Rey. 3:5-15.
Vanidad de confiar en. Ecl. 5:7.
Visiones al dormir. Job 33:15; Dan. 2:28.
Voluntad de Dios a menudo revelada en.
    Núm. 12:6; Job 33:15.

SUFRIMIENTO
De Cristo. Luc. 24:46-47;
    Heb. 2:9-18; 5:8-9; 9:15-16.
Por Cristo. 2 Cor. 4:11-18.
Vicario. Juan 15:13; Rom. 9:3; 1 Ped. 2:21;
    1 Juan 3:16.

SUICIDIO

Ejemplos de
    Ahitofel. 2 Sam. 17:23.
    Judas. Mat. 27:5; Hech. 1:18.
    Sansón. Jue. 16:29-30.
    Saúl y paje de armas. 1 Sam. 31:4-5.
    Zimri. 1 Rey. 16:18.
Tentación al, por parte de carcelero de
    Filipos. Hech. 16:27.

SUICIDIO ASISTIDO
Aspecto comunal de vida y muerte.
    Rom. 14:7-8.
Constancia en pruebas. 2 Cor. 12:7-10;
    Fil. 4:11-13; Sant. 1:2-4.
Denegar. 1 Sam. 31:4; 1 Crón. 10:4.
Llevado a cabo. Jue. 9:54.
Recuperación de alguien a punto de morir.
    Fil. 2:27.
Santidad de la vida. Gén. 1:26-27; 2:7;
    Sal. 8:5.

Valor de la vida
    Dios da la vida y la quita. Job 1:21.
    Preferencia por la vida. Deut. 30:15,19;
    1 Cor. 15:25-26.

SUMISIÓN
A autoridad, Jesús ejemplo de.
    Mat. 26:39,42; Heb. 5:8.

SUMO SACERDOTE
A menudo ejercía principal poder
    civil. 1 Sam. 4:18.
A veces depuesto por rey. 1 Rey. 2:27.
A veces podía profetizar. Juan. 11:49-52.

Ayudante del
    Llamado segundo sacerdote.
        2 Rey. 25:18.
    Supervisaba a levitas. Núm. 3:32.
    Supervisaba tabernáculo. Núm. 4:16.

Cargo de
    Hereditario. Ex. 29:29.
    Prometido a descendientes de Finees por
        celo de él. Núm. 25:12-13.
    Romanos lo hicieron anual.
        Juan. 11:49-51, con Hech. 4:6.
Consagración del. Ex. 40:13; Lev. 8:12.

Deberes del
    Bendecir al pueblo. Lev. 9:22-23.
    Consagrar a levitas. Núm. 8:11-21.
    Designar a sacerdotes en distintas
        funciones. 1 Sam. 2:36.
    Encender lámparas sagradas. Ex. 30:8;
        Núm. 8:3.
    Estar a cargo del dinero del arca.
        2 Rey. 12:10; 22:4.
    Hacer censo del pueblo. Núm. 1:3.
    Hacer expiación en lugar santísimo una
        vez por año. Lev. 16; Heb. 9:7.
    Inquirir ante Dios con Urim y Tumim.
        1 Sam. 23:9-12; 30:7-8.

Llevar ante Jehová nombres de Israel, como memorial. Ex. 28:12,29.

Ofrendas y sacrificios. Heb. 5:1.

Presidir en altos tribunales. Mat. 26:3,57-62; Hech. 5:21-28; 23:1-5.

Debía casarse con virgen de familia de Aarón. Lev. 21:13-14.

Debía presentar sacrificio por sí mismo. Heb. 5:1-3.

Debía ser tierno y compasivo. Heb. 5:2.

En rango, seguía al rey. Lam. 2:6.

Familia de Elí, eliminada del oficio de, por mala conducta. 1 Sam. 2:27-36.

Inferior a Cristo por
Cesar cuando moría. Heb. 7:23-24.

Entrar en lugar santísimo una vez por año. Heb. 9:7,12,25.

Ofrecer mismos sacrificios. Heb. 9:25-26,28; 10:11-12,14.

Ser del orden de Aarón. Heb. 6:20; 7:11-17; 8:4-5, con 1-2,6.

Ser hecho tal sin juramento. Heb. 7:20-22.

Tener que hacer expiación por pecados propios. Heb. 5:2-3; 7:26-28; 9:7.

Llamado por Dios especialmente. Ex. 28:1-2; Heb. 5:4.

No podía hacer duelo por nadie. Lev. 21:10-12.

Se lo llama
Príncipe del pueblo. Ex. 22:28, con Hech. 23:5.

Sacerdote. Ex. 29:30; Neh. 7:65.

Sumo sacerdote de Dios. Hech. 23:4.

Tipo de Cristo
Al bendecir. Lev. 9:22-23; Hech. 3:26.

Al casarse con virgen. Lev. 21:13-14; 2 Cor. 11:2.

Al hacer expiación. Lev. 16:33; Heb. 2:17.

Al hacer por sí solo todo lo necesario en día de expiación. Lev. 16, con Heb. 1:3.

Al interceder. Núm. 16:43-48; Heb. 7:25.

Al llevar nombres de Israel sobre su corazón. Ex. 28:29, con Cant. 8:6.

Al ser llamado por Dios. Heb. 5:4-5.

Al ser tentado. Heb. 2:18.

Al ser único que podía entrar al lugar santísimo. Heb. 9:7,12,24, con 4:14.

En santidad del oficio. Lev. 21:15, con Heb. 7:26.

En su compasión por pobres e ignorantes. Heb. 4:15; 5:1-2.

En su designación. Isa. 61:1; Juan. 1:32-34.

En su título. Heb. 3:1.

En su vestidura espléndida. Ex. 28:2, con Juan. 1:14.

Vestidura especial del
Cinturón. Ex. 28:4,39.

Efod. Ex. 28:6-7.

Hecha según instrucciones divinas. Ex. 28:3; 36:1; 39:1.

La usaba en su consagración. Lev. 8:7,9.

La usaba 7 días luego de consagración. Ex. 29:30.

Manto del efod. Ex. 28:31-35.

Mitra, etc. Ex. 28:36-38.

Para gloria y hermosura. Ex. 28:2.

Pasaba a sucesores. Ex. 29:29.

Pectoral. Ex. 28:15-29.

Túnica bordada. Ex. 28:4,39.

SUPERSTICIÓN

Ejemplos
Creencia de sirios sobre ayuda de dioses. 1 Rey. 20:23.

Discípulos, con miedo por aparición de Pedro. Hech. 12:14-15.

Discípulos, que creyeron ver fantasma cuando Jesús caminó sobre agua. Mat. 14:26.

S

Efesios, en sus hechicerías.
Hech. 19:13-19.

Filisteos, al negarse a cruzar umbral del
templo de Dagón luego que imagen del
dios se cayó repetidamente. 1 Sam. 5:5.

Gadarenos, luego que Jesús liberó a
endemoniado. Mat. 8:34.

Gente de isla de Malta, al creer que Pablo
era un dios. Hech. 28:6.

Herodes, al creer que Juan el Bautista
había resucitado de muertos.
Mar. 6:14,16.

Israelitas, al creer que su derrota ante
filisteos se debió a falta del arca del
pacto. 1 Sam. 4:3.

Judíos, que atribuyeron calamidades a
que habían dejado de ofrecer sacrificios.
Jer. 44:17-19.

Marineros que tiraron al mar a Jonás.
Jon. 1:4-16.

Nabucodonosor, al creer que Daniel tenía
al espíritu de dioses. Dan. 4:8-9.

SUSTITUCIÓN

Levitas, por primogénito de israelitas.
Núm. 3:12.

Ofrenda por ofrendante. Lev. 1:4.

Vida de Acab por vida de Ben-adad.
1 Rey. 20:42.

TABERNÁCULO

Arca y propiciatorio, en lugar santísimo.
Ex. 26:33-34; 40:20-21; Heb. 9:4.

Atrio del

Contenía altar y fuente de bronce.
Ex. 40:29-30.

Largo: 100 codos y ancho, 50. Ex. 27:18.

Puerta del, cortina de azul, púrpura, etc.,
20 codos de ancho, colgada de 4 pilares,
etc. Ex. 27:16; 38:18.

Rodeado por cortinas de lino fino que
colgaban de columnas con basas de
bronce. Ex. 27:9-15; 38:9-16.

Es así

TABERNÁCULO

El tabernáculo era un santuario portátil que funcionó como centro de culto para el pueblo hebreo durante la peregrinación en el desierto, la conquista de Canaán, la colonización de la tierra y el inicio de la monarquía. La palabra castellana tabernáculo proviene de la Vulgata latina y significa "tienda" o "cabaña de madera". El término hebreo que se ha traducido tabernáculo significa "habitar". De modo que el tabernáculo representaba la presencia del Señor en la peregrinación de su pueblo.

Todos los pilares del, basas de plata.
Ex. 27:17; 38:17.

Todos los utensilios del, de bronce.
Ex. 27:19.

Castigo por profanar. Lev. 15:31;
Núm. 19:13.

Construido con ofrendas voluntarias del
pueblo. Ex. 25:1-8; 35:4-5,21-29.

Cubiertas del

Primera o interior,10 cortinas de azul,
púrpura, etc., unidas con lazadas y
corchetes de oro. Ex. 26:1-6; 36:8-13.

Segunda,11 cortinas de pelo de camello,
etc. Ex. 26:7-13; 36:14-18.

Tercera, pieles de carnero teñidas de rojo.
Ex. 26:14; 36:19.

Cuarta, o exterior, pieles de tejones.
Ex. 26:14; 36:19.

Diseñado para manifestación de gloria
divina y para adoración.
Ex. 25:8,29:42-43.

Dividido por velo de azul, púrpura, etc.,
colgados de capiteles de oro en 4
columnas de madera de acacia.
Ex. 26:31-33; 36:35-36; 40:21.

Divisiones

Lugar santísimo. Ex. 26:34; Heb. 9:3,7.

Lugar santo. Ex. 26:33; Heb. 9:2-6.

Ilustrativo de

Cielo (el lugar santísimo).
Heb. 6:19-20; 9:12,24; 10:19.

Cristo. Isa. 4:6; Juan 1:14; (griego)
Heb. 9:8-9,11.
Cuerpo. 2 Cor. 5:1; 2 Ped. 1:13.
Cuerpo de Cristo (el velo). Heb. 10:20.
Iglesia. Sal. 15:1; Isa. 16:5; 54:2;
Heb. 8:2; Apoc. 21:2-3.
Misterio de la provisión del Antiguo
Testamento (el velo). Heb. 9:8,10, con
Rom. 16:25-26; Apoc. 11:19.
Jehová apareció en, sobre el propiciatorio
Ex. 25:22; Lev. 16:2; Núm. 7:89.

Levitas
Desarmaban y levantaban. Núm. 1:51.
Elegidos para estar a cargo del.
Núm. 1:50; 8:24; 18:2-4.
Levantaban sus tiendas alrededor del.
Núm. 1:53; 3:23,29,35.
Realizaban tareas de menor importancia.
Núm. 3:6-8.
Transportaban. Núm. 4:15,25,31.

Lugares en que se levantó
Gilgal. Jos. 5:10-11.
Monte Sinaí (con Moisés). Ex. 40:18-19,
con Núm. 10:11-12.
Nob. 1 Sam. 21:1-6.
Por último en
Gabaón. 1 Crón. 16:39; 21:29.
Silo. Jos. 18:1; 19:51.

Llamado
Mesa de pan de la proposición, candelero de
oro y altar del incienso, en lugar santo.
Ex. 36:35; 40:22,24,26; Heb. 9:2.
Moisés y la orden de construir, según
modelo divino. Ex. 25:9; 26:30; Heb. 8:5.
Nube de gloria se posó sobre, noche y día
durante peregrinación en desierto.
Ex. 40:38; Núm. 9:15-16.
Ofrendas voluntarias cuando se levantó
inicialmente. Núm. 7:1-9.
Ofrendas voluntarias en consagración de
altar del. Núm. 7:10-87.

Originalmente levantado el primer día del
segundo año después del éxodo.
Ex. 40:2,17.
Puerta del, cortina de azul y púrpura colgada
de anillos de oro en 5 pilares de madera de
acacia, etc. Ex. 26:36-37; 36:37-38.
Rociado y purificado con sangre. Heb. 9:21.
Sabiduría divina en Bezaleel, etc., para
hacer. Ex. 31:2-7; 35:30-35; 36:1.

Sacerdotes
Eran ministros del. Heb. 8:2.
Realizaban todas las tareas en.
Núm. 3:10; 18:1-2; Heb. 9:6.
Solo ellos podían entrar al. Núm. 18:3,5.
Santificado por gloria de Jehová.
Ex. 29:43; 40:34; Núm. 9:15.
Sustituido por casa permanente cuando se
estableció el reino. 2 Sam. 7:5-13.

Tablas del
Alto: 10 codos, y ancho: uno y medio.
Ex. 26:16; 36:21.
Cada una, 2 espigas en basas de plata.
Ex. 26:17,19; 36:22-24.
De madera de acacia. Ex. 26:15; 36:20.
Lado norte: 20. Ex. 26:20; 36:25.
Lado sur: 20. Ex. 26:18; 36:23.
Seis, y 2 tablas para esquinas en lado
oeste. Ex. 26:22-25; 36:27-30.
Sostenidas por barras de madera de acacia
que se apoyaban en anillos de oro.
Ex. 26:26-29; 36:31-33.
Y barras, cubiertas de oro.
Ex. 26:29; 36:34.
Tenía atrio alrededor. Ex. 40:8.
Tienda portátil apta para la condición
errante de Israel. 2 Sam. 7:6-7.
Todas las ofrendas debían hacerse en.
Lev. 17:4; Deut. 12:5-6,11,13-14.
Ungido y consagrado con aceite. Ex. 40:9;
Lev. 8:10; Núm. 7:1.
Viajes de Israel regidos por nube sobre el.
Ex. 40:36-37.

T

TABERNÁCULOS, FIESTA DE LOS
Comenzaba día 15 del séptimo mes.
Lev. 23:34,39.
Conmemoraba peregrinación de Israel en el
desierto. Lev. 23:43.

Costumbres en la
Cantar hosannas. Sal. 118:24-29;
Mat. 21:8-9.
Portar ramas de palmeras. Lev. 23:40;
Apoc. 7:9.
Sacar agua del estanque de Siloé.
Isa. 12:3; Juan 7:2,37-39.
Después de siega y vendimia. Deut. 16:13.
Duraba 7 días. Lev. 23:34,41;
Deut. 16:13,15.
Ley se leía públicamente cada 7 años
durante. Deut. 31:10-12; Neh. 8:18.
Llamada fiesta de la cosecha. Ex. 34:22.

Notables celebraciones del
Después del cautiverio. Esd. 3:4;
Neh. 8:17.
En dedicación del templo de
Salomón. 1 Rey. 8:2,65.
Primer y último día, santa convocación.
Lev. 23:35,39; Núm. 29:12,35.
Pueblo vivía en cabañas durante. Lev. 23:42;
Neh. 8:15-16.
Sacrificios durante. Lev. 23:36-37;
Núm. 29:13-39.

Se debía observar
Con regocijo. Deut. 16:14-15.
Perpetuamente. Lev. 23:41.
Todos los varones debían presentarse para.
Ex. 23:6-17.

TACTO
Al organizar música del templo.
1 Crón. 15:16-24.
Al procurar consentimiento popular para
llevar arca a Jerusalén. 1 Crón. 13:1-4.
Ardid de Joab para que David consintiera
regreso de Absalón. 2 Sam. 14:1-22.
De escribano de Éfeso. Hech. 19:35-41.
De esposa de Nabal. 1 Sam. 25:18-37.
De Ester, al calmar al rey. Est. 5-7.
De Gedeón. Jue. 8:1-3.
De Mardoqueo, al ocultar nacionalidad de
Ester. Est. 2:10.
De métodos populares de David, al hacer
duelo por Abner. 2 Sam. 3:28-37.
De Pablo, al animar a iglesias a ofrendar.
2 Cor. 8:1-8; 9:1-5.
De Pablo, al circuncidar a Timoteo.
Hech. 16:3.
De Pablo, al convertir en positiva
predicación de enemigos. Fil. 1:10-22.
De Salomón, como árbitro de 2
prostitutas. 1 Rey. 3:24-28.
De Saúl, al poder controlar a
alborotadores. 1 Sam. 10:27.
Del concilio en Jerusalén. Hech. 21:20-25.
En predicación. 1 Cor. 9:19-22;
2 Cor. 12:6.

TALENTO (DINERO)
Parábola de. Mat. 18:24; 25:15,28.
Peso que equivalía a 3000 siclos, unos 56 kg.
Ex. 38:25-26.

TALENTO (HABILIDAD)
Debe ponerse en práctica. 1 Tim. 4:14;
Rom. 12:6.
Difiere según la persona. Mat. 25:15.
Proviene de Dios. 1 Cor. 12:4.

TALLADO
Camas decoradas con. Prov. 7:16.
De ídolos. Deut. 7:5; Isa. 44:9-17; 45:20;
Hab. 2:18-19.
En corona del sacerdote. Ex. 39:30.
En piedras del pectoral del sacerdote.
Ex. 28:9-11,21,36; 39:8-14.

Obra en madera en templo.
1 Rey. 6:18,29,32,35; Sal. 74:6.
Para hacer ídolos. Ex. 32:4.

Personas especializadas en
Bezaleel. Ex. 31:1-5.
Hiram. 1 Rey. 7:13-51; 2 Crón. 2:13-14.

TALMUD

Talmud significa "estudio" o "aprendizaje" y en el judaísmo rabínico alude a las opiniones y enseñanzas que los discípulos aprenden de sus predecesores, particularmente en cuanto a enseñanza legal oral (*halakah*). Generalmente la palabra *Talmud* en el judaísmo se usa para referirse de modo específico al compendio del comentario sobre la Misná, una codificación de enseñanzas legales orales sobre la ley de Moisés, y probablemente redactada en Javneh, Galilea, alrededor del 220 d.C.

TAPICES
Del tabernáculo. Ex. 26:1-14,31-37.
En palacios. Est. 1:6; Cant. 1:5.
Hilos de oro en. Ex. 39:3.

TARDE
Bestias del campo salen a. Sal. 59:6,14; Jer. 5:6.
Cielo rojo a la, señal de buen tiempo. Mat. 16:2.
Cordero pascual matado a. Ex. 12:6,18.
Costumbre de sentarse a la puerta de la ciudad en. Gén. 19:1.
El día originalmente comenzó con. Gén. 1:5, etc.

Extiende sus sombras. Jer. 6:4.
Hombre cesa su labor en. Rut 2:17; Sal. 104:23.
Humillación a menudo continuaba hasta. Jos. 7:6; Jue. 20:23,26; 21:2; Esd. 9:4-5.
Lámpara de oro se encendía a. Ex. 27:21, con 30:8.

Llamada
Aire del día. Gén. 3:8.
Caída de la tarde. Gén. 19:1.
Noche. Jos. 8:29.
Parte del sacrificio diario ofrecido en. Ex. 29:41; Sal. 141:2; Dan. 9:21.
Personas contaminadas, inmundas hasta. Lev. 11:24-28; 15:5-7; 17:15; Núm. 19:19.
Salidas de la, alaban a Dios. Sal. 65:8.

Tiempo para
Comida. Mar. 14:17-18; Luc. 24:29-30.
Ejercicio. 2 Sam. 11:2.
Meditación. Gén. 24:63.
Oración. Sal. 55:17; Mat. 14:15,23.

TARJETAS DE CRÉDITO
Ver también Acreedores

Codicia. Ex. 20:17; Hech. 20:33.
Deleites excesivos enriquecen a comerciantes. Apoc. 18:3.
Imposibilidad de pagar deudas. Hab. 2:6-7.
Interés exorbitante. Sal. 15:5; Prov. 28:8; Ezeq. 18:8,13.
Los impíos no devuelven lo que toman prestado. Sal. 37:21.
Pan cotidiano. Prov. 30:8; Mat. 6:11.

Principios relevantes a los préstamos
Cosa prestada debe devolverse en su totalidad aunque represente pérdida al que tomó prestado. Ex. 22:14.
No deber a nadie nada. Rom. 13:8.
Quien toma prestado es esclavo del que presta. Prov. 22:7.

TARTAMUDEO
De Moisés. Ex. 4:10.

TATUAJE
Prohibición. Lev. 19:28.

TEJER
A mano. Ex. 35:25.
Bezaleel, especialista en. Ex. 35:35.
Efod. Ex. 28:32.
Estaca del telar. Jue. 16:14.
Lanzadera de tejedor. Job 7:6.
Por parte de mujeres. 2 Rey. 23:7.
Túnicas. Ex. 39:27.

TEMOR DE DIOS
Característica de creyentes. Mal. 3:16.
Debe acompañar al gozo de creyentes.
Sal. 2:11.

Debe ser
Demostrado al dar razón de nuestra
esperanza. 1 Ped. 3:15.
Demostrado en nuestro llamado.
Col. 3:22.
Enseñado a otros. Sal. 34:11.
Mantenido continuamente. Deut. 14:23;
Jos. 4:24; Prov. 23:17.
Pedido en oración. Sal. 86:11.

Descripción
Familiar y reverencial. Heb. 12:9,28.
Manantial de vida. Prov. 14:27.
Odio de lo malo. Prov. 8:13.
Sabiduría. Job 28:28; Sal. 111:10.
Santifica. Sal. 19:9.
Tesoro para creyentes. Prov. 15:16;
Isa. 33:6.
Dios, autor de. Jer. 32:39-40.
Dios, objeto de. Isa. 8:13.
Escudriñar Escrituras hace que entendamos.
Prov. 2:3-5.
Impíos no tienen. Sal. 36:1; Prov. 1:29;
Jer. 2:19; Rom. 3:18.

Mandamiento. Deut. 13:4; Sal. 22:23;
Ecl. 12:13; 1 Ped. 2:17.

Motivos para el
Bondad de Dios. 1 Sam. 12:24.
Grandeza de Dios. Deut. 10:12,17.
Juicios de Dios. Apoc. 14:7.
Maravillosas obras de Dios. Jos. 4:23-24.
Perdón de Dios. Sal. 130:4.
Santidad de Dios. Apoc. 15:4.

Necesario para
Administración imparcial de
justicia. 2 Crón. 19:6-9.
Adoración a Dios. Sal. 5:7; 89:7.
Evitar pecado. Ex. 20:20.
Gobierno justo. 2 Sam. 23:3.
Santidad que perfecciona. 2 Cor. 7:1.
Servicio a Dios. Sal. 2:11; Heb. 12:28.

Quienes tienen
Aceptados por Dios. Hech. 10:35.
Bienaventurados. Sal. 112:1; 115:13.
Confían en Dios. Sal. 115:11;
Prov. 14:26.
Deleitan a Dios. Sal. 147:11.
Deseos de, cumplidos por Dios.
Sal. 145:19.
Días de, prolongados. Prov. 10:27.
Hablan de cosas santas. Mal. 3:16.
No deben temer a gente. Isa. 8:12-13;
Mat. 10:28.
Reciben compasión de Dios. Sal. 103:13.
Reciben misericordia de Dios.
Sal. 103:11,17; Luc. 1:50.
Se apartan del mal. Prov. 16:6.
Ventajas del. Prov. 15:16; 19:23;
Ecl. 8:12-13.

TEMOR
Característica de impíos. Apoc. 21:8.
Conciencia con sentido de culpa lleva a.
Gén. 3:8,10; Sal. 53:5; Prov. 28:1.
Confianza en Dios preserva de. Sal. 27:1.

Creyentes a veces tentados a. Sal. 55:5.
Creyentes librados de. Prov. 1:33; Isa. 14:3.

Descripción
Abrumador. Ex. 15:16; Job 15:21,24.
Consumidor. Sal. 73:19.
Miedo del castigo futuro. Heb. 10:27.
Temor de ídolos. 2 Rey. 17:38.
Temor de juicio. Isa. 2:19; Luc. 21:26;
  Apoc. 6:16-17.
Temor de personas. 1 Sam. 15:24;
  Juan 9:22.
Dios se burla de. Prov. 1:26.
Exhortaciones contra. Isa. 8:12; Juan 14:27.
Impíos, judicialmente llenos de.
  Lev. 26:16-17; Deut. 28:65-67; Jer. 49:5.
Se apodera de impíos. Job 15:24; 18:11.
Se hará realidad. Prov. 1:27; 10:24.
Sorprende al hipócrita. Isa. 33:14,18.

TEMPLO, PRIMER
Adornado con piedras preciosas.
  2 Crón. 3:6.
Arca de Dios llevada al, con gran
  ceremonia. 1 Rey. 8:1-9; 2 Crón. 5:2-10.
Cedro del, tallado con flores, etc.
  1 Rey. 6:18.
Completa destrucción del, predicción.
  Jer. 26:18, con Miq. 3:12.
Cubierto con madera de ciprés y recubierto
  de oro. 2 Crón. 3:5.

David
Anhelaba edificar. 2 Sam. 7:2;
  1 Crón. 22:7; 29:3; Sal. 132:2-5.
Ordenó a jefes de Israel que ayudaran a
  construir. 1 Crón. 22:17-19.
Ordenó a Salomón edificar.
  1 Crón. 22:6-7,11.
Oró pidiendo que Salomón tuviera
  sabiduría para edificar. 1 Crón. 29:19.
Por ser hombre de guerra, no se le
  permitió edificar. 2 Sam. 7:5-9, con
  1 Rey. 5:3; 1 Crón. 22:8.

Realizó preparativos para edificar.
  1 Crón. 22:2-5,14-16; 29:2-5.
Recibió anuncio del profeta diciendo que
  Salomón edificaría. 2 Sam. 17:12-13;
  1 Crón. 17:12.
Dedicado a Dios por Salomón.
  1 Rey. 8:12-66; 2 Crón. 6.
Demoró 7 años en construirse. 1 Rey. 6:38.
Designado como casa de oración. Isa. 56:7,
  con Mat. 21:13.
Designado como casa de sacrificio.
  2 Crón. 7:12.
Dios prometió morar en. 1 Rey. 6:12-13.

Distintos sucesos en la historia del
Contaminado por culto idólatra de
  Manasés. 2 Rey. 21:4-7;
  2 Crón. 33:4-5,7.
Ezequías entregó tesoros, etc. a asirios
  para obtener tratado. 2 Rey. 18:13-16.
Joás entregó tesoros del, para apaciguar a
  sirios. 2 Rey. 12:17-18.
Profanado por Acaz, quien entregó
  tesoros al rey de Asiria.
  2 Rey. 16:14,18; 2 Crón. 28:20-21.
Purificación y restauración del culto con
  Ezequías. 2 Crón. 29:3-35.
Purificado por Josías.
  2 Rey. 23:4-7,11-12.
Reparado por Joás a instancias de Joiada.
  2 Rey. 12:4-14; 2 Crón. 24:4-13.
Reparado por Josías en el año 18 de su
  reinado. 2 Rey. 22:3-7; 2 Crón. 34:8-13.
Saqueado e incendiado por
  babilonios. 2 Rey. 25:8,13-17;
  2 Crón. 36:18-19.
Saqueado por Sisac, rey de Egipto.
  1 Rey. 14:25-26; 2 Crón. 12:9.

Divisiones del
Cuerpo mayor o gran casa. 2 Crón. 3:5.
Lugar santísimo. 1 Rey. 6:19.
Pórtico. 2 Crón. 3:4.

T

Edificado en Monte Moriah en la era de
Ornán. 1 Crón. 21:28-30, con 22:1;
2 Crón. 3:1.
Era sólo templo hecho de manos.
Hech. 7:47-48.
Iluminado por ventanas estrechas.
1 Rey. 6:4.

Ilustrativo de
Cristo. Juan 2:19,21.
Cuerpo de los creyentes. 1 Cor. 6:19.
Iglesia espiritual. 1 Cor. 3:16;
2 Cor. 6:16; Ef. 2:20-22.
Interior y exterior recubiertos de oro.
1 Rey. 6:21-22; 2 Crón. 3:7.
Largo, 60 codos; ancho, 20; alto, 30.
1 Rey. 6:2; 2 Crón. 3:3.

Lugar santísimo
División con cadenas de oro. 1 Rey. 6:21.
Dos querubines de madera de olivo,
cubiertos de oro. 1 Rey. 6:23-28;
2 Crón. 1:11-13.
Puertas y postes de, madera de olivo
tallada y recubierta de oro.
1 Rey. 6:31-32.
Separado con velo de casa exterior.
2 Crón. 3:14.
Veinte codos en cada dirección.
1 Rey. 6:16,20.

Llamado
Casa de Jehová. 2 Crón. 23:5,12.
Casa del Dios de Jacob. Isa. 2:3.
Monte de la casa de Jehová. Isa. 2:2.
Monte Sión. Sal. 74:2.
Sión. Sal. 84:1-7.
Magnificencia del. 2 Crón. 2:5,9.
Ofrendas voluntarias del pueblo para
edificar. 1 Crón. 29:6-9.
Piso y paredes de, cubiertas con cedro y
ciprés. 1 Rey. 6:15.

Pórtico
Altura, 120 codos. 2 Crón. 3:4.

Descripción de columnas con parte
superior. 1 Rey. 7:15-22;
2 Crón. 3:15-17.
En dedicación, fuego enviado del
cielo. 2 Crón. 7:3.
Largo, 20 codos; ancho, 10. 1 Rey. 6:3.
Rodeado con 3 niveles de aposentos que se
comunicaban con interior por la derecha
1 Rey. 6:5-6,8,10.

Salomón
Acordó con Hiram madera, piedra y
mano de obra. 1 Rey. 5:6-12;
2 Crón. 2:8-10.
Contrató a todos los extranjeros en
preparación para. 2 Crón. 2:2,17-18,
con 1 Rey. 5:15.
Contrató a 30.000 israelitas para la
obra. 1 Rey. 5:13-14.
Determinó que edificaría. 2 Crón. 2:1.
Recibió instrucciones especiales
para. 2 Crón. 3:3.
Se comenzó segundo día del segundo mes
del cuarto año de. 1 Rey. 6:1,37;
2 Crón. 3:2.
Se edificó sin sonido de martillos, hachas
ni ninguna otra herramienta.
1 Rey. 6:7.
Solicitó a Hiram obrero calificado para
supervisar, etc. construcción del.
2 Crón. 2:7,13-14.

Santuario o gran casa
Largo: 40 codos. 2 Rey. 6:17.
Puertas giratorias de ciprés, talladas y
recubiertas de oro. 1 Rey. 6:34-35.
Umbrales de madera de olivo tallada y
recubierta de oro. 1 Rey. 6:33;
2 Crón. 3:7.
Se concluyó el octavo mes del undécimo año
de Salomón. 1 Rey. 6:38.
Se llenó de una nube de gloria.
1 Rey. 8:10-11; 2 Crón. 5:13; 7:2.
Techo era de cedro. 1 Rey. 6:9.

T

Todas las cosas dedicadas se colocaron en. 2 Crón. 5:1.

TEMPLO, SEGUNDO

Adoración a Dios comenzó antes de echar cimientos. Esd. 3:1-6.

Ceremonia asociada con cimientos de. Esd. 3:9-11.

Cimientos, segundo mes del año segundo luego del cautiverio. Esd. 3:8.

Ciro

Decreto para edificar, profecía de. Isa. 44:28.

Dio permiso a judíos para ir a Jerusalén a edificar. Esd. 1:3.

Entregó utensilios del primer templo para. Esd. 1:7-11,6:5.

Ordenó a los que quedaron en Babilonia que contribuyeran para edificación del. Esd. 1:4.

Promulgó decreto para edificar, en primer año de su reinado. Esd. 1:1-2; 6:3.

Proporcionó meDios para edificar. Esd. 6:4.

Cristo

A menudo enseñó en. Mar. 14:49.

Fue presentado en el. Luc. 2:22,27.

Habrá de aparecer en. Hag. 2:7, con Mal. 3:1.

Profetizó destrucción. Mat. 24:2; Mar. 13:2; Luc. 21:6.

Purificó, al comienzo de su ministerio. Juan 2:15-17.

Purificó, al final de su ministerio. Mat. 21:12-13.

Transportado milagrosamente al pináculo del. Mat. 4:5; Luc. 4:9.

Darío encontró y confirmó decreto de Ciro. Esd. 6:1-2,6-12.

Dedicación del, con gozo y gratitud. Esd. 6:16-18.

Dimensiones. Esd. 6:3-4.

Dolor de quienes habían visto primer templo. Esd. 3:12; Hag. 2:3.

Edificado en sitio del primer templo. Esd. 2:6, etc.

Futura gloria del, profecía. Hag. 2:7-9.

Gobernador Tatnai escribió a Darío para comprobar si edificación del, contaba con aval real. Esd. 5:3-17.

Gozo de quienes no habían visto primer templo. Esd. 3:13.

Judíos

Castigados por no seguir edificando. Heb. 1:6,9-11; 2:15,17; Zac. 8:10.

Consideraban que era blasfemia hablar contra. Mat. 26:61; Hech. 6:13; 21:28.

Instados a proseguir con edificación. Hag. 1:8; 2:19; Zac. 8:9.

Oraban afuera mientras sacerdote ofrecía incienso adentro. Luc. 1:10. (Ver también Luc. 18:10.)

Profanaron, por vender bueyes, etc. Juan 2:14.

Recibieron reproche por no edificar. Hag. 1:1-5.

Magnificencia de edificación y adornos. Juan 2:20; Mar. 13:1; Luc. 21:5.

Materiales para construcción, desde Tiro y Sidón. Esd. 3:7.

Ningún gentil podía entrar al atrio interior del. Hech. 21:27-30.

Pórtico de Salomón conectado con. Juan 10:23; Hech. 3:11.

Profanación del, profecía. Dan. 9:27; 11:31.

Profanado por romanos. Dan. 9:27, con Mat. 24:15.

Profecía de que Zorobabel lo concluiría, como aliento a judíos. Zac. 4:4-10.

Puerta la Hermosa, mención de. Hech. 3:2.

Reanudación por parte de Zorobabel y Jesúa. Esd. 5:2.

Rededicado y purificado por Judas Macabeo después de profanación de Antíoco. Juan 10:22.
Reparado y hermoseado por Herodes durante 46 años. Juan 2:20.

Samaritanos, etc.
Escribieron a Artajerjes para interrumpir edificación. Esd. 4:6-16.
Intimidaron a judíos por edificación de. Esd. 4:4-5.
Judíos rechazaron ayuda de. Esd. 4:3.
Lograron interrupción de 15 años. Esd. 4:24.
Propusieron ayudar en edificación. Esd. 4:1-2.
Se concluyó el tercer día del mes doce del sexto año de Darío. Esd. 6:15.
Separación entre atrio de gentiles (exterior) y atrio de judíos, alusión a. Ef. 2:13-14.
Velo del, se rasgó cuando murió Cristo. Mat. 27:51.

TENSIÓN RACIAL

Ver también Diversidad de pueblos; Genocidio

Diversidad de pueblos en la familia de Dios
Centurión romano. Mat. 8:5-13.
Cornelio. Hech. 10:9-48.
Dios no hace acepción de personas en salvación. Hech. 10:34; Rom. 2:9-11.
Extranjeros gozarían de iguales derechos. Lev. 24:22; Deut. 24:17.
Mujer samaritana. Juan 4:1-42.
Mujer sirofenicia. 1 Rey. 17:8-24; Luc. 4:25-26.
Naamán. 2 Rey. 5:1-19; Luc. 4:27.
No hay distinción racial en Cristo. Gál. 3:28-29.
Rahab. Jos 6:25; Mat. 1:5.
Rut. Rut 1:4; Mat. 1:5.
Simón de Cirene. Mat. 27:32; Mar. 15:21; Luc. 23:26.

Timoteo. Hech. 16:1.
Toda clase de gente. Ex. 12:38.
Toda tribu, lengua, pueblo y nación en cielo. Apoc. 5:9-10; 7:9.

Ejemplos de
Amán contra judíos. Est. 3:1-6.
Egipcios contra pastores. Gén. 46:34.
Filisteos contra israelitas. 2 Sam. 21:21.
Griegos contra cretenses. Tito 1:12.
Israelitas contra amalecitas. Deut. 25:17-19.
Israelitas contra edomitas. Abd. 18.
Israelitas contra gabaonitas. Jos. 9:22-27.
Israelitas contra ninivitas. Jon. 4:2.
Judíos contra extranjeros. Luc. 4:25-28.
Judíos contra samaritanos. Luc. 9:52-56; Juan 4:9.

Mandamientos sobre
Extranjeros, iguales derechos. Lev. 24:22; Deut. 24:17.
Familia de Abraham sería canal de bendición divina a otros. Gén. 12:1-3; Gál. 3:6-9.
No hay distinción racial en Cristo. Gál. 3:28-29; Ef. 2:19.
Pared de hostilidad que dividía a judíos y gentiles, derribada. Ef. 2:11-14.

TENTACIÓN

A adorar al dios de este mundo. Mat. 4:9.
A desconfiar de providencia divina. Mat. 4:3.

A menudo es resultado de
Gloria del mundo. Núm. 22:17; Dan. 4:30; 5:2; Mat. 4:8.
Pobreza. Prov. 30:9; Mat. 4:2-3.
Prosperidad. Prov. 30:9; Mat. 4:8.
A menudo termina en pecado y perdición. 1 Tim. 6:9; Sant. 1:15.
Al engreimiento. Mat. 4:6.

T

Bienaventuranza de quien se enfrenta a, y vence. Sant. 1:2-4,12.

Compañeros pecadores, instrumentos de la. Prov. 1:10; 7:6; 16:29.

Creyentes deben
Estar atentos a. Mat. 26:41; 1 Ped. 5:8.
Evitar camino de. Prov. 4:14-15.
No ser ocasión de, a otros. Rom. 14:13.
Orar pidiendo ser guardados de.
Mat. 6:13; 26:41.
Resistirla con fe. Ef. 6:16; 1 Ped. 5:9.
Restaurar a quienes cedieron a. Gál. 6:1.
Creyentes pueden sufrir. 1 Ped. 1:6.

Cristo
Guarda de, a creyentes fieles. Apoc. 3:10.
Intercede por su pueblo que pasa por.
Luc. 22:31-32; Juan 17:15.
Puede ayudar a quienes pasan por.
Heb. 2:18.
Resistió la, con la Palabra de Dios.
Mat. 4:4,7,10.
Soportó, de los impíos. Mat. 16:1; 22:18;
Luc. 10:25.
Soportó, del diablo. Mar. 1:13.
Tiene compasión con quienes pasan por.
Heb. 4:15.
Venció la. Mat. 4:11.

Dios
Dará salida para que creyentes escapen de. 1 Cor. 10:13.
No está sujeto a. Sant. 1:13.
No permitirá que creyentes sufran más, de lo que pueden soportar. 1 Cor. 10:13.
Permite a creyentes soportar la.
1 Cor. 10:13.
Sabe cómo librar a creyentes de.
2 Ped. 2:9.
Es fuerte en razón de debilidad humana.
Mat. 26:41.
Meros profesantes se apartan en tiempo de.
Luc. 8:13.

No proviene de Dios. Sant. 1:13.
Parte de la vida de todos. 1 Cor. 10:13.

Permitida como prueba de
Afecto no interesado. Job 1:9-12.
Fe. 1 Ped. 1:7; Sant. 1:2-3.

Proviene de
Codicia. Prov. 28:20; 1 Tim. 6:9-10.
Concupiscencia. Sant. 1:14.
Satanás es autor de la. 1 Crón. 21:1;
Mat. 4:1; Juan 13:2; 1 Tes. 3:5.
Satanás volverá con. Luc. 4:13.

TERCERA EDAD
Ver Ancianidad

TERMAS
Hijos de Zibeón encontraron, en desierto.
Gén. 36:24.

TERNURA
De Cristo. Isa. 40:1; 42:3; 2 Cor. 10:1;
Mat. 18:2; Juan 13:23.
Exhortación a. Ef. 4:32; 1 Ped. 3:8; 5:5.
Fruto del Espíritu. Gál. 5:22.
Marca de sabiduría divina. Sant. 3:17.

TERREMOTOS
Antes de destrucción de Jerusalén, profetizados. Mat. 24:7; Luc. 21:11.
En segunda venida de Cristo, profetizados.
Zac. 14:4.

Frecuentemente acompañados por
Convulsión y retroceso del
mar. 2 Sam. 22:8,16;
Sal. 18:7,15; 46:3.
Erupciones volcánicas. Sal. 104:32;
Nah. 1:5.
Montañas que se derriban. Sal. 46:2;
Zac. 14:4.
Rocas que se parten. Mat. 27:51.
Tierra que se abre. Núm. 16:31-32.

T

Gente siempre aterrorizada en. Núm. 16:34;
Zac. 14:5; Mat. 27:54; Apoc. 11:13.

Ilustrativas de
Caída de reinos. Hag. 2:6,22;
Apoc. 6:12-13; 16:18-19.
Juicios de Dios. Isa. 24:19-20; 29:6;
Jer. 4:24; Apoc. 8:5.
Islas y terrenos montañosos, propensos a.
Sal. 114:4,6; Apoc. 6:14; 16:18,20.

Mencionados en Escrituras
Cuando Elías huía de
Jezabel. 1 Rey. 19:11.
Cuando murió Cristo. Mat. 27:51.
Cuando resucitó Cristo. Mat. 28:2.
Durante reinado de Uzías. Amós 1:1;
Zac. 14:5.
En desierto. Núm. 16:31-32.
En Filipos. Hech. 16:26.
En fortalezas de filisteos. 1 Sam. 14:15.
En Monte Sinaí. Ex. 19:15.

Símbolos visibles de
Ira de Dios. Sal. 18:7; 60:2; Isa. 13:13.
Poder de Dios. Job 9:6; Heb. 12:26.
Presencia de Dios. Sal. 68:7-8; 114:7.

TERROR
Ver Temor

TESTAMENTO
David. 1 Rey. 2:1-9.
De Abraham. Gén. 25:5-6.
Jacob. Gén. 48; 49.
Josafat. 2 Crón. 21:3.
No se invalida. Gál. 3:15.
Validez sólo después de muerte.
Heb. 9:16-17.

TESTIGO
Debía tirar primera piedra cuando se
ejecutaba sentencia. Deut. 13:9; 17:5-7;
Hech. 7:58.

Figurativamente, instrucción en justicia.
Apoc. 11:3.
Idóneo cuando hay juramento. Ex. 22:11;
Núm. 5:19,21; 1 Rey. 8:31-32.
Imponía manos sobre acusado. Lev. 24:14.
Incorruptible. Sal. 15:4.
Necesidad de 2 para establecer un hecho.
Núm. 35:30; Deut. 17:6; 19:15;
Mat. 18:16; Juan 8:17; 2 Cor. 13:1;
1 Tim. 5:19; Heb. 10:28.
Para matrimonio. Rut 4:10-11; Isa. 8:2-3.
Para transferencia de tierra.
Gén. 21:25-30; 23:11,16-18; Rut 4:1-9;
Jer. 32:9-12,25,44.
Pervertido por dinero. Mat. 28:11-15;
Hech. 6:11,13.

TESTIMONIO DEL ESPÍRITU SANTO
Ver Espíritu Santo, Testimonio del

TESTIMONIO, DAR
De Cristo. Hech. 1:8.
De Dios. Isa. 43:10.
En nuestra adoración. 1 Cor. 14:25.
Siempre debemos estar listos para.
1 Ped. 5:12.

TIBIEZA
Indica inestabilidad espiritual. Os. 7:8;
Sant. 1:6,8.
Ofensa a Dios. Apoc. 3:16; 1 Rey. 18:21;
Luc. 16:13.

TIEMPO

T

Acontecimientos, bases para calcular el
Asunción de reyes. 1 Rey. 6:1; 15:1;
Isa. 36:1; Jer. 1:2; Luc. 3:1.
Cautividad. Ezeq. 1:1; 33:21; 40:1.
Edificación del templo. 1 Rey. 9:10;
2 Crón. 8:1.
Éxodo de Egipto. Ex. 19:1; 40:17;
Núm. 9:1; 33:38; 1 Rey. 6:1.

Jubileo. Lev. 25:15.

Nacimiento de patriarcas durante época patriarcal. Gén. 7:11; 8:13; 17:1.

Antigüedad del reloj de sol para señalar. 2 Rey. 20:9-11.

Astros celestiales como medios designados para computar. Gén. 1:14.

Brevedad de vida del hombre. Sal. 89:47.

Computado de acuerdo a

Años. Gén. 15:13; 2 Sam. 21:1; Dan. 9:2.

Días. Gén. 8:3; Job 1:4; Luc. 11:3.

Horas, después de cautividad. Dan. 5:5; Juan 11:9.

Meses. Núm. 10:10; 1 Crón. 27:1; Job 3:6.

Momentos. Ex. 33:5; Luc. 4:5; 1 Cor. 15:52.

Semanas. Dan. 10:2; Luc. 18:12.

Debemos ocuparlo en servir al Señor. 1 Ped. 1:17.

Debemos redimirlo. Ef. 5:16; Col. 4:5.

Duración del mundo. Job 22:16; Apoc. 10:6.

En lenguaje profético, un año profético, es decir 365 años naturales. Dan. 12:7; Apoc. 12:14.

Época determinada. Neh. 2:6; Ecl. 3:1,17.

Eventos del, predeterminados por Dios. Hech. 17:26.

Medida de la prolongación de algo. Jue. 18:31.

Mención de períodos específicos de

Aceptable. Isa. 49:8; 2 Cor. 6:2.

De aflicción. Jer. 14:8.

De castigo. Jer. 46:21; 50:27.

De curación. Jer. 14:19.

De prueba. Luc. 8:13.

De reformas. Heb. 9:10.

De refrigerio. Hech. 3:19.

De restauración de todas las cosas. Hech. 3:21.

Malo. Sal. 37:19.

Propósitos de Dios cumplidos en, apropiado. Mar. 1:15; Gál. 4:4.

TIEMPO (CLIMA)

Dichos en cuanto al. Job 37:9,17,22.

Señales del. Mat. 16:2-3.

TIEMPO LIBRE

Jesús no podía tener. Mar. 6:31.

Luna de miel. Deut. 24:5.

Usado mal. Isa. 5:11-12; Amós 6:4-6.

TIENDAS

Antigüedad de las. Gén. 4:20.

Costumbre de sentarse y pararse a la puerta de. Gén. 18:1; Jue. 4:20.

De judíos contrastadas con las de árabes. Núm. 24:5, con Cant. 1:5.

Enviar a personas a buscar sitio conveniente para, alusión a. Deut. 1:33.

Vida cotidiana

TIENDAS

Las tiendas típicas en Israel eran de pelo de cabra negro o marrón con cierta similitud a las tiendas beduinas de la actualidad. Estaban sostenidas por tres postes centrales de unos 2 m (7 pies) de alto, y tres un poco más cortos a cada lado. Las tiendas por lo general estaban divididas con una tela de lino en una recámara trasera y una sala de estar adelante, y contaban con una hoguera a la entrada. El piso era de tierra, pero los que vivían allí y los huéspedes dejaban su calzado afuera. La mesa (Sal. 23:5) era una piel de cabra extendida en el suelo; la cama era una simple colchoneta de paja.

Facilidad y rapidez para desarmar, alusión a.
Isa. 38:12.

Ilustrativas de
Cielos (cuando se despliegan). Isa. 40:22.
Gran tamaño de la iglesia (cuando se
ensancha). Isa. 54:2.
Llamadas cortinas. Isa. 54:2.

Se armaban
Bajo árboles. Gén. 18:1,4; Jue. 4:5.
Cerca de pozos, etc.
Gén. 13:10,12; 26:17-18; 1 Sam. 29:1.
En azoteas de las casas. 2 Sam. 16:22.
Ordenada y regularmente. Núm. 1:52.
Se desplegaban. Isa. 40:22.
Se sujetaban a estacas por medio de cuerdas.
Isa. 54:2; Jer. 10:20, con Jue. 4:21.
Separadas, para mujeres de la familia.
Gén. 24:67.
Separadas, para siervos. Gén. 31:33.

Usadas por
Árabes. Isa. 13:20.
Israel en el desierto. Ex. 33:8; Núm. 24:2.
Naciones orientales. Jue. 6:5;
1 Sam. 17:4; 2 Rey. 7:7; 1 Crón. 5:10.
Pastores cuando cuidaban rebaño.
Cant. 1:8; Isa. 38:12.
Patriarcas. Gén. 13:5; 25:27; Heb. 11:9.
Pueblo de Israel en las guerras.
1 Sam. 4:3,10; 29:1; 1 Rey. 16:16.
Recabitas. Jer. 35:7,10.

TIERRA
Apareció al tercer día. Gén. 1:9.
Comprada y vendida. Gén. 23:3-18;
Hech. 4:34; 5:1-8.
Corrompida por pecado. Gén. 6:11-12;
Isa. 24:5.
Creada para ser habitada. Isa. 45:18.
Creyentes heredarán. Sal. 25:13; Mat. 5:5.
Debía descansar cada 7 años en beneficio de
pobres. Ex. 23:11.

Derechos de mujeres no casadas.
Núm. 27:1-11; 36:1-11.
Derechos en la, se perdían. 2 Rey. 8:1-6.
Derechos en la, se arrendaban. Luc. 20:9-16.

Descripción
Diversificada por montes y montañas.
Hab. 3:6.
Estrado de Dios. Isa. 66:1; Mat. 5:35.
Llena de beneficios de Dios. Sal. 104:24.
Llena de gloria de Dios. Núm. 14:21;
Isa. 6:3.
Llena de minerales. Deut. 8:9;
Job 28:1-5,15-19.
Llena de misericordia de Dios.
Sal. 33:5; 119:64.
Primera división de. Gén. 10:25.
Resplandece con gloria de Dios.
Ezeq. 43:2.
Se conmueve en presencia de Dios.
Nah. 1:5.
Se derrite a la voz de Dios. Sal. 46:6.
Tiembla ante Dios. Sal. 68:8; Jer. 10:10.
Tierra seca al ser separada de aguas
Gén. 1:10.

Extraño pero cierto

TIERRA DE GOSÉN

La frase "tierra de Gosén" aparece en la descripción general del territorio ocupado por las fuerzas de Josué (Jos. 10:41; 11:16). Aparentemente alude a la región montañosa entre Hebrón y el Neguev. Algunos creen que la frase hace referencia a un país. Gosén también es una alusión a una región en el sector nordeste del delta del Nilo. Estuvo ocupado por los hebreos desde la época de José hasta después del éxodo.

T

Dios

La afirma. Sal. 78:69; 119:90.

La creó. Gén. 1:1; Neh. 9:6.

La extendió. Isa. 42:5; 44:24.

La formó. Sal. 90:2.

La gobierna soberanamente. Job 34:13; Sal. 135:6.

La hace dar fruto. Gén. 1:11; 27:28.

La ilumina. Gén. 1:14-16; Job 33:25.

La inspecciona. Zac. 4:10.

La riega. Sal. 65:9; 147:8.

La suspendió en el espacio. Job 26:7.

La sustenta. Sal. 75:3.

Puso fundamento de. Job 38:4; Sal. 102:25.

Reina en. Ex. 8:22; Sal. 97:1.

Será exaltado en. Sal. 46:10.

Es de Jehová. Ex. 9:29; 1 Cor. 10:26.

Fue inundada por diluvio. Gén. 7:17-24.

Hace duelo y languidece por pecado. Isa. 24:4; Jer. 4:28; 12:4; Os. 4:3.

Hecha estéril por pecado. Deut. 28:23; Sal. 107:34.

Herencia de viuda. Rut 4:3-9.

Hombre

Formado de. Gén. 2:7; Sal. 103:14.

Por naturaleza es de. 1 Cor. 15:47-48.

Por naturaleza se preocupa por cosas de. Fil. 3:19.

Produjo maldición por pecado. Gén. 3:17.

Recibió dominio sobre. Gén. 1:26; Sal. 115:16.

Regresará a. Gén. 3:19; Sal. 146:4.

Ideas de personas de antigüedad sobre forma de la. Job 11:9; 38:18; Prov. 25:3.

Maldita. Gén. 3:17; 5:29.

Monopolio de. Gén. 47:20-26; Isa. 5:8; Miq. 2:1-2.

Mundo en general. Gén. 1:2.

No habrá más diluvio sobre. Gén. 9:11; 2 Ped. 3:6-7.

Nombre original de, puesto por Dios. Gén. 13:14-17.

Parte que correspondía a sacerdotes. Gén. 47:22; Ezeq. 48:10.

Parte que correspondía al rey. Ezeq. 48:21.

Productos de, para todos. Ecl. 5:9.

Satanás anda por. Job 1:7; 1 Ped. 5:8.

Será destruida por fuego. 2 Ped. 3:7,10,12.

Será llena del conocimiento de Dios. Isa. 11:9; Hab. 2:14.

Será renovada. Isa. 65:17; 2 Ped. 3:13.

Seres humanos hechos de. Gén. 2:7; 3:19,23; Job 4:19; 33:6.

Sujeta a juicios de Dios. Sal. 46:8; Isa. 11:4.

Traspaso de dominio, por contratos escritos y verbales. Gén. 23:3-20.

Traspaso de dominio, testigos. Gén. 23:10-11; Rut 4:9-11; Jer. 32:9-14.

Vegetación de. Gén. 2:9.

Vendida para pagar deudas. Neh. 5:3-5.

Venta y redención de, leyes sobre. Lev. 25:15; Núm. 36:4; Jer. 32:7-16; Ezeq. 46:18.

TIERRA SANTA

Abundancia de minerales. Deut. 8:9; 33:25.

Conquistada por Josué. Jos. 6-12.

Dada a Israel por pacto. Ex. 6:4.

Día de reposo para. Lev. 25:2-5.

Distribución de, especificada. Jos. 14-19.

Dividida en

Cuatro provincias (por romanos). Luc. 3:1.

Doce provincias (por Salomón). 1 Rey. 47:7-19.

Dos reinos, en tiempos de Roboam. 1 Rey. 11:35-36; 12:19-20.

Dividida por suertes. Núm. 34:16-29, con 13:7-14.

Doce espías enviados a investigar. Núm. 13.

Extensión de

División original. Núm. 34:1-12.

En reinado de Salomón. 1 Rey. 4:21,24;
2 Crón. 9:26.
Según promesa. Gén. 15:18; Deut. 1:7;
Jos. 1:4.
Gran actividad comercial de, en reinado de
Salomón. 1 Rey. 9:26-28; 10:22-29.
Gran población de, en reinado de
Salomón. 1 Rey. 3:8; 2 Crón. 1:9.
Habitantes de, expulsados por maldad.
Gén. 15:16; Ex. 23:23; Lev. 18:25;
Deut. 18:12.
Habitantes originales de. Gén. 10:15-20;
Deut. 7:1.
Heredades en, inalienables. Lev. 25:10,23.
Lugar de sepultura de patriarcas.
Gén. 49:29-31; 50:13,25; Jos. 24:32.

Llamada
Filistea. Isa. 14:29,31.
Tierra. Lev. 26:42; Luc. 4:25.
Tierra buena. Núm. 14:7; Deut. 3:25.
Tierra de Canaán. Gén. 11:31;
Lev. 14:34.
Tierra de Emanuel. Isa. 8:8.
Tierra de filisteos. Ex. 15:14.
Tierra de hebreos. Gén. 40:15.
Tierra de Israel. 1 Sam. 13:19;
Mat. 2:20-21.
Tierra de Jehová. Os. 9:3.
Tierra de Judá. Isa. 26:1.
Tierra deseable. Sal. 106:24.
Tierra gloriosa. Dan. 11:16.
Tierra prometida. Heb. 11:9.
Muy productiva. Ex. 3:8; Núm. 13:27;
Deut. 8:7-9; 11:10-12.
Obediencia, condición para permanecer en.
Lev. 23:3, etc.;
Deut. 5:33; 11:16-17,22-25.

Prometida a
Abraham. Gén. 12:7; 13:15; 17:8.
Isaac. Gén. 26:3.
Jacob. Gén. 28:13,15; 35:12.

Prosperidad de, en reinado de Salomón
1 Rey. 4:20.
Tipo del reposo reservado para creyentes.
Heb. 4:1-2,9; 1 Ped. 1:4.

TILDE
Punto vocálico hebreo. Mat. 5:18.

TIMÓN
De barco. Hech. 27:40.
Figurativamente, lengua. Sant. 3:4.

TINIEBLAS
A menudo para referirse a noche. Sal. 91:6.
Causadas por puesta del sol. Gén. 15:17;
Juan 6:17.
Creadas por Dios. Sal. 104:20; Isa. 45:7.

Efectos de
Evita que veamos objetos. Ex. 10:23.
Muestra poder y grandeza de Dios.
Job 38:8-9.
Nos hace errar el camino. Juan 12:35;
1 Juan 2:11.
Nos hace tropezar. Isa. 59:10.

Grados de, mencionados
De afuera o extremas. Mat. 8:12.
Densas. Deut. 5:22; Joel 2:2.
Grandes. Gén. 15:12.
Que se podían sentir. Ex. 10:21.

Ilustrativo de
Castigo a demonios y hombres impíos.
Mat. 22:13; 2 Ped. 2:4,17; Jud. 6,13.
Grandes aflicciones. Job 23:17;
Sal. 112:4; Ecl. 5:17;
Isa. 5:30; 8:22; 59:9.
Grandeza e inescrutabilidad de Dios.
Ex. 20:21; 2 Sam. 22:10,12;
1 Rey. 8:12; Sal. 97:2.
Ignorancia y error. Job 37:19; Isa. 60:2;
Juan 1:5; 3:19; 12:35; Hech. 26:18.
Lo detestable. Job 3:4-9.

T

Poder de Satanás. Ef. 6:12; Col. 1:13.
Secreto. Isa. 45:19; Mat. 10:27.
Sendas de pecado. Prov. 2:13; Ef. 5:11.
Tumba. 1 Sam. 2:9; Job 10:21-22.

Impíos
Caminan en. Sal. 82:5.
Consuman sus planes en. Job 24:16.
Hijos de. 1 Tes. 5:5.
Llenos de. Mat. 6:23.
Viven en. Sal. 107:10.
Llamadas faja del mar. Job 38:9.
Llamadas noche. Gén. 1:5.

Milagrosas
Antes destrucción de Jerusalén.
Mat. 24:29.
En muerte de Cristo. Mat. 27:45.
Sobre Monte Sinaí. Ex. 19:16, con
Heb. 12:18.
Sobre tierra de Egipto. Ex. 10:21-22.
Naturaleza inexplicable de. Job 38:19-20.
No pueden escondernos de Dios.
Sal. 139:11-12.
Originalmente cubrían la tierra. Gén. 1:2.
Separadas de luz. Gén. 1:4.

Palabra clave

TÍTULOS

Títulos de Jesús que hallamos en la Escritura: Alfa y Omega, Buen pastor, Cordero de Dios, Emanuel, Gran pastor de las ovejas, Hijo de David, Hijo de Dios, Hijo del Hombre, Jesús, Luz del mundo, Mediador, Pan de vida, Primicias de los que durmieron, Principal piedra del ángulo, Profeta, Rabí/Maestro, Rey de reyes, Salvador, Santo de Dios, Señor, Señor de gloria, Señor de señores, Sumo Sacerdote.

TINTA
Baruc usa, para registrar por escrito palabras de Jeremías. Jer. 36:18.
Corintios, carta de Cristo escrita no con tinta. 2 Cor. 3:3.

TIPOS
Esposa, tipo de la iglesia.
Apoc. 21:2,9; 22:17.
Salvación de Noé y su familia, tipo de la salvación por Cristo. 1 Ped. 3:20-21.
Santuario, tipo del santuario celestial.
Ex. 40:2,24; Heb. 8:2,5; 9:1-12.

TIPOS DE CRISTO
Ver Cristo, Tipos de

TÍTULOS Y NOMBRES DE CRISTO
Ver Cristo, Títulos y nombres de

TÍTULOS Y NOMBRES DE LA IGLESIA
Ver Iglesia, Títulos y nombres de la

TÍTULOS Y NOMBRES DE LOS CREYENTES
Ver Creyentes, Nombres para los

TÍTULOS Y NOMBRES DE LOS IMPÍOS
Ver Impíos, Títulos y nombres de los

TÍTULOS Y NOMBRES DE LOS MINISTROS
Ver Ministros, Títulos y nombres para

TÍTULOS Y NOMBRES DEL DIABLO
Ver Diablo, Títulos y nombres del

TÍTULOS Y NOMBRES DEL ESPÍRITU SANTO
Ver Espíritu Santo, Títulos y nombres

TORBELLINO
A menudo duraba largo tiempo. Jer. 30:23.
A veces llegaba del norte. Ezeq. 1:4.

Generalmente provenía del sur. Job 37:9;
Isa. 21:1; Zac. 9:14.

Ilustrativo de
Fruto inevitable de vida de pecado y
vanidad. Os. 8:7.
Furor de juicios divinos.
Jer. 25:32; 30:23.
Repentina destrucción de impíos.
Sal. 58:9; Prov. 1:27;
Isa. 17:13; 40:24; 41:16; Jer. 30:23.
Velocidad con que Dios ejecuta sus
propósitos. Nah. 1:3.
Velocidad de carros en ejércitos hostiles.
Isa. 5:28; Jer. 4:13.
Velocidad de segunda venida de Cristo.
Isa. 66:15.
Llamado tempestad de Jehová.
Jer. 23:19; 30:23.

Milagros asociados con
Dios habló a Job desde. Job 38:1; 40:6.
Elías llevado al cielo en. 2 Rey. 2:1,11.
Naturaleza destructora del. Prov. 1:27.
Subió de la tierra. Jer. 25:32.

TORO

Ver también Buey

Sangre de, en sacrificio. Heb. 9:13; 10:4.

TORRES

A menudo derribadas en las guerras.
Jue. 8:17; 9:49; Ezeq. 26:4.
A menudo fuertes y fortificadas. Jue. 9:51,
con 2 Crón. 26:9.
A menudo muy altas. Isa. 2:15.
A menudo se abandonaban. Isa. 32:14;
Sof. 3:6.
Antigüedad de las. Gén. 11:4.
De Jerusalén, notables por cantidad, fuerza y
belleza. Sal. 48:12.

Edificadas
En bosques. 2 Crón. 27:4.

En ciudades. Jue. 9:51.
En desiertos. 2 Crón. 26:10.
En muros de
ciudades. 2 Crón. 14:7; 26:9.
En viñas. Isa. 5:2; Mat. 21:33.
Guardias apostados en, en tiempos de
peligro. 2 Rey. 9:17; Hab. 2:1.

Ilustrativas de
Dios como protector de su pueblo.
2 Sam. 22:3,51; Sal. 18:2; 61:3.
Hermosura y dignidad de la iglesia.
Cant. 4:4; 7:4; 8:10.
Ministros del evangelio. Jer. 6:27.
Monte Sión. Miq. 4:8.
Nombre de Jehová. Prov. 18:10.
Orgullosos. Isa. 2:15; 30:25.

Mencionadas en la Escritura
Babel. Gén. 11:9.
David. Cant. 4:4.
De los hornos. Neh. 3:11.
Edar. Gén. 35:21.
Hamea. Neh. 12:39.
Hananeel. Jer. 31:38; Zac. 14:10.
Jezreel. 2 Rey. 9:17.
Líbano. Cant. 7:4.
Peniel. Jue. 8:17.
Sevene. Ezeq. 29:10; 30:6.
Siloé. Luc. 13:4.
Siquem. Jue. 9:46.
Tebes. Jue. 9:50-51.
Usadas como armerías. Cant. 4:4.
Usadas como escondites durante la guerra.
Jue. 9:51; Ezeq. 27:11.

TRABAJO

Debe hacerse bien. Ecl. 9:10.
En obra del Señor, no es en
vano. 1 Cor. 15:58.
Ordenado por Dios.
Gén. 2:5,15; 3:19; 2 Tes. 3:10,12.
Requisito en vida cristiana.
Heb. 4:11; 1 Cor. 3:9; Col. 4:12.

T

TRAICIÓN
Ver también Confianza traicionada

A ciudades. Jue. 1:24-25.
A David por parte de Doeg. 1 Sam. 22:9,10.
A Jesús. Mat. 26:14-16.
A otros, profetizada. Mat. 20:18; 24:10.

TRATADO
Adquisición de territorio
  por. 1 Rey. 9:10-14; 20:34.
Con naciones idólatras, prohibición.
  Ex. 34:12-15.

Entre naciones
  Israel y gabaonitas. Jos. 9:3-15.
  Judá y Siria. 1 Rey. 15:19.
  Era sagrado. Jos. 9:16-21.
  Reciprocidad. 1 Rey. 5:1-12.

TRAVESTISMO
Prohibido. Deut. 22:5.

TRIBUNAL
De Cristo. Rom. 14:10.
Pilato. Mat. 27:19.

TRIBUNALES
A veces se reunían en sinagogas. Mat. 10:17;
  Hech. 22:19; 26:11.

Acusado
  A veces interrogado con torturas.
    Hech. 22:24,29.
  A veces tratado con insultos. Mat. 26:67;
    Juan 18:22-23; Hech. 23:2-3.
  Evidencia de 2 o más testigos requeridos
    en. Deut. 17:6; 19:15;
    Juan 8:17; 2 Cor. 13:1.
  Examinado bajo juramento. Lev. 5:1;
    Mat. 26:63.
  Exhortado a confesar. Jos. 7:19.
  Podía presentar su propia
    causa. 1 Rey. 3:22; Hech. 24:10; 26:1.

Podía tener defensores. Prov. 31:8-9;
    Isa. 1:17.
Se presentaba ante el juez. Núm. 35:12;
    Mat. 27:11.
Testigos a veces ponían manos sobre
    cabeza del delincuente antes del castigo.
    Lev. 24:14.

Contaban con
  Alguaciles. Deut. 16:18; Mat. 5:25.
  Jueces. Deut. 16:18.
  Verdugos. Mat. 18:34.
  Corrupción y sobornos a veces comunes en.
    Isa. 10:1; Amós 5:12; 8:6.

De romanos en Judea
  Apelaciones de, al emperador.
    Hech. 25:11; 26:32; 28:19.
  Lugar de, llamado tribunal.
    Juan 18:28,33; 19:9.
  Nunca interferían en disputas de
    cuestiones menores o religiosas.
    Hech. 18:14-15.
  Nunca torturaban a sus ciudadanos al
    interrogarlos. Hech. 22:25-29.
  Presidido por gobernador o por su
    ayudante. Mat. 27:2,11; Hech. 18:12.
  Únicos que podían sentenciar a muerte.
    Juan 18:31.
Generalmente por las mañanas. Jer. 21:12;
    Mat. 27:1; Luc. 22:66; Hech. 5:21.

Jueces de
  A menudo montaban asnos. Jue. 5:10.
  Conferenciaban antes de emitir juicio.
    Hech. 5:34-40; 25:12; 26:30-31.
  Debían juzgar con justicia. Lev. 19:15;
    Deut. 1:16.
  Debían juzgar sin favoritismo. Ex. 23:3,6;
    Lev. 19:15; Deut. 1:17; Prov. 22:22.
  Debían promover paz. Zac. 8:16.
  Decidían de acuerdo a ley. Ezeq. 44:24.
  Interrogaban a partes. Hech. 24:8.
  Investigaban los casos. Deut. 19:18.

Juzgaban en lugar de
Dios. 2 Crón. 19:6-7,9.
Llamados ancianos.
Deut. 25:7; 1 Sam. 16:4.
Llamados magistrados. Luc. 12:58.
No debían aceptar sobornos. Ex. 23:8;
Deut. 16:19.
Pronunciaban decisión de la corte.
Mat. 26:65-66; Luc. 23:24; Hech. 5:40.
Se sentaban para oír los casos. Ex. 18:13;
Isa. 28:6; Mat. 27:19.

Juicio de
Alusión a. Job 5:4; Sal. 127:5; Mat. 5:22.
Ilustrativo del juicio final. Mat. 19:28;
Rom. 14:10; 1 Cor. 6:2.
No se decidía hasta que hablara el
acusado. Juan 7:51.
Se registraba por escrito. Isa. 10:1.
Sentencia se ejecutaba inmediatamente.
Deut. 25:2; Jos. 7:25; Mar. 15:15-20.
Testigos, primeros en ejecutar.
Deut. 17:7; Hech. 7:58.

Juicios en, comenzaban con participación de
Abogado. Hech. 24:1.
Demandante. 1 Rey. 3:17-21;
Hech. 16:19-21.

Menores
En todas las ciudades.
Deut. 16:18; 2 Crón. 19:5-7.
Jueces de, nombrados por gobernador.
Ex. 18:21,25; Deut. 1:9-15;
2 Sam. 15:3.
Realizados en puertas de ciudades.
Gén. 34:20; Deut. 16:18; 21:19;
Job 5:4.
Todas las transferencias de propiedad,
realizadas ante. Gén. 23:17-20;
Rut 4:1-2.
Todos los casos menos importantes, a
cargo de. Ex. 18:26; 2 Sam. 15:4.
Restablecidos por Esdras. Esd. 7:25.

Restablecidos por Josafat. 2 Crón. 19:5-10.

Sanedrín o concilio de los 70
Constaba de sumos sacerdotes, etc.
Mat. 26:57,59.
Mencionado en última parte de historia
sagrada. Luc. 22:66; Juan 11:47;
Hech. 5:27.
Presidido por sumo sacerdote.
Mat. 26:62-66.
Probablemente derivó de los 70 ancianos
designados por Moisés. Ex. 24:9;
Núm. 11:16-17,24-30.
Se reunía en residencia del sumo
sacerdote. Mat. 26:57-58.

Superiores
Constaban de sacerdotes y levitas.
Deut. 17:9, con Mal. 2:7.
Decidían apelaciones y casos difíciles.
Ex. 18:26; Deut. 1:17; 17:8-9.
Decisiones de, definitivas.
Deut. 17:10-11.
En sede del gobierno. Deut. 17:8.
Por primera vez con Moisés en desierto.
Ex. 18:13-20.
Presidida por gobernador o sumo
sacerdote. Deut. 17:12; Jue. 4:4-5.
Tanto acusadores como acusado debían
presentarse ante. Deut. 25:1;
Hech. 25:16.
Tenían autoridad de Dios. Rom. 13:1-5.
Testigos falsos en, recibirían castigo del
acusado. Deut. 19:19.

TRIBUS DE ISRAEL
Ver Israel, Tribus de

TRIBUTO

A menudo se pagaba con
Fruto de la tierra, etc. 1 Sam. 8:15;
1 Rey. 4:7.
Oro y plata. 2 Rey. 23:33,35.

Trabajo. 1 Rey. 5:13-14; 9:15,21.

A veces reyes lo requerían de
súbditos. 1 Sam. 8:10-17.

Creyentes exhortados a pagar. Rom. 13:6-7.

Cristo, para evitar tropiezos, realizó milagro
para pagar, para sí y Pedro.
Mat. 17:24-27.

De árabes a Josafat. 2 Crón. 17:11.

De árabes a Salomón. 2 Crón. 9:14.

Judíos debían pagar medio siclo a Dios
como. Ex. 30:12-16.

Por parte de naciones conquistadas.
Jos. 16:10; Jue. 1:30,33,35;
2 Rey. 23:33,35;
Mat. 17:24-27; 22:15-22; Luc. 2:1-5.

Ahora lo sabe

TRIBUTO

Tributo es todo pago exigido
por un poder superior, por lo
general un estado, para con
un poder inferior. El estado más
débil, llamado estado vasallo, todos
los años normalmente contribuía
con una cantidad específica de
plata, oro y otros productos. La
imposición del tributo demostraba la
condición servil del estado vasallo.
En consecuencia, socavaba la
autonomía política y a menudo
causaba debilidad financiera.

Reyes de Israel

A menudo oprimían al pueblo
con. 1 Rey. 12:4,11.

Nombraban encargados
de. 2 Sam. 20:24; 1 Rey. 1:6-7.

Prohibición de leva innecesaria u
opresiva. Deut. 17:17.

Romano

Cristo acusado falsamente de prohibir
pago de. Luc. 23:2.

Cristo mostró a fariseos y herodianos que
era correcto pagar. Mat. 22:15-22;
Mar. 12:13-17.

Decreto de Augusto para. Luc. 2:1.

Empezó a gravarse en Judea con
gobernador Cirenio. Luc. 2:2.

Galileos liderados por Judas de Galilea se
resistieron a. Hech. 5:37, con Luc. 13:1.

Personas se registraban para, en lugar
nativo de tribu o familia. Luc. 2:3-5.

Publicanos recaudaban.
Luc. 3:12-13; 5:27.

Se pagaba en moneda romana.
Mat. 22:19-20.

Sacerdotes y levitas exentos de. Esd. 7:24.

Si era opresivo, a menudo llevaba a
rebelión. 1 Rey. 12:14-20.

TRIGO

Comida en Israel. Jos. 5:11-12.

Crecía en Palestina. 1 Rey. 5:11;
Sal. 81:16; 147:14.

Crecimiento de, figurativo de muerte vicaria.
Juan 12:24.

En Palestina. Deut. 33:28; Ezeq. 27:17.

En valles. Sal. 65:13; Mar. 4:28.

Espigas de, arrancadas por discípulos de
Cristo. Mat. 12:1.

Figurativamente, justicia propia. Jer. 12:13.

Figurativamente, misericordia de Dios.
Sal. 81:16; 147:14.

Leyes mosaicas sobre. Ex. 22:6;
Deut. 23:25.

Mieses de, quemadas. Jue. 15:5.

Molido. 2 Sam. 17:19.

Molido en mortero. Prov. 27:22.

Ofrendas de. Núm. 18:12.

Paja del. Jer. 23:28; Mat. 3:12.

Parábolas de. Mat. 13:25.

Producto de Egipto. Gén. 41:47-49.

T

Sentido simbólico. Gén. 41:5.

Tostado. Rut 2:14; 1 Sam. 17:17; 2 Sam. 17:28.

Zarandeo de. Luc. 3:17.

TRILLA

En años de abundancia seguía hasta vendimia. Lev. 26:5.

Escasez, un castigo. Os. 9:2.

Ganado usado en, no debía tener bozal. Deut. 25:4; 1 Cor. 9:9; 1 Tim. 5:18.

Ilustrativa de

Destrucción completa (polvo producto de la). 2 Rey. 13:7.

Iglesia que triunfa sobre oposición (un instrumento para la, lleno de dientes). Isa. 41:15.

Iglesia y lo que conquista. Isa. 41:15-16; Miq. 4:13.

Juicios de Dios. Isa. 21:10; Jer. 51:33; Hab. 3:12.

Labores de ministros del evangelio. 1 Cor. 9:9-10.

Preparar a enemigos de la iglesia para el juicio (juntar las gavillas). Miq. 4:12.

Lugar para la

A veces junto al lagar para que esté oculto. Jue. 6:11.

Abundancia en, como promesa de bendición. Joel 2:24.

Generalmente, en terrenos altos. 1 Crón. 21:18, con 2 Crón. 3:1.

Grande y espacioso. Gén. 50:10.

Judíos dormían en, durante época de. Rut 3:7.

Llamado era. Jue. 6:37; Isa. 21:10.

Llamado era de trigo. Os. 9:1.

Llamado granero. 2 Rey. 6:27.

Se usaba también para aventar. Rut 3:2.

Realizada

Con caballos y bueyes que pisaban. Isa. 28:28; Os. 10:11. (Ver también 2 Sam. 24:22.)

Con instrumentos con dientes. Isa. 41:15; Amós 1:3.

Con ruedas de carreta. Isa. 28:27-28.

Con vara o caña. Isa. 28:27.

Robos frecuentes. 1 Sam. 23:1.

Seguida por zarandeo con pala o criba. Isa. 30:24; 41:16; Mat. 3:12.

Separar trigo, etc., de la paja. 1 Crón. 21:20.

TRINIDAD

Bautismo se realizaba en nombre de. Mat. 28:19.

Bendición en nombre de la. 2 Cor. 13:14.

Descripción que se hace de Padre, Hijo y Espíritu Santo

Creador. Gén. 1:1, con Col. 1:16, y Job 33:4; Sal. 148:5, con Juan 1:3, y Job 26:13.

Eterno. Rom. 16:26, con Apoc. 22:13, y Heb. 9:14.

Fuente de vida eterna. Rom. 6:23, con Juan 10:28, y Gál. 6:8.

Hacen toda obra espiritual. Heb. 13:21, con Col. 1:29, y 1 Cor. 12:11.

Inspiró a profetas, etc. Heb. 1:1, con 2 Cor. 13:3, y Mar. 13:11.

Maestro. Isa. 54:13, con Luc. 21:15, y Juan 14:26; Isa. 48:17, con Gál. 1:12, y 1 Juan 2:20.

Omnipotente (todopoderoso). Gén. 17:1, con Apoc. 1:8, y Rom. 15:19; Jer. 32:17, con Heb. 1:3, y Luc. 1:35.

Omnipresente (presente en todo lugar). Jer. 23:24, con Ef. 1:23, y Sal. 139:7.

Omnisciente (todo lo sabe). Hech. 15:18, con Juan 21:17, y 1 Cor. 2:10-11.

T

Proporciona líderes en iglesia, Jer. 3:15,
con Ef. 4:11, y Hech. 20:28; Jer. 26:5,
con Mat. 10:5, y Hech. 13:2.
Quien santifica. Jud. 1:1, con Heb. 2:11,
y 1 Ped. 1:2.
Resucitó a Cristo de los muertos.
1 Cor. 6:14, con Juan 2:19, y
1 Ped. 3:18.
Santo. Apoc. 4:8; 15:4, con Hech. 3:14, y
1 Juan 2:20.
Verdadero. Juan 7:28, con Apoc. 3:7.
Doctrina de la, probada en la Escritura.
Mat. 3:16-17; 28:19; Rom. 8:9;
1 Cor. 12:3-6; 2 Cor. 13:14; Ef. 4:4-6;
1 Ped. 1:2; Jud. 1:20-21; Apoc. 1:4-5.
Salvación es obra de la. 2 Tes. 2:13-14;
Tito 3:4-6; 1 Ped. 1:2.
Títulos divinos para las personas de la.
Ex. 20:2, con Juan 20:28, y Hech. 5:3-4.

TRIUNFO

En Cristo. Rom. 8:37; 2 Cor. 2:14.
Sobre dificultades. Isa. 43:2.
Sobre el mal. Apoc. 2:17; 6:2.
Sobre el mundo. 1 Juan 5:4.
Sobre la muerte. Isa. 25:8; 1 Cor. 15:55.

TROFEOS

Cabeza y armadura de Goliat.
1 Sam. 17:54; 21:9.
De Saúl. 1 Sam. 31:8-10.

TROMPETA

Caballo de guerra, acostumbrado al sonido
de. Job 39:24-25.
Debía tener sonido que se entendiera.
1 Cor. 14:8.
Fiesta de, se celebraba tocando. Lev. 23:24;
Núm. 29:1.

Hecha de
Cuernos de carnero. Jos. 6:4.
Plata. Núm. 10:2.

Jubileo comenzaba al sonar la. Lev. 25:9.

Milagros asociados con
Confusión en campamento de madianitas
por sonido de. Jue. 7:16,22.
Derrumbe de muros de Jericó. Jos. 6:20.
Se oyó en Monte Sinaí cuando se dio la
ley. Ex. 19:16; 20:18.
Moisés tuvo que hacer 2, para tabernáculo.
Núm. 10:2.
Sacerdotes debían hacer sonar la, sagrada.
Núm. 10:8; 2 Crón. 5:12; 7:6.
Salomón hizo muchas para el templo.
2 Crón. 5:12.

Se usaba para
Convocar a la congregación.
Núm. 10:2-3,7.
Dar alarma en tiempos de peligro.
Ezeq. 33:2-6.
Proclamar reyes. 2 Rey. 9:13; 11:14.
Regular y ordenar viajes del pueblo de
Israel. Núm. 10:2,5-6.
Reunir al pueblo para la guerra. Jue. 3:27.
Tocar para que Dios recuerde al pueblo
que iba a la guerra. Núm. 10:9; 31:6-7.
Tocarla en procesiones y ceremonias
religiosas. 1 Crón. 13:8; 15:24,28;
2 Crón. 5:13; 15:14.
Tocarla sobre sacrificios en días de fiesta.
Núm. 10:10; Sal. 81:3.

Sonar de, ilustración
Clara y fiel predicación de ministros del
evangelio. Isa. 58:1; Os. 8:1; Joel 2:1.
Juicios en el final de los tiempos.
Apoc. 8:2,13.
Poder de Dios para resucitar
muertos. 1 Cor. 15:52; 1 Tes. 4:16.
Proclamación del evangelio. Sal. 89:15.

TROMPETAS, FIESTA DE LAS

Celebrada primer día del séptimo mes.
Lev. 23:24; Núm. 29:1.

Conmemoración en que se tocaban
trompetas. Lev. 23:24.

Sacrificios en. Núm. 29:2-6.

Santa convocación y descanso.
Lev. 23:24-25.

TROPIEZO

Bendición de no hallar, en Cristo. Mat. 11:6.

Castigo por causar. Ezeq. 44:12; Mal. 2:8-9;
Mat. 18:6-7.

Creyentes deben

Eliminar lo que les causa. Mat. 5:29-30;
Mar. 9:43-47.

Estar libres de. Juan 16:1.

Evitar a quienes causan. Rom. 16:17.

Negarse a sí mismos antes que causar.
Rom. 14:21; 1 Cor. 8:13.

No hacer que libertad cause, a otros.
1 Cor. 8:9.

Reprender a quienes causan. Ex. 32:21;
1 Sam. 2:24.

Ser irreprensibles. Fil. 1:10.

Tener cuidado de no ser. Sal. 73:15;
Rom. 14:13; 1 Cor. 8:9.

Denuncia contra quienes causan. Mat. 18:7;
Mar. 9:42.

Impíos hallan, en

Cristo como pan de vida. Juan 6:58-61.

Cristo como piedra angular. Isa. 8:14, con
Rom. 9:33; 1 Ped. 2:8.

Cristo crucificado. 1 Cor. 1:23;
Gál. 5:11.

Humildad y humillación de Cristo.
Isa. 53:1-3; Mat. 13:54-57.

Justicia de la fe. Rom. 9:32.

Necesidad de pureza interna.
Mat. 15:11-12.

Ministros del evangelio deben

Eliminar lo que causa. Isa. 57:14.

Ser cuidadosos para no
causar. 2 Cor. 6:3.

Ocasiones de, llegarán. Mat. 18:7.

Ocasiones de, prohibidas. 1 Cor. 10:32;
2 Cor. 6:3.

Persecución es causa de, a meros
profesantes. Mat. 13:21; 24:10; 26:31.

Todo lo que cause, será quitado del reino de
Cristo. Mat. 13:41.

TUMBA

El Señor le quita victoria a. 1 Cor. 15:55.

El Señor rescatará de. Os. 13:14.

TUMORES

Dios los envía como juicio a filisteos.
1 Sam. 5:6,9,12.

Filisteos usaron, de oro como ofrenda a Dios
por la culpa. 1 Sam. 6:4,5,11,17.

T

U

UN(O)
En Cristo. Gál. 3:28.
Dios es. Deut. 6:4.
Señor, una fe, un bautismo. Ef. 4:5.

UNA
Cosa he deseado. Sal. 27:4.
Cosa hago. Fil. 3:13.
Cosa sé. Juan 9:25.
Cosa que faltaba. Luc. 18:22.
Cosa es necesaria. Luc. 10:42.

UNCIÓN

Aceite para
Artículo comercial. Ezeq. 27:17;
Apoc. 18:3.
Cristo lo recomendó en tiempos de ayuno.
Mat. 6:17-18.
Muy costoso. 2 Rey. 20:13; Amós 6:6;
Juan 12:3,5.
Rico perfume. Cant. 4:10; Juan 12:3.
Con aceite. Sal. 92:10.
Con ungüento. Juan 11:2.
Descuido de, a huéspedes, señal de
descortesía. Luc. 7:46.
Olvidada en tiempos de aflicción.
2 Sam. 12;20; 14:2; Dan. 10:3.
Privarse de, un castigo. Deut. 28:40;
Miq. 6:15.

Realizada sobre
Cabeza. Sal. 23:5; Ecl. 9:8.
Ojos. Apoc. 3:18.
Pies. Luc. 7:38-39; Juan 12:3.

Rostro. Sal. 104:15.
Ricos, muy afectos a. Prov. 27:9; Amós 6:6.

Usado para
Ataviar a la persona. Rut 3:3.
Curar enfermos. Mar. 6:13; Sant. 5:14.
Preparar armas para guerra. Isa. 21:5.
Preparar muertos para sepultura.
Mat. 26:12; Mar. 16:1, con Luc. 23:56.
Purificar cuerpo. Est. 2:12; Isa. 57:9.
Refrescar cuerpo. 2 Crón. 28:15.
Sanar heridas. Isa. 1:6; Luc. 10:34.

UNCIÓN DEL ESPÍRITU SANTO
Ver Espíritu Santo, Unción del

UNCIÓN SAGRADA

Aceite o ungüento para
Mezcla preparada por sacerdotes.
1 Crón. 9:30.
No se debe imitar. Ex. 30:32;
Ezeq. 23:41.
Prescrito divinamente. Ex. 30:23-25.
Santo para siempre. Ex. 30:25,31.
Antigüedad de. Gén. 28:18; 35:14.
Consagra al servicio de Dios. Ex. 30:29.

Cosas que recibieron
Altar de bronce. Ex. 29:36; 40:10.
Lavacro (lavamanos) de bronce.
Ex. 40:11.
Tabernáculo, etc. Ex. 30:26-27; 40:9.
No para extraños. Ex. 30:33.

Personas que recibieron
Profetas. 1 Rey. 19:16; Isa. 61:1.
Reyes. Jue. 9:8; 1 Sam. 9:16; 1 Rey. 1:34.
Sacerdotes. Ex. 40:13-15.

Quienes participaron de
Están protegidos por Dios.
1 Crón. 16:22; Sal. 105:15.
No deben ser heridos ni insultados.
1 Sam. 24:6; 26:9;
2 Sam. 1:14-15; 19:21.

UNGÜENTO
Caja de alabastro de. Mat. 26:7.
Combinado y mezclado por Bezaleel.
Ex. 37:1,29.
De la unción, fórmula para. Ex. 30:23-25.
No para unción. 2 Rey. 20:13; Est. 2:12;
Ecl. 7:1; Cant. 1:3; Mar. 14:3-5.
Usos del. Ex. 30:26-33.

Es así

UNIGÉNITO

U nigénito es una traducción del griego *monogenes* (Juan 1:14,18; 3:16,18; Heb. 11:17; 1 Juan 4:9). En otros lugares la palabra se traduce por "único" (Luc. 7:12; 8:42; 9:38). La palabra "unigénito" deriva directamente de Jerónimo (340?-420 d.C.) quien reemplazó *unicus*, la palabra de la antigua versión latina, con *unigenitus*, como él tradujo en la Vulgata latina. Jerónimo quería refutar la doctrina del arrianismo, que sostenía que el Hijo no era engendrado sino creado. Esto lo llevó a imponer en el Nuevo Testamento la terminología del credo de Nicea (325 d.C.).

UNIDAD
De iglesia. 1 Cor. 1:13; 12:4-31.
De Jesús y su Padre. Juan 10:30.
De marido y mujer. Gén. 2:24; 1 Cor. 6:16.
De primeros creyentes. Hech. 2:44-47; 4:32.
De todas las naciones. Hech. 17:24-26.
Es bueno que los hermanos habiten en.
Sal. 133:1.
Iglesia primitiva, ejemplo de. Hech. 4:32.
Pablo insta a creyentes a.
Rom. 12:16; 14:19; 15:5;
Fil. 2:2; 3:16,17.

UNIDAD DE DIOS
Ver Dios, Unidad de

UNIÓN CON CRISTO
Ver Cristo, Unión con

URIM Y TUMIM
A veces no había respuesta por pecado de quienes consultaban. 1 Sam. 28:6.
Ausente en segundo templo. Esd. 2:63;
Neh. 7:65.
Consultar a Dios por medio de.
Núm. 27:21.
Ejemplos de consulta a Dios por.
Jue. 1:1; 20:18,28;
1 Sam. 23:9-11; 30:7-8.
Eleazar debía consultar a Josué por juicio de.
Núm. 27:21.
En pectoral del sumo sacerdote. Ex. 28:30;
Lev. 8:8.
Ilustrativo de luz y perfección de Cristo, verdadero sumo sacerdote. Deut. 33:8.
(Ver también Juan 1:4,9,17; Col. 2:3.)
Israelitas consultan. Jue. 1:1; 20:18,23.
No dio respuesta a Saúl. 1 Sam. 28:6.
Solamente sacerdotes pueden interpretar.
Deut. 33:8; Esd. 2:63; Neh. 7:65.

USURA
Ver también Interés

Dato geográfico

UR

U r es un nombre que significa "horno de fuego". Era una antigua ciudad en la Baja Mesopotamia, y la Biblia la menciona como lugar de nacimiento de Abraham. Ur, Cis y Uruk fueron tres importantes centros de población en la civilización sumeria y la babilónica.

Autorizada para con extranjeros. Deut. 23:20.

Hombres justos no exigen. Ezeq. 18:8.

Judíos practicaban. Ezeq. 22:12.

Prohibición. Ex. 22:25; Lev. 25:35-37; Deut. 23:19; Sal. 15:5; Prov. 28:8; Jer. 15:10; Ezeq. 18:8,13,17; 22:12.

Reproche por practicar. Neh. 5:1-13.

USURPACIÓN

De funciones políticas
Absalón. 2 Sam. 15:1-12.
Adonías. 1 Rey. 1:5-9.
Atalía. 2 Rey. 11:1-16.
Baasa. 1 Rey. 15:27-28.
Jehú. 2 Rey. 9:11-37.
Salum. 2 Rey. 15:10.
Zimri. 1 Rey. 16:9-10.

En cuestiones eclesiásticas
Acaz. 2 Rey. 16:12-13.
Salomón, al expulsar a Abiatar del sacerdocio. 1 Rey. 2:26-27.
Saúl, al realizar tareas sacerdotales. 1 Sam. 13:8-14.
Uzías, al realizar tareas sacerdotales. 2 Crón. 26:16-21.

UVA

Amorreos cultivaban. Núm. 21:22.
Cananeos cultivaban Núm. 13:24; Deut. 6:11; Jos. 24:13.
Cultivada en Abel. Jue. 11:33.
Cultivada en Baal-hamón. Cant. 8:11.
Cultivada en En-gadi. Cant. 1:14.
Cultivada en Jezreel. 1 Rey. 21:1.
Cultivada en Líbano. Os. 14:7.
Cultivada en Samaria. Jer. 31:5.
Cultivada en Siloh. Jue. 21:20-21.
Cultivada en Siquem. Jue. 9:27.
Cultivada en Timnat. Jue. 14:5.
Cultivo de. Lev. 25:3,11; Deut. 28:39; 2 Crón. 26:10; Cant. 6:11; Isa. 5:1; Jer. 31:5.
Edomitas cultivaban. Núm. 20:17.
Fábula de. Jue. 9:12-13.
Figurativamente. Deut. 32:32.
Noé cultivaba, en viña. Gén. 9:20.
Palestinos cultivaban. Jue. 15:5.
Parábolas de viña. Sal. 80:8-14; Ezeq. 17:6-10; 19:10-14; Juan 15:1-5.
Proverbio de. Ezeq. 18:2.
Vino de, prohibido a nazareos. Núm. 6:4.

U

V

VACA

Ver también Buey

Alazana, usada para agua de purificación. Núm. 19.

Expiación por asesinato. Deut. 21:1-9.

Figurativamente, quienes se alejan de Dios. Os. 4:16.

Terca. Os. 4:16.

Usada como sacrificio. Núm. 19:2; Deut. 21:3.

Usada para arar. Jue. 14:18.

Usada para hablar de obedientes. Os. 10:11.

Usada para trillar. Os. 10:11.

VACA ALAZANA

Cedro, hisopo, etc., quemados con. Núm. 19:6.

Cenizas de, se juntaban y mezclaban con agua para purificación. Núm. 19:9,11-22.

Debía ser sin falta ni defecto. Núm. 19:2.

Sangre de, rociada 7 veces ante tabernáculo. Núm. 19:4.

Se debía dar al sacerdote Eleazar para sacrificio. Núm. 19:3.

Se debía matar fuera del campamento. Núm. 19:3.

Se quemaba completamente. Núm. 19:5.

Sólo podía purificar carne. Heb. 9:13.

Tipo de Cristo. Heb. 9:12-14.

Transmitía impureza a

Quien juntaba cenizas. Núm. 19:10.

Quien la quemaba. Núm. 19:8.

Sacerdote que la ofrecía. Núm. 19:7.

VALENTÍA

A pesar de enemigos. Fil. 1:28.

Mandamiento de Josafat para funcionarios judiciales y ejecutivos que designó. 2 Crón. 19:11.

Mandamiento para israelitas. Lev. 26:6-8; 2 Crón. 32:7-8.

Mandamiento para Josué. Deut. 31:7-8,22-23; Jos. 1:1-9.

Mandamiento. Deut. 31:6; Jos. 1:7; Isa. 41:10.

Requerida de Asa. 2 Crón. 15:1-7.

Requerida de Salomón. 1 Crón. 22:13; 28:20.

Ahora lo sabe

VADOS

Un vado es un lugar de poca profundidad en un arroyo o río que permite cruzarlo a pie. Antes que los romanos construyeran los primeros puentes en la zona, los ríos se cruzaban casi exclusivamente por los vados. Se mencionan vados en conexión con el río Arnón (literalmente, "torrente apresurado", Isa. 16:2), el Jaboc (Gén. 32:22) y el Jordán (Jos. 2:7). "Tomar vados" equivalía a tener éxito en las batallas (Jue. 3:28; 12:5,6); perderlos equivalía a derrota (Jer. 51:32).

Viene del Señor. Heb. 13:6.

VALLES

A menudo, escena de grandes disputas.
Jue. 5:15; 7:8,22; 1 Sam. 17:19.
A menudo, escena de ritos idólatras.
Isa. 57:5.

Abundancia de
Árboles. 1 Rey. 10:27.
Cuervos. Prov. 30:17.
Fuentes y manantiales. Deut. 8:7;
Isa. 41:18.
Lirios. Cant. 2:1.
Palomas. Ezeq. 7:16.
Rocas y cuevas. Job 30:6; Isa. 57:5.
Canaán tenía abundancia de. Deut. 11:11.
De Israel, labrado y fructífero. 1 Sam. 6:13;
Sal. 65:13.
Descrito como extensión de tierra entre
montañas. 1 Sam. 17:3.

Ilustrativos de
Aflicción y muerte (los oscuros). Sal. 23:4.
Eliminación de obstáculos para evangelio
(cuando se rellenan). Isa. 40:4; Luc. 3:5.
Iglesia de Cristo. Cant. 6:11.
Tiendas de Israel (los productivos e
irrigados). Núm. 24:6.
Judá no pudo expulsar a cananeos del.
Jue. 1:19.

Llamados
Escabrosos, cuando áridos y no
cultivados. Deut. 21:4.
Fértiles, cuando eran productivos.
Isa. 28:1,4.
Llanos. Jos. 10:40.
Llenos de carros hostiles, amenaza de
castigo. Isa. 22:7.

Mencionados en Escritura
Acor. Jos. 7:24; Isa. 65:10; Os. 2:15.
Ajalón. Jos. 10:12.
Baca. Sal. 84:6.

Beraca. 2 Crón. 20:26.
Boquim. Jue. 2:5.
Carisim. 1 Crón. 4:14.
Casis. Jos. 18:21.
De la sal. 2 Sam. 8:13; 2 Rey. 14:17.
Ela. 1 Sam. 17:2; 21:9.
Escol. Núm. 32:9; Deut. 1:24.
Gabaón. Isa. 28:21.
Gad. 2 Sam. 24:5.
Gerar. Gén. 26:17.
Hamón-gog. Ezeq. 39:11.
Hebrón. Gén. 37:14.
Hinom. Jos. 15:8,18:16; 2 Rey. 23:10;
2 Crón. 28:3; Jer. 7:32.
Jefte-el. Jos. 19:14,27.
Jericó. Deut. 34:3.
Jezreel. Os. 1:5.
Josafat. Joel 3:2,14.
Líbano. Jos. 11:17.
Meguido. 2 Crón. 35:22; Zac. 12:11.
Moab, donde fue sepultado Moisés.
Deut. 34:6.
Refaim. Jos. 15:8; 18:16; 2 Sam. 5:18;
Isa. 17:5.
Save. Gén. 14:17.
Sefata. 2 Crón. 14:10.
Sidim. Gén. 14:3,8.
Sitim. Joel 3:18.
Sorec. Jue. 16:4.
Sucot. Sal. 60:6.
Zeboim. 1 Sam. 13:18.
Zered. Núm. 21:12.

Milagros asociados con
Agua en, parecía sangre a
moabitas. 2 Rey. 3:22-23.
Estanques en, llenados de
agua. 2 Rey. 3:16-17.
Luna se detiene sobre Ajalón. Jos. 10:12.
Paganos creían que ciertas deidades regían
los. 1 Rey. 20:23,28.

VANIDAD

Adoración de impíos es. Isa. 1:13; Mat. 6:7.
Amor a riquezas es. Ecl. 5:10.
Ansiedad del mundo es. Sal. 39:6; 127:2.
Atesorar riquezas es. Ecl. 2:26; 4:8.
Ayuda del hombre es. Sal. 60:11; Lam. 4:17.
Belleza del ser humano es. Sal. 39:11;
  Prov. 31:30.
Conducta de impíos es. 1 Ped. 1:18.
Consecuencia de la caída. Rom. 8:20.

Creyentes
  Evitan a quienes son dados a. Sal. 26:4.
  Evitan. Sal. 24:4.
  Oran pidiendo ser guardados de.
    Sal. 119:37; Prov. 30:8.
  Cuestiones necias, etc. son.
    1 Tim. 1:6-7; 6:20; 2 Tim. 2:14,16;
    Tito 3:9.
Dar sin amor es. 1 Cor. 13:3.
Días del hombre son. Job 7:16; Ecl. 6:12.
Disfrute del mundo es. Ecl. 2:3,10-11.
Enseñanza falsa es. Jer. 23:32.
Hombre es semejante a. Sal. 144:4.
Idolatría es. 2 Rey. 17:15; Sal. 31:6;
  Isa. 44:9-10; Jer. 10:8; 18:15.

Impíos
  Aman. Sal. 4:2.
  Aunque llenos de, se creen sabios.
    Job 11:12.
  Consideran que servicio a Dios es.
    Job 21:15; Mal. 3:14.
  Cosechan. Prov. 22:8; Jer. 12:13.
  Hablan. Sal. 10:7; 12:2; 41:6.
  Han sido entregados a. Sal. 78:33;
    Isa. 57:13.
  Heredan. Jer. 16:19.
  Se caracterizan por. Job 11:11.
  Seducen con palabras de. 2 Ped. 2:18.
  Siguen. Jer. 2:5.
  Sólo piensan. Sal. 2:1; Hech. 4:25;
    Rom. 1:21.
  Viven en. Sal. 39:6; Ef. 4:17.

Justicia del hombre es. Isa. 57:12.
Mera religión externa es. 1 Tim. 4:8;
  Heb. 13:9.
Niñez y juventud son. Ecl. 11:10.
Palabras mentirosas son. Jer. 7:8.
Pensamientos del hombre son. Sal. 94:11.
Placer del mundo es. Ecl. 2:1.
Posesiones del mundo son. Ecl. 2:4-11.
Quienes confían en, la recibirán como
  recompensa. Job 15:31.
Religión de hipócritas es. Sant. 1:26.
Riquezas de, disminuirán. Prov. 13:11.
Riquezas sin bendición son. Ecl. 6:2.
Sabiduría del mundo es. Ecl. 2:15,21;
  1 Cor. 3:20.
Todo hombre que vive es. Sal. 39:5
Todo lo terrenal es. Ecl. 1:2.
Todo ser humano es. Sal. 39:11; 62:9.
Trabajo es. Ecl. 2:11; 4:4.

VEGETARIANOS

Personas que no comen carne. Rom. 14:2.

VELAR

Bienaventuranza de. Luc. 12:37;
  Apoc. 16:15.
Cristo, ejemplo de. Mat. 26:38,40;
  Luc. 6:12.
Dios exige, a ministros del evangelio.
  Ezeq. 3:17, con Isa. 62:6; Mar. 13:34.
Exhortaciones a. 1 Tes. 5:6; 1 Ped. 4:7.

Hay que hacerlo
  Con acción de gracias. Col. 4:2.
  Con oración. Luc. 21:36; Ef. 6:18.
  Con sobriedad. 1 Tes. 5:6; 1 Ped. 4:7.
  En todas las cosas. 2 Tim. 4:5.
  En todo tiempo. Prov. 8:34.
  Estando firmes en la fe. 1 Cor. 16:13.
Impíos, adversos a. 1 Tes. 5:7.
Mandamiento. Mar. 13:37; Apoc. 3:2.
Ministros exhortados a. Hech. 20:31;
  2 Tim. 4:5.

V

Ministros fieles aprobados por.
Mat. 24:45-46; Luc. 12:41-44.
Ministros fieles velan. Heb. 13:17.
Ministros infieles no lo hacen. Isa. 56:10.

Motivos para
Ataques implacables del
diablo. 1 Ped. 5:8.
Esperar dirección de Dios. Hab. 2:1.
Incertidumbre del momento de venida de
Cristo. Mat. 24:42; 25:13;
Mar. 13:35-36.
Tendencia a caer en tentación.
Mat. 26:41.
Peligro de no. Mat. 24:48-51; 25:5,8,12;
Apoc. 3:3.

VELO

Cubierta para cabeza que generalmente usan
las mujeres. Gén. 38:14.

Ilustrativo de
Ceguera espiritual de nación judía.
2 Cor. 3:14-16.
Ceguera espiritual de naciones gentiles.
Isa. 25:7.
Moisés usó, para cubrir gloria de su rostro.
Ex. 34:33, con 2 Cor. 3:13.
Quitar, amenaza de castigo a mujeres
impías. Isa. 3:23.
Quitarse, se consideraba ofensivo e
insolente. Cant. 5:7.

Usado
Como símbolo de pudor. Gén. 24:65.
Como símbolo de sujeción.
1 Cor. 11:3,6-7,10.
Para cubrir. Gén. 38:14.

VELO SAGRADO

Bezaleel hizo, para tabernáculo. Ex. 36:35.
Colgaba de 4 columnas de madera de acacia
recubiertas de oro. Ex. 26:32.

Colgado entre lugar santo y lugar santísimo.
Ex. 26:33; Heb. 9:3.

Ilustrativo de
Cuerpo de Cristo, que ocultaba su
divinidad. Heb. 10:20. (Ver también
Isa. 53:2.)
Muerte de Cristo, que abrió cielo a
creyentes (cuando se rasga).
Heb. 10:19-20, con 9:24.
Oscuridad del período mosaico. Heb. 9:8.
Moisés ordenó que se hiciera. Ex. 26:31.
Para cubrir arca, propiciatorio y símbolo de
presencia divina. Ex. 40:3.
Salomón hizo, para templo. 2 Crón. 3:14.
Se rasgó cuando murió Cristo. Mat. 27:51;
Mar. 15:38; Luc. 23:45.

Sumo sacerdote
No podía entrar sin sangre. Lev. 16:3, con
Heb. 9:7.
Podía entrar sólo una vez al año.
Lev. 16:2; Heb. 9:7.
Sólo él podía entrar dentro del.
Heb. 9:6-7.

VENCER

En la práctica debemos, con el bien el mal.
Rom. 12:21.
En principio, hemos vencido al
maligno. 1 Juan 2:13-14.
Fe vence al mundo. 1 Juan 5:4.

Vencedores habrán de
Disfrutar árbol de la vida. Apoc. 2:7.
No estar sujetos a muerte espiritual.
Apoc. 2:11.
Recibir poder sobre naciones. Apoc. 2:26.
Sentarse con Cristo en su trono.
Apoc. 3:21.
Ser columnas en templo de Dios, y
recibirán 3 nombres. Apoc. 3:12.
Ser vestidos en blanco de pureza, y oír a
Cristo confesar sus nombres. Apoc. 3:5.

V

VENGANZA

Agradecer por ser guardado de
tomar. 1 Sam. 25:32-33.

Castigo por. Ezeq. 25:15-17; Amós 1:11-12.

Cristo, ejemplo de abstenerse de. Isa. 53:7;
1 Ped. 2:23.

Ejemplo de Jesús. Luc. 9:52-56.

Ejemplos de
Absalón. 2 Sam. 13:23-29.
Acab. 1 Rey. 22:27.
Amán. Est. 3:8-15.
David, de Joab. 1 Rey. 2:5-6.
David, de Mical. 2 Sam. 6:21-23.
David, de Simei. 1 Rey. 2:8-9.
Edomitas. Ezeq. 25:12.
Filisteos. Ezeq. 25:15.
Gedeón, de jefes de Sucot. Jue. 8:7,13-16.
Gedeón, de Peniel. Jue. 8:9,17.
Gedeón, de reyes de Madián.
Jue. 8:18-21.
Herodías. Mar. 6:19-24.
Israelitas, de amalecitas. Deut. 25:17-19;
1 Sam. 15:1-9.
Jacobo y Juan. Luc. 9:54.
Jezabel. 1 Rey. 19:2.
Joab, de Abner. 2 Sam. 3:27,30.
Judíos, de caldeos. Est. 9.
Líderes judíos. Hech. 7:54-59; 23:12.
Principales sacerdotes. Hech. 5:33.
Sansón. Jue. 15:7-8; 16:28-30.
Simeón y Leví. Gén. 34:25.

En vez de tomar, debemos
Abstenernos de. Mat. 5:38-41.
Bendecir. Rom. 12:14.
Confiar en Dios. Prov. 20:22.
Dejar que Dios haga justicia. Rom. 12:19.
Mostrar amor. Lev. 19:18; Luc. 6:35.
Triunfar sobre otros con bondad.
Prov. 25:21-22, con Rom. 12:20.
Enseñanza de Jesús. Mat. 5:38-44; 7:1-2.
Enseñanza de Pablo. Rom. 12:17-19.

Evitar que otros
tomen. 1 Sam. 24:10; 25:24-31; 26:9.
Impíos, resueltos a. Jer. 20:10.
Incongruente con espíritu cristiano.
Luc. 9:55.
Ley de. Ex. 21:23-25.
Pertenece a Dios. Sal. 94:1; Rom. 12:19.
Prohibida por Jesús. Mat. 5:39-41;
Rom. 12:17,19; 1 Tes. 5:15; 1 Ped. 3:9.
Proviene de corazón rencoroso. Ezeq. 25:15.
Reprensión de Cristo. Luc. 9:54-55.

VENIDA DE CRISTO

Ver Cristo, Venida de; Cristo, Segunda
Venida de

VENTANA

En casa de Rahab. Jos. 2:15.

VENTRILOQUÍA

Adivinación por. Hech. 16:16.

VERANO

Caracterizado por
Calor excesivo. Jer. 17:8.
Sequía excesiva. Sal. 32:4.
Creado por Dios. Sal. 74:17.
Gente en antigüedad tenía casas y lugares
especiales para. Jue. 3:20,24; Amós 3:15.
Hormigas preparan comida para invierno
durante. Prov. 6:8; 30:25.
Ilustrativo de época de gracia. Jer. 8:20.
Llegada del, anunciada por brote de hojas en
árboles. Mat. 24:32.
Muchas clases de fruta maduraban y se
usaban durante. 2 Sam. 16:1;
Jer. 40:10; 48:32.
Regreso anual del, establecido por pacto.
Gén. 8:22.
Sabios son diligentes durante. Prov. 10:5.

V

VERDAD

Creyentes deben

Adorar a Dios en. Juan 4:24, con
Sal. 145:18.

Alegrarse en la. 1 Cor. 13:6.

Caminar ante Dios en. 1 Rey. 2:4;
2 Rey. 20:3.

Comprarla, y no venderla. Prov. 23:23.

Escribir, en tablas del corazón. Prov. 3:3.

Hablar, unos a otros. Zac. 8:16; Ef. 4:25.

Meditar en la. Fil. 4:8.

Servir a Dios en. Jos. 24:14;
1 Sam. 12:24.

Cristo

Da testimonio a la. Juan 18:37.

Es la. Juan 14:6, con 7:18.

Estaba lleno de. Juan 1:14.

Habló. Juan 5:45.

Debemos

Amarla. 2 Tes. 2:10.

Creerla. 2 Tes. 2:12-13; 1 Tim. 4:3.

Dividirla correctamente. 2 Tim. 2:15.

Manifestarla. 2 Cor. 4:2.

Obedecerla. Rom. 2:8; Gál. 3:1.

Reconocerla. 2 Tim. 2:25.

Diablo no tiene. Juan 8:44.

Dios

Desea, en el corazón. Sal. 51:6.

Es un Dios de. Deut. 32:4; Sal. 31:5.

Mira con agrado la. Jer. 5:3.

Es

De acuerdo a la piedad. Tito 1:1.

En Cristo. Rom. 9:1; 1 Tim. 2:7.

Parte de armadura cristiana. Ef. 6:14.

Escrituras son. Dan. 10:21; Juan 17:17.

Espíritu Santo

Es el Espíritu de. Juan 14:17.

Guía a creyentes a toda. Juan 16:13.

Fruto del Espíritu es en toda. Ef. 5:9.

Iglesia es columna y baluarte de
la. 1 Tim. 3:15.

Impíos

Castigados por falta de. Jer. 9:5,9;
Os. 4:1.

Están privados de la. Os. 4:1; 1 Tim. 6:5.

No defienden. Jer. 9:3.

No hablan. Jer. 9:5.

No piden. Isa. 59:4.

No sostienen. Isa. 59:14-15.

Resisten. 2 Tim. 3:8.

Se alejan de. 2 Tim. 4:4.

Juan da testimonio de la. Juan 5:33.

Juicios de Dios, de acuerdo a. Sal. 96:13;
Rom. 2:2.

Magistrados deben ser hombres de.
Ex. 18:21.

Ministros del evangelio deben

Enseñar en la. 1 Tim. 2:7.

Hablar. 2 Cor. 12:6; Gál. 4:16.

Permanece en creyentes. 2 Juan 2.

Purifica. 1 Ped. 1:22.

Quienes hablan

Agradan a Dios. Prov. 12:22.

Muestran justicia. Prov. 12:17.

Permanecerán para siempre. Prov. 12:19.

Revelada a creyentes en forma abundante.
Jer. 33:6.

Reyes, preservados por la. Prov. 20:28.

Santifica. Juan 17:17,19.

Vino por medio de Cristo. Juan 1:17.

VERDAD DE DIOS
Ver Dios, Verdad de

VEREDICTO
Contra Jesús. Luc. 23:24.

VERGÜENZA
De Adán y Eva. Gén. 3:10.
De la cruz. Heb. 12:2.

Injustos. Sof. 3:5.
Jesús avergonzado de quienes lo niegan.
Luc. 9:26.

VESTIDOS

De justicia. 2 Crón. 6:41; Isa. 61:10;
Apoc. 6:11; 7:9,13.
Parábola del hombre que no tenía, de bodas.
Mat. 22:11.

VESTIMENTA

Ver también Ropa

Elegante. Ezeq. 16:10-14.

Fina
Para mostrar justicia.
Apoc. 3:4-5; 7:9,13.
Para mostrar *status*. Gén. 37:3;
Luc. 15:22.
Para reyes. Mat. 11:8.
Para sacerdotes. Ex. 28:1-43; 39:1-31.
Codicia por. Jos. 7:21.
Como obsequios. Gén. 45:22; 2 Rey. 5:5;
Est. 6:8.
Joyas. Ex. 35:22; Jue. 8:24-26;
Isa. 3:18-21.
Juicio por ostentación de. Isa. 3:16-26.
Mesurada. 1 Tim. 2:9; 1 Ped. 3:3-5.
Sucia, fig. de injusticia. Isa. 64:6;
Zac. 3:3-4; Apoc. 3:4.
Tosca, para profetas. 2 Rey. 1:8;
Zac. 13:4; Mat. 3:4; Mar. 1:6.
Ropa excesiva. Job 27:16-17.

VIAJEROS

A menudo contratabas guías que conocieran
región. Núm. 10:31-32; Job 29:15.
A menudo iban a pie. Gén. 28:10, con
32:10; Ex. 12:37; Hech. 20:13.
A menudo les preguntaban de dónde venían
y a dónde iban. Jue. 19:17.
A menudo se apartaban de los caminos para
mayor seguridad. Jue. 5:6.

A menudo se unían con otros y formaban
caravanas. Gén. 37:25; Isa. 21:13;
Luc. 2:44.

Amigos de
A menudo les daban provisiones.
Gén. 21:14; 44:1; Jer. 40:5.
A menudo los despedían con música.
Gén. 31:27.
A menudo los despedían con tristeza.
Hech. 20:37; 21:16.
A menudo los encomendaban a
protección de Dios. Gén. 43:13-14;
Hech. 21:5.
A veces los acompañaban corta
distancia. 2 Sam. 19:31;
Hech. 20:38; 21:5.
Cese de, como amenaza de desastre.
Isa. 33:8.

Con deberes urgentes
Iban a gran velocidad. Est. 8:10; Job 9:25.
No saludaban por el camino. 2 Rey. 4:29;
Luc. 10:4.
De a pie, modo de vestirse. Ex. 12:11.
Después de viaje largo, descripción.
Jos. 9:4-5,13.

Distinguidos
A menudo conseguían provisiones por el
camino. Jue. 8:5,8; 1 Sam. 25:4-13.
A menudo precedidos por heraldos, etc.,
para preparar el camino. Isa. 40:3-4,
con Mar. 1:2-3.
Antes de partir daban tareas, etc., a sus
siervos. Mat. 25:14.
Generalmente contaban con ayuda de
hombres de a pie. 1 Sam. 25:27;
1 Rey. 18:46; 2 Rey. 4:24; Ecl. 10:7.
Generalmente realizaban viajes de modo
opulento. 1 Rey. 10:2; 2 Rey. 5:5,9,
etc.
Iban en asnos, camellos, etc.
Gén. 22:3; 24:64; Núm. 22:21.

V

Iban en carros. 2 Rey. 5:9;
Hech. 8:27-28.

Estimaban duración de viaje según cantidad
de días que llevara. Gén. 31:23; Deut. 1:2;
2 Rey. 3:9.

Extranjeros eran amables con.
Gén. 18:2; 24:18-19.

Generalmente comenzaban viaje a la
mañana temprano. Jue. 19:5.

Generalmente descansaban a mediodía.
Gén. 18:1,3; Juan 4:6.

Generalmente paraban en pozos o arroyos.
Gén. 24:11; 32:21,23; Ex. 15:27;
1 Sam. 30:21; Juan 4:6.

Generalmente recibían gran hospitalidad.
Gén. 18:3-8; 19:2; 24:25,32-33;
Ex. 2:20; Jue. 19:20-21; Job 31:32. (Ver
también Heb. 13:2.)

Generalmente se detenían a la noche.
Gén. 24:11.

Hospedadores los protegían. Gén. 19:6-8;
Jue. 19:23.

Judíos no podían hacer viajes largos en día
de reposo. Ex. 20:10, con Hech. 1:12.

Llamados caminantes. Jue. 19:17; Isa. 35:8.

Llevaban consigo

Alimento para animales. Gén. 42:27;
Jue. 19:19.

Obsequios para hospedadores.
Gén. 43:15; 1 Rey. 10:2; 2 Rey. 5:5;
Mat. 2:11.

Odres con agua, vino, etc. Gén. 21:14-15;
Jos. 9:13.

Provisiones para viaje. Jos. 9:11-12;
Jue. 19:19.

Posada para, mención. Gén. 42:27;
Ex. 4:24; Luc. 2:7; 10:34.

Preparativos de los, alusión a. Ezeq. 12:3-4.

Promesas de hospitalidad, alusión a.
Apoc. 2:17.

VICTORIA
Ver también Vencer; Triunfo

Celebración con cántico. Jue. 5; 2 Sam. 22.

En batallas, por obra de Dios.
Sal. 55:18; 76:5-6.

Por parte de mujeres. 1 Sam. 18:6-7;
2 Sam. 1:20.

VID

A menudo dañadas por granizo y heladas.
Sal. 78:47; 105:32-33.

A menudo se volvían improductivas como
castigo. Jer. 8:13; Os. 2:12; Joel 1:7,12;
Hag. 2:19.

A menudo, silvestre. 2 Rey. 4:39; Os. 9:10.

Alusión proverbial a padres que comían
fruto verde de. Jer. 31:29-30; Ezeq. 18:2.

Animales jóvenes comían hojas y brotes.
Gén. 49:11.

Canaán tenía abundancia de.
Deut. 6:11; 8:8.

Cultivada

En laderas de montes. Jer. 31:5.

En valles. Cant. 6:11.

En viñas desde época de Noé. Gén. 9:20.

Junto a casas. Sal. 128:3.

De poca altura y mucho ramaje, valiosa.
Ezeq. 17:6.

De Sodoma, malas e inútiles. Deut. 32:32.

Debía cuidarse y podarse para aumentar
productividad. Lev. 25:3; 2 Crón. 26:10;
Isa. 18:5.

Dios la hacía fructífera cuando pueblo
obedecía. Joel 2:22; Zac. 8:12.

Fábula de. Jue. 9:12-13.

Fruto de

Agrio cuando no había madurado.
Jer. 31:30.

Se comía fresco, arrancado en racimos.
Deut. 23:24.

Se comía seco. 1 Sam. 25:18; 30:12.

V

Se hacía vino. Deut. 32:14; Mat. 26:29.
Se vendía en mercados. Neh. 13:15.
Uvas. Gén. 40:10.

Ilustrativa de
Crecimiento de creyentes en gracia (por
rápido crecimiento). Os. 14:7.
Creyentes (por ramas productivas).
Juan 15:5.
Cristo. Juan 15:1-2.
Hermosura de iglesia (por hermosos
racimos). Cant. 7:8.
Impíos (cuando no daba fruto). Os. 10:1.
Improductividad de impíos (por
inutilidad de su madera). Ezeq. 15:6-7.
Israel. Sal. 80:8; Isa. 5:2,7.
Meros profesantes (por ramas sin fruto).
Juan 15:2,6.
Paz y prosperidad (cuando alguien se
sentaba bajo su). 1 Rey. 4:25; Miq. 4:4;
Zac. 3:10.
Purificación divina del pueblo de Dios por
aflicción (cuando se podaba).
Juan 15:2.

Lugares famosos por
Egipto. Sal. 78:47; 80:8.
Escol. Núm. 13:23-24.
Líbano. Os. 14:7.
Sibma. Isa. 16:8-9.
Madera de, sólo servía para quemar.
Ezeq. 15:2-5.
Nazareos no podían comer. Núm. 6:3-4.
Parábolas de. Sal. 80:8-14;
Ezeq. 17:6-10; 19:10-14.
Probablemente producía 2 veces por año.
Núm. 13:20.
Puerco montés destruía. Sal. 80:13.
Se podaba. Isa. 5:6; Juan 15:1-5.
Simbólicamente. Juan 15:1-5.
Sus flores perfumaban el aire. Cant. 2:13;
Os. 14:7.
Zorras destruían. Cant. 2:15.

VIDA, COSTO DE LA

Aumento de riquezas
No confiar en. Sal. 62:10.
Vanidad. Ecl. 2:8-11.
Aumento en, debido a guerras y
hambre. 2 Rey. 6:24-25; 7:1.
Piedad y contentamiento. 1 Tim. 6:6-8.
Prosperidad y adversidad vienen de Dios.
Job 2:10; Fil. 4:11-14.
Recursos de clase media. Prov. 30:8-9.

VIDA, DURACIÓN DE LA

Natural, entre 70 y 80 años. Sal. 90:10.
Prolongada antes del diluvio. Gén. 5:1-32.
Reducida después del diluvio.
Gén. 11:10-32.
Terminación prematura. Gén. 4:8;
Job 21:21; Sal. 39:5,11.

VIDA ESPIRITUAL

Amantes del placer no tienen. 1 Tim. 5:6.
Avivada por Dios. Sal. 85:6; Os. 6:2.
Creyentes alaban a Dios por. Sal. 119:175.
Creyentes tienen. Ef. 2:1,5; Col. 2:13.
Cristo, autor de.
Juan 5:21,25; 6:33,51-53; 14:6;
1 Juan 4:9.
Debe vivificar servicio de creyentes.
Rom. 12:1; 1 Cor. 14:15.

Descripción
Vida en Espíritu. Gál. 5:25.
Vida nueva. Rom. 6:4.
Vida para Dios. Rom. 6:11; Gál. 2:19.
Dios, autor de. Sal. 36:9; Col. 2:13.
Escondida con Cristo. Col. 3:3.
Espíritu Santo, autor de. Ezeq. 37:14,
con Rom. 8:9-13.
Evidenciada por amor a otros
cristianos. 1 Juan 3:14.
Hipócritas no tienen. Jud. 12; Apoc. 3:1.
Ilustrada. Ezeq. 37:9-10; Luc. 15:24.
Impíos separados de. Ef. 4:18.

V

Ocuparse del Espíritu es. Rom. 8:6.
Orar para que haya más.
Sal. 119:25; 143:11.
Palabra de Dios es instrumento de.
Isa. 55:3; 2 Cor. 3:6; 1 Ped. 4:6.
Procurar crecer en. Ef. 4:15; 1 Ped. 2:2.

Sustentada por
Cristo. Juan 6:57; 1 Cor. 10:3-4.
Fe. Gál. 2:20.
Oración. Sal. 69:32.
Palabra de Dios. Deut. 8:3, con Mat. 4:4.
Temor de Dios es. Prov. 14:27; 19:23.
Tiene período de infancia.
Luc. 10:21; 1 Cor. 3:1-2; 1 Juan 2:12.
Tiene período de juventud. 1 Juan 2:13-14.
Tiene período de madurez.
Ef. 4:13; 1 Juan 2:13-14.
Tiene su origen en nuevo nacimiento.
Juan 3:3-8.

VIDA ETERNA

Conocer a Dios y a Cristo es. Juan 17:3.

Creyentes
Cosecharán, por Espíritu. Gál. 6:8.
Deben echar mano de 1 Tim. 6:12,19.
Esperan misericordia de Dios para.
Jud. 21.
Heredarán. Mat. 19:29.
Irán a. Mat. 25:46.
Pueden tener seguridad de.
2 Cor. 5:1; 1 Juan 5:13.
Reinarán en. Dan. 7:18; Rom. 5:17.
Resucitarán a. Dan. 12:2; Juan 5:29.
Son preservados para. Juan 10:28-29.
Tienen esperanza de. Tito 1:2; 3:7.
Tienen promesas de. 1 Tim. 4:8;
2 Tim. 1:1; Tito 1:2; 1 Juan 2:25.
Cristo es. 1 Juan 1:2; 5:20.

Dada
A quienes aborrecen su vida por amor a
Cristo. Juan 12:25.

A quienes creen en Cristo.
Juan 3:15-16; 6:40,47.
A quienes creen en Dios. Juan 5:24.
A todos quienes son dados a Cristo.
Juan 17:2.
A través de Cristo. Rom. 5:21; 6:23.
En Cristo. 1 Juan 5:11.
En respuesta a oración. Sal. 21:4.
Por Cristo. Juan 6:27; 10:28.
Por Dios. Sal. 113:3; Rom. 6:23.

Es resultado de
Beber agua de vida. Juan 4:14.
Comer del árbol de vida. Apoc. 2:7.
Comer del pan de vida. Juan 6:50-58.
Exhortación a buscar. Juan 6:27.

Impíos
No tienen. 1 Juan 3:15.
Se dicen indignos de. Hech. 13:46.
No se puede heredar por obras. Rom. 2:7,
con 3:10-19.
Quienes se creen buenos creen que
heredarán, por obras. Mar. 10:17.
Quienes son ordenados para, creen el
evangelio. Hech. 13:48.
Revelada en Escrituras. Juan 5:39.
Revelada por Cristo.
Juan 6:68; 2 Tim. 1:10.

VIDA, MANTENIMIENTO ARTIFICIAL DE LA

Preferencia por muerte. 2 Cor. 5:8.
Preferencia por vida. Deut. 30:19.

Principios relevantes para
Dios da la vida y la quita. Job 1:21;
Rom. 14:7-8.
Eliminación del temor a la muerte.
1 Cor. 15:54-55; Heb. 2:14-15.
Santidad de la vida. Gén. 1:26-27; Sal. 8:5.

VIDA NATURAL

A veces acortada judicialmente.
1 Sam. 2:32-33; Job 36:14.

V

A veces prolongada en respuesta a oración.
Isa. 38:2-5; Sant. 5:15.

Afanes y placeres de, peligrosos.
Luc. 8:14; 21:34; 2 Tim. 2:4.

Brevedad de, debe llevar al avance espiritual.
Deut. 32:29; Sal. 90:12.

Comparada con
Agua derramada en la tierra.
2 Sam. 14:14.
Águila arrojándose sobre su presa.
Job 9:26.
Barco veloz. Job 9:26.
Correo ligero. Job 9:25.
Flor. Job 14:2.
Hierba. 1 Ped. 1:24.
Hilo cortado por tejedor. Isa. 38:12.
Lanzadera de tejedor. Job 7:6.
Neblina. Sant. 4:14.
Pensamiento. Sal. 90:9.
Peregrinación. Gén. 47:9.
Sombra. Ecl. 6:12.
Soplo. Job 7:7.
Sueño. Sal. 73:20; Sal. 90:5.
Tienda de pastor que es movida.
Isa. 38:18.

Creyentes pueden disfrutar verdaderamente
de. Sal. 128:2; 1 Tim. 4:8.

Cuidarla con diligencia. Mat. 10:23;
Hech. 27:34.

De creyentes, especialmente protegida por.
Job 2:6; Hech. 18:10; 1 Ped. 3:13.

De impíos, no protegida por Dios en forma
especial. Job 36:6; Sal. 78:50.

De otros, no debe quitarse. Ex. 20:13.

Deberes durante
Hacer el bien. Ecl. 3:12.
Paz. Rom. 12:18; 1 Tim. 2:2.
Servicio a Dios. Luc. 1:75.
Temor de Dios. 1 Ped. 1:17.
Vivir para Dios. Rom. 14:8; Fil. 1:21.

Descripción
Breve. Job 14:1; Sal. 89:47.
Incierta. Sant. 4:13-15.
Limitada. Job 7:1; 14:5.
Llena de angustias. Job 14:1.
Vana. Ecl. 6:12.

Dios como autor de. Gén. 2:7; Hech. 17:28.

Dios preserva. Sal. 36:6; 66:9.

Disfrute no consiste en muchas posesiones.
Luc. 12:15.

En manos de Dios. Job 12:10; Dan. 5:23.

Estar agradecido por
Preservación de. Sal. 103:4; Juan 2:6.
Provisiones divinas. Gén. 48:15.

Impíos tienen su porción de cosas buenas
durante. Sal. 17:14; Luc. 6:24; 16:25.

Insatisfechos desprecian. Ecl. 2:17.

Milagrosamente restaurada por Cristo.
Mat. 9:18,25; Luc. 7:15,22; Juan 11:43.

Misericordia de Dios es mejor que. Sal. 63:3.

No afanarse por proveer a las necesidades
de. Mat. 6:25.

No sabemos qué es bueno para nosotros en.
Ecl. 6:12.

Obediencia a Dios tiende a prolongar.
Deut. 30:20.

Obediencia a padres tiende a prolongar.
Ex. 20:12; Prov. 4:10.

Pérdida del derecho a, por pecado.
Gén. 2:17; 3:17-19.

Si es necesario, darla por Cristo. Mat. 10:39;
Luc. 14:26; Hech. 20:24.

Si es necesario, darla por otros creyentes.
Rom. 16:4; 1 Juan 3:16.

Valor de. Job 2:4; Mat. 6:25.

VIDA, ORIGEN DE

Creación del ser humano.
Gén. 1:26-28; 2:7;
Mat. 19:4; 1 Cor. 15:22.

Dios actuó antes de creación del mundo.
Juan 17:24; Ef. 1:4.

Dios creó
Cielos y tierra. Gén. 1:1; Isa. 45:18.
Con complejos designios. Sal. 139:13-15.
Con propósito. Isa. 43:7; 45:18;
Col. 1:16.
Por medio de actos contundentes.
Gén. 1:3,6,9,14,20,24,26; Sal. 148:5;
Apoc. 4:11.
Según géneros y especies que se
autorreproducen. Gén. 1:11-12,21,24.
Todo lo que existe. Juan 1:3.

VIDRIO
Mar de. Apoc. 15:2.
Sentido simbólico. Apoc. 21:18,21.

VIEJA NATURALEZA
Ver Cristianos, Naturaleza (vieja) de los

VIEJO(S)
Cosas nuevas y, tesoro. Mat. 13:52.
Cosas, no pueden ir con nuevas.
Mat. 9:16-17; Luc. 5:36-39.
Da lugar a lo nuevo. 2 Cor. 5:17.
Hombres y mujeres, aconsejaban.
Tito 2:2-4.
Hombres, soñarían sueños. Hech. 2:17.
Mandamiento nuevo, implícito en
mandamiento. 1 Juan 2:7.
No traspasar linderos. Prov. 22:28.
Nuevo pacto de Cristo reemplaza al.
Heb. 8:6-13.
Vino, es mejor que el nuevo. Luc. 5:39.

VIENTO
A menudo produce lluvia. 1 Rey. 18:44-45.
(Ver también 2 Rey. 3:17.)
A menudo, destrucción. Sal. 103:16;
Isa. 40:7.

Cuando es violento, se lo llama
Borrascoso. Sal. 55:8.
Fuerte. Apoc. 6:13.

Grande y poderoso. 1 Rey. 19:11.
Impetuoso. Sant. 3:4.
Recio. Isa. 27:8; Hech. 2:2.
Tempestad. Job 9:17; Jon. 1:4.
Tempestuoso. Ezeq. 13:11,13.
Torbellino. Job 21:18; Sal. 83:15.
Del norte, se lleva lluvia. Prov. 25:23.

Dios
Aquieta. Mat. 8:26; 14:32.
Contiene. Job 28:25; Sal. 107:29.
Hace desatar. Sal. 107:25; Jon. 4:8.
Mueve. Sal. 78:26.
Saca el, de sus depósitos. Sal. 135:7;
Jer. 10:13.
Toma en su mano. Prov. 30:4.

Ilustrativo de
Discursos de un desesperado. Job 6:26.
Esperanzas vanas (alimentarse de).
Os. 12:1.
Expectativas frustradas (dar a luz viento).
Isa. 26:18.
Falsas doctrinas. Ef. 4:14.
Imágenes fundidas. Isa. 41:29.
Impíos (como paja delante del).
Job 21:18; Sal. 1:4.
Iniquidad que lleva a destrucción.
Isa. 64:6.
Juicios de Dios (cuando son destructores).
Isa. 27:8; 29:6; 41:16.
Miedos que atormentan el alma.
Job 30:15.
Obras del Espíritu Santo. Ezeq. 37:9;
Juan 3:8; Hech. 2:2.
Pecado (sembrar). Os. 8:7.
Quien presume de dar (viento sin lluvia).
Prov. 25:14.
Vida humana. Job 7:7.
Lleva a cabo propósitos de Dios. Sal. 148:8.

Mencionados en Escritura
Aquilón (del norte). Prov. 25:23;
Cant. 4:16.

Del oeste. Ex. 10:19.
Del sur. Job 37:17; Luc. 12:55.
Euroclidón (del nordeste). Hech. 27:14.
Seco. Jer. 4:11.
Solano (del este). Job 27:21; Ezeq. 17:10;
Os. 13:15.
Torbellino. Job 37:9.

Milagros asociados con
Calmado por Cristo. Mat. 8:26; 14:32.
Codornices traídas por. Núm. 11:31.
Langostas eliminadas por. Ex. 10:19.
Langostas traídas por. Ex. 10:13.
Mar Rojo dividido por. Ex. 14:21.
Rocas y montañas partidas por.
1 Rey. 19:11.
Se calmó cuando Jonás fue arrojado al
agua. Jon. 1:15.
Se levantó, por causa de. Jon. 1:4.
Naturaleza variable del. Ecl. 1:6.
Purificación por. Job 37:21; Jer. 4:11.
Se advierte movimiento de hojas. Isa. 7:2;
Mat. 11:7; Apoc. 6:13.
Seca las cosas. Gén. 8:1.

Tempestuoso
Destruye casas. Job 1:19; Mat. 7:27.
Eleva olas del mar. Sal. 107:25;
Juan 6:18.
Mueve y sacude grandes barcos.
Mat. 14:24; Hech. 27:18; Sant. 3:4.
Teoría del, más allá de comprensión
humana. Juan 3:8.

VIENTRE
Usado figurativamente como asiento de
emociones. Job 15:2,35; 20:20;
Prov. 18:20; Hab. 3:16; Juan 7:38.

VIGILANTES
Ver Guardianes

VINAGRE
Ofrecido a Cristo en la cruz. Juan 19:29.

Prohibido a nazareos. Núm. 6:3.
Se usaba con comidas. Rut 2:14.

VINO
A menudo con especias para aumentar su
potencia, etc. Prov. 9:2,5; 23:30.
A veces mezclado con leche como bebida.
Cant. 5:1.
Amor de Cristo debe preferirse al.
Cant. 1:2,4.
Artículo muy comerciado. Ezeq. 27:18.

Características
Alegra a Dios y a hombres. Jue. 9:13;
Zac. 9:17.
Alegra el corazón. Sal. 104:15.
Alegra. Est. 1:10; Ecl. 10:19.
Da fuerzas. 2 Sam. 16:2.
Con trigo y aceite, símbolo de bendiciones
temporales. Gén. 27:28,37; Sal. 4:7;
Os. 2:8; Joel 2:19.

Vida cotidiana

VINO

El vino es una bebida de uvas. Las uvas abundaban en toda la antigua Palestina. Incluso en regiones con precipitaciones limitadas, a la noche había suficiente rocío como para que hubiera viñas florecientes. El vino se hacía del jugo que se extraía al apisonar las uvas en grandes cubas de piedra que tenían un pequeño desagüe en un extremo. El jugo iba a gamellones y se vertía en grandes vasijas. En los tiempos del Nuevo Testamento el vino también se usaba como medicina y desinfectante.

V

Consecuencias de poner el nuevo en odres viejos. Mar. 2:22.

Costumbre de darlo a personas que sufrían, mezclado con drogas. Prov. 31:6; Mar. 15:23.

Costumbre de ofrecerlo a viajeros. Gén. 14:18; 1 Sam. 25:18.

Dado a judíos en abundancia cuando había obediencia. Os. 2:22; Joel 2:19,24; Zac. 9:17.

En tiempos de escasez, se mezclaba con agua. Isa. 1:22.

Exceso de
Deteriora juicio y memoria. Prov. 31:4-5; Isa. 28:7.

Enciende pasiones. Isa. 5:11.

Irrita ánimo. Prov. 20:1.

Lleva a remordimiento. Prov. 29:32.

Lleva a tristeza y dolor. Prov. 23:29-30.

Perjudica la salud. 1 Sam. 25:37; Os. 4:11.

Prohibido. Ef. 5:18.

Generalmente se hacía pisando uvas en lagar. Neh. 13:15; Isa. 63:2-3.

Guardado en bodegas. 1 Crón. 27:27.

Ilustrativo de
Abominaciones de apostasía. Apoc. 17:2; 18:3.

Bendiciones del evangelio. Prov. 9:2,5; Isa. 25:6; 55:1.

Ira y juicios de Dios. Sal. 60:3; 75:8; Jer. 13:12-14; 25:15-18.

Sangre de Cristo. Mat. 26:27-29.

Violencia y saqueo. Prov. 4:17.

Judíos, a menudo bebían exceso de. Isa. 5:11; 113:3; Amós 6:6.

Judíos, a menudo privados de, como castigo. Isa. 24:7,11; Os. 2:9; Joel 1:10; Hag. 1:11; 2:16.

Lugares famosos por
Asiria. 2 Rey. 18:32; Isa. 36:17.

Canaán en general. Deut. 33:28.

Helbón. Ezeq. 27:18.

Líbano. Os. 14:17.

Moab. Isa. 16:8-10; Jer. 48:32-33.

Posesiones de Judá. Gén. 49:8,11-12.

Mejoraba al volverse añejo. Luc. 5:39.

Milagro de agua transformada en. Juan 2:9.

Mosto, apreciado por sabor y potencia. Isa. 49:26; Amós 9:13; Miq. 6:15.

Muchas clases de. Neh. 5:18.

Primera manera de hacer, registrada. Gén. 40:11.

Primera mención del. Gén. 9:20-21.

Primicias de, ofrecerlas a Dios. Deut. 18:4; 2 Crón. 31:5.

Prohibido a nazareos durante su dedicación. Núm. 6:3.

Prohibido a sacerdotes mientras trabajaran en tabernáculo. Lev. 10:9.

Recabitas nunca bebieron. Jer. 35:5-6.

Refinación del, alusión a. Isa. 25:6.

Rojo, el más estimado. Prov. 23:31; Isa. 27:2.

Se guardaba en odres. 1 Sam. 25:18; Hab. 2:15.

Se hacía con
Jugo de granada. Cant. 8:2.

Jugo de uva. Gén. 49:11.

Usado
Como bebida desde antigüedad. Gén. 9:21; 27:25.

Como medicina. Luc. 10:34; 1 Tim. 5:23.

En fiestas y celebraciones. Est. 1:7; 5:6; Isa. 5:12; Dan. 5:1-4; Juan 2:3.

Para libaciones en adoración a Dios. Ex. 29:40; Núm. 15:4-10.

Para libaciones en cultos idólatras. Deut. 32:37-38.

VIÑA

A menudo cercada. Núm. 22:24; Prov. 24:31; Isa. 5:2,5.

A menudo se contrataba guardia.
Cant. 8:11; Mat. 21:33.

A menudo se hipotecaba. Neh. 5:3-4.

Alquiler de, a menudo se pagaba con parte
del fruto. Mat. 21:34.

Antigüedad de. Gén. 9:20.

Arrendamiento de. Cant. 8:11,12;
Mat. 21:33-39.

Contaban con elementos para hacer vino.
Isa. 5:2; Mat. 21:33.

De reyes de Israel, supervisadas por
funcionarios del estado. 1 Crón. 27:27.

De reyes. 1 Crón. 27:26-28.

De uvas rojas, de gran valor. Isa. 27:2.

Del perezoso, descuidada y echada a perder.
Prov. 24:30-31.

Descuidada. Prov. 24:30,31.

En épocas desfavorables producían poco
vino. Isa. 5:10; Hag. 1:9,11.

Estanques en. Ecl. 2:4,6.

Ganancia estimada de, a quien la cuidaba.
Cant. 8:12.

Ilustrativa de
Escogidos (cuando se recogen rebuscos).
Isa. 24:13.

Iglesia judía. Isa. 5:7; 27:2; Jer. 12:10.

Severas calamidades. Isa. 32:10.

Impíos, privados judicialmente de disfrutar.
Amós 5:11; Sof. 1:13.

Lagar en. Isa. 5:2.

Leyes sobre
Compensación en especie por daños a.
Ex. 22:5.

Extranjeros que entraban en, podían
comer fruto pero no llevarse nada.
Deut. 23:24.

Fruto de nueva, dueños podían comer a
partir quinto año. Lev. 19:25.

Fruto de nueva, no comerse por 3 años.
Lev. 19:23.

Fruto de nueva, sería santo a Jehová el
cuarto año. Lev. 19:24.

Fruto espontáneo de, no recoger en año
sabático ni de jubileo. Lev. 25:5,11.

No cultivarse en año sabático. Ex. 23:11;
Lev. 25:4.

No plantar diferentes clases de semillas.
Deut. 22:9.

Quienes plantaban, exceptuados de
servicio militar hasta que comieran
fruto de. Deut. 20:6.

Rebusco de, se dejaba para pobres.
Lev. 19:10; Deut. 24:21.

Modo de contratar y pagar a obreros de.
Mat. 20:1-2.

Parábolas de. Isa. 5:1-7; Luc. 13:6-9.

Planes para plantar. Sal. 107:37; 1 Cor. 9:7.

Pobres labraban. 2 Rey. 25:12; Isa. 61:5.

Producto de, a menudo destruido por
enemigos. Jer. 48:32.

Producto de, a menudo destruido por
insectos, etc. Deut. 28:39; Amós 4:9.

Recabitas y prohibición de plantar.
Jer. 35:7-9.

Renta estimada de. Cant. 8:11; Isa. 7:23.

Se edificaban enramadas en, para
cuidadores. Isa. 1:8.

Se quitaban piedras con cuidado. Isa. 5:2.

Toda la familia a menudo trabajaba en.
Cant. 1:6; Mat. 21:28-30.

Torres en. Isa. 5:2; Mat. 21:33.

Vega de. Jue. 11:33.

Vendimia
A veces continuaba hasta tiempo de
siembra. Lev. 26:5.

Malogro en, motivo de gran angustia.
Isa. 16:9-10.

Tiempo de gran regocijo. Isa. 16:10.

VIOLACIÓN

Ver también Amorosas, Aventuras;
Autoestima

Ejemplos de
Concubina de levita, por parte de
benjamitas. Jue. 19:22-30; 20:35.
Dina, por parte de Siquem. Gén. 34:2.
Tamar, por parte de Amnón.
2 Sam. 13:1-29,32-33.
Ley impone pena de muerte para.
Deut. 22:25-27.
Mujeres cautivas sufrieron. Isa. 13:16;
Lam. 5:11; Zac. 14:2.
Prohibición. Deut. 22:25-28.

Violación en grupo
Ejemplo de. Jue. 19:22-26.
Intento. Gén. 19:4-11.

VIRGEN

Consejo de Pablo: no casarse. 1 Cor. 7.
Desposorio de. Deut. 22:23-24.
Dote de. Ex. 22:17.
Figurativamente, iglesia. Isa. 62:5; 2
Cor. 11:2.
Figurativamente, pureza personal.
1 Cor. 7:25,37; Apoc. 14:4.
Lamentación en templo. Lam. 1:4; 2:10.
María, madre de Jesús. Isa. 7:14; Mat. 1:23.
Parábola de sabias y necias. Mat. 25:1-13.
Sacerdote sólo podía casarse con.
Lev. 21:14.
Vestimenta que las distinguía. 2 Sam. 13:18.

VIRTUD

Excelencia. Fil. 4:8; 2 Ped. 1:5.

VISIONES

A menudo acompañadas por
Aparición de ángeles. Luc. 1:22, con
1:11; 24:23; Hech. 10:3.
Aparición de seres humanos.
Hech. 9:12; 16:9.
Representación de persona y gloria
divina. Isa. 6:1.

Voz audible, desde el cielo. Gén. 15:1;
1 Sam. 3:4-5.
A menudo Dios hizo conocer su voluntad
por medio de. Sal. 89:19.
A menudo, difíciles y desconcertantes para
receptores. Dan. 7:15; 8:15; Hech. 10:17.

A menudo se recibían
De noche. Gén. 46:2; Dan. 2:19.
Durante éxtasis. Núm. 24:16;
Hech. 11:5.
A veces se retenía durante largo
tiempo. 1 Sam. 3:1.
Ángel con evangelio eterno. Apoc. 14:6-7.
Ángel con libro. Apoc. 10:1-10.
Ángel con poder sobre fuego. Apoc. 14:18.
Ángel que proclama caída de Babilonia.
Apoc. 14:8-13.
Ángel que recoge cosecha. Apoc. 14:14-20.
Ángel saliendo del templo. Apoc. 14:7-19.
Ángel y sol. Apoc. 19:17-21.
Ángeles con últimas 7 plagas. Apoc. 15.
Árbol de la vida. Apoc. 22:2.
Arco iris y trono. Apoc. 4:2-3.
Bestia que sale de tierra. Apoc. 13:11-18.
Bestia que sale del mar. Apoc. 13:1-10.
Bestia que sube del abismo. Apoc. 11:7.
Caída de la ciudad. Apoc. 11:13.
Copas de oro. Apoc. 5:8.
Cordero en Monte Sión. Apoc. 14:1-5.
Cristo y candeleros de oro. Apoc. 1:10-20.
Cuatro ángeles desatados junto al Éufrates.
Apoc. 9:14.
Cuatro ángeles. Apoc. 7:1.
Cuatro caballos. Apoc. 6:2-8.
Cuatro criaturas vivientes. Apoc. 4:6-8.
De Abraham, sobre descendientes.
Gén. 15:1-17.
De Amós, frutos de verano. Amós 8:1-2.
De Amós, fuego. Amós 7:4.
De Amós, langostas. Amós 7:1-2.
De Amós, plomada. Amós 7:7-8.
De Amós, templo. Amós 9:1.

V

De Ananías, Cristo. Hech. 9:10-12.

De Cornelio, un ángel. Hech. 10:3.

De Daniel, anciano de días. Dan. 7:9-27.

De Daniel, ángel. Dan. 10.

De Daniel, carnero y macho cabrío. Dan. 8.

De Daniel, 4 bestias. Dan. 7.

De David, ángel de Jehová en era de
Ornán. 1 Crón. 21:15-18.

De Elifaz, durante noche. Job 4:13-16.

De Eliseo, cuando Elías fue llevado al
cielo. 2 Rey. 2:11.

De Esteban, Cristo. Hech. 7:55-56.

De Ezequiel, aguas. Ezeq. 47:1-12.

De Ezequiel, carbones encendidos.
Ezeq. 10:1-7.

De Ezequiel, ciudad y templo. Ezeq. 40-48.

De Ezequiel, gloria de Dios.
Ezeq. 1:3; 12:14; 23.

De Ezequiel, hombre de fuego. Ezeq. 8; 9.

De Ezequiel, huesos secos. Ezeq. 37:1-14.

De Ezequiel, rollo. Ezeq. 2:9.

De Isaías, Jehová y su gloria en templo.
Isa. 6.

De Isaías, valle de la visión. Isa. 22.

De israelitas, manifestación de gloria de
Dios. Ex. 24:10,17; Heb. 12:18-21.

De Jacob, en Beerseba. Gén. 46:2.

De Jacob, escalera con ángeles que subían y
bajaban. Gén. 28:12.

De Jeremías, olla hirviente. Jer. 1:13.

De Jeremías, rama de almendro. Jer. 1:11.

De Job, su espíritu. Job 4:12-16.

De Josué, príncipe del ejército de Jehová.
Jos. 5:13-15.

De Juan el Bautista en bautismo de Jesús.
Mat. 3:16.

De Juan en isla de Patmos. Libro de
Apocalipsis.

De la puerta abierta. Apoc. 4:1.

De Micaías, derrota de israelitas.
1 Rey. 22:17-23; 2 Crón. 18:16-22.

De Moisés, gloria de Dios.
Ex. 24:9-11; 33:18-23.

De Moisés, zarza ardiendo. Ex. 3:2.

De multitud que adoraba. Apoc. 19:1-9.

De Pablo en camino a Damasco, Cristo.
Hech. 9:3-6.

De Pablo en Corinto. Hech. 18:9-10.

De Pablo, en éxtasis. Hech. 22:17-21.

De Pablo, paraíso. 2 Cor. 12:1-4.

De Pedro, Jacobo y Juan, transfiguración de
Jesús y aparición de Moisés y Elías.
Mat. 17:1-9.

De Pedro, lienzo que descendía del cielo.
Hech. 10:9-18.

De Samuel. 1 Sam. 3:2-15.

De Zacarías, caballos. Zac. 1:8-11.

De Zacarías, candelero de oro. Zac. 4.

De Zacarías, cuernos y carpinteros.
Zac. 1:18-21.

De Zacarías, en templo. Luc. 1:13-22.

De Zacarías, montes y carros. Zac. 6:1-8.

De Zacarías, rollo que volaba. Zac. 5:1-4.

De Zacarías, sumo sacerdote. Zac. 3:1-5.

Del hombre macedonio que decía: "Pasa a
Macedonia y ayúdanos". Hech. 16:9.

Del que es fiel y verdadero, montado en
caballo blanco. Apoc. 19:11-16.

Del siervo de Eliseo, carros de
Jehová. 2 Rey. 16:17.

Del sueño de Nabucodonosor, la imagen.
Dan. 2:28; 4:5.

Destrucción de Babilonia. Apoc. 18.

Dos olivos y 2 candeleros. Apoc. 11:4.

Dos testigos. Apoc. 11:3-12.

Dragón escarlata. Apoc. 12:3-17.

Ejército de jinetes. Apoc. 9:16-19.

Estrella que cae del cielo.
Apoc. 8:10-11; 9:1.

Falsos profetas alegan haber visto.
Jer. 14:14; 23:16.

Falta de, gran calamidad. Lam. 2:9.

Forma de revelación. Núm. 12:6;
1 Sam. 3:1; 2 Crón. 26:5; Sal. 89:19;
Prov. 29:18; Jer. 14:14; 23:16;

V

Dan. 1:17; Os. 12:10; Joel 2:28; Abd. 1;
Hab. 2:2; Hech. 2:17.

Gran trono blanco. Apoc. 20:11.

Granizo y fuego. Apoc. 8:7.

Guerra en el cielo. Apoc. 12:7-9.

Hijo del Hombre con hoz. Apoc. 14:14-16.

Incensario. Apoc. 8:5.

Langostas. Apoc. 9:3-11.

Lenguas de fuego en Pentecostés.
Hech. 2:2-3.

Libro con 7 sellos. Apoc. 5:1-5.

Libro de la vida que se abría. Apoc. 20:12.

Mar de cristal. Apoc. 4:6; 15:2.

Mar que se convertía en sangre. Apoc. 16:3.

Medidas del templo. Apoc. 11:1-2.

Monte arrojado al mar. Apoc. 8:8-9.

Muerte e infierno. Apoc. 20:14.

Mujer vestida con sol y nacimiento de hijo
varón. Apoc. 12.

Multiplicadas para beneficio del pueblo.
Os. 12:10.

Nueva Jerusalén. Apoc. 21.

Oscurecimiento de un tercio del sol, luna y
estrellas. Apoc. 8:12.

Patio de gentiles. Apoc. 11:2.

Plaga de los hombres con marca de bestia.
Apoc. 16:2.

Pozo del abismo. Apoc. 9:2.

Profetas de Dios, entendidos en
interpretación de. Dan. 1:17.

Registradas para beneficio del pueblo.
Hab. 2:2.

Río de la vida. Apoc. 22:1.

Satanás atado por mil años. Apoc. 20:1-3.

Segunda y tercera calamidad. Apoc. 11:14.

Seis sellos. Apoc. 6.

Sello de los 144.000. Apoc. 7:2-8.

Séptimo sello y 7 ángeles. Apoc. 8-11.

Siete ángeles con 7 copas de ira de Dios.
Apoc. 16; 17.

Siete lámparas. Apoc. 4:5.

Siete truenos. Apoc. 10:3-4.

Templo abierto. Apoc. 15:5.

Terremotos y fenómenos en cielo.
Apoc. 6:12-14.

Tronos de juicio, resurrección y Satanás
desatado. Apoc. 20:1-10.

Veinticuatro ancianos. Apoc. 4:4.

Vid y lagar. Apoc. 14:18-20.

VIUDAS

A menudo oprimidas y perseguidas.
Job 24:3; Ezeq. 22:7.

A menudo se dedicaban al servicio de Dios.
Luc. 2:37; 1 Tim. 5:9-11.

Afrenta asociada a. Isa. 54:4.

Aumento de, amenaza de castigo. Ex. 22:24;
Jer. 15:8; 18:21.

Aunque fueran pobres, podían ser
generosas. Mar. 12:42-43.

Bajo protección especial de Dios.
Deut. 10:18; Sal. 68:5.

Bendiciones a quienes ayuden a.
Deut. 14:29.

Calamidades a quienes opriman a.
Isa. 10:1-2.

Carácter de una verdadera. Luc. 2:37;
1 Tim. 5:5,10.

Clamor en favor de. Isa. 1:17.

Creyentes
Ayudan a. Hech. 9:39.
Dan alegría a. Job 29:13.
No desalientan a. Job 31:16.

Cuando son jóvenes, expuestas a muchas
tentaciones. 1 Tim. 5:11-14.

Cuidadas de modo especial por iglesia
primitiva. Hech. 6:1; 1 Tim. 5:9.

Deben compartir nuestras bendiciones.
Deut. 14:29; 16:11,14; 24:19-21.

Deben ser
Ayudadas por iglesia. Hech. 6:1;
1 Tim. 5:9.
Ayudadas por sus amigos. 1 Tim. 5:4,16.
Visitadas en sus aflicciones. Sant. 1:27.

V

Dios

Afirma heredad de. Prov. 15:25.

Ayuda a. Sal. 146:9.

Defiende a. Deut. 10:18; Sal. 68:5.

Presta oído a clamor de. Ex. 22:23.

Ejemplos de

Ana. Luc. 2:36-37.

De Naín, a cuyo hijo Jesús resucitó. Luc. 7:11-15.

De Sarepta, quien alimentó a Elías durante hambruna. 1 Rey. 17.

La que dio 2 monedas en templo. Mar. 12:41-44; Luc. 21:2.

Mujeres cuyos hijos Eliseo salvó de esclavitud. 2 Rey. 4:1-7.

Noemí. Rut 1:3.

Rut. Rut 1-4.

Ejemplos de gran generosidad de. 1 Rey. 17:9-15; Mar. 12:42-43.

Exhortación a confiar en Dios. Jer. 49:11.

Honrarlas si en verdad son. 1 Tim. 5:3.

Ilustrativas de

Condición desolada. Isa. 47:8-9.

Sión en cautiverio. Lam. 1:1.

Impíos

Afligen a. Ezeq. 22:7.

Desestiman causa de. Isa. 1:23.

Matan a. Sal. 94:6.

No dan nada a. Job 22:9.

No hacen bien a. Job 24:21.

Se aprovechan de. Isa. 10:2; Mat. 23:14.

Toman prendas de. Job 24:3.

Leyes sobre las

Acreedores no podían tomar en prenda vestiduras de. Deut. 24:17.

Compartir diezmo cada 3 años. Deut. 14:28-29; 26:12-13.

Cuando hijas de sacerdotes quedaban, padre debía sostenerlas. Lev. 22:13.

Cuando no tenían hijos, debían casarse con pariente más cercano de su esposo.

Deut. 25:5-6; Rut 3:10-13, con 4:4-5; Mat. 22:24-28.

Debían cumplir sus votos. Núm. 30:9.

No oprimirlas. Ex. 22:22; Deut. 27:19.

Podían espigar en campos y viñas. Deut. 24:19.

Sacerdotes no podían casarse con. Lev. 21:14.

Tomar parte en alegría del pueblo. Deut. 16:11,14.

Libres de toda obligación para con esposo. Rom. 7:3.

Maldición por pervertir derecho de. Deut. 27:19.

Mandamiento sobre. Ex. 22:22-24.

Mandamientos de Pablo sobre. 1 Cor. 7:8-9; 1 Tim. 5:3-16.

No debían ser

Afligidas. Ex. 22:22.

Oprimidas. Zac. 7:10.

Privadas de ropa al tomarlas en prenda. Deut. 24:17.

Tratadas con violencia. Jer. 22:3.

Podían volver a casarse. Rom. 7:3; 1 Cor. 7:39.

Tipo de Sión en aflicción. Lam. 5:3.

Vestían ropas de luto después de muerte del esposo. Gén. 38:14,19; 2 Sam. 14:2,5.

VOLCÁN

En Horeb. Deut. 4:11; 5:23.

VOLUBILIDAD

Causada por lealtades encontradas. Mat. 6:24; 12:25.

Duda produce. Sant. 1:6-8.

Ejemplos de

David, al ceder a codicia sexual. 2 Sam. 11:2-9.

Discípulos de Jesús. Juan 6:66; Hech. 15:38.

Efraín y Judá. Os. 6:4.

V

Esposa de Lot. Luc. 17:32.

Rubén. Gén. 49:4.

Salomón, al hacer caso a sus esposas idólatras. 1 Rey. 1-8.

Saúl, en lo que sentía por David. 1 Sam. 18:19.

Evitar a personas dadas a. Prov. 24:21.

Gracia y antídoto para. Heb. 13:9.

VOLUNTAD

Libertad de elección, reconocida por Dios. Gén. 4:6-10.

VOLUNTAD DE DIOS

Ver Dios, Voluntad de

VOTOS

Animales limpios entregados como, no redimirlos. Lev. 27:9-10.

De cosas corruptas o deficientes, un insulto a Dios. Lev. 22:23; Mal. 1:14.

De esposas, sólo podía objetarse al realizarlo. Núm. 30:14-15.

De mujeres casadas, nulo sin consentimiento de esposo. Núm. 30:6-8,10-13.

De niños, nulos sin consentimiento de padres. Núm. 30:3-5.

De viudas y mujeres divorciadas, obligatorios. Núm. 30:9.

Paga de ramera y precio de un perro, no ofrecerlos como. Deut. 23:18.

Peligro de hacerlos a la ligera. Prov. 20:25.

Promesas solemnes a Dios. Sal. 76:11.

Registrados en Escritura

Ana. 1 Sam. 1:11.

Ciertos judíos y Pablo. Hech. 21:23-24,26.

David. Sal. 132:2-5.

Elcana. 1 Sam. 1:21.

Israelitas. Núm. 21:2.

Jacob. Gén. 28:20-22; 31:13.

Jefté. Jue. 11:30-31.

Jonás. Jon. 2:9.

Madre de Lemuel. Prov. 31:1-2.

Marineros que arrojaron a Jonás. Jon. 1:16.

Pablo. Hech. 18:18.

Requisitos

Cosas dedicadas por, debían llevarse al tabernáculo. Deut. 12:6,11,17-18,26.

Cumplirse fielmente. Núm. 30:2.

Cumplirse sin demora. Deut. 23:21,23.

Voluntarios. Deut. 23:21-22.

Se hacían para

Afligir alma. Núm. 30:13.

Dedicar bienes a Dios. Gén. 28:22.

Dedicar hijos a Dios. 1 Sam. 1:11.

Dedicar persona a Dios. Núm. 6:2.

Ofrenda de sacrificios. Lev. 7:16; 22:18,22; Núm. 15:3.

Se redimían pagando compensación adecuada. Lev. 27:1-8,11-23.

VOYERISMO

Abstención de. Job 31:1.

Amonestaciones sobre

Abstenerse de toda especie de mal. 1 Tes. 5:22.

Huir de pasiones juveniles. 2 Tim. 2:22.

David y Betsabé. 2 Sam. 11:2.

Equivale a cometer adulterio. Mat. 5:28.

Pensamientos puros. Fil. 4:8.

Potencial del. Gén. 12:11; 39:6-7; Est. 2:2-4.

VOZ DE DIOS

Ver Dios, Voz de

YZ

YELMO

Ver Casco

YERNO

Fiel, Pedro. Mar. 1:29-30.
Injusto, Jacob. Gén. 30:37-42.

YUGO

Figurativamente. Mat. 11:29-30.

Ahora lo sabe

YUGO

Un yugo es una armazón de madera que se coloca sobre los lomos de los animales de tiro a fin de que tiren al unísono. Los yugos simples constaban de una barra con dos lazos de soga o una madera alrededor del cogote de los animales. Los yugos más elaborados tenían varas largas que se conectaban en el medio, y con las cuales los animales tiraban del arado y de otros implementos. En la Biblia la palabra se usa generalmente para hablar de esclavitud, servidumbre y dificultades (1 Rey. 12:4; Jer. 27:8). Los usos positivos incluyen el yugo de Cristo (Mat. 11:29-30) y la naturaleza conjunta de la obra de la iglesia (Fil. 4:3).

ZAPATOS

A menudo entregados como soborno.
Amós 2:6; 8:6.
Apóstoles y prohibición de llevar en viaje más del par que calzaban. Mat. 10:10; Mar. 6:9; Luc. 10:4.
Atados alrededor del pie con tiras.
Juan 1:27; Hech. 12:8.

Costumbres conectadas con
Hombre que rehusaba casarse con viuda de su hermano, deshonrado si ella le quitaba zapatos. Deut. 25:9-10.
Renuncia al derecho de redención cuando hombre daba su zapato a pariente más cercano. Rut 4:7-8.
De Israel, preservados 40 años mientras vagaban en desierto. Deut. 29:5.

De mujeres distinguidas
Adornados con cadenas. Isa. 3:18.
Hechos de piel de tejones. Ezeq. 16:10.
Muy ornamentados. Cant. 7:1.
Desatar, de otro, tarea degradante.
Mar. 1:7; Juan 1:27.

Ilustrativos de
Belleza conferida a creyentes. Cant. 7:1, con Luc. 15:22.
Condición degradante y humillante (cuando se quitaban). Isa. 47:2; Jer. 2:25.
Estar ocupado en guerra y matanzas (cuando estaban sangrientos).
1 Rey. 2:5.

Preparación del evangelio. Ef. 6:15.

Sujeción (cuando se arrojaba sobre un lugar). Sal. 60:8; 108:9.

Judíos

Nunca usaban, al hacer duelo. 2 Sam. 15:30; Isa. 20:2-3; Ezeq. 24:17,23.

Se los ponían al emprender viaje. Ex. 12:11.

Se los quitaban al entrar en lugares sagrados. Ex. 3:5; Jos. 5:15.

Llamados sandalias. Mar. 6:9; Hech. 12:8.

Llevarles, a otro, tarea degradante reservada para esclavos. Mat. 3:11.

Se gastaban durante viaje largo. Jos. 9:5,13.

Suelas de, a veces cubiertas con bronce o hierro. Deut. 33:25.

Uso temprano de. Gén. 14:23.

Para considerar

ZELOTE

Un zelote es un militante radical, alguien que actúa con gran celo por una causa. El término llegó a designar a un segmento particular de la población judía que en forma constante trataba de derrocar la opresión extranjera, en especial el gobierno romano en Palestina. Jesús llamó a un zelote, Simón, para que fuera uno de sus doce discípulos (Luc. 6:15).

ZARANDEAR

Figurativamente. Isa. 30:28; Amós 9:9; Luc. 22:31.

ZARZA ARDIENTE

Moisés y. Ex. 3:2-5; Hech. 7:30.

Es así

ZIGURAT

Un zigurat es un edificio escalonado, que por lo general remata con un templo. Esta estructura arquitectónica se hizo popular con los babilonios. La mayoría de los eruditos bíblicos cree que la torre de Babel era un zigurat (Gén. 11:3-9).

ZODÍACO

Signos del. Job 38:32.

ZORRAS

Despreciadas. Neh. 4:3.

Estragos que causan. Sal. 63:10; Cant. 2:15.

Figurativamente

Astucia. Luc. 13:32.

Herejes. Cant. 2:15.

Profetas infieles. Ezeq. 13:4.

Guaridas de. Mat. 8:20.

Sansón usa, para quemar campo de filisteos. Jue. 15:4.

ZURDO

Aod. Jue. 3:15.

Setecientos hombres escogidos. Jue. 20:16.

YZ

ÍNDICE DE TEMAS GENERALES